# CONDORCET

CONDORCET

Elisabeth
BADINTER

Robert
BADINTER

# CONDORCET

## (1743-1794)

## Un intellectuel en politique

FAYARD

*Pour Simon et Benjamin*

Toute société qui n'est pas éclairée par
des philosophes est trompée par des charlatans...

*Journal d'instruction sociale*,
Prospectus, 1793.

# LE PHILOSOPHE ENGAGÉ

# CHAPITRE PREMIER

# Les origines
## (1743-1770)

## *L'enfant à la robe blanche*

1752. A Ribemont, petite ville de Picardie, c'est déjà la fin de l'été. A l'intérieur d'une maison bourgeoise, un jeune garçon vêtu de blanc s'apprête à quitter la robe qu'il porte depuis sa plus tendre enfance. Voilà presque neuf ans qu'il est ainsi habillé en fille de Marie, parce que sa mère l'a voué au culte de la Vierge. Même pour l'époque, cet acte de dévotion a de quoi surprendre. Il était certes d'usage de vêtir les enfants d'une même robe à lisières jusqu'à quatre ou cinq ans. Mais, ensuite, chacun revêtait les vêtements de son sexe et apprenait à marcher, courir, jouer ou danser comme il sied à un petit garçon ou à une petite fille.

Au moment où le jeune Condorcet quitte la robe pour la « culotte », et les jupes de sa mère pour son précepteur, il a toujours vécu dans un monde de femmes. Comment aurait-il pu en être autrement lorsqu'on est fils unique, orphelin de père depuis l'âge d'un mois, couvé par une mère dévote et anxieuse, n'ayant pour unique modèle masculin qu'un oncle évêque aperçu de temps à autre ?

Pourtant, l'hérédité paternelle semblait vouer l'enfant à un autre destin. Originaires du sud du Dauphiné, les Caritat ont reçu le titre de comte en 980. Installés au château de

13

Condorcet, près de Nyons, ils sont parmi les premiers à embrasser la Réforme et à défendre cette cause pendant plus de quarante ans[1], souvent les armes à la main. Les Caritat, qui ont pris pour devise « *Caritas* » (charité), sont une famille de guerriers. L'armée est pour eux la carrière de prédilection. De vieille mais de petite noblesse provinciale, les Condorcet, peu fortunés, n'ont jamais cherché à faire leur cour aux puissants pour obtenir dignités et pensions. La fierté et l'indépendance marquent le caractère familial.

Le père de Condorcet était le second d'une famille de six enfants. Des trois frères, il eut la moins bonne part. L'aîné, Jean-Laurent, resta en possession du domaine paternel et se fit nommer, en 1716, conseiller au Parlement de Grenoble. Le plus jeune, Jacques-Marie, fit la carrière la plus brillante. Destiné d'abord au métier des armes, il embrassa soudain la carrière ecclésiastique. Coadjuteur de l'évêque d'Aix, il fut ensuite nommé évêque à Gap, puis à Auxerre où il se fit remarquer par sa sévérité à l'égard des prêtres du diocèse. Dans son *Journal*, le marquis d'Argenson note en juillet 1754 : « L'on vient de nommer à l'évêché d'Auxerre celui qui était à Gap, *grand et terrible moliniste*, déjà connu par plusieurs refus de sacrements et qui va donner bien de la tablature aux tribunaux[2]. » C'est ce « terrible moliniste », rarement absent de son diocèse d'Auxerre, puis de Lisieux[3], qui veillera à distance sur les études du jeune Condorcet. Le père de celui-ci, Antoine, chevalier de Condorcet, ne fut qu'un brave soldat qui ne put dépasser le grade de capitaine. En garnison, à Ribemont, il connut une jeune veuve, Mme de Saint-Félix, de santé fort délicate et d'une piété qui frisait l'exaltation. Très douce et bien dotée par son père, Claude-Nicolas

1. Henri de Caritat se fit protestant en 1561. Puis, sous Louvois, un Condorcet réformé, enfermé à la forteresse Pierre Encize, finit par se convertir.
2. Marquis d'Argenson, *Journal et Mémoires*, Paris, 1866. Souligné par nous. Un moliniste est un catholique partisan des idées de Molina sur la grâce, héritées des jésuites.
3. Il y fut nommé en 1761.

Gaudry[1], Marie-Madeleine épousa le capitaine du régiment de Barbançon, sans fortune, en mars 1740[2]. De leur vie privée, nous ne savons rien, sinon qu'un fils leur naquit le 17 septembre 1743 : Marie Jean Antoine-Nicolas Caritat de Condorcet. Son acte de naissance[3] indique qu'il fut, selon la coutume, baptisé le même jour, et qu'il eut pour parrain son grand-père maternel et pour marraine une demoiselle Jeanne Desforges, appartenant aussi à sa famille maternelle.

Cinq semaines plus tard, le 22 octobre 1743[4], le chevalier de Condorcet fut tué à Neuf-Brisach au cours de manœuvres d'entraînement. Le bébé était encore dans la période critique, en ce temps où près d'un enfant sur quatre mourait dans les premiers mois de la vie. Sa mère, veuve pour la deuxième fois, délicate elle-même, reporta toutes ses espérances, son amour de la vie mais aussi ses inquiétudes sur ce nourrisson. Elle l'éleva seule pendant neuf ans avec une tendresse vigilante et si inquiète qu'elle le consacra à la Vierge pour le préserver de tout accident. Les biographes de Condorcet ont tous décrit cette femme comme une mère peu intelligente, superstitieuse autant que pieuse, timorée et possessive. Condorcet, pourtant, n'a jamais dénoncé la pesanteur des sentiments maternels. Selon ses notes biographiques, « si la bizarre piété d'une mère dont il ne parlait, sous le rapport de la piété même, qu'avec une vénération profonde, nuisit à la force physique qu'il avait reçue de la nature, cette piété ne fut pour lui ni un joug pesant, ni un joug corrupteur. Sa mère l'éleva avec autant de raison que de douceur[5] ». Pendant ces premières années passées en tête à tête avec elle, il ne reçut, dit-on, aucun

1. « Écuyer, président trésorier de France en la généralité de Soissons », il fut anobli le 11 avril 1764.
2. D'après les archives de l'Aisne consultées par Léon Cahen, le contrat de mariage fut enregistré le 12 mars 1740. *Cf. Condorcet et la Révolution française*, 1904, Slatkine reprints, Genève, 1970, p. 4.
3. Publié par la revue *La Révolution française*, janvier-juin 1890, tome XVIII.
4. Selon l'acte de décès publié par Robinet, *Condorcet, sa vie, son œuvre*, 1893, Slatkine reprints, Genève, 1968, p. 2. Sa mère fut nommée sa tutrice le 3 décembre 1743.
5. Bibliothèque de l'Institut, papiers Condorcet, Ms 848, folio 74.

genre d'instruction. Rousseauiste avant l'heure, sa mère veilla à ce que « son imagination ne s'imprégnât d'aucune erreur ». Plus tard, Condorcet confiera que « si sa mère ne l'avait jamais repris d'un mensonge, c'était peut-être parce qu'elle avait éloigné de lui toutes les occasions d'en faire[1] ».

Empêtré dans ses jupes blanches, et sans doute ridicule aux yeux des autres petits garçons, Condorcet dut connaître une enfance bien douce. Le bailliage de Ribemont comptait alors 2 015 âmes et 387 feux[2]. Ses habitants sont « passablement polis en leurs mœurs et en leur parler..., ils ont l'esprit subtil..., mais un peu lents au travail, ayant trop d'attache à la recherche de leurs menus plaisirs, et amis de leur liberté[3] ». Tout dans cette ville respirait les joies honnêtes et la modestie. Il en allait de même de la maison natale de Condorcet, toute de briques roses et de pierres blanches, dans la Grand-Rue, non loin de la porte fortifiée du Nord. C'était un modeste hôtel composé de deux grandes pièces sur rue et d'une petite salle à manger avec porte-fenêtre donnant sur une cour minuscule : « La salle à manger, dallée noir et blanc, était entourée de boiseries peintes où des placards d'encoignures, cintrés, renflés, incurvés à nouveau, répétaient les épaisses moulures... Le soleil faisait resplendir au plafond la "tour" des Gaudry, le blason des Condorcet ornant ses angles et les dessus de portes, peints par Oudry. Le salon et la chambre vis-à-vis groupaient, au-dessus de chaque entrée, de longues femmes grasses, des enfants rondouillards traités en camaïeu, signés Boucher[4] ». Au premier étage, deux grandes pièces et trois petites ; dans le grenier, plusieurs mansardes. La cour était bordée d'une écurie et, au-delà, se trouvait un petit

1. Bibliothèque de l'Institut, Ms 848, folio 74.
2. Ch. Gomart, *Essai historique sur la ville de Ribemont et sur son canton Saint-Quentin*, 1869, p. 257.
3. *Id.*, p. 238.
4. La fille de l'écrivain Léon Hennique, propriétaire à la fin du XIXᵉ siècle de cette maison, en a laissé une précieuse description. *Cf.* Nicolette Hennique, *Mon père : Léon Hennique*, éd. du Dauphin. Cité par Paul Roche, *Ma petite ville au grand renom*, 1965.

jardin donnant sur les remparts. Tel fut le cocon douillet que le jeune Condorcet partagea toute son enfance avec sa mère. Adulte, il y reviendra fidèlement chaque année de longs mois, au printemps et à l'automne, pour être auprès de sa mère, jusqu'à ce qu'elle accepte de s'installer chez lui, à Paris.

La veille de ses neuf ans, le petit garçon voit sa vie bouleversée. Le précepteur jésuite choisi par l'oncle évêque pour lui enseigner les rudiments de l'instruction est attendu d'un jour à l'autre à Ribemont. C'en est terminé de l'univers tendre, ludique et exclusivement féminin de sa mère. Il faut se résoudre à supporter la férule d'un maître et, surtout, à devenir un petit garçon comme les autres. Lorsque Condorcet troque la robe pour la culotte, tout son univers chancelle. Plutôt grand pour son âge, il découvre deux petites jambes frêles, insuffisamment développées, faute d'exercice. Mal à l'aise dans sa nouvelle tenue, l'enfant éprouve une gêne de ce corps dont il ne sait que faire. De là datent sans doute la gaucherie et la timidité maladive dont il ne se guérira jamais complètement.

## L'humiliation chez les jésuites

Après deux ans de préceptorat à domicile, Condorcet quitta Ribemont pour devenir interne au collège des jésuites de Reims, selon le vœu de l'oncle évêque. De onze à quinze ans, il est confronté, comme les enfants de son milieu, à la solitude et à la dureté des pères. Si Condorcet est toujours resté muet sur cette période de sa vie, il n'a pourtant jamais cessé de clamer haut et fort sa haine de ses premiers maîtres. Réputés pour être les meilleurs pédagogues de l'époque, les jésuites ont aussi laissé des souvenirs cuisants à nombre de leurs élèves. Les trois clés de leur système éducatif étaient la surveillance constante, la délation érigée en principe de gouvernement, enfin l'application étendue des punitions corporelles[1]. Jusqu'en 1763 — date de la suppression des jésuites[2] — le fouet, « peine scolastique » par excellence, s'appliquait à tous les délits et à tous les âges. Le maître usait des verges à discrétion ou déléguait son pouvoir dans le but d'humilier l'enfant. Parvenu à l'âge de soixante ans, un académicien, A.V. Arnault, en parlait encore avec horreur : « Châtiment révoltant, de quelque manière qu'on l'administre. Infligé par la main d'un mercenaire, il est infâme ; par la main d'un maître, il est honteux également pour l'exécuteur et pour le patient. Et à quel point n'outrageait-il pas la décence, quand on pense que les verges se trouvaient quelquefois dans des mains de vingt ans, et que le fustigeant eût à peine été le frère aîné du fustigé[3] ! »

Condorcet ne dit nulle part avoir été battu ou maltraité. Jamais la moindre allusion directe à son cas personnel. Mais les écrits si critiques sur l'éducation qu'il rédigea vingt ans après son passage au collège ont gardé le ton d'une colère encore vive, avec, ici ou là, une douleur non dissimulée. Sur plusieurs centaines de pages, Condorcet fait le procès de l'éducation qui lui fut donnée par les jésuites[4]. Il dénonce aussi bien le contenu de l'enseignement que le rapport pédagogique entre l'éducateur et l'élève. Comme Descartes, un siècle plus tôt, dans le *Discours de la méthode*, Condorcet déplore l'enseignement du latin huit heures par jour, de la mythologie qui n'est que violences, irrationalité et incestes, de la Bible racontée de la façon la plus dogmatique, de la rhétorique latine « où l'on apprend par cœur ce que l'on

1. *Cf.* Philippe Ariès, *L'enfant et la vie familiale sous l'Ancien Régime*, Le Seuil, 1973, pp. 281 à 292.
2. L'ordre des jésuites dissous en 1763, ils n'eurent plus le droit d'enseigner. Quand il fut question de leur retour en 1774, Condorcet marqua son indignation dans une lettre à Voltaire du 6 mars 1774, *Œuvres*, I, p. 28, éd. Arago et O'Connor, 1847-1849.
3. A.V. Arnault, *Souvenirs d'un sexagénaire*, tome I, p. 89. Paris, Librairie Dufey, 1833.
4. Ces pages manuscrites, jamais publiées, contiennent des réflexions pédagogiques d'une grande modernité. Elles sont cotées à la Bibliothèque de l'Institut, Ms 884, folios 251 à 374.

n'entend point ». Il dénonce l'ineptie de la première année de philosophie — préliminaires de théologie — qui « enseigne à réfuter tout ce que les philosophes enseignent de raisonnable », et cette morale absurde « où l'on apprend aux enfants qu'on ne peut faire de bonnes actions sans grâce et qu'il y a deux sortes de crimes : l'un, véniel, pour lequel on est brûlé pendant quelques siècles, l'autre, mortel, pour lequel on est brûlé éternellement[1] ». Plus grave encore est, aux yeux de Condorcet, le modèle proposé aux enfants par cette éducation : l'homme humilié. « Pour se garantir du feu passager, il suffit de se fouetter ou, ce qui est plus court et plus doux, de donner assez d'argent aux prêtres, mais pour le feu éternel, il n'y a d'autre remède que de raconter tout ce qu'on a fait aux genoux d'un prêtre qui a reçu de Dieu le droit de remettre toutes les offenses... L'humiliation et l'opprobre sont l'état naturel du chrétien[2] ». Au sortir du collège, note Condorcet, les jeunes gens sentent le ridicule de cette morale qu'ils voient en contradiction avec les principes des gens sensés. Déçus, ils deviennent débauchés ou hypocrites, fripons ou brigands, selon les circonstances ou l'état qu'ils embrassent.

Bien pis encore est l'attitude des prêtres à l'égard de la sexualité de leurs élèves. Condorcet avoue que « l'instant de la puberté décide souvent du bonheur de la vie entière et détermine irrévocablement un jeune homme vers la vertu ou le vice[3] ». A lire ce qui suit, il transparaît que cette période de la vie, pour Condorcet comme pour tant d'autres adolescents, a été particulièrement troublée par des désirs interdits, mais aussi par l'incitation de certains prêtres et la répression hypocrite de quelques autres. « On sait que ce vice [la sodomie]... n'a d'autres causes pour les jeunes gens que le défaut de femmes... Ceux qui connaissent déjà le plaisir s'occupent de séduire leurs camarades... D'ailleurs, tous les maîtres étant célibataires, tous faisant profession de fuir les

1. Ms 884, folios 267 à 269.
2. *Id.*, folio 270.
3. *Id.*, folio 273 v.

femmes, il y aura des corrupteurs parmi les maîtres. Cela est arrivé très souvent, et toujours à des maîtres ecclésiastiques ou moines. Les gens mariés ont des mœurs plus pures[1]... » Et Condorcet de dénoncer le cynisme et la dureté de cœur des prêtres pédagogues. Ils punissent l'amour et encouragent le vice : « Jamais on ne peut connaître les mœurs d'un prêtre, parce qu'il a trop d'intérêt à les cacher. Ce que craignent les ecclésiastiques, c'est le scandale. Ainsi, c'est contre les goûts honnêtes, comme les passions qu'on aime à savourer et qu'on ne peut cacher, qu'ils dirigent leurs efforts. C'est à détruire l'amour, la sensibilité qu'ils s'appliquent[2]... Jamais ils ne chercheront à détruire la débauche, mais la volupté, et plus la débauche sera basse, plus elle sera dénuée de tout sentiment honnête, plus elle trouvera grâce à leurs yeux. Telle est leur politique, leur morale et surtout leur conduite, et c'est à eux que *les mœurs des jeunes gens seront confiées*... Et les vices secrets qu'ils ont contractés dans leur éducation feront le malheur et la honte du reste de leur vie[3] .»

S'agit-il, dans ces notes manuscrites conservées par Condorcet, d'une confession qui transparaîtrait sous des considérations générales ? Rien ne permet de l'affirmer. Mais, au sortir d'une enfance vécue sous le signe du travestissement féminin, il est certain que son adolescence au collège des jésuites a accentué un malaise et engendré chez lui une véritable haine contre les prêtres, qui subsistera tout au long de sa vie. A coup sûr malheureux, le jeune Condorcet n'en fut pas moins un élève fort brillant. Le 30 août 1756, à la veille de ses quatorze ans, il remporte le prix de seconde. Encore une

---

1. *Id.*, folio 276 r.
2. *Id.*, folio 276 v. Il ajoute : « Qu'importe que les ministres soient débauchés pourvu qu'ils joignent l'hypocrisie à la débauche, qu'ils soient toujours prêts à sacrifier les objets de leurs plaisirs, qu'indifférents sur le choix, ils ne cherchent dans leurs voluptés que leur sûreté et le mystère. »
3. *Id.* Souligné par nous.

année à Reims[1], et le voici intégrant en 1758 le Collège de Navarre à Paris. C'est son oncle, l'évêque, qui a choisi l'établissement, et probablement obtenu la demande de dispense du 26 décembre 1758[2] pour raison de santé.

## La découverte des mathématiques

On ne pouvait faire plus sage choix pour Condorcet. A cette époque, le Collège de Navarre était l'un des meilleurs établissements de l'Université, réputé pour son esprit scientifique. C'est là que le Roi fonda, en juillet 1752, la première chaire de physique expérimentale, qu'il confia à l'abbé Nollet, rendu célèbre par ses expériences d'électricité. Ce newtonien, qui avait eu l'audace de faire sa leçon inaugurale en français et non en latin, y enseigna jusqu'en 1770. Après une année consacrée à la philosophie proprement dite (logique, morale et métaphysique), d'ailleurs peu goûtée par Condorcet qui n'y voyait que sophismes d'école et rabâchages théologiques sans intérêt, la seconde et dernière année de collège décida de sa vocation. Dans des notes écrites près de vingt ans plus tard[3], Condorcet fait l'éloge de cette deuxième année de philosophie consacrée tout entière aux mathématiques et à la physique. Si, dit-il, dans la plupart des collèges, on enseigne « toujours aux jeunes gens à prouver des systèmes dénommés faux, et à réfuter des vérités, ceci demande une exception. Dans quelques-uns des collèges de l'Université de Paris, des professeurs très savants et zélés enseignent, dans cette seconde année, les éléments de la géométrie et de l'algèbre, une théorie abrégée

1. Année de son émancipation. L'acte d'émancipation date du 17 novembre 1757 et fut publié dans *La Revue de la Société savante des départements*, 1863.2.
C'est son oncle maternel Gaudry qui fut choisi pour curateur.

2. *Cf.* G.G. Granger, *La Mathématique sociale du marquis de Condorcet*, P.U.F., 1956, p. 4.

3. Bibliothèque de l'Institut, Ms 884, folio 269. K.M. Baker, *Condorcet*, University of Chicago Press, 1975, p. 4, propose comme dates de rédaction 1773-1774.

des sections et des séries, les premiers principes des nouveaux calculs ; ensuite ils expliquent les principes généraux des mouvements et les appliquent au système du monde... »

Ces disciplines vont constituer l'élément naturel de Condorcet. Enfin des vérités démontrables, calculables, qui nourrissent son imagination et surtout sa raison ! Le jeune homme timide, si mal à l'aise avec les autres qu'il ne s'est fait aucun véritable ami au collège, a trouvé un monde à sa mesure : celui des vérités abstraites qu'on ne finit jamais d'explorer, de maîtriser. Dans cet univers d'idées et de chiffres, il n'y a nulle autre déception à redouter que ses propres erreurs. La violence, le péché, le ridicule n'ont pas leur place dans la réflexion scientifique. Au contraire, par elle, on se hausse au-dessus des misères de la vie, on fait la loi à la nature, on réduit la marge du contingent. C'est le monde de la liberté et de la sérénité, où le bonheur ne dépend pas d'autrui. Condorcet est si séduit par les vérités et le jeu mathématiques qu'il s'échappe de temps à autre de son collège pour tester ses connaissances au séminaire de Saint-Sulpice. L'abbé Baston rapporte qu'au cours de l'année 1759-1760, lorsqu'il était lui aussi en classe de mathématiques, il voyait le jeune Condorcet, « déjà célèbre comme mathématicien (*sic*), se faire un plaisir de venir à nos exercices familiers[1] ». En même temps qu'il découvre les mathématiques, Condorcet fait la connaissance d'un maître « savant et zélé », la première figure amicale rencontrée depuis qu'il a quitté Ribemont : l'abbé Georges Girault de Kéroudon[2]. Régent en philosophie, chargé d'enseigner les disciplines scientifiques au Collège de Navarre, il est l'initiateur de Condorcet, l'accoucheur au sens socratique, celui qui sut stimuler son intelligence, l'encourager. Grâce à ses conseils attentifs, et surtout à la prodigieuse intelligence mathématique de Condorcet, celui-ci, reçu bachelier en août 1759, fut en mesure de soutenir sa thèse publique en

1. *Mémoires* de l'abbé Baston, chanoine de Rouen, Paris, 1897, p. 73.
2. L'acte de baptême de Girault de Kéroudon (Archives nationales, T. 1339) indique qu'il est né le 4 février 1730. Il a donc treize ans de plus que Condorcet.

septembre de la même année. Le sujet choisi montre déjà son goût immodéré pour la pure abstraction : cette thèse d'analyse était une vue d'ensemble des mathématiques qui révélait la passion de Condorcet pour « l'art de résoudre les problèmes[1] », ou, comme le dit Granger, « la substitution du raisonnement au calcul[2] ». Outre d'Alembert, ses juges furent non pas Clairaut et Fontaine, comme le veut la tradition, mais Grandjean de Fouchy et Bezout, si l'on en croit les notes biographiques de l'Institut. Rien ne prouve non plus qu'ils « le saluèrent comme un de leurs futurs collègues à l'Académie des sciences[3] ». Mais tout laisse penser qu'il connut un succès suffisamment brillant pour susciter l'intérêt gourmand de d'Alembert, qui ne tardera pas à le prendre sous sa protection.

## Une vocation irrésistible

En attendant, il fallut rentrer à Ribemont où l'attendaient sa mère et le tyrannique évêque, avec un projet bien arrêté pour son avenir. Il était décidé que le chef de la branche cadette de la maison Caritat de Condorcet obéirait à la tradition en devenant officier comme son père. Quelle dut être la surprise de la famille quand le jeune homme timide et embarrassé opposa son refus à un projet si naturel ! De quelle façon a-t-il expliqué à un entourage imbu de traditions, de préjugés nobiliaires et religieux, que sa vocation était défini-tivement arrêtée, qu'il voulait être géomètre ? Aux yeux des siens, cette idée apparaissait comme un caprice d'adolescent rêveur. En effet, comment comparer le prestige des armes et celui du compas, le statut du noble militaire et celui du mathématicien ? Voulait-il être précepteur ou régent dans un

1. Définition de l'analyse par Condorcet, in Ms de l'Institut, 883, *Fragment sur l'analyse.*
2. G.G. Granger, *op. cit.,* p. 88.
3. *Cf.* L. Cahen, *op. cit.,* p. 7 ; Robinet, *op. cit.,* p. 3 ; Arago, préface aux *Œuvres de Condorcet,* éd. Arago et E. O'Connor, Paris, Didot Frères, 1847, tome I, p. IX.

collège, comme ces petits bourgeois désargentés qui prennent le collet pour ne pas mourir de faim ? Et si Condorcet nourrissait l'espoir d'entrer un jour à l'Académie des sciences, il devait savoir qu'on y gagnait mal sa vie et que c'était un milieu fort mélangé. On côtoyait de loin les princes ayant rang d'honoraires et, de près, de trop près, toutes sortes de gens sans titre ni fortune, dont on ne connaissait pas l'origine.

Condorcet ne céda pas. Il résista pendant deux ans aux pressions familiales. Entre 1760 et 1762, il passe son temps, enfermé dans sa chambre, à faire des mathématiques en se rongeant les ongles[1]. Il s'imprègne des *Mémoires* de Fontaine, des travaux d'Euler, des Bernoulli et de d'Alembert[2] qui ont révolutionné les mathématiques au XVIIIe siècle. En octobre 1761, il fait un voyage à Paris pour présenter à l'Académie son premier travail : *L'Essai d'une méthode générale pour intégrer les équations différentielles à deux variables.* Clairaut et Fontaine, chargés de l'examiner, le refusent avec ces commentaires : « La méthode mise au point par l'auteur n'est qu'une méthode d'approximation déjà connue de tous les mathématiciens..., manque de soin et de clarté..., les calculs ne sont pas toujours exacts ni clairement présentés..., devrait illustrer la méthode par des exemples[3]. » Condorcet est renvoyé à ses chères études, mais il est clair que l'intérêt du jeune homme se porte avant tout sur les recherches les plus abstraites, l'analyse pure[4]. Ce goût précoce pour l'abstraction et le travail solitaire ont peut-être partie liée, à l'origine, avec

1. Dans une lettre du 3 janvier 1769, Julie de Lespinasse lui écrit : « Je vous recommande surtout de ne point manger vos lèvres ni vos ongles. Rien n'est plus indigeste. » In *Lettres inédites de Julie de Lespinasse*, éd. Charles Henry, Slatkine reprints, Genève, 1971.
2. De tous ces grands savants, premiers objets de son admiration, Condorcet fera l'éloge *post mortem* à l'Académie des sciences.
3. Académie des sciences, *Procès-verbaux*, 80, 1761, folio 223.
4. « Ce qui frappe, dit G.G. Granger, c'est l'absence de tout recours à des images géométriques. Le raisonnement se ramène toujours à des manipulations d'algèbre, et... à l'énumération logique des cas possibles... Ce n'est qu'à la fin de sa carrière que Condorcet accordera droit de cité à des considérations géométriques. » *Op. cit.*, p. 61.

la maladresse de son corps et le malaise qu'il éprouve dans le monde. Il en sera ainsi jusqu'à la fin de sa vie, même au cœur de l'action politique.

Au bout de deux années de vaines luttes, la famille de Condorcet rendit les armes et accepta qu'il s'en retournât à Paris pour faire carrière de mathématicien. La réprobation familiale n'avait pas désarmé pour autant. Bien longtemps après, fin 1774, Condorcet sollicitera Turgot pour un membre de sa famille en ces termes : « Un de mes parents paternels que j'aime fort *et le seul qui jusqu'ici m'ait pardonné de n'être point capitaine de cavalerie*[1]. » De même, sa famille refusera d'abord qu'il se présente à l'Académie des sciences. Et lorsqu'il y entrera, son oncle ne s'en consolera que beaucoup plus tard en apprenant qu'il est devenu l'intime d'un ministre puissant : Turgot[2].

En 1762, le jeune homme de dix-neuf ans vient donc à Paris s'installer chez son maître et ami Kéroudon qui l'héberge chez lui, dans une mansarde du 56, rue Jacob[3]. Condorcet y vivra plusieurs années très modestement, car il n'est pas riche. Son père ne lui a rien laissé, et sa mère ne verse qu'une petite pension à Kéroudon pour subvenir aux besoins de son élève. Rien de plus émouvant, à cet égard, que la lecture des comptes tenus au sou près par Kéroudon durant ces années : du chapeau de soie à 9 livres, 12 sous, à la note du rôtisseur de 236 livres, 8 sous, en passant par les 22 livres, 10 sous de dragées et de bonbons, et les dépenses d'impression du

1. *Correspondance inédite de Condorcet et de Turgot* (1770-1779), éd. Ch. Henry, 1883, Slatkine reprints, Genève, 1970, p. 209. Souligné par nous.
2. *Lettres de Mlle de Lespinasse*, éd. d'Aujourd'hui, 1978, p. 262 : lettre à Guibert du 7 juillet 1775.
3. Bibliothèque historique de la ville de Paris, manuscrits Condorcet, Ms 320, folio 83. La maison du 56, rue Jacob appartenait à la famille Rosambo. C'est vers 1776 que cette maison devint un hôtel meublé sous le nom d'*Hôtel d'York*. Là résida le représentant du roi d'Angleterre quand il signa avec Benjamin Franklin le traité de paix avec l'Amérique, le 3 septembre 1783. *Cf.* M. Dumolin, « L'Hôtel d'York, rue Jacob », in *Bulletin de la Société historique du VIe arrondissement de Paris, tome XXXIV,* année 1934, publié par la Mairie du VIe arrondissement, place Saint-Sulpice, 1935.

*Mémoire des trois corps* (552 livres) ou celles de la *Lettre à d'Alembert*, réglées enfin en octobre 1769[1].

De ses soins attentifs et amicaux, Condorcet gardera une reconnaissance éternelle à Kéroudon. Lorsque l'élève aura dépassé le maître, il ne manquera jamais de lui venir en aide. En août 1770, il tentera en vain de le faire entrer à l'Académie des sciences à la place de Desmarets[2], mais il réussira, grâce à d'Alembert, à lui trouver un poste de professeur en 1773 au Collège royal[3]. Deux ans plus tard, il reviendra à la charge auprès de Turgot en ces termes : « Je vous prie de vouloir bien me rendre le service de défendre un de mes amis contre un mauvais tour que Fouchy[4] lui a joué par malice ou par bêtise. C'est M. l'abbé Girault de Kéroudon, professeur au Collège royal et à celui de Navarre. C'est un homme de mérite, qui a été il y a quinze ans mon professeur et qui, depuis ce temps, est resté mon ami. Il a des connaissances mathématiques très étendues[5], et il désirerait être de l'Académie[6]. » En attendant, le jeune Condorcet mène à Paris la vie la plus studieuse qui soit. Il ne quitte guère la rue Jacob que pour suivre les cours de chimie de Macquer et de Baumé, qu'il trouve distrayants, sans plus. Rien ne vaut les mathématiques, qui l'absorbent dix heures par jour, jusque dans son bain[7]... Cette frénésie de travail intellectuel n'a pas de quoi surprendre. Ce grand garçon aux manières gauches se sent

1. Archives Nationales, T. 1339.
2. Lettre à Turgot du 22 août 1770.
3. Lettre de Lagrange à d'Alembert du 20 décembre 1773, in *Œuvres de Lagrange*, tome XIII, Paris, 1882.
4. Alors secrétaire de l'Académie des sciences.
5. Le propos n'est pas de complaisance. Dans une lettre du 8 juin 1778, Lagrange écrira à Condorcet : « M. G. de K. m'a envoyé ses *Leçons analytiques* (1777). J'ai lu son ouvrage avec beaucoup de satisfaction. Il est clair, méthodique, concis et très propre à son objet. » In *Œuvres de Lagrange*, tome XIV.
6. Lettre de Condorcet à Turgot, *op. cit.*, p. 251 (1775).
7. Lettre de Julie à Condorcet, 7 août 1769 : « Je crois que vous faites fort mal de lire ce méchant livre [*Réflexions sur la cause des vents*, de d'Alembert, 1747] dans l'eau, parce que les vents excitent des tempêtes... » in *Lettres inédites à Condorcet, à d'Alembert...*, publiées par Ch. Henry, 1887, Slatkine reprints, Genève, 1971.

dépaysé dans les salons. Rougissant, parlant bas, il n'est pas un causeur spirituel. Ses seuls interlocuteurs sont des mathématiciens comme lui. En 1763, il fait la connaissance du brillant Lagrange[1], de passage à Paris pour voir l'abbé Nollet et surtout son maître et ami d'Alembert. De sept ans plus âgé que Condorcet, né à Turin où il enseigne depuis l'âge de vingt ans, on le tient déjà pour l'un des grands espoirs des mathématiques européennes. D'Alembert saura convaincre Frédéric II de le nommer à l'Académie de Berlin à la place du génial Euler qui, en 1766, quitte la Prusse pour la Russie. Passionné lui aussi par les mathématiques analytiques, Lagrange invite Condorcet à envoyer des travaux à la toute jeune Académie des sciences de Turin, qu'il a lui-même fondée en 1758. Flatté, Condorcet accepte. Mais, pour l'instant, il a une revanche à prendre sur son échec de 1761 devant l'Académie. Il retravaille le même sujet et présente un nouveau mémoire en janvier 1764 : il a réussi à généraliser et simplifier une équation d'Euler[2]. Cette fois, c'est d'Alembert qui se joint à Fontaine pour en faire le rapport. Un mois plus tard, ils rendent un verdict élogieux qui met en valeur les connaissances étendues du jeune homme dans le calcul infinitésimal. Ils recommandent même la publication de ce mémoire[3].

## Les premiers succès et l'affection de d'Alembert

Encouragé, Condorcet s'attelle à la rédaction d'un essai sur le calcul intégral qui traite d'un problème nouveau et pointu : « l'intégration des équations différentielles, ordinaires et partielles et des équations aux différences finies ». Conformément à son goût des systèmes, il cherche avec obstination une méthode générale de résolution et réussit à convaincre ses

1. Mathématicien d'origine sarde (1736-1813). Le 19 octobre 1773, il rappelle à Condorcet qu'ils se sont connus à Paris il y a dix ans.
2. Académie des sciences, *Procès-verbaux*, 83, 1764, folios 12, 14, 19.
3. *Id.*, folio 59.

lecteurs. *Du Calcul intégral* est publié en mai 1765 avec un rapport enthousiaste de d'Alembert et de Bézout qui évoque « l'élégance et la profondeur des vues contenues dans la méthode originale de l'auteur[1] ». L'importance du travail est encore soulignée par la décision de le publier dans l'*Histoire de l'Académie des sciences* pour l'année 1765[2]. C'est un triomphe pour le jeune Condorcet qui n'a pas encore vingt-deux ans. Les plus grands mathématiciens le reconnaissent comme l'un des leurs. Non seulement d'Alembert, dans sa correspondance avec Lagrange, qualifie l'ouvrage d'« excellent, ... annonçant les plus grands talents[3] », mais tous considèrent qu'il faudra compter avec ce jeune homme. Fontaine, plutôt acariâtre et de tempérament jaloux, redoute que Condorcet ne le dépasse. Après avoir travaillé la plume à la main sur l'essai de son jeune ami, Lagrange porte ce jugement admiratif : « Le mémoire est rempli d'idées sublimes et fécondes qui auraient pu fournir la matière de plusieurs ouvrages... Le dernier article m'a singulièrement plu par son élégance et par son utilité... Les séries récurrentes avaient déjà été si souvent traitées qu'on eût dit cette matière épuisée. Cependant, voilà une nouvelle application, plus importante, à mon avis, qu'aucune de celles qu'on en a déjà faites. Elle nous ouvre, pour ainsi dire, un nouveau champ pour la perfection du calcul intégral[4]. » Près d'un demi-siècle plus tard, le mathématicien Lacroix écrira que « ce premier ouvrage lui assignait un rang très distingué, puisqu'on y trouvait la démonstration de plusieurs théorèmes importants, qu'Euler n'avait rencontrée que par une espèce de hasard et dont il regardait la preuve directe comme très difficile[5] ». Quant à Lalande, qui étudia le calcul intégral avec Euler et n'avait pas la langue dans sa

---

1. *Id.*, 84, 1765, folios 245 à 247.
2. Le mémoire se trouve dans le volume de l'Académie des sciences publié en 1772, avec les remarques de Lagrange citées plus bas.
3. Lettre du 18 juin 1765, *op. cit.*, p. 40.
4. Cité par Arago, *Œuvres, op. cit.*, pp. XVII et XVIII.
5. S.-F. Lacroix, *Notice historique sur la vie et les ouvrages de Condorcet*, Paris, 1813, p. 4.

poche, il note que, grâce à cet essai de 1765, « Condorcet était déjà un des premiers géomètres d'Europe, et l'on n'en comptait pas dix qui fussent de cette force. Un à Pétersbourg, un à Berlin, un à Bâle, un à Milan, et cinq ou six à Paris[1] ». Ce grand succès a d'heureuses conséquences pour Condorcet. Il est officiellement reconnu comme le premier disciple de d'Alembert. Il travaille — comme tous ceux de sa génération — sur des problèmes qui ont d'abord été définis par celui-ci[2]. Entre le patron et l'élève se nouent d'autres liens que ceux de la théorie. Si Condorcet habite toujours rue Jacob, d'Alembert a déjà réussi à le faire sortir de sa retraite. Le timide jeune homme accepte de venir rue de Bellechasse où d'Alembert a rejoint Julie de Lespinasse après la terrible maladie dont il a failli mourir en 1765. Sous la houlette affectueuse de ce couple original, Condorcet va se dégrossir ; il apprend lentement les usages du monde, rencontre les meilleurs esprits et découvre une autre morale que celle de Ribemont.

Le succès de son essai a aussi un effet plus immédiat. Même si Condorcet se montre toujours timide dans le monde, il a acquis une confiance en soi, ou plutôt en son jugement, qui apparaît clairement au détour d'une lettre à un savant, de treize ans son aîné, qu'il n'a jamais rencontré : l'abbé Bossut[3]. Lié à d'Alembert depuis de longues années, celui-ci n'a pas manqué de lire l'essai de 1765 et d'en féliciter le jeune auteur. En 1766, l'abbé lui envoie l'ouvrage qu'il vient de faire éditer et qui a été couronné par l'Académie en 1762[4]. Il traite d'un

---

1. J. Lalande, « Notice sur la vie et les ouvrages de Condorcet », *Le Mercure français*, n° 21, 30 janvier 1796.
2. Comme le rappelle G.G. Granger, « depuis l'introduction par d'Alembert des différences partielles, trois types de problèmes retiennent l'attention des jeunes mathématiciens : les équations différentielles ordinaires, les équations aux différences partielles, les équations aux différences finies ». *Op. cit.*, p. 52.
3. 1730-1814. Auteur de traités de mathématique, de mécanique et d'hydrodynamique, il collabora avec d'Alembert à la partie mathématique de *l'Encyclopédie*. Il fut reçu à l'Académie des sciences en 1768.
4. La question posée en 1762 par l'Académie était : « Si les planètes se meuvent dans un milieu dont la résistance produise quelque effet sensible sur leur mouvement ? » L'ouvrage de Bossut a pour titre : *Recherches sur les altérations que*

problème astronomique qui touche de près aux travaux de Condorcet, puisqu'il y est question de méthode d'intégration. En vacances à Ribemont, Condorcet lit l'ouvrage, la plume à la main, et remercie son auteur par une lettre du 3 septembre 1766. Après les félicitations d'usage, le jeune homme ajoute : « Permettez-moi... de vous dire franchement ce que je pense, comme je le fais toujours. » Suivent une discussion d'ordre technique et la critique de la méthode utilisée par l'abbé. Condorcet ne cache pas qu'il la trouve insatisfaisante et n'hésite pas à lui proposer la sienne : « Quelque sûre, quelque utile que puisse être une méthode d'approximation, je ne puis m'empêcher de regretter toujours une méthode exacte et de la chercher. En voici une que j'ai trouvée[1]... » Cette première leçon un peu cavalière à son aîné n'empêche pas que se nouent — sous l'égide de d'Alembert — une amitié et une collaboration scientifique qui ne se démentiront pas jusqu'à la Révolution. Les trois hommes se retrouveront dans de multiples missions et formeront, jusqu'à la mort de d'Alembert, l'un des clans dominants de l'Académie des sciences.

En 1767, à vingt-trois ans, Condorcet publie son second ouvrage, intitulé *Du problème des trois corps*[2]. Tout en poursuivant sa recherche fondamentale, il s'intéresse aussi aux problèmes techniques de l'approximation. Et si son grand travail sur les probabilités ne paraît qu'en 1785, « la question des solutions approchées n'a cessé de le préoccuper tout au long de sa carrière de mathématicien[3] ». En l'espace de cinq ans (1765-1770), Condorcet montre ainsi la diversité de son talent et de ses intérêts. Il ne cessera de développer ses idées,

*la résistance de l'éther peut produire dans le mouvement moyen des planètes...*, 1766, Charleville.

1. Lettre de Condorcet à Bossut, 3 septembre 1766, in Marie-Jeanne Durry, *Autographes de Mariemont*, 1ʳᵉ partie, « avant 1800 », tome II, Paris, 1955. Également publiée par J. Pelseneer, *Osiris*, vol. X, Bruges, 1952. Celui-ci affirme que c'est probablement la plus ancienne lettre de Condorcet qui ait été publiée.

2. J. Lalande, *op. cit.*, p. 143, en fait le résumé, ainsi que Robinet, *op. cit.*, pp. 6 et 7.

3. G.G. Granger, *op. cit.*, p. 64.

de perfectionner son système et d'étendre ses applications. Quand il publie en 1768 sa lettre à d'Alembert, sous le titre *Essais d'analyse*, reprenant les sujets traités dans ses deux premiers ouvrages[1], le monde scientifique est prêt à l'accueillir dans son sein. Ses quatre *Mémoires de Turin* concernant des problèmes de mathématique pure[2], publiés entre 1766 et 1769, ont achevé de le rendre célèbre dans le petit milieu des mathématiciens. Condorcet peut présenter ses travaux aux Académies de Paris, Berlin, Bologne ou Saint-Pétersbourg, il sait qu'il y sera bien accueilli, en dépit de défauts qui irritent quelque peu ses collègues. On lui reproche de manquer de cette clarté élégante qui distingue si bien les mémoires d'Euler ou de Lagrange. Sa lecture « est souvent pénible, en raison d'une notation flottante, incohérente parfois... Aux yeux des premiers géomètres de son temps, Condorcet passait déjà pour un auteur difficile[3] ». D'Alembert, qui lui-même n'est pas irréprochable à cet égard, l'a plusieurs fois engagé à faire un effort pour ses lecteurs. En mars 1772, il confiera à Lagrange : « Je voudrais que notre ami Condorcet, qui a sûrement du génie et de la sagacité, eût une autre manière de faire ; je le lui ai dit plusieurs fois, mais apparemment la nature de son esprit est de travailler dans ce genre : il faut le laisser faire[4]. »

Plus grave, peut-être, est l'autre critique constante de « négliger les illustrations, et d'en rester aux idées générales qui ont pourtant besoin d'être fixées et même éprouvées par des applications[5] ». Ces défauts lui joueront un mauvais tour lorsqu'il concourra pour le prix de l'Académie de Berlin en 1774 (renvoyé en 1778), sur le sujet : la théorie des comètes.

---

1. J. Lalande, *op. cit.*, p. 143 : « Par de nouvelles réflexions, il cherchait à étendre ses méthodes de calcul intégral dans les trois hypothèses des différences évanouissantes, des différences finies et des différences partielles. »
2. Ils traitent toujours de calcul intégral, d'équations différentielles et d'intégration.
3. G.G. Granger, *op. cit.*, p. 58. Il ajoute : « Sur ce point, il est vrai, le marquis n'est guère plus confus que nombre de mathématiciens contemporains, usant d'une notation encore mal fixée. »
4. Lettre du 25 mars 1772, *op. cit.*, p. 232.
5. S.-F. Lacroix, *op. cit.*, p. 4.

Lagrange écrira à Condorcet : « Je suis assuré que si l'auteur de la pièce que vous connaissez (!) voulait y faire les additions nécessaires pour faciliter l'usage des méthodes qu'il propose et les mettre à la portée des astronomes, il ne pourrait manquer de réunir tous les suffrages en sa faveur[1]. » Apparemment, Condorcet ne tient aucun compte de cet avis amical. En 1778, sa pièce sur les comètes ne remporte que la moitié du prix (50 ducats) et Lagrange ne peut s'empêcher de souligner : « Elle aurait remporté le prix entier si elle avait contenu l'application de votre théorie à quelque comète en particulier, condition portée par notre programme[2]. » « Il faut le laisser faire », disait d'Alembert qui avait compris que ces défauts étaient inhérents à la personnalité de Condorcet. Il était mû par une tendance systématisante, un puissant désir de rationalisation radicale, qui s'accommodait mal du travail d'application qu'il abandonnait volontiers aux autres. Là était son « genre », qu'il fallait respecter en attendant la maturation de son esprit encyclopédique. Bientôt, écrit G.G. Granger, Condorcet comprendra « que les mathématiques ne sont pas un jeu solitaire, mais un moyen de faire progresser la connaissance des objets du monde, et de l'homme en particulier[3] ».

En 1768, devant le succès de son disciple, d'Alembert n'a plus qu'une idée : le faire entrer à l'Académie des sciences. Condorcet, qui l'admire au-delà de tout et lui est « tendrement attaché[4] », n'ose pas y croire. Il sait bien qu'il n'en a pas fini

1. Lettre du 20 juin 1774, *Œuvres de Lagrange*, tome XIV, Paris, 1892, p. 23. Il ajoutait : « Il n'aurait rien laissé à désirer si les recherches qu'il contient avaient joint au mérite de la généralité celui des détails nécessaires pour la pratique. »

2. Lettre du 8 juin 1778, *Ibid.*, p. 51. Il ajoute perfidement que l'illustre inconnu, un certain Tempelhoff, capitaine d'artillerie, par la suite membre de l'Académie de Berlin, qui a eu l'autre moitié du prix, a su, lui, proposer une très bonne méthode d'approximation pour le calcul des orbites des comètes d'après trois observations...

3. G.G. Granger, *op. cit.*, p. 65.

4. *Cf.* Lettre de Condorcet à d'Alembert, le remerciant de son aide, en 1768, pour les heures passées à relire les *Essais d'Analyse*, Bibliothèque de l'Institut, Ms 876, folio 2.

avec l'opposition obstinée de sa famille. Sans elle, il aurait probablement pu se faire déjà élire, en 1768, à la place laissée vacante par la promotion de M. Le Camus. En définitive, l'ami Bossut 's'est présenté et a obtenu la place... Il a encore fallu un an de discussions — au cours des longs mois de vacances passés à Ribemont — pour convaincre mère et oncle de l'opportunité d'une telle carrière. En avril 1769, d'Alembert peut enfin écrire à l'autre de ses protégés, Lagrange : « Vous avez peut-être appris par les gazettes que nous avons reçu M. de Condorcet[1], la famille ayant jugé à propos de ne plus mettre d'obstacle à ce qu'il fût de l'Académie, car beaucoup de nos gentilhommes croient que le titre et le métier de savant dérogent à la noblesse[2]. »

Très vite — un an plus tard[3] — Condorcet est promu au rang d'associé[4] à la place de Le Roy. Il a vingt-six ans.

## 1770 : UN JEUNE HOMME TROP TIMIDE

A l'heure où Condorcet conforte sa position à l'Académie des sciences, c'est encore un jeune homme. A vingt-six ans, il a fait une fulgurante carrière scientifique, mais rien dans sa personnalité n'annonce encore l'homme adulte, sûr de lui et installé. Au contraire, tous ceux qui l'observent avec amitié, et même tendresse, sont frappés du décalage entre son autorité intellectuelle et sa timidité, entre sa puissance théorique et son immaturité affective. Sous certains aspects, c'est encore un enfant qui ignore aussi bien les règles élémentaires de la vie sociale que celles de la vie amoureuse. En 1770, son état

1. Condorcet fut reçu adjoint à la section de mécanique le 25 février 1769, en remplacement de Bézout, promu associé. Sa nomination fut confirmée le 8 mars par Louis XV.
2. Lettre du 10 avril 1769, *op. cit.*, p. 130.
3. Il avait fallu quatre ans à d'Alembert (de 1742 à 1748) pour passer de la place d'adjoint à celle d'associé.
4. Le 15 décembre 1770.

peut donner lieu aux plus grandes espérances, mais il connaît encore bien des difficultés héritées de son enfance.

Haut de 5 pieds 5 pouces 6 lignes[1], ce qui est grand pour l'époque, Condorcet a les cheveux châtains, un large front, les yeux gris, la bouche moyenne, le nez aquilin, le menton rond, le visage plein, et un signe au-dessus de l'œil droit. En 1770, il n'a pas encore le visage marqué par la petite vérole[2]. Selon le célèbre portrait qu'en a tracé Julie de Lespinasse en 1775, « sa figure annonce la qualité la plus distinctive et la plus absolue de son âme, la bonté ; sa physionomie est douce et peu animée ; il y a de la simplicité et de la négligence dans le maintien[3] ». Dans les lettres qu'elle lui écrit à Ribemont durant l'été 1769, Julie donne plus de détails piquants. Outre qu'elle lui recommande de ne pas se manger lèvres et ongles, elle signale qu'il a les « oreilles toujours pleines de poudre, et vos cheveux qui sont coupés si près de votre tête, en occiput, qu'à la fin vous aurez la tête trop près du bonnet[4] ». Elle raconte que son « secrétaire » (d'Alembert) n'apprécie pas la façon dont il se tient, contraire à l'usage du monde : « Quand vous parlez, de ne pas vous mettre le corps en deux comme un prêtre qui dit le *Confiteor* à l'autel. Si vous continuez, vous direz quelque jour votre *mea culpa.* » Quinze jours plus tard, elle revient à la charge : « N'oubliez jamais, quand vous parlez aux *personnes*, que la ligne droite est la plus courte qui puisse être menée *depuis les pieds jusqu'à la tête[5].* »

En privé, Julie le morigène maternellement pour sa tenue négligée et ses manières désordonnées. Elle lui donne facilement des leçons de maintien : « Vous avez tort de ne pas dater vos lettres..., vous avez tort de faire de la géométrie comme un fou, de souper comme un ogre et de ne pas plus

1. A peu près 1,75 m.
2. On dit qu'il l'aurait eue à Ribemont en mai-juin 1775.
3. « Portrait de M. le marquis de Condorcet par Mlle de Lespinasse », *Œuvres de Condorcet*, éd. Arago et O'Connor, tome I, pp. 626-627.
4. Lettre du 3 juin 1769 *in Lettres inédites à Condorcet, à d'Alembert...*, op. cit.
5. Lettre du 18 juin 1769.

dormir qu'un lièvre[1]. » Et les conseils continueront de pleuvoir tout au long de leur correspondance : écrivez à Mme X, remerciez untel, ne faites pas de mathématiques dans votre baignoire, ne buvez pas tant de café, etc.

En dépit de ces conseils, Condorcet n'en fait qu'à sa tête. Il a plus l'air d'un « bonhomme » que d'un « homme d'esprit ». Plongé la plus grande partie du jour et même de la nuit dans les abstractions mathématiques, il n'en oublie pas de manger comme un « ogre ». Ses diverses correspondances font état de sa gourmandise. Il s'émeut facilement « d'une grande table... et vingt plats dessus qui donnent envie de faire connaissance avec eux[2] », des sardines et homards de Bretagne, ou des petits brochets qu'il fait parvenir à Turgot. Apparemment, ce sens-là n'a jamais été frustré. C'est l'un des plaisirs qu'il ne se refuse pas.

Mais cet homme que Julie décrit comme doué du plus grand esprit, d'un talent exceptionnel et d'une belle âme[3], fait pauvre figure dans un salon. Lourd handicap pour quiconque veut faire carrière à Paris au XVIIIᵉ siècle ! « Condorcet ne parle point en société. Il y parle quelquefois, mais peu, et il ne dit jamais que ce qui est nécessaire aux gens qui le questionnent et qui ont besoin d'être instruits sur quelque matière que ce puisse être. On ne peut donc pas dire qu'il soit d'une bonne conversation, au moins en société ; car il y paraît presque toujours ou distrait ou profondément occupé[4]. » Est-ce l'effet de sa timidité maladive ou de l'ennui qui le gagne dans une société nombreuse ? Condorcet fera toujours piètre usage de la parole en public. Ennemi de la rhétorique,

---

1. Lettre de juillet 1769.
2. *Correspondance inédite de Condorcet et Mme Suard*, éd. E. Badinter, Fayard, 1988, lettre XLIX, « de Givet », début août 1772.
3. « Portrait... », *op. cit.*, p. 627 : « On pourrait lui donner un attribut qu'on n'accorde qu'à Dieu : il est infini et présent sinon partout, du moins à tout ; il est fort et il est fin, il est clair et précis, et il est juste et délié... Il joint aux connaissances les plus étendues les lumières les plus profondes, et le goût le plus exquis et le plus sûr. »
4. *Ibid.*

accusée de travestir la vérité par la séduction, il préfère lire à écouter, écrire à parler, s'adresser à un petit groupe plutôt qu'à la foule. Pourtant, ceux qui le connaissent ont une tout autre image de lui : « Dans l'intimité, il dédommage bien du silence qu'il garde en société... Rien ne lui échappe ; il a tout vu, tout entendu, et il a le tact le plus sûr et le plus délié pour saisir les ridicules et pour démêler toutes les nuances de la vanité ; il a même une sorte de malignité pour les peindre, qui contraste d'une manière frappante avec cet air de bonté qui ne l'abandonne jamais... Il a de la gaieté, de la méchanceté même, mais de celle qui ne peut nuire, et qui prouve seulement qu'il pense tout haut avec ses amis[1]... » Cet homme exquis et extrêmement attentif aux autres, auquel nul n'aurait su reprocher le moindre trait de vanité[2], paraissait pourtant froid et insensible aux gens qui le connaissaient mal. Sans doute n'y avait-il là qu'une attitude de façade dissimulant une sensibilité exacerbée ou une cruelle incertitude sur lui-même.

## Difficultés matérielles

En 1770, le jeune savant connaît de grandes difficultés. D'abord pour des raisons matérielles. Selon le règlement de l'Académie, les académiciens sont divisés en classes très hiérarchisées : les pensionnaires, les associés et les adjoints. Seuls les pensionnaires sont payés et reçoivent toutes les gratifications[3]. En 1770, les dix-huit pensionnaires, trésoriers et secrétaires, gagnent la modique somme de 1 000 livres par an. Quant aux associés et aux adjoints, ils ne touchent rien, sinon des jetons de présence de deux livres, et dans un cas

1. *Ibid.*, p. 631.
2. Mme Suard, après vingt ans d'une étroite amitié, s'étonna d'en trouver un seul, en 1790, lorsqu'il regretta devant elle que les électeurs lui eussent préféré des gens médiocres comme représentants à l'Assemblée de la Commune de Paris.
3. Remarque de l'astronome suédois Lexell ; *cf.* A. Birembaut, « L'Académie royale des sciences en 1780, vue par l'astronome suédois Lexell », in *Revue d'Histoire des sciences*, X, 1951, p. 151.

seulement : celui de l'enterrement d'un confrère... Une seule exception : d'Alembert, par une faveur spéciale et fort rare, avait obtenu en 1745, étant encore adjoint, une pension de 500 livres sur les fonds de l'Académie[1]. L'associé Condorcet doit donc toujours vivre d'une petite pension que lui verse sa mère, à quoi s'ajoute un maigre supplément à chaque fois qu'il publie un mémoire. Après avoir quitté la rue Jacob, il loge chez les uns et chez les autres jusqu'en 1775, date à laquelle il aura un appartement de fonction à l'hôtel des Monnaies, quai Conti. Avant 1772, il habite chez un ami de l'oncle évêque, M. d'Ussé, rue de Bourbon, faubourg Saint-Germain[2]. Parfois, il couche chez le « petit ménage » Suard — rencontré en 1769 — qui loge avec l'abbé Arnaud à la *Gazette de France*, rue Neuve-Saint-Roch. Fin 1772, les Suard, qui ont perdu la direction de la *Gazette* et leur appartement de fonction, trouvent une grande maison rue Louis-le-Grand. Mme Suard écrit à Condorcet : « Savez-vous que j'ai une petite affaire à vous proposer, une affaire qui peut ajouter infiniment à mon bonheur, qui, si je ne me trompe point, peut faire aussi quelque chose pour le vôtre ? Nous avons trouvé une maison pour l'abbé Arnaud et nous ; il nous reste un appartement de garçon. Ah, qu'il nous serait doux qu'il devînt le vôtre[3] ! » Condorcet accepte avec enthousiasme : « Je suis très fâché contre vous de ce que vous appelez la proposition que vous me faites *une affaire*. C'est une chose délicieuse à laquelle je n'osais penser et que j'accepte avec transport. Ainsi comptez sur moi. Gardez-moi l'appartement où il faudra le moins de meubles. L'étage ne me fait rien, pourvu que j'y voie clair[4]. »

A vingt-sept ans, Condorcet vit toujours comme un étudiant

---

1. Joseph Bertrand, *D'Alembert*, Librairie Hachette, 1889, p. 35.
2. On trouve, à la Bibliothèque de l'Institut, une lettre du mathématicien Charles de Borda, son collègue à l'Académie, adressée sans date à cette adresse, Ms 876, folio 39.
3. Lettre de Mme Suard, LVII, automne 1772, *op. cit.*
4. Lettre de Condorcet, LVIII, automne 1772, *op. cit.*

désargenté. Il a bien un laquais, le fidèle Henri, qu'il conservera jusque dans les années quatre-vingt, mais, à en croire Julie, le banal pot-au-feu et les côtelettes ne trônent que rarement sur sa table[1]. Pas question d'inviter qui que ce soit à partager son repas. Lorsqu'il ne dîne pas chez les Suard, il mange seul chez lui dans sa chambre[2]. Tout cela ne compte guère à ses yeux. Mais, quand ses amis Suard sont menacés de perdre la direction de la *Gazette*[3], Condorcet, malheureux de ne pouvoir leur porter secours, écrit à Turgot : « Je n'ai jamais senti comme aujourd'hui le malheur d'être pauvre, sans place, sans crédit[4]. »

## Les mères

Plus difficiles à surmonter sont les problèmes d'ordre psychologique. Ce fils admirable, cet ami exemplaire a bien du mal à affirmer sa virilité. Devant une femme qui n'incarne à ses yeux ni la mère ni la sœur, Condorcet se sent désarmé et ridicule. Sa première tentative amoureuse sera si douloureuse qu'il attendra fort longtemps avant de renouveler l'expérience. D'où cet air « insensible et froid » qui tente de dissimuler des passions et des affections débordantes. « Un volcan couvert de neige », dira d'Alembert. Dans son portrait, Julie de Lespinasse met l'accent sur ce décalage entre l'apparence et le réel : « Il n'a peut-être jamais dit, à aucun de ses amis, *je vous aime*, mais il n'a jamais perdu une occasion de le leur prouver. Il ne loue jamais ses amis, et sans cesse il leur prouve qu'il les estime et se plaît avec eux ; il ne connaît pas plus les épanchements de la confiance que ceux de la

1. Lettre de Julie de Lespinasse, *op. cit.*, septembre 1774, p. 131.
2. Note de Mme Suard à la lettre XXXI, 5 mars 1772, *op. cit.*
3. D'Aiguillon la leur retirera effectivement en juin 1771 pour la confier à Marin.
4. Lettre à Turgot, 26 août 1771, *op. cit.*, p. 66.

tendresse[1]. » Et, plus loin : « Quoiqu'il soit peu caressant et peu affectueux, cependant, s'il... a été séparé des gens qu'il aime, il a besoin, en les revoyant, de leur donner une marque de tendresse[2]. »

Au début des années soixante-dix, Condorcet n'a de rapports étroits qu'avec trois femmes : sa mère, Julie de Lespinasse et Amélie Suard. Auprès d'elles, il joue le rôle de l'homme soumis, il quête conseils et approbation. C'est à elles seules qu'il livre ses sentiments. Sa mère d'abord, femme fragile qu'il entoure de mille soins. Depuis qu'il s'est installé à Paris, il ne manque jamais de venir, dans la solitude de Ribemont, lui tenir compagnie plusieurs mois durant, au printemps et à l'automne. Bien qu'il laisse parfois percer l'ennui de tels séjours[3], Condorcet ne manquera jamais l'un de ces rendez-vous avec sa mère, jusqu'à ce qu'il l'installe sous son toit à Paris. Il ne sait qu'inventer pour la distraire. L'été 1769, il emprunte le fameux perroquet de Julie[4], « grand diseur de sottises[5] », pour l'amener à Ribemont. Nul ne sait si les propos orduriers du volatile amusèrent cette femme dévote, mais l'attention était charmante. Une autre fois, Condorcet accepte — bien qu'ayant rompu les ponts avec la religion — d'être parrain d'une cloche de l'église de Ribemont où il avait été baptisé[6]. C'est encore pour lui faire plaisir qu'il lui lit, devant l'oncle évêque, l'*Éloge de La Condamine* qu'il a présenté quelques jours plus tôt à l'Académie des sciences. « Ils ont été contents. Je leur ai parlé du succès comme si c'était l'ouvrage d'un autre. Il y aurait eu de la bêtise à les

---

1. « Portrait... », *op. cit.*, p. 631.
2. *Ibid.*, p. 633.
3. Dans ses correspondances avec Turgot et Mme Suard.
4. Lettre de Julie à Condorcet, 3 juin 1769, *op. cit.*, pp. 37 et 38 : « Je vois que le perroquet vous a tenu bonne compagnie. S'il est d'aussi grande ressource à Madame votre mère, vous lui aurez fait un beau présent. »
5. Lettre de Galiani à d'Alembert, le 25 septembre 1773, in *Correspondance*, éd. Perey et Maugras, Paris, 1881, tome II, p. 267. Dans une lettre à Suard, le 15 décembre 1770, Galiani évoque l'oiseau qui le faisait rire : « Le perroquet dit-il toujours des ordures ? », *id.*, tome I, p. 324.
6. En 1766. *Cf.* Charles Gomard, *op. cit.*, p. 248.

priver d'un grand plaisir pour me donner les airs de paraître modeste[1]. » Chez cet homme entièrement dénué de vanité, le propos est à prendre au pied de la lettre !

Les années passant, les séjours à Ribemont — où le courrier n'arrive que deux fois par semaine[2] — lui paraissent de plus en plus pesants. Passé les premiers moments des retrouvailles, il s'impatiente de toutes « les choses inutiles qu'on a à me dire et me demander[3] ». Pourtant, chaque fois que sa mère le prie de prolonger un peu son séjour, Condorcet n'ose jamais dire non. A lire les lettres de Julie et d'Amélie Suard, on comprend que sa mère est au cœur de ses pensées. L'une et l'autre ne manquent jamais de prendre des nouvelles : « Je vous sais mauvais gré, dit Julie, de ne me rien dire de Madame votre mère ; vous savez pourtant l'intérêt que je prends à tout ce qui vous touche[4]. » De son côté, Amélie insiste : « Parlez-moi donc de votre maman. Je l'aime de tout mon cœur parce qu'elle est bonne comme mon bon Condorcet ; parce qu'elle est votre maman et parce qu'elle vous aime[5]. » En 1775, Condorcet, un peu plus argenté, achètera une vieille maison à Nogent pour sa mère souffrante. En son absence[6], le couple Suard s'y installera quelques jours, vite rejoint par Julie, chargée de lui faire un rapport : « La maison est en bien mauvais état, et il faudra bien des portes et des fenêtres pour la rendre habitable en hiver. D'ailleurs, l'on dit qu'il lui faut refaire les plafonds. En ce cas, il est incroyable que vous vouliez risquer que Madame votre mère l'habite cet hiver. Cela est d'un danger qu'il y a de la folie à braver[7]. »

Finalement, Condorcet installera sa mère avec lui, à l'hôtel

---

1. Lettre de Condorcet à Mme Suard, avril 1774, LXXIV, *op. cit.*

2. Lettre de Condorcet à Mme Suard, avril 1771, II, *op. cit.*

3. Lettre de Condorcet à Mme Suard, fin avril 1774, LXXIV, *op. cit.*

4. Lettre à Condorcet du 18 juin 1769, *op. cit.*, p. 41. Voir aussi les lettres de Julie de juillet 1769, p. 42, du 7 août 1769, p. 47, du 1er novembre 1771, p. 72, du 24 juin 1772, p. 79, etc.

5. Lettre d'Amélie Suard à Condorcet, automne 1772, LVII, *op. cit.*

6. Il est à Ribemont.

7. Lettre de Julie, 28 septembre 1775, *op. cit.*, p. 174.

des Monnaies où elle restera jusqu'à sa mort[1]. Il pourra ainsi veiller sur elle sans être obligé de quitter son cher Paris.

Julie de Lespinasse fut sa seconde mère. Plus âgée que lui de onze ans[2], elle adopte volontiers à son égard un ton tendrement maternel. C'est bien sûr par d'Alembert qu'il a fait sa connaissance rue de Bellechasse, où elle s'était installée en 1764 après sa brouille avec la terrible Mme du Deffand. Leur amitié date au moins de 1768, puisque, dans une lettre à d'Alembert de cette époque, Condorcet le « prie de présenter ses respects à Julie et de la remercier de ses bontés pour lui[3] ». C'est elle qui l'introduit dans la société la plus brillante de l'époque. Et s'il est mauvais élève, il a le privilège d'avoir sa place réservée dans son salon, et d'écouter la personne la plus douée dans l'art de la conversation[4]. Écoutons Marmontel raconter les soirées de la rue de Bellechasse : « A l'exception de quelques amis de d'Alembert, comme le chevalier de Chastellux, l'abbé Morellet, Saint-Lambert et moi, ce cercle était formé de gens qui n'étaient point liés ensemble. Elle les avait pris çà et là dans le monde, mais si bien assortis que, lorsqu'ils étaient là, ils s'y trouvaient en harmonie comme les cordes d'un instrument monté par une habile main. En suivant la comparaison, je pourrais dire qu'elle jouait de cet instrument avec un art qui tenait du génie ; elle semblait savoir quel son rendrait la corde qu'elle allait toucher ; je veux dire que nos esprits et nos caractères lui étaient si bien connus que, pour les mettre en jeu, elle n'avait qu'un mot à dire... Et remarquez

1. Nous ignorons la date exacte de la mort de Mme de Condorcet. Probablement aux alentours de 1784.
2. Elle est née le 9 novembre 1732.
3. Bibliothèque de l'Institut, Ms 876, folio 2, 1768.
4. Marmontel, *Mémoires*, tome I, éd. critique de John Renwick, collection « Écrivains d'Auvergne », G. de Bussac, Clermont-Ferrand, 1972, p. 165 : « Étonnant composé de bienséance, de raison, de sagesse, avec la tête la plus vive, l'âme la plus ardente... A nos dîners, sa présence était d'un intérêt inexprimable. Continuel objet d'attention, soit qu'elle écoutât, soit qu'elle parlât elle-même (et personne ne parlait mieux), sans coquetterie, elle nous inspirait l'innocent désir de lui plaire ; sans pruderie, elle faisait sentir à la liberté des propos jusqu'où elle pouvait aller sans inquiéter la pudeur, et sans effleurer la décence. »

bien que les têtes qu'elle remuait à son gré n'étaient ni faibles, ni légères : les Condillac et les Turgot étaient du nombre ; d'Alembert était auprès d'elle comme un simple et docile enfant. Elle avait le talent de jeter en avant la pensée, et de la donner à débattre à des hommes de cette classe[1]. »

A cela, il faut ajouter la fine remarque de d'Alembert dans le portrait sans concession qu'il traça d'elle : « Ce qui vous distingue surtout dans la société, c'est l'art de dire à chacun ce qui lui convient..., de ne jamais parler de vous aux autres, et beaucoup d'eux. C'est un moyen infaillible de plaire[2]. » Et d'Alembert de noter que c'est là la principale faiblesse de Julie, qui a « le désir de plaire à tout le monde ». Apparemment, les rapports qu'elle entretenait avec Condorcet étaient d'un autre ordre. Toujours muet dans un coin du salon lorsque celui-ci était plein en fin d'après-midi, avant le souper[3], il ne s'égayait que dans la plus stricte intimité. D'ailleurs, le spectacle fini, elle avait besoin de s'épancher auprès de lui, à son tour si attentif, si bon auditeur et si discret. « On ne lui montre pas son âme, mais on la lui laisse voir. On a avec lui cette sorte d'abandon qu'on a avec soi-même ; on ne craint pas son jugement parce qu'on est sûr de son indulgence ; on ne lui confie pas le secret de son cœur, mais on lui ferait la confession de sa vie. Enfin jamais personne n'a inspiré tant de sûreté... il reçoit et il garde[4]. »

Lui confessa-t-elle la passion qu'elle éprouvait en 1770, en cachette du pauvre d'Alembert qui n'y voyait que du feu, pour le jeune marquis de Mora, fils de l'ambassadeur d'Espagne en France ? Cela n'avait pas été nécessaire. Le jeune homme, au cœur naïf et bientôt déchiré, avait compris les liens exceptionnels qui unissaient Julie à ce séduisant philo-

1. Marmontel, *id.*, pp. 220-221.
2. *Portrait de Mlle de Lespinasse par d'Alembert, adressé à elle-même en 1771,* publié par J. Bertrand, *op. cit.*, pp. 193 à 206.
3. Julie recevait hors des heures de repas, entre 5 et 9 heures, car son modeste pécule ne lui permettait pas d'offrir le couvert à ses hôtes.
4. « Portrait... », *op. cit.*, p. 632.

sophe déjà si malade qu'il dut quitter Paris en août 1772 en crachant le sang[1]... Dans sa correspondance avec Turgot, Condorcet ne manque jamais de donner des nouvelles de la santé de Mora et de celle de Julie, qui subit les hauts et les bas de son amant. Quand Mora quitte Paris entre la vie et la mort, Julie dit à Condorcet que « cela lui fait un grand vide[2] », et celui-ci traduit à Turgot : « Le départ de M. de Mora, qu'elle aime beaucoup, l'a vivement affectée[3]. » Quelle litote ! Plus tard, lorsque Julie s'éprendra d'une passion encore plus folle pour un jeune tacticien, le comte de Guibert, Condorcet sera toujours là, muet, à l'écouter au pied de son lit. A partir de la fin de 1774, ravagée par les remords à l'égard de Mora et par sa passion non partagée pour Guibert, Julie n'a plus la force de tenir salon. Malade de corps et de cœur, attendant sans cesse un signe de Guibert, elle s'enferme dans sa chambre ou court à l'Opéra écouter l'*Orphée* de Gluck pour la énième fois. La présence de d'Alembert pèse. Elle se sent indigne de son amitié[4]. Condorcet comprend tout et souffre pour ce couple qu'il aime tant. Il voit son pauvre maître malheureux de ne rien entendre aux humeurs et aux duretés de Julie, qu'il croit folle. Et elle, se consumer d'amour au point d'en mourir. Bourrée d'opium, insomniaque, passant des heures dans sa baignoire, Julie, « morte[5] », ne supporte que la compagnie de Condorcet à son chevet. Il y passera ses soirées. De celui qu'elle appelle « son second secrétaire » (le « premier » étant d'Alembert), parce qu'il écrit ses lettres, Julie dira les choses les plus tendres. Uni dans son cœur à d'Alembert avec lequel elle vit depuis dix ans, elle écrit un an avant de mourir : « Je ne puis exprimer mon affection pour Condorcet et d'Alembert qu'en disant qu'ils sont identifiés avec moi ; ils me sont

1. Fils aîné du comte de Fuentès, le marquis de Mora était venu en France en 1766. Il quitta Paris et Julie le 7 août 1772 et mourut le 27 mai 1774 à Bordeaux, alors qu'il refaisait route vers Mlle de Lespinasse.
2. Lettre du 23 août 1772, *op. cit.*, p. 93.
3. Lettre du 11 août 1772, *op. cit.*, p. 96.
4. Lettres de Mlle de Lespinasse à Guibert, *op. cit.*, p. 82 (mai 1774).
5. *Id.*, lettre du 27 mai 1775, p. 217.

nécessaires comme l'air pour respirer ; ils ne troublent pas mon âme, mais ils la remplissent[1]. »

## Amélie Suard

La troisième relation féminine de Condorcet s'appelle Amélie Suard. Cette jeune sœur de Panckoucke[2], le plus célèbre éditeur de son époque, n'a que six mois de plus que Condorcet. Alors qu'il avait joué le rôle d'élève, puis de confident auprès de Julie, cette fois, c'est Amélie Suard qui l'écoute et le conseille. Ils se sont connus en 1769, à vingt-six ans[3], probablement chez Julie et d'Alembert auxquels M. Suard est déjà lié. Cet homme de lettres, séduisant, paresseux, mondain, expert dans l'art du consensus et ennemi des extrêmes, a épousé la jeune Amélie en 1766. Depuis, ils forment aux yeux du monde le ménage bourgeois modèle qu'on appelle familièrement « *le petit ménage* », titre d'une pièce de Saurin. Aux yeux de Condorcet, Amélie incarne la réussite conjugale. Il la considère comme la personne la plus apte à le conseiller dans ses affaires de cœur. Elle avait du charme, de la sensibilité et assez d'esprit. De surcroît, aux dires même de ses contemporains, elle était jolie[4]. Mme Suard incarnait à merveille les nouvelles valeurs chères aux philosophes de cette seconde partie du XVIIIe siècle : l'amour de la nature, la simplicité des mœurs et la transparence de l'âme. Voici en quels termes

1. *Id.*, p. 225.
2. Ch. J. Panckoucke, né à Lille le 26 décembre 1736, mort à Paris le 19 décembre 1798.
3. *Cf.* note de Mme Suard qui accompagne la première lettre (avril 1771) de l'importante correspondance qu'elle entretint avec Condorcet de 1771 à 1791, *op. cit.*
4. René Doumic, « Lettre d'un philosophe et d'une femme sensible », *Revue des Deux Mondes*, 1911, 5, p. 308 : « Son genre n'était ni la beauté, ni la grâce mutine, ni l'ingénuité provocante ; mais elle avait une expression de douceur et de naïveté, un de ces regards limpides et transparents qui donnent la sensation presque physique qu'on lit jusqu'au fond de l'âme. C'était, au gré de Condorcet, son charme incomparable. »

Condorcet la décrit en 1771 à Turgot qui ne la connaît pas encore : « Combien elle est sensible et touchante ; avec quelle tendresse elle aime son mari[1]... Elle est si douce, si sensible et si habituée à un sentiment unique et pur que le trouble et l'agitation lui seraient mortels[2]... Elle a dans l'âme la candeur la plus pure[3]. »

Il n'empêche qu'à lire sa correspondance avec Condorcet, elle se montre coquette et quelque peu maniérée. Elle aime à parler des hommes qui lui font la cour — notamment La Harpe — et de sa vertu, qu'elle affiche complaisamment. En vérité, cette jeune femme s'ennuie avec ce mari « parfait » qui l'abandonne à la maison pour courir les mondanités. Toute de sentiment et d'imagination, l'émotion est chez elle un trouble habituel[4]. Rien ne l'intéresse davantage que de parler de son cœur et des agitations de son âme. En bref : de larmoyer sur elle-même. Enfin, faute de vivre une aventure sentimentale — réputation oblige ! —, Amélie se passionne pour celles de ses amis. Son amitié pour Condorcet se nourrit des chagrins d'amour que connaît celui-ci entre 1771 et 1773. Ce ne sont que doux entretiens pleins de confidences, qui se prolongent dans leur correspondance lorsque Condorcet séjourne à Ribemont. Sa toute première lettre commence ainsi : « Vous m'avez permis, Madame, de vous parler de mes peines et de mes regrets... Lorsqu'à Paris, mon âme était souffrante ou agitée, votre conversation la consolait ou la calmait[5]. » Amélie goûte fort ce rôle de confidente et de conseillère en stratégie amoureuse. Certes, Condorcet est un piètre élève, mais il lui permet de vivre par procuration les passions qu'elle ne peut s'offrir. En outre, cette relation très intime ressemble bien à une amitié amoureuse, qui dut mettre un peu de sel dans

1. Lettre de Condorcet à Turgot, 26 août 1771, *op. cit.*, p. 65.
2. Lettre du 3 septembre 1771, *op. cit.*, p. 68.
3. Lettre du 10 septembre 1771, *op. cit.*, p. 70.
4. « Mon âme, souvent bien agitée, se consume de sa vie, de sa chaleur, de son bonheur et de ses peines », écrit-elle à Condorcet.
5. Première lettre de Condorcet à Mme Suard, avril 1771, *op. cit.*

l'existence de Mme Suard. Heureusement pour elle, et malheureusement pour lui, il ne fit rien pour pousser son pion. Un jour, l'abbé Arnaud — ami intime des Suard — mit le doigt sur la plaie en confiant à Amélie que Condorcet « était trop sage pour que les femmes l'aimassent à la folie[1] ». Mme Suard eut beau protester que c'était là « une satire effroyable contre tout mon sexe, et une grande injustice envers vous[2] », l'abbé ne faisait que constater la vérité. Sans aller jusqu'à prétendre, comme Michelet, que Condorcet n'aurait connu les joies de l'amour qu'au soir du 14 juillet 1789 — dans l'exaltation de la prise de la Bastille —, il est effectivement « très vraisemblable qu'il était encore parfaitement pur à vingt-six ans[3] », c'est-à-dire en 1770. Il ne s'en réfugiait que davantage dans le travail intellectuel. La géométrie lui ouvrait l'univers, mais le maintenait d'une certaine façon dans l'enfance.

## Les trois pères

Pourtant, cet orphelin trouva les plus prestigieux pères spirituels. D'Alembert, Turgot et Voltaire l'adoptèrent comme leur fils et chacun lui transmit ce qu'il possédait de meilleur. Le premier lui légua l'amour de la vérité ; le second, la passion du bien public ; le troisième, le refus de l'injustice. Malheureusement, aucun de ces trois hommes n'était à proprement parler un parangon de virilité. Voltaire était le premier à ironiser sur son pauvre tempérament. De plus, lorsqu'il rencontra Condorcet pour la première fois, il avait déjà dépassé les soixante-dix ans... Quant à Turgot, ses biographes les plus attentifs n'ont jamais pu trouver chez lui la moindre trace d'une quelconque relation amoureuse. Tout au plus relèvent-ils un certain sentiment pour Mlle de

1. Lettre de Mme Suard à Condorcet, mai 1774, LXXVII, *op. cit.*
2. *Ibid.*
3. L.A. Boiteux, *Au temps des cœurs sensibles*, Plon, 1948, p. 113.

Ligneville avec laquelle, adolescent, il jouait à colin-maillard. Il lui proposa, dit-on, de l'épouser lorsqu'elle était devenue la veuve d'Helvétius et qu'ils avaient tous deux dépassé la cinquantaine[1].

Sur ce chapitre-là, le maître d'Alembert n'était guère plus brillant. Lorsqu'il prend Condorcet sous sa protection, vers 1765, il approche des cinquante ans[2]. C'est un homme petit, mal peigné, mal habillé, sans grâce, et qui le sait. Il est de surcroît affligé d'une voix de fausset, aiguë et glapissante. Voltaire, qui l'aime tendrement, en fait la remarque dans une lettre à La Harpe. Il évoque « sa petite voix grêle[3] » comme un obstacle que le talent rhétorique de d'Alembert parvient à surmonter. Mais cette voix dénuée de virilité est prétexte à propos malveillants sur sa constitution[4]. Rousseau écrit dans les *Confessions*, au sujet de Mlle de Lespinasse : « Elle a fini par vivre avec [d'Alembert], s'entend en tout bien et en tout honneur : et cela ne peut s'entendre autrement[5] ». De plus, une méchante anecdote à ce sujet courait dans Paris. Une dame, voulant inspirer de la jalousie à son amant, conclut un long dithyrambe en faveur de d'Alembert par ces mots : « Oui, c'est un Dieu ! » Et l'amant de répondre : « Ah, s'il était Dieu, Madame, il commencerait par se faire homme ! » Ces commérages étaient vraisemblablement dénués de fondement. Car pourquoi Julie, aux heures d'aigreur, l'aurait-elle accusée d'être le père des enfants de sa domestique[6] ?... Selon toute probabilité, la passion de d'Alembert pour Julie fut pleinement vécue, et partagée, entre 1760 et 1766. Mais ce fut bien la seule qu'on lui connût. Pour le reste, d'Alembert était un

1. Elle déclina gentiment cette offre, comme d'ailleurs celle que lui fit à la même époque son voisin de Passy, Benjamin Franklin.
2. D'Alembert est né le 16 novembre 1717. Il mourra le 29 octobre 1783.
3. Lettre à La Harpe, 4 septembre 1771, in *Correspondance de Voltaire*, éd. Besterman, La Pléiade, Gallimard, tome X, p. 810.
4. Charles Henry, éminent spécialiste de Julie de Lespinasse et de d'Alembert, se fait une joie de nous les rapporter dans une note de son étude sur Mlle de Lespinasse précédant les *Lettres inédites*, *op. cit.*, p. 13.
5. *Confessions*, 2e partie, livre IX, La Pléiade, Gallimard, tome I, 1959.
6. Cf. *Aux mânes de mademoiselle de Lespinasse*, par d'Alembert.

personnage extrêmement séduisant. Drôle, merveilleux conteur, doué d'un talent de mime[1], il faisait mourir de rire tout un salon. Il était en outre profondément généreux et compatissant, candide, direct, incapable de mensonge, désarmé par la mauvaise foi, et soupe au lait[2].

En vérité, Condorcet a bien des points communs avec ce père spirituel. Sans posséder la gaieté ni la verve de son maître, il partage le même sens de l'amitié, et le même goût de la solitude et des mathématiques. D'Alembert, l'enfant trouvé[3], avait connu des difficultés similaires pour imposer sa vocation de géomètre. Brillant élève au Collège des Quatre-Nations[4], il avait fait comme Condorcet une très brillante année de mathématique[5] et de physique. Mais on l'avait forcé à suivre pendant des années des leçons de l'École de droit. Licencié en droit, il avait refusé de plaider. Il s'était alors tourné vers la médecine. Mais, dès qu'il avait un instant, il s'exerçait aux mathématiques. Ses amis se lamentaient de cette lubie, « mauvais instrument de fortune », et le décidèrent à se séparer pour un temps de ses livres de science. Il essaya de se consacrer à la médecine, mais les mathématiques hantaient ses pensées et, peu à peu, tous les livres retrouvèrent leur place dans sa petite chambre. La médecine fut définitivement abandonnée. D'Alembert avait alors vingt ans, et nul ne pourrait plus l'empêcher de devenir un grand géomètre.

Lorsqu'il commença de s'occuper de Condorcet, celui-ci

1. Après sa brouille avec lui, Mme du Deffand soupirait : « J'aime à la folie à voir bien contrefaire ; c'est un talent qu'a d'Alembert, et qui fait que je le regrette », in *Correspondance...*, *op. cit.*, I, p. 430, lettre du 31 mai 1767.

2. En 1760, d'Alembert écrivit son autoportrait : « Impatient et colère jusqu'à la violence, tout ce qui le contrarie, tout ce qui le blesse fait sur lui une impression vive dont il n'est pas le maître, mais qui se dissipe en s'exprimant : au fond, il est très doux, très aisé à vivre, plus complaisant même qu'il ne le paraît, et assez facile à gouverner. » *Autoportrait* publié par J. Bertrand, *op. cit.*, pp. 187 à 193.

3. Il était le fils naturel de Mme de Tencin, qui l'abandonna à sa naissance sur les marches d'une église, et du chevalier Destouches, général d'artillerie, qui veilla sur lui jusqu'à sa mort en 1726.

4. Son emplacement était celui de l'actuel Institut, quai Conti.

5. Lui aussi eut un maître excellent, cette année-là, un certain H. Caron.

avait vingt ans, et lui quarante-six. Il avait donc l'âge d'être son père, et nul mieux que lui ne pouvait comprendre cette passion pour les sciences exactes. Toute sa vie, d'Alembert a été amoureux des mathématiques. Lorsqu'il est encore dans la force de l'âge, Julie se moque gentiment de lui : « Il n'aurait jamais fait le vers de Voltaire, qui dit en parlant du temps : *Tout le consume et l'amour seul l'emploie*. Il aurait mis : *Tout le consume et l'algèbre l'emploie*[1]. » Plus tard, après sa dépression nerveuse de 1770, d'Alembert dira son chagrin à Lagrange de ne plus être en état d'en faire, et, vers la fin de sa vie, sa honte de sa « décrépitude géométrique[2] ». En vérité, les mathématiques étaient pour lui « une maîtresse ». Dans les années soixante-dix, Condorcet fait montre de la même passion. Lorsque tout va mal, il nourrit son esprit de mathématiques, et la vie redevient supportable. Il n'aime ni l'astronomie, ni « la physicaille[3] », mais la géométrie, « la seule chose qui aille bien[4] ». De plus, il partage la conception des mathématiques de d'Alembert, qui n'est pas celle de tous les encyclopédistes. Si, « pour Buffon et Diderot, la certitude n'est pas nécessairement liée à l'usage de la démonstration mathématique, pour d'Alembert, une connaissance est certaine seulement quand elle se conforme au raisonnement mathématique et se soumet au contrôle de l'instrument de géomètre[5] ». Condorcet a opté pour la conception de d'Alembert, même s'il dénoncera en elle, beaucoup plus tard, un certain rigorisme[6]. A l'instar de son père spirituel, il pense alors que toute la vérité et une grande part de son bonheur ont nom : mathématiques.

L'influence de d'Alembert sur Condorcet ne fut pas qu'intellectuelle. Il enseigna à son élève les sentiments de dignité

1. Lettre de Julie de Lespinasse à Condorcet, juillet 1769, *op. cit.*, p. 42.
2. Lettre de d'Alembert à Lagrange du 22 décembre 1780, *op. cit.*, p. 358.
3. Expression de d'Alembert souvent reprise par Condorcet, *cf.* lettre à Turgot, *op. cit.*, p. 128.
4. Lettre à Turgot, octobre 1773, *op. cit.*, p. 132.
5. Roshdi Rashed, *Condorcet, mathématique et société*, Hermann, 1974, p. 23.
6. « Éloge de d'Alembert », 1783, *Œuvres*, tome III, p. 79.

et d'indépendance que celui-ci conservera jusqu'à la mort. Il lui apprit à mépriser l'argent et à tenir ses distances à l'égard des grands de la Cour. Sur tous ces points, la vie de d'Alembert fut absolument exemplaire. En 1752, il avait publié un *Essai sur la Société des gens de lettres et des grands*[1] qui avait fait grand bruit dans le monde intellectuel. Il y dénonçait la servilité de ceux qui ont pour profession de penser et « la fureur de protéger[2] » des grands qui espéraient ainsi gagner estime et considération. Aux dires de Condorcet, la sévère leçon fut entendue. De cette époque, dit-il, date un changement notable dans la conduite des gens de lettres qui renoncèrent aux dédicaces avilissantes et aux flatteries exagérées[3]. La mode était maintenant à l'affirmation de son indépendance et de sa liberté. Et personne ne fut moins courtisan que d'Alembert. Il refusa aussi bien de faire des démarches pour être élu à l'Académie française[4] que de faire sa cour à Mme de Pompadour pour avoir une pension. Des grands, il disait volontiers : « Je les salue de loin, je les respecte comme je dois et je les estime comme je peux[5]. » Et il engageait Condorcet à « ne pas regarder comme légitime l'usage de son superflu, lorsque d'autres hommes sont privés du nécessaire[6] ». Condorcet n'oubliera jamais cette leçon. L'égalité entre les hommes n'est pas seulement pour lui un postulat philoso-

---

1. *Œuvres complètes*, tome IV, pp. 337 à 373, Slatkine, 1967. Baker, *op. cit.*, date cet essai de 1752. D'Alembert en publia une édition révisée en 1759. Par « gens de lettres », il faut entendre le monde intellectuel au sens large : mathématiciens, philosophes, etc.
2. « Essai... », *op. cit.*, p. 362.
3. « Éloge de d'Alembert », *Œuvres*, I, p. 70.
4. Au désespoir de Mme du Deffand qui faisait campagne pour lui.
5. « Portrait de d'Alembert », *op. cit.*, p. 191.
6. « Éloge de d'Alembert », *op. cit.*, p. 76. Fidèle à ses principes, d'Alembert consacra toute sa vie un tiers de ses revenus à des dons, y compris lorsqu'il n'avait que 6 000 à 7 000 livres de rentes annuelles. Pour préserver son indépendance, il refusa les offres mirifiques de Frédéric II (en 1752, 1759 et 1763) de venir diriger l'Académie de Berlin, et celle de la Grande Catherine, en 1762, qui le suppliait d'être le précepteur de son fils Paul. En revanche, il accepta volontiers la pension de 1 200 livres que lui fit Frédéric, parce que celui-ci ne lui demandait rien en échange.

phique, c'est aussi une vérité morale et sociale qui appelle, de façon urgente, une autre politique et d'autres comportements. Très tôt, il manifestera sa haine de l'argent et sa méfiance à l'égard des puissants, encore renforcées par l'expérience vécue sous le ministère de Turgot. Fidèle à l'exemple de d'Alembert, il saura garder ses distances. Et, contrairement aux mensonges propagés par ses ennemis durant la Révolution, nul ne l'aura jamais vu faire sa cour à Versailles.

Enfin, dernier présent du père à son fils spirituel : ses amis. Outre ses relations scientifiques, d'Alembert fit connaître à Condorcet les femmes et les hommes les plus brillants de son temps. Il l'introduisit dans les salons de Mme Geoffrin, des Helvétius et d'Holbach. Il lui présenta ses intimes : Chastellux, Marmontel et Turgot, auxquels se joignaient des hommes de lettres tels que l'abbé Morellet, Saint-Lambert, Suard et La Harpe. C'est aussi dans le salon de Julie que Condorcet rencontra les grands hommes d'église philosophes : l'archevêque de Toulouse, Loménie de Brienne, et celui d'Aix, Boisgelin. Là encore il fit la connaissance de Malesherbes, magistrat libéral, des économistes Quesnay, Dupont de Nemours et Trudaine, d'étrangers de marque tels l'abbé Galiani, Lord Shelburne, ou l'ambassadeur Caraccioli, et surtout des philosophes liés à l'*Encyclopédie* : Diderot, Duclos, Condillac, etc.

Très vite, parmi tous les amis de d'Alembert et de Julie, l'un d'eux va devenir un autre modèle pour Condorcet, un second père adoptif. Il s'agit de Turgot, qu'il ne voit que trop rarement à son goût, lorsque sa généralité de Limoges[1] lui laisse le temps de venir à Paris. On ignore la date exacte de leur rencontre, mais lorsque débute leur correspondance en mars 1770, Condorcet l'assure de sa « tendre amitié[2] », témoignage d'une relation plus personnelle que mondaine.

En 1770, Turgot a déjà quarante-trois ans[3], soit seize ans

1. Turgot, nommé intendant du Limousin en 1761, le demeura jusqu'en 1774, date à laquelle il fut nommé ministre.
2. Lettre du 10 mars 1770, *op. cit.*, p. 2.
3. Il est né le 10 mai 1727 à Paris.

de plus que Condorcet. Par bien des points, Condorcet lui rappelle le jeune homme qu'il a été. De bonne et vieille noblesse par la famille de son père[1], Turgot avait fait des études particulièrement brillantes qui devaient le conduire à l'état ecclésiastique, choisi par ses parents à cause de sa timidité maladive. Entre 1748 et 1750, il poursuivit ses études théologiques au séminaire de la Sorbonne où il se lia avec de jeunes abbés qui allaient rester ses amis : l'abbé Loménie de Brienne, l'abbé de Boisgelin et l'abbé Morellet. Il se distinguait par sa bonté et sa pudeur extrême : « Sa modestie et sa réserve eussent fait honneur à une jeune fille. Il était impossible de hasarder la plus légère équivoque sur certain sujet, sans le faire rougir jusqu'aux yeux[2]. »

Turgot renonça à la carrière ecclésiastique parce qu'il y voyait l'engagement imprudent « d'avoir toujours les mêmes opinions publiques, de prêcher ce qu'on cessera peut-être bientôt de croire, d'enseigner aux autres comme des vérités ce qu'on regarde comme des erreurs[3]... » Mais il conserva de cette période de sa vie la même retenue et timidité que Condorcet. Comme lui, il se tient voûté, parle bas et déteste le monde. De là vient une lacune qu'il partage aussi avec son jeune disciple : l'absence d'éloquence. Turgot est aussi gauche et embarrassé que Condorcet. Plus encore, peut-être, si l'on songe qu'il ne se maria pas et que nul ne lui connut une seule maîtresse. Mais cela ne l'empêchait pas de susciter des amitiés passionnées et des fidélités à toute épreuve. Sa rigueur, sa bonté, et surtout sa passion du bien public firent de lui un modèle pour toute une génération de serviteurs de l'État et de jeunes « intellectuels ». A Condorcet, l'un de ses plus proches disciples, il apprit à faire passer les vertus sociales

1. Dès le xi⁰ siècle, le nom de Turgot était illustre en Angleterre. L'une des branches de cette famille vint s'établir en Normandie. Son frère aîné portait le titre de marquis. Son père fut prévôt des marchands et laissa le souvenir d'un grand administrateur.
2. *Mémoires inédits de l'abbé Morellet sur le XVIII⁰ siècle et sur la Révolution*, tome I, pp. 11 à 17, Slatkine reprints, Genève, 1967.
3. Condorcet, « Vie de M. Turgot », *Œuvres*, tome V, p. 2.

avant les vertus privées, et le bien public avant les intérêts particuliers. Des problèmes de mathématiques, il l'amena à s'intéresser à ceux que pose l'organisation d'une société juste. Enfin, Turgot lui transmit sa vision du monde et son projet politique. « Leurs idées, leurs espérances, leurs sentiments s'étaient complètement identifiés. Il serait vraiment impossible de citer un seul point... sur lequel Turgot et Condorcet aient différé, même par d'imperceptibles nuances[1]. »

Forts de leur sensibilité et de leur idéologie communes, les deux hommes nourriront jusqu'à la mort de Turgot[2] une profonde amitié l'un pour l'autre. Leur riche correspondance témoigne de multiples attentions réciproques. Durant l'époque limousine de Turgot (jusqu'en 1774), Condorcet l'informe de tout ce qui advient dans la capitale, l'entretient de ses chagrins d'amour, lui parle philosophie, économie, politique ou romans. Turgot l'interroge interminablement sur des problèmes de mathématique, de physique ou de chimie, ou sur leurs amis communs. « Aussi triste qu'un ministre exilé[3] » lorsqu'il quitte ses relations parisiennes, Turgot a besoin de l'amitié et du dynamisme de son jeune ami. Et lorsqu'il revient dans la capitale, Julie de Lespinasse écrit à Condorcet, à Ribemont : « Votre absence est un grand vide pour M. Turgot ; il s'en faut bien que je vous aie suppléé[4]. » A plusieurs reprises, elle mentionnera[5] cet attachement profond de Turgot pour Condorcet[6]. Il en allait des sentiments de l'intendant comme de ceux de d'Alembert à propos desquels Julie écrivit à Condorcet : « D'Alembert vous aime par goût, par choix et par l'analogie qu'il a avec vos vertus et vos talents[7]. »

1. Arago, *Œuvres*, I, p. LXVIII.
2. Le 18 mars 1781.
3. Lettre de Turgot à Condorcet du 6 avril 1772, *op. cit.*, p. 81.
4. Lettre de Julie de Lespinasse à Condorcet, avril 1771, *op. cit.*, p. 58.
5. Lettres à Condorcet, 18 novembre 1771, juillet 1772, 26 juillet 1772, 23 août 1772.
6. On verra plus loin comment Condorcet eut de multiples occasions de rendre à Turgot son amitié, notamment pendant et après son ministère.
7. Lettre de Julie de Lespinasse à Condorcet, avril 1774, *op. cit.*, p. 112.

Fort de cette double protection paternelle et de ses liens avec Julie et Amélie, Condorcet se refusait aux mondanités. Elles n'étaient à ses yeux que « dissipation sans plaisir, vanité sans motif et oisiveté sans repos[1] ». Il n'aimait rien tant que le travail, dix heures par jour dans la solitude de sa chambre, à Paris ou Ribemont, au point que ses amis s'inquiétaient ou riaient. Pourtant, il savait demeurer disponible pour les autres et, comme l'écrit Julie, « perdre son temps ou le donner au premier venu... sans jamais se plaindre des opportuns. » En 1770, Condorcet avait déjà marqué sa place dans le monde scientifique. Mais son esprit, si à l'aise dans l'univers des abstractions, appelait d'autres défis et d'autres combats. Il allait bientôt apprendre qu'on ne modifie pas la société ni les hommes comme on manipule les chiffres.

---

1. « Éloge de Courtanvaux », *Œuvres*, II.

# CHAPITRE II

# *L'engagement*
## *(1770-1774)*

Au cours des années 1770, Condorcet s'engage dans une voie qui ne manque pas d'étonner ses contemporains et ses commentateurs. On pouvait s'attendre, en effet, à ce que le brillant mathématicien s'enfermât pour toujours dans le monde des équations. C'était le cas de quasiment tous ses collègues avant l'époque de la Révolution française. On n'imaginait pas les plus grands, tels Euler, Bernoulli ou Lagrange, abandonner un instant leur compas pour s'occuper des affaires de la cité. C'est à peine si on leur pardonnait de se marier[1] !

Condorcet ne sera pas de ceux-là. Sans jamais cesser ses travaux mathématiques — il en fera jusqu'à l'ultime moment — il multiplie ses réflexions dans les domaines politique,

---

1. Apprenant par un tiers que son ami Lagrange s'est marié, d'Alembert lui écrit ironiquement, le 21 septembre 1767 : « J'apprends que vous avez fait ce qu'entre nous philosophes nous appelons le *saut périlleux*... Un grand mathématicien doit, avant toutes choses, savoir calculer son bonheur. Je ne doute pas qu'après avoir fait ce calcul, vous n'ayez trouvé pour solution *le mariage.* » Assez gêné, Lagrange lui répond : « Je ne sais si j'ai bien ou mal calculé, ou, plutôt, je crois n'avoir pas calculé du tout ; car j'aurais peut-être fait comme Leibniz qui, à force de réfléchir, ne put jamais se déterminer. Je vous avouerai que je n'ai jamais eu du goût pour le mariage..., mais les circonstances m'ont décidé... à engager une de mes parentes... à venir prendre soin de moi et de tout ce qui me regarde. Si je ne vous en ai pas fait part, c'est qu'il m'a paru que la chose était si indifférente d'elle-même qu'elle ne valait pas la peine de vous en entretenir. » Dieu merci, ce mauvais mariage ne dura pas ! Comme le dit Maurice Daumas : « La mort de sa femme, survenue peu après, est pour lui plutôt une délivrance. » In *Histoire de la science*, Encyclopédie de La Pléiade, Gallimard, 1962, p. 604.

social, économique et philosophique. Il brouille son image d'homme de science — par définition, objectif et serein — en ne craignant ni le pamphlet, ni la polémique. Le jeune homme timide, qui ne paraissait à l'aise que dans le calcul intégral, se révèle un idéologue passionné qui va toujours jusqu'à la limite de ses engagements, quoi qu'il puisse lui en coûter. A cette attitude peu orthodoxe, il y a essentiellement deux raisons : un environnement intellectuel et affectif exceptionnel et, surtout, son tempérament personnel.

## Le dernier des Encyclopédistes

Si d'Alembert fut un maître en mathématique, il était également, avec Diderot, l'un des pères fondateurs de l'*Encyclopédie*. C'est le fameux *Discours préliminaire*, écrit en 1751, qui l'avait rendu célèbre auprès du public éclairé, plus sûrement que son magistral *Traité de dynamique*[1] ou la *Théorie générale des vents* qui éblouissait encore Lagrange trente ans plus tard[2]. Par la suite, d'Alembert fera alterner travaux mathématiques et réflexions littéraires, philosophiques, poétiques et même musicales. Lorsque Condorcet entre dans son orbite, aux alentours de 1765, d'Alembert est plus préoccupé par la polémique que suscite son dernier ouvrage sur la *Destruction des jésuites*[3] que par ses travaux en cours sur la mécanique des fluides. Si la voie suivie par le grand savant étonne déjà ceux qu'on pourrait appeler les *spécialistes*, elle

1. Avec ce *Traité de dynamique* (1743), la mécanique rationnelle classique prenait sa forme définitive et bénéficiait de toutes les nouveautés introduites en mathématique par Newton.
2. Lettre de Lagrange à d'Alembert, 10 juillet 1778, *op. cit.*, p. 338. *La Théorie générale des vents* datait de 1745.
3. *Histoire de la destruction des jésuites*, 1765, imprimée en Suisse par l'intermédiaire de Voltaire. Dans une lettre à Lagrange (18 juin 1765), d'Alembert écrit : « Les fanatiques des deux partis [jésuites et jansénistes] jettent les hauts cris contre moi : c'est ce que je voulais. J'aime assez le déchaînement ; il m'amuse. » *Op. cit.*, p. 40.

est pourtant tout à fait conforme à l'esprit encyclopédique[1] apparu au milieu du siècle. A propos de Condorcet, Julie de Lespinasse décrit à sa façon l'encyclopédiste : « Parlez-lui philosophie, belles-lettres, sciences, arts, gouvernement, jurisprudence, et, quand vous l'aurez écouté, vous direz cent fois par jour que c'est l'homme le plus étonnant que vous ayez jamais entendu. Il n'ignore rien, pas même les choses les plus disparates à ses goûts et ses occupations : il saura les formules du Palais et la généalogie des gens de la Cour, les détails de la police et le nom des bonnets à la mode ; enfin rien n'est au-dessous de son attention, et sa mémoire est si prodigieuse qu'il n'a jamais rien oublié[2]. » Condorcet est d'autant plus attaché à l'esprit encyclopédique que les trois hommes qu'il admire le plus ont participé à la grande aventure de Diderot[3]. Outre d'Alembert, Voltaire rédigea de nombreux articles, et Turgot, encore jeune, se chargea d'en écrire cinq qui illustrent bien l'éclectisme dont parle Julie : *Étymologie, Existence, Expansibilité, Fondations, Foires et Marchés*. Trop jeune pour participer au Grand Œuvre (il avait huit ans lors de la publication du premier volume), Condorcet fut l'héritier de cet esprit, un encyclopédiste de la seconde génération, pour ne pas dire le dernier. Son goût de la raison mathématique l'entraînait vers « une systématisation généralisante[4] » que nourrissait une curiosité universelle.

Condorcet est l'un des hommes qui connaît le mieux les

1. G.G. Granger, *op. cit.*, p. 12 : « le goût universel... du savoir humain ».

2. « Portrait de M. de Condorcet », *op. cit.*, p. 628.

3. Condorcet n'a jamais été très lié avec Diderot, qu'il avait pourtant souvent l'occasion de rencontrer. L'une des principales raisons de cette distance est probablement le froid qui s'était installé entre Diderot et d'Alembert depuis que ce dernier avait abandonné en 1757 sa collaboration à l'*Encyclopédie*. La seule trace qui nous reste d'une relation entre Condorcet et Diderot est une lettre de ce dernier concernant son petit écrit de mathématique : *La Cyclométrie*. Diderot, qui croyait avoir démontré la quadrature du cercle, avait soumis son travail à Condorcet qui lui fit des « remarques condescendantes ». Apparemment, elles ne découragèrent pas le mathématicien amateur qui préféra « s'en rapporter au public ». *Cf. Correspondance* de Diderot, tome XIV, éd. de Minuit, 1968, lettre 859, « A Monsieur xxx », février 1775, p. 131.

4. G.G. Granger, *op. cit.*, p. 15.

sciences de son époque. En 1772, il commence d'écrire, en vue de succéder au secrétaire de l'Académie, Grandjean de Fouchy, les notices biographiques de tous les membres de l'Académie morts entre 1666 et 1699. Puis il compose celles des académiciens contemporains. Au total, de 1773 à 1790, il aura rédigé soixante et un éloges, qui sont souvent des modèles du genre et constituent une véritable histoire[1] des sciences. Contrairement à Fontenelle qui avait excellé dans cet art, Condorcet fait passer la rhétorique après le souci de la documentation et du jugement objectif. Il met son point d'honneur à bien traiter de chimie, botanique, cartographie, médecine ou même génie militaire, selon l'homme dont il célèbre la mémoire. Il s'intéresse avec la même passion à la mesure du méridien qu'à la culture du sucre, au magnétisme animal qu'à la dissection des cadavres. De plus, il fera toujours un effort méritoire pour oublier ses querelles avec ceux qu'il enterre[2].

Enfin, lorsque l'éditeur Panckoucke voudra publier une nouvelle édition de l'*Encyclopédie*, complète et mise à jour, Condorcet fera tout naturellement partie de la nouvelle équipe. Une première fois, en 1776-1777, il collabore avec d'Alembert à la partie mathématique du *Supplément* à l'*Encyclopédie*, se chargeant de la rédaction des articles d'analyse mathématique, quasiment inexistants dans la première édition[3]. Il fera de même lorsque Panckoucke, en 1781, recommencera une nouvelle édition, par matière, sous le nom d'*Encyclopédie méthodique*[4]. Mais, d'Alembert n'ayant plus la force d'y travailler réellement, c'est alors Condorcet seul qui incarnera encore tout l'esprit de la première génération.

1. Dans sa préface aux *Éloges*, Condorcet écrit : « Je préfère leur *histoire*, plutôt que leur *éloge* ; car on ne doit aux morts que ce qui est utile aux vivants : la vérité et la justice. » *Œuvres*, tome II, p. VII.
2. *Cf.* Éloge de Fontaine, *Œuvres*, tome II, pp. 154-155.
3. Après la publication des sept premiers volumes de 1751 à 1757, il fallut attendre huit ans pour que soient publiés en une seule année, 1765, les volumes VIII à XVII.
4. Les volumes de mathématique parurent en 1784, 1785 et 1786.

## L'obsession de l'injustice

L'autre raison qui incite le jeune mathématicien à sortir des sentiers de l'abstraction tient à son caractère et probablement à son histoire personnelle. Toute sa vie, Condorcet sera obsédé par l'injustice : « Cette âme calme et modérée dans le cours ordinaire de la vie, dit Julie qui le connaît bien, devient ardente et pleine de feu s'il s'agit de défendre les opprimés, ou de défendre ce qui lui est plus cher encore, la liberté des hommes et la vertu des malheureux ; alors son zèle va jusqu'à la passion ; il en a la chaleur et le tourment, il souffre, il agit, il parle, il écrit avec toute l'énergie d'une âme active et passionnée[1]. » Ce portrait révèle les deux visages de Condorcet que certains de ses amis[2] tenaient pour contradictoires. Il est à la fois d'une bonté reconnue — pas seulement par Julie, qui l'appelait le *bon* Condorcet — et d'une violence proche du sectarisme. Condorcet est capable d'une haine tenace envers tous ceux qui lui paraissent menacer ce qu'il pense être juste. Il exècre Necker, qu'il tient pour grandement responsable de la chute de Turgot ; il haïra plus encore les magistrats et les prêtres qui oppriment des êtres sans défense.

Peut-être la profonde bonté de Condorcet explique-t-elle sa passion. Elle a pour sources le principe moral de l'égalité entre les hommes et ce sentiment naturel si bien décrit par Rousseau : la pitié[3]. Pour ce double motif, il lui est tout simplement impossible de supporter la souffrance et l'humiliation des autres. Très tôt, Condorcet se veut le champion des opprimés et s'évertue à venir en aide à l'humanité souffrante.

1. « Portrait de M. de Condorcet », *op. cit.*, pp. 633-634.
2. Notamment les Suard.
3. Lettre de Condorcet à Turgot, 13 décembre 1773 : « Lorsque je suis sorti du collège..., j'ai cru observer que l'intérêt que nous avions à être justes et vertueux était fondé sur la peine que fait nécessairement éprouver à un être sensible l'idée du mal que souffre un autre être sensible. » *Op. cit.*, p. 148.

Inlassablement, il plaidera la cause du droit et de la justice[1] pour tous. A cette époque qui tolère les pires inégalités, de l'esclavage des Noirs à la plus grande disparité des richesses, Condorcet est le seul à combattre tout à la fois pour l'égalité entre les hommes, l'égalité des sexes, les droits de l'accusé devant la justice, le respect des enfants et même des animaux. Il a renoncé très tôt aux plaisirs de la chasse, et évite de tuer des insectes[2]. A la veille de sa mort, il écrira à sa fille : « Que ton humanité s'étende même sur les animaux. Ne rends point malheureux ceux qui t'appartiendront ; ne dédaigne point de t'occuper de leur bien-être ; ne sois pas insensible à leur naïve et sincère reconnaissance ; ne cause à aucun des douleurs inutiles ; c'est une véritable injustice, c'est un outrage à la nature dont elle nous punit par la dureté de cœur[3]... » Cette infinie tendresse pour les êtres sensibles, et sa révolte devant leurs souffrances conduiront Condorcet plus loin que ses maîtres. Sans doute d'Alembert — champion des philosophes contre les dévots — mena-t-il toute sa vie le combat pour la tolérance. Sans doute Turgot ne fit-il aucune concession aux ennemis de la liberté. Mais ni l'un ni l'autre ne recelaient cette flamme intérieure qui conduisit Condorcet à un engagement total. La vraie différence entre lui et ses pères est qu'il ne fut pas seulement un savant ou un encyclopédiste, un grand commis de l'État ou un politique ; il fut, cent ans avant que l'expression ne s'impose, un *intellectuel engagé*. Toute sa vie se partagea entre la réflexion sur les principes et le combat pour les imposer. Il est donc insuffisant de définir Condorcet comme ayant été successivement un grand savant, puis un homme politique. A ses yeux, on ne pouvait séparer Raison

1. Dans « l'Éloge de L'Hôpital », il exortait ses auditeurs : « Employez, pour le bonheur public, ce que la nature vous a donné de talents et d'énergie ; et dussent les supplices ou même le mépris être votre partage, dussent vos travaux être inutiles, soyez sûrs encore que vous avez bien choisi... », *Œuvres*, III, p. 564.
2. Lettre de Condorcet à Turgot, 13 décembre 1773.
3. « Conseils de Condorcet à sa fille », 1794, *Œuvres*, I, p. 617.

et Justice, disjoindre la science de la politique. C'eût été contraire à sa morale.

## CONTRE L'ATROCITÉ ET LA BÊTISE

### L'exemple de Voltaire

La rencontre avec Voltaire fut déterminante. Le patriarche de Ferney avait été le premier homme de lettres à prendre sa plume pour la défense des innocents et à mettre sa gloire au service de la justice. Son exemple fut un modèle précieux pour Condorcet. On pouvait être l'écrivain le plus admiré de toute l'Europe et prendre de son temps, user de son crédit pour réveiller les consciences en faveur des victimes de l'injustice, d'inconnus, parfois déjà morts. Réhabiliter la mémoire de Calas[1] ou de Lally de Tollendal[2], rendre justice à Sirven[3] ou à Étallonde[4], autant de causes sacrées pour le vieil homme de Ferney, qui le faisaient interrompre ses travaux littéraires. A lire sa correspondance, on mesure l'énergie inouïe qu'il dépensa dans cette mission. Il écrit lettre sur lettre à ses amis qu'il met à contribution, à ses puissantes relations qu'il supplie d'intervenir, aux avocats, enfin, dont il dirige avec autorité les travaux. Il rédige lui-même les mémoires en faveur de ses protégés, leur vient matériellement en aide et les recommande inlassablement à tous ceux qui peuvent leur prêter main-forte.

1. Négociant de Toulouse accusé faussement d'avoir tué son fils pour l'empêcher d'abjurer le protestantisme. Il fut supplicié en mars 1762 et réhabilité grâce à Voltaire en 1765.

2. Gouverneur général des établissements français de l'Inde. Il capitula à Pondichéry devant les Anglais. Accusé de trahison, il fut condamné à mort et exécuté en 1766. Sa mémoire fut en partie réhabilitée grâce à Voltaire.

3. Protestant français accusé, à tort, d'avoir tué sa fille pour l'empêcher de se convertir au catholicisme. Condamné à mort par contumace, il se cacha en Suisse et fut réhabilité grâce à Voltaire en 1771.

4. Complice du chevalier de la Barre, condamné à mort par contumace, que Voltaire prit sous sa protection.

Insistant et répétitif, Voltaire en est presque lassant. Mais qui oserait lui faire reproche de tant de générosité et de courage ?

Avant même leur première rencontre, Condorcet n'est pas seulement un admirateur de son œuvre ; il l'est aussi de son action. Tenu au courant de tous ses combats par d'Alembert, vieil et fidèle ami[1] du patriarche de Ferney, il s'indigne à son tour de tant d'ignominies commises au nom de la Justice. Il partage si vite la haine de Voltaire pour les parlementaires que la première pièce satirique à sortir de sa plume mettra en cause deux conseillers au Parlement, *Michaut et Michel*[2]. Le plus cocasse est la colère de Voltaire à l'idée qu'on puisse lui attribuer cet écrit[3]. Au départ, il semble en ignorer l'auteur. Il écrit à Schomberg : « Celui qui a été assez hardi pour faire cette satire violente est assez lâche pour me l'attribuer. Cet ouvrage ne peut être que d'un coquin[4]. » Trois mois plus tard, il sait et change de ton avec d'Alembert : « Il n'est pas honnête qu'Achille (flatteur !) ait voulu combattre sous les armes de Patrocle[5] », et se réjouit que Condorcet n'ait pas lâché sa pièce dans le monde. D'Alembert prend la défense de son protégé : « Jamais ce dernier, trop de vos amis, n'a pu avoir à se reprocher la moindre imprudence à votre égard, et à plus forte raison l'ombre d'une calomnie : personne ne vous rend justice avec plus de reconnaissance et plus de courage. Il vous en a donné des preuves publiques[6]. » Mais l'affaire n'est pas close pour autant. Voltaire n'en croit pas un mot et continue d'être furieux. Il se plaint à Saint-Lambert[7] et supplie d'Alembert de faire pression sur Condorcet pour qu'il ne

---

1. La première lettre de d'Alembert à Voltaire date du 24 août 1752.
2. Voltaire mentionne cet écrit pour la première fois dans une lettre à d'Alembert du 28 octobre 1769. Cette satire était dirigée contre Michaut de Mautaron, Michaut de Montblin et Lepelletier de Saint-Fargeau qui, en 1769, avaient, au Parlement, *péroré ridiculement* sur la question des grains, qu'ils n'entendaient pas.
3. *Michaut et Michel* a parfois aussi été attribué à Turgot.
4. Lettre du 31 octobre 1769.
5. Lettre du 12 janvier 1770.
6. Lettre du 27 janvier 1770.
7. Lettre du 30 mars 1770.

publie rien[1]. Voltaire suggère même quelques arguments qui durent faire s'esclaffer le jeune homme : « S'il publie, dit-il, cela l'empêchera d'être de l'Académie française... » Et, flatteur, il ajoute : « Je l'aime, je l'estime, je suis son partisan le plus éclairé..., je compte sur son amitié[2]. » Tout Voltaire est là : couard et courageux, naïf et rusé, dissimulé, mais prenant le monde à témoin. Il n'empêche que son tout premier rapport avec Condorcet fut de défiance et de colère. Cela, pour avoir défendu avec fougue des idées qu'il partageait pleinement, et dont il était peut-être l'inspirateur ! Quelques mois plus tard, Voltaire recevra chez lui ce jeune homme qu'il traitait de coquin. Ce sera un coup de foudre.

Depuis le début de l'année 1770, d'Alembert est malade. Le 29 janvier, il confie à Frédéric II : « Des vertiges fréquents m'ont causé une faiblesse de tête qui m'interdit toute application, et me permet à peine de tenir la plume[3] ». Il précise à Voltaire qu'il va devoir « vivre en bête » pendant trois ou quatre mois[4]. Mais les mois passent sans apporter la moindre amélioration[5]. Au contraire, son état empire et inquiète ses amis, Julie de Lespinasse au premier chef. En juillet, elle écrit à Condorcet : « M. d'Alembert est dans l'état le plus alarmant..., il ne dort plus, et ne mange que par raison ; mais ce qui est pis que tout cela encore, c'est qu'il est tombé dans la plus profonde mélancolie, son âme ne se nourrit que de tristesse et de douleur ; il n'a plus d'activité ni de volonté pour rien ; en un mot, il périt si on ne le tire par un effort de la vie qu'il mène[6]. » Le diagnostic s'impose : d'Alembert souffre d'une dépression nerveuse. La cause n'en est pas, comme le croient Lagrange et Turgot, un excès de travail

---

1. Lettre du 3 mars 1770.
2. *Ibid.*
3. Lettre de Frédéric, 29 janvier 1770, in *Œuvres complètes*, tome V, p. 289, Slatkine reprints, Genève, 1967.
4. Lettre à Voltaire du 25 janvier 1770.
5. Lettres à Frédéric des 21 avril, 30 avril, 8 juin, 6 juillet 1770, *op. cit.*, pp. 291 à 296. Lettres à Lagrange des 25 mars, 13 juillet 1770, *op. cit.*, pp. 169 et 178.
6. Lettre de Julie à Condorcet, 27 juillet 1770, *op. cit.*, p. 54.

intellectuel, mais une profonde insatisfaction. L'amitié de Julie ne lui suffit pas. Or, voilà plusieurs années qu'ils n'ont plus d'autres rapports. Et leurs liens sont gâchés, de surcroît, par la dureté et les humeurs de cette femme fantasque. Le bon et naïf d'Alembert n'y comprend rien. Il ne voit pas que Julie, qu'il adore, est folle de M. de Mora, âgé de vingt-deux ans... Julie, elle, ne s'y trompe pas : « Mon amitié ne suffit pas à faire la diversion nécessaire[1]. » Elle propose un remède classique à l'époque : le voyage en Italie, accompagné d'un ami : « Nous nous réunissons tous pour le conjurer de faire le voyage en Italie..., mais jamais il ne se déterminera à faire ce voyage tout seul, et moi-même je ne le voudrais pas ; il a besoin des secours et des soins de l'amitié, et il faut qu'il trouve tout cela dans un ami tel que vous, Monsieur. Vous êtes selon son goût et selon son cœur ; vous seul pouvez l'arracher à un état qui nous fait tout craindre[2]. »

Condorcet, qui n'est jamais allé plus loin que Ribemont, convainc sa mère de le laisser partir et accepte avec joie. D'Alembert, qui n'a plus goût à rien, hésite. De plus, sa fortune ne lui permet pas le voyage : « Cela m'est impossible dans les circonstances présentes où nos pensions ne sont point payées, et où j'ai bien de la peine à vivre même sans me déplacer et en usant de la plus grande économie[3]. » Qu'à cela ne tienne ! Pressé par Julie, d'Alembert demande de l'aide au généreux Frédéric qui lui adresse immédiatement une lettre aimable, accompagnée de 6 000 livres. Les préparatifs du voyage le distraient et il envisage une longue absence : « Je serai de retour au mois de janvier si je ne vais qu'en Languedoc et en Provence, et au mois de mai ou de juin si je vais jusqu'en Italie[4]. » De toute façon, ils feront halte à Ferney où Voltaire se réjouit d'accueillir son vieil ami. D'Alembert et Condorcet « graissent leurs bottes pour partir » et sont enfin

1. *Ibid.*, p. 55.
2. *Ibid.*
3. Lettre à Lagrange du 13 juillet 1770, *op. cit.*, p. 178.
4. *Ibid.*, 6 septembre 1770, *op. cit.*, pp. 186-187.

prêts, le 16 septembre, à prendre la diligence pour Genève. Après l'achat de quelques livres dans la ville protestante, les deux hommes arrivent le 25 septembre à Ferney et s'y installent jusqu'au 10 octobre. Durant ce court séjour dont les trois hommes garderont un souvenir attendri, d'Alembert retrouve sa verve et son imagination[1], Voltaire son rire, et Condorcet est plus aimable que jamais. De quoi parle-t-on sous la belle charmille des jardins de Ferney ? D'abord de tout ce qu'il faut dissimuler dans les lettres : des affaires concernant l'Académie française où le parti de d'Alembert est en butte à l'opposition des gens de la Cour[2], comme le duc de Richelieu que Voltaire ne peut s'empêcher d'aimer ; et, surtout, des questions politiques et philosophiques. Les trois hommes tombent d'accord sur tout, comme s'ils avaient passé un pacte secret pour soutenir mutuellement leurs idées. Ce qu'ils feront effectivement jusqu'à la mort de Voltaire en 1778.

La question des grains (du blé) était alors brûlante. On accusait le gouvernement de stocker le blé pour en tirer des profits dans les moments de disette. A part Turgot et les physiocrates qui défendaient la libre circulation des grains, le ministre des Finances Terray, soutenu par la grande majorité de l'opinion et des intellectuels[3], en tenaient pour la réglementation. A Ferney, les trois hommes décident de soutenir les thèses de Turgot. Ils deviennent les défenseurs de la liberté de commerce[4]. Ils condamnent le système des corvées qui éloigne les paysans de leurs champs et constitue la forme

---

1. « Non seulement il n'a point de mélancolie, mais il dissipe toute la mienne. Il me fait oublier la langueur qui m'accable. » Lettre de Voltaire à Chabanon du 28 septembre 1770.

2. Lettre de Voltaire à La Harpe du 27 septembre 1770.

3. L'abbé Galiani venait de publier avec succès ses *Dialogues sur le commerce des blés*, janvier 1770. Il était activement soutenu par Diderot, d'Holbach et Mme d'Épinay. A l'époque, Voltaire et d'Alembert avaient fait l'éloge de ce texte si plein d'esprit.

4. Lettre de Voltaire à Chabanon, 28 septembre 1770.

d'impôt la plus inégale[1]. Ils partagent la même hostilité contre les parlements qui font brûler les livres qui ne plaisent pas et vont parfois jusqu'à saisir leurs auteurs[2]. Durant de longues conversations dans le parc, Condorcet et d'Alembert ont eu le temps de raconter « à quel point les Welches sont déchaînés contre la philosophie[3]. » Bien entendu, la conversation est tombée sur le dernier livre du baron d'Holbach, *Le Système de la nature*, dont l'athéisme faisait scandale et menaçait l'unité du clan philosophique. Voltaire en était effrayé, car il voyait bien quel parti on pouvait en tirer contre les philosophes et les tentatives libérales de d'Alembert : « Ce maudit *Système de la nature* a fait un mal irréparable[4] », parce qu'en dépit des appels de Voltaire à l'unité[5], il marque la scission définitive du mouvement philosophique. Voltaire se range dans le camp des modérés, représenté par d'Alembert, contre l'aile plus radicale de Diderot et d'Holbach. Les trois hommes partagent la même colère contre le Parlement qui saisit le livre de « Belzébuth-Holbach » et contre celui-ci qui donne des verges pour fouetter les philosophes. Mais cela ne peut remettre en cause l'alliance sacrée contre « l'Infâme », c'est-à-dire avant tout l'intolérance religieuse. Jusque-là, Raton-

1. « On nous arrache à nos charrues pour travailler à notre ruine, et l'unique prix de ce travail est de voir passer sur nos héritages les carrosses de l'exacteur de la province, de l'évêque, de l'abbé, du financier, du grand seigneur, qui foulent aux pieds de leurs chevaux le sol qui servit autrefois à notre nourriture » (Voltaire, *La Requête à tous les magistrats du Royaume*, 1770). La corvée royale consistait dans l'obligation, pour la population des campagnes, de travailler gratuitement un certain nombre de jours par an à la construction ou à l'entretien des grandes routes. Elle fut une charge des plus variables selon les lieux et les temps — de six à quarante jours par an — et des plus arbitraires. *Cf.* M. Marion, *Dictionnaire des institutions de la France aux XVIIᵉ et XVIIIᵉ siècles*, réédition Paris, Picard, 1976.
2. « On traite les gens de lettres comme du temps où on les prenait pour des sorciers. » Voltaire à La Harpe, le 27 septembre 1770.
3. Lettre de Voltaire à Grimm du 10 octobre 1770. Dans la terminologie voltairienne, le terme « Welches » désigne les Français, intolérants, mesquins et bornés.
4. *Ibid.*
5. Baker, *op. cit.*, p. 28.

Voltaire ne faisait qu'un avec Bertrand-d'Alembert[1]. A présent, il y a un second Bertrand : Condorcet. Lorsque d'Alembert, mieux portant, reprend la route de Paris avec Condorcet, celui-ci a affermi ses idées sur les grands sujets du moment, et noué une amitié qui ne se démentira plus. Cette visite de deux semaines à Ferney a convaincu Condorcet de donner une part de son temps à la recherche du « bien public ». Dorénavant, il fera en sorte que ses travaux scientifiques servent aussi à l'amélioration de la condition des hommes.

Parti le 10 octobre de Ferney, les deux hommes mettront près d'un mois et demi pour rentrer à Paris. Ils musardent sur les chemins du Languedoc, « beaucoup plus beaux que les autres, et cela nous a donné occasion de crier contre les corvées[2]. » Mais il n'est plus question de l'Italie. D'Alembert a hâte de retrouver Julie et ses amis de la rue de Bellechasse. Il confiera à Lagrange qu'il est « l'animal du monde le moins propre au voyage et le plus fait par nature pour ne pas changer de place[3]. » Tout au plus consent-il à s'arrêter à Aix, Lyon et Montpellier avant de reprendre la route de la capitale. Condorcet devait avoir le même tempérament que d'Alembert, car ce fut là l'unique grand voyage qu'il fit dans sa vie. Contrairement à certains de ses amis, il ne mit jamais les pieds en Angleterre, en Prusse ou en Italie.

Rentré le 27 novembre à Paris, Condorcet fait le bilan du voyage dans une lettre à Turgot. D'Alembert se porte beaucoup mieux, et Voltaire l'a séduit : « Je l'ai trouvé si plein d'activité et d'esprit qu'on serait tenté de le croire immortel si un peu d'injustice pour Rousseau et trop de sensibilité aux

1. Pour préserver leur correspondance des indiscrétions de la poste, Voltaire et d'Alembert convinrent de se désigner mutuellement, Voltaire par le nom de Raton, d'Alembert par celui de Bertrand. Palissot dit que la clé de ces dénominations se trouve dans La Fontaine : « *Bertrand avec Raton, l'un singe et l'autre chat* ». Et il s'étonne que d'Alembert se soit contenté du personnage du singe ! *Cf. Mémoires* de Palissot, Paris, 1803, tome I.
2. Lettre de Condorcet à Turgot, le 27 novembre 1770. Turgot, alors intendant du Limousin, se battait pour supprimer les corvées dans sa généralité.
3. Lettre à Lagrange, le 1ᵉʳ février 1771.

sottises de Fréron ne faisaient apercevoir qu'il est homme[1]. »
De son côté, Voltaire ne tarit pas d'éloges sur ses amis, venus
le consoler sur son « fumier » : « Il est très peu de gens de
ces temps-là et même de ces temps-ci qu'on puisse comparer
à M. d'Alembert et à M. de Condorcet. Ils m'ont fait oublier
tous mes maux ; je n'ai pu malheureusement les retenir plus
longtemps. Les voilà partis[2]... » Aussitôt à Paris, d'Alembert
écrit à Frédéric pour le remercier et lui dire qu'il est loin
d'avoir dépensé la somme accordée pour le voyage. En
conséquence, il rendra à M. Mettra 3 500 livres dont il n'a
pas fait usage[3]. Frédéric lui répondra, grand seigneur : « Ne
me parlez pas de finances..., ce qui est écrit est écrit[4]. »

## Le despotisme parlementaire

A peine Condorcet était-il de retour à Paris qu'éclata la
guerre entre le Roi et ses Parlements. A l'origine, il ne
s'agissait que d'un conflit localisé en Bretagne, mettant aux
prises le Parlement de Rennes et le commandant en chef de
la région, le duc d'Aiguillon[5]. Mais, très vite, l'affaire de
Rennes provoqua l'intervention des autres Parlements, surtout
ceux de Paris et de Rouen. Le 3 décembre, Condorcet annonce
à Turgot : « Notre Parlement est en feu ; le Roi lui a envoyé

1. Lettre de Condorcet à Turgot, le 27 novembre 1770 ; Condorcet et surtout
d'Alembert n'ont jamais cessé de défendre Rousseau contre la colère de Voltaire.
De son côté, d'Alembert écrit à Voltaire, le 4 décembre 1770 : « Mon compagnon
de voyage, qui regarde le temps où il a été chez vous comme un des plus heureux
de sa vie, vous embrasse et vous aime de tout son cœur. »
2. Lettre de Voltaire à Grimm, 10 octobre 1770.
3. Lettre de d'Alembert à Frédéric, 30 novembre 1770.
4. Cf. J. Bertrand, op. cit., p. 159.
5. En mars 1770, le Parlement de Bretagne ouvrait une information contre le
duc d'Aiguillon pour sollicitation de témoins lors d'un procès de magistrats bretons.
Le duc d'Aiguillon obtint d'être jugé par la Cour des pairs à Paris. Mais, en juin,
Louis XV arrêta ce procès qui risquait de compromettre son gouvernement, et
déclara le duc irréprochable. Le 2 juillet, le Parlement rendait un arrêt excluant le
duc d'Aiguillon des fonctions de la pairie. En septembre, le Roi faisait défense au
Parlement de Paris de s'occuper du Parlement de Bretagne.

une déclaration qui lui ôte le droit de faire des remontrances plus d'une fois, lui défend de s'assembler... » Alors que la plupart des hommes de lettres s'en prennent au despotisme royal, Condorcet, lui, est ravi qu'on remette au pas ces ennemis de la liberté. Il se gausse de voir ces « messieurs accusés d'être des encyclopédistes », et le terrible Denis Pasquier, surnommé par Voltaire le « bœuf-tigre », se défendre comme un beau diable d'une accusation aussi injuste. N'ont-ils pas été les exécuteurs zélés des basses œuvres de la monarchie « depuis l'arrêt contre Charles VII jusqu'à l'arrêt contre le *Système de la nature*[1] » ?

Lorsque, le 21 janvier 1771, les parlementaires sont exilés et leurs charges supprimées, Condorcet ne va pas, comme Voltaire, jusqu'à applaudir le chancelier Maupeou. Il est loin, cependant, de rejoindre le camp des protestataires. A Beccaria qui est rentré en Italie, il dit le malaise que suscite toute cette affaire : « Vous savez sans doute les malheurs de notre magistrature. Le chevalier de la Barre est vengé ou du moins ses assassins ont été punis, mais ne croyez pas que ce soit pour ce crime, ni qu'on ait même pensé à le leur reprocher. S'ils n'avaient fait que verser le sang innocent avec cette stupide indifférence plus révoltante que la cruauté, ils auraient encore le droit et la volonté de nous persécuter au gré de leurs préjugés. Mais ils ont attaqué un homme puissant [d'Aiguillon], ils ont cru qu'il leur serait aussi permis de violer les lois à son égard... Ils se sont trompés. Cependant, nous ne pouvons goûter une joie pure. Ces tribunaux qu'on leur substituera seront peut-être plus fanatiques et plus corrompus, aussi barbares et plus iniques[2]. »

La position de Condorcet est l'une des plus lucides de toutes celles qui sont prises à l'époque. Alors que Voltaire applaudit au coup d'État royal contre ses ennemis de toujours, et que les princes de sang, appuyés sur l'opinion publique

1. Lettre de Condorcet à Turgot du 4 décembre 1770.
2. Lettre de Condorcet à Beccaria, 1771. *Cf.* Cesare Beccaria, *Scritti et Lettere inediti*, Milan, 1910, pp. 178-179.

éclairée, prennent le parti des Parlements contre le gouvernement, Condorcet renvoie dos à dos les deux ennemis. Il se réjouirait volontiers du coup de force du Roi si cela devait aboutir à une réforme de la justice criminelle et à l'instauration d'un nouveau corps judiciaire honnête et libéral. Mais il sait bien que les « jaunes » qui vont prendre la place des anciens parlementaires ne seront choisis qu'en fonction de la souplesse de leur échine et des gages donnés au despotisme royal. D'un autre côté, cet homme de liberté n'apprécie guère le recours aux lettres de cachet, même contre des parlementaires ennemis ; à plus forte raison lorsqu'il se trouve parmi eux deux amis personnels. Il ne les cite pas, mais il s'agit probablement d'Achille-Pierre Dionis du Séjour[1] et à coup sûr de Malesherbes[2], admirable président de la Cour des Aides, ami intime de Turgot. Même d'Alembert, qui avait eu maille à partir avec lui, au moment des malheurs de l'*Encyclopédie*, lorsque Malesherbes dirigeait la Censure à la tête de la Librairie, admirait sans réserve[3] son action libérale à la tête de la Cour des Aides. Condorcet regrette que Voltaire soit venu prêter main-forte à Maupeou en rédigeant une réponse[4] ironique aux *Remontrances* de Malesherbes. Il se plaint à Turgot que le vieil homme plaisante sur le malheur des gens exilés[5] et prenne publiquement le parti de ceux qui les remplacent.

1. Conseiller à la Tournelle, astronome et académicien des sciences, grand ami de d'Alembert. Le 9 septembre 1766, d'Alembert écrit à Voltaire : « Vous saurez... qu'il a empêché, il y a peu de temps, que la Tournelle ne rendît un jugement pareil dans une affaire semblable [à celle du chevalier de La Barre], et a fait mettre l'accusé hors de Cour. »

2. *Cf.* E. Badinter, *Les Remontrances de Malesherbes* (1771-1775), Flammarion, collection « Champs », 1985. Ch. G. Lamoignon de Malesherbes (1721-1794), fils du chancelier Lamoignon, succéda à son père comme premier président de la Cour des Aides (1750) et fut, la même année, nommé directeur de la Librairie. Dans ce dernier poste, qu'il conserva jusqu'en 1763, il protégea les philosophes et l'*Encyclopédie*. Exilé en 1771 en raison de son opposition à Maupeou, il fut appelé ensuite au ministère par Louis XVI, en 1775, pour diriger la Maison du Roi. Ministre sans portefeuille en 1787-1788, il mourra guillotiné avec sa fille, son gendre et l'un de ses petits-fils pour avoir défendu le Roi devant la Convention.

3. Lettre de d'Alembert à Voltaire du 9 septembre 1766.

4. Mars 1771.

5. Lettre de Condorcet à Turgot, 1772, *op. cit.*, p. 79.

Mais ce sont plutôt là critiques de forme que de fond. Lorsque les prises de position de Voltaire lui valent d'être la cible de l'opinion éclairée, Condorcet se range nettement du côté du maître de Ferney. Dans une longue lettre à Mme Suard[1], il se plaint avec amertume que l'abbé Arnaud n'ait pas eu le courage de faire l'éloge de Voltaire dans son discours de réception à l'Académie française[2] : « C'est parce que Voltaire est vivant qu'il eût été beau de le louer, et je ne pardonnerai pas aux gens de lettres d'abandonner un grand génie, l'implacable ennemi de la tyrannie et de la superstition, pour admirer la prose gauche des remontrances et regretter des assassins. »

Cette lettre est pour lui l'occasion de dresser le réquisitoire le plus sévère qui soit contre les Parlements. Oui, les Pasquier, les Saint-Fargeau, les juges de La Barre et de Lally sont des assassins. Oui, le Parlement a tenté d'introduire la forme de gouvernement la plus tyrannique, et les philosophes n'ont pas attendu janvier pour la dénoncer. Et il continue, plein de colère : « Ceux qui, comme Voltaire et moi, vivent dans les provinces, savent combien la justice du Parlement était funeste au peuple. Avec quelle impunité ils laissaient voler leurs subalternes, quelle complaisance infâme ils avaient pour les gens d'affaires des princes et des grands... Je me rappelle que le Parlement de Paris a approuvé la Saint-Barthélemy par un arrêt ; qu'il a opposé aux édits de pacification de L'Hôpital la résistance qu'il oppose à M. Maupeou ; que celui de Provence a fait saccager par un arrêt quarante-deux villages, et fait massacrer dix-huit mille Vaudois ; que celui de Toulouse a fait exécuter en un jour deux cents protestants ; que celui de Paris a fait pendre la maréchale d'Ancre parce que son médecin lui avait ordonné le bouillon de coq, le prêtre Petit parce qu'il avait fait une chanson... ; qu'il a défendu de rien enseigner contre la philosophie ridicule des Écoles, proscrit l'*Encyclopédie*, empêché l'édit de l'exportation qui enrichissait

---

1. Lettre de Condorcet à Mme Suard, juin 1771, IX, *op. cit.*
2. Le 13 mai 1771.

les provinces, défendu l'inoculation. Je n'ai pas oublié que l'abbé de Prades a été décrété à cause de ses liaisons avec les éditeurs de l'*Encyclopédie*, que M. Helvétius a été forcé par eux à une rétractation humiliante, qu'ils ont décrété Rousseau, condamné aux galères ceux qui vendaient les livres des philosophes... » Cette longue tirade, où la plume de Condorcet ne reprend pas souffle, justifie Voltaire d'avoir juré une haine éternelle au Parlement, de regarder sa destruction comme un bien, et son rétablissement comme le plus grand de tous les maux. Elle livre la pensée de Condorcet : il se déclare sans ambiguïté contre toutes les formes d'oppression, contre les mauvais juges et pour leurs victimes, contre les puissants et pour le peuple ; il condamne l'arbitraire et la violence de la Justice, et réclame en faveur des droits de l'accusé ; il dénonce la torture et la peine de mort.

## *Une autre conception de la Justice*

Comme beaucoup d'hommes de sa génération, Condorcet s'est imprégné du traité de Beccaria, *Des délits et des peines*[1]. Malesherbes, Turgot, d'Alembert en étaient les parrains. Morellet avait fait venir Beccaria à Paris, où sa traduction connaissait un succès retentissant[2]. Timide et peu loquace, l'Italien se lia avec Condorcet qui disait éprouver pour lui « l'amitié tendre et le respect que l'on doit à un illustre bienfaiteur de l'humanité. » Il signait ses lettres du titre : « un de ses moins dignes mais de ses plus zélés disciples[3] ». C'est

1. Dans ses *Mémoires*, *op. cit.*, I, p. 163, Morellet rapporte l'anecdote suivante : « En 1766, je fis et je publiai la traduction de l'ouvrage... M. de Malesherbes nous donnait à dîner, à M. Turgot, M. d'Alembert... Il venait de recevoir l'ouvrage d'Italie... Essayez, me dit-il, de le traduire. Je passai dans la bibliothèque et j'en revins avec cette phrase comme elle est aujourd'hui. On fut content, on me pressa de continuer. J'emportai le livre et je le publiai en français au bout de six semaines. »
2. Morellet, *op. cit.*, p. 163 : « Cette traduction eut sept éditions en six mois. »
3. Lettre citée de Condorcet à Beccaria.

en se référant aux thèses de Beccaria qu'il condamne l'ancien Parlement et qu'il jugera du nouveau. Si la jurisprudence criminelle est réformée d'après des idées justes et humaines, si les peines y sont adoucies, si les supplices de la roue et du feu, la question et toutes les cruautés inutiles sont supprimés, si enfin on ne laisse pas figurer au nombre des crimes des fautes de mœurs, des égarements, des étourderies, alors, conclut Condorcet, « nous bénirons l'homme qui nous l'aura donné et nous aimerons mieux un despote qui nous gouvernera par des lois douces que les deux cents tyrans qui exécutaient arbitrairement des usages atroces érigés en lois par eux-mêmes[1]. » Malheureusement, le Parlement à la botte de Maupeou ne vaut pas mieux que le précédent. Alors que l'ancien était « insolent et haï », celui-ci se révèle « vil et méprisé ; les deux, sots et fanatiques[2] ». Il en faudrait un troisième, conclut Condorcet. En attendant, il réfléchit avec Turgot à la réforme de la justice criminelle, au fil d'une correspondance particulière[3] qui s'échelonne entre février et juillet 1771. Pour Condorcet, Turgot est le meilleur interlocuteur possible. Maître des requêtes pendant huit ans au Parlement de Paris (1753-1761), imprégné de culture anglaise, il joint à l'approche théorique la pratique des affaires judiciaires[4].

Cette correspondance sur la justice criminelle s'engage sur

1. *Ibid.*
2. Lettre de Condorcet à Voltaire, 22 juillet 1774, *Œuvres*, tome I, p. 37.
3. Elle n'a été publiée que dans l'édition complète des *Œuvres* de Turgot, éd. Schelle, I-III, pp. 513 à 539. Malheureusement, nous ne disposons que des résumés des réponses de Condorcet. Conscient de l'importance de leurs réflexions, Turgot suggéra à Condorcet qu'ils gardent réciproquement leurs lettres, parce qu'elles pourraient servir ultérieurement à celui qui voudrait mettre définitivement en forme ses idées sur une question aussi importante.
4. Il eut à connaître de l'affaire Calas. Lorsque Voltaire gagna la cause de la famille Calas devant l'opinion publique, un arrêt du Conseil (7 mars 1764) engagea la procédure de révision. Le 4 juin, un autre arrêt cassa le jugement du Parlement de Toulouse et, le 9 mars 1765, l'affaire fut portée devant les 40 juges maîtres des requêtes de l'Hôtel. A l'unanimité, ils réhabilitèrent Calas. Turgot était l'un des juges. « Il opina, dit Du Pont, avec une chaleur qui ne lui était pas ordinaire » (in *Œuvres* de Turgot, tome III, p. 435).

la supériorité reconnue de la justice anglaise. Bien que Turgot se refuse à comparer les deux formes établies de justice et demande que l'on raisonne a priori pour « déterminer quelle est elle-même la meilleure forme de procédure et de justice criminelle[1] », le dialogue revient sans cesse sur le modèle anglais. Trois points ne prêtent pas à discussion : l'abolition de la torture, l'instruction publique du procès et la défense de l'accusé, trois grands avantages de la procédure d'outre-Manche. Alors qu'en Angleterre, l'accusé a connaissance de toute la procédure, peut faire entendre ses témoins, charger un avocat de sa défense, il n'a aucun de ces droits dans notre pays et n'apprend même de quoi il est accusé que par ses interrogatoires. Cette procédure, qui vient de l'Inquisition, est rejetée avec la même répugnance par Turgot et Condorcet. En ce qui concerne la peine de mort, Turgot hésite encore : « Bornée au petit nombre de cas où elle doit avoir lieu, c'est une autre matière à discussion sur laquelle, malgré mon penchant, je trouve bien des difficultés à adopter l'opinion de Beccaria[2]. » En revanche s'engage une discussion très argumentée au sujet des juges et du verdict. Comme l'indique Condorcet, rien n'est plus important que ce qui touche à la liberté, et « de toutes les manières d'opprimer les hommes, l'oppression légale me paraît la plus odieuse. Je sens que je pourrais pardonner à un ministre qui me ferait mettre à la Bastille, mais je ne pardonnerai jamais aux assassins de La Barre[3]. » Condorcet plaide pour le système des jurés tirés au sort, afin de pallier les inconvénients des juges inamovibles, en incluant le droit de récusation pour l'accusé. Il y ajoute une idée originale : l'égalité de condition entre l'accusé et le juge : « S'il faut beaucoup de magistrats dans les tribunaux, il faut supposer que les sots, les ignorants, les gens durs et personnels y seront en plus grand nombre. En raisonnant

1. *Ibid.*, p. 519.
2. *Ibid.*, p. 517. Malheureusement, on ne connaît pas la réponse de Condorcet sur ce point.
3. *Ibid.*, p. 516.

74

d'après cette supposition, je trouve que les juges, partagés entre la crainte de condamner un innocent et celle de laisser un crime impuni, seront plus frappés de la dernière. Plus les juges seront éloignés du rang des accusés, plus ce sentiment augmentera... Donc si les accusés sont des gens du peuple, il faut que leurs juges ne soient pas fort au-dessus de cet état... J'ai toujours peur du mot d'un conseiller de la Tournelle : à la mort et allons dîner[1]. »

Turgot lui répond qu'il ne voit pas grande utilité à cette égalité entre l'accusé et le juge. Moins pessimiste, il ne pense pas que le mépris des classes supérieures pour les autres soit porté jusqu'à regarder leur vie comme indifférente[2]. Autre point de désaccord : Condorcet voudrait que le verdict soit rendu à l'unanimité des voix. Turgot trouve ce principe trop difficile à appliquer et se contenterait d'une pluralité des trois quarts des voix[3]. Enfin, si Turgot se dit pour une application « automatique » de la loi, tempérée par un comité des grâces, Condorcet, lui, en tient pour le double degré de juridiction.

## L'affaire du chevalier de La Barre

Quelles que soient leurs différences, Condorcet et Turgot ont la même approche libérale et humaniste de la Justice. Ils la partagent avec le parti des philosophes, leurs amis Malesherbes, d'Alembert et Voltaire, mais non avec la plupart des parlementaires qui ne veulent pas entendre parler de la moindre limite apportée à leurs pouvoirs judiciaires. Leur

1. *Ibid.*, p. 523.
2. *Ibid.*, p. 534 : « Dans notre *état de guerre habituel* de toutes les parties de la société les unes contre les autres..., je n'ai point aperçu que ce mépris inhumain du peuple soit porté assez loin... pour que la vie d'un homme du peuple soit pour qui que ce soit une chose vile. » Souligné par nous.
3. *Ibid.*, p. 534.

75

indifférence à la souffrance des hommes et leur idéologie cruellement répressive[1] bouleversent Condorcet.

En 1766, le conseiller Pasquier requiert contre un jeune homme, accusé à Abbeville d'être passé devant une procession sans ôter son chapeau, d'avoir blasphémé et donné des coups de canne à un crucifix de bois. De quoi, selon d'Alembert, passer quelques mois à Saint-Lazare ! Or le réquisitoire de Pasquier — le même qui envoya Lally sur le billot — aboutit à la pire des sentences. Le 1er juillet, le pauvre chevalier de La Barre subit son supplice : il a la main droite coupée et la langue arrachée avec des tenailles, avant d'être brûlé vif... Pasquier, qui mène la guerre aux philosophes, n'a pas oublié de les en rendre responsables en brûlant conjointement avec lui le *Dictionnaire philosophique*. Voltaire, horrifié par ce récit de d'Alembert, donne à Pasquier le surnom de « bœuf-tigre », qui ne le quittera plus, et demande[2] qu'on lui fasse parvenir le mémoire des avocats. Une fois de plus, ceux-ci ont mal fait leur travail et Voltaire, « dans la rage », comprend qu'il a affaire à un nouveau crime judiciaire. Heureusement, un complice de La Barre, condamné à être décapité, a réussi à s'enfuir. C'est le jeune Étallonde qui, dès janvier 1767, demande à Voltaire sa protection. Celui-ci l'adresse à Frédéric qui accepte de l'accueillir en Prusse et de le faire officier.

Sept ans plus tard, Turgot est au pouvoir, et Voltaire décide qu'il est temps de faire cesser l'exil d'Étallonde et de forcer la justice à reconnaître ses torts. Le 28 septembre 1774, il écrit solennellement à ses « deux Bertrand » pour leur « léguer Étallonde, s'il meurt ». Il leur joint le mémoire qu'il a rédigé sur toute l'affaire, et prie d'Alembert d'intervenir auprès du roi de Prusse pour l'intéresser encore davantage au sort du jeune homme. Une fois de plus, Voltaire met tout son

---

1. D'Alembert écrivit à Voltaire, le 22 février 1770 : « Notre jurisprudence criminelle est le chef-d'œuvre de l'atrocité et de la bêtise. » Et Voltaire à Condorcet, le 23 décembre 1774 : « Tout est arbitraire dans notre abominable jurisprudence. »
2. Lettre de Voltaire à d'Alembert du 23 juillet 1766.

petit monde à contribution. La duchesse d'Enville, très liée à Turgot et à Condorcet, est chargée de disposer M. de Maurepas, son cousin, et Miromesnil, le garde des Sceaux, en faveur d'Étallonde. Mme du Deffand elle-même, pressée par son vieil ami, consent à faire quelques démarches. Mais c'est à Condorcet que revient le rôle décisif. Au départ, il était chargé de réunir les pièces du procès et de consulter des avocats pour résoudre des problèmes de procédure. En réalité, c'est à lui que revient l'honneur d'avoir provoqué la révision du procès de La Barre et d'avoir poussé Voltaire à la demander[1]. Dans une lettre aujourd'hui perdue (15 novembre 1774), Condorcet a su le convaincre d'exiger cette révision du Conseil, et non de s'abaisser à solliciter la grâce d'Étallonde. Voltaire lui a répondu par retour du courrier : « Ce que vous proposez est un trait de lumière admirable... *Vous entreprendrez* là un bel et difficile ouvrage... Je l'ai légué à vous, à M. d'Alembert[2]... » Dès lors, c'est Condorcet, aidé du neveu de Voltaire, d'Hornoy, conseiller au Parlement, qui s'est chargé de la stratégie et des multiples démarches. Il ne manque pas de les soumettre à Voltaire. Ce dernier l'a envoyé consulter son vieil ami, l'avocat Élie de Beaumont, qui a été d'une aide si précieuse dans les affaires Calas et Sirven. Cette fois, Beaumont s'est trompé en demandant des lettres de grâce, et non la révision. Condorcet essaie de le faire revenir sur cette démarche honteuse et de se battre pour que la « sentence d'Abbeville, portée par des incompétents, soit déclarée illégale[3]. » Peu satisfait de Beaumont, Condorcet tente alors de convaincre l'autre grand avocat de l'époque, Target[4], de demander la réhabilitation du chevalier de La

---

1. Note d'Arago, *Œuvres*, I, p. 45.
2. Lettre de Voltaire à Condorcet 23 novembre 1774. Souligné par nous.
3. Lettre de Voltaire à Condorcet, 24 avril 1775.
4. 1733-1807. Élu aux États généraux par le Tiers État de Paris, il jouera un rôle important dans l'élaboration de la Constitution de 1791, approuvera la Constitution civile du clergé et sera l'un des organisateurs de la fête de la Fédération, le 14 juillet 1790. Il refusera de défendre Louis XVI, qui l'a pressenti, et terminera sa carrière au Tribunal de cassation où il fut nommé en 1797.

Barre, afin qu'Étallonde puisse se présenter sans risque devant la justice. Connaissant le dossier par cœur, il lui suggère de multiples moyens de cassation. Il l'avertit qu'Étallonde n'acceptera jamais une demande de grâce, qui jetterait le voile sur le déshonneur du Parlement de Paris, et il termine sa lettre ainsi : « On craint qu'un arrêt solennel comme celui de Calas ne révèle la turpitude de notre jurisprudence. Mais je suis sûr, Monsieur, que ces craintes ne vous arrêteront pas, que tous les petits intérêts de corps disparaîtront à vos yeux devant ceux de la raison et de l'humanité ; que vous aurez, s'il est nécessaire, le courage de déplaire aux protecteurs du fanatisme et de l'hypocrisie[1]. » On ne connaît pas la réponse de Target, mais on sait que tous les avocats consultés se montraient si peu empressés que Voltaire finit par dire à Condorcet : « Ne vous abaissez point à les voir, ne vous ennuyez point à leur verbiage[2]. » La courageuse tentative se soldait par un échec. Heureusement, le roi de Prusse rappela Etallonde auprès de lui, lui donna une pension, le nomma son ingénieur[3] et l'éleva au grade de capitaine.

Condorcet en gardera une rancune ineffaçable contre le Parlement et les gens de justice. Mais il ne s'est jamais vanté de cette action dont l'honneur principal, souligne Arago[4], lui revient. Dans sa biographie de Voltaire publiée en 1789, il s'exprime là-dessus en termes généraux et ne mentionne même pas ses interventions : « Pendant douze années que Voltaire survécut à cette injustice, il ne perdit point de vue l'espérance d'en obtenir réparation ; mais il ne put avoir la consolation de réussir. La crainte de blesser le Parlement de Paris l'emporta toujours sur l'amour de la justice[5]. »

1. *Œuvres*, tome 1, p. 295.
2. Lettre de Voltaire à Condorcet, 8 mai 1775.
3. C'est durant l'année passée chez Voltaire en 1774-1775 qu'Étallonde apprit son métier d'ingénieur.
4. *Œuvres*, I, p. 47, XLVII.
5. « Vie de Voltaire », *Œuvres*, tome IV, p. 124.

## CONTRE LE FANATISME ET L'INTOLÉRANCE

Aux yeux de Condorcet, la bienfaisance, l'indulgence pour les faiblesses, la haine de l'injustice et de l'oppression constituent des vertus essentielles[1]. C'est au regard de celles-ci qu'il juge l'homme public comme l'homme privé. L'éloge, alors à la mode, de Colbert[2], a le don de le mettre en colère. Comment peut-on admirer un ministre qui a créé l'impitoyable Code de la gabelle, qui punissait de mort les contrebandiers, et des galères celui qui vendait du sel à une heure indue[3] ? Il n'empêche que toute la classe intellectuelle ne jure plus que par Colbert depuis que Necker — qui l'a mal lu, aux dires de Condorcet — en a fait l'éloge. Voltaire, le couple Suard, Julie de Lespinasse trouvent l'essai de Necker admirable, et, par voie de conséquence, Colbert aussi. Même d'Alembert s'est joint à eux. Il est probable que Condorcet ne mâcha pas ses mots, car le secrétaire de l'Académie française[4] s'en déclara fâché. Dans tous ses états, Condorcet confie alors à Mme Suard : « J'écris à M. d'Alembert. Je serais au désespoir de l'avoir blessé et je ne me consolerais jamais si son amitié pour moi en était altérée. Si cela était, je ne le pardonnerais jamais à celui qui en a été la cause, mais je me le pardonnerais encore moins, et, après avoir perdu un tel ami, la plus profonde retraite serait le parti convenable[5]. » D'Alembert pardonna, et leur amitié n'en souffrit pas. Mais Condorcet n'en tira aucune leçon. Il continua de dire crûment tout le mal qu'il pensait des intolérants, fussent-ils des amis de ses interlocuteurs. En cette fin de 1773, c'est M. de Muy, militaire

1. *Ibid.*, p. 167.
2. En août 1773, l'Académie, qui avait mis le sujet au concours, couronna l'éloge de Colbert par Necker.
3. « Réflexions sur la jurisprudence criminelle », 1775, in *Œuvres*, tome VII, pp. 7 et 8.
4. D'Alembert, élu en 1754, avait été nommé secrétaire perpétuel à la mort de Duclos, le 9 mars 1772.
5. Lettre à Mme Suard, septembre 1773, LXVIII, *op. cit.*

dévot, futur ministre de la Guerre, qui est devenu sa cible. Il le taxe de « dureté, d'hypocrisie, d'espionnage et d'injustice » pour avoir fait mettre en prison un malheureux imprimeur lillois, soupçonné d'imprimer des livres impies[1]. Et quand Muy est nommé ministre en mai 1774 et que Turgot n'y voit rien à redire, la colère de Condorcet éclate : « Quoi ! Vous aussi vous êtes dupe de frère Félix[2] ! Vous consentez à boire de ce tonneau jusqu'à la lie ! Vous ne savez pas qu'il n'en sortira jamais que du sang et de la boue... Il est encore plus accoutumé au sang que ces Messieurs[3]... Je suis tenté de me mettre dans une grosse colère quand je vois que vous vous rendez le protecteur de Muy[4]... » Cette fois, c'est Turgot qui se fâche et traite Condorcet de « mouton enragé[5] ». Le surnom lui restera sous la plume de ses ennemis. Mais Condorcet ne désarme pas et se défend par l'ironie : va pour le comte du Tonneau au département des massacres[6]...

Pourquoi la hargne de Condorcet éclate-t-elle à présent contre les dévots ? Il faut se rappeler que c'est précisément l'époque à laquelle il règle ses comptes avec les jésuites de son enfance, et les prêtres en général. Entre 1773 et 1774, il rédige des centaines de pages qui sont autant de dénonciations de l'oppression de l'Église, de la cruauté de ses prêtres et de l'hypocrisie des dévots. L'abbé Sabatier lui en offre le prétexte. En décembre 1772, Condorcet prend connaissance de son nouveau livre : *Trois siècles de littérature*[7]. C'est une violente diatribe contre la philosophie, qu'il accuse d'être l'ennemie de

1. Lettre de Condorcet à Turgot, 13 décembre 1773.
2. Le maréchal de Muy avait pour prénom Félix. Condorcet s'amusait à jouer sur son nom, Muy, et l'appelait « le tonneau » (muid).
3. C'est ainsi qu'on appelait les parlementaires.
4. Lettre de Condorcet à Turgot, fin mai 1774.
5. Lettre de Turgot à Condorcet, mai 1774.
6. Muy n'y resta pas longtemps, puisqu'il mourut le 10 octobre 1775.
7. Condorcet écrit à Turgot, fin décembre 1772 : « C'est une rhapsodie infâme de l'abbé Sabatier, protégé par Beyier et par Cogé [rendu célèbre par Voltaire sous le nom de *Coge Pecus*, après sa censure du *Bélisaire* de Marmontel], aidé par Clément et Palissot. »

Dieu et des rois[1]. D'Alembert et Voltaire, habitués aux coups de griffes, traitent l'affaire par le mépris. Pas Condorcet, qui voit là l'occasion de mordre ses ennemis dévots et de défendre ses amis philosophes. Il publie sous le voile de l'anonymat *Lettre d'un théologien à l'auteur du Dictionnaire des trois siècles.* C'est à un théologien imaginaire, qui se pose en défenseur de la religion, qu'il fait proférer les pires critiques à l'encontre des religieux. Il les accuse pêle-mêle d'opprimer l'esprit des enfants[2], de persécuter les philosophes, de combattre les libertés, d'empêcher le développement des sciences[3]. « Si l'Église reproche aux philosophes leurs livres, eux, ce sont ses actions qu'ils lui reprochent[4]. » Et Condorcet s'en donne à cœur joie sur les iniquités commises par l'Église catholique : les prêtres protestants pendus ou roués, la servitude des nègres et des Indiens, les croisades contre les Juifs, les Albigeois, les saccages de villages anabaptistes ou vaudois... Et, pour finir, l'assassinat de La Barre où l'Église a été complice de l'injustice.

Le brûlot paraît en juillet 1774. Condorcet laisse ignorer à tous ses amis, y compris Turgot et Voltaire, qu'il en est l'auteur, ce qui lui permet, dans un premier temps, d'en dire du bien[5]. Voltaire, lui, ne s'y trompe pas[6], même s'il fait mine de l'ignorer quand il en parle à Condorcet[7]. Il en dit du bien et du mal. Il applaudit à l'esprit du texte, et s'épouvante des

1. Lettre de d'Alembert à Voltaire, 26 décembre 1772 : « Un petit gueux, venu de Castres avec ses sabots, que j'ai chassé de chez moi comme un laquais parce qu'il imprimait des impertinences... Entré en qualité de décrotteur bel esprit chez un comte de Lautrec qui avait des procès..., il découvrit une lettre de Sabatier aux gens de la partie adverse. Le comte de Lautrec, instruit..., lui donna cent coups de bâton. »

2. « Lettres d'un théologien », *Œuvres*, tome V, p. 293.

3. *Ibid.*, p. 284.

4. *Ibid.*, p. 321.

5. Lettre de Condorcet à Turgot, 20 juillet 1774 : « Ce petit ouvrage... réussit assez bien, je l'ai trouvé fort agréable et j'aime l'esprit dans lequel il a été composé. »

6. Lettre de Voltaire à Suard, 16 août 1774 : « J'ai lu l'excellente *Lettre d'un théologien*, j'ai reconnu l'auteur... un géomètre... il sert le genre humain. »

7. Lettre de Voltaire à Condorcet, 20 août 1774.

retombées de cette guerre affreuse déclarée à l'Église. Il tremble qu'on lui en attribue la paternité et qu'on le persécute. Tout cela, dit-il, pour un minable « Sabotier[1] ». Plus les *Lettres* se répandent, et plus Voltaire les récuse. Il écrit à tous ses amis parisiens pour en nier la paternité et l'attribuer à un abbé Duvernet ! Pendant ce temps, le maréchal de Richelieu s'amuse à lui nuire en clamant partout que c'est sorti de sa plume. Voltaire, fou de rage, en veut à Condorcet et lui fait plusieurs critiques de fond[2]. Mais celui-ci n'en a cure. Ravi du succès de ce premier ouvrage philosophique, il écrit à Turgot, qui a dû lui faire aussi quelques reproches : « Il y a six mois que la *Lettre d'un théologien* est sortie des mains de son auteur, qui ne pouvait courir après. Ainsi ce n'est pas sa faute si elle a paru mal à propos[3]. Ce dont pourtant je ne conviens pas, il y a trop longtemps qu'on laisse reposer cette canaille ; ils se croient protégés ; ils deviennent plus insolents..., il est utile de leur donner parfois des leçons d'humilité[4]. »

Ces *Lettres* n'avaient pas suffi à apaiser la colère de Condorcet. Parallèlement, il avait écrit plus de deux cents pages sur les méfaits historiques de la religion catholique. Le tout, installé à Ribemont, entre sa mère dévote et son oncle évêque... Il avait imaginé de confectionner un almanach d'un genre original, où chaque jour de l'année rappellerait l'un des crimes commis au nom du catholicisme dans une partie du monde. Dans la préface à cet *Almanach antisuperstitieux*[5], Condorcet laisse percer une véritable émotion vis-à-vis de l'intolérance religieuse, et toujours cette même violence qui lui fait dire, par exemple, que « la religion catholique n'est

1. Lettre de Voltaire à Marin, 16 août 1774 : « L'auteur, un profond géomètre, s'amuse à écraser un scorpion à coups de massue... »
2. Lettre de Voltaire à Condorcet, 28 septembre 1774.
3. Turgot était devenu entre-temps ministre de la Marine, puis des Finances.
4. Lettre de Condorcet à Turgot, octobre-novembre 1774.
5. Bibliothèque de l'Institut, Ms 855, folios 265 à 480. Sur la première page, on lit : « Écrit 7 à 8 ans après le supplice de La Barre. » Sur la dernière : « La fin de l'Almanach fut écrite pendant le séjour rue Louis-le-Grand. »

abominable que parce qu'elle change les hommes en des bêtes féroces dont les prêtres dirigent la fureur à volonté[1]. » A titre d'illustrations, il note à la date du 2 février que les catholiques d'Orange choisirent en 1571 pour perpétrer un nouveau massacre de protestants, le jour de cette fête de la Vierge qui en a conservé le nom de *Notre-Dame-la-Massacreuse*... ; le 9 février, il célèbre le supplice de Giordano Bruno, brûlé à Rome en 1600... ; le 31 mars, il rappelle qu'un malheureux nommé Guillon, ayant mangé un samedi un morceau de chair de cheval, fut décapité comme sacrilège en 1629... Et ainsi de suite jusqu'au 31 décembre.

Contrairement aux *Lettres d'un théologien*, ce brûlot-là resta dans ses cartons. Il faut reconnaître qu'il était bien plus terrible encore, et dangereux pour son auteur. Mais ce flot de haine déversé contre ses anciens maîtres semble avoir eu sur lui un effet cathartique. Après 1774, il abandonne l'Église, en perte d'influence, à son destin, et ne s'en occupe plus guère. C'est seulement dans ses correspondances qu'on décèle encore, ici ou là, les marques de son horreur pour elle. A Turgot, il évoque la morale des prêtres, « nécessairement abjecte et cruelle[2] ». Et quand il est question du rétablissement des jésuites pour élever la jeunesse, il confie à Voltaire : « Ne trouvez-vous pas comme moi que la race d'hommes la plus méprisable et la plus odieuse est celle des prêtres catholiques[3] ? »

## Athée et anticlérical

Celui qui, le premier, avait lancé le cri de guerre contre « l'Infâme » ne pouvait qu'agréer aux propos de Condorcet. Pourtant, il semble que ce dernier ait été encore plus anticlérical que lui. Ce qui s'explique par son athéisme radical. Il

1. *Ibid.*, folio 271.
2. Lettre de Condorcet à Turgot, fin octobre-début novembre 1774.
3. Lettre de Condorcet à Voltaire, 1774, *Œuvres*, I, p. 75.

est vrai que Turgot et d'Alembert mourront sans recevoir les sacrements de l'Église, et que Voltaire ne se prêta à quelques concessions[1] du dernier moment que pour éviter d'être jeté dans la fosse commune. Mais aucun des trois ne s'avouait athée. D'Alembert croyait à la nécessité d'une Religion révélée[2], Voltaire au Dieu mécanicien, bon horloger[3], et Turgot aux causes finales[4]. Condorcet combat toutes ces notions avec la même passion. Il n'a foi qu'en la raison, et croit que l'instruction peut exercer une influence absolue sur les hommes. De tous les philosophes des Lumières, il est le représentant le plus radical du rationalisme. Pour lui, les seuls obstacles au bonheur de l'homme s'appellent préjugés, intolérance, superstition. Il suffit donc d'instruire le peuple et de développer la raison de chacun pour mettre un terme au malheur public. Dans cette optique, toute idée de Dieu devient inutile, toute notion d'Église dangereuse, parce qu'elle crée ou perpétue des préjugés dont la persistance nuit à la rapidité du progrès. Au demeurant, la tolérance étant à ses yeux une valeur aussi sacrée que la raison, il s'engagera personnellement aux côtés des protestants pour que l'on cesse de les persécuter. Selon lui, c'est le droit absolu de chacun de penser selon ses convictions. Et tant que les cultes — quels qu'ils soient — compteront des fidèles, ils seront légitimes. Nul ne saurait en

1. On sait que l'Église ne reconnut pas la validité de sa confession et qu'il fallut emporter le corps de Voltaire secrètement pour l'enterrer en pleine nuit à l'abbaye de Seillières, près de Troyes.
2. *Discours préliminaire*, coll. « Médiations », Gonthier, 1966, p. 37 : « La nature de l'homme, dont l'étude est si nécessaire, est un mystère impénétrable à l'homme même, quand il n'est éclairé que par la raison seule... Rien ne nous est donc plus nécessaire qu'une Religion révélée qui nous instruise sur tant de divers objets. »
3. Mallet du Pan rapporte l'anecdote suivante : « Je l'ai vu [Voltaire], un soir à souper, donner une énergique leçon à d'Alembert et Condorcet en renvoyant tous ses domestiques, au milieu du repas, et en disant aux deux académiciens : « Maintenant, Messieurs, continuez vos propos contre Dieu ; mais comme je ne veux pas être égorgé et volé cette nuit par mes domestiques, il est bon qu'ils ne vous écoutent pas. » In *Mémoires et Correspondance*, Paris, 1851, tome I, pp. 50 et 51. Pour la religion de Voltaire, *cf.* René Pomeau, *La Religion de Voltaire*, Paris, Nizet, 1969.
4. Lettre de Turgot à Condorcet, 21 juin 1772.

interdire la célébration : « L'erreur, tout comme la vérité, a droit à la liberté[1]. » Ainsi Condorcet plaint les croyants, mais n'a pour eux ni mépris, ni haine. Les pratiques religieuses n'ont, en soi, rien qui l'indigne ; ce n'est pas la religion, c'est le Clergé qu'il déteste[2]. Selon lui, il suffit d'être patient. En vertu de la perfectibilité de la raison humaine, le jour viendra nécessairement où les hommes n'auront plus besoin des béquilles de la religion. Telle est la profonde conviction du rationaliste Condorcet.

## CHAGRINS D'AMOUR ET GÉOMÉTRIE

Avril 1771 : Condorcet confie sa tristesse à Mme Suard. Il est amoureux fou d'une personne charmante qui ne semble lui prêter aucune attention particulière : la jeune Mme de Meulan. Il l'a connue par l'intermédiaire de Julie de Lespinasse, très amie de son frère, le vicomte de Saint-Chamans[3]. Lorsque la sœur de celui-ci, Marguerite, épousa en 1762 Charles de Meulan[4], Julie devint une habituée de l'hôtel de Meulan, rue des Capucines. Tout naturellement, elle y mena son protégé au début de l'année 1769[5]. Dès septembre, Condorcet est invité à Ablois, terre où les Meulan passent leurs vacances. De cette période, rien ne transperce des sentiments de Condorcet, si timide qu'il devait les garder pour lui. Nous voyons seulement Julie lui conseiller de faire sa cour à la belle-mère de Marguerite, Mme de Meulan mère... Était-ce là une simple politesse d'usage ou la meilleure façon

1. Cité par A. Guillois, *La Marquise de Condorcet, sa famille, son salon, ses amis. 1764-1822*, Paris, Paul Ollendorff, 1897, p. 87.
2. L. Cahen, *op. cit.*, p. 16.
3. 1747-1785. Colonel du régiment de La Fère.
4. Écuyer, seigneur d'Ablois (près d'Épernay), receveur général des Finances de la généralité de Paris.
5. Lettre de Julie de Lespinasse à Condorcet, juillet 1769 : « Écrivez à Mme d'Ablois [Mme de Meulan mère]..., vous entretiendrez par elle connaissance avec tous les Meulan qui vous aiment beaucoup et qui ont senti tout ce que vous valez. »

de masquer l'intérêt qui l'amenait si souvent rue des Capucines ? Marguerite de Meulan était une jeune femme coquette, séduisante, mondaine, dont Mme de Genlis souligne « le charme des manières ». Mais elle était légère, et avait aussi peu de sensibilité que de vertu, comme nombre de ses contemporaines lancées dans le monde. Conformément aux usages, elle avait un amant, M. de La M..., dont Condorcet ignora d'abord l'existence. Quand il le connaîtra, plusieurs années après, il le qualifiera simplement de « fort joli garçon[1] ». L'abbé Arnaud l'appellera plus crûment « l'amant bête ».

Durant l'année 1770, dominée par le voyage à Ferney, silence sur les Meulan. Puis, coup de tonnerre en 1771 : on apprend que Condorcet souffre de l'indifférence de l'objet aimé. A lire ses confidences à Mme Suard, on a le sentiment qu'il est amoureux depuis longtemps, sans espoir de voir son amour partagé : « Et quoiqu'on ne puisse envisager sans horreur la fin d'une passion même malheureuse, ne ressemble-t-on pas aux gens qui, attaqués d'une maladie incurable et douloureuse, craignent encore de mourir et semblent chérir leur souffrance[2] ? » Le propos laisse entendre qu'il a déjà fait des avances et que l'on s'y est dérobé. Aux dires de Julie[3], Mme de Meulan fut très flattée d'avoir inspiré un sentiment au brillant mathématicien réputé pour son sérieux et sa vertu. Fit-elle autre chose qu'accueillir ses déclarations avec coquetterie, laissant parfois espérer des sentiments qu'elle démentait le lendemain ? De toute évidence, Condorcet prit ce jeu au sérieux. Il confie à Amélie : « J'ai des idées romanesques parce que je ne connais point le monde, que ses préjugés et son insipide uniformité n'ont pu me rendre raisonnable et sot. Et qu'il ne m'a pas encore assez fait mal pour m'avoir absolument désabusé. »

1. Lettre de Condorcet à Mme Suard, octobre 1774, LXXXIX, *op. cit.*
2. Lettre de Condorcet à Mme Suard, avril 1771, IV, *op. cit.*
3. Lettre de Julie de Lespinasse à Condorcet, avril 1771, *op. cit.*, p. 57.

Réinvité en septembre 1771 à Ablois[1], Condorcet s'y précipite. Très troublé, en proie à toutes les affres de la passion, il sent vaguement qu'il ne pourra jamais toucher ce cœur, mais espère l'impossible. Première déception : Marguerite est restée à Paris et ne viendra qu'à la fin du séjour. Il comprend le peu d'empressement qu'elle met à le voir, et demeure à l'attendre. Enfin elle arrive, et c'est le désastre. Le mathématicien amoureux a déployé tous ses atouts : « Je me suis amusé à traduire du Sénèque, tant bien que mal, pour Mme de Meulan[2]. » Il fait des déclarations pressantes, et brûle ses vaisseaux. Mme de Meulan n'aime pas Sénèque, et cette passion excessive lui semble par trop envahissante. Alors Condorcet imagine un arrangement de dupes : elle l'autorisera à l'aimer platoniquement, et elle-même s'en tiendra à l'amitié. Tout au plus s'engage-t-elle à n'éprouver d'amour pour aucun autre homme... A la veille de son départ pour Ribemont, Condorcet fait à Amélie le point sur sa triste situation. Il avoue qu'il n'est même pas sûr de l'amitié de celle qu'il aime : « Je suis loin d'être heureux. Je n'ai point à me plaindre de Mme de Meulan, elle me donne tout ce qui dépend d'elle, mais l'amitié est un sentiment qu'on ne commande point, que les égards les plus touchants ne peuvent imiter longtemps, et je me vois forcé, à la fin, de m'avouer que ce sentiment dont je m'étais flatté n'existe point pour moi dans son âme... Je me suis trompé. J'ai jugé d'une femme jeune et vivant dans le monde par ce que j'avais éprouvé de la part de quelques philosophes et de deux femmes[3] encore plus dignes de ce titre : il fallait, pour donner dans cette erreur, la bêtise réunie d'un géomètre et d'un solitaire[4]... »

1. Il y restera du 11 septembre au 5 octobre 1771.
2. Lettre de Condorcet à Turgot, 26 septembre 1771.
3. Amélie Suard et Julie de Lespinasse.
4. Lettre de Condorcet à Mme Suard, fin septembre 1771, XVIII, *op. cit.* Il ajoute : « Mme de Meulan... s'est efforcée de m'aimer, mais elle m'a toujours préféré des gens qui l'aiment comme on aime dans le monde, qui n'ont d'autre but dans l'amitié que de trouver des moyens d'arriver un peu plus agréablement à

Tout est dit. La lucidité de Condorcet pourrait laisser penser qu'il va désormais s'appliquer à se détacher de cette femme frivole. Point du tout. De retour à Ribemont, l'absence de Mme de Meulan lui est si douloureuse qu'elle reprend le statut d'idole. A Mme Suard qui s'est permis quelques critiques sur la piètre sensibilité de Mme de Meulan, il répond : « Ce serait un malheur de plus pour moi si mes peines nuisaient à l'estime que vous avez pour Mme de Meulan. Je suis malheureux par elle, il est vrai, mais ce n'est point sa faute... Ses marques d'amitié me semblent quelquefois des espèces de devoirs qu'elle me rend. Il y a dans cette conduite une générosité qui me désole. Je ne fais qu'ajouter à sa vie des peines et des contradictions et j'aurais voulu faire son bonheur[1]. » Condorcet s'en voudrait presque des tourments que son amour occasionne à Mme de Meulan ! Pourtant, des deux, c'est lui qui souffre. Il avoue à Amélie avoir éprouvé à Ablois des étouffements et des convulsions, « effets qu'une douleur continue fait éprouver au diaphragme ». Masochiste, il ajoute qu'il ressent du plaisir à ses maux, qui prouvent « physiquement la force de sa passion ». D'ailleurs, il refuse le remède suggéré par son amie, de renoncer à Mme de Meulan[2]. N'a-t-il pas cru percevoir des marques de tristesse lors de son départ ?... Personne ne lui enlèvera donc le plaisir de l'aimer, quels que soient ses sentiments à elle.

En fait de plaisir, Condorcet se sent de plus en plus mal : nerfs attaqués, étourdissements, idées tristes... Si Mme Suard s'emploie à le consoler tendrement — allant parfois jusqu'à le bercer d'illusions —, Julie de Lespinasse ne le prend pas du tout sur le même ton. Lorsqu'il est encore à Ablois, elle le tance durement : « C'est un tort en vous que d'être malade. Avec un peu de courage, votre âme et votre corps seraient en meilleur état. Vous êtes, en fait d'expérience, comme lorsque

la fin de chaque journée, et qui croient que lorsqu'on n'a pas eu un moment de vide, l'âme doit être remplie. »

1. Lettre de Condorcet à Mme Suard, octobre 1771, XX, *op. cit.*
2. Mme Suard savait déjà que Mme de Meulan avait un amant.

vous êtes sorti du collège[1]... » Le remède tombe comme un verdict sévère : « Allez chez vous, faites de la géométrie ; il n'y a rien qui ne vous soit meilleur que la conduite que vous tenez depuis deux mois. Soyez de bonne foi avec vous-même, dites-vous bien qu'il faut que vous guérissiez, et ne revenez à Paris que lorsque vous croirez y avoir réussi. N'allez pas dépenser inutilement votre sensibilité et détruire votre santé. » L'attitude pitoyable de Condorcet devait faire l'objet de commentaires navrés chez ses amis, car Julie ajoute, peut-être pour lui faire honte : « Tous vos amis gémissent et s'affligent de la disposition où vous vous livrez et il y en a qui l'ont dit... Tâchez d'éviter les ridicules attachés au rôle de sigisbée. Ils ne sont pas d'usage en France[2]. » La rudesse de Julie reste sans effet. Les premières semaines à Ribemont sont un enfer. A Turgot[3] et Amélie[4], Condorcet confie qu'il a sérieusement songé au suicide. Le temps et les mathématiques aidant, il revient néanmoins à la vie. Obéissant aux conseils de ses amies et aux ordres de Mme de Meulan, il prolonge cette retraite où il est « enchaîné par sa mère[5] ».

Il rentre à Paris le 30 décembre 1771 pour aller vivre chez Amélie Suard, rue Neuve-Saint-Roch. Elle lui promet les consolations d'une amitié attentive et une indulgence à toute épreuve. Cet amour timide et respectueux enchante son âme romanesque. Elle lui propose d'être sa conseillère. Il faut dire que Mme de Meulan poursuit son petit manège pour le séduire. Elle montre de l'empressement à le voir, il accourt au moindre billet, puis elle affiche une complète indifférence en sa présence. Condorcet ne sait plus à quel saint se vouer, passe « de la souffrance à la consolation, et jamais au bonheur[6] ». Mme Suard prodigue ses conseils. Première règle :

1. Lettre de Julie de Lespinasse à Condorcet, 28 septembre 1771.
2. Lettre de Julie de Lespinasse à Condorcet, 1er novembre 1771.
3. Lettre de Condorcet à Turgot, le 25 octobre 1771.
4. Lettres de Mme Suard à Condorcet, octobre 1771, XXI ; de Condorcet à Mme Suard, octobre-novembre 1771, XXIII, *op. cit.*
5. Lettre de Condorcet à Mme Suard, décembre 1771, XXVIII, *op. cit.*
6. Lettre de Condorcet à Mme Suard, mars 1772, XXXIV, *op. cit.*

ne pas étaler sa souffrance. On ne l'en aimera que davantage. Deuxièmement : qu'il promette tout ce qu'on veut, et ne parle plus d'amour. Enfin, qu'il n'hésite pas à montrer de l'humeur pour laisser planer l'incertitude. Ce manège donne quelques résultats : Condorcet est un peu mieux traité durant les premiers mois de 1772. Puis reviennent les mauvais jours, les retours de froideur, les rendez-vous manqués. Condorcet s'affole et oublie les conseils de son égérie : « Je vous prie de lire cette lettre que j'envoie à Mme de M... Je veux que vous voyiez à quel point je suis lâche, sot et imbécile[1]. »

Amélie Suard n'est pas contente : « Si vous continuez, vous me ferez mal au cœur à force de faiblesse. Pourquoi avoir écrit ce matin ? Il fallait attendre, vous avez montré de l'humeur. J'aurais voulu savoir ce qu'elle aurait produit..., celle-ci ne pouvait pas nuire davantage. *Plus vous lui montrez son ascendant, plus vous vous éloignez de votre but.* Vous ne voulez pas être heureux, et j'ai bien peur que cela ne vous réussisse[2]. » Lassée, elle aussi, elle lui dit nettement qu'il se complaît dans le malheur et qu'il ne sait plus que donner du chagrin à ses amis...

L'été voit Condorcet de retour à Ribemont, guère en meilleur état que l'automne précédent. Julie, exaspérée, revient à la charge : « Je voudrais que le bon Condorcet mît un peu de force dans sa conduite et qu'enfin cette absence-ci le guérît d'une maladie qui flétrit son âme et détruit sa santé. Faites-vous effort. Abandonnez une chimère dont vous n'obtiendrez jamais ni plaisir ni consolation. Soyez heureux par vos amis et ne leur donnez pas le chagrin de vous voir dégrader en vous rendant l'esclave d'une personne dont vous dites vous-même que vous ne serez jamais l'ami[3]. » Le sachant invité à Ablois en septembre, Julie lui ordonne de n'y point aller, et conseille de ne pas annoncer son projet. L'autre, fine mouche, saurait bien le convaincre de venir, et Julie ne veut plus que

1. Lettre de Condorcet à Mme Suard, mars 1772, XXXVII, *op. cit.*
2. Lettre de Mme Suard à Condorcet, mars 1772, XXXVIII, *op. cit.*
3. Lettre de Julie de Lespinasse à Condorcet, 14 juin 1772.

Condorcet « serve de remplissage et joue le rôle de complaisant[1]. » Lorsqu'on sait que la même Julie, quatre ans plus tard, mourra d'amour — au sens propre du terme — faute d'être aimée en retour par le jeune tacticien Guibert, on ne peut s'empêcher de sourire aux conseils qu'elle distribue avec autorité : « A votre place, je prendrais un parti vigoureux et je manderais que, comme je veux guérir et que, n'ayant que cette manière de lui plaire, je veux en prendre les moyens, en conséquence je n'écrirais plus[2]. Voilà ce qu'il faudrait faire... Réfléchissez et comptez un peu plus sur vos forces et appréciez un peu ce que vous perdez. »

Quelques semaines plus tard, Mme Suard annonce avec précaution l'« accident » de Mme de Meulan : elle a fait une fausse couche... Mais qu'il se rassure, elle va très bien à présent[3]... Contrairement aux espérances de Julie qui prend aussi la plume pour le lui dire sèchement[4], Condorcet n'en montre nulle déception salutaire. Il se plaint seulement qu'elle n'ait pas songé à le faire prévenir, et constate qu'il est loin de sa pensée quand elle souffre : « Je lui pardonnerais davantage de m'oublier quand elle est heureuse[5]. » Quand l'invitation pour Ablois arrive, il la déchire, « sentant que son penchant le porterait à rechercher les mêmes malheurs ». Mais il accepte celle de Saint-Chamans, frère de Mme de Meulan, qui lui propose de passer quelques jours à Givet où il dirige d'importantes manœuvres militaires. Condorcet y semble heureux. On

---

1. Lettre de Julie de Lespinasse à Condorcet, 24 juin 1772 : « Puisqu'on ne veut pas faire votre bonheur, on doit au moins ne rien faire pour entretenir une disposition qui empoisonne votre vie... Quand on en vient à considérer combien on intéressait peu les gens pour qui on aurait donné sa vie, cela n'humilie pas, mais cela révolte, et il me semble que cela doit refroidir. »
2. De 1773 à 1776, Julie fit elle-même tout le contraire avec Guibert, qu'elle accablait sous des lettres d'amour, de désespoir et de récriminations infinies, même après qu'il se fut marié. Cf. *Lettres de Mlle de Lespinasse* à Guibert, *op. cit.*
3. Lettre de Mme Suard à Condorcet, juillet 1772, XLIV, *op. cit.*
4. Lettre de Julie de Lespinasse à Condorcet, juillet 1772 : « Vous aurez su que Mme de Meulan a fait une fausse couche la nuit de dimanche à lundi. Mais elle s'en porte bien ; tâchez donc d'en faire autant. »
5. Lettre de Condorcet à Mme Suard, juillet 1772, XLV, *op. cit.*.

y mange bien, et c'est l'occasion pour lui de découvrir l'art militaire, si cher à son père. Son jugement tombe comme un couperet : « Notre esprit militaire n'est pas la passion de défendre jusqu'à la mort ses amis et sa patrie, c'est la science de détruire les hommes, d'en faire des esclaves prêts à égorger qui on voudra au premier coup de tambour, d'anéantir tous les sentiments moraux pour y substituer l'obéissance machinale[1]. » Ainsi l'héritier d'une famille qui n'aimait que les armes se déclare antimilitariste !

Ce séjour distrayant est gâché par la vue du portrait de Marguerite entre les mains de son frère. Condorcet mesure tout ce qu'il aurait à craindre s'il la revoyait, et conclut qu'« il lui sera impossible de longtemps encore de ne l'aimer qu'avec des sentiments doux[2]. » Mme Suard s'afflige de cette nouvelle faiblesse, qui éloigne d'autant « le retour de votre tranquillité et le bonheur de vous voir[3]. » Mais, cette fois, Condorcet tient bon et décide de ne rentrer à Paris que définitivement guéri. A lire ses lettres, jusqu'à la fin de 1772, on peut croire la chose faite. Ce ne sont plus qu'allusions rassurantes sur sa santé et son travail[4]. En octobre, Julie le félicite du calme revenu et de ses bonnes dispositions[5]. Lui-même confie à Amélie : « Ne me croyez point trop malheureux. Je ne le suis plus[6]. » Il ne lui reste qu'à faire l'épreuve de la présence de Marguerite. Enfin de retour à Paris à la mi-novembre, il s'installe rue Louis-le-Grand chez les Suard. Tout semble être rentré dans l'ordre. L'hiver se passe sans incidents apparents, du moins aux yeux attentifs de ses amis. Comme d'habitude, il reprend le chemin de Ribemont au printemps de 1773. Mais à peine est-il arrivé que le ton de ses lettres surprend Julie : « Il y a un mot dans votre lettre qui m'inquiète, lui écrit-elle.

1. Lettre de Condorcet à Mme Suard, fin juillet-début août 1772, XLVII, *op. cit.*
2. *Ibid.*
3. Lettre de Mme Suard à Condorcet, début août 1772, XLVIII, *op. cit.*
4. Lettre de Condorcet à Mme Suard, septembre 1772, LIII, *op. cit.*
5. Lettre de Julie de Lespinasse à Condorcet, octobre 1772.
6. Lettre de Condorcet à Mme Suard, automne 1772, LVI, *op. cit.*

Vous dites que vous êtes dans un nouveau monde et que vous y avez porté les peines que vous aviez dans l'ancien : seriez-vous encore occupé de regrets de n'avoir pu toucher une personne qui a peu ou point de sensibilité ? Il me semble qu'il y a des guérisons qui doivent être radicales[1]. »

Condorcet rassure Julie et lui promet qu'il n'a plus qu'indifférence pour *la rue des Capucines*[2]. Mais, une fois encore, il est incapable de résister à une invitation de Mme de Meulan qui s'ennuie, seule à Bougival. Sans illusions — « Voilà ce que c'est que de n'avoir autour de soi personne qu'on aime vivement, on s'occupe des absents[3] » —, il est résigné à ne plus rien attendre d'elle. Mais c'est seulement un an plus tard que la rupture deviendra définitive : « A l'égard de Mme de M., mon propre sentiment et les conseils de la seule amie[4] qui nous connaisse tous deux m'ont absolument décidé à tâcher de perdre un sentiment qui m'a fait plus de plaisir qu'aucun que j'aie jamais éprouvé, mais qui me déchirait et m'ôtait tout le repos de ma vie[5]. »

Du jour où Condorcet se fut enfin débarrassé du fantôme de ses amours, sa relation avec Mme Suard changea insensiblement de tonalité. Durant les trois années qu'il lui avait parlé de son cœur, c'était aussi un peu à elle qu'il parlait d'amour. Entre eux s'était forgée une amitié amoureuse d'autant plus délicieuse que ni l'un ni l'autre n'en désirait davantage. Julie de Lespinasse, qui les connaissait bien tous deux, suggéra à Condorcet de se guérir de Mme de Meulan en aimant davantage Mme Suard : « Vous ne sauriez assez aimer cette jeune femme : elle vous aime tendrement et elle est vraiment capable de sensibilité ; votre affection pour elle pourra contribuer à son bonheur et voilà, si l'on choisissait en

1. Lettre de Julie de Lespinasse, 5 avril 1773.
2. Lettre de Julie de Lespinasse à Condorcet, 1773.
3. Lettre de Condorcet à Mme Suard, août 1773 (de La Chaussée à Bougival), LXVI, *op. cit.*
4. S'agit-il d'Amélie ou de Julie ? On pencherait plutôt pour Julie, beaucoup plus intime des Meulan.
5. Lettre de Condorcet à Mme Suard, fin mai 1774, LXXXIII, *op. cit.*

fait ce sentiment, ce qu'il faudrait prendre[1]. » Si Julie fit cette allusion, c'est qu'elle devait sentir qu'une proposition de lui aurait de grandes chances d'être entendue. La réflexion dut frapper Condorcet, qui s'excuse à plusieurs reprises auprès de son égérie sentimentale de ne pas se contenter de son amitié, et même d'en aimer une autre : « Votre amitié est si vraie, si tendre, si propre à tenir lieu de l'amour, que je me reproche mes idées noires[2]... » Six mois plus tard : « Je devrais avoir le courage de renoncer à d'autres sentiments, ou plutôt je devrais répondre à une amitié si douce et si tendre par une amitié qui me remplît tout entier. Je ne vous aime pas assez[3]. » Durant deux ans, les formules de ce genre abondent dans les lettres de Condorcet, auxquelles Mme Suard répond toujours par quelques coquetteries. Jusqu'au jour de novembre 1774 où Condorcet laisse percer son désir d'un autre type de relation : « La vérité est que je vous aime autant que je puis vous aimer et que je me plains seulement de ne pouvoir vous aimer davantage ; si cela eût été possible, vous me l'auriez appris. Je crois que vos scrupules sont une plaisanterie : il faut qu'il n'y ait que moi qui craigne de ne pas vous aimer assez[4]. » Mme Suard fit la sourde oreille, ou du moins nul ne sait ce qu'elle répondit. Il ne fut plus jamais question de tels propos après cette lettre. Au contraire, leur correspondance prit alors un tout autre ton, celui de la stricte amitié...

## Le secrétariat de l'Académie des sciences

A lire l'histoire de ses amours malheureuses, on serait tenté de croire que les chagrins et les troubles psychosomatiques paralysaient toute activité chez Condorcet. Il n'en est rien. Le remède demeure les mathématiques. Même au pire moment

1. Lettre de Julie de Lespinasse à Condorcet, 1er novembre 1771.
2. Lettre de Condorcet à Mme Suard, octobre-novembre 1771, XXII, *op. cit.*
3. Lettre de Condorcet à Mme Suard, mars 1772, XXXIV, *ibid.*
4. Lettre de Condorcet à Mme Suard, novembre 1774, XCVII, *ibid.*

de la crise sentimentale, il écrit à Turgot : « Je me suis remis à la géométrie avec bien du plaisir. Il me faut une occupation forte pour écarter les idées tristes que j'emporte dans ma solitude[1]. » Contrairement à l'ami d'Alembert que sa dépression empêche de se concentrer sur des problèmes difficiles, Condorcet se réfugie dans l'abstraction comme dans un havre. L'activité intellectuelle ne le préserve pas seulement de « l'ennui et du fardeau de l'oisiveté[2] », elle est comme surexcitée par ses frustrations. Il poursuit ses recherches sur la délicate question du calcul intégral, et livre à l'Académie des sciences, en 1771, trois essais[3] sur ce problème. L'année suivante, tout en continuant d'affiner sa pensée sur le calcul intégral[4], il s'intéresse à un nouveau problème, jusqu'alors peu abordé en France. Il confie à Turgot qu'il s'« *amuse à calculer les probabilités. Je ferai un petit livre sur cet objet d'où il résultera, à ce que j'espère, que nous savons bien peu de chose sur cette matière[5].* » Ce problème l'occupera quinze ans...

En 1772 germe dans l'esprit de d'Alembert le projet de faire nommer son protégé au secrétariat perpétuel de l'Académie. Pour l'heure, c'est Grandjean de Fouchy qui en est le titulaire, exaspérant par sa lenteur et son inefficacité. D'Alembert, qui vient d'être élu secrétaire de l'Académie française[6], confie à Lagrange : « Cette place n'est pas fort avantageuse, mais en récompense elle donne peu de besogne à faire... Il n'en est pas de même de la place de secrétaire de notre Académie des sciences, qui vraisemblablement ne tardera pas

1. Lettre de Condorcet à Turgot, 11 octobre 1771.
2. Lettre de Condorcet à Turgot, 25 octobre 1771.
3. Il s'agit de « La détermination des fonctions arbitraires qui entrent dans les intégrales des équations aux différences partielles », in *Histoire de l'Académie des sciences, année 1771*, Paris, 1774 ; de « Réflexions sur les méthodes d'approximation connues jusqu'ici pour les équations différentielles », *ibid.*, et de « Théorème sur les quadratures », *ibid.*
4. « Recherches sur le calcul intégral », in *Histoire de l'Académie des sciences, année 1772*, Paris, 1775.
5. Lettre de Condorcet à Turgot, 3 septembre 1772. Souligné par nous.
6. Il avait été élu le 9 mars 1772 à la place de Duclos, décédé.

à vaquer, et *que je travaille à faire retomber à notre ami Condorcet*, qui la remplira supérieurement[1]. » D'Alembert suggère à Condorcet de faire la preuve de ses talents littéraires en écrivant l'*Éloge* du mathématicien Fontaine, son premier examinateur, mort en 1771. Condorcet se met au travail à Ribemont et envoie une première mouture à d'Alembert en juillet 1772. Le clan des amis — Julie, Suard et Turgot — l'approuve chaudement[2]. C'est un coup de maître ; Condorcet se paie même le luxe d'un peu d'humour à l'égard du très respectacle et grincheux défunt. Évoquant la jalousie légendaire de Fontaine pour les jeunes mathématiciens, il rapporte une anecdote qui le concerne personnellement, mais où il tient le mauvais rôle : « *J'ai cru un moment qu'il valait mieux que moi*, disait Fontaine d'un jeune géomètre [Condorcet] ; *j'en ai été jaloux, mais il m'a rassuré depuis*[3]. » A peine ce travail terminé, on lui propose d'écrire, pour donner une illustration plus importante de son style, les *Éloges* d'une partie des académiciens morts entre 1666 et 1699, que Fontenelle n'avait pas faits. En l'espace de deux mois, il en rédige onze[4], à temps pour être publiés à la fin de 1772. Les amis sont unanimement enthousiastes, Voltaire en premier lieu[5], Lagrange ensuite[6]. Mais Grimm, rédacteur de la célèbre *Correspondance littéraire*, qui n'est pas un ami, est nettement

1. Lettre de d'Alembert à Lagrange, 23 avril 1772, *op. cit.*, p. 237. Souligné par nous.
2. Lettre de Condorcet à Turgot, 1er octobre 1772.
3. Éloge de Fontaine, *Œuvres*, tome II, p. 155.
4. Entre novembre et décembre 1772, il écrivit les *Éloges* de La Chambre, Roberval, Frénicle, l'abbé Picard, Mariotte, Duclos, Blondel, Perrault, Huygens, Charas et Roëmer.
5. Lettre de Voltaire à Condorcet, 1er mars 1773 : « J'ai reçu, Monsieur, un petit ouvrage d'or... C'est un monument bien précieux : vous paraissez partout le maître de ceux dont vous parlez, mais un maître doux et modeste. C'est un roi qui fait l'histoire de ses sujets. »
6. Lettre de Lagrange à Condorcet, 19 octobre 1770, *op. cit.*, p. 12 : « Les éloges m'ont plu pour le fond et pour la manière. Le style simple, noble et vrai dont ils sont écrits me paraît le seul propre à ces sortes de matières et les rend infiniment supérieures à beaucoup d'autres qui ne brillent que par un style précieux et guindé. »

plus nuancé[1]. D'Alembert est bien sûr le plus enthousiaste : il juge les éloges « excellents[2] » et se réjouit de leur succès. Lui-même, chargé avec Bossut d'en faire un rapport pour l'Académie, s'extasie de leur intelligence et de leur élégance. Il recommande à l'assemblée de donner son approbation, mieux, d'exprimer la gratitude de tous ceux qui s'intéressent à l'histoire et au progrès des sciences[3].

Le 6 mars 1773, l'Académie vote l'adjonction de Condorcet à son secrétariat. Le Roi l'approuve le 10. En apparence, cette bataille du secrétariat a été gagnée à une vitesse éclair. En réalité, la guerre des clans ne va pas tarder à se déclarer. Pour l'heure, les succès académiques flattent Condorcet, sans le consoler entièrement de ses peines de cœur. Il faudra toute l'excitation d'une expérience politique pour qu'elles disparaissent enfin.

---

1. *Correspondance littéraire*, p. 197, février 1773 : « On a dit que M. de Condorcet avait autant d'esprit et un goût plus sûr que Fontenelle : les amis, en outrant et exagérant, font tort et gâtent tout. Je désirerais en général à M. de Condorcet un style un peu plus intéressant. »

2. Lettre de d'Alembert à Lagrange, 9 avril 1773, *op. cit.*, p. 261.

3. Rapport du 10 février 1773, *Procès-verbaux* de l'Académie des sciences, 94 (1773), folios 24, 25.

# CHAPITRE III

# La vertu au pouvoir
## (1774-1776)

### Turgot ministre

Le 10 mai 1774, Louis XV meurt des suites de la petite vérole. A Ribemont, Condorcet l'ignore encore. Il sait le roi à l'agonie, mais son esprit est à mille lieues de Versailles. Il confie à Turgot : « Je suis actuellement occupé de cette grande question : la force de la gravitation universelle. Suffit-elle seule pour produire la force de projection des planètes[1] ? » Ravi de son originalité, il demande à Turgot, resté à Paris, de lui garder le secret de peur qu'on lui prenne le sujet... Pendant ce temps, la capitale est sens dessus dessous. On ne parle que de la mort du roi et Mme Suard elle-même, qui n'a pourtant aucun motif de le regretter[2], confesse à Condorcet : « Je viens de jeter des cris en apprenant sa mort[3]. »

Condorcet, lui, n'aura pas un mot pour le roi défunt. Comme tout le monde, il s'inquiète de la jeunesse de son successeur et s'intéresse aux ministres qu'il pourrait appeler.

1. Lettre de Condorcet à Turgot, 10 mai 1774.
2. Louis XV avait usé de son pouvoir pour faire annuler — fait rarissime — l'élection de M. Suard à l'Académie française en 1772, parce qu'il le soupçonnait d'encyclopédisme... Suard devait être réélu le 26 mai 1774.
3. Lettre de Mme Suard à Condorcet, le 10 mai 1774, LXXVIII, *op. cit.*

Le retour de Maurepas[1], qu'il juge trop vieux, et l'arrivée de Muy, ce faux dévôt, « sot et méchant homme[2] », lui font augurer le pire. L'opinion publique attend avec impatience le départ de trois ministres haïs : d'Aiguillon, des Affaires étrangères ; Maupeou, des Sceaux ; et Terray, des Finances. Auxquels il faut ajouter Bourgeois de Boynes, titulaire de la Marine, suppôt du triumvirat, soupçonné d'avoir conseillé à Maupeou de remplacer le Parlement par le Grand Conseil. A part la démission volontaire du duc d'Aiguillon, le 2 juin, et son remplacement par Vergennes, rien ne change pendant deux mois. Maurepas réfléchit à la formation du nouveau gouvernement et cherche des hommes « sans entours », pour en être l'unique protecteur et les diriger à sa guise.

Selon l'abbé Morellet[3], M. de Maurepas avait toujours montré beaucoup de bienveillance et d'estime à Turgot qui le voyait assez souvent. Celui-ci faisait partie du nombre des grands administrateurs que leur expérience désignait aux plus hautes responsabilités. Sans appui véritable à la Cour, Turgot était un homme seul qui ne devait sa réputation qu'à son courage, à son intégrité et à son travail d'intendant[4] dont chacun se plaisait à souligner l'efficacité. Mais ces mérites n'auraient peut-être pas suffi à le désigner au choix de Maurepas, si quelques amis ne s'en étaient mêlés. L'abbé de Véri, son ancien condisciple à la Sorbonne, qui lui portait une admiration sans borne, parla de lui[5] à Maurepas et à son épouse, dont il était l'ami intime. Il le proposa pour remplacer Maupeou aux Sceaux. D'après Montyon, c'est la duchesse d'Enville, cousine des Maurepas et admiratrice enthousiaste de Turgot depuis dix ans, qui l'aurait « poussé » auprès du

1. Le 12 mai, Louis XVI appela près de lui M. de Maurepas, âgé de 73 ans, jadis exilé par son grand-père. Celui-ci, surnommé « le Mentor », fera office de Premier ministre jusqu'à sa mort en 1781.
2. Lettre de Condorcet à Turgot, le 12 mai 1774.
3. *Mémoires*, tome I, p. 230.
4. Nommé en 1761, Turgot resta intendant du Limousin jusqu'à sa nomination au ministère.
5. *Journal de l'abbé de Véri*, tome I, p. 128, éd. J. Tallandier, 1928.

Mentor. Ce dernier, convaincu qu'il pourrait faire de Turgot sa « créature », pensait à lui pour remplacer Terray aux Finances ; mais le roi tardant à se défaire de Terray, Maurepas proposa Turgot à la place de Boynes à la Marine. Le 20 juillet, le voici nommé ministre et il prête serment deux jours plus tard.

Le jour de cette nomination, Condorcet exulte de bonheur : « Du ciel enfin sur nous la bonté se déclare, M. Turgot est nommé ministre de la Marine[1] .» Plus loquace avec Voltaire, il lui écrit le 22 juillet : « Il ne pouvait rien arriver de plus heureux à la France et à la raison humaine. Jamais il n'est entré dans aucun conseil de monarque d'homme qui réunit à ce point la vertu, le courage, le désintéressement, l'amour du bien public, les lumières et le zèle pour les répandre. Depuis cet événement, je dors et je me réveille aussi tranquillement que si j'étais sous la protection de toutes les lois de l'Angle-terre[2]. » De façon générale, le public éclairé, qui connaît Turgot, salue sa nomination avec joie. Mme du Deffand reconnaît que c'est un honnête homme dont le choix est bon[3]. Voltaire, qui ne mâche jamais ses compliments — surtout à ses amis —, dit chanter le *Te Deum laudamus*[4]. Enfin, le clan des philosophes déclare carrément que la vertu est au pouvoir[5]. Seule, Mme d'Enville manifeste une ambivalence toute ami-cale : « Je suis si troublée de cette nouvelle que j'ignore encore ce que je sens. Il est également bien placé pour tout, mais je le perds et je le vois au milieu des tigres qui chercheront à le dévorer[6]. »

Certains firent remarquer que les talents de Turgot se

1. Lettre de Condorcet à Mme Suard, 20 juillet 1774, LXXXVI, *op. cit.*
2. Lettre de Condorcet à Voltaire, 22 juillet 1774.
3. Lettre de Mme du Deffand à Voltaire, 3 août 1774.
4. Lettre de Voltaire à Turgot, 28 juillet 1774.
5. Lettre de d'Alembert à Frédéric II, 12 septembre 1774 : « Le roi vient de prendre... un des hommes les plus éclairés et les plus vertueux de ce royaume ; et si le bien ne se fait pas, il faut en conclure que le bien est impossible. »
6. Lettre de X. à Condorcet, Liancourt, 22 juillet 1774. Bibliothèque de l'Institut, Ms 867, folio 10.

seraient mieux exercés aux Finances qu'à la Marine. Ne disait-il pas lui-même : « Je ne connais point la marine[1] » ? Aux dires de Condorcet, si l'expérience de la navigation lui faisait effectivement défaut, le nouveau ministre ne manquait pas d'atouts dans ses nouvelles fonctions : il connaissait la géographie comme marin, négociant, politique et naturaliste ; il avait étudié la théorie de la manœuvre, de la construction des vaisseaux, et les opérations astronomiques[2]. Il arrivait à ce poste avec l'ambition de rendre les colonies libres et puissantes, « en faisant disparaître peu à peu, par des lois sages, cet esclavage des nègres, l'opprobre des nations modernes[3] ». Mais ce ministère intéressant ne dura que quelques semaines, à peine le temps de faire payer aux ouvriers de Brest une année et demie des salaires qui leur étaient dus, et de mettre à exécution une idée de Condorcet : la traduction d'un important traité d'Euler sur la science navale, accompagnée d'une gratification pour le savant. Pendant ces quelques semaines, Condorcet a prodigué mille conseils à Turgot, sur les voyages d'étude à organiser, les places à pourvoir, les réformes urgentes à entreprendre. Parmi elles, celle du *Code noir* par lequel Louis XIV a abandonné les nègres à la barbarie de leurs maîtres[4], mais aussi la mise au point d'une machine à dessaler l'eau de mer[5]. Il a envoyé à Turgot une douzaine de lettres pleines de suggestions qui ne peuvent attendre. Celui-ci, installé à Compiègne avec la Cour, répond, mi amusé, mi exaspéré : « Je ne réponds point, Monsieur, à toutes vos folies... Sur beaucoup de points, vous prêchez un converti, sur d'autres vous n'êtes pas à portée de juger ce que les circonstances rendent possible, surtout *vous êtes trop impa-*

---

1. Condorcet, « Vie de M. Turgot », 1786, in *Œuvres*, tome V, p. 47.
2. *Ibid.*, pp. 47, 48.
3. *Ibid.*, p. 49.
4. Lettre de Condorcet à Turgot (après le 20 juillet 1774), *op. cit.*, p. 185. Condorcet se trompe lorsqu'il attribue le *Code noir* à Louis XIII.
5. Lavoisier était l'auteur initial de ce projet qui ne semblait pas convenir complètement à Condorcet.

*tient*[1]. » Mais, comme le note Edgar Faure, fin connaisseur de la chose politique : « C'est sans doute l'utopiste [Condorcet] qui avait raison... Comme il arrive souvent dans les grandes périodes de charnière, c'étaient l'impatience, l'exigence, la rigueur qui formaient le véritable réalisme. C'est dans la toute première période qu'un ministre peut se permettre le plus d'audace. Les réformateurs ont intérêt à l'offensive, qui surprend l'adversaire, le place tôt devant le fait accompli ; c'est le conservatisme qui gagne à la guerre de position[2]. »

Quelques jours plus tard, le 24 août, Turgot est nommé contrôleur général des Finances, et ministre d'État pour avoir accès au Conseil d'En Haut. Là commence une période décisive de l'histoire de France, dont Condorcet est à la fois le témoin direct et l'un des acteurs, à sa modeste place.

Sitôt installé au palais Mazarin[3], Turgot donne la preuve de son désintéressement[4], et se débarrasse des collaborateurs de Terray[5]. Il appelle près de lui l'économiste Dupont de Nemours, Condorcet et l'abbé Morellet, tous trois amis de longue date, ainsi que Jean de Vaines qu'il a connu à Limoges[6] comme directeur des Domaines. Turgot paraît avoir tous les atouts en main pour réaliser l'assainissement des finances et libérer l'économie française de ses entraves séculaires. Seul l'abbé Galiani émet des doutes sur les chances de succès du nouveau ministre, qu'il apprécie, même s'il combat ses thèses libérales. Il fait cette curieuse prophétie à Mme d'Épinay :

1. Lettre de Turgot à Condorcet, le 17 août 1774. Souligné par nous.
2. E. Faure, *La disgrâce de Turgot*, Gallimard, 1961, p. 78.
3. Emplacement des bureaux du contrôleur général, rue Neuve-des-Petits-Champs, aujourd'hui dépendance de la Bibliothèque nationale.
4. Les appointements du contrôleur général étant fixés à 142 000 livres, il les régla à 80 000. De plus, il renonça aux frais d'installation et au pot-de-vin consenti au contrôleur général par les fermiers généraux à l'occasion de chaque bail, soit 100 000 écus à la signature du bail.
5. Mme du Deffand à Voltaire, 29 août 1774 : « M. Turgot balaye les ordures. Il a chassé MM. de Saint-Priest, Leclerc, Dupuis, Destouches. »
6. Jean de Vaines (1733-1803) fut un excellent administrateur, qui continua une brillante carrière sous Necker. Il fut emprisonné pendant la Révolution, et Napoléon fit de lui un conseiller d'État.

« Enfin M. Turgot est contrôleur général. Il restera trop peu de temps en place pour exécuter les systèmes... Il punira les coquins, il pestera, se fâchera, voudra faire le bien, rencontrera des épines, des difficultés, des coquins partout. Son crédit diminuera ; on le détestera... Il se retirera ou on le renverra[1]. »

En attendant que se réalise la funeste prédiction, les deux années qui vont suivre sont, pour Condorcet, l'occasion de découvrir qu'il n'y a pas de grande politique méditée dans le bureau d'un ministre intègre qui ne soit en butte aux passions, aux préjugés et, surtout, aux intérêts contraires des hommes : c'est, pour son patron et lui, l'amère découverte de l'expérience du pouvoir. La leçon laissera des traces ineffaçables sur le futur acteur de la Révolution française.

Mais Turgot n'est pas seulement un économiste, c'est aussi un homme des Lumières, influencé par l'esprit encyclopédiste. Il est convaincu que la science doit venir au secours de l'administration et qu'il faut encourager celle-là pour faire progresser celle-ci. Il s'intéresse à toutes les découvertes susceptibles d'applications, comme la conversion du fer en acier dans les forges de Buffon, ou aux objets techniques les plus inattendus, tel le brise-glace de Deparcieux dont il espérait qu'il mettrait fin à la glaciation de la Seine, laquelle causait tant de préjudices au ravitaillement de la capitale en hiver.

## Fonctions administratives

Turgot appelle son ami Condorcet à ses côtés. Il attend de lui qu'il évalue des projets et trouve des solutions aux difficultés techniques qui se présentent sans cesse. Persuadé que du progrès des sciences dépend celui du bien-être public, il l'a chargé de concevoir un vaste projet de réforme de l'activité scientifique. Condorcet accepte ces tâches avec

---

1. *Correspondance de Galiani avec Mme d'Épinay, op. cit.*, II.

enthousiasme et fierté. Il est si empressé à servir Turgot qu'il se met à travailler[1] avant même qu'on ne lui ait assigné quelque fonction officielle ou qu'il soit question d'appointements. Pendant plusieurs mois, il se contente d'être un conseilleur amical plutôt qu'un conseiller technique. Il presse Turgot de supprimer les corvées au plus vite : « On peut calculer ce que la suppression peut épargner d'argent au peuple ; mais ce qu'elle lui épargnera du sentiment pénible de l'oppression et de l'injustice est au-dessus de nos méthodes de calcul[2]. » A chaque lettre, il revient à la charge, assurant que c'est le seul bien général, prompt et sensible, que l'on puisse faire immédiatement[3]. Mais Turgot a d'autres projets plus urgents, comme la liberté du commerce des grains, et il pense avec Dupont de Nemours qu'il ne faut pas heurter tous les intérêts de front. Il fait plus confiance à l'esprit modérateur de Dupont qu'à l'impatience de Condorcet dont il partage pourtant tous les sentiments, notamment la répugnance à voir rappeler les Parlements[4] exilés par le chancelier Maupeou...

Dès la fin de l'année 1774, Condorcet se penche sur tous les problèmes de la navigation intérieure, essentielle au développement du commerce. Il propose un projet de loi pour débarrasser les rivières des moulins qui les barrent[5], et soumet à Turgot un projet de canal pour relier la Loire et la Saône de la façon la plus économique. Il met en garde le ministre contre ces « gens à gloriole qui veulent faire des monuments dignes des anciens romains... Ne vous fiez qu'aux gens qui, eussent-ils joint la Loire au fleuve Jaune, n'en auraient pas plus de vanité pour cela[6] ». En novembre, Turgot s'inquiète de l'extension d'une maladie épidémique frappant les bestiaux dans le pays de Labourd, une partie de la Navarre et même

---

1. Lettre de Condorcet à Turgot, 1774, *op. cit.*, pp. 198-199.
2. *Ibid.*
3. *Ibid.*, 23 septembre 1774.
4. Les Parlements furent réinstallés le 12 novembre 1774.
5. *Ibid.*, 1774, p. 207.
6. *Ibid.*

jusqu'en Guyenne. Après avoir donné ses instructions aux intendants des régions concernées, il s'adresse à Condorcet : « Cette maladie a jusqu'à présent résisté à toutes les mesures. » Il le charge de saisir l'Académie de ce problème, pour qu'elle désigne des commissaires chargés de s'occuper des moyens de combattre ce fléau. Il ajoute : « Je désire que MM. de Malesherbes, Trudaine de Montigny, Duhamel, Lenoir et vous, soyez du nombre des commissaires... Que deux d'entre eux se transportent sur les lieux[1]... »

Plus tard, Condorcet est chargé de concevoir une nouvelle jauge[2] à vaisseau moins scandaleusement favorable aux fermiers généraux, des tables pour les impositions sur les bois, ou l'édit sur la liberté du commerce des vins... Mais la grande affaire de Condorcet durant le ministère Turgot reste ses travaux sur les canaux, et l'impulsion donnée à la science hydraulique. Il se déplace personnellement pour étudier les canaux de Flandre ou de Picardie, fait suspendre les travaux commencés dans la Somme et en Bourgogne, « parce qu'il est question d'une différence de huit à dix millions pour le moins, que les 100 000 écus ou 400 000 francs employés au canal de Pouilly cette année ne changeraient pas l'état de la question et seraient une perte réelle en cas qu'il fût abandonné[3] ». En revanche, il donne son aval pour le canal de Longpendu, et trouve les moyens les plus économiques d'améliorer le rendement du canal de Briare.

Condorcet est absorbé par ses voyages et par la rédaction des mémoires qu'il remet à Turgot en cachette des ingénieurs des Ponts et Chaussées[4]. Il lui suggère de créer, pour l'examen de ces questions, une commission perpétuelle, composée de

1. Lettre de Turgot à Condorcet, 18 novembre 1774.
2. Dans un mémoire présenté plus tard par Condorcet à Clugny, on peut lire : « Jauger un vaisseau n'est pas autre chose qu'en déterminer la capacité... Si on connaît la figure d'un vaisseau, la question de la jauge se réduit à une pure question de géométrie. »
3. Lettre de Condorcet à Turgot, 1775, p. 254.
4. Lettre de Condorcet à Turgot, 15 octobre 1775 : « Je crains leur prodigalité et leur dureté. »

géomètres de l'Académie. On a beaucoup jasé sur cette proposition qui aboutissait à le désigner, avec d'Alembert et Bossut, ses amis, pour constituer cette commission[1]. Et pourtant, ils ne demandaient aucun appointement — un désintéressement tout à l'honneur de la géométrie... Condorcet a préparé ce projet avec Bossut. Celui-ci tient même tout prêt un modèle de lettre de bureau, pour le cas où Turgot serait d'accord. Il ne reste plus qu'à convaincre d'Alembert d'y collaborer. Condorcet préfère que Turgot s'en charge : « J'ai cru qu'il vaudrait mieux que la proposition vînt de vous. Comme il peut s'effaroucher d'un peu de travail, il faut, pour lever ses scrupules, lui dire qu'on ne lui donne pas d'argent et qu'on ne lui demande que son nom, que nous ferons l'ouvrage mais que nous avons besoin d'être soutenus par sa réputation[2]. »

Condorcet a beau penser que « *point d'argent* est ici, comme *sans dot*, une raison où il n'y a rien à dire », aussitôt le projet rendu public, les mauvaises langues se déchaînent. Mme du Deffand se gausse de la fausse vertu de Turgot qui ressuscite des charges inutiles pour donner des prébendes à ses amis : « D'Alembert, Condorcet, l'abbé Bossut sont, dit-on, directeurs de la navigation, avec chacun 2 000 écus d'appointements ; je ne doute pas que la demoiselle de Lespinasse n'ait quelque petite paragante[3]. » Au fur et à mesure que se répand la rumeur chez les ennemis du contrôleur général, les appointements versés aux trois hommes deviennent de plus en plus

1. Lettre de Condorcet à Turgot, 1775, pp. 260-261. Voici comment il présente la chose à Turgot : « Pour que cet établissement eût le double effet d'attirer la confiance du public et d'en imposer aux charlatans, il faudrait : 1) Qu'il y eût un homme de la réputation la plus brillante en Europe [entendez d'Alembert] ; 2) Que les commissaires fussent assez bons géomètres pour qu'il n'y eût aucune méthode de géométrie qu'ils ne pussent entendre [c'était le cas des trois hommes] ; 3) Que quelqu'un d'eux au moins fût exercé à l'expérience et eût bien étudié la pratique [entendez l'abbé Bossut, qui pourrait se transporter sur les lieux] ; 4) Qu'il n'y eût pas de division à craindre entre eux [c'était le cas de ces trois vieux amis]... »
2. *Ibid.*
3. Lettre de Mme du Deffand à H. Walpole, 9 février 1775, in *Correspondance*, tome II, p. 465. Une paragante est un pot-de-vin.

importants[1] ! D'Alembert, exaspéré, dément cette infamie qui se répand peut-être déjà à Berlin : « On vous aura peut-être dit que je suis directeur des canaux de navigation, avec 6 000 livres d'appointements : fausseté... Nous avons refusé les appointements qu'il nous offrait pour cela[2]. »

Pour remplir leurs engagements, les trois hommes travaillent sur la mécanique des fluides. Conjointement, Condorcet convainc Turgot de l'importance des progrès rapides de la science hydraulique et de la nécessité de créer une chaire pour cette science. Turgot se rallie à ses raisons et charge l'abbé Bossut de donner chaque année un cours public d'hydraulique[3]. Il est d'ailleurs si persuadé de l'importance économique de l'amélioration des voies navigables qu'il se propose d'y consacrer un budget de 800 000 livres[4].

Là ne s'arrête pas la collaboration amicale de Condorcet. Il se fait un devoir de signaler à Turgot les injustices commises par tel ou tel membre de l'administration, la mauvaise interprétation de ses consignes, ou parfois leur évident détournement. Il se fera surtout un devoir sacré de défendre sa politique lorsque celle-ci sera durement attaquée après les émeutes du printemps 1775. Durant les deux années passées au Contrôle général, Turgot, tour à tour à Paris ou auprès de la Cour, à Versailles, Compiègne ou Fontainebleau, reste en contact permanent avec son collaborateur et ami. Toujours surchargé de travail, il invite par vingtaine ses amis à déjeuner

1. *Cf.* Bachaumont, *Mémoires secrets pour servir à l'histoire de la République des lettres en France*, Londres, 1781-1789, 7 mars 1775, tome VII, p. 305 ; *Journal historique*, tome VII, p. 151.

2. Lettre de d'Alembert à Lagrange, 14 avril 1775. C'est le 7 mai 1775 que la commission est officiellement installée.

3. Lettre de Turgot à l'abbé Bossut, 1er octobre 1775. Les cours devaient commencer en novembre 1775, moyennant des appointements de 6 000 livres.

4. Condorcet, « Vie de M. Turgot », *Œuvres*, tome V, p. 80. Dans les *Œuvres* de Turgot, éd. Schelle, tome IV, p. 648, se trouve un arrêt du Conseil daté du 1er août 1775, qui décide qu'une somme de 419 873 livres, 8 s, 5 d sera employée aux ouvrages à faire, au canal de Picardie et à celui de Bourgogne.

à sa table, et communique avec ses collaborateurs par petites notes ultra-rapides[1].

## Projet de réforme de la recherche scientifique

Durant les années 1774-1776, Condorcet ne s'est pas contenté de remplir des fonctions administratives auprès de Turgot. Dès qu'il a été désigné comme successeur de Fouchy à l'Académie, il a eu à cœur de définir les conditions du développement scientifique de la France pour faire de celle-

1. In *Correspondance inédite de Condorcet et de Turgot, op. cit.,* pp. 242 à 244. On en possède un exemple dans ces « *Petites questions qu'on prend la liberté de présenter en toute humilité à Monsieur le Contrôleur général* » :

| QUESTIONS DE CONDORCET | RÉPONSES DE TURGOT |
|---|---|
| 1. Y a-t-il contre le projet d'amener l'eau de l'Yvète à Paris d'autres objections que celle de la dépense ? | Non. |
| 2. Ne trouverait-on pas l'argent nécessaire à cette opération en vendant à des particuliers une partie de cette eau ? | Oui, du moins en partie. |
| 3. La confiance que l'on a au gouvernement actuel ne rendrait-elle pas ce moyen très facile ? | Je n'en sais rien. |
| 4. Ne pourrait-on pas espérer que des particuliers très riches aient la vanité de payer de leur argent l'eau d'une fontaine publique à laquelle ils donneraient leur nom ? | Je le crois ; mais ce moyen par forme d'invitation du gouvernement me paraît un peu petit. |
| 5. Ne pourrait-on pas mettre aux prises la vanité des moines ou des corps ecclésiastiques très riches avec leur avarice, et faire pencher la balance du côté de la vanité ? | Je n'en sais rien. |
| 6. La ville de Paris ne dépense-t-elle pas annuellement à des embellissements superflus une somme que l'on pourrait employer à un ouvrage utile au peuple de plus d'une manière ? | Elle n'est guère en état de dépenser, car elle est ruinée. |
| 10. Si la famille royale donnait l'exemple sur les fonds destinés à des plaisirs, ne serait-il pas suivi avec empressement ? | Cet article est bien délicat, et le plus difficile de tous. |

ci « l'Atlantide de Bacon[1] ». Il a préparé en 1774 un mémoire à l'attention de Maurepas[2], dans lequel il montre la nécessité d'étendre certaines observations scientifiques (météorologiques ou astronomiques) dans tout le pays, de stimuler l'activité des académies provinciales en les associant étroitement aux travaux de l'Académie de Paris. Il propose de donner à celle-ci la responsabilité de la direction et de la coordination de toute la recherche scientifique en France, ajoutant que tout surcroît de travail serait assumé par le secrétaire..., c'est-à-dire lui-même. Comme le fait remarquer Baker, s'il n'y a nulle raison de douter que la proposition de Condorcet ait été motivée par l'intérêt de la science, il reste qu'un tel projet conférait une importance sans précédent au poste qu'il devait occuper après Fouchy. Condorcet serait de venu *de facto* le patron de la recherche scientifique française !

Malheureusement, lorsqu'il soumet, à titre amical, le détail de son projet à des représentants de certaines académies provinciales, il doit constater que les objections l'emportent sur l'enthousiasme[3]. En 1776, Condorcet revient à la charge en présentant un projet d'association au nouveau ministre de la Maison du Roi, l'ami Malesherbes[4], dont dépend l'Académie. Fort des objections faites à son premier projet, il dénonce les maux dont souffrent les académies provinciales, et insiste

1. Lettre de Condorcet à La Tourette, secrétaire de l'Académie de Lyon, le 17 juillet 1774, publiée par André Ruplinger, *Charles Bordes, membre de l'Académie de Lyon, 1771-1781*, Lyon, 1915, pp. 123 à 126. L'idée baconienne d'une cité scientifique a toujours hanté Condorcet. L'un de ses tout derniers écrits, *Fragment sur l'Atlantide* (1793-1794), est consacré à ce sujet.

2. Tout ce qui suit est directement inspiré d'un remarquable article de K.M. Baker : « Les débuts de Condorcet au secrétariat de l'Académie royale des Sciences (1773-1776) », in *Revue d'histoire des sciences*, 1967, pp. 229 à 280.

3. A part le vice-chancelier de l'Académie de Dijon, Guyton de Morveau, chimiste de qualité, qui approuvait chaudement ses propositions, des hommes comme J.F. Séguier et La Tourette, secrétaires respectifs des académies de Nîmes et de Lyon, n'émirent que doutes, critiques et objections, liés pour la plupart à l'absence d'indépendance des académies de province qui devaient choisir leurs membres en fonction des desiderata des dirigeants locaux.

4. Malesherbes fut nommé ministre en juillet 1775, après beaucoup de réticences de sa part. *Cf.* Lettre de Condorcet accompagnant le mémoire adressé à Malesherbes, Bibliothèque de l'Institut, Ms 870, folio 166.

sur l'urgence qu'il y a à les libérer de leurs protecteurs locaux. Il réaffirme, comme Bacon, que l'activité scientifique ne s'épanouit que dans l'indépendance à l'égard de toute pression sociale. Mais il ajoute qu'elle doit être réorganisée sous l'égide d'une direction centralisée chargée de faire circuler l'information, les instruments scientifiques, etc.

Ce remarquable projet ne voit pas le jour. Malesherbes, qui démissionne en mai 1776, n'a pas le temps de s'en préoccuper sérieusement, et Condorcet ne croit pas devoir le présenter à ses successeurs. Toutefois, souligne Baker, cela n'enlève rien au caractère révolutionnaire de ce projet : « Celui-ci était peut-être aussi important, quant à ses implications à la fois sociales et scientifiques, que le grand *Mémoire sur les municipalités* que Turgot et Dupont de Nemours préparaient à la même époque, et il est clair que ce vaste projet de réforme de gouvernement et de l'administration provinciale française n'était pas sans liaison avec le plan parallèle de Condorcet pour réorganiser l'activité scientifique : il s'agissait de deux aspects différents de la même conception, partagée par Turgot et par ses deux plus intimes collaborateurs, sur l'organisation sociale et sur les rapports entre science et société[1]. »

## TURGOT PROTECTEUR DE CONDORCET

Au cours des deux années du ministère Turgot, la vie et le statut social de Condorcet se trouvent sensiblement modifiés. Il découvre les palais officiels, fréquente les bureaux de Malesherbes, de Maurepas et, bien sûr, de Turgot. Chez ce dernier, il a les entrées réservées aux intimes. Lorsqu'il travaille à Versailles, le contrôleur aime à l'avoir quelques jours auprès de lui. Au cours d'un de ces séjours, Condorcet s'émerveille : « Je crois être à la campagne chez un ami qui aime l'occupation, qui me laisse du temps et chez qui je

1. Baker, *art. cité*, p. 276.

trouve le soir une société agréable et douce[1]. Il est impossible d'imaginer que je suis chez un ministre et à côté du palais du maître de vingt millions d'hommes[2]. » Son prestige en est rehaussé aux yeux de sa famille. Lors de ses retours ponctuels à Ribemont, l'oncle évêque le traite avec plus de considération. En témoignent les confidences de Condorcet à Julie de Lespinasse, qu'elle s'empresse de répéter à Guibert : « Il a pris congé de son oncle, qui se console d'avoir un neveu à l'Académie, car il a appris qu'il était l'ami intime d'un ministre[3]. »

Le même été, Condorcet convainc sa mère de quitter Ribemont pour s'installer près de Paris, dans une petite maison située à Nogent, qu'il vient d'acheter. Ainsi, il ne sera plus forcé deux fois par an à ces exils qui le privent de ses chères Tuileries où il aime à se promener l'après-midi en compagnie de d'Alembert, des Suard et de Mme d'Enville lorsque celle-ci n'est pas à La Roche-Guyon. En octobre, à la fin de son dernier séjour dans l'Aisne, il est heureux d'annoncer à Amélie : « Je quitte Ribemont pour toujours[4]. » Dorénavant, il n'aura plus que quelques lieues à parcourir pour faire ses visites hebdomadaires à sa mère. Et nous savons, par Julie, qu'il y allait à pied : « Il me dit que ces courses l'ont fortifié d'une manière sensible. En conséquence, il part pour faire sa promenade de quatre lieues[5]. »

1. Lettres de Mlle de Lespinasse, *op. cit.*, p. 145 : Julie raconte que Turgot aimait à réunir ses amis le soir. Il invitait une vingtaine de personnes parmi lesquelles l'archevêque d'Aix, Mme de Boufflers, Morellet, Julie de Lespinasse, Lord Shelburne...
2. Lettre de Condorcet à Mme Suard, février 1775, XCVIII, *op. cit.*
3. Lettre de Julie de Lespinasse à Guibert, 7 juillet 1775, in *Lettres de Mlle de Lespinasse, op. cit.*, p. 262.
4. Lettre de Condorcet à Mme Suard, octobre 1774, XCV, *op. cit.* En recopiant la lettre de Condorcet, Mme Suard s'est trompée en écrivant « Dennemont » au lieu de Ribemont. En fait, Condorcet ne quittera Ribemont que l'année suivante.
5. Lettre de Julie de Lespinasse à Guibert, mars 1776, *op. cit.*, p. 371.

## Inspecteur des Monnaies

Mais le changement essentiel dans la vie de Condorcet, en cette année 1775, il le doit à l'amitié de Turgot. Celui-ci l'a fait nommer inspecteur des Monnaies[1] à la place de M. de Forbonnais. Les ennemis du mathématicien se déchaînent aussitôt. Condorcet est dénoncé comme un intrigant cupide. Reproche tout à fait injustifié. Dans un mémoire qu'il rédigera lors de la suppression de son poste en août 1790, Condorcet racontera les conditions de sa nomination[2]. C'est au début de 1775[3] que Turgot lui a proposé la place laissée vacante par la démission de M. de Forbonnais, qui conservait son traitement et une retraite. Turgot dut s'excuser de ne pouvoir lui verser les appointements afférents à la fonction, pour ne pas augmenter les dépenses de son département, car Condorcet lui écrivit : « On dit que l'argent ne vous coûte rien quand il s'agit d'obliger vos amis. Je serais au désespoir de donner à ces ridicules quelque apparence de fondement. Je vous prie donc de ne rien faire pour moi dans ce moment ; quoique peu riche, je puis attendre quelque temps... Je ne demande donc que d'attendre un an, deux ans si cela est nécessaire. Je n'y mettrai ni ostentation ni empressement[4]. »

Il n'a pas à attendre si longtemps. Après l'émeute des farines, Albert remplace Lenoir[5] à la lieutenance de la généralité de Paris, et son département des subsistances est réuni à celui de Fargès[6]. Ainsi deviennent disponibles les appointements de 5 000 francs qui reviennent à Condorcet.

1. Officiellement, l'inspecteur des Monnaies, à la tête d'une armée de commis, surveillait la frappe des marcs d'or et d'argent, des écus d'argent, des louis, des deniers, des liards et doubles-liards en cuivre.
2. Bibliothèque de l'Institut, Ms 848, folio 81.
3. Et non en 1774, comme le laisse croire une lettre de Condorcet à Turgot que Charles Henry a mal datée, *Cf. Correspondance inédite*, p. 199.
4. Lettre de Condorcet à Turgot, datée par Baker du 16 mars 1775.
5. Le 5 mai 1775.
6. Intendant du commerce.

Mais la vérité n'empêche pas les rumeurs les plus désagréables de courir sur cette affaire. Condorcet est obligé de s'en expliquer auprès de M. Suard, si lié à ses ennemis « prohibitifs[1] ». Il lui confirme à deux reprises[2], durant le mois de mai, qu'il n'a pas la place d'intendant du commerce qui reste à M. Fargès, et que d'ailleurs il ne saurait qu'en faire, étant donné qu'il ne peut pas devenir maître des requêtes... Il éprouve le besoin de se justifier : « Si M. Turgot me donnait des places, je les accepterais parce que je saurais, en y travaillant d'une manière utile, faire plus de bien que mes appointements ne feraient de mal[3]. »

Condorcet est très heureux de pouvoir bientôt s'installer dans un appartement de fonction[4] à l'hôtel de la Monnaie, comme l'est déjà son collègue de l'Académie des sciences, Tillet, qui occupe l'autre place d'inspecteur depuis 1764. Le déménagement traîne quelques mois. Condorcet voudrait emmener avec lui le ménage Suard et l'abbé Arnaud, avec lesquels il vit depuis près de trois ans, rue Louis-le-Grand. Il va jusqu'à demander à Turgot de donner à Suard, sans appointements, un titre d'historiographe des Monnaies[5]... Mais le projet de Condorcet ne convient pas à Mme Suard qui ne peut envisager d'abandonner toute sa société pour aller vivre au-delà des ponts ! « Je disais à M. de Condorcet : je ne vous perdrai point, mon ami ; votre amitié n'est pas de celles que les distances effraient. En vous suivant, je romps toutes mes habitudes, et peut-être tous les liens de ma société. En ne vous suivant point, j'ai un grand sacrifice à faire, celui de

1. On appelait ainsi tous ceux, de Necker à Galiani, qui combattaient le système de la libre circulation des grains.
2. Lettres de Condorcet à Suard, le 14 mai 1775 et le mai 1775, CV et CVI, *op. cit.*
3. *Ibid.*, lettre du 14 mai 1775.
4. Condorcet allait habiter le bel hôtel que J.D. Antoine n'avait pas complètement terminé, sur l'emplacement de l'ancien hôtel de Conti. C'était un appartement suffisamment grand pour qu'il prît sa mère avec lui et songeât à y installer ses amis.
5. Lettre de Condorcet à Turgot, août 1775.

vous voir moins : mais je conserve mon ami[1]. » Condorcet a beau lui faire remarquer qu'elle le sacrifie à tous ses amis, Mme Suard se contente de pleurer et reste rive droite[2]. Lorsqu'il s'installe à la Monnaie, c'est lui qui, tous les jours, fait l'effort de traverser la Seine pour l'emmener à la promenade des Tuileries. Mais leur intimité en subit le contrecoup et ne sera plus jamais ce qu'elle a été au temps où ils partageaient le même toit et où il descendait le matin assister à sa toilette.

Turgot ne lui avait pas confié la place d'inspecteur des Monnaies pour lui fournir logement et appointements. Il voulait que Condorcet s'attelât au problème crucial de l'unification des poids et mesures[3]. Leur multiplicité était un obstacle évident au commerce, au développement scientifique et à la communication entre les hommes. Cela faisait longtemps que l'on se plaignait de cette incroyable diversité, source de confusion. Les États généraux de 1576 demandaient déjà que « par toute la France, il n'y ait qu'une aune, qu'un pied, qu'un poids et qu'une mesure ». Les savants aussi : M. de la Condamine, dont Condorcet venait de faire l'éloge[4],

1. Note de Mme Suard à une lettre de Condorcet, début octobre 1775, CXVI, *op. cit.*

2. Les Suard restèrent rue Louis-le-Grand jusqu'à Thermidor. La garçonnière de Condorcet appartint successivement à J.D. Garat, puis à Benjamin Constant.

3. « Le bois se vendait à la *corde* ; le charbon de bois à la *tonne* ; le charbon de terre à la *bacherelle* ; l'ocre au *tonneau*, et le bois de charpente à la *marque* ou à la *solive*. On vendait les fruits à cidre à la *poinçonnée* ; le sel au *muid*, au *sétier*, à la *mine*, au *minot*, au *boisseau* et à la *mesurette* ; la chaux se vendait au *poinçon*, et le minerai à la *razière*. On achetait l'avoine au *picotin* et le plâtre au *sac* ; on se procurait le vin à la *pinte*, à la *chopine*, à la *camuse*, à la *roquille*, au *petit pot* et à la *demoiselle*. On vendait l'eau-de-vie à la *potée* ; le blé au *muid* et à l'*écuellée*. L'étoffe, les tapis et la tapisserie s'achetaient à l'*aune carrée* ; le bois et les prés se comptaient en *perches*... Les longueurs étaient mesurées en *toise* et en *pied du Pérou*, lequel équivalait à un *pouce*, une *logne* et huit *points du pied du roi* — pied du roi qui se trouvait être celui du roi Philictère, celui de Macédoine et celui de Pologne... A Marseille, la *canne* pour les draps était plus longue que celle pour la soie d'environ un quatorzième. Quelle confusion ! 7 à 800 noms... » *Cf.* Denis Guedj, *La Méridienne, 1792-1799*, Seghers, 1987, pp. 9 et 10.

4. En 1774. *Œuvres*, tome II, pp. 189-190 : « Il se livra à un objet dont les services et le commerce devaient retirer un égal avantage..., l'établissement d'une mesure universelle. »

avait lui-même proposé, en 1747, un « projet de mesure invariable propre à servir de mesure commune à toutes les nations ».

Aussitôt arrivé à la Monnaie, Condorcet se met à la tâche, de concert avec Tillet[1] qui a déjà travaillé sur le sujet. Il écrit aux intendants pour avoir tous les détails sur les mesures propres à chaque province, et met au point un questionnaire à colonnes pour leur simplifier le travail. Avec Turgot, il choisit d'adopter pour unité de mesure la longueur du pendule battant la seconde à la latitude du 45e degré au niveau de la mer[2], qui passe près de Bordeaux. Dès 1775, on décide d'envoyer Messier, astronome de la Marine, faire des expériences sur place. C'est Condorcet en personne qui lui donne ses instructions scientifiques et prépare les tables d'équivalence entre les diverses mesures existantes[3]. Malheureusement, les préparatifs prennent du retard et Messier n'a pas encore quitté Paris lorsque Turgot doit renoncer au pouvoir[4]. Le projet sera abandonné par ses successeurs et il faudra attendre la Constituante pour qu'une commission comprenant Laplace, Monge et Condorcet remette le problème à l'ordre du jour[5].

1. 1720-1791. Agronome reçu en 1758 à l'Académie des sciences, il avait été nommé inspecteur des Monnaies en 1764. Il s'occupait des affinages et des essais, et était chargé d'examiner les directeurs et essayeurs des Monnaies. Trésorier de l'Académie jusqu'à sa mort, Tillet avait de multiples occasions de travailler avec Condorcet.
2. En 1790, l'Assemblée constituante opta pour une autre solution : la dix-millionième partie du quart du méridien terrestre.
3. Lettre de Condorcet à Turgot, 1775, pp. 234 et 235.
4. Dupont de Nemours fera remarquer beaucoup plus tard que si Turgot était resté six mois de plus au pouvoir, le système métrique aurait été adopté trente ans plus tôt.
5. Le 25 juin 1792, deux astronomes, Delambre et Méchain, seront chargés par la Législative de mesurer le méridien entre Dunkerque et Barcelone. Il faudra encore sept ans pour que l'étalon universel, cher à Condorcet, soit officiellement établi : « 3 pieds, 11 lignes, 296/1 000 de la toise du Pérou ! » *Cf.* D. Guedj, *op. cit.*, p. 255.

## La pénible affaire du secrétariat de l'Académie des sciences

La protection de Turgot ne se limita pas à l'attribution d'une place à la Monnaie. Il intervint à plusieurs reprises pour tenter de calmer la guerre déclenchée à l'Académie des sciences par l'accession de Condorcet à la place d'adjoint au secrétariat. Ce n'était plus là bataille d'idées ou grande politique, mais conflits d'intérêts et opposition de clans motivés par des haines et des jalousies personnelles.

Tout commence avec l'exaspération de d'Alembert à l'encontre du secrétaire Grandjean de Fouchy, qui occupe cette place depuis 1743. Il le trouve « négligent, inepte[1] » et d'une inefficacité déplorable. En outre, il n'a aucun talent particulier pour la rédaction des fameux éloges des savants décédés. Lorsque le jeune astronome Bailly[2] est entré à l'Académie en 1763, d'Alembert a vu en lui le successeur de Fouchy et l'a encouragé à composer de petites biographies en vue d'une prochaine élection. Six ans plus tard, l'illustre géomètre a prodigué les mêmes conseils et les mêmes espérances à un autre jeune homme, Condorcet.

Lorsque, au début 1773, Fouchy, séduit par les talents et les mérites de Condorcet, demande la nomination de celui-ci comme son « suppléant en survivance », d'Alembert appuie fortement cette candidature. Buffon, avec lequel d'Alembert s'entend mal, soutient Bailly avec non moins de vivacité. Pendant quelques semaines, l'Académie offre le spectacle de deux camps ennemis. La colère des partisans de Bailly « s'exhala en termes d'une âpreté impardonnable. D'Alembert, disaient-ils, avait lâchement trahi l'amitié, l'honneur, les

1. Lettre de d'Alembert à Lagrange, 23 avril 1772, *op. cit.*, p. 236.
2. J.-S. Bailly (1736-1793). Astronome, il fut le premier président de la Constituante et le premier maire de Paris, du 15 juillet 1789 au 12 novembre 1791. Remplacé par Pétion, il fut décapité le 12 novembre 1793 au Champ-de-Mars.

premiers principes de la probité[1] ». Ils mettent en avant l'irrégularité de la nomination de Condorcet, intervenue le 6 mars 1773[2]. Selon la procédure habituellement suivie, l'Académie était invitée à élire deux candidats destinés à être ensuite départagés par le Roi. Or, dans le cas présent, le ministre de La Vrillière a recommandé de décider seulement « si M. de Condorcet (proposé au ministre par une lettre de Fouchy) est en effet capable de cette place[3] ». En d'autres termes, note Baker, l'Académie a été invitée à confirmer la désignation d'un candidat officiel, ce qui lui interdit d'en proposer un autre. L'Académie se conforme au désir royal, mais le vote en faveur de Condorcet n'est acquis que par 15 voix contre 6, indice d'un sérieux mécontentement qui n'est pas près de s'éteindre. La guerre se rallume, en effet, à la première occasion. Celle-ci est fournie par Fouchy lui-même au début de 1775. Peu sûr de lui, il sollicite, le 14 janvier, la nomination d'un comité d'académiciens pour réviser et approuver les textes qu'il rédige en tant que secrétaire. L'Académie accepte immédiatement et les ennemis de Condorcet et de d'Alembert en profitent pour avancer leur pion. Il est décidé qu'à l'avenir, on élira *tous les ans* quatre commissaires pour vérifier les travaux du secrétaire. Voilà qui outrepasse la demande immédiate de Fouchy et revient à instaurer une censure visant ses successeurs et, au premier chef, Condorcet.

Tout au long de l'année, Condorcet, d'Alembert et Turgot vont déployer d'inlassables efforts pour combattre cette décision du 24 mars 1775. Pendant que d'Alembert gémit de ces « tracasseries qui nous dégoûtent[4] » — cela, au moment même où on les accuse de toucher 6 000 livres dans l'affaire des canaux —, Condorcet se tourne vers Turgot afin qu'il obtienne

---

1. Arago, *Biographie de J.-S. Bailly*, 1844, p. 21.
2. Voir l'excellent article de Baker, *op. cit.*, pp. 233 à 255.
3. Lettre de La Vrillière du 24 février 1773, citée par Baker, *op. cit.*, pp. 233-234.
4. Lettre de d'Alembert à Lagrange, 14 avril 1775, *op. cit.*, p. 298.

de son collègue, La Vrillière, l'annulation d'une délibération qu'il tient pour irrégulière[1]. Le duc de La Vrillière trouve bien la délibération illégale, mais son beau-frère Maurepas ne veut pas entendre parler d'annulation[2]. Il a du génie pour faire la sourde oreille, et l'affaire n'est toujours pas réglée lorsque Malesherbes s'installe à la place de La Vrillière, en juillet. Turgot a beau le prier de débarrasser Condorcet de ces « tracasseries académiques », et Condorcet lui prouver, pièces et témoignages à l'appui, que cette délibération est un scandale juridique, Malesherbes demeure indécis.

Si l'un des camps a pour chef d'Alembert, l'autre est dirigé par Buffon[3] et comprend, outre les amis de celui-ci, les ennemis du puissant encyclopédiste. C'est à Buffon, surnommé le « chef de la tracasserie[4] », qu'appartient cette idée d'une censure académique[5]. Il déteste d'Alembert, qui le lui rend bien. Dans leur cas, il s'agit d'une rivalité de personnes plutôt que d'une opposition d'écoles. D'Alembert trouve Buffon d'une vanité insupportable, et n'apprécie guère son *Histoire naturelle* qu'il juge plus rhétorique que scientifique. Entre eux, Voltaire, Condorcet et d'Alembert se moquent durement de ce « présomptueux environné de complaisants et de flatteurs[6] ». Condorcet stigmatise « le galimatias physique du comte de Buffon..., qu'il faut laisser passer sans mot dire, ou s'en moquer[7] ». Voltaire se dit méditatif « sur l'adresse qu'on

1. Lettre de Condorcet à Turgot, 1775, pp. 222-223 : « Il est clair que la délibération prétendue de l'Académie n'est que l'ouvrage d'une cabale, qu'elle n'a d'autre objet que de me dégoûter des fonctions de secrétaire, qu'ils espèrent me forcer à la quitter, qu'ils l'ont déjà annoncé à M. Bailly... Je suis sûr que vous ne rirez point de me voir forcé à soumettre tout ce que j'écrirai à des gens aigris et jaloux. »
2. Lettre de Turgot à Condorcet, 1775, p. 216.
3. 1707-1788. Naturaliste, auteur de *l'Histoire naturelle* (44 volumes, de 1749 à 1804), organisateur du Jardin des Plantes de Paris, il conquit le grand public grâce à un style très brillant.
4. Lettre de Condorcet à Turgot, 1775, p. 223.
5. Arago, *Œuvres*, I, p. LVII.
6. Marmontel, *Mémoires*, tome I, p. 225.
7. Lettre de Condorcet à Voltaire, 6 octobre 1776.

a eue de se faire passer pour un esprit supérieur, quand on a donné au public la dimension de la queue d'un singe[1] ».

De son côté, Buffon supporte de plus en plus mal l'*imperium* de d'Alembert. Il ne faut pas oublier que l'un et l'autre appartiennent aux deux grandes Académies et que, depuis près d'une dizaine d'années, le parti des philosophes, sous la direction de d'Alembert, impose sa loi à l'Académie française[2]. Et plus encore depuis que ce dernier a remplacé Duclos, en 1772, à la place de secrétaire. Buffon subodore non sans raison la volonté expansionniste de d'Alembert. En plaçant Condorcet au secrétariat de l'Académie des sciences, il se retrouvera indirectement à la tête des deux Académies, et investi d'un pouvoir supplémentaire lors des élections. Déjà, le Tout-Paris des lettres se plaint que les élections à l'Académie française se fassent dans le salon de Julie de Lespinasse[3] ; que va-t-on devenir si, en plus, il faut passer sous ses fourches caudines pour entrer dans l'autre Académie ? Dans le clan de Buffon, il faut aussi compter avec deux spécialistes de l'art militaire, les chevaliers d'Arcy et J.-Ch. de Borda, également marins et mathématiciens. Justement, en cette année mouvementée de 1775, c'est d'Arcy qui est à la tête de l'Académie des sciences et laisse cours à son esprit tatillon. Aux dires de Condorcet, depuis qu'il préside, « on ne s'occupe pas de science, mais de projets de règlements, de mémoires aux ministres, de vexations contre les académiciens ; enfin, on y est uniquement occupé de l'esprit de cabale qu'on honore du nom d'esprit de corps[4] ».

Méfiance et oppositions sont renforcées par une affaire d'argent. Au début 1775, le modeste Condorcet travaille toujours sans rémunération. En 1773, il a accepté le poste de secrétaire adjoint sans appointements. De même, la mission

---

1. Lettre de Voltaire à Condorcet, 18 octobre 1776.
2. *Cf.* Lucien Brunel, *Les philosophes et l'Académie française au XVIIIᵉ siècle*, Slatkine reprints, Genève, 1967. Voir en particulier les livres II et IV.
3. Plainte qui n'était pas sans justification, lorsqu'on sait comment elle réussit à faire élire ses amis Chastellux et La Harpe.
4. Lettre de Condorcet à Malesherbes, in *Correspondance inédite de Condorcet et Turgot, op. cit.*, p. 221, datée par Baker du 1ᵉʳ septembre 1775.

concernant les canaux et la place d'inspecteur des Monnaies. Condorcet ne réclame rien, mais ses proches trouvent que cela commence à bien faire : « Il faut absolument que le bon Condorcet ait un pot-au-feu et des côtelettes tous les soirs chez lui, et il faut qu'il ait un carrosse pour aller voir ses amis et pour les servir, et tout cela s'obtient avec 2 000 écus de rente[1]. » Turgot lui-même s'inquiète de la fortune de son jeune ami et suggère à d'Alembert d'écrire, au nom de l'Académie des sciences, à La Vrillière pour réclamer une somme qui lui est due depuis longtemps et dont une partie servirait à rémunérer le travail de Condorcet[2]. Mais lorsque ce beau plan est connu, la cabale crie à l'intrigue, et le projet est abandonné. Malesherbes obtient néanmoins qu'on accorde 1 000 écus par an à Condorcet au titre des fonds extraordinaires[3].

Entre-temps, Condorcet a pu toucher les émoluments liés à la place d'inspecteur des Monnaies[4]. Mais, en janvier 1776, le problème de la censure académique n'est toujours pas réglé. Alors qu'un accord a été trouvé grâce aux négociations de Malesherbes entre les deux clans, celui-ci cède en dernière minute — nul ne sait pourquoi — aux arguments du parti adverse. Écœuré par cette ultime volte-face, Condorcet écrit, plein d'amertume, à Turgot : « Vous m'estimez assez pour ne pas trouver mauvais que je prie M. de Malesherbes... de reprendre les 1 000 écus de traitement qu'il m'a accordés ; je ne suis pas de ces gens qu'on paie et qu'on opprime[5]. » Turgot, désolé, plaide que Malesherbes a été trompé et qu'il convient de réfléchir encore avant de rendre les 1 000 écus.

1. Lettre de Julie de Lespinasse à Condorcet, 29 septembre 1774.
2. D'Alembert, « Mémoires sur quelques arrangements à faire dans les dépenses de l'Académie des sciences », in *Œuvres et correspondances inédites de d'Alembert*, éd. Ch. Henry, Slatkine reprints, Genève, 1967, pp. 50 à 56.
3. Novembre 1775.
4. Lettre de d'Alembert à Lagrange, 10 juillet 1775, p. 302 : « On a trouvé qu'il n'était pas juste qu'il travaillât toujours et partout gratuitement comme il l'a fait jusqu'ici, et on lui a donné les mêmes appointements qu'à son prédécesseur. »
5. Lettre de Condorcet à Turgot, 1er février 1776.

Malgré tout, Malesherbes ratifie le règlement de l'Académie, le 3 février 1776, et nous ne savons pas si Condorcet persiste alors dans son refus des 1 000 écus. Finalement, l'affaire s'apaise d'elle-même. Après la chute de Turgot et de Malesherbes, Fouchy demande à démissionner, ce qui est accepté par l'Académie le 24 juillet 1776. Condorcet, voulant gommer les affronts des mois précédents, annonce aussitôt qu'il renonce au droit automatique à la succession de Fouchy. Il sollicite une nouvelle approbation de ses collègues dans une élection ouverte[1]. Le 7 août 1776, il est élu secrétaire perpétuel de l'Académie des sciences par un vote unanime[2]. Son humiliation est effacée par une victoire indiscutable.

## Le malentendu entre Condorcet et Malesherbes

En revanche, la brouille entre Condorcet et Malesherbes laisse, malgré les apparences, des cicatrices ineffaçables. On peut s'interroger sur l'origine des mauvaises relations entre les deux hommes. Turgot était l'ami intime de chacun. Ils partageaient les mêmes idées. Et ils étaient tous deux profondément bons. L'amitié de Malesherbes pour Turgot remontait aux années 1754-1755[3]. Elle demeurera inaltérable jusqu'à la mort de ce dernier en 1781[4]. De son côté, d'Alembert s'est lié à Malesherbes vers 1755[5]. Mais, lors des poursuites contre

1. Baker, *art. cit.*, pp. 253-254.
2. Metra, *Correspondance secrète*, tome III, pp. 237-238, août 1776.
3. Lettre de Malesherbes à Turgot du 17 novembre, publiée par Pierre Grosclaude, *Malesherbes, témoin et interprète de son temps*, Fischbacher, 1961.
4. Grosclaude, *op. cit.*, p. 444, signale qu'à la mort de Turgot, le frère et la sœur de celui-ci choisirent Malesherbes pour effectuer la révision de ses papiers. Charles de Lacretelle, frère cadet du collaborateur de Malesherbes, raconte : « C'est en parlant de Turgot qu'il [Malesherbes] s'abandonnait à son éloquence naturelle..., il s'oubliait lui-même pour grossir la part de son ami. Cette ombre chérie semblait toujours grandir à ses yeux ; il n'eût pas voulu avoir une pensée dont Turgot n'ait été le confident et l'approbateur », in *Testament politique et littéraire*, Paris, Dufont, 1840, tome I, chap. 14, p. 399.
5. Malesherbes était directeur de la Librairie depuis 1750.

l'*Encyclopédie*, d'Alembert et Diderot l'ont soupçonné de favoriser leurs ennemis. Les propos de d'Alembert furent alors empreints d'un mépris contraire à l'amitié[1]. A son tour, Malesherbes aura l'occasion d'infliger de sévères leçons à d'Alembert[2]. Se voyant fréquemment, leurs relations conservaient toutes les apparences d'une amitié qu'ils n'éprouvaient plus réellement.

Quant à Condorcet, il a très probablement rencontré Malesherbes dans le salon de Julie vers 1771 ou 1772. Il était son cadet de vingt-deux ans et leurs caractères n'étaient guère faits pour s'accommoder. Le jeune homme obstiné, exigeant et emporté comprenait mal cet homme réfléchi, pondéré et influençable. Malesherbes connaissait au demeurant ses propres défauts et en parlait avec humour[3]. Il fut, de son propre aveu, un ministre indécis, qui confessa à l'abbé de Véri : « J'ai trop envie, par nature, de trouver que quiconque entre dans mon cabinet a raison. » Telle fut peut-être l'origine des inlassables « tracasseries » de Condorcet à l'Académie, que celui-ci ne lui

1. Lettre de d'Alembert à Voltaire, 28 janvier 1757 : « Si vous connaissiez M. de Malesherbes, si vous saviez combien il a peu de nerf et de consistance, vous seriez convaincus que nous ne saurions compter sur rien avec lui, même après les promesses les plus positives. »

2. A deux reprises, Malesherbes prendra d'Alembert en flagrant délit d'intolérance. Une première fois à l'égard des ennemis de l'*Encyclopédie*, puis en 1779, lorsqu'il accabla avec légèreté et injustice le parent de Malesherbes, Lamoignon de Basville, dans son éloge de Fléchier. Les deux fois, Malesherbes lui fit des remarques cinglantes.

3. *Journal de l'abbé de Véri*, tome I, pp. 299-300 : « Quelques semaines avant de remplacer La Vrillière, il eut cette conversation, chez M. Blondel, avec l'archevêque d'Aix, qui nous est rapportée par l'abbé de Véri. On y parlait de ministres :

— Je vois de plus en plus, dit l'archevêque, que ce n'est ni par l'esprit, ni par les vertus, ni par les idées supérieures qu'on gouverne bien, mais par le caractère.

— Vous avez bien raison, dit vivement Malesherbes. C'est ce qui fait que je ne serai jamais bon ministre. Je n'ai pas de caractère.

— Que dites-vous là, répondit M. Blondel en riant, que vous n'avez point de caractère ?

— Non, en vérité, je n'en ai point, répondit-il.

— Je vous vois pourtant tenir ferme dans vos idées quand elles sont fixées.

— Mais il n'est pas sûr, reprit-il promptement, que j'en aie de fixes sur les trois quarts des choses. »

pardonnera pas. A deux reprises, il laissera paraître à son encontre une mauvaise humeur agressive. Une première fois en 1775, à propos de son premier maître, Giraud de Kéroudon, que Malesherbes avait abandonné[1]. La seconde fois, Condorcet se montrera plus cruel encore : il accusera Malesherbes d'avoir indirectement accéléré la chute de Turgot[2]. Finalement, Condorcet gardera une lourde rancune à Malesherbes d'avoir abandonné leur cher ami, Turgot. En revanche, Turgot n'aura jamais un mot contre l'attitude de Malesherbes. Il continuera d'aimer d'un même cœur ces deux hommes qui, devenus étrangers l'un à l'autre, sembleront marcher d'un même pas jusqu'à certains événements de la Révolution...

## CONDORCET DÉFENSEUR DE TURGOT

L'événement qui inaugure réellement le ministère de Turgot est l'arrêt du Conseil du 13 septembre 1774 établissant la liberté du commerce des grains et des farines à l'intérieur du royaume. Depuis de nombreuses années, aucune question d'administration n'a été plus discutée[3]. Turgot pense que la liberté de commerce est « l'unique moyen de prévenir, autant

1. Fouchy avait empêché Giraud de Kéroudon d'entrer à l'Académie des sciences. *Cf.* Lettre de Condorcet à Turgot, 1775, p. 251 : « J'avais espéré que M. de Malesherbes évoquerait l'affaire au Conseil... Il ne l'a point voulu. Il aime les Corps, malgré le mépris qu'ils méritent. »
2. *Cf.* Lettre de Condorcet à Voltaire, 12 juin 1776, *Œuvres*, tome I, p. 118. Voici le portrait qu'il en trace à Voltaire : « Né avec beaucoup d'esprit, de facilité pour les sciences et d'éloquence naturelle, il a soit par goût, soit par défaut de rectitude dans l'esprit, un penchant pour les idées bizarres et paradoxales ; il trouve dans son esprit des raisons sans nombre pour défendre le pour et le contre, et n'en trouve jamais aucune pour décider. Particulier, il avait employé son éloquence à prouver aux rois et aux ministres qu'il fallait s'occuper du bien de la nation ; devenu ministre, il l'employait à prouver que le bien est impossible... On ne voyait sortir de son département ni lois utiles, ni réformes d'abus. »
3. Le contrôleur général Machault l'avait autorisée en 1749, et un édit de 1764 l'avait consacrée. Mais l'abbé Terray l'avait remise en cause en 1770 par le rétablissement d'une stricte réglementation. On accusa le gouvernement, et même Louis XV, de profiter du monopole sur les grains pour faire arbitrairement monter ou baisser le prix du blé. C'est ce qu'on a appelé *pacte de famine.*

qu'il est possible, les inégalités excessives dans les prix[1] ». Sur l'instant, l'arrêt du 13 septembre est accueilli avec satisfaction[2]. Mais, manque de chance, le prix du pain augmente notablement dès la fin de l'année 1774.

## La guerre des Farines

Maupeou signale, dans son *Journal*, que « l'on commence à murmurer beaucoup contre l'arrêt du Conseil qui laisse une liberté entière aux fermiers de vendre au marché ou chez eux[3] ». La mauvaise récolte ranime tous les préjugés populaires et permet aux ennemis de Turgot au Parlement[4], dans la noblesse, le clergé et la finance, de se manifester. Le 18 avril 1775, des troubles éclatent à Dijon. Mais c'est à Beaumont-sur-Oise, le 27 avril, que commence ce que l'on a appelé la guerre des Farines : des hommes pillent les boulangeries où l'on vend le blé au prix exorbitant de 32 livres. Les troubles reprennent deux jours plus tard à Pontoise, et s'étendent à Saint-Germain et dans les environs. Le 2 mai, l'émeute gagne Versailles où le prince de Poix commet la faute de faire vendre le pain à 2 sols[5]. Elle atteint la capitale le lendemain 3 mai. Là aussi, on pille les boutiques et on vide dans la Seine des bateaux chargés de blé. Le Parlement fait afficher dans Paris un arrêté interdisant les attroupements, mais promettant que le roi sera supplié de diminuer le prix du pain. L'incroyable, note la *Relation historique*, est que les émeutiers

1. Préambule de l'arrêt du 13 septembre 1774.
2. La Harpe et Voltaire manifestèrent leur enthousiasme par lettres, pamphlets et articles. Mais, comme le faisait remarquer l'abbé Baudeau : « Les deux extrémités du peuple ne l'entendent point, savoir : les gens de la Cour et du premier étage de la ville, et ceux de la basse populace. »
3. *Journal historique*, tome VI, p. 335.
4. Le Parlement avait été rétabli le 12 novembre 1774, contre l'avis de Turgot.
5. Ce qui revenait à enfreindre la politique de Turgot.

avaient prévenu qu'ils viendraient à Paris, et qu'ils aient pu réaliser leur plan et piller les boulangeries, armés de leurs seuls bâtons... Lenoir, lieutenant de police, se révèle incapable de prévenir les troubles. Le soir même, Turgot devient le maître des opérations. L'autorité militaire placée sous ses ordres, il renvoie Lenoir, qu'il remplace par un homme de confiance, Albert, intendant du commerce. Il charge le maréchal de Biron de faire cesser les pillages et convoque le Parlement, le 5, pour un lit de Justice à Versailles. Le 10 mai, la guerre des Farines est terminée. Le lendemain, Turgot a le geste d'accorder une amnistie générale.

Durant tous ces événements, Condorcet est à Ribemont. Il a pu constater l'incurie des troupes contre les pilleurs, à Saint-Quentin et à Soissons[1]. Malheureux d'être éloigné de son ami, il lui consacre néanmoins tout son temps[2] en rédigeant une défense énergique de sa politique économique, mise à mal par les émeutes, mais aussi et surtout par Necker. Le clan de Turgot va même jusqu'à parler de complot...

## L'opposition Turgot/Necker

L'hostilité de Condorcet et de Turgot envers Necker s'est exprimée dès 1773, lorsque le Genevois a fait l'éloge de Colbert et de sa politique de réglementation. A cette époque, ils sont presque les seuls à exprimer ce sentiment. Quand Turgot accède au Contrôle général, Necker demande à un ami commun, le comte d'Angivillier[3], de le lui faire connaître. A son étonnement, Turgot ne montre aucune envie de

1. Lettre de Condorcet à Turgot, fin avril 1775, p. 212.
2. Lettre de Condorcet à Turgot, début mai 1775, p. 213. Ce serait à cette époque qu'il aurait contracté la petite vérole.
3. Le comte d'Angivillier avait été fait directeur général des Bâtiments par Turgot dès son arrivée au Contrôle général, en août 1774.

rencontrer le banquier[1]. Pourtant, cédant aux prières de son ami, Turgot accepte de recevoir Necker qui en fait cette relation à Angivillier : « J'arrive de chez votre ami, je ne crois pas que j'y retourne... Il m'a reçu froidement... Je lui ai dit deux ou trois choses qui, certainement, étaient faites pour donner à penser..., elles lui ont passé par-dessus la tête et, sans me répondre, il tourne le dos[2]. » Necker, profondément blessé par cette attitude méprisante, se vengera de façon toute intellectuelle en écrivant un ouvrage sur *La Législation et le Commerce des grains*, qui combat les thèses de Turgot. Toutefois, avant de l'envoyer à l'impression, il a l'élégance d'offrir au ministre de lire son manuscrit et de juger si on peut en permettre la publication. Morellet est témoin de leur deuxième rencontre. Il voit Turgot lui répondre sèchement qu'il ne tient pas à lire son ouvrage et qu'il peut imprimer ce qu'il veut : le public jugera[3]. Pour la seconde fois, Turgot a humilié Necker.

Le 12 mars, celui-ci envoie son livre à l'impression. Le 18 avril, des troubles éclatent en Bourgogne, et le 23, Turgot, qui a déjà reçu un exemplaire de l'ouvrage de Necker, lui répond sèchement qu'à sa place, il aurait attendu un moment plus paisible pour défendre une telle opinion[4]. Une fois encore, Necker est ulcéré et répond dès le lendemain pour rappeler la chronologie des faits : le 12 mars, il n'y avait pas la moindre cherté nulle part, et un ouvrage abstrait et modéré ne pouvait être d'aucune influence sur des émeutiers[5]. Pour-

1. D'Angivillier le trouva « prévenu contre cet état de banquier, contre les opérations de banque qui répugnaient à son cœur, et plus prévenu encore contre l'auteur de l'éloge emphatique de Colbert et contre l'auteur du mémoire en faveur de la Compagnie des Indes et de son privilège exclusif. » In *Mémoires* du comte d'Angivillier, Copenhague/Paris, 1933, p. 76.

2. *Ibid.*

3. Morellet, *Mémoires*, tome I, p. 237. Il faut dire que Turgot eut à son tour l'élégance de refuser qu'on exerçât la moindre censure sur le livre de Necker, parce qu'il était très attaché au principe sacré de la liberté d'expression.

4. Lettre de Turgot à Necker, 23 avril 1775, in *Œuvres* de Turgot, tome IV, p. 412.

5. Lettre de Necker à Turgot, 24 avril, *Ibid.*, pp. 412-413.

tant, Turgot et ses proches ont toujours été persuadés que Necker avait sa part de responsabilité dans les émeutes du printemps 1775. Julie de Lespinasse, sans mentionner Necker, avalise la thèse d'un complot[1]. Mais c'est surtout l'abbé de Véri qui parle d'une machination des ennemis de Turgot[2]. Les émeutiers paraissaient suivre une marche déterminée... On les a vus quelquefois sortir de leurs poches des sommes considérables... Et puis, la police a eu une attitude bien étrange. Les émeutes « avaient été excitées[3] ». Enfin, si l'on en croit les *Mémoires secrets*, on aurait crié « Vive Necker ! » pendant les troubles. Tout cela suffit à convaincre les amis[4] de Turgot de la responsabilité de Necker, secrètement allié pour la circonstance au prince de Conti.

Le plus troublant, ce sont les propos de Turgot en réponse à Angivillier qui lui a rapporté l'indignation de Necker devant une telle imputation : « Je le trouvai fermement et intimement persuadé que non seulement M. Necker avait provoqué l'insurrection, mais que même il l'entretenait et la nourrissait en secret... Il m'a toujours dit qu'il en était sûr et en avait les *preuves*[5]. » Le lieutenant de police Albert, qui lui est entièrement dévoué, lui aurait-il fourni ces preuves que Lenoir, lié à Sartine et à Necker, lui avait dissimulées ?

1. Lettre de Julie de Lespinasse à Condorcet, mai 1775, *op. cit.*, p. 149.
2. *Journal de l'abbé de Véri*, tome I, pp. 283 à 290.
3. Lettre à l'abbé de Véri, 30 avril 1775, publiée dans les *Œuvres* de Turgot, tome IV, p. 413.
4. Morellet, ami de Turgot et de Necker, est beaucoup plus prudent dans une lettre à Lord Shelburne du 17 mai 1775. Il dit qu'il est absurde de prétendre que le livre de Necker est responsable des émeutes, mais, par ailleurs, il reconnaît que le premier mouvement, une fois donné, a été soigneusement entretenu et n'a pas été réprimé avec la vigueur nécessaire. In *Lettres de l'Abbé Morellet à Lord Shelburne (1772-1803)*, Plon, 1898, p. 72.
5. *Mémoires...*, *op. cit.*, p. 79. Souligné par nous.

## Condorcet attaque Necker

Condorcet adopte le point de vue de Turgot. Sans attendre la fin des troubles, il écrit un premier pamphlet contre Necker, *Lettre d'un laboureur de Picardie à M. Necker, auteur prohibitif à Paris*. Ce texte d'une grande violence accuse Necker de tabler sur les préjugés et la stupidité du peuple, alors que Turgot le traite comme une société de gens raisonnables. Il souligne les erreurs de son ouvrage qui prouvent une ignorance des « détails des campagnes ». Il laisse clairement entendre que ce sont les agents de Necker qui ont encouragé les émeutiers : « Nous venons de voir une troupe de brigands démolir les moulins, en disant qu'ils manquaient de pain, et crier qu'ils avaient faim en répandant l'or à pleines mains[1]. » Enfin, il s'en prend à la malhonnêteté des financiers qui se déshonorent par des manœuvres coupables, et conclut par un cri de colère contre les gens riches : « Vous dites que nous sommes tentés de regarder les riches comme des *êtres d'une nature différente*, que leur grandeur *est une magie qui nous en impose*. Ah, Monsieur, que nous sommes éloignés de ces idées !... Nous savons combien les métiers qui les ont enrichis sont moins nobles que les métiers utiles qui nous donnent à peine de quoi vivre. Nous sentons que si leur argent leur donne la facilité d'acheter des jouissances dont nous sommes privés, il ne leur donne aucun droit d'obtenir sur nous des distinctions ou des préférences[2]... »

Le pamphlet a été très vite imprimé. Début mai, tous les amis de Condorcet l'ont lu[3]. Ils sont épouvantés. Le *bon* Condorcet va y perdre son surnom. Julie de Lespinasse le conjure de modérer son ton et de ne plus employer « ce

1. *Œuvres*, tome XI, p. 11.
2. *Ibid.*, pp. 16-17.
3. Pas seulement ses amis. Mme Suard mentionne, dans une lettre à Condorcet du 9 ou 10 mai 1775, qu'elle a rencontré à Lyon un M. Tholes qui l'avait lu également. Lettre CIV, *op. cit.*

moyen si commun et si faible de dire des injures[1] ». Les Suard se disent désespérés de cette guerre entre leurs amis les plus chers, d'autant qu'au fil de ses lettres, Condorcet est encore plus précis dans ses attaques contre le banquier : « Il est certain qu'il a obtenu des permissions de faire sortir du blé de Genève dans le temps que l'exportation était défendue[2]..., qu'il a profité cinq ans des malheurs publics pour doubler sa fortune[3]. » Il enfonce le clou à plusieurs reprises. Oui, dit-il à Suard, il faut punir l'insolence de ces parvenus et leur apprendre qu'on reste ce qu'on est, quelque riche qu'on devienne, et qu'il n'y a que les âmes vénales qui accordent de la considération à l'opulence !

Le propos est particulièrement cuisant pour les Suard, qui touchent une pension de Necker depuis 1771 ! Mme Suard se contente de gémir qu'il la peine, et l'exhorte elle aussi à adoucir ses expressions. Elle redoute que le meilleur des hommes (Condorcet) n'acquière la réputation d'être violent et injuste[4]. M. Suard, lui, se fâche : il refuse d'être le confident d'injures outrageantes contre un homme qu'il estime et « qu'il doit aimer[5] ». Il lui conseille de se taire, car déjà les honnêtes gens le jugent mal. C'est le cas, par exemple, de M. de Guibert, amant de Julie et ami de Necker[6]. Angivillier rapporte que Necker a été très affecté de l'outrage que lui a fait Condorcet. Il s'en est plaint à lui et aux Suard, qui s'en sont fait l'écho. Mais Condorcet n'en a cure, pas plus que des critiques nombreuses qui lui sont adressées. Il savait, dit-il,

1. Lettre de Julie de Lespinasse à Condorcet, mai 1775, *op. cit.*, p. 149.
2. Lettre à M. Suard, début mai 1775, CIII, *op. cit.*
3. Lettre de Condorcet à M. Suard, 14 mai 1775, CV, *op. cit.*
4. Lettre de Mme Suard à Condorcet, 9 ou 10 mai 1775, CIV, *op. cit.*
5. Lettre de M. Suard à Condorcet, 18 mai 1775, CVIII, *op. cit.*
6. « Lettre de M. de Guibert à M. de Condorcet en réponse à une critique amère qu'il lui avait envoyée sur le livre de M. Necker », in *Mélanges, extraits des manuscrits de Mme Necker*, Charles Pougens, 1798, tome III, p. 23 : « J'avais cru jusqu'à présent qu'une âme forte, jointe au génie et aux connaissances, devait... donner à la fois, dans les jugements, la justice et la justesse : mais je vois que la haine l'emporte encore... Vous m'avez appris combien il était dangereux d'être haï de vous. »

qu'il « s'exposait à tous les propos de la canaille qui remue de l'argent et de celle qui se met à leur solde... Je n'ai pas cru que cela dût m'empêcher de venger mon pays contre un étranger enrichi à ses dépens... Le règne de la finance est fini, il faut qu'elle apprenne à être modeste. Cet homme et sa caillette de femme peuvent dire tout ce qu'ils voudront, il n'en sera pas moins un agioteur qui a fait un mauvais livre[1]. »

Condorcet n'en a pas fini avec le « prohibitif » (Necker). Déçu du peu d'effet de son premier pamphlet sur le public lui-même, il entreprend de rédiger une réfutation nouvelle, plus détaillée et plus complète, de l'ouvrage du Genevois. Ce seront les *Réflexions sur le Commerce des blés*[2], qu'il rédige en mai et juin 1775 sous le regard de Turgot, Dupont de Nemours[3] et même Julie[4], laquelle sert d'intermédiaire entre Ribemont et le Contrôle général. Voltaire est chargé de faire imprimer à Genève le texte qui lui parvient par morceaux[5]. Pour des raisons d'ordre politique, la publication en sera retardée jusqu'en 1776. Voltaire, qui se dit « fâché qu'un banquier défende une si mauvaise cause[6] », jette son poids dans la balance en faveur de Turgot durant l'été.

Mais les haines s'accumulent contre le contrôleur général et tous les pamphlets de Condorcet ne peuvent les endiguer. A part le roi qui lui assure pour l'instant un soutien sans faille, comme Malesherbes, nouvellement nommé ministre, Turgot est un homme seul. Les dévots lui reprochent d'être athée, les financiers — en particulier les fermiers généraux, auxquels il mène la vie dure — le détestent. La Cour lui reproche ses amitiés pour les philosophes et les économistes, et plus encore sa volonté de faire des coupes sombres dans les pensions distribuées par le Roi. Il est en proie à la rancune

1. Lettre de Condorcet à M. Suard, 14 mai 1775, CV, *op. cit.*
2. *Œuvres*, tome XI, pp. 89 à 252.
3. Lettre de Turgot à Condorcet, 21 juin 1775.
4. Lettre de Julie de Lespinasse à Condorcet, 1er juin 1775.
5. Lettre de Voltaire à Condorcet, 4 mai 1775.
6. *Ibid.*

des parlementaires qui connaissent son opposition à leur rappel. Il faut reconnaître que Turgot est maladroit dans les rapports humains[1]. L'abbé de Véri lui reproche souvent de manquer d'« une goutte d'huile ». Rigide dans ses principes, il ne veut pas entendre parler de passe-droit ou de faveurs pour qui que ce soit. C'est ainsi qu'il refuse de rendre un bien léger service à Maurepas, ou de venir en aide à un parent de Malesherbes[2]...

## Condorcet contre les corvées

Au mois de novembre 1775, la rumeur se répandit que Turgot préparait des textes importants. L'on prévoyait déjà un lit de justice. Il s'agissait de six édits profondément libéraux, dont les plus importants portaient suppression de la police des grains, des jurandes et des corvées[3]. Parmi ces édits, celui concernant la suppression des corvées était le plus cher à Condorcet. Dès l'arrivée de Turgot au Contrôle général, il l'avait supplié de commencer par là[4]. Turgot retardait la réforme. Et Condorcet revenait sans cesse à la charge : « Dussiez-vous me trouver insupportable, je vous parlerai encore de vos corvées[5]. »

Quand la décision est prise, Condorcet s'empresse de l'annoncer à Voltaire. Il sait déjà que Turgot se heurtera à la

1. Fin 1775, un méchant pamphlet, intitulé *Antigunaïka*, prétendait qu'il avait des répugnances contre nature vis-à-vis des femmes, et peut-être des imperfections physiques...
2. Malesherbes ironisa : « Vous vous imaginez avoir l'amour du bien public, point du tout, vous en avez la rage. » Cité par Neymarch, *Turgot et ses doctrines*, tome I, p. 30, Slatkine reprints, Genève, 1967.
3. Les trois autres, secondaires, étaient la suppression des offices sur les quais, halles et ports, la suppression de la caisse de Poissy pour le commerce de la boucherie, et un changement de perception du droit sur les suifs.
4. Lettres de Condorcet à Turgot, non datées, 1774, *op. cit.*, pp. 197, 198 ; lettre du 23 septembre 1774 ; lettre de 1775, p. 212 ; lettre de 1775, p. 227.
5. Lettre de Condorcet à Turgot, 10 octobre 1775.

résistance de « la cohorte des assassins de La Barre[1] ». Leur représentant au gouvernement, le garde des Sceaux Miromesnil, émet une série d'observations contre le projet. A quoi bon innover ? dit-il[2]. La partie s'annonce rude. Condorcet prend les devants en publiant anonymement des *Réflexions sur les corvées*[3] qui déclarent illégitimes les droits féodaux, ces « servitudes contraires au droit des hommes ». Mais c'est un autre petit écrit de Condorcet qui met le feu aux poudres avant même que les édits ne soient signés. Le 29 janvier 1776, le Parlement se saisit d'une brochure anonyme, attribuée à juste titre à Condorcet, et qui commence par ces mots qui lui servent alors de titre : « *Bénissons le ministre* ». Aux dires de Véri, Turgot, qui trouve le texte explosif, en a racheté tous les exemplaires, sauf une douzaine, déjà distribués[4]. C'est un pamphlet très dur contre les privilégiés, qui appelle le peuple à se souvenir que « dans la ville des frivolités, il s'est trouvé des hommes très graves qui ont osé désirer que vous restassiez condamnés à travailler quinze jours sans salaires... alors qu'il ne leur en coûterait qu'une imposition sur leur superflu... Souvenez-vous qu'ils ne crient que pour leurs intérêts, et n'ayez plus la sottise de croire que ce soit jamais pour les vôtres[5]. »

Le jeune conseiller Duval d'Eprémesnil n'attendait que l'occasion de se signaler à l'attention des autres parlementaires[6]. Il se déchaîne contre cet écrit en s'en prenant

---

1. Lettre de Condorcet à Voltaire, décembre 1775, *op. cit.*, p. 89 : « L'impôt pour la réparation et la construction des chemins ne coûtera point à la nation entière le tiers de ce que les corvées coûtaient au peuple seul. »

2. Son principal grief était que le projet de Turgot portait atteinte au privilège de la noblesse : réduire les nobles à la condition de roturiers, c'était étouffer l'émulation ! Turgot répondit à toutes les objections, et notamment que la prétention de la noblesse à être exempte d'imposition était surannée et blessait les intérêts de la plus grande partie de la nation.

3. « Réflexions sur les corvées à Milord X. », 1775. *Œuvres*, tome XI, pp. 61 à 86.

4. *Journal de l'abbé de Véri*, I, p. 392.

5. « Sur l'abolition des corvées », 1776. *Œuvres*, tome XI, pp. 89 à 97. *Cf.* pp. 96-97.

6. *Mémoires secrets*, tome VIII, p. 35, 5 février 1776.

violemment aux économistes, et même au ministre. D'Eprémesnil accuse l'ouvrage d'outrager la magistrature et le clergé, sans « autre but que d'exciter dans les esprits une nouvelle fermentation[1] ». Il demande que le texte soit condamné à être brûlé. Le lendemain, l'avocat général Séguier se montre plus modéré, trouvant l'écrit plus digne de mépris que de censure, mais n'abandonne pas les poursuites. L'ouvrage de Condorcet et l'extrait publié par La Harpe dans le *Mercure*, avec un éloge, sont finalement détruits.

Condorcet est ulcéré et découragé. Il écrit à Turgot que les hommes ne valent peut-être pas la peine qu'il « se donne la goutte » pour eux. Quant à lui, le ministre les lui a fait connaître de manière à l'en écœurer : « Il n'y a que le petit peuple du bonheur de qui on puisse s'occuper... Les autres ne sont que des bêtes rampantes et venimeuses[2]. » Peut-être, aussi, en veut-il secrètement à Turgot qui n'a rien fait pour le défendre. Une certitude : « Le petit Américain qui, ... à force de faire donner des coups de fouet à ses nègres, est parvenu... à acheter une charge de conseiller du roi[3] » — autrement dit d'Eprémesnil — est un ennemi juré. Pour l'heure, le combat n'est pas terminé. Le prince de Conti, mourant, souffrant d'une grosse fièvre, amaigri à faire frémir, selon Lord Stormont, « se traîne à toutes les assemblées de commissaires pour tâcher de conserver à la France le bonheur d'avoir des corvées, et pour établir ce grand principe que le peuple est, de sa nature, corvéable et taillable[4] ». Le 17 février, les Chambres se réunissent pour examiner l'édit sur les corvées et décident de rédiger des remontrances au roi pour empêcher

1. Extrait des registres du Parlement du 29 janvier 1776, publié par H. Monin, *L'État de Paris en 1789*, p. 186.
2. Lettre de Condorcet à Turgot, 1776, *op. cit.*, p. 277.
3. Lettre de Condorcet à Voltaire, décembre 1775. D'Eprémesnil (1746-1794), né à Pondichéry, tenait par sa famille au commerce d'outre-mer. Son père avait été gouverneur de Madras et son grand-père, directeur de la Compagnie des Indes. En avril 1775, il venait d'acheter la charge de conseiller aux Enquêtes.
4. Lettre de Condorcet à Voltaire, 11 février 1776. Le prince de Conti mourut le 2 août 1776, quelques jours avant que le successeur de Turgot ne rétablisse les corvées.

que l'on « confonde les conditions ». Après d'itératives remontrances, l'heure de l'épreuve de force a sonné. Le 12 mars, un lit de justice, à Versailles, enregistre les édits un par un. Mais « la victoire remportée sur les parlements par Turgot fut une victoire ruineuse[1] ». Apparemment, il n'y eut nul mouvement d'opinion pour la célébrer. La suppression des corvées n'intéressait que des paysans ignorants qui ne savaient guère s'exprimer. En revanche, Turgot avait achevé de dresser contre lui les privilégiés de toutes sortes[2].

Pour rehausser le prestige de son ami, Condorcet avait imaginé, avec Saint-Lambert, de le faire élire à l'Académie française à la place du duc de Saint-Aignan[3]. « Au moment, lui dit-il, où la voix publique est contre vous, où vos édits vont exciter cent clabauderies, il serait agréable aux gens de lettres de vous donner une marque de leur vénération[4]. » Turgot refuse dignement la proposition : il ne convient pas de fixer sur lui les yeux du public pour un autre objet que les affaires de son ministère[5]. En vérité, Condorcet ne peut plus grand-chose pour Turgot, sinon continuer de travailler[6] comme si de rien n'était, et lui envoyer des brochets de l'Oise, qu'il aime tant, pour lui rappeler son affection.

## LE CRUEL MOIS DE MAI 1776

C'est en mai 1776 que tombe Turgot et que meurt Julie.

Selon Dupont de Nemours, deux intrigants ont eu raison de la confiance du roi en Turgot. C'est d'abord le douteux

1. Edgar Faure, *op. cit.*, p. 451.
2. Condorcet, *Vie de M. Turgot, op. cit.*, p. 111 : « Tout ce peuple d'hommes de tout état... qui a pris l'habitude de subsister de la nation sans la servir..., formaient une ligue toute-puissante par leur nombre et par l'éclat de leurs clameurs. »
3. Décédé le 22 janvier 1776, beau-frère de Turgot.
4. Lettre de Condorcet à Turgot, fin janvier 1776.
5. Lettre de Turgot à Condorcet, 31 janvier 1776.
6. Condorcet en terminait avec l'affaire de la jauge et travaillait au problème de l'assèchement des marais, cause de mortalité humaine.

marquis de Pezay, qui, en liaison avec Maurepas, aurait convaincu Louis XVI des erreurs de la politique budgétaire[1] et de la dangereuse impopularité de son contrôleur général. Aux dires de Dupont et de Soulavie, Necker n'était pas étranger à cette conspiration. Le second est le maître des postes Rigoley d'Oigny : il détestait Turgot qui avait amputé son département d'une partie de ses attributions. On le soupçonne d'avoir intercepté une partie de sa correspondance pour la montrer au roi, et même d'avoir fabriqué des faux, le tout dans le but de dégoûter le monarque de son ministre. L'occasion de se débarrasser de Turgot fut fournie par Malesherbes. Celui-ci ne supportait plus les critiques et attaques des parlementaires, ses collègues, contre le ministère dont il faisait partie. Il donna sa démission. Le 12 mai, le roi l'accepta et fit porter à Turgot l'ordre de remettre la sienne, sans l'avoir préalablement reçu ni avoir daigné répondre à sa longue lettre d'explications[2].

La chute de Turgot excita une joie bruyante à Versailles. La Cour présentait, dit-on, l'aspect d'une fête, et le peuple n'était pas le dernier à applaudir. « Le spectacle de la gaieté du peuple, écrivit Condorcet à Voltaire, me serre le cœur. Ils dansent comme s'ils n'avaient rien perdu[3]. » Mme du Deffand résume très cruellement l'opinion générale : « Tout le monde convient que c'est un fou, et aussi extravagant et présomptueux qu'il est possible de l'être... On ne peut avoir pis qu'un homme qui n'a pas le sens commun ; et mieux vaut pour le gouvernement un habile homme avec moins de probité[4]. »

Pour Condorcet, ce mois de mai 1776 fut douloureux. Non

1. Pezay aurait fait étudier une note budgétaire de Turgot par Necker et un autre expert, lesquels auraient émis des critiques concordantes. Mais Necker s'est toujours défendu d'une telle accusation.

2. Cette lettre du 30 avril est le testament politique de Turgot. Il y dénonce les causes principales d'un bouleversement (qui sera la Révolution) : le danger de l'hostilité des Parlements, les cabales des courtisans, et la faiblesse du Roi. Il eut cette phrase prophétique : « N'oubliez jamais, Sire, que c'est la faiblesse qui a mis la tête de Charles Ier sur le billot. »

3. Lettre de Condorcet à Voltaire, 1776, p. 113.

4. Lettre de Mme du Deffand, 5 juin 1776, *op. cit.*, II, p. 555.

seulement il constatait le triomphe de l'intrigue sur la vertu, mais il devait assister, impuissant, à l'agonie de sa chère Julie de Lespinasse. Depuis le mariage de Guibert[1], Julie, malade, se laissait mourir de jalousie et de désespoir. Il avait fallu les exhortations répétées de Guibert, jointes aux prières de d'Alembert, pour qu'elle acceptât de consulter le fameux Bordeu[2]. Celui-ci émit un pronostic très pessimiste, assorti toutefois de cette précision psychologique : si son âme cessait de souffrir, elle guérirait. Tel ne fut pas le cas, et dès le mois d'avril, Julie ne se leva plus. A son chevet n'étaient admis que ses intimes : d'Alembert ne la quittait pas, Guibert, pris de remords, passait matin et soir, et Condorcet se partageait entre le Contrôle général et la rue de Bellechasse.

Lorsqu'il fut renvoyé, le 12 mai, Turgot partit aussitôt se réfugier chez sa vieille amie, la duchesse d'Enville, à La Roche-Guyon. Malgré son désir de l'y accompagner, Condorcet préféra rester auprès de Julie qui s'éteignait. Elle mourut le 22 mai et fut enterrée le lendemain à l'église Saint-Sulpice, « comme les pauvres », selon son vœu. Condorcet conduisit le deuil avec d'Alembert, et resta quelques jours près de lui. Exécuteur testamentaire de Julie, ce dernier découvrit, en triant ses papiers, ses amours avec le marquis de Mora. Il avait donc cessé depuis huit ans d'être « le premier objet de son cœur[3] ». Éperdu de douleur et d'amertume, d'Alembert ne laissait pas d'inquiéter ses amis. En dépit de leur sollicitude, il restait inconsolable. Condorcet l'emmenait se promener aux Tuileries, comme jadis ; d'Alembert l'écoutait parler, mais il était « profondément blessé, et tout ce que j'espère pour lui — confie Condorcet à Turgot —, c'est un état supportable[4]. » Très vite, la rue de Bellechasse devint odieuse à d'Alembert.

1. Le 1er juin 1775.
2. Th. de Bordeu (1722-1776), médecin ; l'un des maîtres du *vitalisme* de l'école de Montpellier, avec P. Barthez, dans la lignée de *l'animisme* du médecin allemand Stahl (1660-1734).
3. D'Alembert, « Aux mânes de Mlle de Lespinasse » in « Appendice aux *Lettres de Julie de Lespinasse* », *op. cit.*, pp. 420 à 426.
4. Lettre de Condorcet à Turgot, 1776, *op. cit.*, p. 285.

Il décida de s'installer dans l'appartement de fonction réservé au secrétaire de l'Académie française : une soupente indigne[1], constituée de trois pièces mal éclairées, située à l'un des angles de la Cour royale du Louvre. Faute de moyens, d'Alembert n'avait pas le choix et y emménagea en août suivant.

Entre-temps, Condorcet était allé rejoindre Turgot à La Roche-Guyon. Le 31 mai, celui-ci l'avait remercié de « venir voir des gens disgraciés[2] ». Il affectait de ne plus s'intéresser qu'à des travaux de physique. Telle n'était pas l'humeur de Condorcet, que l'on perçoit dans ses confidences à Voltaire : « Je ne vous ai pas écrit... depuis l'événement fatal qui a ôté à tous les honnêtes gens l'espérance et le courage. J'ai attendu que ma colère fût un peu passée et qu'il ne me restât plus que de l'affliction... Les loups dont vous avez délivré le pays de Gex[3] vont s'élancer sur le reste de la France, et deux ans d'abstinence ont changé en rage la soif qu'ils avaient du sang du peuple... Nous avons fait un beau rêve, mais il a été trop court. Je vais me remettre à la géométrie et à la philosophie. Il est bien froid de ne plus travailler que pour la gloriole, quand on s'est flatté pendant quelque temps de travailler pour le bien public[4]. » Voltaire est tout à fait solidaire de Turgot. Il lui dit sa tristesse, et sa conviction que ses vingt mois de gouvernement « seront une époque éternelle[5] ». Lui non plus ne savait que faire pour consoler ses amis. Il écrivit une épître à la gloire de Turgot, et préparait un recueil de tous les ouvrages du ministre qu'il avait pu rassembler. Il essayait de réconforter Condorcet en lui assurant que « le héros principal

---

1. Ch. Pougens, *Lettres philosophiques à Mme X. sur divers sujets de morale et de littérature*, Paris, 1826, pp. 29 et 30.
2. Lettre de Turgot à Condorcet, 31 mai 1776.
3. Les commis de ferme.
4. Lettre de Condorcet à Voltaire, « ce mercredi », 1776, *op. cit.*, pp. 113 à 115. *Cf.* aussi lettre de Condorcet à Mme Suard, mai 1776, CXX, *op. cit.*, p. 000.
5. Lettre de Voltaire à Turgot, 18 mai 1776, publiée par Schelle *in Œuvres* de Turgot, tome V, p. 483.

est un Caton ; mais les Caton ne sont pas faits pour réussir chez une nation qui n'aime que l'opéra-comique[1]. »

Turgot, quant à lui, affichait une parfaite sérénité. Ne l'avait-on pas vu rire, le soir même de sa démission, des propos divertissants de Malesherbes, chez Mme Blondel ? Il paraissait ne plus s'intéresser qu'à l'observation des astres, et l'abbé de Véri se réjouissait de son calme et de sa santé recouvrés[2]. En vérité, si Turgot semblait ne plus s'occuper que de télescope et de littérature, c'était pour mieux dissimuler sa profonde blessure. Après sa disgrâce, il faudra plusieurs mois avant qu'il puisse même évoquer la nouvelle politique économique en vigueur, aux antipodes de la sienne. Il n'eut pas un mot lorsque son successeur, Clugny, qui passait pour un « fripon, dur, emporté, ivrogne, joueur et débauché[3] », rétablit la corvée[4] et suspendit toutes les mesures mises au point par son prédécesseur[5]. Mais le pire fut pour lui l'arrivée au pouvoir de son rival[6].

Le 22 octobre, Necker, nommé directeur du Trésor, prend les rênes de l'économie française. Toujours retiré à La Roche-Guyon, c'est Turgot qui l'annonce avec un humour grinçant à Condorcet : « Je plaisante, dit-il, mais je suis vraiment affligé[7]. » Il se dit inquiet du sort de ses collaborateurs : Dupont, de Vaines et lui-même. Je crains, dit-il à Condorcet, que « cet homme dont vous avez blessé l'orgueil n'ait le pouvoir de vous ôter votre place de la Monnaie ». Mais Condorcet n'a pas attendu Turgot pour écrire à Maurepas : « Je viens d'apprendre que le Contrôle général est partagé entre M. Taboureau et M. Necker ; mais j'ignore dans quel

1. Lettre de Voltaire à Condorcet, 11 juillet 1776.
2. *Journal...*, II, p. 25.
3. Lettre de Condorcet à Voltaire, 12 juin 1776.
4. Le 11 août 1776. Pourtant, aux dires de certains, Turgot aurait versé des larmes en apprenant le rétablissement de la corvée.
5. *Œuvres* de Turgot, tome V, p. 465.
6. Clugny mourut le 18 octobre 1776. Les fonctions du Contrôle furent réparties entre Taboureau des Réaux, conseiller d'État, et Necker. Ce dernier, directeur du Trésor, était l'agent actif de l'association.
7. Lettre de Turgot à Condorcet, 22 octobre 1777.

département la place que j'ai se trouvera. J'ai prononcé trop hautement mon opinion sur les ouvrages de M. Necker et sur sa personne pour que je puisse garder une place qui dépendrait de lui. Je serais fâché d'être dépouillé, et encore plus d'être épargné par un homme dont j'ai dit ce que j'ai dit de M. Necker... Si je dois dépendre du département de M. Necker, je vous supplierai, dans ce cas, de vouloir bien permettre que ce soit entre vos mains que je remette ma démission[1]. » Pour cette fois, néanmoins, Condorcet conserve sa charge, qui ne relève que de l'autorité de Taboureau.

Lorsque, neuf mois plus tard, Taboureau démissionne, Necker assume seul la direction générale des Finances[2]. Turgot fait part de la nouvelle à Mme d'Enville. Le nom de Necker lui écorche la plume, et les termes de sa lettre sont révélateurs de son état d'esprit[3]. En dépit de ses silences et des protestations de ses amis, il est bien — comme l'a remarqué Marmontel — « sensible à sa disgrâce[4] ». Condorcet n'est pas moins amer que Turgot[5]. Lui-même, à une place plus modeste, a fait partie du cercle des initiés aux mystères de l'État. Participer aux grandes décisions, améliorer le sort du peuple, et surtout faire que ses vues deviennent réalité, il en a ressenti toutes les joies. Peu sensible aux avantages qui flattent la vanité, il n'est pourtant pas près d'oublier cette dimension hors du commun que confère le pouvoir à l'homme qui y

1. Lettre de Condorcet à Maurepas, octobre 1776, *Œuvres*, tome I, p. 296.

2. Necker fut nommé à ce poste le 29 juin 1777. Étranger (de Genève) et protestant, il n'avait pas accès aux Conseils du Roi, mais il était *de facto* seul maître à bord.

3. « *Celui-ci* renverse les gens sans avertir. *Il* a donné audience dès hier au Contrôle général, sans attendre que son titre fût connu du public, mais il fallait montrer Héraclius au peuple... *Il* veut vivre [à Paris] comme il vivait avant d'être en place et comme *il* vivra après en être sorti ; *car il sait bien qu'on en sort.* » Lettre de Turgot à Mme d'Enville, 3 juillet 1777, in *Lettres de Turgot à la duchesse d'Enville (1764-1780)*, Université catholique de Louvain, 1976, p. 104. Souligné par nous.

4. Marmontel, *Mémoires*, tome I, p. 299.

5. Quand il apprend la promotion de Necker, Condorcet écrit à Mme Suard, début juillet 1777 : « Gémissons de voir une grande nation livrée aux méprisables charlatans », CXXXI, *op. cit.*

participe. A présent, il ne lui reste que la géométrie pour s'élever au-dessus de lui-même. Mais, comme il le répète à Suard : « Il est triste de ne plus travailler que pour son plaisir... lorsqu'on a eu, pendant quelque temps, l'espérance de travailler pour le bien des hommes[1]. »

Il sent déjà que le pouvoir va lui manquer, même si cette expérience auprès de Turgot lui a laissé une impression détestable de la politique. La démonstration est faite que l'intrigue et les intérêts des puissants l'emporteront toujours, sous ce régime, sur la justice et l'intérêt public. Le silence lui paraît le seul parti convenable. Et si, dans ses correspondances, il ne manque pas une occasion d'égratigner Necker, il s'abstiendra en revanche pendant dix ans de tout commentaire public sur les affaires de l'État. Apparemment, il ne s'intéresse plus qu'aux sciences, à la justice et aux Droits de l'homme. Autant de sujets qui le ramèneront un jour à la politique.

1. Lettre à M. Suard, mai 1776, CXX, *op. cit.*

# CHAPITRE IV

## Au service des Lumières
### (1777-1785)

La période qui s'ouvre est marquée par des deuils, un autre style de vie et de nouveaux combats. Au cours de ces huit années, Condorcet perd les êtres qui lui sont le plus chers : sa mère et ses trois pères spirituels. Après la mort de sa mère, il vendra la maison de Nogent pour se rapprocher de Mme d'Enville, à La Roche-Guyon. C'est là que se trouve le groupe d'amis qui partagent ses idées et ses sentiments, son refuge affectif.

Lorsque, en juin 1777, Necker assume seul la direction générale des Finances, l'abbé de Véri est chargé d'annoncer à Maurepas la démission de Condorcet qui répugne toujours à s'adresser directement à son ennemi. Il regrette moins le revenu qu'il perd que la facilité de loger sa mère, dont la santé exige qu'elle se rende de temps en temps à Paris. Mais l'honneur ne se marchande pas. Le 6 juillet, il envoie sa lettre de démission, et le brouillon de celle-ci révèle les corrections qu'y porta Turgot[1]. Il est probable que Maurepas intervint en sa faveur, car si sa démission fut acceptée, on lui conserva son logement à la Monnaie « tant que sa mère en aura besoin[2] ».

1. Bibliothèque de l'Institut, Ms 854, folio 408 ; la lettre est de deux encres différentes : l'encre noire est de Condorcet, la rouge est de l'écriture de Turgot.
2. Lettre de Turgot à Dupont, 24 juillet 1777, in *Œuvres* de Turgot, tome V. p. 526.

Dorénavant, il n'a plus pour revenus que ses appointements à l'Académie des sciences. L'essentiel de sa vie professionnelle se passe au Louvre, et il lui suffit de franchir le Pont-Neuf pour y être rendu. Sans compter les séances publiques qui ont lieu deux fois l'an, juste après le dimanche de Pâques et la Saint-Martin[1], l'activité du secrétaire est bien remplie. Outre ses travaux personnels[2] et des *Éloges* des académiciens décédés — Condorcet en écrira cinquante-trois entre 1777 et 1785 —, il entretient une correspondance suivie avec les académies étrangères. Il participe à des commissions qui doivent répondre aux multiples questions posées par le gouvernement. Les académiciens sont requis de donner leur avis sur des problèmes aussi différents que l'état des prisons et des hôpitaux, la valeur scientifique du magnétisme animal, du ballon des frères Montgolfier ou d'une nouvelle méthode pour déterminer les longitudes de mer. Enfin, même si le secrétaire est assisté de deux trésoriers, il lui revient un travail d'administration non négligeable, avec pour tout aide un commis chargé des écritures[3].

Durant cette époque, l'Académie et son secrétaire vont avoir à combattre un ennemi d'autant plus puissant qu'il enchante les foules : le charlatanisme. C'est le temps des escrocs en tous genres qui profitent à la fois de l'ignorance des gens et de la stupéfaction suscitée par de véritables découvertes scientifiques — comme la montgolfière — pour promettre toutes sortes de miracles. La mode est au merveilleux et à l'irrationnel, deux bêtes noires de Condorcet. Mais, dans le même temps, les regards sont fixés sur l'Amérique. A la faveur de l'Indépendance naît là-bas une démocratie qui se

1. Le 11 novembre.
2. Entre 1780 et 1785, il publie un *Essai sur la théorie des comètes*, de nombreux mémoires sur les probabilités et continue ses travaux sur le calcul intégral, comme le prouve un ouvrage inachevé dont l'impression a été suspendue en 1786. *Cf.* A.N.O. 610, n° 188, 189, 190.
3. C'est le fidèle Cardot, originaire de Ribemont, témoin à son mariage, qui lui restera attaché jusque dans la proscription. Il s'occupera par la suite des affaires de Mme de Condorcet et deviendra le chef du secrétariat de l'Institut.

veut fondée sur les Lumières. Sur le Vieux Continent, les hommes de liberté suivent cette expérience d'un regard passionné et envieux. On parle avec ravissement de l'égalité entre les citoyens, des Droits de l'homme et de Constitution. De quoi faire rêver Condorcet !

## LE CONDOR (1777-1780)

C'est le surnom que lui donne d'Alembert : « Le Condor est le plus grand et le plus fort des oiseaux..., il est destiné à jouer le rôle le plus distingué dans les sciences et dans les lettres... Ce qui m'enchante, c'est qu'on a cru lui faire grâce en le choisissant pour secrétaire de l'Académie des sciences, qui est plus heureuse qu'elle ne mérite d'avoir un tel secrétaire[1]. »

Pour d'Alembert, Condorcet est de loin le meilleur de sa génération. Sans comparaison avec les Buffon et les Bailly, qui se ridiculisent avec leur « style *a*mpoulé ou *e*mpoulé » et leurs « idées creuses » ! D'ailleurs, c'est lui et nul autre qu'il reconnaît pour son fils spirituel. Le seul capable de rénover la partie mathématique de la nouvelle Encyclopédie, dite le *Supplément*. Lorsque, à la mi-juillet 1776, Panckoucke décide de cette publication, il charge son beau-frère Suard d'organiser le travail et de recruter de grands philosophes pour remanier le texte de Diderot. Suard réussit à persuader d'Alembert et Condorcet de diriger l'entreprise avec lui. Mais, en vérité, d'Alembert, très déprimé, toujours sous le coup de la mort de Julie, n'est plus capable d'un travail difficile et suivi. Il sert essentiellement à soutenir le projet de son nom et à attirer les meilleurs talents. C'est Condorcet qui est chargé de la rédaction des articles d'analyse mathématique qui manquaient à la première *Encyclopédie*. Voici comment l'*Avertissement* définit sa contribution : « Il n'y a presque rien, dans l'*Ency*-

1. Lettre de d'Alembert à Voltaire, 6 mars 1777.

145

*clopédie*, sur les découvertes analytiques faites depuis 1754, auxquelles M. d'Alembert eut tant de part. M. de Condorcet... y a suppléé avec une précision, une clarté, un savoir qui annoncent un grand maître[1]. » Les articles de Condorcet[2], signés « o », pour les distinguer de ceux de d'Alembert, signés « O », « forment un ensemble cohérent et s'éclairent mutuellement[3] ». Malgré l'intérêt qu'il porte déjà à cette époque au calcul des probabilités, il se limite strictement aux questions d'analyse pure[4]. Il rend pleinement justice à Euler, assez mal jugé dans bien des articles de l'*Encyclopédie*, et aux travaux de Fontaine. Il témoigne d'une très grande érudition et cite les mémoires les plus récents dont il comprend, avant beaucoup d'autres, toute l'importance. Enfin, Condorcet s'enhardit jusqu'à utiliser ses propres méthodes et démonstrations pour exposer les recherches de ses collègues.

En même temps, il met la dernière main aux travaux de la commission des canaux qu'il avait constituée sous l'égide de Turgot. Avec Bossut, il a beaucoup travaillé sur la résistance des fluides. Les résultats seront publiés en 1777. Bossut a fait les expériences et lui-même a rédigé le mémoire[5], qui est signé des noms des trois amis.

---

1. *Cf.* l'excellent article de Pierre Sergescu, « La contribution de Condorcet à l'Encyclopédie », in *Revue d'histoire des sciences*, 1951, vol. IV, n° 3, pp. 233 à 237.
2. *Ibid.*, p. 235. Il s'agit principalement d' : *Approximation, Arpentage, Équations déterminées, Équations aux différences finies et infiniment petites, Équation séculaire, Fraction continue, Indéterminé (problèmes indéterminés, séparation des indéterminés), Intégral (calcul), Linéaires (équations), Maximum, Méthode, Possibles (équations), Problème des trois corps, Quadrature, Riccati (équation de), Séries, Substitutions.*
3. *Ibid.*, p. 234.
4. M. Sergescu, qui juge en expert, lui reconnaît un vrai souci d'impartialité, même s'il laisse percer son admiration éblouie pour d'Alembert.
5. D'Alembert, Condorcet, Bossut, *Nouvelles expériences sur la résistance des fluides*, 1777.

## Préoccupations académiques

L'essentiel de son activité durant ces quatre années demeure d'ordre académique. Pour la seule année 1777, Condorcet est contraint de rédiger vingt et un *Éloges* ! Il est obligé de renoncer au projet d'accompagner d'Alembert en Prusse (le prétexte officiel de ce voyage était de demander à Frédéric II son soutien financier et moral à la nouvelle *Encyclopédie*). En fait, l'état physique et psychologique de d'Alembert inquiète beaucoup Condorcet. Perclus de maux de tête, d'estomac, victime d'insomnies, d'Alembert se sent anéanti, incapable de la moindre action. A peine peut-il écrire à ses amis. Il ment à Frédéric II lorsqu'il affirme qu'il suit ses conseils et s'est remis à la géométrie[1]. Installé dans sa soupente du Louvre depuis août 1776, il reçoit certains jours de la semaine. Il a beau tenter de prendre part à la conversation, rien ne l'intéresse. « Mes amis me croient soulagé et presque consolé ; mais, quand je ne les ai plus autour de moi..., je me retrouve seul dans l'univers, privé pour jamais d'un premier objet d'attachement [Julie][2]... Ma solitude m'épouvante et me glace, et je ressemble à un homme qui verrait devant lui un long désert à parcourir, et l'abîme de la destruction au bout de ce désert[3]. »

Condorcet n'a plus besoin de Julie pour comprendre que d'Alembert éprouve le même mal qu'en 1770. On envisage donc le même remède : un long voyage qui passerait par Ferney[4] et finirait en Prusse. Déjà Lagrange se réjouit de revoir les deux hommes[5], qu'il n'a pas rencontrés depuis douze ans. Mais, dès février 1777, Condorcet réalise qu'il lui est impossible de quitter Paris. « Notre ami Condorcet, dit

1. Lettre de d'Alembert à Frédéric II, 30 décembre 1776, *op. cit.*, p. 381.
2. *Ibid.*, 14 novembre 1776, pp. 379-380.
3. *Ibid.*, 27 février 1777, p. 383.
4. Lettre de Voltaire à d'Alembert, 8 novembre 1776.
5. Lettre de Lagrange à Condorcet, 3 janvier 1777.

d'Alembert à Lagrange, ne pourra venir avec moi..., il a dans ce moment trop de besogne pour pouvoir quitter ; j'en suis aussi fâché que vous, car ce serait pour moi un agréable compagnon de voyage[1]. » D'Alembert pensait être en Prusse dès le mois de juin. Mais la défection de Condorcet lui ôte tout courage. Faisant mine, pour l'entourage, d'être un peu mieux, il renonce à son voyage en avril[2], quelques semaines avant le départ. Lagrange est le moins surpris de tous[3]. En dépit des assurances qu'il a reçues de tous côtés, il se doutait que l'aversion de d'Alembert pour les déplacements le retiendrait à Paris, fût-ce dans une soupente mal éclairée.

Condorcet est désolé. Mais que faire d'autre que rester à sa table de travail lorsqu'on a vingt-et-un *Éloges* à rédiger et que les personnages à louer sont pour la plupart d'anciens correspondants étrangers ou d'illustres inconnus[4] ? Le nouveau secrétaire de l'Académie des sciences a un autre motif de ne point s'absenter, que connaît et approuve d'Alembert : il souhaite entrer à l'Académie française. Depuis 1771, Voltaire ne cesse de l'encourager à se présenter[5]. Il serait un appui précieux pour le parti des philosophes. Mais ses écrits si violents contre la religion[6] lui ont aliéné les voix des dévots de l'illustre assemblée, et d'Alembert a conseillé la patience. Enfin, le moment paraît venu. D'Alembert lui suggère de concourir pour le prix annuel de l'Académie, qui a pour sujet l'éloge du chancelier Michel de L'Hôpital. Condorcet polit cet éloge plus qu'aucun autre, non seulement parce qu'il souhaite gagner le prix, mais, surtout, parce que cet homme vertueux l'inspire. Secrètement, il le compare à Turgot auquel

1. Lettre de d'Alembert à Lagrange, 14 février 1777, *op. cit.*, p. 325.
2. Lettre de d'Alembert à Frédéric II, 28 avril 1777, *op. cit.*, p. 384.
3. Lettre de Lagrange à Condorcet, 12 juin 1777, *op. cit.*, p. 44.
4. Il s'agit de Trudaine, Bourdelin, B. de Jussieu, Haller, Rohaut, Bartholin, Boyle, Bellini, Cowper, Pitcarne, Flamstead, Leeuwenhoeck, Cheselden, Peyssonnel, Bianchi, Muschenbroek, Klingenstierna, Le Cat, le Père Le Sueur, Bévis.
5. Lettre de Voltaire à Condorcet, 13 février 1771.
6. *Lettre d'un théologien*, et, plus tard, son commentaire sur les *Pensées* de Pascal.

il confie : « Je n'ai jamais osé vous montrer un article où je dis qu'on ne peut bien juger les hommes d'État qu'après leur disgrâce, ni le récit de la disgrâce de L'Hôpital[1]. »

Le discours est superbe et connaît un grand succès lorsqu'il est lu en séance publique[2]. Mais l'Académie décerne le prix à un inconnu[3]. Il est vrai qu'au même moment, Condorcet s'est aliéné le tout-puissant Maurepas. En effet, le beau-frère de celui-ci, le duc de La Vrillière, étant mort en février 1777[4], Condorcet refuse obstinément de prononcer son éloge à l'Académie des sciences. Il se sent tout à fait incapable de louer celui qu'on a surnommé « le ministre des lettres de cachet », et qui n'a brillé que par l'esprit le plus réactionnaire. Si on le force à parler, il dira des horreurs. Pourtant, d'Alembert le presse de prendre sur lui. Si Dupuy[5] fait ce maudit éloge, lui dit-il, il est impossible que vous vous en dispensiez. Puis il ajoute : « Il pourrait bien être question de vous très efficacement à la prochaine élection à l'Académie française[6]. »

Mais Condorcet est intraitable. D'ailleurs, il risquerait plus à faire l'« éloge » qu'il a en tête qu'à se taire : « On me l'aurait moins pardonné de cette façon que mon silence..., il aurait donné des armes contre moi. D'ailleurs, je regarde M. de La Vrillière non loué comme une bataille gagnée[7]. » Le résultat ne se fait pas attendre : Condorcet sera interdit d'Académie tant que Maurepas vivra. Les démarches de d'Alembert trouvent ce dernier inébranlable. En novembre, il doit constater tristement : « Nous n'aurons pas Pascal cette fois-ci ; j'ai

1. Lettre de Condorcet à Turgot, 1777, p. 296.
2. Lettre de Turgot à Mme d'Enville, 5 septembre 1777. Le discours fut publié le 7 septembre.
3. L'abbé Rémy.
4. Le 27 février.
5. Le secrétaire perpétuel de l'Académie des inscriptions.
6. Lettre de d'Alembert à Condorcet, 28 septembre 1777, publiée par Ch. Henry, *Correspondance inédite de Condorcet et de Turgot, op. cit.*, pp. 297 et 298.
7. Lettre de Condorcet à Turgot, septembre 1777.

frappé à la porte de *Rufin* [Maurepas], et il m'a fait dire qu'il fallait encore attendre[1]. »

Condorcet n'avait aucune raison personnelle d'en vouloir à l'ancien ministre de la Maison du Roi, qui ne l'avait jamais mal traité. Au contraire[2]. Mais c'était affaire de principe, et il ne pouvait concevoir de glorifier un ministre qui avait symbolisé l'arbitraire. Au demeurant, Condorcet était tout à fait capable de faire l'éloge d'hommes qu'il avait détestés de leur vivant. Lorsque le chevalier d'Arcy mourra en 1779[3], Condorcet, qui en avait reçu de nombreux témoignages de haine, oubliera tous ses griefs personnels pour rendre justice au géomètre. Il ira même jusqu'à dire en privé qu'il était assez bon homme, quoique fou et brutal. « Il avait fait dans notre Académie tout le mal qu'il pouvait faire, et de temps en temps il pouvait empêcher quelques turpitudes[4]. » Ses oppositions de principe sont et resteront toujours plus intransigeantes que ses conflits personnels. Même la détestation qu'il a vouée à Necker est avant tout un rejet radical de la politique et des intérêts qu'il incarne. Il le dira souvent à Mme Suard : le personnage de Necker ne lui est pas si antipathique. A l'inverse, il a toutes les indulgences pour ceux qu'il aime, c'est-à-dire avant tout ceux qui partagent ses valeurs.

## La défense du vieillard de Ferney

Voltaire est de ceux-là. Leur amitié, voire leur tendresse réciproque est évidente. Mais leurs rapports ont sensiblement changé ces dernières années. Voltaire est toujours le père qu'on respecte, mais c'est aussi un vieillard à protéger contre

---

1. Lettre de d'Alembert à Voltaire, 18 novembre 1777. Depuis ses écrits sur *Les Pensées* de Pascal, Condorcet était surnommé « Pascal-Condor », ou « Pascal » tout court, par ses deux amis.
2. Voir le chapitre précédent sur l'affaire du secrétariat.
3. Le 18 octobre.
4. Lettre de Condorcet à Turgot, octobre ou novembre 1779.

lui-même. Condorcet lui parle avec autorité et use de la plus grande franchise quand son vieux maître lui paraît se tromper. Il n'hésite pas à le tancer à propos d'une lettre adressée à La Harpe[1] sur Montesquieu. Voltaire, qui n'a jamais aimé ce dernier — jalousie d'auteur —, s'y livre à des critiques mesquines (il lui reproche des inexactitudes dans ses citations) et ose le dire inférieur au vieux chancelier d'Aguesseau. Celui-ci, pourtant, rappelle Condorcet, « en trente ans de ministère n'a fait que trois ou quatre ordonnances sur des objets peu importants... ; un homme fort inférieur à son siècle[2] ». Et, mettant en garde Voltaire, il lui dit sans fard : « Vous partagez les mêmes admirateurs et si vous les blessez, ils iront rechercher dans vos ouvrages les inévitables inexactitudes. Ne vous rendez pas ridicule par des comparaisons indignes. » Voltaire entend la leçon et le remercie sincèrement : « Il ne faut jamais rougir d'aller à l'école, eût-on l'âge de Mathusalem[3]. »

D'autres leçons suivront, concernant une opinion sur Fénelon[4] et, surtout, la dernière tragédie de Voltaire : *Irène*. Condorcet lui suggère des corrections et des coupures, l'invite même à en revoir le style. Il lui recommande d'être sévère envers lui-même pour rester fidèle à sa perfection de jadis[5]. En fait, Turgot et Suard, qui ont également lu la pièce, n'en sont pas contents. Le vieillard obstiné corrige le texte, mais tient absolument à la faire jouer à Paris sous ses yeux. Après vingt-huit ans d'absence, il y rentre le 10 février 1778. C'est le triomphe que l'on sait : la foule des Parisiens l'acclamant devant son hôtel et suivant sa voiture dès qu'il en sort ; l'ovation interminable des spectateurs, debout, à la Comédie Française lors de la première d'*Irène*, les couronnes de laurier,

1. Lettre perdue.
2. Lettre de Condorcet à Voltaire, 20 juin 1777.
3. Lettre de Voltaire à Condorcet, 2 juillet 1777.
4. Lettre de Voltaire à Condorcet, 12 janvier 1778.
5. Lettre de Condorcet à Voltaire, 19 janvier 1778. C'est la dernière lettre qu'il lui adressa.

les bénédictions demandées par les parents pour leurs enfants, la réception empreinte d'émotion à la loge maçonnique des Neuf-Sœurs. La joie, l'énervement, et une méchante infection rénale eurent finalement raison de cet homme de quatre-vingt-quatre ans qui s'éteignit le 30 mai 1778.

Il est certain que Condorcet et d'Alembert le virent à plusieurs reprises dans des circonstances moins officielles[1]. Ils suivirent de près les ultimes négociations du vieillard avec l'Église. Voltaire avait signé une rétractation, trois mois avant sa mort, et reçu l'absolution d'un abbé compréhensif. Comateux depuis le 18 mai, il n'avait repris connaissance qu'en apprenant la cassation de l'arrêt de Lally, le temps d'écrire une lettre de félicitations à son fils Tollendal. Puis il était mort sans avoir reçu les sacrements. Sa famille l'enterra clandestinement à l'abbaye de Seillières, près de Troyes, au grand dam de l'archevêque de Paris qui lui refusait une sépulture religieuse et défendit même aux cordeliers de célébrer un service funèbre pour le grand homme, comme il était d'usage chaque fois qu'un académicien disparaissait. Le clergé prenait sa revanche.

Condorcet est ulcéré par ce comportement de l'Église. Mais il en veut moins à l'archevêque de Paris, vieil ennemi des philosophes, qu'au tout-puissant Maurepas[2]. Ce dernier n'a pas tenté la moindre démarche pour faire revenir sur sa décision l'archevêque qui, en dépit des demandes réitérées de l'Académie, refuse obstinément une messe pour le repos de l'âme de Voltaire. C'est le moment choisi par La Harpe pour publier un article peu aimable sur une tragédie[3] de Voltaire, dans le *Mercure* du début juillet. Cette critique n'est pas de

1. Voltaire fut reçu à l'Académie des sciences le 29 avril et alla de nombreuses fois à l'Académie française. Mais il eut bien d'autres entretiens avec ses amis. Le 28 mars, il rendit visite à Turgot, alité par la goutte. Desnoiresterres raconte que l'entretien eut lieu en présence de Condorcet, ému de voir ses deux grands hommes dans les bras l'un de l'autre. *Cf. Retour et Mort de Voltaire*, Paris, Didier, 1876, 8e volume de *Voltaire et la Société du XVIIIe siècle*.
2. Lettre de Condorcet à Mme Suard, début juin 1778 : « Il faut que M. de Maurepas ait, pour se couvrir d'opprobre, le même goût que le grand homme avait pour se couvrir de gloire. » *Op. cit.*, CXXXVI.
3. Il s'agit de *Zulime*.

mise au moment où les plus hautes autorités de l'État s'entendent à humilier la mémoire du grand écrivain. Elle l'est moins encore lorsqu'on sait tout ce que La Harpe doit à Voltaire[1]. Cette fois, c'en est trop pour Condorcet, qui prend la plume. Il écrit un article au picrate contre La Harpe, qu'il publie dans le *Journal de Paris*, et le fait signer par le marquis de Villevieille, ami intime de Voltaire. Il commence ainsi : « J'aimais M. de Voltaire, je pleure encore sa mort... Votre rédacteur [La Harpe] n'a pas sans doute les mêmes raisons de regretter ce grand homme ; il n'a pas été reçu avec la même bonté dans le château de Ferney... Voltaire lui est indifférent, et il ne doit rien à sa mémoire. Mais du moins personne n'est dispensé d'être juste, et votre rédacteur ne l'a pas été[2]. » Suit une défense énergique de la pièce maltraitée par La Harpe. L'article a un grand retentissement, et La Harpe est obligé de faire amende honorable, d'autant que le public a manifesté son indignation en sifflant sa propre pièce, *Les Barmécides*[3]...

Pendant ce temps, l'Académie française, très embarrassée, repousse autant qu'elle le peut l'élection du successeur de Voltaire[4]. « Ce qu'il y a de fâcheux, note d'Alembert, c'est que le successeur de Voltaire sera reçu par un prêtre..., ses confrères suppléeront de leur mieux à ce que Capelan ne dira pas[5]. » En octobre, aucune décision n'est encore prise. Beaucoup de gens pensent que seul Condorcet pourrait dignement lui succéder. Il vient de remporter un grand succès à l'Académie des sciences avec son éloge du médecin Haller[6].

1. Voltaire l'avait reçu plusieurs fois à Ferney et le protégeait de toutes les façons.

2. *Journal de Paris*, 10 juillet 1778, « Lettre de M. le marquis de Villevieille à M. Panckoucke » (directeur du *Mercure*).

3. La pièce fut représentée pour la première fois le 11 juillet et reçut un accueil mitigé. *Cf.* Lettre de Condorcet à Mme Suard, juillet 1778, CXXXVI, *op. cit.*

4. *Mémoires secrets*, tome XII, p. 67, 11 août 1778.

5. Lettre de d'Alembert à Frédéric II, 16 août 1778, *op. cit.*, p. 412.

6. C'est peut-être de cette époque que date le parallèle de Diderot entre les *Éloges* de d'Alembert à l'Académie française et ceux de Condorcet à l'Académie des sciences : « M. d'Alembert est délicat, ingénieux, plaisant, ironique et hardi. M. de Condorcet se fait distinguer par la force et l'art dont il présente les vertus

De l'avis de Turgot, peu enclin à la flatterie, c'est ce qu'il a fait de mieux[1]. D'Alembert, qui souhaite tant voir le Condor occuper le fauteuil de Voltaire, tente une ultime démarche chez Maurepas, qui reste de glace. Condorcet s'abstient de se porter candidat et Turgot confie à Dupont : « C'était le seul homme auquel on pût raisonnablement penser et on eût dû le choisir par acclamations sans qu'il se présentât, sauf à laisser au ministre qu'il a blessé en ne louant pas son beau-frère... la honte de lui faire donner l'exclusion. Mais les gens braves ne le sont guère[2]... » Finalement, c'est un certain Ducis, écrivain sans grand talent, qui succède à Voltaire et est reçu le 4 mars 1779...

## Nouvelles amitiés

Depuis la fin de l'année 1776, le milieu dans lequel évolue Condorcet a sensiblement changé. La mort de Julie a fermé le plus brillant salon de Paris, et la soupente du Louvre ne saurait y suppléer. Seul un petit groupe de fidèles, dont Condorcet, s'y rend régulièrement pour consoler un d'Alembert triste et quelque peu vieillissant. De son côté, Mme Suard, tout acquise au nouveau culte de la nature, préfère séjourner une grande partie de l'année dans sa maison de Fontenay. A l'écouter, Paris la rend malade. Elle le quitte donc dès le printemps, pour ne revenir qu'au moment des pluies. Un jeune avocat de Bordeaux, ami de son mari, l'y suit avec bonne grâce : Garat[3] veut profiter du calme de la campagne

et les défauts. Il rassemble les unes et les autres dans ses portraits. Mais les vertus sont exposées à grande lumière et les défauts sont cachés dans la demi-teinte. » Bibliothèque de l'Institut, Papiers de la famille O'Connor, Ms 2475, folio 59 (s.d.).
1. Lettre de Turgot à Dupont, 16 octobre 1778, *op. cit.*, p. 572. Lettre de Turgot à Mme d'Enville, 15 novembre 1778, *op. cit.*, p. 132.
2. Lettre de Turgot à Dupont, 28 novembre 1778, *op. cit.*, pp. 574-575.
3. 1749-1833. Avocat, homme de lettres, il sera député aux États généraux, ministre de la Justice en novembre 1792, puis ministre de l'Intérieur en mars 1793. Il terminera sa carrière comme sénateur et comte sous Napoléon.

pour s'exercer aux belles-lettres. Condorcet continue de correspondre avec elle, mais le ton des confidences n'y est plus. Necker est au pouvoir, et Mme Suard fréquente assidûment le salon de son épouse : de quoi mettre de la distance entre les deux anciens amis.

Privé de Julie, éloigné d'Amélie, Condorcet se lie à deux autres femmes d'un âge à lui tenir lieu de mères. L'une et l'autre sont des intimes de Turgot. La première est la duchesse d'Enville[1], née La Rochefoucauld. Elle connaît Turgot depuis le début des années 1760, alors qu'il était intendant de Limoges. Elle aimait à le consulter pour l'administration de ses terres en Charente et à La Roche-Guyon. Avec le temps, il s'est établi entre eux une amitié inaltérable. Cette femme très riche et très cultivée est d'une grande générosité. A La Roche-Guyon, comme dans son hôtel parisien, rue de Seine[2], elle recevait avec luxe, mais aussi avec une simplicité qui faisait dire à Mme du Deffand : « Elle n'a pas les grands airs de nos grandes dames, elle a le ton assez animé, elle est un peu entichée de la philosophie moderne : mais elle la pratique plus qu'elle ne la prêche[3]. » Acquise aux idées nouvelles, on la disait mère des philosophes et des économistes. Elle était intervenue pour les familles Calas et Sirven et passait son temps à administrer ses domaines de la manière la plus libérale, dans un grand souci de justice sociale. Très tôt, elle avait supprimé les corvées, créé des écoles et des ateliers, renoncé aux droits féodaux. Une digne émule de Turgot !

Condorcet fit sa connaissance et celle de son fils en

1. 1716-1797. On écrit parfois son nom d'Anville. Veuve à trente ans de son époux Louis-Frédéric de La Rochefoucauld d'Enville, elle restait seule avec trois enfants, deux filles et un fils, Louis-Alexandre.

2. L'hôtel des La Rochefoucauld était en partie situé sur l''emplacement de l'actuel n° 12 de cette rue. En 1825, il fut démoli pour ouvrir une nouvelle rue : la rue des Beaux-Arts.

3. *Correspondance*, I, p. 427, 21 mars 1768. Mme du Deffand ajoutait : « Cette maison de La Rochefoucauld est une tribu d'Israël, ce sont d'honnêtes et de bonnes gens... ; point de morgue dans toute cette famille ; il y a du bon sens et de la simplicité. »

décembre 1772, dans le salon de Julie[1]. D'emblée, une grande sympathie s'établit entre eux, même si Condorcet fut d'abord surtout séduit par l'esprit de la mère. Lorsque Turgot quitta le pouvoir, il s'installa à La Roche-Guyon pendant six mois, puis y revint aussi souvent que possible. Condorcet de même[2]. C'était le lieu de villégiature préféré des deux hommes, qui s'y retrouvaient dans une atmosphère inégalable. A lire leurs correspondances, le phare de cette maison, jusqu'à la fin des années soixante-dix, demeurait Mme d'Enville. Son fils était souvent absent, et trop timide pour l'emporter sur sa mère. Bien que du même âge[3], le duc de La Rochefoucauld n'avait ni le prestige, ni l'autorité de Condorcet, qu'il écoutait avec admiration[4]. Plusieurs témoignages de contemporains révèlent qu'il faisait figure d'élève auprès du grand mathématicien qui lui transmettait ses idées et surtout ses convictions.

Leur amitié naquit plus tard. Elle prit racine dans la société libérale, où la sympathie pour les Américains était de plus en plus vive depuis l'arrivée en France de Franklin[5], fin 1776, et le départ pour l'Amérique, en avril 1777, d'un jeune homme de dix-neuf ans : La Fayette. A peine installé à Auteuil,

1. Lettre de Condorcet à Turgot, 1772, p. 118. Lettre de Julie de Lespinasse à Condorcet, 5 avril 1773 : « Monsieur le duc de La Rochefoucauld, qui vous aime beaucoup... »
2. Le premier séjour signalé de Condorcet à la Roche-Guyon date de décembre 1773 : « Ma lettre vous trouvera revenu de La Roche. »
3. Tous deux sont nés en 1743.
4. *Cf.* son portrait par Roederer, *Œuvres*, tome III, p. 275 : « Le duc de La Rochefoucauld, dans ses manières, était brusque, rude, mais jamais grossier. Dans ses propos, il avait quelquefois de l'insolence, mais ce n'était jamais que dans la colère... Solide ami de la liberté, et même de l'égalité, il avait la connaissance de l'une et de l'autre. Il en avait aussi l'habitude... Il ne disait rien qui méritât d'être retenu, mais il retenait tout ce que les autres disaient de tel, et le mettait à profit, non pour briller, mais pour être utile. Il était sans préjugé ; il avait une raison solide et éclairée ; il avait un embarras dans l'organe de la parole... Il coupait sans cesse la parole pour achever ce qu'un autre avait commencé : c'était un ridicule pour un bègue ; mais il ne la disputait pas pour l'ambition de dire mieux, mais par le désir de terminer plus vite... »
5. Benjamin Franklin débarqua en France le 3 décembre 1776 à l'âge de 71 ans. Il arriva à Paris le 21 décembre et s'installa dans une maison de Passy en janvier 1777.

l'ambassadeur d'une nation qui n'existait pas encore devint l'homme le plus populaire de Paris. On l'admirait pour ses découvertes scientifiques[1] et on l'adorait pour son exquise simplicité. Lors de son premier voyage en France, dix ans plus tôt, Franklin avait rencontré les économistes Quesnay, Mirabeau père et très probablement Turgot[2]. Il le retrouva chez leur amie commune, Mme Helvétius, appelée gentiment « Notre-Dame d'Auteuil », parce qu'elle y possédait une délicieuse maison ouverte à tous, et notamment à tous les chats du quartier. Dès juin 1777, Turgot se passionna pour l'Amérique et fréquenta Franklin, chez lui à Passy, ou chez leur amie commune, la voisine d'Auteuil.

Condorcet avait fait la connaissance de Franklin à l'Académie des sciences où celui-ci se rendait régulièrement. Mais c'est chez « Minette » Helvétius qu'il put le rencontrer plus intimement. Condorcet connaissait Mme Helvétius depuis longtemps. Il lui avait été présenté par d'Alembert et Julie à la fin des années 1760. Mais il ne la fréquenta assidûment que quelques années après son veuvage. Il éprouva une grande affection pour cette veuve[3] sexagénaire, moins intelligente que Mme d'Enville, mais tout aussi généreuse et d'un charme tel que Franklin et Turgot la demandèrent l'un et l'autre en mariage à quelques années de distance. La Révolution brisera l'amitié de Mme d'Enville pour Condorcet, mais elle renforcera ses liens avec Mme Helvétius qui partagera jusqu'au bout ses idées. C'est chez elle qu'il se lia avec la jeune génération de philosophes qu'on appellera plus tard « les Idéologues » : Volney, Daunou, Destutt de Tracy et Ginguené. Ils aimaient

1. Il avait été admis à l'Académie des sciences dix ans auparavant, rare honneur rendu seulement à huit étrangers.
2. Joseph Barry, *Versailles, passions et politique*, Le Seuil, 1987, p. 255 : « Avant sa disgrâce, Turgot avait déconseillé l'alliance [avec la rébellion américaine]. A long terme, prévoyait-il, toutes les colonies européennes obtiendraient leur indépendance ; il était plus urgent de consacrer l'argent de l'État à des réformes intérieures... Pour Necker aussi, prêter de l'argent à l'Amérique relevait de la folie. Et pourtant, Vergennes consentit un prêt d'un million de livres à Franklin en 1778. »
3. Helvétius était mort en 1771.

à se retrouver à Auteuil avec Cabanis[1], ce jeune étudiant en médecine que Turgot et Roucher avaient présenté à Mme Helvétius au printemps 1778. Cabanis avait vingt-et-un ans, l'âge exact qu'aurait eu son propre fils. Notre-Dame-d'Auteuil l'adopta immédiatement[2] et l'installa chez elle[3]. Ce grand jeune homme, de santé délicate et à l'air mélancolique, respirait l'intelligence et la sensibilité. Doué d'un charme exquis, il séduisit rapidement tout le petit monde de Mme Helvétius. Franklin l'adorait[4], Turgot l'estimait, Mirabeau, dont il sera le médecin attentif, ne jurait que par lui. Condorcet l'aima à son tour comme un frère, avant même de devenir son beau-frère[5].

En 1777, Turgot se partage entre ses deux vieilles amies et présente le duc de La Rochefoucauld à Franklin. Anglophone accompli, le duc sert volontiers de secrétaire au vieil homme qui lui donne à traduire les Constitutions des États américains[6]. La Constitution de Pennsylvanie, dont la paternité était alors faussement attribuée à Thomas Paine, a la préférence du petit clan d'Auteuil. Elle est devenue la bible des têtes pensantes libérales. Tout le clan « américain » se passionne pour les manœuvres des flottes anglaise et française. Pas une lettre de Turgot à Mme d'Enville qui n'évoque les

1. 1757-1808. Attiré par la carrière des lettres, mais contraint par sa famille à des études de médecine, il devient l'ami et le médecin de Mirabeau, ainsi que de nombreux Girondins auxquels il fournira du poison en 1793. Membre du groupe des Idéologues et disciple de Condillac, il voit dans la sensibilité le lien entre la vie physiologique et la vie mentale. Le premier, il applique à la psychologie le raisonnement des sciences biologiques, et devient l'un des pères de la psychologie expérimentale. En 1799, il publie un mémoire intitulé *Des rapports du physique et du moral*.

2. « Si la doctrine de la transmigration était vraie, disait-elle, je serais tentée de croire que l'âme de mon fils est passée dans le corps de Cabanis », in *Aperçu de l'état des mœurs*, par H.M. Williams, An IX, vol. II, cité par A. Guillois, *Le Salon de Mme Helvétius*, 1984, p. 46.

3. Il y restera jusqu'au décès de la vieille dame.

4. Franklin lui légua en mourant l'épée de cour qu'il avait portée.

5. Sous la Révolution, Cabanis épousa Charlotte de Grouchy, sœur de Sophie de Condorcet.

6. La première édition française date de 1778. Franklin avait obtenu de Vergennes que la censure la laisse circuler. Une autre édition fut publiée en 1783.

événements d'Amérique ; on se plaint de la lenteur des nouvelles et on éclate de joie en apprenant, en décembre 1777, la défaite du général Burgoyne à Saratoga.

En quelques mois, le jeune La Fayette est devenu un modèle pour la noblesse libérale. Pourtant, la condescendance et l'ironie n'avaient pas manqué[1] quand il s'était embarqué clandestinement en Espagne, avec la complicité de Franklin. Lorsqu'on connaît sa conduite héroïque en septembre 1777, son nom devient synonyme de courage et de liberté. Rentré en France en janvier 1779, le jeune homme de vingt-et-un ans est accueilli triomphalement, notamment par les amis de Franklin. C'est l'époque où il se lie d'amitié avec La Rochefoucauld et Condorcet[2]. Il leur raconte la lutte pour l'Indépendance, la grandeur des idéaux démocratiques qui la soustendent. Les trois hommes, enthousiastes, se découvrent une sensibilité commune. Ils déplorent tout autant l'esclavage des Noirs, de l'autre côté de l'Océan, que l'oppression dont sont victimes les protestants en France. Lorsque La Fayette, rappelé par Washington, rembarque pour l'Amérique en avril 1780, il laisse deux vrais amis, de quatorze ans ses aînés, eux-mêmes devenus inséparables.

## L'idéal maçonnique

A la même époque, une nouvelle loge maçonnique commence à faire beaucoup parler d'elle. C'est la loge des Neuf-Sœurs, fondée en 1776 par l'astronome Lalande avec l'aide de Mme Helvétius. Son mari avait eu l'idée, peu avant sa mort, de réunir savants, philosophes et artistes en une sorte d'atelier encyclopédique. Voltaire y avait été reçu triomphalement

1. Lettre de Turgot à Dupont, 1ᵉʳ avril 1777, *op. cit.*, p. 521. *Correspondance* de Mme du Deffand, II, p. 598, 31 mars 1777.
2. Lettre de Condorcet à M. X., 1790 (in *Œuvres*, I, p. 328) : « Je regardais M. de La Fayette comme le plus sûr appui de notre liberté... Longtemps avant la Révolution, j'étais le confident de tous ses projets pour la liberté. »

quelques semaines avant sa mort, et une grande partie des relations de Condorcet a tenu à s'y inscrire. Menacée de dissolution, la loge a élu Franklin vénérable en mai 1779[1], lui conférant ainsi un prestige accru. Tout ce que Paris compte de libéraux s'intéresse à cette loge qui a pour objectif la diffusion des Lumières, l'instauration d'un nouvel ordre judiciaire et le soutien à l'Indépendance américaine.

Les idéaux de cette loge correspondent exactement à ceux de Condorcet. Nombre de ses amis y ayant adhéré, on en a conclu[2] — peut-être un peu vite — qu'il en faisait lui-même partie. Comme aucun document officiel des Neuf-Sœurs ne mentionne son nom, il est impossible de savoir avec certitude si Condorcet fut ou non maçon. La communauté des valeurs et les pressions amicales militent en faveur de son adhésion. Mme Helvétius, l'avocat Dupaty et Franklin mirent certainement toute leur énergie à convaincre un homme aussi prestigieux de les rejoindre. Lalande, Roucher ou l'avocat Élie de Beaumont également. Mais l'athéisme et le rationalisme militant de Condorcet ne s'accordent guère avec certains rites de la maçonnerie. On l'imagine mal dans une société secrète, faisant certains gestes d'initiation, même si ses plus proches amis les avaient accompli avant lui. Surtout, ni Turgot, pourtant intime des principaux maçons, ni d'Alembert n'avaient jamais adhéré à une loge. Quelque chose les en détourna qui relevait peut-être d'un rejet viscéral de tout ce qui pouvait rappeler le mysticisme. Le culte de la Raison était, pour les

1. Son mandat fut renouvelé en 1780.
2. Par exemple Louis Amiable, in *Les Neuf-Sœurs, une loge maçonnique d'avant 1789*, Alcan, 1897. Plus récemment, Jean-André Faucher a renouvelé cette affirmation in *Les Francs-Maçons et le pouvoir de la Révolution jusqu'à nos jours*, Perrin, 1986. En vérité, comme le signalait dès 1897 A. Guillois in *La Marquise de Condorcet, op. cit.*, p. 130, note 1, Condorcet ne figure dans aucun des tableaux de la loge des Neuf-Sœurs ou d'une autre loge. Ce qui est encore confirmé par le remarquable *Dictionnaire de la Franc-Maçonnerie* de Daniel Ligou, P.U.F., 1987. Daniel Ligou publie une note d'Olivier de Bernon, auteur d'une thèse inédite sur *L'Épistémologie de Condorcet*, qui souligne (p. 289) « qu'il n'y a nulle part aucune trace positive que Condorcet ait jamais été initié... et on ne trouve pas non plus le moindre aveu maçonnique dans les écrits de Condorcet. »

trois hommes, une religion sans rites qui ne pouvait se pratiquer qu'en pleine lumière. En l'absence de preuves tangibles de son engagement maçonnique, il y a tout lieu de penser que Condorcet fut seulement un compagnon de route des Neuf-Sœurs, pas davantage.

## CONTRE L'OBSCURANTISME (1780-1785)

Au cours de ces années, le charlatanisme connaît un regain de faveur. Des escrocs font des fortunes rapides en promettant des miracles. Parmi eux, le célèbre médecin et guérisseur allemand Mesmer[1], arrivé à Paris en 1778. Son « baquet magnétique » fit nombre de dupes, et sa théorie du magnétisme animal devint la médecine à la mode. Elle prétendait même au titre de philosophie, voire de science nouvelle. Dans un autre genre, l'aventurier italien, dit comte de Cagliostro[2], faisait merveille en exploitant avec habileté de pseudo-secrets de magie et de sorcellerie. D'autres, moins connus, comme le paysan illettré Bléton, qui prétendait être sourcier, connurent des fortunes plus éphémères. Robert Darnton, qui s'est penché sur ce retour du « merveilleux » en plein Siècle des Lumières, constate à juste titre qu'aux yeux des Français lettrés de 1780, il était difficile de faire le tri entre vraies et fausses sciences. A une époque où Franklin applique les propriétés de l'énergie électrique à l'invention du paratonnerre, où Montgolfier stupéfie l'Europe en soulevant l'homme dans les airs, le fluide invisible de Mesmer ne semble pas si miraculeux. D'ailleurs, note Darnton, les Français peuvent lire des descriptions de fluides très semblables à celui de Mesmer dans les articles

---

1. Franz Anton Mesmer (1733-1815).
2. De son vrai nom Giuseppe Balsamo (1743-1795). Arrivé en France en 1780, il soigna le cardinal de Rohan, qui fit sa fortune, et les sectes d'illuminés renforcèrent encore son succès.

« feu » et « électricité » de l'*Encyclopédie*[1]. A l'heure où Lavoisier fonde la chimie en démontrant que l'eau est un composé de deux gaz jusque-là inconnus[2], de multiples cosmologies populaires prétendent expliquer le secret de la vie par différents principes invisibles. On parle de « force végétative », d'« atomes ignés » ou de « fluide universel », sans être capable de distinguer entre les forces réelles et imaginaires dont les savants peuplent l'Univers. « Le public s'emballe pour toute hypothèse pseudo-scientifique qui promet d'expliquer les merveilles de la nature[3] », au point que la passion des Français pour la science (ou les pseudo-sciences) domine leur intérêt séculaire pour la littérature[4].

C'est dans ce contexte de confusion entre « sciences » et « fausses sciences » que l'Académie doit intervenir pour rétablir l'ordre de la Raison. Mais, curieusement, c'est aussi à cette époque où tout semble possible que s'installe l'idée qu'on peut changer l'ordre du monde. Condorcet sera des deux combats.

## La fausse science de Marat

En 1779, un certain Marat[5], médecin de la maison du comte d'Artois, soumet des *Découvertes sur le feu, l'électricité et la*

---

1. R. Darnton, *La fin des Lumières ; le mesmérisme et la Révolution*, Perrin, 1984, p. 21.
2. On parlait d'air inflammable et d'air déphlogistiqué.
3. *Ibid.*, p. 33. L.S. Mercier notait pour sa part que « l'amour du merveilleux séduit toujours parce que, sentant confusément combien nous ignorons les forces de la nature, tout ce qui conduit à quelque découverte en ce genre est reçu avec transport. »
4. Les Parisiens affluent aux conférences scientifiques et s'inscrivent en foule dans les musées scientifiques institués par Court de Gébelin, Pilâtre de Rozier et La Blancherie, pour ne pas parler du succès des périodiques scientifiques.
5. Né en Suisse en 1743, assassiné à Paris le 13 juillet 1793, il fit ses études de médecine en Hollande, en Angleterre et en Ecosse. Établi à Paris en 1776, il est médecin des gardes du corps du comte d'Artois, de 1777 jusqu'en 1786, et consacre ses loisirs à la physique. Dès septembre 1789, il fera paraître son journal *L'Ami du Peuple*. Ses incitations au meurtre lui vaudront quelques semaines de prison,

*lumière* à l'approbation de l'Académie des sciences. Il s'agit de milliers de pages truffées de déclamations métaphysiques qui prétendent montrer l'inanité des découvertes newtoniennes. Marat se glorifie d'avoir procédé à cinq mille expériences, et excuse son ignorance absolue des mathématiques par un prétendu mépris des formules. Il est convaincu que cette œuvre lui ouvrira les portes de l'Académie. Au départ, celle-ci paraît le traiter plus favorablement que Mesmer, auquel elle a infligé une humiliation publique. Elle nomme quatre commissaires pour examiner ses expériences. Il s'agit de Maillebois, Sage, Cousin et Condorcet. Le 10 mai 1780, ils rendent un verdict sévère : « Ces expériences sont en très grand nombre..., nous n'avons pu les vérifier toutes (malgré l'attention que nous y avons apportée) avec l'exactitude nécessaire ; d'ailleurs, *elles ne nous paraissent pas prouver ce que l'auteur imagine qu'elles établissent*, et elles sont contraires, en général, à ce qu'il y a de plus connu dans l'optique ; nous croyons qu'il serait inutile d'entrer dans le détail pour les faire connaître, ne les regardant pas comme de nature... à ce que l'Académie y puisse donner sa sanction[1]. »

De cet extrait, Marat conclut que le rapport a été « inspiré par la cabale » et que l'Académie lui a fait un déni de justice. Convaincu d'être persécuté par les newtoniens, Marat, animé d'une haine qui ne s'apaisera jamais contre les académiciens, proteste de toutes les manières. Dans son désir de vengeance, il s'allie avec les « recalés », tel Mesmer, pour faire campagne contre l'Académie. Brissot, lui-même exclu par l'institution, soutient les idées de Marat concernant l'existence

---

et des séjours à Londres pour éviter les poursuites dès octobre-novembre 1789. Il contribuera à la préparation du 10 août 1792 et aura la plus grande part de responsabilité dans les massacres de Septembre. Élu député de Paris à la Convention, il sera l'adversaire acharné des Girondins et mourra poignardé par Charlotte Corday.

1. *Cf.* Robinet, *Condorcet, sa vie, son œuvre, op. cit.,* p. 21. Au reste, dit-il, le rapport des commissaires était si volumineux qu'il ne put être lu en une seule séance. Souligné par nous.

d'une conspiration au sein de celle-ci[1]. Ces marginaux en appellent au public et à son culte naïf de la science[2]. Ils contestent le pouvoir des académiciens de définir la vérité scientifique. Or, pour Condorcet et ses collègues, le rôle des Académies est précisément de définir la science indépendamment de toute pression de l'opinion publique. Il s'explique : « Je leur reprocherais [aux Académies] plutôt d'être trop faibles. L'affaire de M. Marat en est une preuve. Le seul tort de l'Académie a été d'avoir eu l'air d'accueillir des expériences données comme nouvelles, *mais qui étaient connues*, et qui n'avaient de neuf que le jargon systématique dont l'auteur les avait revêtues. » Généralisant son propos, il définit les deux utilités incontestables de l'Académie : « La première, d'être une barrière toujours opposée au charlatanisme dans tous les genres, et c'est pour cela que tant de gens s'en plaignent ; la seconde, de maintenir dans les sciences les bonnes méthodes et d'empêcher aucune branche des sciences d'être absolument abandonnée[3]. » Le progrès des sciences, insiste Condorcet, dépend de l'extrême vigilance des professionnels à empêcher leur détournement.

Marat n'oubliera jamais l'offense et mènera une guerre acharnée contre les académiciens pendant dix ans. Il publiera un ultime règlement de comptes en 1791, dans lequel il les accusera pêle-mêle de « stérilité, de vanité... et de charlatanisme[4]... » Il gardera une rancune particulière contre Condorcet qui avait contresigné le rapport de 1780. Après l'avoir traité de vaniteux et de « faquin littéraire », il l'accusera de vendre sa femme au plus offrant pour toucher des rentes

1. R. Darnton, *op. cit.*, p. 99.
2. Baker, *Condorcet, op. cit.*, p. 76.
3. Bibliothèque de l'Institut, Ms 876, folios 95-96. Robinet pense que le destinataire de cette lettre était d'Alembert. Baker suggère, lui, le nom de Brissot.
4. *Les Charlatans modernes, ou Lettres sur le charlatanisme académique*, par Marat, *L'Ami du peuple*, Paris, 1791. « Confrérie d'hommes médiocres, sachant peu de choses et croyant tout savoir..., hors d'état de rien approfondir, attachés par amour-propre aux anciennes opinions et presque toujours brouillés avec le bon sens..., apôtres sincères du mensonge, adorateurs de la fortune..., ils sont curieux de distinctions et passionnés pour l'or. »

confortables. Cette accusation ignoble[1] sera reprise par la presse royaliste extrémiste et traînera encore dans certains ouvrages du XIXᵉ siècle...

## L'insuffisance mathématique de Condillac

L'année 1780 est marquée par une autre polémique, cette fois d'ordre philosophique, à fleurets mouchetés. L'abbé de Condillac est mort en août[2]. Le *Journal de Paris*[3] charge Condorcet de rédiger l'article nécrologique. Dans l'ensemble, son jugement est bienveillant, mais nettement critique quant à la dimension mathématique de l'œuvre. Il reproche au philosophe, dans son dernier livre, *La Logique*[4], de n'avoir pas compris le sens de l'analyse chez les mathématiciens, et n'hésite pas à écrire « qu'il a parlé de ce qu'il n'entendait pas ». Les adeptes de la philosophie condillacienne furent choqués d'une telle désinvolture à l'égard du patron de la philosophie française. Garat, qui séjournait alors chez Mme Suard, prit la plume pour « corriger[5] » amicalement Condorcet. Il lui reprocha d'avoir relégué Condillac au rang second, d'héritier de Locke, véritable fondateur de la philosophie moderne aux yeux de d'Alembert et de Condorcet. Celui-ci refusa de poursuivre la polémique avec Garat, qu'il ne jugeait pas de taille, et confia non sans quelque condescen-

---

1. « Jolie ou non, sa patronne [Sophie] plut au marquis de Kers... Comme toute peine mérite salaire, elle en reçut un billet de 30 000 livres. Après le décès du galant..., les héritiers, de mauvaise humeur, en contestèrent la validité. Mais notre académicien en exigea l'acquit. Le mystère allait être dévoilé au public lorsqu'un petit voyage, concerté avec le procureur de la partie adverse, lui fournit les moyens d'obtenir sentence par défaut. Or cette dette fut changée en contrat ; et, aujourd'hui, le docte marquis touche par quartiers les fruits des labeurs de sa patronne ». Marat in *Lettres sur le charlatanisme, op. cit.*, lettre X, note 1.
2. Dans la nuit du 2 au 3 août 1780. Il était né en 1714.
3. L'article, non signé, parut dans le numéro 269 daté du 25 septembre 1780.
4. Publié en 1780.
5. Lettre de Condorcet à Mme Suard, octobre 1780, CLI, *op. cit.* La réponse de Garat fut publiée dans le *Journal de Paris* du 5 octobre.

dance à Turgot : « N'ayant aucune aversion pour l'abbé Condillac, et ses ouvrages pouvant être utiles, je ne veux point engager une querelle qui finirait par les réduire à leur juste valeur[1]. »

En vérité, les deux hommes, qui s'étaient connus dans le salon de Julie de Lespinasse, ne s'aimaient guère. Peu de temps avant de mourir, Condillac aurait, paraît-il, « raconté à ses nièces, en s'alitant, qu'il connaissait son mal, que quelques jours auparavant, il avait déjeuné avec Condorcet qui lui avait fait prendre une tasse de mauvais chocolat et que, depuis ce temps, il n'avait cessé de souffrir[2] ». Difficile d'imaginer Condorcet empoisonnant le chocolat de Condillac ! Mais il est de fait que le mathématicien n'avait pas, pour le philosophe, une grande admiration. Même si « la pensée philosophique de Condorcet doit être constamment reportée sur un fond condillacien... [et est] fortement imprégnée des doctrines de l'*Essai*, du *Traité des sensations* et du *Traité des systèmes*[3] », même si, comme la plupart de ses contemporains, il a opté pour la philosophie sensualiste[4], à aucun moment Condorcet ne se dit le disciple de Condillac. A ses yeux, comme à ceux de d'Alembert, le vrai patron de la philosophie des Lumières est l'anglais Locke, et l'œuvre majeure, l'*Essai sur l'entendement humain* qui avait définitivement éclairé les fondements de la connaissance. A la fin de sa vie, dans son *Esquisse des progrès de l'Esprit humain*, Condorcet passera en revue les principales étapes de la philosophie. Pas un mot sur Condillac, mais, après l'hommage mesuré rendu à Descartes en huit lignes, il note : « Enfin Locke saisit le fil qui devait la [la

1. Lettre de Condorcet à Turgot, octobre 1780, *op. cit.*, p. 302.
2. Propos rapportés par l'un des rares biographes de Condillac, le comte Baguenault de Puchesse, *Condillac*, Plon, 1910, pp. 23-24.
3. G.G. Granger, *op. cit.*, pp. 28-29. *Cf.* aussi R. Rasched, *op. cit.*, p. 19.
4. R. Rasched dit très justement que « Condorcet opte pour un *sensualisme armé*. Sensualisme, dans la mesure où seuls nos sens sont à l'origine de nos idées, lesquelles peuvent se combiner..., armé, pour autant que le pouvoir de nos sens peut être étendu jusqu'à une certaine limite par des instruments scientifiques. »

Philosophie] guider[1] », et lui consacre trois pages enthousiastes.

## L'affaire Lally

1780 fut l'occasion pour Condorcet d'une troisième polémique, cette fois d'ordre politique. Une des dernières joies de Voltaire avait été d'apprendre la révision du procès du général de Lally. En 1766, celui-ci, reconnu coupable d'avoir « trahi les intérêts du Roi et de la Compagnie des Indes », avait été décapité en place de Grève. Alerté, Voltaire avait considéré que cette exécution n'était qu'un assassinat et encouragé le fils bâtard de Lally, le chevalier de Tollendal[2], à poursuivre la réhabilitation de son père. Le Conseil avait renvoyé le procès en 1778 devant le Parlement de Rouen. Là se produisit un coup de théâtre : le conseiller Duval d'Eprémesnil annonça son intention de s'y opposer. Il allait être le principal adversaire contre lequel dut lutter le jeune Lally durant huit ans (1778-1786)[3]. Le printemps 1780 se passa en innombrables plaidoiries des deux parties. La reine, les gens de lettres et les journalistes soutenaient Lally. Le monde de la robe et les nostalgiques de la Colonie des Indes se ralliaient à d'Eprémesnil. Les Parlementaires de Rouen ne voulaient pas juger leurs collègues parisiens et voyaient dans ce procès une nouvelle campagne dirigée contre eux. Quelle occasion pour

1. *Esquisse d'un tableau historique des progrès de l'Esprit humain,* 1ᵉʳ partie, 9ᵉ époque, *Œuvres,* tome VI, p. 182 à 184.
2. 1751-1830. Capitaine de l'armée, il sera élu aux États généraux par la noblesse de Paris. Monarchiste, il donnera sa démission après les journées d'octobre 1789 et s'exilera en Suisse. Il reviendra défendre la cause royale. Arrêté après le 10 août 1792, libéré avant les massacres de Septembre, il se réfugiera à Londres où il restera jusqu'après le 18 Brumaire. Louis XVIII le fera pair de France et membre du Conseil privé. Il sera admis à l'Académie française.
3. Le 9 août 1779, d'Eprémesnil somme Lally de déclarer s'il persiste à mettre en cause M. de Leyrit, son oncle, qui dirigeait alors la Compagnie des Indes, et parvient, avec la complicité des parlementaires normands, à suspendre le procès principal.

les philosophes de s'insurger contre une législation qu'ils estimaient monstrueuse !

D'Eprémesnil s'en prit au plus grand d'entre eux : « On dit que les derniers soupirs de M. Voltaire ont été pour sa cause [celle de Lally]. Je lui laisse avec plaisir ce protecteur, à qui les désaveux ne coûtaient rien ; qui, de son cabinet, prononçait sur les affaires sans connaître les pièces... Vers la tombe de M. de Voltaire s'avance, à pas lents mais sûrs, la postérité qui, dans l'écrivain le plus vanté, cherchera vainement l'homme de bien[1]. »

D'Eprémesnil ayant accusé les écrivains de former un parti dans l'État et de pousser les citoyens au mépris de la magistrature, les écrivains ripostèrent. Parmi les brochures anonymes, la plus marquante fut celle de Condorcet. Celui-ci avait un vieux compte à régler avec le magistrat qui avait dénoncé son écrit sur les corvées, et sa sortie contre Voltaire lui était insupportable. Le début de sa *Réponse*[2] est une vraie gifle pour d'Eprémesnil : « Qu'un licencié en droit qui achète un office se croie un personnage ; qu'il méprise un simple particulier qui n'a que des talents et point d'office ; qu'il s'irrite de voir ce particulier être plus grand que lui dans l'opinion..., tout cela est dans la nature des pourvus d'office... Mais cette jalousie est-elle la cause de l'acharnement avec lequel... on fait à son cadavre les insultes qu'on n'a pu faire à sa personne ? Non... ce n'est pas jalousie, c'est l'intérêt seul qui peut mettre tant de suite à la haine[3]... »

Quel plaisir dut éprouver Condorcet à défendre Voltaire en attaquant d'Eprémesnil !

Le magistrat avait reproché à l'écrivain de se prononcer en méconnaissance de cause ? Condorcet profite de cette affir-

---

1. Plaidoyer de d'Eprémesnil du 16 février 1780, in *Mémoires secrets*, tome XV, pp. 74 à 92 ; *Correspondance secrète*, tome VII, p. 279 ; La Harpe, *Correspondance littéraire*, tome III, p. 187.

2. « Réponse au premier plaidoyer de M. d'Eprémesnil dans l'affaire du comte Lally », in *Œuvres*, tome VIII, p. 27 à 59, 1780 (et non 1779, comme l'écrit Arago par erreur).

3. *Ibid.*, pp. 27 à 29.

mation pour se livrer à une attaque en règle de toute la procédure criminelle : « Vous décidez de la vie des hommes en cachant dans l'ombre les motifs de vos arrêts. Vous voulez qu'on adore une procédure qui permet de refuser à l'accusé un conseil, qui ne lui permet pas d'avoir connaissance de la procédure dirigée contre lui... Vous voulez qu'on admire une législation où l'on punit un homme de mort pour un vol de quelques pièces d'argent ; où l'occultation de grossesse est punie comme l'infanticide ; où l'on brise les os des hommes vivants pour les laisser expirer dans les douleurs ; où on les jette vivants dans les flammes ; où l'on punit par le feu des fautes de mœurs, ou des crimes imaginaires[1]... » Autant d'outrages à l'humanité et à la raison que la postérité jugerait !

L'opinion publique avait déjà jugé, et, comme Condorcet, pris le parti du jeune Lally. Les juges de Rouen n'en donnèrent pas moins raison, le 12 mai 1780, à d'Eprémesnil. Après six ans de péripéties judiciaires, celui-ci l'ayant toujours emporté devant les cours souveraines, le roi finit par réhabiliter lui-même la mémoire de Lally[2]. Juridiquement, d'Eprémesnil avait gagné, « mais sans pouvoir raffermir le corps dont il était le champion... On accusa les juges d'égoïsme ; on les déclara inaccessibles à toute idée d'équité. Ils étaient diminués dans leur prestige et leur crédit[3] ».

## La mort discrète de Turgot

Le début de l'année 1781 est cruel. Non parce que Condorcet vend la maison de son enfance, Ribemont, mais parce qu'il voit son cher Turgot affaibli par la goutte. Lui qui

1. *Ibid.*, p. 31 et 32.
2. Septembre 1786.
3. H. Carré, « La révision du procès Lally (1778-1786) », in *Revue historique*, tome LXXXIII, septembre-décembre 1903, p. 37.

fréquentait si régulièrement l'Académie des inscriptions[1] n'a plus la force de se déplacer. Le froid hivernal a eu raison de ses jambes, et c'est couché dans son lit qu'il a achevé la traduction d'une ode d'Horace parlant d'exil éternel et de voyage sans retour... A la mi-février, il est parvenu à marcher avec des béquilles[2], mais cela n'a pas duré. En dehors de ses travaux littéraires, Turgot continue de s'intéresser à tout. Un seul sujet reste tabou : la politique de Necker. Un mois avant sa mort, il charge Dupont de lire le célèbre *Compte rendu* de Necker, publié le jour même. « J'ai pris le parti de ne pas le lire, pour n'être point exposé à en parler... Parmi les mensonges que cette brochure doit renfermer, il y en aurait qui seraient dirigés malignement contre mon administration ; et je ne veux point risquer d'en prendre de l'humeur ; j'en ai assez de celle de la goutte[3]. »

Nul doute que l'amertume d'une disgrâce imméritée, les désillusions profondément ressenties, mais étouffées dans le silence, n'aient altéré sa santé. Ses pressentiments se font jour dans des lettres intimes, et il attend la mort calmement. Elle vient cependant plus vite qu'il ne l'avait prévue, puisqu'il n'a pas le temps de faire son testament. En pleine possession de ses facultés, Turgot reçoit ses proches jusqu'à la fin : son frère et sa sœur, mais aussi Condorcet, Dupont et ses deux amies, Mmes Blondel et d'Enville. Peu de temps avant de mourir, il s'entretenait encore, dit-on, d'expériences d'électricité. Il s'éteignit dans son hôtel de la rue de l'Université, le 18 mars 1781, sans avoir reçu, raconte La Harpe, les sacrements[4].

1. Il avait remplacé le duc de Saint-Aignan, époux de sa sœur, comme membre honoraire, en mars 1776, de la plus modeste des Académies, la seule à laquelle il accepta d'appartenir.
2. Lettre de Turgot à Dupont, 19 février 1780, *Œuvres*, tome V, p. 645.
3. *Ibid.*, p. 646.
4. Les journaux de l'époque firent, dans l'ensemble, peu de cas de la mort du grand homme. Quelques lignes polies ici ou là, mais on ne trouve pas un mot dans le *Mercure de France*, *L'Année littéraire* de Fréron, la *Correspondance* de Métra ou la *Correspondance* de Grimm... *Cf.* A. Neymarck, *op. cit.*, tome II, pp. 334 à 338.

Comme à chaque fois que disparaît un être qu'il aime, Condorcet se tait. Ni articles dans les journaux, ni lettres. On lui reprochera son silence, après la mort de Turgot comme après celle de son oncle l'évêque[1]. Mais ses douleurs sont muettes. La meilleure preuve en est le silence total qui entourera la mort de sa mère[2], la personne qu'il a le plus aimée. Pourtant, de même qu'il défendait bec et ongles la mémoire de Voltaire, Condorcet fera, le moment venu, le plus bel éloge du grand ministre libéral.

## Contre l'esclavage des Noirs

1781 est d'abord une année de militantisme. L'heure est venue de dénoncer l'infamie la plus criante du siècle : l'esclavage des Noirs. Montesquieu et Voltaire avaient déjà prononcé des condamnations de principe, mais tous semblaient penser que c'était là un mal inévitable. Tel n'était pas l'avis de Condorcet, très tôt sensible à cette suprême injustice. Dès 1774, en rédigeant ses *Remarques sur les* Pensées *de Pascal*[3], il se livre à une violente diatribe contre l'esclavage. Il ne se contente pas de dénoncer « l'horrible barbarie », il répond aux colons que « si nous ne pouvons manger de sucre qu'à ce prix », il faut savoir renoncer à « une denrée souillée du sang de nos frères[4] ». Et il se demande si, « en rendant aux nègres les Droits de l'homme, ils ne pourraient pas cultiver, comme ouvriers ou comme fermiers, les mêmes terres qu'ils cultivent comme esclaves[5]. »

Ces propos mettaient hors d'eux les planteurs des Iles. Au mieux on le traitait de belle âme, au pire, on l'accusait de

1. Il mourut le 21 septembre 1783, et la nécrologie du *Journal de Paris* du 9 octobre 1783 reprocha à Condorcet de n'avoir pas pris la plume pour « retracer les vertus de son oncle ».
2. On ne connaît pas la date exacte de son décès, très probablement en 1784.
3. Elles ne furent publiées qu'en été 1776. *Œuvres*, tome III, pp. 635 à 662.
4. *Ibid.*, pp. 648 à 649.
5. *Ibid.*, p. 649.

vouloir la ruine des colonies. De toute façon, Condorcet était un philosophe, donc un irresponsable. Imperturbable, il reprenait ses arguments à chaque fois que l'occasion se présentait. En 1777, sous le nom d'« Ermite de la forêt de Sénart », il publie deux articles dans le *Journal de Paris*[1]. C'est à propos de l'injustice faite aux Noirs qu'il définit sa conception de la politique par analogie avec un mot de Démosthène[2]. La première règle de la politique ? *C'est d'être juste.* La seconde ? *C'est d'être juste.* Et la troisième ? *C'est encore d'être juste.* Il appelle les lecteurs à prendre conscience que si, d'ici la fin du siècle, on n'a pas aboli l'esclavage, la postérité n'aura que mépris pour ceux qui pensent incarner la raison et l'humanité. Puis il s'en prend aux colons et à leurs défenseurs qui prétendent que « vingt-deux millions de Blancs ne peuvent être heureux à moins que trois ou quatre cent mille Noirs n'expirent sous les coups de fouet[3]. »

En 1781, le problème des Noirs est traité au fond. Il est le sujet d'un ouvrage édité en Suisse, publié par Condorcet sous le nom ironique de Joachim Schwartz, pasteur. Le livre s'ouvre sur une *Épître dédicatoire aux nègres esclaves* où Condorcet laisse percer, comme rarement chez lui, la passion qui l'anime :

> « Mes amis,
>
> Quoique je ne sois pas de la même couleur que vous, je vous ai toujours regardés comme mes frères. La nature vous a formés pour avoir le même esprit, la même raison, les mêmes vertus que les Blancs. Je ne parle que de ceux de l'Europe ; car, pour les Blancs des colonies, je ne vous fais pas l'injure de les comparer avec vous ; je sais

---

1. *Journal de Paris*, n° 160 et 173 des 7 et 22 juin 1777. Reproduits par Arago, Œuvres, tome I, pp. 343 à 349.

2. Quand on demandait à Démosthène : « Quelle est la première patrie de l'orateur ? », il répondait : *C'est l'action.* La seconde ? *C'est l'action.* Et la troisième ? *C'est encore l'action.* Cf. op. cit., pp. 347-348.

3. *Réflexions sur l'esclavage des nègres*, Neuchâtel, 1781, Œuvres, tome VII, préface des premiers éditeurs, p. 66.

combien de fois votre fidélité, votre probité, votre courage ont fait rougir vos maîtres. Si on allait chercher un homme dans les îles de l'Amérique, ce ne serait point parmi les gens de chair blanche qu'on le trouverait... Votre suffrage ne procure point de places dans les colonies ; votre protection ne fait point obtenir de pensions ; vous n'avez pas de quoi soudoyer des avocats : il n'est donc pas étonnant que vos maîtres trouvent plus de gens qui se déshonorent en défendant leur cause, que vous n'en avez trouvé qui se soient honorés en défendant la vôtre... Je sais que vous ne connaîtrez jamais cet ouvrage, et que la douceur d'être béni par vous me sera toujours refusée. Mais j'aurai satisfait mon cœur déchiré par le spectacle de vos maux, soulevé par l'insolence absurde des sophismes de vos tyrans. Je n'emploierai point l'éloquence, mais la raison ; je parlerai non des intérêts de commerce, mais des lois de la justice.

Vos tyrans me reprocheront de ne dire que des choses communes, et de n'avoir que des idées chimériques : en effet, rien n'est plus commun que les maximes de l'humanité et de la justice ; rien n'est plus chimérique que de proposer aux hommes d'y conformer leur conduite[1]... »

Pour Condorcet, l'esclavage est un crime parce que c'est toujours le plus fort qui dépouille le plus faible. Il combat toutes les raisons invoquées pour le justifier. Non, les Européens ne sauvent pas la vie des Africains en les achetant. Oui, il est aussi absurde qu'atroce d'oser avancer que la plupart des malheureux achetés en Afrique sont des criminels. D'ailleurs, l'esclavage des criminels légalement condamnés serait illégitime, car un homme n'a jamais le droit d'acheter un autre homme. Oui, les colonies à sucre et à indigo peuvent être cultivées par d'autres que des nègres esclaves. L'abolition de

1. *Op. cit.*, p. 63 et 64.

l'esclavage ne ferait d'autre mal que d'empêcher quelques hommes barbares de s'enrichir grâce au travail et au sang de leurs frères. Puis Condorcet s'arrête sur le cas des femmes noires que l'on prostitue pour leur voler ensuite ce qu'elles ont gagné ; on les oblige, à force de traitements barbares, à se livrer soit à leur maître, soit à ses valets ; sans parler des Noirs que l'on fait déchirer devant elles lorsqu'on les soupçonne de les préférer à leurs tyrans.

L'esclavage des Noirs doit disparaître sans que leurs maîtres puissent exiger aucun dédommagement. Mais Condorcet propose de procéder par étapes, pour éviter que l'affranchissement n'entraîne des désordres. Après avoir neutralisé les pouvoirs de leurs maîtres, il faudra, avant que les esclaves ne soient complètement libres, leur apprendre à obéir à la loi, les instruire, et leur inspirer une morale fondée sur la raison. Ces délais mis à la destruction entière de l'esclavage, Condorcet s'y résigne douloureusement : « Si nous les proposons, c'est en gémissant sur cette espèce de consentement forcé que nous donnons pour un temps à l'injustice, et en protestant que c'est la crainte seule de voir traiter l'affranchissement général comme un projet chimérique par la plupart des politiques, qui nous fait consentir à proposer ces moyens[1]. » Il conclut son plaidoyer en faveur des Noirs par une attaque très violente contre les colons : « C'est à la lie de nations déjà très corrompues que les nègres sont abandonnés. Souvent mis à la torture en présence des femmes et filles des colons qui assistent paisiblement à ce spectacle..., plus d'une fois on en a fait brûler dans des fours, et ces crimes qui méritaient la mort sont tous demeurés impunis ; et il n'y a pas eu, depuis plus d'un siècle, un seul exemple d'un supplice infligé à un colon pour avoir assassiné son esclave[2]. »

Ces réflexions n'eurent aucun retentissement lors de leur

1. *Op. cit.*, p. 96. Condorcet redoutait que la vengeance des Noirs, ou des désordres fomentés en secret par les Blancs, servent de prétextes pour obtenir le rétablissement de l'esclavage (*Cf.* pp. 92-93).
2. *Op. cit.*, p. 133 et 134.

première publication en 1781. La cause de l'esclavage était si bien entendue que nul ne prit la peine de réfuter les arguments de Condorcet. Sept ans plus tard, le livre sera republié avec un peu plus de succès. Mais on sera alors en 1788...

## L'avocat des protestants

En 1781, Condorcet publie un autre plaidoyer, plus historique et juridique, en faveur des protestants. Il se fait l'avocat de leur cause. La situation tragique des huguenots que la révocation de l'Édit de Nantes, aggravée par la Déclaration de mai 1724[1], aboutissait à priver d'état civil et à isoler du reste de la nation, exaspérait depuis longtemps les esprits libéraux[2]. Malesherbes, responsable des cultes lors de son passage à la Maison du Roi, n'avait pu que s'opposer aux persécutions dirigées contre eux par le Clergé ! Mais, depuis 1775, il prêtait une attention extrême à leur histoire et à leur condition. Leur sort obsédait Malesherbes, qui ne pouvait manquer d'en entretenir ses amis[3].

Athée mais tolérant, Condorcet combattait depuis longtemps le principe d'une religion dominante. Sa haine des prêtres et son insatiable désir de justice l'incitèrent à prendre la plume en faveur de ces opprimés-là. Il dressa un vigoureux réquisitoire contre « le désir insensé de régner sur les opinions par la force, et de maintenir par des supplices la pureté d'une religion de paix, en ayant longtemps couvert la France de

1. Par la Déclaration de 1724, Louis XV interdisait toute assemblée pour l'exercice d'aucune religion autre que la catholique. La peine de mort était prononcée contre les prédicants. Était exclu de toutes fonctions publiques celui qui ne présentait pas une attestation de catholicité.
2. Dès 1752, le procureur Joly de Fleury avait écrit un mémoire remarquable sur cette question, qui avait beaucoup influencé le premier avocat des protestants que fut Malesherbes.
3. Sur l'action de Malesherbes en faveur des protestants, *cf.* Grosclaude, *op. cit.*, I, chap. 14 et 15, et II, chap. 8 et 9.

sang et de bûchers[1] ». Surtout, il raconta par le menu le long calvaire des protestants depuis la Saint-Barthélemy. L'accumulation des détails empruntés à une documentation d'une exceptionnelle richesse témoignait d'un travail considérable. Comme dans son écrit pour les Noirs, sa plume trouvait en faveur des protestants des accents d'une éloquence qui ne lui était pas habituelle. Dans ces deux textes qui se veulent démonstratifs, c'est l'émotion qui l'emporte.

Tout naturellement, une fois ses devoirs rendus aux protestants, Condorcet, comme plus tard Malesherbes, s'intéresse aux Juifs[2]. Il s'enquiert de leur situation dans différents pays d'Europe et demande des éclaircissements sur les mesures prises récemment par l'empereur d'Autriche. Son correspondant déplore que Joseph II ait fait si peu en leur faveur, mais il ajoute, comme pour l'excuser : « Il craint qu'un trop grand nombre de figures juives, en se montrant à la fois, causassent quelque émotion parmi le peuple... Il veut les rendre dignes d'être citoyens avant de leur en accorder tous les droits[3] ! » Condorcet se mobilisera en faveur des Juifs lorsqu'il s'agira de leur reconnaître la pleine qualité de citoyens et tous les droits afférents. Avec Brissot, il se retrouvera dans le camp de l'abbé Grégoire contre celui de l'abbé Maury.

Sa lutte en faveur des persécutés ne l'empêche pas de poursuivre ses travaux scientifiques. Il continue à travailler, avec Bossut et d'Alembert, sur la résistance des fluides[4]. Il participe activement à la nouvelle édition, par matières, de

1. « Recueil des pièces sur les protestants en France », 1781, *Œuvres*, tome V, p. 403.

2. Roederer rapporte (*Journal de Paris*, 5 nivôse an V) que, le 17 novembre 1787, jour où le Conseil accorda enfin l'état civil aux protestants, Louis XVI dit à Malesherbes : « M. de Malesherbes, vous vous êtes fait protestant ; moi, maintenant, je vous fais juif : occupez-vous d'eux. »

3. Bibliothèque de l'Institut, Ms 868, folio 92, lettre de Vienne, le 21 mars 1782. Le 2 janvier, l'Empereur avait pris un nouveau règlement en faveur des juifs.

4. Lettre de d'Alembert à Caraccioli, 10 septembre 1771, in *Correspondance inédite de d'Alembert avec Cramer, Lesage, Clairaut...*, éd. Charles Henry, 1886, Gauthier-Villars, p. 108.

l'*Encyclopédie* mise en chantier par Panckoucke en 1781[1]. Condorcet, qui collabore avec Bossut et Lalande, trouve là l'occasion d'ajouter des articles nouveaux dans un domaine tout différent de l'analyse mathématique. Pour la première fois, il aborde des sujets aussi inédits que l'*Arithmétique politique* et les *probabilités*. Son but : le progrès des sciences politiques, qui devient sa principale préoccupation jusqu'à la Révolution[2].

## L'élection à l'Académie française

Maurepas était mort le 21 novembre 1781, précédé quatre jours plus tôt par l'écrivain Saurin. Une place était vacante à l'Académie française. Il n'y avait plus de ministre rancunier pour faire barrage. L'heure de Condorcet paraissait avoir sonné. En fait, l'Académie se trouvait fort divisée sur son compte, et il s'en fallut de peu que la levée de l'exclusion n'avançât pas ses affaires. Son élection fut la dernière victoire de d'Alembert, son ultime consolation après une rude bataille contre le clan ennemi.

Le hasard voulut que l'élection de 1782 soit une répétition de celle qui avait eu lieu dix ans auparavant à l'Académie des sciences : les protagonistes étaient les mêmes et les cabales plus âpres que jamais. L'Académie était moralement engagée envers Bailly qui s'était déjà présenté deux fois. Il était le candidat de Buffon qui, contrairement à son habitude, prenait une part très active à sa campagne. Rien de tel pour stimuler

---

1. Commencée en 1781, *L'Encyclopédie méthodique* se terminera en 1832, avec 166 volumes. Les *Mathématiques* en forment trois volumes, parus en 1784, 1785 et 1789.

2. « Nous voulons faire sentir, disait-il, toute l'importance et toute l'étendue d'une science qu'on doit regarder encore comme presque nouvelle ; et qui ne peut faire de grands progrès qu'autant qu'elle sera cultivée par des hommes qui joindront, à une connaissance approfondie des sciences politiques, des talents pour la géométrie. » Cité par P. Sergescu, *op. cit.*, p. 237.

d'Alembert, qui ne voulait pas mourir sans avoir eu la joie de voir son fils spirituel entrer dans la grande Académie.

Un témoin objectif, l'astronome suédois Lexell, de passage à Paris au début des années 80, trace le portrait des principaux protagonistes[1]. D'Alembert « a beaucoup de vivacité dans les yeux et même un regard un peu malin. Il est petit et faible de corps. Il tremble beaucoup avec la tête, quoiqu'il n'a pas plus que soixante-trois ans... Il est tout rempli d'anecdotes instructives et amusantes..., mais aussi a-t-il un grand défaut, c'est ce ton tranchant et positif qu'il affecte en tout et, au contraire, un excès de critique par rapport à des matières traitées par d'autres[2] ». Condorcet « est très doux et paraît être d'un caractère aimable, point du tout rempli de prétentions et obstiné, comme les autres sont[3] ». De Buffon, Lexell ne dit mot. Mais nous savons qu'il était l'objet d'une véritable adulation de la part du public cultivé, ce qui engendrait chez lui une évidente vanité.

Beaucoup d'académiciens trouvaient à Bailly plus de titres littéraires qu'à son concurrent[4]. Et, surtout, une œuvre moins contestable. Certains n'avaient pas pardonné à Condorcet l'athéisme militant de la *Lettre d'un théologien* ou du commentaire des *Pensées* de Pascal. Sans parler des amis de Necker, qui n'avaient pas oublié les différents livres écrits contre sa politique. Autant « d'infâmes libelles », selon la *Correspondance littéraire*[5], qui auraient dû être des motifs d'exclusion. C'était sans compter avec d'Alembert, qui se démena comme un beau diable. Les gazettes, plutôt malveillantes, rapportent qu'il eut besoin de toute son adresse d'esprit, de toute sa ruse politique, et même de toute l'éloquence de ses larmes pour

1. A. Birembaut, « L'Académie royale des Sciences en 1780 vu par l'astronome suédois Lexell (1740-1784) », *Revue d'histoire des sciences*, X, 1957, pp. 148 à 166.
2. *Ibid.*, pp. 154-155.
3. *Ibid.*, p. 156.
4. Il était l'auteur d'une *Histoire de l'astronomie ancienne*, des *Lettres sur l'Atlantide* et de *Sur l'origine des sciences*.
5. *Correspondance littéraire*, tome XIII, février 1782, pp. 83-84.

décider du triomphe de son protégé. La compétition fut si rude et si peu courtoise que le jour de l'élection, comme au cours de ceux qui la précédèrent, Buffon évita de paraître au Louvre et de rencontrer son antagoniste[1].

Le 21 janvier, Condorcet est élu avec seize voix, contre Bailly qui en a obtenu quinze. La *Correspondance littéraire* rapporte l'histoire de la voix qui a fait la différence : « M. de Buffon, à qui M. de Tressan doit sa place à l'Académie[2], crut bonnement pouvoir se fier à la parole qu'il lui avait donnée de servir M. Bailly. M. d'Alembert avait obtenu la même promesse en faveur de M. de Condorcet ; mais beaucoup *(sic)* meilleur géomètre que le Pline français, il jugea très bien qu'une promesse verbale du comte de Tressan n'était pas d'une démonstration assez rigoureuse ; en conséquence, il se fit donner la voix dont il avait besoin dans un billet convenablement cacheté, et ce petit tour de passe-passe a décidé le succès d'une des plus illustres journées du conclave académique[3]. »

Le rédacteur de la *Correspondance* (Grimm ?) soupire que la philosophie couvre bien des iniquités ! La Harpe, dans la sienne[4], émet quelques réflexions amères. Mais la joie de d'Alembert ne connaît pas de limites. Après le scrutin, il aurait eu ces mots qui disent tout dans la bouche d'un géomètre : « Je suis plus content d'avoir gagné cette victoire que je ne le serais d'avoir trouvé la quadrature du cercle[5]. »

Un mois plus tard, Condorcet prononce son discours de récipiendaire à la séance publique du 21 février. Après l'éloge de Saurin, il parle de science et de philosophie. Les littéraires font la moue, et les gazettes le trouvent mauvais : « Sans

---

1. *Correspondance inédite de Buffon et Mme Necker*, éd. Haussonville, tome II, p. 114, lettre du 20 janvier 1782 : « Je ne sortirai pas pendant deux jours... Je ne veux pas me trouver jeudi à l'élection de l'Académie... Je n'ai pas d'autres moyens d'éviter beaucoup de choses désagréables. »
2. Tressan avait été reçu le 25 janvier 1781 au siège de Condillac.
3. *Op. cit.*, p. 84.
4. La Harpe, *Correspondance littéraire*, tome III, pp. 312-313.
5. *Ibid.*, p. 312.

chaleur, sans harmonie, sans élégance, rempli d'idées rebattues, d'une métaphysique fausse et précieuse », dit l'une[1]. « Suite de lieux communs, débités d'un style froidement grave, souvent pénible, obscur, dénué de mouvements, de grâce et d'intérêt », note l'autre[2]. Il est vrai que, timide et sans voix, Condorcet ignore l'art de séduire. Mais son propos est original et fondamental. Deux thèmes y dominent. En hommage à Turgot, il développe celui du progrès indéfini de l'esprit humain, en contradiction avec l'idée répandue de la dégéné-rescence[3]. Il suffit, dit-il, de comparer la férocité, l'avidité et les crimes du passé aux Lumières du présent pour être convaincu de nos progrès : la torture[4] et le servage sont en voie de disparition ; la médecine progresse, les sourds-muets peuvent communiquer ; la liberté du commerce entre les nations se développe, et l'ignorance recule.

Il est certain qu'une partie du public ne pouvait goûter ce discours politique. Et moins encore le second thème développé par le savant : l'application des sciences exactes aux sciences nouvelles « dont l'objet est l'homme même, dont le but direct est le bonheur de l'homme ». Sans le nommer, Condorcet rend cette fois hommage à d'Alembert, qui a été l'un des premiers à montrer l'importance et l'efficacité de l'application d'une science à une autre[5]. Le but tout à fait original poursuivi par Condorcet est de donner aux sciences sociales — il les appelle sciences morales — la même certitude qu'à toutes les sciences expérimentales. Il en perçoit bien la difficulté dès lors que l'observateur fait lui-même partie de la société qu'il analyse[6]. Mais il est convaincu que ce nouveau savoir peut acquérir

1. *Correspondance littéraire* de Grimm, *op. cit.*, p. 84.
2. *Correspondance littéraire* de La Harpe, *op. cit.*, p. 329.
3. *Œuvres*, I, p. 394. « Depuis les temps les plus reculés, dit-il, chaque siècle s'accuse d'être plus corrompu que les précédents. L'opinion que la nature humaine se dégrade sans cesse semble avoir été l'opinion commune de tous les âges. »
4. En 1780, Necker avait aboli la question extraordinaire.
5. Dans le *Traité de dynamique* (1743), d'Alembert précisait que « l'application d'une science à une autre est à la fois un moyen heuristique et un instrument de réorganisation de la connaissance ». *Cf.* R. Rashed, *op. cit.*, p. 18.
6. *Op. cit.*, p. 392.

une méthode et une langue qui lui conféreraient le statut de science. En utilisant la méthode analytique empruntée aux mathématiques, Condorcet se propose l'intégration d'un nouvel objet resté jusque-là en dehors du champ scientifique : le fait politique et social. Cent ans avant Durkheim, il affirme qu'on doit étudier la société humaine comme on étudie celle des castors. Deux siècles avant le nôtre, il perçoit l'usage politique et social des statistiques et du calcul des probabilités.

Ces idées fortes passèrent au-dessus de la tête de la plupart de ses auditeurs qui devaient penser, comme La Harpe, qu'ils n'avaient entendu là que des « idées rebattues ».

Après les péripéties de cette élection, l'autre Académie le rappelle à ses devoirs. Invité par Malesherbes à passer quelques jours à la campagne aux environs de Pâques, Condorcet lui écrit : « J'aurais bien voulu, monsieur, pouvoir me rendre à l'invitation..., mais je suis retenu à Paris par mes affaires du secrétariat. Il faut que je fasse deux éloges, de M. de Maurepas et de M. de Courtanvaux. Je me trouve dans l'embarras où vous vous êtes trouvé en 1775 pour l'éloge de ce vieux conseiller de la Cour des Aides, mort dans l'exil, et dont il n'y a rien à dire sinon qu'il était mort ; mais je n'ai pas ce qu'il me faudrait pour m'en tirer aussi bien que vous[1]. »

Modestie d'usage ou travail acharné, Condorcet accouche d'un charmant éloge de l'homme qui a abandonné Turgot aux heures difficiles et lui a fait attendre quatre ans le plaisir d'être de l'Académie française ! Toutes rancunes gommées, il se paie le luxe de faire ressortir les qualités de son ennemi en prenant bien soin d'omettre ses faiblesses.

Ces exercices de style à peine terminés, il fallut songer à recevoir dignement l'héritier de la Grande Catherine. Paul Ier séjournait à Paris avec son épouse sous les noms de comte et

---

1. Bibliothèque de l'Institut, Ms 854, folio 418. Publiée par Arago, *Œuvres*, I, p. 298, lettre du Vendredi saint 1782.

comtesse du Nord[1]. Le 6 juin 1782, le couple fut reçu avec pompe à l'Académie des sciences après l'avoir été, quelques jours plus tôt, aux deux autres Académies. Condorcet prononça en leur honneur un discours convenu sur le progrès des sciences. Il évoqua son rêve baconien d'une Cité scientifique, et insista sur l'influence bénéfique des souverains qui avaient seuls les moyens de développer la recherche scientifique[2].

Les réceptions aux Académies furent peu appréciées de la baronne Oberkirch qui accompagnait les souverains. Il faut préciser qu'elle haïssait les philosophes au-delà de tout. De d'Alembert, elle dit que « jamais figure plus ignoble ne servit d'enseigne à un philosophe ; il nous cria des compliments du même ton de voix aigu avec lequel il nous eût injuriés ». Elle trouva le discours de Condorcet « emphatique, ampoulé, prétentieux[3] ». La *Correspondance* de Grimm ne fut guère plus aimable[4]. En revanche, la réception donnée par d'Alembert chez lui, au Louvre, en l'honneur des Altesses, fut un succès. La société était peu nombreuse (à cause de l'exiguïté de l'appartement), mais choisie, raconte un invité[5] : à côté de Condorcet, plusieurs membres des trois Académies, et Mme de Vandeul, la fille de Diderot que la Grande Catherine appréciait tant. Le comte du Nord a tenu à faire cette visite à d'Alembert, car il n'a pas oublié que sa mère l'avait jadis choisi pour présider à son éducation[6]. A la fin de leur entretien,

1. Paul était né à Saint-Pétersbourg le 1er octobre 1754 et avait épousé Dorothée de Hesse-Darmstadt en octobre 1773. La baronne Oberkirch, amie de cette dernière, a raconté par le menu ce voyage dans ses *Mémoires*, le Mercure de France, 1979.
2. Discours à l'Académie, le 6 juin 1782, *Œuvres*, I, pp. 416 à 425.
3. *Mémoires*, *op. cit.*, pp. 1.. et 191.
4. Tome XIII, p. 150 : « Dans l'une, on les a fort ennuyés de beaucoup d'expériences assez dégoûtantes sur la manière de détruire les odeurs fétides. Dans l'autre, on a lu des mémoires sur les antiquités septentrionales, où l'on discute si les hommes du Nord n'ont pas toujours été... fort inférieurs à tous égards aux Méridionaux... »
5. Charles Pougens, *op. cit.*, p. 33.
6. Correspondance de d'Alembert avec Catherine II, in *Œuvres et Correspondances inédites de d'Alembert*, *op. cit.*, pp. 193 et suivantes. Dès septembre 1762, Catherine II avait beaucoup insisté pour qu'il vienne à Saint-Pétersbourg surveiller

d'Alembert lui dit de manière charmante : « Vous devez bien comprendre, monsieur, tout le regret que j'ai aujourd'hui de ne pas vous avoir connu plus tôt. »

## Folies amoureuses

En septembre 1782, le sage Condorcet fut le héros d'une aventure cocasse[1]. Lui, qui avait déjà trente-neuf ans, s'éprit follement de la nièce d'Amélie Suard. C'était la fille de sa sœur aînée qui venait juste de mourir. Elle avait dix-huit ans et résidait rue Louis-le-Grand. Condorcet éprouva pour elle l'une de ses rares passions, et décida d'épouser la jeune Mlle de Boubers. Il n'en avait rien dit à sa vieille amie dont il craignait le refus. Mais l'attitude des deux amants avait éveillé l'attention de Mme Suard, qui trouva plus prudent d'expédier sa jolie nièce à Fontenay. Dans la seule lettre où Condorcet fasse allusion à la jeune fille, il s'étonne justement que l'on puisse « quitter Paris, le lieu du globe où l'on s'amuse le plus, pour aller voir pousser l'herbe à Fontenay-aux-Roses[2] ».

L'obstacle n'était pas pour décourager les amants. Avant de se séparer, ils avaient combiné un enlèvement. Mlle de Boubers s'était fait apporter ses papiers et ses affaires par un homme sûr. Condorcet, de son côté, avait tout préparé avec son fidèle valet Henri, très au fait des lieux puisqu'il était souvent venu à Fontenay. La nièce fut enlevée, conduite à Paris dans un lieu secret que lui avait préparé Condorcet.

Les Suard sont aux cent coups. Par recoupements, ils

l'éducation de son fils. Mais d'Alembert avait toujours refusé de quitter la France et de perdre son indépendance.

1. Alors qu'on ignore tout de sa vie privée depuis sa passion malheureuse pour Mme de Meulan, le hasard voulut que le biographe des Suard mît la main sur une lettre de M. Suard au lieutenant de police Lenoir, qui lève le voile sur cette folie du philosophe. *Cf.* A. Boiteux, *op. cit.*, pp. 151 à 153. La lettre de Suard à Lenoir se trouve à l'Institut et Musée Voltaire, à Genève.

2. Lettre de Condorcet à Mme Suard, septembre 1782, CLX, *op. cit.*

découvrent que l'auteur du rapt n'est autre que leur meilleur ami. Que faire pour récupérer la nièce et éviter le scandale ? Seul, le lieutenant de police Lenoir, très lié aux Suard, peut arranger l'affaire avec l'expérience et le doigté nécessaire. Il faut à la fois protéger l'honneur de la famille et éviter d'inquiéter officiellement l'honorable académicien. L'homme de confiance de la jeune fille finit par parler. Elle est immédiatement renvoyée chez son père, et tout rentre dans l'ordre. On pardonne à Condorcet, et personne n'en reparle jamais plus. Finalement, Amélie Suard lui tiendra beaucoup moins rigueur d'avoir détourné une mineure, en l'occurence sa propre nièce, que d'épouser l'intelligente et belle Sophie de Grouchy !

L'année 1783 s'ouvre sur une grande joie pour Condorcet et ses amis : le 20 janvier, les préliminaires de la paix entre la France et l'Angleterre sont signés à Versailles[1]. Franklin demande son rappel au Congrès. En vain : il restera encore deux ans en France, pendant lesquels il se consacrera à la science. Assidu aux séances de l'Académie, il participe à des commissions de travail, perfectionne son calorifère et s'intéresse à l'effervescence scientifique des Parisiens. Le 27 août, il assistera, au Champ-de-Mars, à la première ascension en ballon.

Le premier semestre est plutôt calme pour Condorcet. Il a officiellement demandé au nouveau ministre des Finances, d'Ormesson[2], son rétablissement à sa place d'inspecteur des Monnaies, supprimée sous Necker. Mais, en dépit des lettres de recommandation de la duchesse d'Enville, du duc de La Rochefoucauld et du prince de Beauvau, il n'a pas obtenu satisfaction. Aimablement, d'Ormesson lui a répondu qu'il

1. Le traité de paix définitif entre la France et l'Angleterre et entre l'Angleterre et les États-Unis fut signé le 3 septembre 1783.
2. D'Ormesson avait succédé à Joly de Fleury le 31 mars 1783, et resta sept mois au Contrôle général. Le 2 novembre, il laissait la place à Calonne.

n'avait pu obtenir du roi que la conservation de son logement[1]. C'est son successeur, Calonne, qui lui rendra sa place aux Monnaies[2], probablement en 1784. Ce dont Condorcet lui gardera toujours reconnaissance.

## La disparition d'un père

Le 25 août 1783, Condorcet devrait se réjouir du succès de son éloge de Fontenelle à la séance publique de l'Académie française. Mais l'état de d'Alembert l'inquiète. Son teint cadavérique et son inaction absolue l'affligent beaucoup. Tout le monde a pu remarquer que lui, d'habitude si bavard et si gai, n'a ouvert qu'une fois la bouche, faiblement, pour donner un ordre à un domestique[3]. Depuis plusieurs années, il souffre cruellement de la maladie de la pierre. Soigné par le célèbre docteur Barthès[4], il refuse qu'on le sonde, déterminé à ne pas supporter une opération qui seule aurait pu lui sauver la vie. « Consumé d'ennui et de tristesse[5] » depuis la mort de Julie, malheureux dans son « tombeau[6] » du Louvre, il n'a plus guère envie de vivre. Son caractère s'en ressent : impatient et critique avec ses amis, il leur reproche de n'être jamais assez présents et se plaint sans cesse de sa solitude[7].

A partir d'octobre, seuls ses intimes sont autorisés à lui rendre visite. Il a de la peine à parler et ne sort de son lit

1. Bibliothèque de l'Institut, Ms 867, folio 62, lettre de M. d'Ormesson à Condorcet du 2 juin 1783.
2. Ce fait ne nous est connu que par une note de Mme Suard à la suite d'une lettre que lui écrivit Condorcet en décembre 1785, CLXX, *op. cit.*
3. Tous ces détails sont relatés par les *Mémoires secrets*, tome XXIII, pp. 137-138.
4. Paul-Joseph Barthès (ou Barthez), 1734-1806, est l'un des plus célèbres représentants du vitalisme de l'École de Montpellier.
5. Marmontel, *Mémoires*, tome I, *op. cit.*, p. 299.
6. *Ibid.*, p. 223. D'Alembert avait confié à Marmontel : « Ce logement du Louvre est un tombeau où je n'entre qu'avec effroi. »
7. Il reprochait à Condorcet ses séjours à La Roche-Guyon. Pourtant, quand celui-ci était à Paris, il rendait une visite quotidienne à d'Alembert.

que le temps de se faire raser. Un de ses proches raconte que ses douleurs sont si aiguës qu'il tombe dans un marasme effrayant. La peau de son visage ressemble à un parchemin desséché et tendu avec effort sur un squelette[1]. Pendant que d'Alembert s'éteint, le curé de Saint-Germain assiège sa porte, dans l'espoir de sauver l'âme du philosophe athée. Il est reçu une première fois très poliment, sans qu'il soit question de rien[2]. Lorsqu'il se représente à cinq ou six reprises, amis et domestiques l'empêchent d'approcher le mourant. Les mauvaises langues disent que Condorcet aurait lui-même menacé les valets s'ils le laissaient entrer. D'Alembert meurt le 29 octobre à sept heures du matin, en athée, comme il a toujours vécu[3].

Le clergé n'osa pas lui refuser une sépulture, mais le priva de l'honneur d'être enterré dans une église, qui donnait le droit d'ériger une stèle. D'Alembert ayant demandé que « son corps restât deux fois vingt-quatre heures avant d'être enseveli », fut enterré le 31 octobre à la nuit tombante au cimetière des Porcherons. Ses amis Rémy et Watelet[4], exécuteurs testamentaires, ne purent empêcher qu'il fût mis dans la fosse commune. Condorcet, qui était son légataire universel, conduisit le deuil et l'accompagna seul au cimetière. Il était mort pauvre. En léguant tous ses papiers à son fils spirituel, il lui avait fait promettre de payer une petite rente à un couple de

1. Rapporté par Pougens, *op. cit.*, p. 59.
2. E. Bonnardet, « La mort et les funérailles de M. d'Alembert », in *L'oratoire de France*, n° 26, avril 1937.
3. Lettre de Condorcet au roi de Prusse, 22 décembre 1783 : « M. d'Alembert, qui avait paru craindre les souffrances et les infirmités de la vieillesse, a vu venir la mort avec un courage tranquille et sans faste. Dans ses derniers jours, il s'amusait à se faire lire les énigmes du *Mercure*, et les devinait... Il n'a voulu payer aucun tribut, même extérieur, aux préjugés de son pays, ni rendre hommage en mourant à ce qu'il avait fait toute sa vie profession de mépriser. ». *Œuvres*, tome I, p. 300.
4. A. Remy, maître des Comptes ; C.H. Watelet, receveur général des Finances, membre de l'Académie française.

domestiques[1] : Condorcet s'acquittera pieusement de ce devoir jusqu'à sa mort, puis sera relayé par Mme de Condorcet.

Le grand mathématicien Euler étant décédé un mois plus tôt, Condorcet profita de la séance publique de l'Académie du 12 novembre pour rendre un premier hommage aux deux hommes. Mais, en prononçant le nom de d'Alembert, il ne put retenir ses larmes ; lorsqu'il dit ces mots : « Honoré par lui, dès ma jeunesse, d'une tendresse vraiment paternelle, personne n'a plus à le regretter que moi[2] », le public sentit la douleur d'un fils pleurant son père.

## Mobilisation générale contre le baquet magnétique

1784 et 1785 furent marquées par une mobilisation générale de l'Académie des sciences contre le mesmérisme. La guerre des clans se taisait pour laisser place à l'union sacrée contre le charlatanisme. Le comte de Tressan était mort opportunément en octobre 1783 pour laisser son siège de l'Académie française à Bailly qu'il avait si mal servi. La réception de celui-ci fut l'occasion d'une réconciliation officielle avec Condorcet. Chargé de lui répondre, il commença par ces mots qui ressemblaient à une déclaration d'amitié : « Uni par vous, depuis quinze ans, par les liens de la confraternité, je me trouve heureux, dans ce moment, à féliciter l'Académie qui vient de vous adopter, et de pouvoir lui répondre qu'elle trouvera dans vous ces vertus douces et simples, ce caractère facile, mais sûr, qui attire l'amitié en captivant la confiance[3]. »

Depuis deux ans, Condorcet s'exaspérait de l'emprise croissante de l'irrationnel sur le public. Il se montrait d'une ironie

1. Bibliothèque de l'Institut, *Correspondance de la famille O'Connor*, Ms. 2 475, folio 43, copie du compte de tutelle de Mme de Condorcet aux domestiques de M. d'Alembert jusqu'à leur mort : « Au sieur Ducroq : 120 livres ; à la femme Ducroq, sa sœur : 120 livres ; à la veuve Louvion : 60 livres. »
2. *Œuvres*, tome I, p. 427.
3. Discours de M. de Condorcet en réponse à celui de M. Bailly, le jeudi 26 février 1784, in *Œuvres*, tome I, p. 429.

cinglante en évoquant les Bléton, les Thouvenel[1] ou le mystique suédois Swedenborg[2]. Il se réjouit lorsque le gouvernement se décida à soumettre les prétendues découvertes magnétiques à l'examen d'une commission mixte de médecins et d'académiciens des sciences. Lavoisier et Franklin en firent partie, et Bailly fut nommé rapporteur. Les commissaires se rendirent au traitement de Deslon[3], examinèrent soigneusement le baquet, l'attitude des malades, et se soumirent euxmêmes à des expériences chez Franklin, à Passy. Ils conclurent à l'effet de la suggestion[4], et Bailly publia, en août 1784, un rapport d'autant plus accablant qu'il était rempli d'expériences rapportées de manière objective et rationnelle.

Les mesméristes, ulcérés, multiplièrent articles et ouvrages pour défendre leur cause. Ils comptaient dans leurs rangs des hommes comme Brissot, Duval d'Eprémesnil ou La Fayette, qui voyaient dans le magnétisme une philosophie révolutionnaire et la clé du bonheur humain. Ces ardents défenseurs, usant de leur crédit, de leur talent ou de leur plume, étaient des propagandistes acharnés. Ainsi La Fayette écrivit-il à Washington, le 14 mai 1784 : « Un docteur allemand, nommé Mesmer, ayant fait la plus grande découverte sur le magnétisme animal, a formé des élèves parmi lesquels votre humble serviteur est appelé l'un des plus enthousiastes[5]. » Et Louis XVI d'ironiser : « Que pensera Washington quand il saura que vous êtes devenu le premier garçon apothicaire de Mesmer ? »

Que pense Condorcet des idées absurdes de son ami La Fayette ? Lui qui incarne l'idéal des Lumières, « ne peut se résoudre à rire du magnétisme mesmérien[6] ». Il le rejette avec

1. Lettre de Condorcet à Mme Suard (fin mai 1782), CLVII, *op. cit.*
2. Lettre de Swedenborg, 1782, *Œuvres*, I, pp. 351 à 355. Les doctrines de Swedenborg et de Mesmer se complétaient parfaitement.
3. Deslon était un médecin, adepte du mesmérisme.
4. Aujourd'hui, Mesmer est reconnu comme le fondateur de la première psychiatrie dynamique, c'est-à-dire de la guérison par suggestion. Cf. H. Ellenberger, *A la découverte de l'inconscient*, Simep, Villeurbanne, 1974.
5. Cité par Darnton, *op. cit.*, p. 93.
6. Lettre de Condorcet à Mme Suard (fin 1784 ou début 1785), CLXII, *op. cit.*

humeur et éprouve le besoin de mettre ses raisons noir sur blanc[1]. Les antimesméristes gagnent du terrain et tournent le mouvement en ridicule. En novembre 1784, une pièce, *Les Docteurs modernes*, connaît un énorme succès. D'Eprémesnil contre-attaque dans un pamphlet qu'il jette dans la salle pendant l'une des premières représentations. Jefferson, solide rationaliste, note sèchement dans son journal : « Magnétisme, animal mort sous le ridicule[2]. »

L'acte de décès est prématuré ; les adeptes du baquet ne s'avouent pas vaincus. D'Eprémesnil essaie de mobiliser le Parlement contre le rapport de Bailly, et la campagne anti-académique est plus forte que jamais. Brissot, jeune journaliste en mal de gloire que l'institution académique s'obstine à méconnaître[3], s'était converti au magnétisme, convaincu que c'était là une force révolutionnaire qui renverserait le despotisme. En vérité, Brissot, Carra[4] et Marat ont rejoint le mesmérisme à cause de l'opposition de Mesmer aux corps académiques qu'eux-mêmes rendent responsables de leurs échecs dans les lettres ou les sciences. A deux reprises, Brissot a fait appel à Condorcet. En août 1783, il lui a demandé, ainsi qu'à d'Alembert, Suard et quelques autres, une lettre de recommandation pour attirer l'attention sur le Lycée qu'il voulait créer à Londres[5]. Un an plus tard, après son passage

1. Bibliothèque de l'Institut, Ms 883, folios 231-247 : « Raisons qui m'ont empêché jusqu'ici de croire au magnétisme animal », publié par R. Darnton, *op. cit.*, pp. 199 à 203.

2. Cité par R. Darnton, *op. cit.*, p. 67.

3. En 1780-1781, Brissot avait concouru en vain pour le prix de l'Académie de Châlons-sur-Marne. Né à Chartres en 1754, ses débuts avaient été difficiles. D'abord employé chez un procureur, puis gazetier lié au duc d'Orléans, embastillé quelques semaines pour ses écrits, il voyagea en Angleterre et en Amérique. Il revint en France en 1789 et fonda *Le Patriote Français*. Il fut membre de la Législative et de la Convention, un des leaders de la Gironde qui s'appela quelque temps le parti des *Brissotins*. Ennemi de Robespierre, il fut proscrit avec les Girondins le 31 mai 1793, et guillotiné avec eux le 31 octobre suivant.

4. 1742-1793. Employé à la Bibliothèque du roi sur recommandation du cardinal de Rohan, il sera nommé par Roland bibliothécaire de cette Bibliothèque, devenue Nationale le 19 août 1792. Lié à Brissot, il est élu à la Convention et sera exécuté le 31 octobre 1793 avec les chefs de la Gironde.

5. S. d'Huard, *Brissot, la Gironde au Pouvoir*, 1986, R. Laffont, p. 74.

à la Bastille[1], et alors qu'il connaissait de grandes difficultés matérielles, Brissot s'est vu proposer par Condorcet une place de précepteur chez un baron prussien. La bienveillance de ce dernier ne l'a pas empêché d'adresser aux académiciens le pamphlet le plus insultant qui soit[2]. *Un mot à l'oreille des académiciens de Paris* commençait sur ce ton : « Je viens vous donner une leçon, Messieurs... Vous êtes enchaînés par les préjugés de votre corps et par ceux de toutes les personnes en place que vous vénérez bassement comme des idoles... Mon mot vous paraîtra dur, Messieurs : ce n'est que sur ce ton qu'il faut parler à des hommes qui affichent une morgue aussi insolente que la vôtre... Je suis votre marche depuis dix ans, elle a toujours été la même : basse avec vos supérieurs, despotique envers ceux qui dépendent de vous[3]. Et tout le reste à l'avenant... »

Les recalés des Académies durent se réjouir d'une telle brutalité[4], mais Condorcet ne pouvait en éprouver qu'une exaspération croissante. Il eût peut-être répondu publiquement à tant d'infamies et de tromperies[5] si son esprit n'avait été entièrement occupé d'un autre sujet, celui-ci essentiel[6] :

1. Brissot avait été embastillé par Lenoir du 11 juillet au 10 septembre 1784, parce qu'on le soupçonnait d'avoir composé à Londres des pamphlets orduriers contre la reine.
2. Anonyme et non daté, les *Mémoires secrets* l'avaient d'abord attribué à d'Eprémesnil (tome XXXII, p. 201, 18 juillet 1786). Il fut probablement rédigé entre la fin 1784 et le début 1785.
3. Ce texte de Brissot se trouve notamment à la Bibliothèque historique de la Ville de Paris, cote 939 204.
4. Les *Mémoires secrets* en approuvèrent le contenu.
5. Lettre de Condorcet à Mme Suard, fin 1784 ou début 1785, CLXII, *op. cit.*
6. Dans un article qui ne paraîtra qu'en 1793 dans le *Journal d'instruction sociale* daté du 29 juin, Condorcet affinera son vocabulaire : « J'ai cru que le nom de *Mathématique sociale* était celui qui convenait le mieux à cette science. Je préfère le mot *Mathématique*, quoiqu'actuellement hors d'usage au singulier..., parce qu'il s'agit d'applications dans lesquelles toutes les méthodes (de l'algèbre, la géométrie, l'arithmétique) peuvent être employées... Je préfère le mot *sociale* à ceux de *morale* ou *politique*, parce que le sens de ces derniers mots est moins étendu et moins précis. »

l'« *Arithmétique politique*[1] », c'est-à-dire l'application du calcul aux questions sociales, juridiques et politiques.

## L'« Arithmétique politique »

Ces préoccupations sont anciennes. Dès l'été 1772[2], il méditait sur le calcul des probabilités que l'on ne songeait, jusque-là, qu'à appliquer aux jeux de hasard. Seuls Jacques Bernoulli[3] et les mathématiciens anglais[4] avaient pressenti toute l'étendue que pouvaient avoir les applications de ce calcul à la vie sociale : statistiques démographiques, économiques, etc. Lui-même, lorsqu'il demande à Turgot, en 1774, de faire assécher certains marais à Ribemont, lui promet de rechercher les tables de mortalité des villages situés près des marais et de les comparer à celles des villages situés sur les hauteurs. Condorcet, encouragé par Turgot, entreprit de parfaire l'*Ars conjectandi* en examinant, selon les lois de cette théorie, un des objets les plus importants pour l'humanité, à savoir « la probabilité des décisions qui se forment à la pluralité des voix[5] ». En 1785, le travail est achevé et publié. Il s'ouvre sur un hommage à Turgot : « Un grand homme dont je regretterai toujours les leçons, les exemples et surtout l'amitié, était persuadé que les vérités des sciences morales et politiques sont susceptibles de la même certitude que celles qui forment le système des sciences physiques... Cette opinion

1. Lettre de Condorcet au marquis J. Lucchesini de Lucques, 1785 : « C'est à présent l'objet presque unique de mes recherches. », *Œuvres*, tome I, p. 325.
2. Lettre de Condorcet à Turgot, 3 septembre 1772. Lettre de Condorcet à Mme Suard, juillet-août 1772, XLVII, *op. cit.*
3. J. Bernoulli, *L'Ars conjectandi*, publié après sa mort en 1705.
4. Lettre de Condorcet à Garat (1784 ou 1785) où il fait l'historique de cette nouvelle science et cite les anglais Petty, Graunt, Witt, etc., CLXIII, *op. cit.*
5. Durant l'été 1774, Condorcet écrit à Turgot : « J'ai un petit ouvrage sur cet objet, mais plus métaphysique que mathématique. J'aurai l'honneur de vous le présenter cet hiver, si j'ai le temps de finir... » En fait, il lui faudra encore onze ans pour le terminer ! Entre-temps paraîtra en 1781 son premier mémoire sur le calcul des probabilités, suivi de cinq autres entre 1784 et 1787.

lui était chère, parce qu'elle conduit à l'espérance consolante que l'espèce humaine fera nécessairement des progrès vers le bonheur et la perfection, comme elle en a fait dans le domaine de la vérité[1]. »

En vérité, ce que Condorcet attribue à Turgot est précisément son propre credo en 1785. Il est l'annonciateur d'une révolution scientifique qui comprend les trois idées déjà évoquées dans son discours de réception à l'Académie française : faire du fait humain un objet de connaissance ; adapter les méthodes des sciences exactes à ce nouvel objet ; enfin, élaborer une technique de contrôle de ces phénomènes[2]. L'originalité de Condorcet consiste notamment à bâtir une science de l'homme comme une science appliquée, c'est-à-dire à *désacraliser* l'idée de l'homme, démarche en tout point contraire à celle du christianisme.

L'*Essai* de 1785 avait des implications politiques évidentes. Il ne s'agissait pas seulement de rationaliser les décisions de justice[3]. Il y avait là une première approche de l'exercice rationnel du droit de vote sur lequel devait reposer la vie sociale. C'est le célèbre paradoxe de Condorcet[4]. L'*homo*

1. *Essai sur l'application de l'analyse à la probabilité des décisions rendues à la pluralité des voix*, publié dans le « Corpus des œuvres de philosophie en langue française », sous le titre suivant : Condorcet, *Sur les élections et autres textes*, Fayard, 1986, pp. 7 à 177.

2. Granger, *op. cit.*, p. 139.

3. *Cf.* Henri Poincaré, *Science et Méthode*, qui évoque les travaux de Condorcet sur la corrélation, dans un tribunal populaire, entre le nombre des jurés et la probabilité de commettre une erreur judiciaire.

4. *Cf.* Cahen, *op. cit.*, p. 36 : « Supposons 3 candidats, A, B, C, en présence. Voter pour A, c'est déclarer que A est supérieur à B, et qu'il l'est aussi à C. Voter pour B, c'est affirmer la même préférence double en sa faveur. Si nous combinons 3 par 3 ces expressions arithmétiques, nous obtenons, selon Condorcet, une série de 8 propositions. 2 sont contradictoires, et par la suite doivent être supprimées (par exemple celle-ci : B vaut mieux que A ; A vaut mieux que C ; C vaut mieux que B). Nous nous trouvons donc en présence des 6 formules suivantes, dont 2

*suffragans* faisait son apparition, et, avec lui, un idéal de la vérité politique qui bouleversait la donne traditionnelle. Par là, Condorcet allait bien au-delà de la pensée de Turgot. Mais, en cette année 1785, il éprouvait le besoin d'affirmer sa filiation et de rendre à son maître un hommage éclatant. En même temps qu'il lui dédiait son *Essai* , il achevait une biographie à sa gloire[1] où leurs philosophies se confondaient en une seule. A cette heure, Condorcet se sentait davantage l'héritier des idées de Turgot que de celles de d'Alembert. Ses préoccupations sociales et politiques l'emportaient sur tout autre intérêt, et les recherches qui le fascinaient à présent avaient été méconnues par d'Alembert. Dans l'*Éloge* aussi admiratif qu'affectueux qu'il rendit à ce dernier, il s'efforce de l'excuser d'avoir ignoré la possibilité d'une connaissance scientifique des faits humains : « Peut-être paraissait-il n'avoir pas assez senti que, dans les sciences dont le but est d'enseigner comment on doit agir, l'homme peut, comme dans la conduite de la vie, se contenter de probabilités plus ou moins fortes, et qu'alors la véritable méthode consiste moins

sont favorables à chaque candidat :

**1**    *a :* A vaut mieux que B et C ; B vaut mieux que C.
      *b :* A vaut mieux que B et C ; C vaut mieux que B.

**2**    *a :* B vaut mieux que C et A ; C vaut mieux que A.
      *b :* B vaut mieux que C et A ; A vaut mieux que C.

**3**    *a :* C vaut mieux que A et B ; A vaut mieux que B.
      *b :* C vaut mieux que A et B ; B vaut mieux que A.

Dans les élections ordinaires, l'électeur se contente d'affirmer sa préférence en faveur d'un candidat ; il omet de classer les autres par ordre de mérite. Dès lors, on comprendra ce qui va se produire. Supposons que, sur 60 votants, 23 donnent leur voix à A, 19 à B, 18 à C. A aura la majorité relative, et sera légalement le représentant de ses concitoyens. Si les 23 électeurs de A préfèrent C à B, si les 19 votants de B préfèrent C à A, c'est pourtant le candidat C qui réunit sur son nom la majorité réelle des suffrages (42) et qui doit être proclamé élu.

Le vote préférentiel qui consiste à classer les choix proposés les uns par rapport aux autres aboutit inévitablement à ce qu'on a appelé le Paradoxe ou l'Effet Condorcet. Comme l'écrit Jacques Attali : « La logique de la décision collective n'est plus la même que celle de la décision individuelle. » *Cf. Les modèles politiques*, Paris, P.U.F., 1972, pp. 34-35.

1. « Vie de M. Turgot », 1786, in *Œuvres*, tome V, pp. 1 à 233.

à chercher des vérités rigoureusement prouvées qu'à choisir entre des propositions probables, et surtout à savoir évaluer leur degré de probabilité[1]. »

## Maître à son tour

Ses travaux sur les probabilités et sa biographie de Turgot mobilisaient toute son énergie intellectuelle. Mais Condorcet aimait à travailler et à écrire la nuit[2], ce qui lui permettait de conserver une vie sociale agréable. Voltaire, Turgot et d'Alembert morts, c'était à son tour d'être un des phares de la société parisienne et d'aider les jeunes gens de talent. René Desgenettes, ami de Cabanis et futur médecin idéologue, a raconté sa première rencontre avec le prestigieux académicien. Il s'était présenté chez lui à l'hôtel des Monnaies en janvier 1785 et se souvenait de son premier abord, froid et poli. Il l'avait revu dans le monde « où il portait une espèce d'embarras qu'on eût pu prendre pour de la timidité[3] ». Puis Condorcet s'était pris d'amitié pour ce jeune étudiant en médecine plein d'espérances. Il aimait les jeunes gens, dit Desgenettes, comme tous ceux qui veulent propager des idées auxquelles ils attachent une grande importance. Mais il n'était pas de ces hommes qui étalent leur réussite et ne parlent que d'eux-mêmes. Il se plaisait à écouter, à poser des questions, et s'intéressait aux réponses. Desgenettes fut séduit par cet homme qui savait si bien parler de la médecine, mais aussi de la dignité de l'espèce humaine et de sa perfectibilité indéfinie.

1. « Éloge de d'Alembert », 21 avril 1784, *Œuvres*, tome II, p. 79.
2. Bibliothèque de l'Institut, notes relatives à M. de Condorcet, Ms 848, folios 8 et 10.
3. R. Desgenettes, *Souvenirs de la fin du XVIIIᵉ siècle et du commencement du XIXᵉ siècle*, Paris, 1835, tome I, pp. 185-186. Le baron Desgenettes (1762-1837) fut médecin en chef des armées et participa à plusieurs campagnes de Napoléon. Membre de plusieurs académies (Académie des sciences en 1832) et sociétés littéraires, il publia de nombreux articles dans les journaux scientifiques sur l'anatomie, l'hygiène et la médecine pratique, et enfin sur l'histoire de la médecine.

La même année, il se penche sur un autre débutant, le jeune mathématicien Lacroix, qui rapportera trente ans plus tard : « Il était d'une gaieté douce et spirituelle avec ses amis et les personnes qu'il admettait dans son intimité. Il paraissait oublier tout à fait les avantages que lui donnait la haute considération qu'il s'était si justement acquise par ses talents et ses succès ; il savait descendre aux ménagements les plus délicats vis-à-vis de ceux mêmes qui ne faisaient qu'entrer dans la carrière où il était aux premiers rangs... En accueillant les jeunes gens, il ne les protégeait pas, il les servait avec zèle ; et par un ton simple et modeste, par une civilité vraiment affectueuse, par l'agrément et l'instruction qu'il répandait dans son commerce familier, il leur inspirait une reconnaissance aussi douce que profonde et un attachement aussi durable que respectueux[1]. »

A quarante-deux ans, Condorcet faisait à son tour figure de maître et de modèle pour les jeunes savants. Confirmé dans sa charge de secrétaire perpétuel de l'Académie des sciences[2], nommé citoyen de la ville de New Haven avec d'autres Français que l'on voulait remercier pour leur engagement aux côtés des États-Unis[3], il incarnait les Lumières. Quelques semaines avant de s'embarquer pour son pays, Franklin recommanda encore à la Société américaine de Philosophie de coopter à son tour cet homme prestigieux[4].

## Contre la peine de mort

Depuis la mort de d'Alembert, le roi de Prusse, qui avait perdu son fidèle correspondant et ami, avait demandé à

---

1. Lacroix, « Notice sur la vie et les ouvrages de Condorcet », in *Magasin encyclopédique*, tome VI, Paris, 1813, pp. 54-77.
2. Par le nouveau règlement du 23 avril 1785.
3. Le 10 mai 1785, en même temps que l'avocat Target, La Rochefoucauld, traducteur de la Constitution américaine, Mme d'Houdetot, etc.
4. Library of Congress, *Franklin papers*, 1785. Jefferson transmit la demande de la Société américaine de philosophie à Condorcet en 1787.

Condorcet de le remplacer. Au fil des lettres s'instaure entre eux un dialogue d'une extrême modernité sur la justice et la peine de mort. En mai 1785, Condorcet lui envoie son ouvrage sur la *Probabilité des jugements rendus à la pluralité des voix.* Dans la lettre qui l'accompagne, il indique que l'un des résultats de ce travail « conduit à regarder la peine de mort comme absolument injuste ». Avec une restriction, cependant : « Excepté dans les cas où la vie du coupable peut être dangereuse pour la société. »

Pourquoi cette condamnation de la peine de mort ? Parce que toute possibilité d'erreur dans un jugement est une véritable injustice chaque fois qu'elle a pour cause la volonté du législateur. Or, comme on ne peut avoir une certitude absolue de ne pas condamner un innocent, comme il est très probable que dans une longue suite de jugements, un innocent sera condamné, il lui « paraît en résulter qu'on ne peut sans injustice rendre volontairement irréparable l'erreur à laquelle on est nécessairement et involontairement exposé[1] ».

Frédéric II, qui se veut philosophe, se dit d'accord avec les positions de Condorcet et de Beccaria[2]. Certes, il vaut mieux sauver un coupable que de perdre un innocent, et la peine de mort doit être réservée aux crimes atroces (assassinats, incendies, par exemple). Mais, en vérité, l'accord n'est que de façade. Frédéric exploite la concession de Condorcet de telle sorte qu'il se retrouve en opposition avec lui. Il se donne, comme certains partisans de la peine de mort, des allures libérales en affirmant que la prison perpétuelle est plus cruelle. Du coup, Condorcet radicalise sa position abolitionniste et l'étend aux crimes les plus atroces, avec un argument fort intéressant : « Une seule considération m'empêcherait de regarder la peine de mort comme utile, *même en supposant qu'on la réservât pour les crimes atroces* : c'est que ces crimes sont précisément ceux pour lesquels les juges sont le plus

1. Lettre de Condorcet à Frédéric II, 2 mai 1785, in *Œuvres*, tome I, p. 305.
2. Lettres de Frédéric II à Condorcet des 14 mai et 29 juin 1785, *op. cit.*, pp. 309 à 311.

exposés à condamner les innocents. L'horreur que ces actions inspirent, l'espèce de fureur populaire qui s'élève contre ceux qu'on en croit les auteurs, troublent les juges, magistrats ou jurés[1]. » Cet argument mettra fin à leur discussion, chacun restant sur ses positions. Dans les lettres ultérieures, ils parleront d'autres sujets : affaires académiques, nouvelles littéraires, etc.[2]

## Sardines et homards bretons

A la mi-juillet, Condorcet quitte Paris pour faire une tournée en Bretagne avec ses deux vieux complices, l'abbé Rochon et l'abbé Bossut. Les trois académiciens ont mission d'examiner la possibilité de construire des canaux en Bretagne. La correspondance avec Mme Suard permet de suivre les trois hommes pendant plus d'un mois. La gourmandise de Condorcet s'en donne à cœur joie. Le voyage de travail se mue en itinéraire gastronomique. Il se régale de homards succulents à Saint-Malo et de sardines fraîches à Brest, où il est arrivé le jour même du départ de la grande expédition de Lapérouse[3] autour du monde. Il raconte le magnifique spectacle de douzaines de vaisseaux, voiles au vent, quittant la rade de Brest. Mais ces divertissements ne l'empêchent pas de travailler : « Livré à des occupations forcées, je ne dispose que de moments très courts, très coupés, et mes lettres doivent s'en ressentir. Dans ce moment, par exemple, je vous écris

1. Lettre de Condorcet à Frédéric II, 19 septembre 1785, *op. cit.*, p. 315. Souligné par nous.
2. La dernière lettre de Condorcet au roi de Prusse date du 26 mars 1786. Le roi mourut le 17 août de la même année.
3. Lapérouse (1741-1788) avait quitté Brest le 1er août 1785 avec, notamment, les frégates *L'Astrolabe* et *La Boussole*, pour faire un voyage de découvertes destiné à compléter les expéditions de Cook et de Clarke. Condorcet avait aidé le maréchal de Castries à rédiger le plan du voyage dont Louis XVI avait tracé les grandes lignes

dans un cabaret, pendant que l'on copie un long mémoire que j'ai été obligé de barbouiller[1]. »

De Brest, Condorcet se rend en Bretagne du sud. Il est ébloui par la beauté de Nantes et apprécie Lorient, qu'il « croyait une bicoque[2] ». Il descend vers le Berry, visite Tours où il refuse de rencontrer d'Holbach, parce qu'il réside chez son beau-frère, un intendant, « trop plat gueux pour que d'honnêtes gens puissent le voir[3] ». Fatigué par son voyage d'un mois et demi, il se sépare de ses amis pour aller se reposer quelques semaines à La Roche-Guyon, chez Mme d'Enville[4]. Le détail peut surprendre, lorsqu'on sait qu'en janvier de cette même année[5], Condorcet a acheté une petite maison à Dennemont, tout près de Mantes et non loin de chez Mme d'Enville. Mais, ayant perdu sa mère et n'étant point marié, il n'a guère envie de se retrouver seul. Rien ne vaut l'accueil chaleureux de sa vieille amie, sa bibliothèque somptueuse[6], et le grand salon[7], célèbre dans toute la bonne société[8]. Là, Condorcet se sent apaisé, heureux — enfin, presque...

1. Lettre de Condorcet à Mme Suard, début août 1785, CLXV, *op. cit.*
2. Lettre de Condorcet à Mme Suard, août 1785, CLXVI, *op. cit.*
3. Lettre de Condorcet à Mme Suard, fin août 1785, CLXVII, *op. cit.*
4. Lettres de Condorcet à Mme Suard, septembre et octobre 1785, CLXVIII et CLXIX, *op. cit.* ; *cf.* aussi Library of Congress, *Genet Papers*, lettre du duc de La Rochefoucauld, 2 octobre 1785 : « M. de Condorcet, qui est ici naturellement, arrive d'une longue tournée qu'il a faite en Bretagne et sur la Loire. »
5. Il avait acquis la terre de Dennemont avait été acquise par acte notarié du 31 janvier 1785, comme le signale la note du conseiller Isambert sur la fortune de Condorcet.
6. Elle contenait plus de 8 000 volumes.
7. E. Rousse, *La Roche-Guyon*, Paris, 1892, p. 297 : « Quatre grands panneaux de tapisserie des Gobelins, d'après des tableaux de Troy peints en 1750, occupent toute la place des deux côtés de la cheminée et des deux bouts du salon. Les boiseries des encadrements, la cheminée de granit, achetée à Rome, un mobilier somptueux complétaient la décoration. Ce grand salon mesurait 8,50 m sur 13 m de large. »
8. Arthur Young, qui y fut reçu en octobre 1788, évoque le charme de l'accueil et « la domesticité et le luxe » qui donnaient à La Roche-Guyon « une exacte ressemblance avec la résidence d'un grand seigneur anglais ». *Voyages en France dans les années 1787, 1788 et 1789*, éd. 10/18, 1970.

# CHAPITRE V

# *L'année du plus grand bonheur*
## *(1786)*

### *Le Lycée*

L'année a commencé sous le signe de la plus grande austérité. En janvier 1786, Condorcet ne pense qu'à sa leçon inaugurale de mathématiques au tout nouveau *Lycée*. La mort tragique du jeune physicien aéronaute Pilâtre de Rozier[1], le 15 juin 1785, avait mis fin à l'expérience du *Musée*[2], déjà en butte aux difficultés financières. En décembre[3] avait été annoncée l'ouverture d'un nouvel établissement, le Lycée,

1. Né en 1754, ce jeune physicien, intendant du cabinet de physique de Monsieur, fut le premier, avec le marquis d'Arlandes, à faire, le 20 novembre 1783, une ascension en ballon. Son appétit de gloire s'alliait à de grandes qualités d'expérimentateur. Pilâtre avait fondé le « Musée de Monsieur » en décembre 1781, et s'était efforcé d'adapter l'enseignement aux désirs de sa clientèle, qui voulait une teinture de culture scientifique. Après un large succès, les premières difficultés commencèrent lorsque Pilâtre négligea l'administration du Musée pour se consacrer aux expériences aérostatiques. Il se tua en tentant de traverser la Manche en ballon. Son appareil tomba à cinq kilomètres de Boulogne-sur-Mer.

2. Le Musée avait succédé à la Société Apollinienne, fondée par la Loge des Neuf-Sœurs. C'était l'époque de la vogue croissante des cours scientifiques privés, destinés à la haute société. Le Musée accueillait hommes et femmes. Les premiers payaient une souscription annuelle double de celle des secondes. En 1785, le nombre des souscripteurs était encore de 404. Mais les imprudences financières de Pilâtre laissaient 50 000 livres de dettes au Musée.

3. En décembre fut répandu à profusion dans le public un prospectus très bien fait par le marquis de Montesquiou, qui faisait ressortir les avantages que les deux sexes devaient trouver à ce nouvel enseignement inspiré du *Discours préliminaire* de d'Alembert.

dont les professeurs compteraient parmi les savants et littérateurs les plus qualifiés. Le public fut émerveillé d'apprendre que Marmontel dirigerait le cours d'histoire[1] ; La Harpe, la littérature ; Fourcroy, la chimie et l'histoire naturelle ; Deparcieux et Monge, la physique, et Condorcet, les mathématiques. Tous académiciens du plus grand renom. Certains, comme Condorcet, préférèrent diriger les cours donnés par d'autres professeurs choisis par eux. Monge[2] lui recommande le jeune Lacroix[3], auquel il s'intéressait depuis plusieurs années. Il écrit le premier à Rochefort, où le jeune homme enseigne, pour lui annoncer la proposition de Condorcet : « Il se charge des mathématiques et vous propose d'exercer la chaire sous lui et d'agréer ses conseils avec 2 400 livres d'appointements... Vous aurez l'avantage de vous lier à M. de Condorcet qui vous veut du bien et qui a eu le désir de faire votre fortune[4]. »

Plus remarquable est le ton de la lettre que Condorcet, savant de renommée internationale, écrit au jeune homme obscur de vingt ans : « Les commissaires ont décidé que les titulaires fussent académiciens, et j'en ai accepté le titre, mais ils espèrent que vous voudrez bien vous charger de donner les leçons en touchant la totalité des honoraires... et que le titre de mon adjoint ne vous paraîtrait pas au-dessous de ce qu'on doit à vos lumières et à vos talents[5]. » Après le rappel

1. Garat était nommé adjoint de Marmontel.
2. 1746-1818. Mathématicien, Gaspard Monge entra à l'Académie des sciences en 1780. Grâce à Condorcet, il est nommé ministre de la Marine le 12 août 1792, jusqu'au 13 avril 1793. Professeur à l'École normale en 1794 et 1795, il se lie en 1796 avec Bonaparte qui lui confie, ainsi qu'à Berthollet, l'honneur de porter au Directoire la ratification du traité de Campoformio. Élu au Conseil des Cinq-Cents en avril 1798, il suit Bonaparte en Égypte, chargé de toute la partie scientifique de l'expédition. Sénateur et comte, Louis XVIII le fera exclure de l'École polytechnique.
3. S.F. Lacroix (1765-1843), mathématicien et historien des sciences. Il fut initié aux mathématiques par Gaspard Monge et l'abbé Marie, professeurs au collège Mazarin. *Cf.* René Taton, « Condorcet et Sylvestre-François Lacroix », *Revue d'histoire des sciences*, tome XII, n° 2, avril-juin 1959, pp. 127 à 158.
4. Lettre de Monge (fin 1785) publiée par René Taton, *op. cit.*, pp. 138-142.
5. Lettre de Condorcet du 28 décembre 1785, Bibliothèque de l'Institut, *Papiers Lacroix*, Ms 2 396. Publiée également par René Taton, *op. cit.*, pp. 142 à 143.

des conditions financières et matérielles de cette collaboration, Condorcet le presse de lui répondre vite, car la première leçon doit avoir lieu dans quinze jours. Il la rédigera, mais ne veut pas la lire, car, dit-il avec modestie : « Je n'ai jamais enseigné ». Et Condorcet termine sa lettre de façon exquise : « Je vous demande pardon de ces détails, n'ayant pas l'honneur d'être connu de vous, vous pouvez trouver que je suis trop pressant et trop libre de vous. Mais M. Monge vous dira, et j'espère vous le prouver, que je n'ai pas eu dans tout ce que j'ai fait d'autre motif que l'intérêt qu'inspire un jeune homme qui annonce de grands talents et celui de l'intérêt du public. »

Lacroix s'empressa d'accepter la proposition, et ce fut le début d'une longue collaboration amicale[1]. En définitive, ce fut Condorcet lui-même qui prononça la première des deux leçons inaugurales[2] fixant le programme des mathématiques pour l'année 1786. Peu démagogue, il annonçait un cours de haut niveau qui présupposait de bonnes connaissances chez ses auditeurs. Malgré les réels talents pédagogiques de Lacroix, cet enseignement ne dura que dix-huit mois, faute d'intéressés. Il faut reconnaître que si le niveau de l'enseignement du *Lycée* était supérieur à celui du *Musée*, l'abstraction et l'austérité des théories mathématiques ne pouvaient que décourager un public mondain, même consciencieux.

## La passion politique

Connaissant la timidité de Condorcet, on comprend fort bien sa répugnance à l'enseignement public. Son embarras, sa

1. Dès leur première rencontre en janvier 1786, Condorcet et Lacroix mirent au point leur projet de réédition des *Lettres à une princesse d'Allemagne* d'Euler, qui servaient de manuel aux cours. Ils les simplifièrent et en réduisirent les développements théologiques et métaphysiques. Les trois premiers volumes furent publiés en 1787, 1788 et 1789.

2. Selon Taton, elle eut lieu le 14 ou le 16 janvier et fut prononcée par Condorcet, bien qu'il semble que Lacroix fût déjà arrivé à Paris. *Op. cit.*, p. 143, note 4. La seconde leçon eut lieu le 4 décembre 1786 et portait sur les probabilités.

mauvaise voix lui interdisaient d'y briller. Mais, en janvier 1786, d'autres motifs pouvaient l'inciter à en laisser la responsabilité à Lacroix. Après dix ans de silence, la passion de la politique le ressaisissait. Le moment était venu d'exprimer ses idées, de dire les projets qu'il souhaitait voir réaliser.

Tel était le but de la *Vie de M. Turgot*, publiée en janvier. Contrairement à ce que le titre laisse entendre, l'intérêt de cet ouvrage tient moins à son aspect biographique qu'à l'exposé des idées de Turgot que Condorcet faisait siennes. Son programme est celui de la monarchie constitutionnelle que tenteront d'établir les Constituants de 1789 à 1791. Tout était contenu dans le *Mémoire sur les municipalités* de Turgot[1] qui proposait une réforme radicale de l'exercice de l'autorité publique et de la société : des assemblées de propriétaires[2], sans distinction d'ordre, assumeraient les principales fonctions d'administration. Elles devaient former des assemblées provinciales, qui plus tard auraient désigné une Assemblée nationale. Les assemblées municipales avaient comme premiers objets la réforme de l'impôt à laquelle la majorité du pays aspirait, la fin de la distinction selon les ordres, et l'établissement d'une véritable démocratie locale. Le projet de Turgot comprenait une profonde réforme judiciaire et le droit pour tous les propriétaires de contribuer à la formation des lois. A défaut de constitution républicaine, « la meilleure de toutes », idéal presque irréalisable[3], Turgot appelait de ses vœux une monarchie constitutionnelle. Et Condorcet formule cette proposition essentielle : « La Constitution républicaine, c'est celle où les droits de l'homme sont conservés[4]. »

Aux yeux de Turgot, et plus encore de Condorcet, la condition *sine qua non* de ces progrès décisifs réside dans

1. Rédigé par Dupont de Nemours en 1775.
2. « Vie de M. Turgot », in *Œuvres*, tome V, pp. 114-115 : « Par ce moyen, la représentation aurait été beaucoup plus égale qu'elle ne l'a jamais été dans aucun pays. »
3. « Vie de M. Turgot », *op. cit.*, p. 209.
4. *Ibid.*

l'instruction des hommes. La bonne politique se déduit par la Raison des principes du droit naturel. Il est donc indispensable d'étendre les lumières à tous. La première réforme à accomplir, selon Condorcet, est de laïciser l'enseignement en soustrayant l'instruction des peuples au clergé[1]. Conséquence : l'impôt versé à cette fin aux religieux des deux sexes devrait leur être retiré et être versé à des enseignants laïques. Avec eux, on n'aurait plus à craindre l'arbitraire et les superstitions qui sont les plus grands obstacles au bonheur des peuples. Convaincu, avec Turgot, de la perfectibilité indéfinie de l'esprit humain, Condorcet croit que les hommes, de mieux en mieux éduqués, arriveront un jour à se conformer à des vues dictées par la seule Raison. A ses yeux, les préjugés et les passions qui les sous-tendent sont de simples ombres que les lumières balaieraient aisément. Déjà, il pose en principe d'éducation ce qui sera le fondement rationaliste de l'école républicaine : « Si l'on n'enseignait aux enfants que des vérités..., il n'y aurait presque plus d'esprits faux[2]... » Et il ajoute : « Il est possible de faire en sorte que tous les hommes, étant instruits de ce qu'ils doivent savoir..., soient à l'abri des prestiges de la charlatanerie[3]. »

Au même moment, Condorcet éprouve le besoin de compléter sa pensée politique par un hommage à la Révolution américaine dédié à La Fayette. L'Amérique donne un exemple à l'Europe : sa Déclaration d'indépendance est l'exposition de « ces droits si sacrés et si longtemps oubliés[4] » qui sont l'une des deux conditions[5] du bonheur de l'homme en société. Par sa Déclaration, l'Amérique a franchi un stade dans la voie de la perfectibilité humaine. De plus, Condorcet perçoit dans ce pays un réservoir de richesses qui seront exploitées au mieux

1. *Ibid.*, p. 145.
2. *Ibid.*, p. 204.
3. *Ibid.*, p. 206.
4. « De l'influence de la Révolution d'Amérique sur l'Europe », 1786, *Œuvres*, tome VIII, p. 11.
5. La seconde condition est « une distribution plus égale des jouissances. »

des intérêts collectifs. Impressionné par l'austère morale des quakers, il annonce que le peuple américain, disposé à l'étude, doublera les connaissances de l'Europe et trouvera les moyens de diminuer les maux de l'humanité. A la condition de mettre fin à l'esclavage, le Nouveau Monde montre la voie à suivre à l'Ancien.

Au moment même où Condorcet publie ce premier ouvrage politique important, éclate une grande affaire judiciaire dans laquelle il va de nouveau s'engager : celle des trois roués de Chaumont.

## L'affaire des trois roués

Le 11 août 1785, après une instruction de vingt-sept mois, le bailliage de Chaumont avait condamné aux galères perpétuelles trois paysans, Bradier, Simare et Lardoise, accusés de vol avec violence sur un couple. Puis, sur appel *a minima* du ministère public, ils avaient été condamnés à la roue par le Parlement de Paris, le 20 octobre suivant. Sans l'intervention de Dupaty[1], les trois hommes auraient été exécutés. Ramenant les trois condamnés à Paris, celui-ci s'est fait remettre la procédure et a acquis la conviction de leur innocence : point de constatation du crime, point de descente sur les lieux, de confrontation, d'instruction, et refus d'entendre les témoins cités par l'un des accusés.

Dupaty rédigea son fameux *Mémoire justificatif* qui suscita tant d'émotion dans le public, et tant de colère dans la magistrature lorsqu'il fut connu, fin février, début mars 1786[2].

1. Président du Parlement de Bordeaux, Dupaty, de passage à Paris, avait été prévenu par son beau-frère, le conseiller de Grand-Chambre Féteau, des irrégularités que présentait cette procédure. Grâce à ses liens avec le garde des Sceaux. Hue de Miromesnil, Dupaty obtint un sursis et rattrapa le fatal convoi, en route pour Chaumont où devait avoir lieu l'exécution.

2. Le *Mémoire justificatif pour trois hommes condamnés à la roue* fut imprimé fin février, et rendu public début mars. Dès le 7 mars, le mémoire fait grande sensation à Paris et à Versailles. Même la reine le fait acheter.

Après avoir démontré que la condamnation avait été prononcée au mépris des formes, Dupaty s'attaquait aux vices de la législation criminelle et terminait par un pressant appel au roi pour qu'il décide enfin une véritable réforme de l'Ordonnance de 1670.

Ce mémoire connut un retentissement immense : il eut des approbateurs et des censeurs passionnés. Dans les familles, les corps constitués, il produisit, dit-on[1], de ces divisions profondes que les grands drames judiciaires sont propres à creuser. Philosophes, novateurs et libéraux embrassèrent avec ardeur la cause de Dupaty et de ses clients. Au contraire, les conservateurs s'élevèrent avec véhémence contre ce qu'ils appelaient le mauvais esprit de l'auteur. Les avocats rayèrent de la liste de l'ordre celui d'entre eux — Legrand de Laleu — qui avait signé la consultation jointe au *Mémoire*, en attendant sa radiation définitive. Puis l'avocat général Séguier, vieil ennemi des philosophes, fut chargé de faire un rapport circonstancié sur le *Mémoire* de Dupaty.

Durant tout ce temps, Condorcet se montre le plus sûr allié de Dupaty. On a dit qu'ils se connaissaient depuis l'enfance et s'étaient retrouvés à l'occasion du procès[2]. En fait, les deux hommes se voyaient souvent chez Mme Helvétius depuis 1778, date à laquelle Dupaty avait adhéré aux Neuf-Loges. Condorcet partageait ses idées sur la réforme judiciaire et l'admirait pour son combat contre les magistrats réactionnaires de Bordeaux. En butte à leur hostilité incessante, Dupaty s'était fait charger de mission par Miromesnil pour pouvoir s'installer à Paris en mai 1784. En avril 1785, partant pour l'Italie, il s'était arrêté en route pour visiter le bagne de Toulon, et fait communiquer le registre des galères. Il témoigna

---

1. M. Marion, *Le garde des Sceaux Lamoignon et la réforme judiciaire de 1788*, Paris, Hachette, 1909, p. 35.
2. H. Valentino, *Mme de Condorcet, ses amis, ses amours*, Paris, Perrin, 1950, p. 32. Il affirme que les deux hommes avaient été condisciples au collège de Navarre. Mais Dupaty, né en 1746, de deux ans le cadet de Condorcet, pouvait n'avoir pas rencontré son aîné.

de son indignation dans des *Lettres* publiées trois ans plus tard où il dénonçait « la moisson sanglante que fait chaque année en France... le glaive exterminateur de la justice criminelle[1] ».

Également lié à Mme Suard[2], Dupaty avait de nombreuses occasions de discuter avec Condorcet, notamment de la réforme de la législation criminelle, sujet qui leur tenait également à cœur. Il était donc tout naturel que Dupaty s'attachât l'intelligence et la plume de Condorcet lorsqu'éclata l'affaire des trois roués. Avec Fréteau, les deux hommes passèrent de longues heures à étudier le dossier des accusés et à méditer les arguments que Dupaty développerait. Dans une lettre[3], Condorcet se réjouit de la colère du Parlement, qu'il croit utile à la bonne cause. Mais, en attendant le réquisitoire de Séguier qui se targuait d'écraser l'œuvre de Dupaty, il juge le moment venu d'intervenir. D'autant que d'autres erreurs judiciaires viennent d'être découvertes à Rouen, Lyon et Laon. A Caen et Toulouse, des juges ont condamné deux jeunes filles à être brûlées vives pour des crimes imaginaires... L'exaspération contre la justice est à son comble.

Le 11 juin, les *Mémoires secrets* signalent l'apparition d'un pamphlet de Condorcet dont ils donnent l'analyse dix jours plus tard. Il s'y fait l'avocat de Dupaty[4]. En vingt-trois pages écrites d'une plume alerte et combative, il résume les arguments du lourd *Mémoire* (251 pages rédigées dans le style juridique) et lui donne une publicité éclatante. La *Correspondance littéraire* de Grimm en publie l'argumentation et précise : « Il est aisé d'en reconnaître cette amertume de plaisan-

---

1. *Lettres d'Italie*, 3ᵉ lettre, 1788.
2. Lettre de Condorcet à Mme Suard, septembre 1785, CLXVIII, *op. cit.*
3. Lettre de à Mme Suard, mars 1786, CLXXIII, *op. cit.*
4. « Réflexions d'un citoyen non gradué sur un procès très connu », 1786, in *Œuvres*, tome VIII, pp. 143-166 : « Dans un pays où la justice criminelle, agissant toujours dans les ténèbres, ensevelit dans la poussière d'un greffe ses fautes et ses préoccupations, ce mémoire est non seulement un acte d'humanité envers ces infortunés, mais un service rendu à la nation, qu'il a réveillée sur de grands intérêts trop longtemps oubliés. »

teries qui, mêlées aux apparences d'une douceur et d'une bonhomie inaltérables, l'a fait appeler... le mouton enragé[1]. »

Le 7 août, le réquisitoire de Séguier est enfin lu devant le Parlement, toutes Chambres réunies. Sa lecture dure neuf heures et occupe trois séances. On y fait l'apologie de l'ordonnance criminelle de 1670, et on stigmatise les pernicieux esprits qui s'attaquent à l'ordre établi[2]. Le 12 août, par 59 voix contre 39, le *Mémoire* de Dupaty est condamné à être lacéré et brûlé de la main du bourreau. Une information doit être menée contre ses auteurs et distributeurs. Alors Dupaty s'en proclame l'auteur, et la même majorité se retrouve à peu de chose près, huit jours plus tard[3], pour lancer contre lui, ainsi que contre l'avocat Legrand de Laleu, un décret de prise de corps. Les deux arrêts donnent lieu à un nouveau pamphlet de Condorcet, extrêmement bref et mordant : *Récit de ce qui s'est passé au Parlement de Paris le mercredi 20 août 1786*[4]. Il s'attaque nommément à Séguier, qu'il accuse de « fidélité » à l'Inquisition, et à d'Ormesson, ce magistrat qui a laissé torturer et exécuter le chevalier de La Barre, son neveu, sans se permettre la moindre démarche publique ni pour prévenir ni pour arrêter un assassinat judiciaire aussi absurde que barbare. En vingt ans, la Justice n'a pas changé : la plus importante cour de justice méconnaît les droits de la défense et n'admet aucune critique contre ses décisions. Finalement, c'est à l'autorité royale que la justice devra de n'être pas humiliée une fois encore. Le silence se fait sur l'incident, et les foudres parlementaires ne pourront atteindre les deux victimes désignées[5].

Condorcet ne désarme pas. Ulcéré, il ne se contente pas d'écrire des pamphlets pour alerter l'opinion publique sur les

1. *La Correspondance littéraire*, tome XIV, juillet 1786, pp. 417-418.
2. Au passage, Séguier égratigne son vieil ennemi Condorcet.
3. Le Parlement s'est réuni à nouveau en assemblée générale le 18 août.
4. Signalé par Bachaumont dès le 25 août et reproduit à la date du 16 septembre. Il fut également reproduit dans la *Correspondance littéraire*, tome IV, septembre 1786. Il est publié dans les *Œuvres*, tome I, pp. 504 à 507.
5. Le Roi suspend l'effet du décret de prise de corps.

crimes de cette justice qu'il exècre. Il rédige un projet de réforme qu'il confie à La Fayette pour le faire parvenir en haut lieu. Ce dernier raconte : « J'ai fait une visite chez M. de Nivernois... pour qui j'ai laissé un petit projet de réforme de la jurisprudence criminelle fait par M. de Condorcet et destiné à échauffer le garde des Sceaux. C'est plus pour l'acquit de ma conscience que je fais cette démarche, que dans l'espoir de rien obtenir[1]. »

Dès septembre, Dupaty publia un second mémoire, aussi volumineux que le précédent, insistant sur la nécessité de réformer la procédure criminelle, puis un second et un troisième en février et juin 1787. Quant à Condorcet, il profita de sa chaire au Lycée pour faire publiquement une leçon de mathématiques pleine de sous-entendus sur le sujet. Les *Mémoires secrets* n'apprécièrent pas ses curieuses digressions sur les probabilités : « On a facilement vu que son projet était de critiquer indirectement le réquisitoire de M. Séguier et de prendre sa revanche du coup de patte que cet avocat général lui donne. Il l'a fait d'une façon très amère, il est tombé sur les magistrats et sur la législation française ; en un mot, il a tellement scandalisé les gens impartiaux qu'il en a résulté beaucoup de fermentation[2]. »

Pour le rédacteur des *Mémoires*, les gens impartiaux étaient du côté de Séguier. Heureusement, le Conseil du Roi n'était pas « impartial ». Le 30 juillet 1787, il cassa à l'unanimité l'arrêt du Parlement de Paris et renvoya la cause devant le bailliage de Rouen. C'est grâce à l'intervention de Condorcet auprès de Malesherbes, alors ministre et cousin du garde des Sceaux Lamoignon, que les trois accusés furent renvoyés devant cette cour[3]. Dupaty obtint de ce tribunal un acquitte-

1. La Fayette, *Mémoires*, tome II, p. 156, août 1786.
2. *Mémoires secrets...*, vol. 33, 22 décembre 1786.
3. Bibliothèque de l'Institut, *Papiers Condorcet*, Ms 854, folio 417, lettre non datée de Condorcet à Malesherbes : « Monsieur, vous allez me trouver bien importun, mais ce n'est pas ma faute. *Nous* ne demandons que justice et nous avons bien de la peine à l'obtenir. Il est vraiment impossible que les trois accusés demandent grâce et consentent à se déshonorer, eux et leurs défenseurs... Pourquoi

ment. Le Parlement de Rouen fit appel. Le nouveau procès aboutit à l'acquittement définitif, le 18 décembre 1787, aux applaudissements de vingt mille personnes[1].

L'affaire des trois roués avait été pour Condorcet l'occasion d'une revanche éclatante sur d'Eprémesnil et les autres parlementaires ligués contre Lally. Singulièrement, elle lui fit rencontrer le bonheur. Car c'est grâce à Dupaty qu'il connut sa nièce, Sophie de Grouchy.

## Le mariage avec Sophie de Grouchy

Dupaty était très lié à son beau-frère Fréteau et à la sœur de celui-ci[2], la mère de Sophie. Les Grouchy vivaient à la campagne, au château de Villette, près de Meulan, et n'avaient pas de pied-à-terre à Paris. Lorsqu'ils y venaient, rarement, ils descendaient à l'hôtel des Fréteau, rue de Gaillon. L'été, tout le monde s'installait à Villette. Dupaty admirait sa nièce Sophie, douée de toutes les séductions. La beauté de ses traits, la grâce de son corps, l'éclat de son esprit suscitaient l'admiration, voire la passion de tous les hommes qui l'approchaient. Ses portraits montrent de grands yeux noirs, un regard troublant, des sourcils accentués, un menton très doux, un sourire tendre et malicieux, un nez retroussé, une superbe chevelure. On l'appelait la « belle Grouchette ».

ne *nous* donnerait-on pas le bailliage de Rouen avec l'appel au même Parlement ?... Pourquoi *me* refuseriez-vous d'avoir la bonté d'être notre interprète auprès de lui [le garde des Sceaux] ? Comment, sans vous, pourrions-*nous* y parvenir au milieu des traces des affaires ? Et qui a plus de droit que vous auprès de lui, vous qui vous intéressez à la fois à la justice et à sa gloire personnelle ? Si on avait cassé, il y a vingt ans, les arrêts de La Barre et de Lally, et si cette cassation eût prévenu l'exécution de ces assassinats juridiques, on n'en parlerait plus... Daignez, monsieur, demander Rouen... ou proposez Rouen. Agréez, je vous supplie, mes excuses, car je vois très bien combien je vous impatiente. » (Souligné par nous.)

1. Chiffre avancé par les *Mémoires secrets.* Dupaty fut l'objet d'éloges dans toute la France, son auxiliaire Legrand de Laleu réintégré sur le tableau des avocats et dédommagé.

2. Mme Dupaty et la mère de Sophie, Mme de Grouchy, étaient sœurs. Elles étaient nées Fréteau.

Condorcet rencontra Sophie pour la première fois à l'hôtel de la rue de Gaillon, au début de l'été 1786. Il passait alors ses jours et ses nuits avec Dupaty à préparer la défense des trois roués. Il avait quarante-trois ans. La duchesse d'Abrantès, qui ne l'aimait guère, le décrit ainsi : « Sa figure, sans être remarquablement belle, avait une expression qui frappait. Son front était vaste et bombé, son regard profond..., son nez était aquilin et très prononcé ; sa bouche était le trait le plus caractéristique de sa figure ; son sourire était calme, mais il devenait facilement satirique. Il annonçait une chose intime qu'il ne traduisait que par cette expression légèrement moqueuse qui relevait les coins de sa bouche lorsque la pensée qu'il accompagnait était trop vivement ressentie[1]. » Il est peu probable qu'un tel physique suffit à séduire la jeune beauté de vingt-deux ans[2]. Sophie sortait juste du couvent séculier de Neuville-en-Bresse où elle avait été admise, grâce à neuf générations de noblesse militaire du côté paternel[3], comme chanoinesse titulaire. Arrivée en septembre 1784, accompagnée de sa gouvernante, avec toutes les vertus d'une jeune fille naïve, ignorante et croyante, elle en était ressortie, vingt mois plus tard[4], philosophe et radicalement athée. Sa mère, effrayée d'une telle transformation, exigea qu'elle brûlât devant elle tous les livres de Rousseau et de Voltaire qu'elle avait rapportés. En vain. Sophie conserva ses idées subversives sous l'apparence de la plus grande douceur et de la meilleure éducation. Acquise aux idées nouvelles et décidée à mettre son ardeur à leur service, elle fut la première à soutenir les combats de son oncle Dupaty, qui n'étaient pas toujours du goût du reste de la famille.

Entre l'oncle et la nièce s'étaient fait jour des sentiments

1. Duchesse d'Abrantès, *Histoire des salons de Paris*, tome II, 1837, Ladvocat, pp. 218-219.
2. Sophie est née en septembre 1764 et mourut le 8 septembre 1822.
3. M. de Grouchy était marquis. Son fils unique, Emmanuel (1766-1847), sera le fidèle maréchal de Napoléon.
4. En avril 1786.

très profonds. En 1784, Dupaty n'hésita pas à brosser un portrait enthousiaste de Sophie à sa femme. Il vantait sa taille de nymphe, son air de noblesse... et son talent d'épistolière qu'il ne craignait pas de comparer à celui de Mme de Sévigné ! Il lui écrivit d'Italie au chapitre de Neuville, et lui rendit visite dès son retour, en août 1785. Après son passage, elle lui adressa une lettre tendre et équivoque : « Je ne vous parlerai point de l'impression que m'ont faite votre passage ici, vos conversations, votre confiance, votre intérêt, votre départ. J'espère que vous en trouverez aisément l'idée dans votre cœur et je sens que j'aurais peine à vous la rendre. Vous m'avez rendu l'absence plus douloureuse que jamais[1]. » Quand elle sortit de son couvent, il lui confia l'éducation de son fils aîné, certain d'avoir trouvé en elle l'éducatrice idéale. On s'interroge sur les sentiments de Mme Dupaty à l'égard de la jeune fille qui captivait si bien son mari et élevait à présent son fils !

Pour la troisième fois de sa vie, Condorcet tombe très amoureux. Il n'a plus affaire à une coquette comme Mme de Meulan, qui mésestimait Sénèque, ou à une jeune délurée comme la nièce de Mme Suard. Il aime une jeune fille remarquable entre toutes, par la réunion si rare de la beauté et d'une élégance d'Ancien Régime, de l'indépendance d'allure et d'une l'ouverture d'esprit qui annoncent les temps nouveaux. Intelligente, intellectuelle sans être bas-bleu, Condorcet trouve en somme en elle la totalité des femmes dont il rêvait : une séductrice, une amoureuse, mais aussi une sœur et une complice !

Le premier obstacle fut la timidité de Condorcet qui n'osait se déclarer. Sophie était charmante, mais rien dans sa conduite ne laissait soupçonner de tendres sentiments pour lui. Lorsque vint l'automne, Dupaty et les Grouchy s'installèrent à Villette, et Condorcet se retrouva seul à Paris. Désemparé, il avait écrit à Mme Suard qu'il s'ennuyait et qu'il la priait de revenir.

---

1. Archives Dupaty de Clam, citées par H. Valentino, *op. cit.*, p. 25.

Charmée, celle-ci s'empressa de déférer à cette marque d'intérêt, d'autant qu'elle venait de lui rendre un hommage public exaltant sa bonté, sa simplicité et son admirable sens de l'amitié[1]. A sa grande surprise, elle ne le vit pas accourir. Pis, elle apprit qu'il passait régulièrement devant sa porte sans s'y arrêter[2]. Il courait chez Dupaty où Sophie était revenue de Villette avec sa mère. Il ne s'ennuyait plus à Paris. Mme Suard, l'ayant rencontré par hasard, lui écrit alors cette lettre qui se veut une explication et qui ressemble à une scène de jalousie :

« Je croyais que mon retour à Paris était une chose agréable pour vous : vous m'avez écrit que vous le désiriez ; cependant, je doute que je vous eusse vu quelques moments, si je ne vous avais rencontré chez Mme Dupaty. Je trouve bien simple que vous ayez un vif attrait pour sa nièce. J'ai toujours pensé que la beauté, la grâce, l'esprit devaient faire de vives impressions. Pourquoi ne me diriez-vous pas tout ce qui se passe dans votre âme, puisqu'il ne peut rien s'y passer que je n'approuve ? Ne dois-je pas me croire quelques droits à votre confiance quand la mienne pour vous a été sans réserve ?... Mais ce à quoi je ne puis me résigner, c'est à cet abandon que vous faites en ce moment d'une amitié qui toujours vous a été chère... Voilà plusieurs jours que vous m'avez profondément affligée en passant devant ma porte sans y entrer. Être si près de moi, sans sentir le besoin de me voir un moment, c'est une indifférence à laquelle votre amitié n'a pu me préparer... Si vous êtes amoureux de Sophie, pourquoi ne me l'avoueriez-vous donc pas, puisque votre amour deviendra une bonne excuse de vos torts envers l'amitié[3] ? »

1. « Soirées d'hiver d'une femme retirée à la campagne », 5ᵉ lettre, in *Journal de Paris*, 17 novembre 1786, pp. 1 326-1 327.
2. L'hôtel de la rue de Gaillon était tout près de la rue Louis-le-Grand.
3. Lettre de Mme Suard à Condorcet, automne 1786, CLXXIV, *op. cit.*

En attendant, Mme Suard boude. Elle se dit blessée et refuse de le voir. En fait, elle est vexée de n'avoir pas compris plus tôt la signification des constants va-et-vient de Condorcet chez Dupaty. « Je croyais, dit-elle, que Mlle de Grouchy n'était là qu'un objet secondaire. Il ne pouvait me venir dans la pensée qu'un homme qui, depuis plus de dix ans, me répétait qu'il était trop vieux pour se marier[1]..., à qui le malheur de sa première passion avait persuadé... qu'il ne pouvait plaire à une jolie femme, devînt subitement amoureux et cédât sans aucune défense à cet amour... Cependant, dès ce moment, sa vie changea absolument[2]. » Condorcet, qui se couchait d'habitude à dix heures, restait à présent jusqu'à plus de minuit chez Dupaty ! Ce fut l'indice qui mit Mme Suard sur la piste. Elle eut l'idée d'une passion que, peut-être, il ne s'avouait pas encore à lui-même.

Au reçu de sa lettre, Condorcet accourt, se confesse et demande pardon. L'indulgente amitié, dit Amélie, oublie tout pour ne s'occuper que de son bonheur qui porte « un bien terrible coup » au sien ! En vérité, elle est ravie d'être redevenue la confidente d'antan et de présider à de nouvelles intrigues amoureuses. En relations déjà anciennes et affectueuses avec les Grouchy, elle vient justement de passer quelques jours agréables à Villette, en compagnie de son inséparable Garat. Le 4 octobre 1786, Sophie a écrit un billet charmant à M. Suard pour lui demander de garder son épouse quelques jours de plus avec eux. Il se termine ainsi : « Un peu de soleil et beaucoup d'amitié ne nous donnent-ils pas quelques droits, monsieur, de garder ainsi ce que vous chérissez davantage[3] ? » A cette époque, si Amélie ne se doute pas encore des sentiments de Condorcet pour Sophie, elle paraît certaine que le cœur de celle-ci est déjà pris. A partir de là, tout ce qui est rapporté provient du témoignage exclusif de Mme Suard. Témoin prévenu et jaloux, c'est bien après la

---

1. Mme Suard omet opportunément l'affaire de l'enlèvement de sa nièce !
2. Note de Mme Suard à sa lettre de l'automne 1786, *op. cit.*
3. Lettre publiée par René Doumic, *art. cité*, II, p. 73.

Révolution qu'elle consignera les faits qui vont suivre... A cette date, Condorcet, avec lequel elle s'est brouillée pour des raisons politiques, est mort. Quant à Sophie, Mme Suard la hait et la rend responsable de leur rupture.

Au cours de la visite où Condorcet lui avoua son amour, Amélie lui demanda s'il aimait assez Sophie pour l'épouser. Il répondit oui, si elle le voulait bien. Elle lui fit alors remarquer que le cœur de Sophie « était engagé par un premier sentiment[1] qui jette dans l'âme de profondes racines, et qu'il était plus sage d'attendre ». Condorcet dit qu'il attendrait aussi longtemps qu'on le voudrait, qu'il ne prétendait qu'à son amitié et qu'elle lui en montrait beaucoup. Michelet et d'autres se sont interrogés sur cet inconnu qui aurait été aimé de Sophie avant son mariage. Les noms de Dupaty, de La Rochefoucauld, de La Fayette, de l'abbé Fauchet[2] et d'Anacharsis Clootz[3] ont été cités. Aux dires de Mme Suard, cet homme était marié et du même âge que Condorcet. Ces détails éliminent La Fayette, l'abbé Fauchet et Anacharsis Clootz. Resteraient les noms de Dupaty et surtout de La Rochefoucauld[4], né la même année

1. Dans la note attenante à la lettre de l'automne 1786, Mme Suard affirme que Sophie l'avait faite la confidente d'un autre amour avant son mariage : « Son amant avait pour moi la plus vive amitié et elle espérait que je la fortifierais encore dans son cœur », CLXXIV, *op. cit.*

2. 1744-1793. Prêtre à Saint-Roch, remarquable orateur, il est nommé prédicateur du Roi en 1783, mais est obligé de renoncer à ce titre en 1788 à cause de ses excès de langage contre la Cour. Membre de la Commune de Paris, il fonde en janvier 1790 *Le Bulletin de la Bouche de Fer* et crée, avec Condorcet et quelques autres, le Cercle social. Député de la Législative et de la Convention, il stigmatise, avec les Girondins, la toute-puissance de la Commune de Paris. Le 18 juillet 1793, Chabot le dénonce comme inspirateur du meurtre de Marat. Il est guillotiné le 31 octobre 1793.

3. 1755-1794. Riche baron allemand ayant reçu une éducation « européenne » et beaucoup voyagé. Enthousiasmé par la Révolution française, il se veut « l'orateur du genre humain ». Cet original se montre l'apologiste d'une guerre révolutionnaire à toute l'Europe. Élu à la Convention par l'Oise, il justifie les massacres de Septembre, vote la mort du Roi, prêche la République universelle et adopte le culte de la Raison. Exclu de la Convention par le décret de Robespierre (6 nivôse) contre les étrangers, il est dénoncé par Saint-Just en même temps que les Hébertistes, et guillotiné le 24 mars 1794.

4. Veuf en 1771, il s'était remarié avec sa nièce (la fille de sa sœur) en 1780.

que lui. Mais ces déductions n'ont pas la moindre valeur de preuve. Et le nom de l'amant supposé reste ignoré.

Condorcet ne demeurait pas inactif. Il fit savoir à Sophie qu'il désirait l'épouser. Selon Mme Suard, elle n'accepta ni ne refusa, mais avoua loyalement que son cœur n'était pas libre. Les Grouchy, flattés d'une telle proposition, laissèrent à leur fille le soin de décider. Toujours aux dires d'Amélie, Sophie aurait passé quelques semaines dans les plus grands déchirements. Repartie pour Villette, « Condorcet lui écrivit en lui promettant tout le bonheur que la tendresse peut donner. L'amant écrivait de son côté que sa vie dépendait de son amour[1]. » Finalement, Sophie se décida pour le philosophe et le mariage eut lieu sans délai, le même jour que les fiançailles. La bénédiction nuptiale fut donnée le 28 décembre 1786 dans la chapelle du château de Villette. Le marquis de La Fayette et le marquis du Puy-Montbrun étaient les témoins du mari ; l'oncle Dupaty, celui de Sophie[2]. Au milieu des signatures éclatantes de l'acte de mariage figure celle, modeste, du fidèle secrétaire de Condorcet, Louis Cardot. En revanche, nulle trace de la présence des Suard.

Les *Mémoires secrets* — presque toujours malveillants à l'égard de Condorcet — annoncèrent son mariage en ces termes : « M. le marquis de Condorcet épouse la fille de la marquise de Grouchy, sœur de M. Fréteau et de Mme la présidente Dupaty. Il en était amoureux depuis quelque temps et voilà la cause du zèle avec lequel il a défendu les trois roués et les deux magistrats, leurs défenseurs. » C'était prendre l'effet pour la cause dans le seul but de rabaisser les combats de Condorcet contre l'injustice. Après le mensonge, la gaudriole la plus lourde ; le rédacteur des *Mémoires* poursuit :

1. Note de Mme Suard, *op. cit.*
2. Acte du mariage de Condorcet et de Mlle de Grouchy, reproduit par le Dr Robinet, *op. cit.*, pp. 332-333. Une copie est à la Bibliothèque de l'Institut. Que La Fayette ait été le premier témoin de Condorcet prouve leur intimité et paraît éliminer l'hypothèse qu'il fut le premier amour de Sophie. En revanche, on notera l'absence du duc de La Rochefoucauld, qu'une amitié de quinze ans liait au marié.

« Ayant reçu notification de ce mariage, l'Académie des sciences sélectionna, selon l'usage, la classe de géométrie et d'astronomie pour complimenter son secrétaire perpétuel. "Messieurs, s'est écrié M. Dionis du Séjour, le farceur de la compagnie, et qui la tient en gaieté, ce n'est pas parmi ces Messieurs qu'il faut choisir : c'est tout ce qu'il y a de mieux et de plus fort en anatomie qu'il faut envoyer à notre confrère." » Et, pour renforcer le trait, le rédacteur conclut : « Plaisanterie qui a d'autant plus fait rire que M. de Condorcet a au moins trente ans de plus que la demoiselle [en vérité, il n'avait que vingt-et-un ans de plus que Sophie], jeune, jolie, bien découplée et un morceau de dure digestion pour le nouvel époux[1]. »

Désintéressé, Condorcet avait épousé Sophie sans dot. Mais la calomnie des royalistes, durant la Révolution, inventera une fable qui sera reprise à son compte par Lamartine, malgré les vives protestations de la fille de Condorcet. Dans *l'Histoire des Girondins*, il raconte que le duc de La Rochefoucauld aurait donné 100 000 livres à Condorcet à l'occasion de son mariage, ou du moins qu'il lui en aurait assuré le revenu, soit 5 000 francs par an. Après la fuite à Varennes, Condorcet s'étant proclamé républicain, La Rochefoucauld, brouillé, aurait cessé de lui verser la rente promise, et Condorcet lui aurait alors écrit pour la réclamer. Arago a fait justice de cette calomnie[2]. D'une part, le secrétaire intime du duc de La Rochefoucauld lui a confirmé qu'il n'en avait personnellement jamais eu connaissance. D'autre part, Isambert, conseiller à la Cour de cassation, qui a examiné les titres de la succession de Condorcet, n'y a relevé « aucune trace de l'accroissement de sa fortune à l'époque de son mariage et depuis[3]. »

---

1. Les *Mémoires secrets*, *op. cit.*, vol. XXXIII-XXXIV, 1786-1787, p. 303 et 304, à la date du 28 décembre 1786.

2. Arago, « Remarques sur l'Histoire des Girondins », *Œuvres*, tome I, p. CLXXIII à CLXXXV.

3. Bibliothèque de l'Institut, Ms 848, folio 22, note du 2 juin 1849. Isambert ajouta justement : « Si M. de La Rochefoucauld avait voulu avantager cette union de 100 000 livres ou de 5 000 francs de rente, ... il l'aurait fait constater non

Les jeunes mariés s'installèrent aussitôt à l'Hôtel des Monnaies. Les revenus de Condorcet s'élevaient à environ 22 000 livres qui se décomposaient ainsi : 5 000 livres d'appointements comme inspecteur des Monnaies, 3 000 comme secrétaire perpétuel de l'Académie, 11 000 livres de terres provenant pour les deux tiers de l'héritage de son oncle, et un peu plus de 2 000 livres en rentes viagères, venant de la succession de son père. C'était le brave Cardot qui gérait ses intérêts, dont le couple ne s'occupait guère.

## Le salon de Sophie

A peine installée quai Conti, Sophie donna vie au salon de l'Hôtel des Monnaies. Grâce à son charme et à son esprit, il devint le rendez-vous des philosophes et des savants de l'Europe éclairée. Adam Smith[1], qui avait rencontré Condorcet chez Turgot, vint saluer sa future traductrice. Beccaria, Anacharsis Clootz, David Williams[2], Jefferson[3], Bache, le petit-fils de Franklin, Etienne Dumont[4] et Thomas Paine s'y retrouvaient. Les plus jeunes, de la génération de Sophie, venaient écouter le dernier des encyclopédistes. C'étaient Cabanis, qui épousera la sœur de Sophie, Garat, Volney, Ginguené, Benjamin Constant, ceux que l'on appellera plus

seulement pour témoigner de sa vive estime pour le savant académicien, mais pour en assurer le bénéfice aux enfants à naître. »

1. L'économiste anglais (1723-1790), auteur de la *Richesse des Nations* (1776) qui avait influencé Turgot, s'était fait connaître par sa *Théorie des sentiments moraux* (1759). C'est ce dernier livre que Sophie de Condorcet traduira et publiera en 1795.

2. 1738-1816. Homme de lettres anglais aux idées libérales, il eut, avec quelques autres, l'honneur d'être fait citoyen français par le décret du 26 août 1792. Il ne quittera la France qu'après la mort de Louis XVI.

3. A la veille de sa mort, Condorcet, craignant que sa fille ne devienne totalement orpheline, écrivit un ultime testament pour la recommander à Jefferson et à Bache.

4. 1759-1829. Publiciste et pasteur genevois. Après avoir passé dix-huit mois à Saint-Pétersbourg et dirigé l'éducation des fils de Lord Shelburne en Angleterre, il fit deux séjours à Paris, en 1788 et 1789. C'est au cours du premier qu'il fit la connaissance de Mirabeau et rencontra Condorcet. Grand admirateur de Sophie, il fut, à cette époque, un habitué du Quai Conti.

tard les *idéologues*. Chamfort, moraliste amer et cruel, y côtoyait le poète Chénier, toujours mélancolique, ou le poète Roucher, toujours de bonne humeur. La Fayette en était un pilier, et Beaumarchais y venait fréquemment parler aux Américains et mettre au point avec Condorcet la première édition des œuvres complètes de Voltaire[1].

Les soirées chez les Condorcet étaient sérieuses, et les discussions volontiers abstraites. La duchesse d'Abrantès trouvait qu'il y manquait le charme de la causerie intime[2]. Mais tous ceux qui le fréquentaient avaient le sentiment exaltant de participer à un laboratoire d'idées où l'on préparait un monde nouveau. « Parmi ces illustres penseurs planait la notable et virginale figure de Mme de Condorcet, que Raphaël aurait prise pour type de la métaphysique. Elle était toute la lumière ; tout semblait s'éclairer, s'épurer sous son regard[3]. » Sophie, comme la jeune Mme de Staël[4], ou, avant elles, Julie de Lespinasse, savait d'instinct tenir salon. Le plus remarquable fut qu'elle présidât au plus austère salon de la capitale sans jamais être ridiculisée sous le nom de bas-bleu, de précieuse ou de pécore.

Est-ce parce que Sophie leur faisait de l'ombre, ou tout simplement parce que son mariage les privait un peu de leur cher Condorcet ? Les trois principales amies de celui-ci ne marquèrent d'abord aucun empressement vis-à-vis d'elle. Mme Helvétius, qui ne sortait jamais de sa maison d'Auteuil, ne recevait guère de femmes ; elle mit plusieurs mois avant de l'adopter. Mme d'Enville trouvait ridicule ce mariage tardif ; elle finit par « pardonner » au savant, mais ne semble

1. Depuis 1783, Beaumarchais réunissait toutes les œuvres et correspondances de Voltaire pour les faire publier à Kehl. Condorcet, héritier de d'Alembert, avait donné la correspondance des deux hommes et s'était engagé à rédiger une *Vie de Voltaire* (ce qui fut fait en 1789 ; *Cf.* Œuvres, tome IV, pp. 1 à 186) et des avertissements pour l'édition complète.
2. *Op. cit.*, p. 208.
3. Michelet, *Les Femmes de la Révolution*, Paris, A. Delahays, 1854, P. 93.
4. La fille de Necker avait épousé le baron de Staël, ambassadeur de Suède en France, le 14 janvier 1786. Elle avait ouvert son propre salon à peu près à la même époque que Sophie de Condorcet.

pas avoir souvent reçu le couple à La Roche-Guyon. Il est vrai que, depuis son mariage, Condorcet va se reposer chez les parents de sa femme, à Villette où il retrouve Charlotte Grouchy, la charmante sœur de Sophie, Dupaty, Fréteau, etc. Et quand il visite la famille de La Rochefoucauld à l'hôtel de la rue de Seine, rien n'indique que Sophie l'y suive[1].

La plus amère fut incontestablement Amélie Suard, qui ressentit cette union comme une trahison. Pourtant, Sophie avait tout fait pour conserver ses bonnes grâces et ne pas faire obstacle à la vieille amitié qui l'unissait à Condorcet. Ne lui avait-elle pas promis : « Nous nous le partagerons. Vous viendrez vivre avec lui si le sort vous condamne à pleurer votre mari[2] » ? Mais, en fait, on se vit rarement, le moins souvent possible. Condorcet était gêné. Mme Suard, chaque fois qu'elle pensait à lui, sentait les larmes lui monter aux yeux. Elle était sans doute jalouse de Sophie, et sentait confusément le contraste que formait avec elle la nouvelle venue : « Celle-ci, écrit R. Doumic, grande dame, ayant de la race et du sang ; elle, bourgeoise et provinciale passée de la boutique d'un marchand au petit ménage d'un professionnel des lettres. La première, brave et même hardie, regardant tous les genres de péril en face et sans baisser les yeux, l'autre assaillie de vapeurs. Devant la beauté rayonnante d'une telle rivale, que devenaient les grâces mignardes qui avaient émoustillé Voltaire[3] ? »

1. On ne sait presque rien des relations entre Sophie et les La Rochefoucauld. Le seul témoignage parvenu jusqu'à nous est ce billet de la jeune épouse du duc : « Mme de La Rochefoucauld fait mille compliments à Mme la marquise de Condorcet et a l'honneur de lui mander que le tableau dont elle veut savoir la mesure a 30 pouces de hauteur sur 25 de largeur. Elle lui enverra le portrait aussitôt qu'elle le désirera. Elle espère avoir le plaisir de la voir, et de lui renouveler l'assurance de ses sentiments ». Bibliothèque de l'Institut, *Papiers Condorcet*, Ms 860, folio 275 (Pièces relatives à l'année 1790). Le ton cérémonieux et convenu de cette missive n'incite pas à penser que régnait entre elles une grande intimité.
2. Note de Mme Suard, CLXXIV, *op. cit.* Cette réflexion de Sophie, due à la mauvaise santé de M. Suard, ne fut pas du goût de Mme Suard !
3. René Doumic, *op. cit.*, p. 77.

Si l'on ajoute que l'une était dans tout l'éclat de ses vingt ans alors que l'autre avait bien dépassé les quarante, on aura tout dit. Il nous semble pourtant que le dépit de Mme Suard, et les larmes qu'elle avoue elle-même, prouvent le contraire de ce qu'elle voulait démontrer : que Sophie n'aimait pas Condorcet et ne l'aurait épousé que par intérêt, à cause du prestige de son nom. De son côté, Michelet, jamais à court d'imagination et de lyrisme, a laissé entendre qu'ils auraient vécu comme frère et sœur jusqu'à la Révolution et qu'il aurait fallu tout l'enthousiasme du 14 juillet pour qu'enfin... Si tel avait été le cas, Amélie n'aurait pas été malade de jalousie. Ses larmes venaient de la constatation que ces deux êtres-là s'aimaient pleinement, et qu'à eux deux, ils formaient la belle totalité dont rêve chacun. Il n'y avait plus de place pour la confidente des malheurs sentimentaux. Condorcet était enfin heureux, et seule comptait désormais Sophie.

## Le bonheur de Condorcet

Elle se passionnait pour tout ce qu'il faisait et partageait ses idées et ses combats. Dès 1787, elle s'inscrivit au Lycée pour y suivre plusieurs cours. Elle y rencontrait la jeune Mme de Lavoisier[1] et Benjamin Constant, installé à Paris chez les Suard depuis décembre 1786[2]. Elle était si assidue que l'un de ses admirateurs, Anacharsis Cloots, la surnomma la *Vénus lycéenne* ! Pour marquer sa solidarité avec les trois roués, elle avait pris à son service le fils de l'un d'eux, Bradier. Geste qui suscita les ricanements de la bonne société. Lorsque, avec Condorcet, elle rendit visite aux trois accusés dans leur prison,

1. Frénilly, *Mémoires* (1768-1848), Perrin, 1987, p. 23 : « Jeune, jolie, un peu pédante..., elle suivait deux ou trois cours de science. » Fille du fermier général M. de Paulze, elle avait épousé le grand chimiste à l'âge de treize ans, le 16 décembre 1771. De seize ans plus âgé, Antoine-Laurent Lavoisier forma avec elle un couple bien assorti qui resta très uni jusqu'à l'exécution de celui-ci, le 8 mai 1794, avec d'autres fermiers généraux.
2. Gustave Rudler, *La jeunesse de Benjamin Constant*, Paris, 1908, pp. 179-180.

on fit courir aussitôt le bruit qu'elle s'était jetée à leur cou. Condorcet se vit contraint de s'en expliquer auprès de Malesherbes avec lequel il négociait le lieu du prochain procès des roués : « Vous n'avez sûrement pas ajouté foi, Monsieur, à l'accolade donnée par ma femme aux trois accusés. Nous sommes humains sans être ridicules, et il y a non loin de la prison des gens qui sont à la fois inhumains et ridicules. Le concierge de la prison peut mentir, il est exposé à voir mauvaise compagnie, et la plus mauvaise n'est peut-être pas celle qui est dedans. Au reste, je puis vous certifier que ma femme n'a pas eu plus envie d'embrasser Simare ou Bradier que M. Séguier ou le président d'Ormesson, et c'est tout dire[1]. »

La démarche dut lui paraître humiliante. C'est, à notre connaissance, l'une des rares fois qu'il prit la plume pour démentir des calomnies. Mais ses pires ennemis, durant la Révolution, sachant qu'on l'atteignait au cœur en s'attaquant à sa femme, surent inventer les mensonges les plus ignobles sur sa conduite. Il s'en tiendra toujours à un silence méprisant, quelle que soit la souffrance ressentie.

A ce moment privilégié de sa vie, avec Sophie dont il est si fier, Condorcet est un homme comblé. Peut-être s'est-il alors souvenu des propos que Mme Suard lui tenait treize ans plus tôt : « C'est sans doute un grand bonheur que l'accord des goûts : on jouit de tout ensemble, on jouit doublement. Mais s'il y a conformité de sentiments et de principes, on est le monde entier l'un pour l'autre[2]. »

Après tant d'années de solitude affective, 1786 marquait le début du plus grand bonheur.

---

1. Bibliothèque de l'Institut, Ms 854, folio 419.
2. Lettre de Mme Suard à Condorcet, septembre 1773, LXX, *op. cit.*

# CHAPITRE VI

# Le démon de la politique
## (1787-1788)

## La crise financière

A peine les célébrations du mariage étaient-elles terminées que parvint à Villette la nouvelle de la convocation de l'Assemblée des Notables. Le 29 décembre, Calonne avait annoncé son intention de réunir des personnes qualifiées et de diverses conditions pour remédier d'urgence au déficit et au refus du Parlement d'enregistrer de nouveaux édits pour le combler. La Fayette, Condorcet et Dupaty, bien informés, avaient certainement eu vent du rapport secret remis au roi par Calonne sur l'état des finances en août 1786[1]. Mais la convocation de l'Assemblée des Notables fut une surprise pour tous[2], de même que l'ampleur du déficit qui mettait la France en situation de banqueroute imminente[3]. Nul doute que la nouvelle fut abondamment commentée par tous les invités de la noce. La Fayette comptait bien faire partie des

1. Le 20 août 1786, Calonne remit au roi *le Précis d'un plan d'amélioration des finances*.
2. Les multiples *Correspondances secrètes*, qui colportaient toutes les rumeurs de la Cour et de la ville, ne font pas mention d'une Assemblée des Notables jusqu'à ce que la convocation de celle-ci ait été rendue officielle.
3. A l'été 1786, le Trésor avait plus de 100 millions de déficit, un quart de milliard de dettes arriérées, et près de 255 millions d'anticipations, soit près de la moitié des recettes d'une année dépensées d'avance. D'où l'urgence d'une solution. *Cf.* Robert Lacour-Gayet, *Calonne*, Hachette, 1963, p. 169.

Notables[1] et Condorcet s'intéressait de près aux questions financières. Il fréquentait Dupont, fidèle serviteur de Turgot, à présent collaborateur de Calonne. Il connaissait Mirabeau, lui-même proche du contrôleur général[2].

Condorcet n'avait jamais cru à la vision optimiste que reflétait le budget royal présenté par Necker en 1781 pour sa plus grande gloire personnelle. Comme tous ceux qui suivaient le cours des affaires, il pensait que les finances publiques étaient dans un état critique. Les projets annoncés par Calonne ne pouvaient lui déplaire, car il y retrouvait l'inspiration et parfois même les propositions de Turgot[3] qu'il avait personnellement contribué à remettre à la mode par sa récente biographie. Confier la répartition de l'impôt aux contribuables réunis en assemblée répondait tout à fait au vœu de Turgot[4] et à ses propres espérances. Les projets du contrôleur général avaient donc sa sympathie. Politiquement, le plan de Calonne était habile : il soumettait ses projets financiers à l'Assemblée des Notables et emportait son approbation ; le Parlement aurait ensuite mauvaise grâce à refuser l'enregistrement d'édits approuvés par des hommes aussi considérables[5]. C'était sans compter avec la nouvelle puissance qui s'était levée en France :

1. La Fayette en fit effectivement partie. Son nom, porté sur les premières listes, puis rayé par Calonne, avait été finalement rétabli à la demande de Ségur et de Castries. La Fayette en garda rancune au contrôleur général.

2. *Cf.* Jean Egret, *La Pré-Révolution Française (1787-1888)*, Slatkine reprints, Genève, 1978, p. 8.

3. Le *Précis* de Calonne proposait de remplacer la corvée par une imposition en argent payable par tous, de libérer le commerce des grains, d'alléger le poids de la gabelle, de supprimer les droits de douane intérieurs, de remplacer l'impôt des vingtièmes par une imposition territoriale, de réorganiser la Caisse d'escompte créée par Turgot.

4. Talleyrand écrivit à Choiseul-Gouffier, le 4 avril 1787 : « C'est à peu près le résultat de tout ce que les bons esprits pensent depuis quelques années », *cf.* Egret, *op. cit.*, p. 8.

5. Calonne avait pris grand soin de faire désigner parmi les Notables les premiers présidents et d'autres hauts magistrats des cours souveraines. Dans une lettre à Washington du 7 février 1787, La Fayette ironise sur l'Assemblée des Notables que les méchantes langues prononcent à l'anglaise : « Not able(s) ». *Mémoires*, tome II, p. 194.

l'opinion publique[1]. Et dans le dialogue qui s'ouvrit le 22 février 1787 entre Calonne et les Notables, c'était l'opinion publique que chacun voulait conquérir.

Le public éclairé n'aimait guère Calonne. On ne lui pardonnait pas d'occuper la place de Necker. De plus régnait autour de lui comme un parfum de scandale — largement exploité par La Fayette — à propos de biens du Domaine royal acquis par des proches du ministre[2]. Quant aux Notables, comme l'écrit Tocqueville, « on cherchait leur aide et ce fut leur opposition qu'on rencontra[3] ». Calonne attendait une chambre d'enregistrement ; il trouva une assemblée indépendante, soupçonneuse, critique jusque dans le détail de ses projets, exigeant des comptes et des précisions. Calonne en fournit qui mettaient en cause l'exactitude du *Compte rendu* de Necker, soulevant ainsi l'indignation des partisans de celui-ci, nombreux jusqu'au sein des Notables. Lorsqu'il en appela à l'opinion publique contre la résistance des privilégiés à ses projets de réforme[4], l'émotion fut considérable. La coalition des intérêts, des rancœurs et des ambitions le firent tomber le 8 avril 1787[5]. Et, avec lui, son ennemi constant, le garde des Sceaux Hue de Miromesnil.

Bien que l'Assemblée se tînt à huis clos, Condorcet était informé de ce qui s'y passait. Les 144 Notables étaient répartis en sept bureaux. Au premier, présidé par le comte de Provence, siégeait La Rochefoucauld ; au second, sous la direction du comte d'Artois, La Fayette. Les trois hommes se retrouvaient régulièrement dans le salon de la rue de Seine, chez Mme d'Enville. Condorcet n'était pas dépourvu d'influence intellectuelle sur ses deux amis. Son autorité sur le

1. Elle était mal représentée par l'Assemblée : sur 144 Notables, trois seulement étaient roturiers. Les représentants du Tiers État étaient tous nobles.
2. Egret, *op. cit.*, p. 44.
3. Tocqueville, *L'Ancien Régime et la Révolution*, Gallimard, 1971, tome II, p. 50.
4. Le 31 mars, Calonne publia l'*Avertissement* rédigé par l'avocat Gerbier.
5. Il laissa la place à l'honorable — mais trop vieux — M. de Fourqueux, qui démissionna quelques semaines plus tard.

duc de La Rochefoucauld, notamment, était grande. Celui-ci et La Fayette s'étaient montrés les chefs de file de la noblesse libérale. L'essentiel, pour Condorcet, demeurait que fussent réalisés les projets de réforme voulus par Turgot. Et il comptait sur ses amis pour les promouvoir à l'Assemblée des Notables.

Le 2 mai 1787, un peu à contre-cœur, le Roi appela au Conseil des Finances le plus influent des Notables, le très habile archevêque de Toulouse, Loménie de Brienne. Condorcet le connaissait depuis près de vingt ans, pour l'avoir souvent rencontré dans le salon de Julie de Lespinasse, chez l'abbé Morellet ou chez Turgot qui avaient été tous deux ses condisciples au séminaire de la Sorbonne. Cependant, tout le crédit et l'habileté[1] de Brienne ne parvinrent pas à arracher l'accord espéré des Notables[2].

C'est alors que La Fayette franchit le pas décisif. Le 21 mai 1787, il évoqua la nécessité d'une Assemblée vraiment nationale, autrement dit la convocation des États généraux[3]. Personne ne soutint l'audacieux. Mais le mot était lâché. Le Roi et Brienne n'ayant plus rien à espérer de l'Assemblée des Notables, celle-ci fut dissoute le 25 mai. Avant de se séparer, La Fayette était parvenu à faire inscrire au procès-verbal de son Bureau la demande de deux réformes qui lui tenaient à cœur et pour lesquelles luttait Condorcet[4] : rendre l'état civil aux protestants, et refondre le Code criminel de 1670.

---

1. Il était très vite apparu à tous comme le premier des ministres. Par ses concessions faites aux Notables et son influence en leur sein, il pensait qu'il obtiendrait leur consentement et réussirait là où Calonne avait échoué.
2. Rendus plus soupçonneux sur l'état réel des finances par la révélation, faite par Brienne, d'un déficit supérieur de 20 à 30 millions à celui annoncé par Calonne, les Notables demandaient un contrôle des finances royales par un Comité indépendant dont le roi ne voulait pas entendre parler.
3. *Cf.* Arsenal, Ms 3 976, p. 960. *Mémoires de La Fayette*, tome II, p. 177.
4. La Rochefoucauld, qui avait formulé les mêmes demandes, ne fut pas suivi dans le Bureau de Monsieur.

## L'ami Paine

Le lendemain, 26 mai, débarqua au Havre un homme qui allait beaucoup compter dans la vie du couple Condorcet. C'était le second voyage en France de l'Américain Thomas Paine. Il était venu une première fois en 1781[1], avec Laurens, pour obtenir un prêt d'argent pour les insurgés. On a dit qu'il était resté cloîtré chez Franklin à Passy, et n'avait eu aucune relation avec la société parisienne[2]. Il est fort possible qu'il ait rencontré Condorcet chez Franklin lors de ce premier voyage[3]. Mais c'est sûrement lors du second — qui dura trois mois — que se noua entre eux une véritable amitié. Bien que d'origine tout à fait différente, les deux hommes étaient faits pour s'entendre. Né en Angleterre d'un père fabricant de corsets, Paine était arrivé en 1774 à Philadelphie à l'âge de trente-sept ans. Journaliste de talent, il s'était d'abord fait remarquer par un essai tonitruant contre l'esclavage, et ses écrits avaient donné une impulsion décisive au « torrent » de l'indépendance[4]. Issu d'une famille de quakers, il en avait adopté toutes les valeurs. Il combattait l'esclavage, la peine de mort, la persécution sous toutes ses formes, et le cléricalisme. Il partageait donc les convictions de Condorcet. Non seulement il défendait la cause des femmes et s'érigeait contre la cruauté à l'égard des animaux, mais, comme lui aussi, il était proche des francs-maçons[5] et désirait fonder une « Constitution mathématique » sur des principes inattaquables[6]. Sans être d'un niveau scientifique comparable à celui

1. Du 9 mars au 25 août 1781.
2. Daniel Conway, *Thomas Paine (1737-1809)*, 1900, p. 123.
3. Bernard Vincent, *Thomas Paine ou la Religion de la Liberté*, Aubier, 1987, p. 163.
4. Début 1776, il avait publié un pamphlet, *Le Sens commun*, qui demandait pour la première fois l'indépendance de l'Amérique. Le texte eut un immense succès et fut d'une grande influence sur les hommes politiques américains. Il fut également lu par l'intelligentsia anglaise et française.
5. B. Vincent, *op. cit.*, pp. 49 à 55.
6. D. Conway, *op. cit.*, p. 151.

du Français, Paine avait consacré beaucoup de temps aux mathématiques et à la mécanique. Il était le père de multiples découvertes[1] allant du bateau à vapeur au moteur à moudre...

C'était justement pour soumettre sa dernière invention au jugement de l'Académie des sciences qu'il venait cet été-là à Paris. Il s'agissait d'un pont de fer à une seule arche, dont il avait exposé la maquette à Philadelphie avant de partir. Il était recommandé par Franklin à Mme Helvétius, Leroy et La Rochefoucauld[2], et l'Académie l'avait reçu avec les honneurs dûs à son mentor. Elle désigna une commission, composée de Leroy, Bossut et Borda, pour faire un rapport. En août, l'Académie se déclara favorable au projet, non sans émettre certaines réserves. Entre-temps, Paine avait beaucoup fréquenté l'hôtel de la Monnaie avec le jeune Du Chastellet, qui adorait Sophie. Paine comprenait mal le français et se refusait obstinément à le parler. Heureusement, Condorcet se débrouillait convenablement en anglais[3], langue que Sophie maîtrisait et traduisait à la perfection. Bientôt, les Condorcet auront de nombreuses occasions d'être les interprètes de la pensée politique de Paine. Mais, en 1787, l'heure est encore aux échanges d'idées et au plaisir de la connivence. Condorcet lui a certainement parlé de son dernier texte : *Lettres d'un bourgeois de New Haven*[4] *à un citoyen de Virginie*[5]. Cette réflexion austère sur les institutions politiques fut l'occasion de la première[6] et solennelle reconnaissance des droits de la femme. Lui fut-elle inspirée par Sophie[7] ou bien voulut-il lui

1. *Ibid.*, p. 163.
2. Tous deux membres de l'Académie des sciences. La Rochefoucauld en était membre honoraire depuis 1782.
3. Bibliothèque de l'Institut, Ms 848, folio 25. Il regrettait de n'avoir appris ni le grec ni l'allemand. Il comprenait assez d'italien pour lire Beccaria dans le texte.
4. Allusion à sa nomination, en 1785, comme citoyen de la ville de New Haven.
5. 1787, in *Œuvres*, tome IX, pp. 3 à 93.
6. Condorcet est le plus grand féministe de son siècle. Il est le seul à avoir pris la plume pour défendre l'égalité absolue des sexes. Tout au plus Poulain de La Barre, au XVII⁰ siècle, peut-il lui être comparé.
7. A Bonaparte qui lui dira plus tard : « Je n'aime pas que les femmes se mêlent

rendre hommage en dénonçant les préjugés dont tout son sexe était l'objet ? Sensible à toutes les formes d'oppression, partisan farouche de l'égalité, Condorcet se devait naturellement de soulever la question du sort des femmes. Peut-être la présence à ses côtés d'un être aussi exceptionnel accélérat-elle une prise de conscience qu'il fut bien le seul, en son temps, à exprimer aussi nettement.

A cette époque où les hommes éclairés n'ont à la bouche que les « droits naturels », aucun n'avait encore déclaré que leurs compagnes étaient des êtres sensibles et raisonnables, comme eux, susceptibles d'exercer *absolument* les mêmes droits. Au contraire, Condorcet remarque qu'ils ont « partout fait contre elles des lois oppressives, ou du moins établi entre les deux sexes une grande inégalité[1] ». Or, la justice ne demande pas seulement qu'on cesse d'exclure les femmes du droit de cité[2], elle exige aussi qu'elles puissent être éligibles aux fonctions publiques. En effet, leur exclusion expose à deux injustices : l'une, à l'égard des électeurs dont on restreint la liberté ; l'autre, à l'égard de celles que l'on prive d'un droit accordé aux autres. D'après ce principe, « je crois, dit-il, que la loi ne devrait exclure les femmes d'aucune place[3]. » Et la condition d'une telle révolution est moins le changement des lois, qui en produirait nécessairement un dans les mœurs, qu'une modification radicale de leur éducation. Puisque les Lumières fondent l'égalité, comment les refuser à la moitié de l'humanité ? Le propos était si neuf qu'il ne pouvait attirer à son auteur que des ricanements, au mieux des objections. Par exemple, on invoquait contre les femmes leur faible constitution, ou leur absence de génie : elles auraient tous les talents, hors celui d'inventer. C'était l'opinion de Voltaire, pourtant plus féministe que ses contemporains, et qui avait

de politique », elle répondit : « Vous avez raison, général ; mais dans un pays où on leur coupe la tête, il est naturel qu'elles aient envie de savoir pourquoi ! »

1. *Op. cit.*, p. 14.
2. Le droit de vote.
3. *Op. cit.*, p. 17.

vécu quinze ans aux côtés d'une femme philosophe et mathématicienne : la brillante Émilie du Châtelet[1]... Condorcet remarque avec humour que s'il ne fallait admettre aux places que les hommes capables d'invention, il y en aurait beaucoup de vacantes, jusque dans les académies[2] ! Plus sérieusement, il conteste l'opinion selon laquelle le génie serait un privilège masculin : « Si on compare le nombre de femmes qui ont reçu une éducation soignée à celui des hommes qui ont reçu le même avantage, ou qu'on examine le très petit nombre d'hommes de génie qui se sont formés d'eux-mêmes, on verra que l'observation constante alléguée en faveur de cette opinion ne peut être regardée comme une preuve[3]. » De plus, la contrainte dans laquelle on tient les femmes depuis l'enfance ne peut être qu'un obstacle à l'émergence du génie. Et d'ailleurs, comment oser dire qu'aucune femme n'a eu du génie, lorsqu'on lit Mmes de Sévigné ou de La Fayette ?

Mais le sujet de l'égalité des sexes devait sembler bien peu digne d'attention à ses contemporains pour que Condorcet — la seule fois dans une œuvre qui compte des milliers de pages — éprouve le besoin de demander pardon à son lecteur de s'y étendre si longuement. « Songez — dit-il pour s'excuser — qu'il s'agit des droits de la moitié du genre humain, droits oubliés par tous les législateurs[4]. » Pis, il a peur de se brouiller avec ses lectrices, si jamais elles le lisent : « Je parle de leurs droits à l'égalité, et non de leur empire ; on peut me soupçonner d'une envie secrète de le diminuer ; et, depuis que Rousseau a mérité leurs suffrages en disant qu'elles n'étaient faites que pour nous soigner et propres qu'à nous tourmenter, je ne dois pas espérer qu'elles se déclarent en ma faveur[5]. » Conscient d'être à l'avant-garde lorsqu'il parlait de la libéra-

---

1. Cf. E. Badinter, Émilie, Émilie ; l'ambition féminine au XVIIIe siècle, Flammarion, 1983.
2. Op. cit., p. 19.
3. Ibid. Il ajoutait : « Voyez combien peu de moines en ont donné des preuves, même dans le genre où la contrainte de leur état paraît la moins sensible ?
4. Op. cit., p. 20.
5. Ibid.

tion des Noirs, il savait qu'il « s'exposait au ridicule » en évoquant les droits des femmes.

Plus généralement, ces *Lettres d'un bourgeois de New Haven* étaient un manifeste pour l'égalité. Comme, dix ans plus tôt, lorsqu'il s'adressait à Necker, Condorcet se montre profondément hostile à l'inégalité des fortunes, source de l'injustice sociale : « Nulle part le citoyen domestique, ouvrier, fermier d'un citoyen très riche, n'est son égal ; nulle part l'homme dégradé, abruti par la misère, n'est égal de l'homme qui a reçu une éducation soignée. Il s'établit donc nécessairement deux classes de citoyens, partout où il y a des gens très pauvres et des gens très riches : et *l'égalité républicaine* ne peut exister dans un pays où les lois civiles, les lois de finance, les lois de commerce rendent possible la longue durée des grandes fortunes[1] ».

Toutes ces idées ne pouvaient être qu'applaudies par Thomas Paine qui représentait l'aile « gauchiste » — bien minoritaire — de la Révolution américaine. Il est peu probable, au demeurant, qu'elles aient été prises au sérieux à Paris : à part Sophie, qui, parmi les proches de Condorcet, pouvait entériner un tel programme ?

## Le gouvernement Brienne

Le 30 août 1787, Paine part pour l'Angleterre présenter son fameux pont[2]. Condorcet, lui, peut se réjouir de la composition du nouveau gouvernement conduit par Brienne, récemment promu principal ministre. Le remplacement par Lamoignon de Miromesnil, qui incarnait la résistance intraitable de la tradition aux idées du siècle, est de bon augure. L'arrivée du nouveau ministre, en avril 1787, est saluée comme l'annonce qu'un esprit novateur va enfin animer la

1. *Op. cit.*, pp. 92-93. Souligné par nous.
2. Sa maquette connut là un vif succès. Le pont fut réalisé et inauguré en août 1790.

Chancellerie. Lamoignon a la réputation d'être éclairé, ferme et doué d'une volonté réformatrice opiniâtre. Dès son arrivée, il constitue, sous la direction du grand avocat Target, un comité de législation chargé de préparer la révision des lois civiles et criminelles. En attendant ce travail de longue haleine, il prend immédiatement des mesures pour supprimer les plus graves risques d'erreurs judiciaires. Dupaty et Condorcet crient victoire.

Début juin 1787, deux nominations éclatantes viennent conforter le crédit moral du ministère. L'illustre Malesherbes et le duc de Nivernais, réputés pour leur libéralisme, leur vertu et leur amour des Lumières, sont appelés au gouvernement. Sans doute, s'ils ont rang de ministres d'État, aucun département ne leur est-il confié. Mais leur présence rassure les bons esprits. En dépit des divergences passées, le retour de Malesherbes[1] aux affaires symbolise, pour Condorcet, la présence au gouvernement de l'inspiration de Turgot.

Condorcet est satisfait par les premières décisions annoncées par Brienne. Le 4 juin, la liberté totale du commerce des grains est proclamée. Le 27 juin, la corvée des routes est enfin remplacée par une prestation en argent[2]. Ces mesures sont enregistrées par le Parlement sans difficulté, de même que l'édit portant création des assemblées provinciales[3]. Condorcet exulte : il voit dans cet édit l'expression de la volonté, formulée naguère par Turgot, d'associer les citoyens à l'administration locale[4]. Surtout, il lui apparaît que des assemblées provinciales

---

1. Malesherbes accepta d'être ministre sans portefeuille sur les instances de Brienne.
2. Cette prestations, additionnelle à la taille, devait peser en principe sur tous les contribuables.
3. Contrairement au projet de Calonne, les ordres demeuraient distincts, mais le Tiers État obtenait la moitié des voix.
4. *Cf.* Condorcet, *Sentiments d'un républicain, Œuvres*, tome IX, p. 128 : « Le plan de ces assemblées était, quant au fond, celui qu'avait tracé un homme de génie, que sa vertu seule avait appelé à une grande place et que sa vertu seule en avait précipité. »

naîtra presque naturellement une Assemblée nationale[1]. Comme ces assemblées provinciales lui semblent marquer le début d'une nouvelle ère dans le gouvernement de la France, il entreprend dès 1787 de développer une théorie complète de la Cité démocratique qu'il appelle de ses vœux. C'est *l'Essai sur les assemblées provinciales*[2], son ouvrage politique le plus important. Mais il apparaît alors que la convocation des États généraux retire tout intérêt à ces assemblées, si bien que l'œuvre ne connaît aucun retentissement.

Les premiers succès remportés par Brienne étaient trompeurs. Chacun savait que les difficultés surgiraient dès lors que l'on passerait aux projets de réforme financière[3]. Le Parlement[4] émit d'abord la prétention extraordinaire que lui fussent communiqués l'état des recettes et des dépenses, ainsi que les économies projetées par le Roi. Après le refus du souverain, le Parlement fit des remontrances, le 26 juillet. Son adresse allait cette fois jusqu'à réclamer la convocation des États généraux. C'était affirmer que seule la Nation avait le droit d'accorder de nouveaux impôts, et donc contester la monarchie absolue. L'impression produite dans l'opinion publique fut considérable.

## La crise politique

Le conflit était ouvert entre la Cour et le Parlement. Tous les membres de celui-ci n'étaient pas animés des mêmes passions ni des mêmes ambitions. Sans doute le chef de file

1. *Ibid.*, p. 129 : « Par la simple réunion de quelques députés élus par elles et qui représenteraient ainsi la Nation assemblée. »

2. « Essai sur les assemblées provinciales », 1789, *Œuvres*, tome VIII.

3. C'est-à-dire à la création de l'impôt territorial et de l'impôt du timbre. Ce dernier avait suscité chez les négociants, nombreux et influents à Paris, une véritable indignation. Mallet du Pan, *Mémoires et Correspondance...*, Paris, 1851, tome I, p. 239.

4. Le 2 juillet 1787, la Cour des pairs — c'est-à-dire l'Assemblée générale du Parlement complétée par 7 princes du sang, 7 pairs ecclésiastiques et 27 pairs laïcs — refusa l'enregistrement.

de l'opposition était-il Duval d'Eprémesnil, haï entre tous par Condorcet, orateur de grand talent, manipulateur incomparable de ses collègues et qui rêvait, comme beaucoup d'entre eux, d'une monarchie aristocratique[1]. Mais, au-delà des ambitieux, un authentique souffle de liberté pénétrait bien des esprits. Ainsi en était-il pour certains ducs et pairs comme Luxembourg ou La Rochefoucauld, dont l'exemple subjuguait la foule des jeunes conseillers[2]. Le public prenait parti. Comme l'écrit à son frère le libraire Ruault, témoin attentif de ces temps passionnés : « Tout Paris répète à haute voix *l'Assemblée des États généraux*. Ce n'est qu'un cri dans les jardins publics, dans les groupes d'hommes réunis sur les places et dans les carrefours[3]. »

Aux parlementaires frondeurs qui résistaient à tout enregistrement d'impôt nouveau, le pouvoir répondit, en août 1787, par des lettres de cachet et la translation du Parlement à Troyes[4]. Mais Brienne souhaitait l'apaisement, et les parlementaires s'ennuyaient ferme loin de Paris. Un compromis fut secrètement négocié[5] et, le 20 septembre, les exilés d'un mois rentrèrent sous les applaudissements. Le calme n'était pourtant qu'apparent. Dès novembre, la fronde reprit de plus belle. La crise ne pouvait être réglée que par la convocation prochaine des États généraux — c'est-à-dire la capitulation

1. Où les États généraux auraient joué le rôle des Communes britanniques — en votant les impôts — et où les Parlements auraient contrôlé toutes les lois issues de la volonté royale, en attendant de se constituer en une sorte de Chambre haute.

2. *Mémoires du chancelier Pasquier*, Paris, 1893, tome I, p. 27 : « Les sentiments généreux s'emparèrent de nous et il n'y eut aucun moyen de nous retenir. Voyant ce jeune magistrat de vingt ans échauffé à la perspective des États généraux, un ancien l'avertit : "Votre grand-père disait toujours : la première fois que la France verra les États généraux, elle verra aussi une terrible Révolution". »

3. Nicolas Ruault, *Gazette d'un Parisien sous la Révolution*, 1783-1796, Perrin, 1976 ; lettre du 1er août 1787, p. 87.

4. Dans la nuit du 14 au 15 août 1787, la translation du Parlement à Troyes fut ordonnée, et tous les parlementaires reçurent une lettre de cachet les assignant à résidence dans cette ville. Malesherbes lui-même s'était rallié à cette mesure.

5. Brienne retirait les édits du timbre et de la subvention territoriale ; en contrepartie, le Parlement acceptait d'enregistrer un édit prorogeant de cinq ans l'impôt du second vingtième. Brienne avait fait avaliser par le roi le projet de réunir les États généraux dans un délai de cinq ans.

du pouvoir royal — ou la suppression du Parlement, obstacle insurmontable à la volonté du Roi.

## Mathématique et politique

Condorcet observe avec intérêt le conflit qui grandit et menace la monarchie. Il a déjà choisi son camp. Ses amis sont au gouvernement et non au Parlement qui incarne à ses yeux une justice inhumaine et arbitraire. Mais, en cette fin d'année 1787, il garde encore ses distances à l'égard de la vie publique. Ses préoccupations sont avant tout d'ordre scientifique. Il s'intéresse à la politique en tant que mathématicien : comment rationaliser ce domaine des sciences sociales ? Comment fonder une science de l'Homme ? C'est le moment où il réfléchit à l'application du calcul aux sciences politiques, et modifie certains de ses concepts. Dans un texte qui ne sera publié qu'en 1793[1], en pleine tourmente, il précise que ces applications n'ayant pour objet que « l'homme perfectionné par la société », il est plus juste de parler de *mathématique sociale*[2] que d'*arithmétique politique*, comme il le faisait en 1784. Et alors que les esprits sont en pleine effervescence, qu'on forme des clubs et qu'on discute politique dans les cafés du Palais-Royal, Condorcet ne pense qu'à cette nouvelle science qui, « si elle était plus répandue et plus cultivée, contribuerait au bonheur et au perfectionnement de l'espèce humaine[3] ».

L'hiver 1787-1788 est consacré aux questions de probabilités et au dépoussiérage du second tome des *Lettres à une princesse d'Allemagne* d'Euler. Alors que les escarmouches ont

1. « Tableau général de la Science », qui a pour objet l'application du calcul aux sciences politiques et morales, in *Journal d'instruction sociale*, des 22 juin et 6 juillet 1793, *Œuvres*, tome I, pp. 539 à 573.
2. *Ibid.*, p. 540.
3. *Ibid.*, p. 541.

repris de plus belle entre le Parlement et le gouvernement[1], Condorcet juge plus important de militer contre l'esclavage des Noirs. Lors de son dernier voyage en Angleterre, Brissot s'est affilié à la première *Société des amis des Noirs*, née en mai 1787. Début 1788, il crée la même à Paris. La première séance a lieu le 19 février, en présence de Carra, Mirabeau et du banquier suisse Clavière[2], élu président à l'unanimité. La Fayette, les ayant rejoints avec Volney, présente Condorcet le 4 avril. Celui-ci, à peine admis, jouit d'une véritable prépondérance. En l'absence de Brissot, obligé de quitter la France vers la fin avril, Condorcet devient, en attendant d'en exercer la présidence effective, le véritable directeur de la Société. Le 22 avril, il est nommé membre de la commission chargée de rédiger le règlement définitif. A l'évidence, celui-ci est son œuvre personnelle. Comme le prouvent les manuscrits de l'Institut[3], il l'a conçu et rédigé ; on y retrouve des articles relatifs aux élections des membres de la Société conformes à ses conceptions personnelles.

Au printemps 1788, la tension politique monte encore, aiguillonnée par d'Eprémesnil. La Cour des pairs prend un arrêté qui ressemble à une proclamation de la monarchie constitutionnelle[4]. Dans le même temps, les parlementaires jurent de n'accepter aucune place dans aucune autre compagnie judiciaire que le Parlement lui-même[5]. C'est refuser par avance la réforme préparée par Lamoignon. A ce défi, le ministère répond par la force. Après de multiples péripéties, on arrête les deux meneurs, d'Eprémesnil et Goislard de

1. Le Parlement adressait au roi remontrances sur remontrances, chaque fois plus insolentes, contre les lettres de cachet qui avaient frappé ses membres (les 4 et 19 janvier, puis de nouveau le 13 mars).

2. Ainsi que Cerisier, Duchesnay, Ysarn-Valady et Briban.

3. *Cf.* Ms 857, folios 248 à 300. Ces manuscrits ont été largement publiés par L. Cahen in *La Révolution française*, n° 50, janvier 1906, pp. 481 à 511.

4. Le 3 mars, un arrêté de la Cour des pairs proclame les principes fondamentaux de la monarchie selon le Parlement, impliquant le droit de la Nation d'accorder des subsides, et celui des cours de vérifier dans chaque province les volontés du Roi.

5. *Cf.* Aulard, *Histoire politique de la Révolution française*, Colin, 1901, p. 15.

Monsabert, en plein Parlement, le 6 mai. Deux jours plus tard, le 8, dans le dernier lit de justice de la monarchie tenu à Versailles en présence du Roi, assisté de Lamoignon, sont enregistrées les cinq lois nouvelles qui transforment radicalement la justice royale[1] et anéantissent les pouvoirs politiques des Parlements. Dorénavant, l'enregistrement des lois communes à toute la France sera confié à une cour unique, la Cour plénière, dont la composition a été minutieusement pesée pour assurer la prééminence de la volonté royale[2].

## Condorcet contre les Parlements

Dans cet affrontement, le parti de Condorcet est pris. Il l'expose avec force dans une brochure rédigée en mai et juin 1788 : *Lettres d'un citoyen des États-Unis à un Français sur les affaires présentes*[3]. Le titre le dispense de signer l'ouvrage, car il lui tient à cœur de ne pas paraître se désolidariser des amis chers qui combattent les privilèges, mais soutiennent la cause des Parlements. Il s'en ouvrira dans une lettre à Mme Suard : « Je ne conviens pas d'être l'auteur de ces *Lettres*, parce que j'ai des amis dans le parti contraire à qui elles pourraient faire de la peine, quoique dans le fond ils pensent comme moi[4]. » Pour lui, quel que soit l'engouement de l'opinion à l'égard des Parlements, il ne saurait être

---

1. Cette réforme judiciaire était totale. A la diversité des juridictions d'exception succédait un système uniforme et cohérent pour tout le royaume. En matière criminelle, certains des abus les plus révoltants, dénoncés de toutes parts, disparaissent : la question préalable et l'usage de la sellette étaient supprimés. Obligation était faite au juge, en infligeant une peine, de qualifier le délit. Un délai d'un mois était accordé au condamné à mort avant l'exécution, pour permettre un recours. L'innocent acquitté se voyait accorder une indemnité.

2. Si la Cour plénière évoquait la Cour des pairs par la place faite aux hauts dignitaires du royaume, Lamoignon avait pris le plus grand soin d'en écarter la masse des jeunes conseillers. En même temps, il réduisait à une représentation symbolique les Parlements de province.

3. Publiée en juillet 1788 ; *Œuvres*, tome IX, pp. 97 à 123.

4. Lettre de Condorcet à Mme Suard, août 1788, CLXXVIII, *op. cit.* C'est sans doute à La Rochefoucauld et à La Fayette que Condorcet fait ici allusion.

question de soutenir leur cause. Son hostilité à leur encontre ne désarme pas[1]. Il dénonce « l'ambition de ces corps qui prétendent leur sanction nécessaire à la validité des lois..., qui, à ce droit négatif, joignent l'exercice du pouvoir judiciaire, réunion incompatible avec toute espèce de liberté... Corps d'autant plus dangereux que ses places sont héréditaires[2]... » La vénalité des charges, odieuse à ses yeux, est pour lui incompatible avec les principes de liberté. Enfin le Parlement, qui a constamment persécuté les philosophes[3] et s'est toujours prévalu de pouvoirs arbitraires, ne peut être sincèrement le champion des droits des Français. Entre un gouvernement où siège Malesherbes et un Parlement inspiré par d'Eprémesnil, il incline vers le premier. Et, surtout, l'action réformatrice du ministère durant ces mois de crise, si imparfaite soit-elle, va dans le bon sens. Condorcet évoque « la destruction des corvées, la liberté du commerce des grains, l'état civil rendu aux protestants, la réforme des lois criminelles si longtemps arrêtée par les oppositions parlementaires et commencée sous les auspices de la raison et de la justice... », et conclut : « Est-ce le moment qu'il fallait choisir pour crier au despotisme[4] ? »

Condorcet n'en demeure pas moins critique des édits judiciaires concernant l'organisation des tribunaux[5]. Il s'en

1. Début octobre 1788, *La Correspondance littéraire* de Grimm, toujours hostile à Condorcet, rendant compte des *Lettres d'un citoyen...* et d'une autre brochure qui lui faisait suite, *Sentiments d'un républicain sur les assemblées provinciales et les États Généraux*, fit ce commentaire peu aimable : « Ce sont les deux écrits où le système de la puissance ou des prétentions parlementaires a été attaqué non pas avec le plus de chaleur, car on sait bien que M. de Condorcet n'en a point, mais avec le plus de force, de haine et d'adresse. » Tome XV, octobre 1788, pp. 322-323.

2. *Lettres d'un citoyen américain...*, op. cit., p. 98.

3. *Ibid.*, p. 106 : « Par qui l'auteur d'*Émile* [Rousseau] et celui de *L'Histoire philosophique* [Raynal] ont-ils été décrétés ? Par qui les ouvrages sur la nécessité d'abolir les corvées, de détruire les droits féodaux, de réformer la jurisprudence ont-il été condamnés ? Est-ce que le gouvernement s'est opposé à la publication d'un Dictionnaire général des sciences ? »

4. *Ibid.*, p. 104.

5. *Ibid.*, p. 111 : Condorcet dénonce le maintien de la vénalité des offices et le privilège exorbitant reconnu aux membres de la noblesse et du clergé d'être jugés en matière criminelle par les seuls Parlements.

prend à la Cour plénière : il n'y voit qu'un expédient par lequel le gouvernement a cherché le moyen le plus commode de faire enregistrer ses édits. Enfin, sur la réunion des États généraux, si ardemment réclamée, Condorcet prend une position nuancée qui contraste avec celle de ses amis. Sans doute souhaite-t-il la convocation d'une « Assemblée nationale[1] » issue des assemblées provinciales. Mais il ne peut applaudir à « cette demande vague d'États généraux sans paraître s'embarrasser de leur forme ». Il redoute qu'ils ne soient réunis selon les formes anciennes, qui assureraient aux deux ordres privilégiés la maîtrise des États. Car ils conduiraient alors inévitablement à l'instauration de cette monarchie contrôlée par l'aristocratie, à ce « despotisme aristocratique » qu'il redoute plus encore que la monarchie existante.

Condorcet prenait l'opinion publique à contre-pied. La cause des parlementaires contre le pouvoir royal était devenue celle de la liberté contre l'arbitraire. Les réformes n'étaient plus considérées en elles-mêmes, comme le souhaitait Condorcet, mais seulement comme l'expression d'un pouvoir abhorré. Les Parlements n'apparaissaient plus tels qu'ils étaient : des corps aristocratiques, soucieux de leurs privilèges et de leurs pouvoirs. On ne voyait que la barrière qu'ils opposaient, seuls en France, au pouvoir royal. De toutes parts, la colère et la résistance montent contre le ministère. Dans les provinces, la noblesse fait cause commune avec les Parlements[2]. Le clergé prend également parti, moins pour aider la résistance parlementaire que pour échapper à une participation plus lourde aux dépenses publiques[3].

1. Il n'est pas indifférent de souligner l'usage des termes « Assemblée nationale » par Condorcet en 1788, avant même la convocation des États généraux.
2. Les Assemblées bretonnes envoyèrent 12 députés protester auprès du Roi. A Paris, ceux-ci multiplient les réunions factieuses. La Cour les fait arrêter et sanctionne les grands seigneurs qui ont fait cause commune avec eux. La Fayette est privé de son commandement.
3. Réunie le 5 mai 1788, l'Assemblée du clergé résista pendant deux mois à toutes les pressions de Brienne. Elle refusa de verser au Roi le don de 8 millions de livres souhaité par celui-ci. Elle n'accorda qu'un don d'1,8 million, payable en deux années.

Condorcet est exaspéré par l'aveuglement ou la complaisance de ceux qui, comme La Fayette, soutiennent la cause des Parlements sans mesurer qu'ils font en réalité le jeu des privilégiés. En juillet 1788, dans une lettre à Mme Suard, il critique le comportement et les courtes vues de son jeune ami : « N'ayant point sur les affaires d'opinions assez arrêtées, assez liées entre elles, il [La Fayette] a le malheur d'attacher une idée de patriotisme et de noblesse à être du parti de l'opposition. Et je crois, au contraire, qu'il ne faut être que du parti de sa propre raison. C'est là le sujet de nos querelles depuis l'Assemblée des Notables[1]. »

## Le retour de Necker

Condorcet achève ses *Lettres d'un citoyen américain* lorsque, face à la banqueroute imminente, le Roi annonce le 5 juillet 1788 la réunion des États généraux, qui doivent être « une Assemblée vraiment nationale par sa composition et ses effets ». C'est là le vœu même de Condorcet. La consultation des assemblées provinciales sur la formation des États généraux lui paraît également souhaitable. Le 8 août, un arrêt du Conseil fixe au 1er mai 1789 la réunion des États. On suspend l'établissement de la Cour plénière pour donner satisfaction aux parlementaires. Du coup, La Fayette se rallie au gouvernement[2]. Mais, pour sauver les finances royales, encore faut-il rétablir immédiatement la confiance. Et celle-ci ne peut renaître que d'une seule mesure : le rappel de Necker. Sur pression de la Reine[3], le Roi se résout à se séparer de Brienne et à rappeler Necker, qu'il n'aime pas, le 25 août 1788.

1. Lettre de Condorcet à Mme Suard, juillet 1788, CLXXVI, *op. cit.*
2. La Fayette, *Mémoires,* tome II, pp. 235-236.
3. *Correspondance secrète du comte Mercy Argenteau,* Paris, 1891, tome II, pp. 210-211 : « Je tremble, dit-elle... de ce que c'est moi qui le fais revenir. Mon sort est de porter malheur. »

Le retour de Necker soulève l'enthousiasme[1], et d'abord à la Bourse. Condorcet est l'un des rares à faire grise mine. Dans le banquier genevois, il ne voit toujours que le médiocre dont les intrigues ont fait naguère tomber Turgot. Le célèbre *Compte rendu de Necker* de 1781 lui avait paru artificieux, et les critiques de Calonne fondées. Il suspecte Necker de charlatanisme et même d'hypocrisie. L'Académie française vient de lui décerner un prix pour son ouvrage sur les opinions religieuses, paru en février 1788[2]. Quelques jours avant le retour de Necker au ministère, Condorcet se moque de l'homme du jour auprès de Mme Suard : « Le prix de l'Académie donné à M. Necker pour ses opinions religieuses m'a fait rire avec le gros public, car soyez sûre que le masque de votre protégé ne tient plus qu'à un fil... Votre héros n'a jamais mis dans ses livres que des choses rebattues et des sottises oubliées[3]. »

Le 14 septembre, Lamoignon démissionne. Le 23, une Déclaration royale consacre le triomphe des Parlements. La réforme judiciaire est abandonnée et les Parlements rappelés à l'exercice de leurs fonctions judiciaires. Condorcet est pessimiste. Il écrit avec ironie à Mme Suard : « Avez-vous fait votre compliment à M. Necker sur la part qu'il a eue au rétablissement de la question ? C'est un glorieux commencement de ministère[4]... »

## La mort de Dupaty

Pourtant, en ce début d'automne, la politique préoccupe moins Condorcet que ses affaires personnelles. Le 17 septembre, son ami Dupaty est mort presque subitement à Paris. Au

1. Ruault écrit à son frère : « Cette nouvelle a réjoui ici tout le monde », *op. cit.*, p. 117.
2. *De l'importance des opinions religieuses.*
3. Lettre de Condorcet à Mme Suard, août 1788, CLXXVIII, *op. cit.*
4. Lettre de Condorcet à Mme Suard, fin septembre 1788, CLXXX, *op. cit.*

grand chagrin que Sophie et lui éprouvent s'ajoutent d'inutiles conflits familiaux. Un an avant de disparaître, le président Dupaty avait écrit de sa main une note indiquant son désir que tous ses papiers, *sans exception*, fussent remis à Sophie de Condorcet après sa mort, pour qu'elle en disposât à son gré[1]. Mme Dupaty refuse obstinément d'exécuter ce legs de conscience. Condorcet en appelle à la sagesse du conseiller Fréteau : « Je sais, dit-il, que dans toutes les familles honnêtes, ces sortes de dispositions sont respectées jusqu'au scrupule[2]. » Mais pas plus Fréteau que Mme Dupaty ne sont touchés par ce rappel aux convenances. Dans une lettre à son avocat, de Sèze, l'épouse du président laisse voir les motifs de sa résolution. Politiques, d'abord : « Ma nièce et son mari, philosophe connu par des maximes fort opposées à celles de la magistrature, ou leurs héritiers... peuvent disposer de ces papiers d'une manière qui compromette la mémoire du père [de mes enfants]... et, par là, nuise à mes enfants. » Affectifs, ensuite : « Malgré tout mon respect pour les volontés du défunt qui, depuis trois ans environ, était *l'ami très intime de ma nièce* et jusqu'à un certain point de son mari, je ne crois pas devoir obéir à cette loi de rigueur qui semble un peu pénible pour moi après une union de dix-neuf ans[3]. » En vérité, Mme Dupaty était jalouse de la belle Sophie. Très pieuse, elle se méfiait de ce couple d'athées. Dès le lendemain de la mort de son mari, elle avait rappelé près d'elle sa fille, Eléonore, que Dupaty, au contraire, aurait voulu laisser le plus longtemps possible sous la responsabilité de sa nièce. Sophie et Condorcet s'en montrèrent très affectés, mais finirent par s'incliner devant leur tante et par se réconcilier

1. Bibliothèque de l'Institut, Ms 870, folio 233 : note du 14 septembre 1787, écrite de la main du président Dupaty.
2. Lettre citée par A. Guillois in *La Marquise de Condorcet (1764-1822)*, 1897, Paul Ollendorf, p. 80. *Cf.* aussi Bibliothèque de l'Institut, Ms 870, folio 234.
3. Lettre du 8 novembre 1788, publiée par A. Guillois, *op. cit.*, p. 85. Souligné par nous.

avec elle pour ne pas créer de dissensions au sein de cette famille particulièrement unie.

## L'Éloge de Buffon

Une épreuve d'un tout autre genre guettait Condorcet. Le grand Buffon, son ennemi de toujours, était mort le 16 avril précédent à l'âge de 81 ans, de la même douloureuse maladie de la pierre que d'Alembert. Condorcet devait lire son *Eloge* à la séance publique de novembre, et le Tout-Paris littéraire et scientifique l'attendait dans ce périlleux exercice. Il se mit au travail dès le mois d'août : « Me voici, dit-il à Mme Suard, occupé d'un autre charlatan[1], du grand Buffon. Plus je l'étudie, plus je le trouve vide et enflé. Heureusement que celui-ci avait beaucoup d'esprit, des aperçus heureux et un grand talent pour écrire. Ainsi je pourrai, sans me déshonorer aux yeux des gens instruits, ne pas trop déplaire aux admirateurs[2]. »

Exercice difficile, si l'on en croit d'autres lettres et surtout le témoignage de Sophie. Elle l'a vu réécrire sept fois la partie concernant le style de Buffon[3] ! Rarement Condorcet s'était donné autant de mal pour faire un éloge, lui qui écrivait d'une traite et corrigeait peu son premier jet. Le résultat fut à la hauteur de ses espérances : un chef-d'œuvre du genre. Les compliments les mieux tournés s'entrelaçaient aux phrases assassines. Le ton adopté, apparemment des plus chaleureux, masquait la dureté du propos. Tout en s'émerveillant de son style et de l'enthousiasme[4] qu'il savait inspirer aux autres, Condorcet réussit à glisser que les hypothèses du grand Buffon

1. Le premier étant à ses yeux Necker.
2. Lettre à Mme Suard, août 1788, CLXXVIII, *op. cit.*
3. Bibliothèque de l'Institut, notes d'Eliza relatives à M. de Condorcet, Ms 848, folio 25 v.
4. « Éloge de Buffon », *Œuvres*, tome III, pp. 348 à 352.

étaient fausses[1], qu'il avait fait mauvais usage des probabilités[2], et qu'il avait « des idées vagues, des expressions ampoulées, une pompe ambitieuse[3] ». Il acheva le portrait du grand homme en racontant qu'il avait toujours pris soin d'avoir du crédit auprès des ministres[4] ; qu'il n'avait guère participé au mouvement pour la liberté[5] ; qu'il avait le goût de la magnificence et ne s'entourait que de gens qui ne pouvaient le contredire[6]... Malgré tout cela, Condorcet concluait en lui promettant une place entre Aristote et Pline !

## Les États généraux

Ce fut un succès pour le secrétaire de l'Académie des sciences. Mais l'opinion publique ne se passionnait plus que pour la politique. La grande question était celle de la forme des États généraux. Conserverait-on les modalités des États de 1614, où les trois ordres siégeaient séparément, disposition favorable aux privilégiés, ou accepterait-on la réunion des ordres et le vote par tête qui assureraient la prépondérance du Tiers État ? La position de Condorcet était complexe. Il ne partageait pas l'enthousiasme général. La demande de réunion des États généraux par le Parlement et son soutien par une fraction de la noblesse lui paraissaient suspects[7]. Il n'eut pas longtemps à attendre pour être conforté dans sa méfiance. Le 25 septembre, le Parlement jeta le masque en stipulant que les États généraux devaient être convoqués « suivant la forme observée en 1614 », c'est-à-dire par ordres

---

1. *Ibid.*, pp. 336 à 342. Condorcet lui reprochait de n'avoir pas bien observé les animaux, et critiquait sévèrement le premier volume de l'*Histoire Naturelle*.
2. *Ibid.*, p. 347.
3. *Ibid.*, pp. 355-356.
4. *Ibid.*, pp. 360-361.
5. *Ibid.*, pp. 362-363.
6. *Ibid.*, p. 365.
7. Sa conviction, durant l'été 1788, était qu'il fallait d'abord établir solidement les assemblées provinciales nouvellement créées. De là sortirait ensuite une Assemblée nationale.

séparés. C'était la victoire assurée des privilégiés. L'émotion et l'indignation furent immenses. Condorcet pouvait triompher : il avait vu juste, contre La Fayette et l'opinion commune qui avaient fait confiance au Parlement. Necker, lui, hésitait. Il réunit à nouveau l'Assemblée des Notables pour décider de la manière la plus convenable de former les États généraux. Le 6 novembre, il prononça un discours d'ouverture faisant appel à la raison de chacun. Condorcet, pour une fois, l'approuva, non sans lui décocher une flèche : « Votre protégé, M. Necker, écrit-il à Mme Suard, a fort mal lu aux Notables. Mais son discours imprimé m'a paru raisonnable[1]. »

La situation politique est bien différente de celle de 1787. Le conflit n'est plus entre le Roi et des Notables qui souhaitent réduire son pouvoir. Il oppose les privilégiés — dont les Notables font partie — au Tiers État. 111 Notables, contre 33, refusent au Tiers la double représentation et le vote par tête. A présent, la révolte parlementaire, que Condorcet avait été presque le seul à dénoncer, s'achève par la défaite des deux partis : le Roi, parce qu'il a cédé ; le Parlement, parce qu'il a déçu. La question n'est plus : le Roi acceptera-t-il de réunir les États généraux ? Mais bien : quels États généraux, et pour quoi faire ?

Alors que les hommes les plus lucides se préparent à l'affrontement, Condorcet s'inquiète de ce que le public ne perçoive pas assez clairement que la liberté a bien d'autres ennemis que la monarchie absolue. Chacun s'accorde à dénoncer le despotisme, mais, derrière le même mot, se dissimulent des oppressions diverses. Pour dissiper les équivoques, Condorcet rédige une brochure qui met en lumière[2] toutes les formes du despotisme : celui d'un corps législatif qui ne

---

1. Lettre de Condorcet à Mme Suard, novembre 1788, CLXXXI, *op. cit.*
2. « Idées sur le despotisme à l'usage de ceux qui prononcent ce mot sans l'entendre », *Œuvres*, tome IX, pp. 147 à 173. Pour Condorcet, le despotisme d'un seul homme n'est qu'un concept, « un être de raison », car dans la réalité, on « verra toujours une classe d'hommes ou plusieurs corps qui partagent avec lui sa puissance », p. 147.

représente pas la Nation, ceux des corps privilégiés, des Églises, des financiers, des militaires et des tribunaux. Tous doivent disparaître, car détruire le despotisme royal ne suffirait pas à fonder la liberté.

## La Société des Trente et les élections

En cette veille des États généraux, la lutte politique engendre des formes et des moyens nouveaux d'action. A l'automne 1788 apparaît le premier club, la première de ces sociétés politiques appelées à jouer un rôle essentiel tout au long de la Révolution. Condorcet va être l'un des fondateurs de cette société qui se réunit chez Adrien Duport, jeune conseiller au Parlement de Paris, très résolument réformateur, qui avait conduit la lutte contre les lettres de cachet et combattu l'arrêt du 25 septembre. Parmi ses membres, outre Condorcet, on compte des publicistes : Mirabeau, Target, « athlète exercé de longtemps dans le pugilat du barreau[1] », Lacretelle, collaborateur de Malesherbes, Roederer, qui vient de publier *De la députation aux États généraux*, Dupont, disciple de Turgot, qui prépare avec Condorcet une apologie des institutions américaines. On y voit des membres de l'aristocratie libérale : La Fayette et son beau-frère Noailles, La Rochefoucauld, Ligne, Montmorency-Luxembourg, le maréchal de Beauvau. On y trouve des parlementaires libéraux, Le Peletier de Saint-Fargeau, Sémonville et même Duval d'Eprémesnil dont la présence inquiète Mirabeau, redoutant que le club ne devienne « un corps de réserve parlementaire ». On y voit aussi Talleyrand, devenu évêque d'Autun le 2 novembre 1788[2]. Cette société, dite des Trente, que Mirabeau appelle « notre club constitutionnel », se réunit trois fois

1. *Mémoires* de Marmontel, III, p. 182.
2. Sur cette société, *cf.* La Fayette, *Mémoires*, note sur Sieyès, pp. 3 et 4 ; *Mémoires* de Montmorency-Luxembourg, pp. 292-293 ; A. Cherest, *La Chute de l'Ancien Régime*, et Egret, *op. cit.*, pp. 327 à 329.

par semaine, de 7 heures à 10 heures du soir. Comme dans un parlement, on y débat de questions fixées à l'ordre du jour, on y donne sa voix. Cercle d'idées, la Société des Trente se veut aussi un foyer d'influence politique. Le mélange d'intellectuels et de grands seigneurs permet de faire valoir aisément les idées du club auprès de Necker ou des Notables, tout comme dans les salons de Versailles ou de Paris. La Société promeut en outre les essais qui servent ses projets. Ainsi, bien que Sieyès se piquât de n'appartenir à aucun club, ses brochures n'en furent pas moins éditées pour partie aux frais de la Société des Trente[1].

A Versailles, l'heure est venue pour le Roi d'arrêter enfin le mode d'élection des députés. Les Notables avaient pris position en majorité contre le doublement du Tiers et la délibération en commun. Allant plus loin, les princes du sang, à l'exception de Monsieur et du duc d'Orléans, remettent, à l'initiative du prince de Conti, un mémoire dans lequel ils demandent avec éclat « que le Tiers État cesse d'attaquer les droits des deux premiers ordres ; droits qui, non moins anciens que la Monarchie, doivent être aussi inaltérables que sa Constitution ». A la lecture du mémoire des Princes, le Parti national[2] s'enflamme. L'opinion publique s'indigne[3]. La Bourse baisse. Les six corps des marchands de la ville de Paris adoptent une pétition demandant la double représentation du Tiers État, rédigée par le médecin Guillotin et déposée pour signature chez des notaires. Le 17 décembre, le Parlement ordonne contre les pétitionnaires l'ouverture d'une enquête qui tourne court. Condorcet s'insurge : « Que dites-vous du Parlement qui défend aux Parisiens de signer une pétition ? Il est vrai que cette pétition était un peu ridicule. Mais enfin,

---

1. La Fayette, *Mémoires*, IV, p. 4.
2. On appelait ainsi ceux qui voulaient faire triompher la cause de la Nation et souhaitaient une Assemblée nationale regroupant tous les ordres et dotant le pays d'une Constitution. La Société des Trente inspirait fortement le Parti national.
3. *Cf.* Ruault : « Les princes qui ont signé le beau mémoire au Roi n'osent plus se montrer en public », *op. cit.*, p. 120.

on doit être libre de demander ce qu'on veut, et surtout de demander des choses raisonnables[1]. »

Pendant une semaine, à Versailles, les Conseils se succèdent, auxquels assiste la reine. Enfin, le 27 décembre 1788, le Roi arrête sa décision. Il accorde au Tiers État la double représentation. Le Parti national exulte. Mais le commentaire publié dans le « Résultat du Conseil du 27 décembre 1788 » précise que cette représentation n'implique pas la délibération en commun des trois ordres. Celle-ci, sans doute souhaitée, est laissée à l'initiative des ordres eux-mêmes. Ainsi le Roi et Necker ont-ils voulu donner satisfaction au Tiers sans s'aliéner les ordres privilégiés. Le conflit ne peut plus être tranché que par les États généraux eux-mêmes. Tel quel, cependant, le « Résultat du Conseil » apparaît au Parti national comme un succès. A Mme Suard, enthousiaste, Condorcet fait connaître une opinion plus nuancée : « Je vous fais compliment sur votre victoire, mais je n'en ai pas la tête tournée... Le nouvel arrangement est fort en dessous de ce qu'il tenait à nous d'avoir. Je me réjouis donc seulement de voir que votre ami [Necker] ait senti que son intérêt, celui du Roi et celui de la Nation dépendent également que le gouvernement se montre le plus populaire qu'il sera possible[2]. »

Sur cette espérance s'achève pour Condorcet l'année 1788. Ce qui s'ouvre à lui, comme à tous les Français, ce n'est pas seulement une année, mais une ère nouvelle, ardemment attendue. Le grand vent de l'Histoire se lève. Condorcet n'entend point s'en protéger, ni rester à l'écart. Le temps du philosophe est révolu. Est venu celui du politique, ou plutôt du philosophe en politique.

---

1. Lettre à Mme Suard, 28 décembre 1788, CLXXXII, *op. cit.*
2. Lettre à Mme Suard, 31 décembre 1788, CLXXXIII, *op. cit.*

## L'originalité de Condorcet

Parmi les hommes qui, à cet instant, se préparent aux temps nouveaux, il en est peu qui soient aussi prêts, intellectuellement, que Condorcet. Certes, les années 1788-1789 voient un bouillonnement d'idées, un foisonnement de publications. Mais combien de brochures ou de pamphlets ne sont qu'improvisation ou rhapsodie d'un instant ! L'opuscule de Barnave en est un éclatant exemple[1]. Cri d'éloquence d'un jeune avocat passionné[2], il n'exprime que les tensions du moment. Mirabeau[3] multiplie les brochures que produisent sous son nom les collaborateurs de talent qu'il inspire, comme Clavière et Dumont. Mais si la vision politique est souvent juste, le propos ne vise qu'à l'influence immédiate, et procède plus de l'action que de la réflexion. Il en est de même pour Brissot, journaliste disert mais sans force conceptuelle. Et pour bien d'autres encore[4]. Sieyès[5] seul poursuit obstinément sa médi-

---

1. Barnave, *Contre les Édits du 8 mai et le rétablissement des Parlements*, 1788.
2. Né à Grenoble en 1761, avocat en 1781, il sera député du Tiers État du Dauphiné aux États généraux. Ami des frères Lameth et de Duport, sa popularité atteint son apogée en octobre 1790, quand il est élu à la présidence de l'Assemblée. L'abbé Grégoire et Brissot lui reprocheront sa défense des colons de Saint-Domingue contre les Noirs. En 1791, il est chargé avec Pétion de ramener à Paris la famille royale, arrêtée à Varennes, et devient le défenseur de la monarchie. Arrêté le 15 août 1792, il sera exécuté seize mois plus tard, le 29 novembre 1793.
3. Né en 1749, Mirabeau s'est distingué avant la Révolution par ses débauches, ses duels, qui lui ont valu des séjours en prison, et des livres, tels *Des lettres de cachet et des prisons d'État* (1782) et *Sur Moses Mendelssohn, sur la réforme des juifs* (1787).
4. *Cf.* Tocqueville, « Notes de lecture sur la pensée politique à la veille de la Révolution », in *L'Ancien Régime et la Révolution*, pp. 139 à 170.
5. Né en 1748, il avait embrassé l'état ecclésiastique de par la volonté de ses parents. Élu par le Tiers de Paris aux États généraux, il joua un grand rôle lors des séances du 17 au 23 juin 1789 et dans le débat sur la Constitution. Il se retira à la campagne après la séparation de la Constituante, jusqu'à sa réélection à la Convention. Il vota la mort du roi, siégea aux comités de Constitution et de l'instruction publique, et adopta une attitude prudente. Réélu au Conseil des Cinq-Cents, il se rallia à Bonaparte et participa à Brumaire. Sénateur, il fut exilé après 1815 comme régicide, et ne rentra en France qu'après 1830. Il meurt le 20 juin 1837, à quatre-vingt-huit ans.

tation. Il veut atteindre cette hauteur de vues qui permet à l'esprit de dégager les principes essentiels et de définir les modalités d'application. C'est par là que Sieyès domine intellectuellement tous ses rivaux en 1789. Les autres ont des succès de plume, lui connaît un triomphe politique. *Qu'est-ce que le Tiers État ?* est diffusé à des centaines de milliers d'exemplaires. La pensée politique, à ce niveau, devient action. On comprend que Condorcet se soit lié avec Sieyès. Entre l'abbé au cœur sec et l'encyclopédiste à l'âme tendre, il y avait au moins une forme d'identité secrète : tous deux étaient des intellectuels engagés. La différence est que Sieyès, même intellectuel, demeurera un politique, tandis que Condorcet, même en politique, restera un intellectuel.

Ce n'est pas que les vues de Condorcet soient le plus souvent originales. Sauf quand il s'efforce d'appliquer les méthodes mathématiques aux élections ou le calcul des probabilités à la confection des lois[1]. Mais, pour l'essentiel, sa conviction que la Raison — plutôt que les enseignements du passé, contrairement à ce qu'a dit Montesquieu — ouvre les voies au progrès des sociétés, est partagée par d'autres esprits éclairés. De même, le principe qu'il n'est point de Constitution sans déclaration des Droits de l'homme se trouve à peu près unanimement proclamé dans les Cahiers de doléances. Et quant aux droits naturels qu'énonce Condorcet — la liberté des personnes et des biens, la sûreté des personnes et des biens, la propriété, l'égalité naturelle[2] —, on les retrouve, avec des modalités diverses, dans tous les écrits du temps. L'affirmation que seule une Assemblée nationale, expression de la souveraineté du peuple, peut consentir les impôts et voter les lois[3], est tout aussi communément exprimée dans les Cahiers de doléances. Les garanties de la liberté individuelle contre

1. *Cf.* notamment « Sur la forme des élections », *Œuvres*, IX, pp. 305 et suivantes. « Examen sur cette question : est-il utile de diviser une Assemblée nationale en plusieurs Chambres ? », *Œuvres*, IX, pp. 335 et suivantes.
2. *Cf.* notamment « Déclaration des Droits », *Œuvres*, IX, pp. 183 et suivantes.
3. *Cf.* « Réflexions sur les pouvoirs », *Œuvres*, IX, pp. 270 et suivantes.

l'arbitraire, la suppression des lettres de cachet, la liberté de la presse ont été déjà demandées par les Notables et les parlementaires. L'égalité devant la loi fiscale, l'accès de tous aux emplois sont au cœur des revendications du Tiers, et recueillent l'adhésion enthousiaste de la noblesse libérale. La réforme judiciaire est unanimement souhaitée. Et la réforme fiscale, fondée pour l'essentiel sur un impôt territorial équitablement réparti par des assemblées locales, suscite sur son principe un accord général, même si les modalités en sont discutées.

S'agissant des problèmes politiques immédiats, ceux qui agitent l'opinion publique, Condorcet n'a rien non plus d'un solitaire ou d'un original. S'il en tient pour la réunion des ordres et le vote par tête, c'est qu'il n'y a d'autre moyen de faire naître une Assemblée vraiment nationale, et de surmonter le veto éventuel des ordres privilégiés aux réformes attendues. Mais ces formes nouvelles des États généraux, le Parti national et le Tiers État tout entier les réclament. De même, Condorcet partage avec Sieyès, Mirabeau et la majorité des patriotes le refus d'une Chambre haute. Enfin, en matière économique, qu'il s'agisse du commerce du blé, de la fin des corporations ou de la suppression des douanes intérieures, Condorcet épouse les vues des économistes libéraux, qui se réclamaient Turgot.

Dès lors, par quels traits se marque l'originalité de Condorcet en cette période où se révèlent tant de fortes personnalités ? A ses yeux, les vues politiques doivent s'intégrer dans une vision philosophique de la société, et celle-ci est l'expression d'une idée de l'homme. Pour lui, en effet, l'homme est un être doué de raison, et, par là-même, toujours perfectible. Contrairement à la philosophie des nombreux disciples de Rousseau, ce n'est pas la volonté générale, mais la Raison qui est le moteur du progrès humain. Et celui-ci, auquel Condorcet consacrera ses ultimes écrits, n'est pas seulement une espérance. Il est la loi de l'Histoire. Le rôle du philosophe et du savant est de contribuer à ce progrès, d'en accélérer la marche, par le développement des Lumières et de l'instruction publique. Au politique d'être l'accoucheur de cette société gouvernée par la Raison qui assurera à tout homme la garantie de ses droits naturels et ses chances de bonheur.

De là découlent, pour le politique, deux impératifs. Les institutions ne valent qu'autant qu'elles garantissent le respect des Droits de l'homme : c'est l'exigence de la liberté. Une société ne vaut qu'autant que chaque homme y jouit de la plénitude de ses droits : c'est l'exigence de l'égalité. Comment se résigner en effet à une société où les femmes, les pauvres, les protestants, les Juifs se voient, à des degrés divers, dénier la jouissance des Droits de l'homme ? Et, pis encore, où les Noirs se voient refuser jusqu'à la qualité d'hommes ? Cette soif de justice ancrée en Condorcet, cette quête inlassable d'une société enfin libérée de l'oppression du despotisme, du fanatisme et de l'ignorance, le jetteront hors des sentiers paisibles où sa démarche était tracée. Cette passion de la justice fera du philosophe tranquille un révolutionnaire.

# LE POLITIQUE

# CHAPITRE VII

# Un homme d'influence
## (1789-1791)

### L'ÉCHEC AUX ÉLECTIONS

L'hiver qui précéda les États généraux fut cruel au peuple. La récolte des céréales de 1788 avait été sévèrement compromise par les orages de l'été. Durant les premiers mois de 1789, « le froid sévit avec une rigueur inouïe. Une gelée, pareille à celle qui se fait sentir dans l'extrême Nord de l'Europe, durcit la terre à une grande profondeur. Pendant deux mois, toute la France disparut sous une couche épaisse de neige comme dans les steppes de Sibérie[1] ». Le prix du pain s'envole[2]. Dans les villes, le chômage règne[3]. A Paris, les rigueurs de l'hiver attirent une multitude de journaliers affamés, cherchant un moyen de subsister. Combien sont-ils ? Peut-être 80 000 « crève-la-faim », véritable armée de la misère, à errer dans les faubourgs, à patauger dans la neige ou dans la boue. « Paris est changé aujourd'hui en un millier de rivières de chacune de six à huit pouces, c'est une horrible

1. Tocqueville, *L'Ancien Régime et la Révolution, op. cit.*, p. 127.
2. Michel Vovelle, *La Chute de la Monarchie*, Le Seuil, Paris, 1978, I, p. 104. D'une année sur l'autre, la hausse des prix moyens annuels dépasse 50 %.
3. *Cf.* Gérard Walter, *Les Événements de la Révolution française*, Albin Michel, 1967, p. 54. L'industrie textile subit la concurrence anglaise depuis le traité franco-anglais de 1786. On compte 20 000 chômeurs à Lyon. L'industrie du bâtiment stagne.

cité quand il dégèle. On voit bien qu'elle n'a pas été bâtie pour le peuple[1] », écrit le libraire Ruault en janvier 1789.

La France entière vit dans l'attente des États généraux. Le 28 janvier 1789, dans toutes les églises de France, sont lues les lettres de convocation. La Nation entière est appelée à faire entendre sa voix[2]. Une floraison de brochures, d'essais, de pamphlets recouvre le pays[3]. A Aix, Mirabeau lance *La Nation provençale*. A Arras, Robespierre[4] rédige son *Appel à la Nation artésienne*. A Paris, l'avocat Target, parmi d'autres, publie ses *Lettres aux États généraux*. Et on lit partout le pamphlet de Sieyès : *Qu'est-ce que le Tiers État*[5] ?

Dans cette période fiévreuse, Condorcet ne peut demeurer silencieux. Il lui faut préparer l'esprit public aux élections. Tout au long des premiers mois de 1789, ses écrits se succèdent. Après ses *Idées sur le despotisme*[6], publiées à l'automne 1788 pour dénoncer le plus dangereux des despotismes, celui des corps privilégiés, il rédige, pour guider les auteurs des Cahiers de doléances, une *Déclaration des Droits*[7] « bien complète, bien ordonnée, bien précise[8] ». Il ne délaisse cependant pas ses travaux à l'Académie des sciences. La liste

1. Ruault, *op. cit.*, p. 121.
2. *Cf.* A. Brette, *Recueil de documents relatifs à la convocation des États généraux de 1789*, Paris, 1894, cité par Jaurès, *Histoire socialiste de la Révolution française*, Éditions sociales, I, 247 : « Sa Majesté, proclamait le règlement, désire que des extrémités de son royaume et des habitations les moins connues, chacun fût assuré de faire parvenir jusqu'à elle ses vœux et ses déclarations. »
3. Ruault écrit le 24 février : « Les écrits sur les États généraux se multiplient par centaines chaque semaine. On dirait que tous les Parisiens sont devenus auteurs politiques. »
4. Né en 1758 à Arras, il a fait ses études au collège Louis-le-Grand à Paris où il a eu pour condisciple Desmoulins. En 1789, il occupe une charge d'avocat à Arras, écrit et participe aux concours organisés par les différentes académies. Il est élu par le Tiers État d'Artois aux États généraux.
5. *Cf.* Vovelle, *op. cit.*, p. 110.
6. « Idées sur le despotisme », *Œuvres*, IX, p. 165.
7. « Déclaration des Droits », *Œuvres*, IX, p. 178. Dans cette Déclaration, Condorcet formule l'interdiction pour la puissance législative de prendre aucune loi contraire aux Droits de l'homme. C'était poser les fondements du contrôle de la constitutionnalité des lois...
8. *Ibid.*, p. 179.

des sujets[1] que lui soumet pour examen le ministre de la Maison du Roi témoigne de l'éclectisme de l'Académie et des intérêts de Condorcet. Il ne néglige pas non plus ce qui demeure pour lui une priorité morale : le combat contre la traite et l'esclavage des Noirs. Toutes les semaines, du 13 janvier jusqu'au 31 mars, il préside l'assemblée de la Société des amis des Noirs[2]. Dans une adresse « Au corps électoral contre l'esclavage des Noirs », il conjure les citoyens de tourner leurs regards « sur les souffrances de quatre cent mille hommes livrés à l'esclavage par la trahison ou la violence..., réduits à la condition d'animaux domestiques[3] ». L'adresse, dépêchée à tous les bailliages, ne prospère guère dans les assemblées électorales, mais vaut à Condorcet l'inimitié de ceux qu'il appelle les « négriers ». Ce n'était pas la meilleure façon de préparer les élections toutes proches.

## A Mantes

Tout le poussait à la députation : la certitude que l'heure était venue d'une transformation radicale de la France, et

1. Dans les six premiers mois de 1789, le ministre de la Maison du Roi saisit Condorcet :

* Du projet de Scott sur une machine aérostatique et dirigeable, 3 janvier 1789 — copie A.N. 01.500, folio 4 ;
* Des travaux aux abattoirs hors les Murs, 20 janvier 1789 — copie A.N. 01.500, folio 49 ;
* Des machines à feu pour faire tourner les moulins, 11 février 1789 — copie A.N. 01.500, folio 112 ;
* Les ruptures de ponts et les dégâts, 25 février 1789 — copie A.N. 01.500, folio 143 ;
* De l'établissement des cimetières hors de l'enceinte de Paris, 3 avril 1789 — copie A.N. 01.500, folio 223 ;
* Du moyen de faire remonter les bateaux par les pompes à feux, 19 avril 1789 — copie A.N. 01.500, folio 244 ;
* Prix à l'inventeur de la meilleure machine hydraulique, 21 juin 1789 — copie A.N. 01.500, folio 357.

2. « Au corps électoral contre l'esclavage des Noirs », *Œuvres* IX, p. 473. Bibliothèque de l'Institut, Ms 857, folio 248, dossier sur l'esclavage.

3. *Ibid.*, p. 473.

qu'elle se déciderait aux États généraux ; l'exemple de ses amis qui préparaient leurs candidatures[1] : La Fayette à Riom, La Rochefoucauld à Paris, Liancourt[2] à Rouen ; la conviction qu'il pourrait contribuer à la réalisation de ses idées et assurer ainsi une sorte de revanche posthume à Turgot ; l'ambition bien naturelle, chez un homme conscient de ses talents et de sa réputation, de jouer un rôle dans les grands événements qui s'annonçaient. Restait à se faire élire.

Noble, il aurait souhaité être élu par le Tiers État[3]. Il s'était inquiété des rumeurs selon lesquelles le règlement des élections interdirait aux électeurs du Tiers de choisir leurs députés dans la noblesse ou le clergé[4]. Dans une lettre à Mme Suard du 31 décembre 1788, Condorcet fait de cette question la pierre de touche des véritables intentions de Necker : « Si on veut les députés du Tiers soient des roturiers, on oblige le peuple à ne se faire représenter que par des avocats, de gros négociants ou maires de ville, c'est-à-dire par des gens qui ont des intérêts bien plus opposés aux intérêts communs que ceux de la noblesse[5]. » Représenter le Tiers État, pour un noble tel que lui, aurait conféré à son mandat de député une

1. *Cf.* Dumont, collaborateur genevois de Mirabeau, à Paris au printemps 1789 : « La Maison du duc de La Rochefoucauld... réunissait les principaux membres de la noblesse, qui se déclaraient pour tout ce qui favorisait le peuple, la double représentation du Tiers, le vote par tête, l'abandon des privilèges, etc. Condorcet, Dupont de Nemours, La Fayette, le duc de Liancourt étaient les principaux personnages de cette société ». *Souvenirs sur Mirabeau*, p. 49.

2. F. La Rochefoucauld-Liancourt (1747-1827) était le cousin germain de L.A. La Rochefoucauld d'Enville, fidèle ami de Condorcet. Liancourt, grand maître de la garde-robe du Roi et profondément libéral, sera élu aux États généraux par la noblesse de Clermont-en-Beauvaisis. Membre du club des Feuillants, il restera fidèle au Roi et, après le 10 août, émigrera en Angleterre, puis aux États-Unis. Liancourt ne prendra le titre de La Rochefoucauld qu'après la mort de son cousin, en septembre 1792.

3. « Lettres d'un gentilhomme à MM. du Tiers État », 1789, *Œuvres*, IX, pp. 216-217.

4. *Cf.* J. Cadart, *Le régime électoral des États généraux de 1789 et ses origines*, Paris, 1952.

5. Correspondance inédite avec Mme Suard, *op. cit.*, 31 décembre 1788, CLXXXIII. Dans cette lettre, il ajoutait cette formule aussi radicale que celle de Sieyès : « Ce qu'il faut établir, c'est que ce qu'on appelle le Tiers est la Nation. »

force symbolique particulière. On conçoit qu'il en ait caressé l'ambition. Le Règlement des élections du 14 janvier 1789 lui en donnait la possibilité. Pourtant, il ne choisit point cette voie. En mars 1789, il tente de se faire élire par la noblesse de Mantes : ses chances de succès lui semblent plus grandes que devant le Tiers État où les bourgeois paraissent seuls assurés de l'emporter.

Condorcet possède dans le voisinage de Mantes une maison de campagne au bord de la Seine, où il se rend parfois l'été. Ce petit domaine lui vaut le titre de seigneur de Dennemont. En cette qualité, il relève de l'assemblée de l'ordre de la noblesse du bailliage de Mantes. A ce lien assez modeste avec la région s'en ajoutent d'autres, plus brillants et plus riches d'influence sur la noblesse locale. Près de Mantes se trouve le château de La Roche-Guyon, résidence de la duchesse d'Enville, dont le crédit dans le bailliage est considérable. En outre, son beau-père Grouchy possède des terres dans la région et y compte des amis. Lui-même a de bons rapports avec le lieutenant général du bailliage, Levrier. Autant d'atouts dans une partie où les électeurs ne se comptent que par dizaines, où le crédit et les relations personnelles importent plus que la fortune ou le talent oratoire — dont Condorcet est également dépourvu. Enfin il espère que le prestige d'un membre de l'Académie française, de surcroît secrétaire de l'Académie des sciences, compensera, à cette époque des Lumières, l'insuffisance de son enracinement. Il est donc optimiste : « Ma bonne amie, écrit-il à Mme Suard début mars, je vais remplir à Mantes mes petits devoirs de citoyen. J'ai encore un peu d'espérance pour les affaires publiques. Les principes raisonnables gagnent un peu[1]. »

Le 9 mars 1789 s'ouvre à Mantes l'assemblée générale du bailliage, devant le lieutenant général civil et de police, au Palais de Justice. La cérémonie est superbe. Les trois ordres se rendent à l'église en procession à travers la ville, « accom-

---

1. Lettre à Mme Suard, *op. cit.*, début mars 1789, CLXXXIV.

pagnés de deux brigades de maréchaussée sous le chevalier de La 'Tremblaye, et de la jeunesse de la ville sous les armes, précédés de tambours et de musiciens[1] ». L'appel des délégués terminé, les ordres jusque-là réunis se séparent. L'assemblée de la noblesse[2] vient d'élire son président et son secrétaire lorsque se présente une députation du Tiers. Elle demande à la noblesse si celle-ci accepte de renoncer à ses privilèges fiscaux, si elle admet l'accès du Tiers État à tous les postes et honneurs, et l'égalité des peines pour tous les justiciables. Outre Condorcet, l'assemblée de la noblesse compte en son sein l'élégant Hérault de Séchelles[3], avocat général au Parlement de Paris, adepte des idées nouvelles. Bien vite la réponse favorable de la noblesse est acquise. Condorcet, Hérault de Séchelles et Gaillon sont désignés pour la porter à l'assemblée du Tiers État. Le Tiers applaudit cette réponse et reconduit les délégués avec un luxe de courtoisie. « Tout va bien ici, écrit Condorcet à Mme Suard, la noblesse a renoncé à tout privilège pécuniaire... Aujourd'hui, on doit décider si les ordres se réuniraient. J'espère que la noblesse en sera d'avis. Elle a de très grandes bontés pour M. Hérault et moi. Nous ne sommes que quarante. Nos délibérations sont douces, polies[4]. » Sentant le courant favorable, Condorcet, au matin du 10 mars, passe à l'offensive. Il prononce un long discours en faveur de la réunion des ordres[5]. Il y expose sa conception d'une

1. Léon Cahen, *Condorcet et la Révolution française, op. cit.,* p. 99.
2. Selon le règlement général du 24 janvier 1789, tous les nobles domiciliés dans le bailliage étaient électeurs. Même les femmes nobles, propriétaires de fiefs, pouvaient voter en donnant procuration à un électeur noble.
3. 1759-1794. Nommé avocat au Châtelet alors qu'il a à peine dix-huit ans, il obtint avec dispense d'âge, grâce à la protection de la Reine, la charge d'avocat général en 1785. Le roi le nommera commissaire près le Tribunal de cassation en 1791, puis les Parisiens l'éliront à la Législative. Député à la Convention, cet aristocrate révolutionnaire siègera à la Montagne avant d'être accusé par les robespierristes d'avoir trempé dans la conspiration du baron de Batz. Il sera guillotiné avec Danton, le 5 avril 1794.
4. *Op. cit.,* lettre du 10 mars 1789, CLXXXV.
5. Il rappelle que cette réunion est rendue possible par la désignation des députés et la rédaction des Cahiers de doléances. Donnant au débat toute sa

noblesse dont les prérogatives ne seraient plus « qu'une récompense légitime des services, des vertus et des talents[1] ». Il souligne que les agriculteurs ont avec la noblesse rurale des intérêts communs. Premier discours politique, hardi pour ses auditeurs, modéré pour son auteur. A-t-il convaincu ? La noblesse n'a pas à se prononcer sur la réunion des ordres : le Tiers État la rejette au vu du refus opposé à ses demandes par le clergé.

Reste à rédiger le Cahier de doléances. Condorcet s'offre à préparer un projet susceptible d'être adopté par les trois ordres. Ses collègues acceptent. Il se met à l'ouvrage. Hélas, l'accord espéré ne peut se faire. Le clergé refusant d'abandonner ses privilèges, toute synthèse se révèle impossible. La noblesse examine donc seule le texte de Condorcet et, moyennant certaines modifications, l'adopte[2]. Il recommande en particulier aux États généraux « l'examen des moyens de détruire la traite et de préparer la destruction de l'esclavage des Noirs ». Difficile de ne pas voir dans cette stipulation de la noblesse de Mantes l'inspiration du président de la Société des amis des Noirs... Mais la noblesse revendique une représentation double de celle du clergé au sein de la future Assemblée nationale. C'est affirmer sa volonté de perpétuer la distinction des ordres. Dès ce moment, la partie électorale est perdue pour Condorcet. A l'issue du scrutin, sur 69 votants, Il ne recueille au premier tour que 14 voix, alors que Talleyrand-Périgord en obtient 24, et le marquis de Gaillon 19, 12 voix s'étant dispersées sur cinq noms, dont celui de Hérault de Séchelles. Au second tour, alors que ce dernier

---

dimension, il souligne que les mêmes raisons qui commandent dans les assemblées de bailliage la réunion des ordres l'imposeront aux États généraux.

1. Cahen, *op. cit.*, p. 105.

2. Sur le projet de Condorcet, *cf.* Cahen, *op. cit.*, pp. 110 à 116. Le Cahier de doléances proclame que les députés aux États généraux seront « les légitimes représentants de la Nation française ». Il énonce les principes d'une Déclaration des Droits de l'homme. Il reconnaît aux seuls représentants de la Nation le droit de consentir l'impôt. Il précise les réformes nécessaires en matière fiscale et judiciaire. Il admet l'accès égal de tous aux emplois et dignités.

obtient 4 voix, le marquis de Gaillon progresse de 4 voix et Condorcet seulement de deux. Tous les libéraux décident alors de faire bloc autour de M. de Gaillon, qui est élu au troisième tour par 43 voix contre 26 à son adversaire[1].

Le soir même, Condorcet rend compte à Mme Suard de son échec : « Notre élection est faite et je n'ai même pas eu l'honneur d'aller au dernier scrutin. M. Hérault a été moins bien traité que moi... Nous avons tous deux travaillé au Cahier, qui n'est pas trop mauvais, *malgré quelques niaiseries que nous avons été obligés d'y faire entrer*. On nous a presque toujours écoutés avec l'air de l'approbation, mais notre attachement à la manière d'opiner par tête, quoique nous n'ayons pas mis d'acharnement à soutenir notre opinion, nous a rendus suspects. On nous a crus plus populaires que nous le paraissions. Voilà notre histoire, qui n'est pas brillante[2]... » En vérité, Condorcet était étranger au bailliage de Mantes ; il n'était pas un assez grand seigneur, comme ses amis La Rochefoucauld ou La Fayette, pour que la noblesse, en corps, lui pardonnât ses idées libérales. A Paris, où les élections allaient commencer, Condorcet se heurtera au même paradoxe : trop proche du Tiers État, il s'était vu écarter par la noblesse ; noble, il se verra repousser par le Tiers État.

## A Paris

A Paris, les problèmes posés par l'importance de la population, la difficulté du découpage et la nécessité d'un scrutin à deux degrés ont entraîné, le 13 avril, l'adoption tardive d'un règlement électoral particulier[3]. Les élections se déroulent

1. Cahen, *op. cit.*, p. 116. M. de Gaillon, « homme honnête, qui a de l'esprit, de la raison et qui entend les affaires et l'administration locale au canton », selon Condorcet, ne devait jouer aucun rôle à la Constituante.
2. Lettre de mars 1789, CLXXXVI, *op. cit.* Souligné par nous.
3. Le Règlement avait soulevé un vif mécontentement dans la capitale. Y avaient été introduites comme conditions pour être électeur soit la possession d'un office ou d'un grade, soit le paiement d'un impôt direct (la capitation) de 6 livres,

dans un climat tendu. Les mesures prises par Necker pour approvisionner Paris n'ont point empêché la hausse des denrées[1]. Les ateliers de charité ne peuvent fournir du travail à la masse immense des chômeurs. Des émeutes dues à la misère éclatent[2].

Le 20 avril au matin, les électeurs de la noblesse du quartier du Luxembourg se réunissent dans l'église des Grands Augustins. Les 47 électeurs désignent aussitôt le duc de La Rochefoucauld comme président et Condorcet comme secrétaire[3]. Comme à Mantes, la question essentielle est celle de la réunion ou de la séparation des ordres. Le 21 avril, les commissaires de la noblesse prennent position par 23 voix contre 11[4]. Condorcet est déjà minoritaire. Le Tiers État se prononce pour la séparation complète des chambres d'électeurs. Même l'élaboration d'un Cahier de doléances commun est rejetée. La chambre de la noblesse désigne donc ses commissaires pour la rédaction de son propre Cahier. Condorcet est choisi, avec La Rochefoucauld et Sémonville[5]. Sans doute ce Cahier témoigne-t-il des vues libérales de la noblesse

somme relativement forte pour l'époque. Ainsi ne comptait-on que 50 000 électeurs pour environ 600 000 habitants. Les Parisiens ressentaient cette discrimination. Elle n'affectait pas Condorcet, électeur noble du quartier du Luxembourg.

1. Lavisse, *Histoire de la France depuis les origines...*, Hachette, 1911, tome IX, p. 373. Le pain de quatre livres, qui avait atteint 15 sous en février, se maintenait au-dessus du tarif fixé à 14 sous. Les salaires des ouvriers et compagnons à Paris oscillaient pour la plupart entre 15 et 20 sous par jour, au mieux 2 francs.

2. La plus grave, fin avril, au faubourg Saint-Antoine, aboutit au pillage de Révillon, fabricant de papiers peints, et de Henriot, salpêtrier du Roi, dont on prétendait qu'ils avaient dit, dans une assemblée du Tiers État, qu'un ouvrier pouvait vivre avec 15 sous par jour. Il y eut au moins vingt-cinq morts et trois cents blessés.

3. Sur les élections à Paris, *cf.* Cahen, *op. cit.,* pp. 117 à 125 ; L. Chassin, *Les Électeurs et les Cahiers de Paris en 1789*, tome II, p. 154.

4. Chassin, *op. cit.,* tome II, p. 167.

5. Lally-Tollendal et Clermont-Tonnerre leur furent adjoints. Clermont-Tonnerre, colonel du régiment de Royal-Navarre, fut député de la noblesse de Paris aux États généraux. Partisan de la monarchie constitutionnelle à l'anglaise, il fut à la tête des 47 députés de la noblesse qui rejoignirent le Tiers État le 25 juin 1789. Il créa avec Malouet le Club des Impartiaux en janvier 1790. Il finit défenestré par la foule le 10 août 1792.

parisienne[1]. Mais elle décide qu'aux États généraux, ses députés devront s'en tenir au vote par ordre[2]. Les chances de Condorcet d'être élu sont donc encore plus faibles qu'à Mantes. Surtout, à Paris, les représentants des plus grandes familles de l'aristocratie et des parlementaires célèbres se proposent aux suffrages de leurs pairs. Le prestige intellectuel de Condorcet ne peut, dans ce milieu, compenser la médiocrité de sa naissance et de sa fortune. S'y ajoute l'animosité des milieux parlementaires parisiens envers l'ami de Dupaty et l'adversaire de d'Eprémesnil. La Rochefoucauld, qui professe les mêmes principes que Condorcet, est élu. Mais lui est duc et pair de France. Quant au Tiers État de Paris, même si le nom de Condorcet figure sur la « liste des Amis du peuple » diffusée par Brissot[3], il n'élit que des bourgeois parisiens, à la seule exception de l'abbé Sieyès.

Ainsi, au moment où s'ouvrent les États généraux, Condorcet ne peut que constater son échec. Il en commente avec humour les raisons à Mme Suard : « Les nobles m'ont trouvé trop populaire. Et les non-nobles, trop modéré. Apparemment que je suis raisonnable. J'avais contre moi, dans notre assemblée, les aristocrates, les parlementaires, les propriétaires

1. Chassin, *op. cit.*, p. 271. Le Cahier réclame les libertés fondamentales : déclaration des droits, sûreté individuelle, liberté de la presse, respect des propriétés, compétence exclusive des États généraux pour accorder des impôts, égalité devant la fiscalité. Symboliquement, on y demande la démolition de la Bastille.

2. *Cf.* Cahen, *op. cit.*, p. 181. Tout au plus un amendement est-il adopté demandant que « le veto d'un des ordres ne puisse s'opposer à la confection des lois qui intéressent le bonheur de la Nation ». La Chambre de la noblesse refuse en outre l'identité des peines pour tous les coupables, proposée par le projet de Cahier, et maintient l'inamovibilité des juges, dénoncée par Condorcet qui n'avait foi que dans des juges élus pour un temps limité. S'agissant des assemblées provinciales, si chères à Condorcet, la Chambre de la noblesse limite leurs pouvoirs et les refuse dans les pays d'États.

3. Sur cette liste « patriote », écrit Brissot, on n'a inscrit que des personnes qui ont fait publiquement profession de défendre le peuple. Y figure au premier rang « le marquis de Condorcet, quoique noble, ami du Tiers État. Il en a donné des preuves dans son Essai sur les administrations provinciales ». Cette liste mentionne notamment Brissot, Sieyès, Clavière, Bernardin de Saint-Pierre, Pastoret, Guillotin, Target, Chamfort. *Cf.* L. Chassin, *op. cit.*, II, p. 312.

d'habitation, les dévots et la moitié des négriers. Jugez si je pouvais réussir[1]... » Ses meilleurs amis du parti patriote, les grands seigneurs comme La Rochefoucauld et La Fayette, la plupart des membres de la Société des Trente, comme Duport, Target et les Lameth[2], ont été élus. Mirabeau et Sieyès, plus célèbres que lui, ont été désignés par le Tiers État. Seul parmi les champions du parti patriote, il a échoué. De cette défaite politique, Condorcet éprouve quelque mélancolie. Être absent des États généraux où va se jouer le sort de la France, quelle frustration !

## A L'ÉCART DES PASSIONS

Durant l'affrontement décisif de l'été 1789 entre le Tiers État et la Cour, Condorcet ne joua aucun rôle à Versailles ou à Paris. Sans doute était-il informé de ce qui se passait aux États généraux par ses amis députés, La Fayette ou Montmorency[3], La Rochefoucauld ou Sieyès, et par ceux qu'il rencontrait au Club de Valois. Il lui arrivait même de se rendre à Versailles avec Sophie et d'y contempler la naissance

1. Lettre à Mme Suard, mi-mai 1789, CLXXXVII, *op. cit.*, p. 000.
2. Les trois frères Lameth participèrent à la guerre d'Indépendance américaine d'où ils revinrent avec des idées de liberté. L'aîné, *Théodore* (1756-1854), entra plus tard que ses frères en politique. Élu du Jura à la Législative, défenseur de la monarchie, il émigra en Suisse en 1793. *Charles* (1757-1832) fut élu par la noblesse d'Artois aux États généraux. Libéral, il se rallia au Tiers État, puis anima le Club des Feuillants. Promu maréchal de camp en février 1792, il demanda à être mis en congé après le 10 août et s'établit à Hambourg. Il servira Bonaparte, se ralliera à Louis XVIII et, plus tard, à Louis-Philippe. *Alexandre* (1760-1829), le plus brillant des trois, est élu par la noblesse de Péronne aux États généraux. Il se joint au Tiers État, se signale par son ardeur durant la nuit du 4 août, et combat Mirabeau. Après Varennes, il se rallie à la Cour et se livre avec La Fayette aux Autrichiens. Il servira Bonaparte, qui le fera baron d'Empire, et finira sa carrière comme député de l'opposition libérale sous la Restauration.
3. 1766-1826. Combattant d'Amérique, imprégné d'idées de liberté, il est élu par la noblesse de Montfort-L'Amaury aux États généraux. Aide de camp de Luckner, il émigre en Suisse après le 10 août 1792, et devient l'amant de Mme de Staël. Il sera ministre des Affaires étrangères et président du Conseil au début de la Seconde Restauration.

de ce phénomène extraordinaire pour les Français qui n'avaient pas fait le voyage à Londres : la vie parlementaire[1]. Les députés délibéraient dans la salle des Menus-Plaisirs devant des tribunes pleines, abritant plus de mille personnes qui prenaient part aux débats par leurs applaudissements ou leurs murmures[2]. En ces premières semaines des États généraux, il n'y avait ni sujet de délibérations, ni ordre du jour. « Les députés ne se connaissaient point les uns les autres... Ils se plaçaient partout indifféremment... La salle était continuellement inondée de visiteurs, de curieux qui se promenaient partout et se plaçaient dans l'enceinte même destinée aux députés[3]... »

Partageant l'inquiétude générale[4] devant le piétinement des premières semaines, Condorcet publie une brochure anonyme suggérant les moyens d'y mettre un terme[5]. Mais il demeure

1. *Cf.* Aulard, *Les Orateurs de l'Assemblée constituante*, Hachette, p. 25 et suivantes.

2. *Ibid.*, p. 28. La Cour était inquiète de cette présence des Parisiens à l'Assemblée.

3. Étienne Dumont, *Souvenirs sur Mirabeau*, p. 47. Voir aussi A. Young, décrivant la séance du 15 juin : « Le local est trop grand. Seuls les organes de stentor ou les voix du timbre le plus clair peuvent se faire entendre. M. l'abbé Sieyès ouvrit les débats. Il parle sans grâce et sans éloquence, mais il argumente très bien ; je devrais dire : il lit, car il lisait en effet un discours préparé... M. de Mirabeau parla, sans le secours d'aucunes notes, pendant près d'une heure, avec une chaleur, une animation, une éloquence qui lui donnent droit au titre d'orateur... On l'écouta avec attention, et on l'applaudit beaucoup... Monsieur Rabaut Saint-Étienne, homme d'un talent considérable..., parle avec clarté et précision et ne s'aide de ses notes que par intervalles. M. Barnave, un tout jeune homme de Grenoble, improvisa avec beaucoup de chaleur et d'animation. Quelques-unes de ses phrases furent d'un rythme si heureux, et il les prononça de façon si éloquente qu'il en reçut beaucoup d'applaudissements. Plusieurs membres crièrent bravo... » *Op. cit.*, p. 129.

4. *Cf.* Ruault, *op. cit.*, lettre du 4 juin 1789 : « On a déjà perdu un mois en vaines formalités » ; et d'évoquer « les menaces de la populace de Paris dans les groupes qu'on voit se multiplier chaque jour » (pp. 133-134).

5. « Réflexions sur les affaires publiques par une société de citoyens ». *Cf.* Cahen, *op. cit.*, p. 133. Dans ce texte, Condorcet propose que les députés des « Communes », après avoir décrété que les impôts ne pourront être prolongés au-delà d'un terme fixé et pris des mesures garantissant la liberté individuelle, demandent au Roi de convoquer une véritable Assemblée nationale sans distinction d'ordres ; ou bien que les Communes votent une déclaration contenant les mesures essentielles demandées par la Nation ; cette déclaration serait adressée aux autres

simple spectateur, à l'écart des grands événements qui se déroulent à partir du 10 juin aux Etats généraux où La Fayette, Sieyès, Mirabeau, assument à des degrés divers un rôle essentiel. De n'avoir pas été élu condamne Condorcet à l'inaction ; au mieux, il en est réduit à conseiller ses amis. Ce sont eux qui agissent en pleine lumière et qui connaissent déjà la gloire.

Il en va de même à Paris pendant les journées insurrection-nelles de juillet. Sa présence dans la capitale est établie : le 7 juillet, il préside les Amis des Noirs[1] et le 15, il assiste à la séance de l'Académie des sciences[2]. Mais il n'existe aucune trace de sa participation aux événements ; en particulier, nulle mention de sa présence à l'Assemblée des électeurs de Paris, qui s'est constituée dès le 25 juin, et dont le comité permanent joue un rôle important dans cette période brûlante. Cette Assemblée n'ayant plus aucune qualité pour agir depuis les élections, Condorcet, profondément légaliste, ne s'y rendit point. Il a vécu ces journées décisives, du samedi 11 au vendredi 17 juillet 1789, comme des milliers de spectateurs ou d'acteurs anonymes. L'Histoire ne lui a pas même adressé ces jours-là de clin d'œil complice, comme à Brissot auquel on remit les clefs de la Bastille, ou Danton, nommé comman-dant provisoire de la forteresse, bien que ni l'un ni l'autre n'eussent figuré parmi les combattants[3].

En revanche, Condorcet ne ralentit pas ses activités acadé-miques. Le 15 juillet, l'Académie tient séance comme de coutume. En présence de vingt-trois membres, Darcet commu-nique un mémoire de chimie, Charles lit un travail sur la graduation des aéromètres, Tillet et Brousset exposent les

---

ordres qui ne pourraient que la voter ou se rendre à tout jamais impopulaires. Ainsi serait débloquée l'impasse dans laquelle se trouvent les États généraux.

1. Bibliothèque de l'Institut, Ms 857, registre de la Société des amis des Noirs, folio 276.

2. *Cf.* J. Bertrand, *L'Académie des sciences, op. cit.,* p. 405.

3. « Les clefs de la forteresse furent remises à M. Brissot qui, peu d'années auparavant, avait lui-même été jeté dans ces antres du despotisme » (*Moniteur*, I, p. 195). *Cf.* Godechot, *La Prise de la Bastille,* Gallimard, 1965, p. 279.

mérites d'une machine destinée à lever la carte du blé. Le 18 juillet, Laplace fait une communication sur l'obliquité de l'éclipse[1]. Sur un point, cependant, l'Académie estime qu'il y a lieu de sortir de sa réserve. Bailly est membre de l'Académie ; il a joué un grand rôle à l'Assemblée nationale. Le 4 juillet, elle décide de lui témoigner « sa satisfaction de la manière dont il a rempli les fonctions de président de l'Assemblée nationale ». Le 22 juillet, après sa nomination comme maire de Paris, l'Académie envoie une délégation à son domicile de Chaillot pour le féliciter. Le lendemain, Bailly vient remercier ses confrères de l'intérêt qu'ils lui témoignent. Condorcet dresse procès-verbal des propos aimables de son vieil adversaire. Ainsi, au cœur des passions révolutionnaires se poursuivent les douceurs académiques.

## Un regard critique

Au cours de cet été sans pareil où tout bascule en France, Condorcet devrait exulter. A Paris, le peuple a vaincu le Roi[2]. En province, la bourgeoisie prend le pouvoir municipal. De ville à ville se nouent des liens régionaux, des pactes de fédération. Confrontée à la violence paysanne née de la Grande Peur — qui embrase les provinces, brûle châteaux et parchemins, s'en prend à certains seigneurs détestés —, l'Assemblée Constituante, dans la nuit du 4 août, abolit privilèges et droit féodaux. Sur cette nuit extraordinaire, Condorcet pose cependant un regard critique. Par tempérament, il n'est guère sensible à l'enthousiasme qui a emporté les députés[3]. Dans ce lyrisme généreux, il ne voit que piège

1. *Cf.* J. Bertrand, *op. cit.,* p. 405.
2. *Cf.* François Furet et Denis Richet, *La Révolution française*, Fayard, 1973, pp. 84-85.
3. « Une joie fraternelle haussa un moment les cœurs au-dessus du niveau médiocre de la vie ». Jaurès, *Histoire socialiste de la Révolution française*, Éditions sociales, Paris, 1986, tome I, p. 404.

tendu à la raison. « Pourquoi, écrit-il, décréter en tumulte quand la justice, d'accord avec l'intérêt de la Nation, exigeait qu'on se bornât à l'engagement d'examiner avec maturité[1] ? » De même, il ne se satisfait pas de la Déclaration des Droits de l'homme et du citoyen dont l'Assemblée a décidé, le 4 août au matin, qu'elle servirait de préambule à la Constitution. Certes, les principes proclamés sont ceux-là mêmes qu'il a soutenus[2], mais il aurait voulu qu'elle affirmât « la liberté de faire de ses facultés tout usage qui n'est pas contraire au droit d'autrui, ce qui renferme la liberté entière du commerce et de l'industrie », et aussi la liberté des cultes. Il lui reproche de recourir à des termes trop vagues : « ordre public », « utilité » ou « intérêt commun », et de ne pas proclamer que toute Constitution est par nature révisable. Derrière ces propos perce en fait un désaccord plus profond[3]. Pour lui, une Déclaration des Droits ne doit pas se borner à énoncer des principes généraux. Il lui faut aller plus loin, préciser les garanties nécessaires pour que la jouissance de ces droits soit assurée aux citoyens. Il rêve d'un code plutôt que d'un catéchisme, d'un traité plutôt que d'une proclamation, et, plus qu'à l'éclat des formules, il est sensible à la précision des termes. En philosophe des Lumières, il préfère l'ordre logique à la révélation prophétique.

Il demeure tout aussi réservé sur les grandes questions constitutionnelles qui suscitent des affrontements politiques. Il refuse le principe d'une Chambre haute, aristocratique, à la mode anglaise, que les « Monarchiens[4] » souhaitent voir instituer. Pour pallier les risques d'une Assemblée unique trop

---

1. « Réponse à l'Adresse aux provinces », *Œuvres*, IX, p. 505.
2. *Cf.* « Réflexions sur ce qui a été fait et sur ce qui reste à faire », *Œuvres*, IX, p. 447. « La reconnaissance de ces droits est la base de toutes les sociétés, écrit-il à l'automne 1789, l'unique rempart des citoyens contre les lois injustes que leurs représentants pourraient être tentés de commettre, et le moyen le plus sûr de conserver dans le peuple des idées de liberté, et de l'empêcher de jamais oublier la dignité de la nature humaine. »
3. « Réponse à l'Adresse aux provinces », *Œuvres*, IX, p. 491.
4. Notamment Mounier, Malouet, Lally-Tollendal et Clermont-Tonnerre.

sensible à l'éloquence et encline aux passions, il suggère la création d'une Chambre de réflexion[1], sans pouvoir de décision, une sorte de Conseil d'État élu. Mais c'est surtout la question du veto royal qui passionne l'opinion[2]. Fin août, le Palais-Royal est de nouveau en effervescence. Des motions violentes contre le veto sont rédigées dans les cafés, des délégations envoyées à l'Hôtel de Ville[3]. A Versailles, on négocie dans la crainte d'un soulèvement. Le Roi obtiendrait un droit de veto suspendant l'exécution d'un décret pendant deux législatures. En contrepartie, il accepterait immédiatement la Déclaration des droits de l'homme et les décrets des 5-11 août abolissant le régime féodal. Condorcet ne prend pas résolument parti contre le veto. Sans doute est-il influencé par l'exemple des États-Unis où la Constitution accorde au président un veto suspensif. Mais il critique ses modalités et suggère des améliorations techniques. Pas plus que les Constituants, il ne perçoit que le veto suspensif rendra inévitable l'affrontement direct entre le peuple et le Roi dès l'instant où ce dernier interdira la promulgation d'une loi populaire[4].

Surtout, Condorcet demeure très réservé sur la politique financière de la Constituante. Par sa collaboration avec Turgot, ses fonctions à la Monnaie, il a en cette matière des connaissances plus étendues que la plupart de ses contemporains. Il a analysé les causes du déficit, avancé des remèdes et proposé une réforme générale de la fiscalité[5]. N'oubliant pas que les États généraux sont nés de la menace de banqueroute, il sait que l'urgence commande d'abord de résoudre la question

1. *Cf.* « Lettres au comte de Montmorency », *Œuvres*, IX, p. 377 et suivantes.
2. *Cf.* Ruault, 3 septembre 1789 : « Aujourd'hui, on fait grand bruit du veto. Les ouvriers, les portefaix disent au coin des rues que le Roi ne doit point avoir de veto... », *op. cit.*, p. 167.
3. *Cf.* Buchez et Roux, *op. cit.*, tome II, p. 382 ; Jaurès, *op. cit.*, tome I, p. 451 et suivantes.
4. Après avoir rejeté, le 10 septembre, la création d'une deuxième Chambre, l'Assemblée, le lendemain, vote le veto suspensif.
5. *Cf.* « Vie de M. Turgot », *op. cit.*, pp. 123-124, 145, 185-186 ; « Assemblées provinciales », *op. cit.*, pp. 278, 281 et suivantes, 396-406, 523-553.

du déficit[1]. Il critique les emprunts décrétés à la demande de Necker[2]. La « contribution patriotique[3] » votée le 6 octobre ne lui paraît pas plus satisfaisante. Mais l'essentiel est la confiscation des biens du clergé au profit de la Nation : la réalisation de cette masse énorme, évaluée à plusieurs milliards, devrait permettre à l'État de rembourser ses créanciers sans augmenter les impôts. Le 2 novembre, au terme d'un long débat[4], l'Assemblée, par 568 voix contre 346 et 40 abstentions, décrète : « Tous les biens ecclésiastiques sont mis à la disposition de la Nation, à charge de pourvoir d'une manière convenable aux frais du culte, à l'entretien de ses ministres et au soulagement des pauvres[5]. » Condorcet souscrit à cette décision. Dès 1788, il avait lui-même considéré que les biens du clergé ne devaient appartenir qu'à la Nation[6], même si leur usufruit pouvait servir à l'entretien des prêtres et des religieux. D'accord avec la mesure, il n'en critique pas moins sévèrement sa mise en œuvre.

On avait les terres, mais pas l'argent. Leur mise en vente brutale sur le marché aurait entraîné l'effondrement des prix. Pour faire face aux besoins de la Trésorerie et rembourser la

1. *Cf.* Michel Bruguière, *Gestionnaires et profiteurs de la Révolution*, Olivier Orban, Paris, 1986, p. 50 et suivantes.

2. A la demande de Necker, l'Assemblée avait décrété, le 9 août, un emprunt de 30 millions, mais abaissé le taux d'intérêt de 5 à 4,5 %. C'était décevoir l'attente des capitalistes. L'emprunt fut un échec. Le 27 août, nouvel emprunt de 80 millions à 5 %. Nouvel échec. « Jamais, commenta sarcastiquement Condorcet, on ne prit de meilleures mesures pour manquer plus sûrement une opération de finances. »

3. Necker, aux abois, demanda une « contribution patriotique », d'un montant égal au quart du revenu et au quarantième de la vaisselle précieuse et de l'argent comptant de chacun. Dans un discours superbe, évoquant le spectre de la banqueroute, Mirabeau arracha le vote. La contribution patriotique fut décrétée le 6 octobre. Son produit devait se révéler médiocre. *Cf.* Florin Aftalion, *L'Économie de la Révolution française*, Hachette, 1986, p. 82 et suivantes.

4. L'évêque d'Autun, Talleyrand-Périgord, justifia avec talent cette expropriation sans indemnité. L'abbé Maury, le plus populaire des orateurs du parti aristocratique, dénonça ceux qui voulaient s'emparer des biens du clergé, notamment les agioteurs, les étrangers et les Juifs. *Cf.* Jaurès, *op. cit.*, tome I, p. 105.

5. *Archives parlementaires*, tome IX, p. 648.

6. « Assemblées provinciales », *op. cit.*, tome VIII, p. 145.

Caisse d'escompte qui a avancé 170 millions, on décide, les 19 et 21 décembre, de vendre pour 400 millions de biens d'Église, auxquels l'Assemblée ajoute le domaine royal, à l'exclusion des forêts. Simultanément, on émettra des billets portant intérêt à 5 %, au remboursement desquels sera *assigné* le produit de la vente des biens. Ainsi naissent les assignats. Condorcet, comme Mirabeau, critique l'intervention inutile et onéreuse de la Caisse d'escompte dans ces opérations. Surtout, il suggère que le produit de la vente de chaque bien soit affecté au remboursement d'une série particulière d'assignats. Ainsi, le porteur d'un assignat jouirait des mêmes garanties que le bénéficiaire d'une hypothèque, et la confiance du public serait acquise. Condorcet n'est pas écouté. Dressant plus tard le bilan de la Constituante, il écrira : « Les opérations de l'Assemblée sur les finances sont celles qui portent le plus à censure[1]. »

## A L'HÔTEL DE VILLE

En septembre 1789 se déroulent à Paris de nouvelles élections pour remplacer la municipalité élue après le 14 juillet[2], incapable de faire face aux difficultés croissantes de la ville. Le crédit de Condorcet, depuis les élections aux États généraux, a grandi dans les districts parisiens. Même si Bailly ne l'aime guère, il est lié avec nombre de membres éminents de la municipalité sortante. L'amitié et la considération particulière que lui porte La Fayette sont notoires. Or, celui-ci, commandant la Garde nationale, est l'idole de la capitale. Condorcet s'est enrôlé dans la Garde et s'est occupé de son

1. « Réponse à l'Adresse », *op. cit.*, tome IX, p. 507.
2. Cette municipalité comptait 180 membres. Nombre de personnalités proches de Condorcet y figuraient : des académiciens comme La Harpe ou Dussaulx, des savants comme Périer-Thouin, Quatremère de Quincy, des écrivains comme Beaumarchais et Brissot, des avocats comme Joly et Lacretelle. *Cf.* Lacroix, *Actes de la Commune de Paris*, tome I, p. 2.

organisation[1]. On l'a même vu se rendre en uniforme chez Mme Pastoret, sans épée, mais avec un gros parapluie sous le bras[2]... Le 18 septembre 1789, le quartier de Saint-Germain-des-Prés l'élit à la nouvelle assemblée de la Commune. Des contestations s'élèvent : ses adversaires crient à la cabale, allèguent des irrégularités. En vain. Son élection est validée, et il entre à l'Hôtel de Ville en même temps que le chimiste Lavoisier, le directeur de l'Observatoire Cassini, et son vieil ami Suard[3].

Les nouveaux élus trouvent la ville dans une situation très critique. La récolte de 1789 a été bonne, mais fermiers et propriétaires, en cette période troublée, sont réticents à vendre leur récolte[4]. Les grains arrivent irrégulièrement et le blé est cher. A Paris, le pain coûte 4 sous la livre. Marat écrit le 16 septembre dans *L'Ami du Peuple* : « Les boutiques des boulangers sont assiégées, le peuple manque de pain, et c'est après la plus riche récolte que nous sommes à la veille de mourir de faim[5]. » Le départ des émigrés affecte tout le commerce de luxe à Paris[6]. Le Roi fait traîner la promulgation des décrets des 5-11 août, destructeurs de la féodalité. Signe plus inquiétant encore : il rappelle à Versailles le régiment de Flandre. La Garde nationale s'en irrite, les patriotes s'inquiètent. Paris se sent menacé comme en juillet. Le 23 septembre, Condorcet est désigné avec trois autres commissaires de la Commune pour faire rapport sur les mouvements de troupes

1. *Cf.* Cahen, *op. cit.*, p. 138.
2. Norvins, *Essais sur la Révolution française*, Paris, 1832, 2 vol.
3. Lacroix, *op. cit.*, tome II, p. 1. La base électorale avait été élargie, mais seuls étaient électeurs les citoyens payant un impôt personnel et direct, soit 20 % de la population parisienne. *Cf.* Furet et Richet, *op. cit.*, p. 110.
4. Le 29 août, la Constituante avait décrété la liberté du commerce des grains, sauf à l'exportation.
5. *L'Ami du Peuple*, n° 2.
6. *Cf.* Furet et Richet, *op. cit.*, p. 94. Les ateliers de charité de Montmartre, qui regroupaient 10 000 chômeurs, furent fermés, avec un grand luxe de précautions militaires, par La Fayette. *Cf.* Jaurès, *op. cit.*, tome I, p. 455.

vers la capitale[1]. Le 30, il fait partie d'une délégation qui se rend à l'Assemblée nationale pour y conférer des mesures à prendre.

La municipalité de Paris va vivre des heures difficiles. Après le scandale du banquet donné le 1er octobre aux officiers du régiment de Flandre à Versailles, l'émotion et la colère grandissent. Le 5 octobre au matin, le tocsin sonne, appelant Condorcet, comme tous les représentants de la Commune, à se rendre à l'Hôtel de Ville assiégé par une foule de femmes conduites par quelques agitateurs. On connaît la suite : la marche sur Versailles, le château forcé à l'aube, le Roi et sa famille contraints de le quitter et gagnant Paris, sous la pluie d'automne, au milieu d'une foule en liesse. Le cortège parvient à l'Hôtel de Ville vers huit heures du soir. Des applaudissements accueillent le Roi dans la Grand-Salle[2]. Condorcet est là, parmi les représentants de la Commune. Il voit face à face le Roi humilié et le peuple qui l'acclame. Des deux protagonistes, à cet instant réunis et réconciliés, il peut mesurer lequel est à présent réellement le souverain.

Paris est désormais le centre unique du pouvoir. Vers la capitale se tournent en cet automne tous les regards de la France inquiète et de l'Europe attentive. La municipalité doit faire face à tous les problèmes : la sécurité du Roi, l'établissement de l'Assemblée, la crise des subsistances. Il faut arrêter avec le monarque les mesures propres à son installation. Condorcet est de la délégation qui se rend aux Tuileries. L'Assemblée rejoint le Roi à Paris : Condorcet propose au maire[3] de lui envoyer une adresse exprimant la volonté de la municipalité d'assurer la tranquillité de ses délibérations et de garantir l'inviolabilité de ses membres[4]. Les provinces sont troublées, leur méfiance grandit envers Paris. Pour les apaiser,

1. Lavisse, *Histoire de France contemporaine*; Hachette, 1920, tome I, pp. 39-40, 51.
2. Lavisse, *op. cit.*, p. 108.
3. Lacroix, *op. cit.*, p. 247.
4. Lacroix, *op. cit.*, p. 855.

la Commune décide de leur dépêcher une « Adresse aux provinces », et Condorcet est chargé de sa rédaction. Il marque très fermement la nécessité de la concorde entre toutes les communes du Royaume[1]. Mais c'est surtout aux Parisiens que la municipalité entend s'adresser. Il lui faut calmer les esprits et prévenir tout nouveau désordre. Brissot rédige un projet ; Condorcet, Lacretelle[2] et Vigée le corrigent avec lui. Le 14 octobre, l'Adresse couvre les murs de la ville[3]. Elle prêche le retour au calme, dénonce les émeutes, exhorte à la paix civile qui ramènera à Paris provinciaux et étrangers, et y fera renaître la prospérité.

Cette politique nouvelle de communication est bien accueillie. Condorcet, dont la plume est toujours prête, en tire un crédit accru auprès de ses collègues. Dans toute assemblée, un bon rédacteur, de surcroît toujours disponible, est précieux. Aussi, le 13 octobre, Condorcet est-il désigné avec trois de ses collègues pour rédiger le projet de règlement intérieur de l'assemblée municipale[4]. Il en sera le principal auteur. Il a tiré la leçon de ce qu'il a vu à Versailles, dans la salle des Menus-Plaisirs. Il porte une attention particulière à la disposition de la salle des séances de la municipalité, afin que « tous les membres de l'Assemblée puissent se voir réciproquement[5] ». Le 3 novembre, il est élu à sa présidence par scrutin individuel[6]. Le 3 décembre, il est nommé membre du Comité des 24 chargé de rédiger le projet de statut municipal qui doit

1. *Cf.* Lacroix, *op. cit.*, p. 228-229. « C'est pour consolider à jamais cette union que les représentants de la Commune de Paris s'engagent, à la face de la France entière, par un serment inviolable, à un respect profond pour l'Assemblée nationale, à une fidélité inaltérable pour la personne du Roi, et à une fraternité constante et sincère envers toutes les communes du Royaume. »

2. Il s'agit de Pierre-Louis, dit Lacretelle *aîné* (1751-1824). Lié aux Encyclopédistes, il fut membre de la première Commune parisienne et suppléant du Tiers État aux États généraux. Réélu suppléant à la Législative, il y siégera à la mort de Godard, en novembre 1791. Modéré, fondateur des Feuillants, il se cachera jusqu'à la mort de Robespierre. Rallié à Bonaparte, il sera membre de l'Institut.

3. Lacroix, *op. cit.*, tome II, pp. 307-309.

4. *Ibid.*, p. 276

5. *Ibid.*, p. 520.

6. *Ibid.*, p. 524.

être soumis à l'Assemblée nationale. Et le 4 décembre, ses collègues le désignent à la présidence de ce comité. Le crédit de Condorcet au sein de la municipalité de Paris est alors à son zénith. Mais il pèse bien peu au regard de la gloire qui entoure La Fayette ou du prestige dont jouit Bailly. Et ce qui se débat à l'Hôtel de Ville est de bien faible importance en comparaison de ce qui se décide à la Constituante...

## Les déceptions

En cet automne de 1789, l'inquiétude perce chez Condorcet : « Beaucoup de gens voudraient faire un peu de bien. Je me joins à eux de toutes mes forces. Mais ce bien ne peut se faire qu'en rétablissant l'ordre et la paix. L'ouvrage est difficile. Nous avons à combattre des enragés absurdes, des écervelés, de petits ambitieux qui ont l'air de jouer une conspiration dans la grande tragédie des collèges, des fripons, et je ne sais si nous nous en tirerons[1]. » Mais que peut-il faire, hormis susciter des motions au sein de la municipalité ? Ainsi se mobilise-t-il contre le cens électoral et le « décret du marc d'argent ». Dès le mois de juillet, Sieyès, pour justifier le refus du suffrage universel dans le projet de Constitution, a formulé la distinction entre citoyens passifs et actifs[2]. Condorcet lui-même, avant la Révolution, avait lié la qualité d'électeur à celle de propriétaire, tant il était convaincu, à la suite de Turgot et des physiocrates, que seule la propriété foncière, aussi minime fût-elle, donnait le droit de cité[3].

1. Correspondance inédite, CLXXXVIII, op. cit.
2. « Tous les citoyens ont les mêmes droits à la protection de leur personne, de leur propriété, de leur liberté. Mais tous n'ont pas droit à prendre une part active dans la formation des pouvoirs publics. » Cf. Archives parlementaires, tome VIII, p. 256 ; Aulard, Histoire politique de la Révolution française, Paris, A. Colin, 1901, p. 59 ; Bastid, op. cit., p. 87.
3. Cf. « Lettre d'un bourgeois de New Haven, 1787 », Œuvres, IX, p. 12. « Dans les pays cultivés, c'est le territoire qui fait l'État. C'est donc la propriété qui doit faire les citoyens... Les propriétaires ont les mêmes intérêts que les non-

Cependant, il est choqué de voir l'exercice d'une prérogative constitutionnelle soumise à une définition fiscale. Quelques mois plus tard, il formule de sévères critiques envers le système adopté par l'Assemblée, refusant que « la volonté des assemblées chargées de répartir les impositions [puisse] changer à son gré l'état des individus, leur accorder ou leur ôter le droit de citoyens ». Selon lui, il faut « une taxe *légère*, à laquelle *tous* les Français seraient également assujettis, à l'exception de ceux qui demanderaient à ne pas être imposés..., la seule dont on puisse sans inconvénient faire dépendre le titre de citoyen actif[1] ». C'est déjà frayer la voie au suffrage universel.

Par ailleurs, Condorcet s'engage à fond dans la grande bataille politique sur le « décret du marc d'argent ». Le Comité de Constitution avait proposé que seuls ceux qui paieraient une contribution égale à la valeur d'un marc d'argent, soit 50 livres d'impôt, pourraient être éligibles à l'Assemblée nationale. C'était mettre haut la barre. Barère[2] dénonce « l'aristocratie des riches[3] ». Mirabeau, se souvenant des temps difficiles, proclame qu'il faut « substituer la confiance au marc d'argent[4] ». Mais, le 29 octobre, la majorité vote le décret, et même l'amendement conservateur exigeant que « l'éligible eût en outre une propriété foncière quelconque[5] ». Tollé chez les

propriétaires dans toutes les parties de la législation. Ils ont seulement un intérêt plus grand aux lois civiles et aux lois relatives à l'impôt. Il n'y a donc aucun danger à les rendre dépositaires et conservateurs des intérêts du reste de la société ». Mais Condorcet précisait, dans les « Assemblées provinciales », 1788, *Œuvres*, VIII, p. 130 : « Le droit de cité sera accordé même à la plus faible propriété. »

1. « Adresse à l'Assemblée nationale sur les conditions d'éligibilité », mai 1790, *Œuvres*, X, p. 80. Souligné par nous.
2. 1755-1841. Avocat au Parlement de Toulouse, il est élu par le Tiers État de Bigorre. Élu à la Convention, classé comme Montagnard, il s'en prendra à Marat, mais bâtira sa réputation lors du procès du Roi. Il fera rejeter l'appel du peuple proposé par Vergniaud. Élu au Comité de Salut public le 7 avril 1793, réélu le 10 juillet, il se ralliera tardivement aux adversaires de Robespierre et sera emprisonné, avant de cautionner le coup d'État du 18 Brumaire.
3. *Archives parlementaires*, tome IX, p. 598.
4. *Archives parlementaires*, tome IX, p. 599.
5. *Cf.* Aulard, *op. cit.*, pp. 66 à 69.

patriotes. Bourgeois de modeste fortune, membres des professions libérales, écrivains, tous se sentent exclus. Camille Desmoulins[1] explose : « Pour faire sentir toute l'absurdité de ce décret, il suffit de dire que Jean-Jacques Rousseau, Corneille, Mably n'auraient pas été éligibles[2]. » Condorcet ne peut rester insensible à ce privilège accordé à l'argent sur le talent. Il s'efforce de rallier la Commune contre le marc d'argent et rédige un vigoureux mémoire réclamant l'abrogation du décret[3]. Après l'avoir fait adopter, le 12 décembre, par le Comité du plan de municipalité qu'il préside, il le soumet à l'assemblée générale des représentants de la Commune, le 27 janvier 1790. Son succès est grand[4]. On décide que le mémoire de Condorcet sera présenté à l'Assemblée nationale après consultation des districts. Mais ceux-ci se montrent fort jaloux de leur indépendance. Leurs assemblées primaires se considèrent comme les vrais lieux où s'exprime la souveraineté populaire. Elles élaborent des arrêtés et des motions ; leurs comités exercent des attributions de police. Au regard de ces foyers de démocratie directe, l'assemblée des représentants de la Commune où siège Condorcet apparaît comme une instance de discussion plus que de décision. Les districts décident donc d'agir de leur côté. Le 9 février, ils adressent directement à l'Assemblée nationale une motion de leur cru[5]. Celle-ci se borne à la renvoyer à son Comité de Constitution[6]. Mais

1. 1760-1794. Avocat sans clientèle à Paris en 1785, il prend la parole au Palais-Royal en juillet 1789. Journaliste de talent, il lance avec succès, en novembre 1789, *Les Révolutions de France et de Brabant*. Membre des Cordeliers, ami de Danton qui le nommera secrétaire général au ministère de la Justice, il sera élu député à la Convention, siégera à la Montagne et attaquera les Girondins. Consterné par le procès des Girondins, il reviendra au journalisme et lancera *Le Vieux Cordelier*. Il sera exécuté avec Danton le 5 avril 1794.
2. *Révolutions de France et de Brabant*, n° 3, tome III, p. 629 ; et Aulard, *op. cit.*, p. 74.
3. Ce mémoire fut publié dans le recueil « *Cercle social* », lettre VIII, p. 57.
4. Lacroix, *op. cit.*, tome III, p. 608. *Cf.* Aulard, *op. cit.*, p. 74.
5. Lacroix, *op. cit.*, III, pp. 618-619.
6. *Ibid.*, p. 620.

l'assemblée des représentants ressent vivement cette démarche des districts.

En avril 1790, l'Assemblée décide qu'il faudra payer à Paris un loyer considérable — 750 livres — pour y être éligible. L'émotion est vive. Condorcet reprend l'initiative, il obtient que l'assemblée des représentants dépose à l'Assemblée nationale le projet d'adresse qu'il a rédigé en janvier. Le lendemain 20 avril, une députation présidée par Godard se rend au Manège et remet à l'Assemblée cette adresse sur le marc d'argent, œuvre de Condorcet[1]. Le président de l'Assemblée remercie courtoisement la délégation, et les choses en restent là. Tous les efforts de Condorcet pour mobiliser la municipalité de Paris contre l'injustice du marc d'argent n'ont abouti à aucun résultat appréciable.

Condorcet ne va pas mieux réussir à propos du statut de Paris. Pendant l'automne, la Constituante a entrepris de jeter bas tout l'ancien régime administratif de la France. Elle unifie le Royaume en remplaçant la mosaïque de provinces et de bailliages par des circonscriptions presque uniformes : les départements. Des organes élus par les citoyens actifs remplaceront les agents du Roi[2]. La bourgeoisie triomphante va gérer la France nouvelle. Condorcet applaudit. Ce sont là les principes de Turgot qu'il a lui-même développés dans son ouvrage sur les assemblées provinciales. Se pose cependant le

1. Dans la courte allocution lue par Godard, également rédigée par Condorcet, les principes de la Déclaration étaient rappelés à l'Assemblée : « Ce sont les droits des hommes, c'est leur égalité naturelle que nous réclamons auprès de ceux qui, les premiers en Europe, ont consacré ces droits par une déclaration solennelle. » *Cf.* texte de cette adresse dans Lacroix, *op. cit.*, p. 63 à 67. Elle figure dans les *Œuvres*, IX, p. 177.

2. Dans chaque commune, une municipalité est élue, avec à sa tête un maire et un procureur chargé de la gestion de ses biens. Au-dessus, dans les districts, un Conseil général, un directoire restreint et un procureur-syndic, tous élus par les municipalités. Au sommet, dans les départements, un Conseil général, un directoire et un procureur-syndic également élus. Pour être éligible, il fallait payer une imposition égale à la valeur de dix journées de travail. La base sociale des municipalités est ainsi assez large. Tous les pouvoirs de police appartiennent à ces organes. Le pouvoir royal n'a même pas de représentant dans les nouvelles instances élues.

problème de Paris, siège des pouvoirs, métropole de 600 000 habitants, foyer des Lumières. Comment adapter les règles communes à cette ville gigantesque ? Les députés provinciaux sont inquiets et jaloux de la puissance de la capitale. A l'Hôtel de Ville, début décembre, on apprend que l'Assemblée va se saisir de la question du statut de Paris. La municipalité mesure qu'il lui faut agir sans tarder et préparer un plan susceptible d'être accepté par les députés. En une journée, Condorcet rédige un texte qui, pour l'essentiel, est adopté le 7 décembre[1].

Au même moment la Constituante achève ses travaux sur la division du Royaume en départements. Le 13 décembre, le maire réunit chez lui les membres du Comité et les députés de Paris. Le lendemain, le Comité recommande que Paris suive le sort commun et soit le chef-lieu d'un département ordinaire[2]. L'assemblée municipale se prononce dans le même sens. La majorité des districts consultés s'y déclare favorable. Le 24 décembre, Condorcet est chargé de rédiger le vœu de Paris à la Constituante. Moins de vingt-quatre heures plus tard, il donne lecture de son œuvre, qui est vivement applaudie[3]. Paris, écrit-il, ne veut point de statut particulier : « Dans un État gouverné par des lois égales et justes, une capitale régie par ces mêmes lois ne doit, ne peut être que le centre des Lumières... et le boulevard de la liberté[4]. » Le 28 décembre, l'Adresse est présentée à la Constituante. Mais la conviction des députés est déjà acquise : Paris ne sera entouré que d'un minuscule département. Nouvelle déception pour Condorcet.

Il en est de même pour son projet de statut municipal.

1. *Cf.* « Sur la formation des Communes », *Œuvres*, IX, pp. 405 à 410. Le projet prévoyait des organes élus par un scrutin à deux degrés, détenant les pouvoirs d'administration et de police. C'était projeter sur Paris l'organisation municipale adoptée par la Constituante. Ces principes étaient ceux qui allaient inspirer celle-ci.

2. C'était faire de Paris le centre administratif d'un territoire de 18 lieues de rayon et accroître encore sa puissance.

3. *Cf.* Lacroix, *op. cit.*, tome III, pp. 283, 302, 304-305.

4. « Adresse à l'Assemblée nationale pour que Paris fasse partie d'un grand département », *Œuvres*, tome IX, p. 397.

Après que le Comité des 24 l'a approuvé, sa communication aux assemblées de districts ne suscite qu'indifférence ou hostilité[1]. Elles élaborent un projet original. Le 10 avril, Bailly en personne, accompagné par les représentants des districts, le présente à l'Assemblée nationale. Ulcérée, l'assemblée des représentants de la Commune décide de démissionner[2]. Néanmoins, ses délégués se rendent le 20 avril au Manège pour remettre leur propre projet, en fait celui de Condorcet. L'Assemblée se borne à le transmettre à son Comité de Constitution.

Les déceptions éprouvées, les réserves exprimées, notamment à l'égard de la politique financière, n'empêchent point Condorcet de marquer nettement son soutien à l'œuvre révolutionnaire de la Constituante. Les réformes de la procédure criminelle[3] paraissent essentielles à l'ami de Voltaire et de Dupaty. Confrontant les vœux de la Nation avant les États généraux et les résultats acquis en cette fin de l'année 1789, Condorcet écrit : « Si on examine les décisions de nos législateurs, on voit que presque toutes ont été sages et qu'elles ont même surpassé les vœux un peu timides que les électeurs avaient formés dans l'enfance de leur liberté[4]. »

Pour le philosophe, subsiste cependant une dernière source d'inquiétude. Alors qu'« on sait aujourd'hui, d'un bout de l'Europe à l'autre, que tout doit être soumis à la raison[5] », les passions dominent trop souvent les débats à l'Assemblée. Il a pu mesurer, à Versailles puis à Paris, la force de l'éloquence, l'irrésistible émotion que l'orateur peut faire naître. Il connaît l'ascendant qu'exerce sur l'Assemblée le talent de Mirabeau.

1. 15 seulement des districts consultés firent connaître leur avis. *Cf.* Lacroix, *op. cit.*, tome III, p. 108.
2. *Ibid.*, p. 109.
3. Edmond Seligman, *La Justice en France pendant la Révolution*, Paris, 1901, Plon, tome I, pp. 202 et suivantes. La Constituante, par ses décrets des 8 et 9 octobre, avait supprimé les dernières formes de la torture et le serment de l'accusé, lui avait accordé un défenseur et avait instauré la publicité des débats.
4. « Réponse à l'Adresse », *op. cit.*, p. 491.
5. *Ibid.*, p. 521.

Lui-même, à l'Hôtel de Ville, a pu constater l'insuffisance de ses moyens oratoires, son incapacité à improviser, son impuissance à émouvoir. Il rêvait d'une assemblée de sages gouvernés par la raison. Il voit une Assemblée de politiques emportés par la passion. Et Condorcet jette ce mot terrible : « Toutes les assemblées sont peuple[1]. » Or, si le peuple est bon, il est toujours prêt à céder aux discours des démagogues et aux manœuvres des charlatans[2]. Au moment où les fêtes de fin d'année se succèdent à Paris, joyeuses comme à l'accoutumée[3], Condorcet adresse ses vœux à Mme Suard : « J'espère que l'année prochaine, notre liberté sera moins orageuse. Nous avons de grandes canailles en tout genre à combattre, de grandes canailles parmi nos amis à déjouer, et de grands imbéciles à faire mouvoir[4]. » En vérité, pour Condorcet, au terme de cette première année du règne de la liberté, l'essentiel est ailleurs : Sophie est enceinte, il va être père.

## LES IDÉES ET LES HOMMES

### Les amitiés

Dans le jeu complexe des hommes et du pouvoir, certains l'exercent, d'autres influencent son cours. En 1790, Condorcet est de ceux-ci. D'abord par ses amitiés. Il est encore très lié à La Fayette. Or, depuis le 14 juillet, et plus encore depuis le

1. *Ibid.*, p. 505.
2. *Cf.* Lettre à Mme Suard, octobre 1789 : « Il n'y a rien à craindre pour le peuple que le peuple lui-même, et il n'a pour ennemis que les bavards qui, de bonne ou mauvaise foi, font en sa faveur d'éloquents plaidoyers. » Lettre CLXXXVIII, *op. cit.*
3. Gouverneur Morris est ravi. Il note, au retour du réveillon du 31 décembre 1789 : « La société est nombreuse. A minuit, les messieurs embrassent les dames. » *Op. cit.*, p. 162.
4. Lettre de la fin décembre 1789, CLXXXIX, *op. cit.*

retour du Roi et de l'Assemblée à Paris, ce dernier est le personnage le plus influent de la Révolution[1]. Si tout ne dépend pas de lui, comme il le souhaiterait, rien non plus n'est possible sans lui. La Fayette n'est pas dépourvu de savoir-faire, il a compris, notamment par son expérience américaine, l'influence décisive de l'opinion publique dans la vie politique et le rôle de la presse et des clubs, dont il sait user. Mais, comme le note Gouverneur Morris au sortir d'un dîner avec Talleyrand en novembre 1789 : « L'évêque me fait remarquer que La Fayette n'a aucun plan fixe, ce qui est vrai. Bien qu'ayant beaucoup de l'intrigant dans son caractère, il devra être employé par les autres, parce qu'il n'a pas assez de talents pour se servir d'eux[2]. » Mirabeau, qui le déteste, l'appelle « Gilles César[3] ». En réalité, La Fayette est influençable, et Condorcet est alors un de ses proches amis[4].

Avec Mirabeau, l'autre personnage dominant de la scène politique en cet hiver 1789-1790, Condorcet entretient des relations courtoises. Tous deux ont fréquenté le Club des Trente en 1788, appartiennent à la Société des amis des Noirs et se retrouveront à la Société de 1789. Mirabeau, homme de culture, aime les intellectuels[5]. Condorcet jouit dans ce milieu de la plus grande considération. Comme tous ses contemporains, Condorcet admire le génie oratoire de Mirabeau, dont lui-même est si cruellement dépourvu. Mais autant celui-ci est débauché, audacieux et corrompu, autant celui-là est chaste, timide et vertueux. Leurs voies peuvent se rapprocher, non se confondre.

1. Albert Mathiez l'appelle « le Maire du Palais ». *Cf. La Révolution française, op. cit.*, tome I, p. 99.
2. Gouverneur Morris, *Journal pendant les années 1789-1790-1791-1792*. Plon, 1901, p. 123.
3. Par référence au « Gilles » du théâtre de la Foire, type de personnage niais.
4. Dans son éloge de Franklin, prononcé à l'automne 1790, Condorcet fait de La Fayette un portrait flatteur : « Le germe de la liberté avait suscité ce jeune héros qui, né pour elle seule, devait consacrer sa vie à la soutenir en Amérique, à la conquérir en France et à la servir toujours... », *Œuvres*, III, p. 407.
5. Dumont disait de lui : « Je n'ai pas connu d'homme qui fût plus jaloux de l'estime d'hommes qu'il estimait ! » *op. cit.*, p. 57.

En revanche, les liens de Condorcet avec Sieyès se resserrent. Leurs rapports intellectuels sont constants. Certes, la réputation de Sieyès a souffert du débat sur la suppression de la dîme, en août 1789, où son intérêt personnel a paru dicter son opposition. Son prestige intellectuel n'en demeure pas moins considérable. A l'Assemblée, où il intervient rarement, il fait encore figure d'autorité, sinon d'oracle[1]. La collaboration de Condorcet et de Sieyès est notoire : qu'il s'agisse du plan d'organisation des municipalités ou de la division territoriale en départements, l'opinion parisienne associe leurs noms. « La division du royaume est achevée, écrit Ruault le 2 février 1790. Ce grand et magnifique ouvrage est dû principalement à l'abbé Sieyès et au marquis de Condorcet, qui s'est rangé parmi les patriotes et que ses confrères, les aristocrates, appellent *le mouton enragé*[2]... » Selon les contemporains, le projet de loi sur la presse présenté par Sieyès le 20 janvier 1790 a eu Condorcet pour coauteur[3]. A l'Assemblée nationale, d'autres amis encore expriment des opinions qui portent sa marque : ainsi en est-il du duc de La Rochefoucauld, du jeune comte de Montmorency, ou de Liancourt. Le premier, notamment, jouit d'un crédit moral important. L'influence qu'exerce sur lui Condorcet est bien connue[4].

Son réseau d'influence s'étend au-delà des acteurs politiques. A ce moment de la Révolution où les « patriotes » s'efforcent de faire naître non seulement une nouvelle Constitution, mais un nouvel ordre des choses, la passion politique règne dans Paris. Loin d'avoir pour seul théâtre la Constituante, elle s'exprime aussi dans les assemblées des soixante districts de la capitale, à l'Hôtel de Ville, dans les cafés et les salons. Si Condorcet ne fréquente pas les cafés, il est un familier de l'hôtel de la duchesse d'Enville, foyer de la

1. *Cf.* Bastid, *op. cit.*, p. 93.
2. Ruault, *op. cit.*, p. 179.
3. Bastid, *op. cit.*, p. 93 : « S'il faut en croire Lanthenas, Sieyès aurait été aidé dans son travail par Condorcet. »
4. Gouverneur Morris, *op. cit.*, p. 217.

noblesse libérale, et de celui de Mme Helvétius où se réunissent les intellectuels. Surtout, le salon des Condorcet[1], à l'Hôtel des Monnaies, est un haut lieu de la capitale. Philosophes et savants y rencontrent l'élite européenne de passage à Paris. Ce salon accueille de plus en plus d'hommes politiques. Il deviendra bientôt le « foyer de la République[2] »

## A la Société de 1789

En cette année 1790, c'est surtout dans les clubs et par les journaux que se fait l'opinion publique. Le Club des amis de la Constitution, qui tient séance au couvent des Jacobins, commence à s'affirmer[3]. Il regroupe la plupart des *leaders* politiques du parti patriote et des personnalités scientifiques comme Cabanis ou le botaniste Thouin, des artistes comme David, des avocats, des journalistes comme Camille Desmoulins ou Gorsas, des hommes de lettres comme Laclos ou Chamfort. Le Club des Jacobins suscite dans les principales villes d'autres Sociétés des amis de la Constitution. Par la qualité de ses membres, l'importance de sa tribune et ses relais en province, il devient un centre politique important. L'influence du « triumvirat » — Duport, Lameth, Barnave (auteur des statuts du club) — y est très forte. Condorcet est parmi les premiers adhérents[4] et y compte nombre d'amis.

1. Lavisse, *Histoire de France contemporaine, op. cit.*, tome I, p. 231. *Cf.* Challamel, *op. cit.*, p. 560. Sur le charme de Mme de Condorcet, tous s'accordent. Même Gouverneur Morris, qui déteste Condorcet, le reconnaît : « Madame de Condorcet est belle et elle a l'air spirituel. » *Journal, op. cit.*, p. 216.
2. Selon l'expression de Michelet, empruntée à E. Dumont.
3. *Cf.* F. A. Aulard, *La Société des Jacobins*, 1889, tome I, introduction, pp. XVII et suivantes. Elle est issue du Club breton, qui réunissait à Versailles des députés patriotes. L'Assemblée une fois établie à Paris, au Manège, ceux-ci, en nombre croissant, se réunirent dans le réfectoire de l'ancien couvent des Jacobins, rue Saint-Honoré. Le club, devenu en octobre 1789 la Société des amis de la Constitution, s'ouvre à des membres admis par cooptation.
4. *Cf.* Alexandre de Lameth : « La Société décida qu'elle porterait le nom d'Amis de la Constitution..., qu'on n'y recevrait d'étrangers à la représentation nationale que les écrivains qui auraient publié quelques ouvrages utiles. Les

Les vues politiques qu'on y développe rejoignent pour l'essentiel ses convictions. Depuis le mois d'octobre 1789, il nourrit néanmoins le projet d'une autre sorte de club, plus proche d'un cercle de réflexion que d'un centre d'action, plutôt une académie de bons esprits qu'une association de militants. Certains proches, dont Sieyès, partagent ses vues[1]. Au printemps de 1790, le projet de Condorcet rencontre les préoccupations de La Fayette et de Mirabeau, qui se sont rapprochés. Ceux-ci estiment de leur intérêt de créer un nouveau club dont l'influence pourrait contrebalancer celle de la Société des amis de la Constitution. Sieyès, qui déteste Barnave et les Lameth, approuve le plan. Ainsi naît, le 12 avril 1790, la Société de 1789[2].

Dans l'esprit de Condorcet, il s'agit de créer un club assez fermé, dont les membres en nombre limité se recruteront par cooptation, et qui sera le foyer de l'élite intellectuelle des patriotes. Y figurent en effet Sieyès, La Fayette, Mirabeau, Bailly, Dupont de Nemours, Talleyrand, Le Chapelier[3], Barère, mais aussi des savants ou des écrivains intéressés par la politique : Lavoisier, Cabanis, Chénier ou Suard. L'objet de la Société doit être, selon lui, « d'approfondir, de développer,

premiers reçus furent Condorcet... » *Histoire de l'Assemblée constituante*, tome I, p. 422, note 4.

1. *Condorcet Papers*, Library of Congress, Washington D.C., 2 902. Ce manuscrit est la première version de la brochure « A Monsieur X., sur la Société de 1789 », *Œuvres*, X, pp. 67 et suivantes. « Dès le mois d'octobre 1789, écrit-il en mars 1790, quelques citoyens, dont la plupart n'avaient pas attendu l'annonce d'une convocation des États généraux pour méditer sur les principes des sciences politiques, jugaient à propos de former une société où l'on devrait s'occuper des moyens de rétablir l'ordre, de conserver la paix et de donner aux nouvelles lois françaises toute la perfection à laquelle les progrès actuels de l'art social permettent d'atteindre. »

2. Sur la *Société de 1789*, *cf.* Augustin Challamel, *Les Clubs contre-révolutionnaires*, Paris, 1895, pp. 391 et suivantes.

3. 1754-1794. Avocat à Rennes, élu aux États généraux par le Tiers État de cette ville, il a présidé la séance du 4 août. Son nom est passé à la postérité grâce à la loi du 14 juin 1791 qui porte son nom et qui interdit toute association entre citoyens de même profession. Après Varennes, il quittera le Club des Jacobins pour celui des Feuillants. Revenu à Rennes et suspect, il sera guillotiné le 22 août 1794.

de répandre les principes d'une Constitution libre, et, plus généralement, de chercher les moyens de perfectionner l'art social[1] ». Le Club de 1789 ne créera pas de sociétés filiales ou satellites. Tout au plus correspondra-t-il avec d'autres sociétés indépendantes. Par là il marque sa différence avec celui des Jacobins. Condorcet décèle d'ailleurs dans l'organisation de celui-ci, avec son réseau de sociétés affiliées, une menace pour la liberté[2].

Si Condorcet rêve ainsi d'une sorte d'académie privée de sciences politiques, les autres fondateurs — notamment La Fayette et Mirabeau — ont des visées plus personnelles. Sans défier les Jacobins ni rompre avec eux, ils entendent attirer au Club de 1789 les meilleurs des patriotes. Aucun détail n'est négligé dans cette entreprise de séduction. A l'austérité du couvent de la rue Saint-Honoré, on oppose le confort d'un vaste appartement du Palais-Royal, situé au premier étage sur les jardins, avec bibliothèque et salle de lecture à l'anglaise. On décide de donner un grand banquet mensuel. Le 12 mai, la Société célèbre ainsi son installation. On porte des toasts à la Révolution, à la Ville de Paris et à la Garde nationale, aux Français patriotes, à Sieyès, aux États-Unis. On se cotise pour un secours pécuniaire aux indigents de Paris. « Vers la fin du dîner, raconte *Le Moniteur*, une multitude de citoyens s'est assemblée sous les fenêtres du local de la Société. Elle a demandé à voir M. le Maire [Bailly], et M. le Commandant général [La Fayette] qui se sont présentés et sont venus remercier le public au milieu des applaudissements. Une musique militaire, placée dans l'intérieur à l'une des fenêtres, a exécuté différents morceaux qui ont ajouté à l'allégresse commune[3]. »

1. « A Monsieur X. sur la Société de 1789 », *Œuvres*, tome X, *op. cit.*, p. 71.
2. *Ibid.*, p. 72. « Une association plus intime entre des sociétés occupées d'objets politiques dans le même pays ne pourrait être que dangereuse, surtout si l'une d'elles affectait sur les autres une sorte de supériorité : ce serait créer une nation dans la nation, substituer l'esprit de secte à celui d'analyse et de recherche. »
3. *Moniteur*, 15 mai 1790, tome IV, p. 368.

L'accueil réservé à la Société de 1789 est nuancé. *Les Actes des Apôtres*[1], organe ultra-royaliste, le qualifie de « club de propagande ». A gauche, *Les Révolutions de Paris* reconnaissent que la Société regroupe de grands noms et de grands talents, mais « qui ne leur en imposent pas[2] ». Les Jacobins considèrent avec défiance cet élégant rival. Fermée au public, la Société de 1789 ne peut exercer d'influence sur l'opinion que par la publication d'un journal[3]. C'est Condorcet qui en assume la responsabilité. Ainsi paraît le *Journal de la Société de 1789*, auquel collaborent notamment Dupont de Nemours, André Chénier, La Rochefoucauld, Pastoret. Pour sa part, Condorcet y publie régulièrement, de juin à août 1790, des articles sur des questions de doctrine plutôt que d'actualité, conformément à ses vues sur le rôle du club. Ses partenaires préfèrent des manifestations à caractère plus politique : banquet du 17 juin au cours duquel Sieyès se fait acclamer, réception des dames de la Halle par Mirabeau faisant fonction de président, hommage public à Franklin[4]. Mais les membres négligent de régler les souscriptions nécessaires à la vie du *Journal de la Société*. C'est en vain que Condorcet, en août 1790, les rappelle à leurs obligations[5]. En septembre, le journal cesse de paraître. Et Condorcet, qui déteste aussi bien la vie mondaine que l'agitation politique, prend alors ses distances avec la Société de 1789.

---

1. Fondé par Peltier, il paraît du 2 novembre 1789 a octobre 1791, avec des articles de Clermont-Tonnerre, Suleau, A. de Tilly et Rivarol. L'émigration de ses collaborateurs entraînera la cessation de sa parution.

2. Challamel, *op. cit.*, p. 416.

3. Condorcet a publié dans le *Journal de la Société ae 1789* (*Œuvres*, X, pp. 117 à 174) : « Adresse à l'Assemblée nationale sur les conditions de l'éligibilité », 5 juin ; « Sur le décret du 13 avril 1790, Religion catholique », 12 juin ; « Des lois constitutionnelles sur l'administration des finances », 19 juin ; « Sur l'admission des femmes au droit de cité », 3 juillet ; « Sur les préjugés qui supposent une contrariété d'intérêt entre Paris et les provinces », 10-17 juillet ; « Sur les tribunaux d'appel », 29 juillet ; « Aux amis de la liberté, sur les moyens d'en assurer la durée », 7 août.

4. Ferdinand Dreyfus, *La Rochefoucauld-Liancourt*, Paris, 1903, Plon, p. 102.

5. Hélène Delsaux, *Condorcet journaliste*, Paris, 1931, p. 42.

## Pour les Juifs

Au moment où s'édifie la France nouvelle, faute de pouvoir y œuvrer directement, l'essentiel pour Condorcet est que s'accomplissent les promesses de la Liberté et, en particulier, que les Droits de l'homme soient non seulement proclamés, mais garantis. Aussi milite-t-il pour la reconnaissance du droit de cité aux Juifs. Le 24 septembre 1789, la Constituante avait pleinement reconnu la qualité de citoyens aux protestants. Mais, à l'encontre des Juifs, les préjugés demeuraient vifs, surtout dans l'est de la France. A l'Assemblée, le 23 décembre, un débat oppose les partisans de l'admission des Juifs au droit de cité — tels le comte de Clermont-Tonnerre, un des chefs de la droite monarchiste, Du Port, un des leaders du parti patriote, Mirabeau et Robespierre —, à leurs adversaires, dont l'abbé Maury[1], orateur enflammé des « Noirs[2] » ultra-conservateurs violemment antisémite, et certains députés des provinces de l'Est comme Reubell, jacobin ardent, le prince de Broglie, député de Colmar, et La Farre, l'évêque de Nancy. L'abbé Grégoire[3], le plus ardent défenseur des Juifs[4], dépose un mémoire en leur faveur. La motion de Du Port, favorable à l'égalité de droits des Juifs, est repoussée par 408 voix contre 403[5]. Tout en proclamant le principe de l'égalité de

1. 1746-1817. Député du clergé de Péronne, il émigre en 1791. Cardinal en 1794, il sera administrateur du diocèse de Paris en 1810.

2. On désignait ainsi le parti conservateur par référence à la cocarde noire qui symbolisait l'Autriche, donc la Reine. *Cf.* « le Comité autrichien » qui obséda tant les révolutionnaires.

3. 1750-1831. Député du clergé de Nancy aux États généraux, évêque constitutionnel, grand défenseur des Juifs et des gens de couleur, il prête serment, le 27 septembre 1790, à la Constitution civile du clergé. Élu à la Convention, il collabore au Comité d'Instruction publique. En 1798, il sera bibliothécaire de l'Arsenal.

4. Auteur de l'*Essai sur la régénération physique, politique et morale des Juifs*, 1787.

5. *Archives parlementaires*, séance du 23 décembre 1789, tome X, p. 754.

droits au profit des non-catholiques, l'Assemblée refuse de se prononcer sur le sort des Juifs[1].

Aussitot les Juifs saisissent de nouveau l'Assemblée nationale. Avant que la discussion ne reprenne au Manège, le 28 janvier, une délégation des Juifs de Paris vient présenter une pétition à l'assemblée des représentants de la Commune. Celle-ci compte nombre de partisans des Juifs. Parmi eux se distinguent, aux côtés de Brissot, de l'abbé Mulot[2] et de Condorcet, Godard et Bourges, tous deux très liés à ce dernier[3]. Godard présente la pétition en déclarant que « sur cinq cents Juifs de Paris, il y en a plus de cent qui se sont enrôlés dans la Garde nationale ». L'accueil des représentants de la Commune est des plus chaleureux[4]. Le soir même, à la Constituante, au cours d'une séance particulièrement tumultueuse, Talleyrand, de Sèze, le duc de Liancourt et l'abbé Grégoire arrachent l'adoption d'un décret reconnaissant aux « Juifs espagnols, portugais et avignonnais[5] » — qui bénéficiaient déjà de privilèges particuliers — la citoyenneté française. A la Commune de Paris, les partisans des Juifs ne relâchent pas leurs efforts[6]. En mai 1790, les Juifs de Paris

1. *Archives parlementaires*, 24 décembre 1789, tome X, p. 777. Cf. S. Feuerwerker, *L'émancipation des Juifs en France de l'Ancien Régime à la fin du Second Empire*, Albin Michel, 1976, p. 322 à 327.

2. 1749-1804. Il fait partie de la Commune provisoire de Paris en 1789 et devient vice-président du Conseil général. Élu par la capitale à la Législative, il n'y joue qu'un rôle secondaire. Suspect sous la Terreur, il est incarcéré. Libéré, il remplira des tâches administratives.

3. Condorcet s'est lié d'amitié avec Godard, jeune avocat libéral, et l'a fait admettre, parmi les premiers, à la Société de 1789. *Cf.* Bibliothèque historique de la Ville de Paris, *Manuscrits Condorcet*, Ms 772. folio 296, lettre de Condorcet à Godard du 13 janvier 1790. De Bourges avait connu Condorcet à la Société des amis des Noirs. Il venait souvent dîner chez les Condorcet avec Brissot pour parler des deux causes qui leur étaient chères. *Ibid.*, Ms 813, folio 185.

4. Lacroix, « Ce qu'on pensait des Juifs à Paris en 1790 », in *La Révolution française*, tome 35, juillet-décembre 1898, p. 99.

5. C'est-à-dire aux Juifs de la Guyenne et du Comtat Venaissin, en particulier de Bordeaux et d'Avignon. Cf. *Moniteur*, 29 janvier 1790.

6. Le 30 janvier, ils obtiennent l'envoi d'une nouvelle adresse à la Constituante « en faveur de ces infortunés ». Lacroix, *Actes de la Commune de Paris...*, tome III, p. 604.

demandent à cette assemblée de prendre à nouveau position sur la reconnaissance de leur droit de cité. Condorcet est un des trois commissaires chargés de faire un rapport. Son texte est éloquent : « Il est digne d'une Commune au sein de laquelle a brillé la philosophie, même sous le despotisme, de prendre en main la cause de ces victimes de l'ignorance[1]. » Le texte est approuvé et envoyé aux soixante districts[2], dont un seul prendra une position hostile aux Juifs. Il sera communiqué au Comité de Constitution de l'Assemblée nationale, accompagné d'une lettre de Bourges sur la question des Juifs[3].

## Pour les Noirs

De toutes les injustices, de toutes les cruautés héritées du passé, aucune n'était plus odieuse à Condorcet que la traite et l'esclavage des Noirs. En adoptant en 1781 le pseudonyme de Schwartz, il s'était proclamé noir et identifié symboliquement à eux. Avec la Révolution, le combat a changé de dimension. Il ne s'agit plus seulement d'une bataille d'idées. La lutte est devenue intensément politique. La destruction de l'Ancien Régime et l'avènement d'une nouvelle société fondée sur la liberté et l'égalité des hommes doivent logiquement entraîner la suppression de la traite et l'abolition de l'esclavage. Mais, du même coup, se trouvent menacés des intérêts économiques considérables[4]. En 1789, la France, qui a l'exclu-

---

1. *Ibid.*, p. 595.
2. *Cf.* David Feuerwerker, *op. cit.*, Paris, 1976, p. 372 et suivantes.
3. La citoyenneté sera reconnue à tous les Juifs par le décret du 27 septembre 1791.
4. *Cf.* Léon Deschamps, *Les Colonies dans la Révolution*, Paris, 1898, pp. 19 et 20. Depuis Colbert, seuls les navires français pouvaient transporter les esclaves noirs d'Afrique aux Antilles. En 1787, ce trafic occupait 92 bâtiments jaugeant ensemble 32 528 tonnes. La vente de 30 839 Noirs produisait 41 912 000 livres. D'après les livres de comptes d'un armateur négrier, le profit net par tête de Noir était de 223 livres, soit pour l'année 1787, un bénéfice global de 6 876 097 livres. Le trafic était d'autant plus prospère que l'État le soutenait par des primes :

sivité du commerce avec ses colonies, importe pour 218 millions de livres de produits des Iles, essentiellement du sucre et du café. Elle en consomme 71 millions, le reste étant réexporté[1]. Sans les colonies, le déficit de la balance commerciale française serait de l'ordre de 150 millions[2]. C'est dire l'importance des îles d'Amérique pour l'économie française et le réseau d'influence dont disposent en France les grands planteurs. En métropole, les intérêts de nombre d'armateurs, d'industriels et de commerçants sont liés à l'économie des colonies d'Amérique. Liancourt, peu suspect de complaisance esclavagiste, écrit en 1791 : « La ruine du commerce colonial atteindrait plus de 4 millions d'individus[3]. »

Les Amis des Noirs affrontaient donc un groupe de pression puissant. Ils mesuraient qu'en l'état des colonies d'Amérique, il était impossible de faire accéder d'emblée à la citoyenneté les esclaves noirs. Au moins souhaitaient-ils que l'on interdît la traite et préparât l'abolition complète de l'esclavage par des mesures progressives. Tel était le propos de Condorcet dans l'adresse *Au corps électoral contre l'esclavage des Noirs*[4] qu'il avait publiée en février 1789[5]. Mais, pour les colons et leurs alliés, même cette démarche d'émancipation progressive était intolérable. Afin de défendre leurs intérêts, les planteurs avaient estimé nécessaire d'avoir une représentation directe aux États généraux. Ainsi, dès le mois de juin 1789, des députés élus par les colons de Saint-Domingue résidant à Paris avaient demandé à y être admis. Ce fut l'occasion pour les Amis des Noirs d'intervenir. « Une conférence, raconte

2 400 000 livres en 1786. Les armateurs des grands ports, Nantes, Bordeaux, Marseille, Le Havre, étaient très engagés dans la traite.

1. En particulier le sucre, acheté 10 sous la livre, était revendu le double, assurant un bénéfice de 15 millions aux industriels établis dans treize villes de France. La balance commerciale de la France ne fut excédentaire en 1789 que grâce aux colonies. Sur 357 601 000 francs d'exportations, les produits des colonies figuraient pour 163 691 000 livres, l'essentiel provenant des îles d'Amérique.

2. L. Deschamps, *op. cit.*, p. 5.

3. *Archives parlementaires*, XXXI, 203, 235.

4. *Ibid. Cf.* Bibliothèque nationale, N.A.F. 23639, folios 251 et 252.

5. *Œuvres*, XI, p. 471 ; Furet et Richet, *op. cit.*, p. 137.

l'abbé Grégoire, eut lieu entre La Fayette, Mirabeau, Condorcet et moi chez le duc de La Rochefoucauld... Nous fûmes d'avis unanime que les nègres et les mulâtres libres devraient être assimilés aux Blancs pour les droits politiques et civils, et que, quant aux esclaves, il ne fallait pas brusquer leur émancipation, mais les amener graduellement aux avantages de l'état social. D'après le plan que nous avions conçu, nous travaillâmes d'abord à éclairer l'opinion[1]... »

Tandis que l'abbé Grégoire rédige son *Mémoire en faveur des gens de couleur*[2], Condorcet publie dès juin 1789 un pamphlet incisif contre les planteurs de Saint-Domingue, demandant que soit exclu des États généraux « tout homme ayant des esclaves ou se trouvant le mari d'une femme qui en possède, car il est intéressé à soutenir des principes contraires aux droits naturels des hommes[3]. » Simultanément, il se concerte avec Brissot et le duc de La Rochefoucauld sur la façon de se « faire adopter comme avocats des Noirs[4] ».

Très vite, le débat va se durcir. Pour soutenir leur cause, les colons constituent en août 1789[5] la Société correspondante des colons français, qui siège à l'hôtel Massiac, place de la Victoire. Regroupant des planteurs, des députés monarchiens, comme Malouet, ou patriotes comme les Lameth et Barnave, des financiers et des armateurs possédant des intérêts dans les îles d'Amérique, le Comité Massiac[6] se dote d'importants

1. Abbé Grégoire, *Mémoires*, tome I, p. 390.
2. *Mémoire en faveur des gens de couleur ou sang-mêlé de Saint-Domingue et autres îles françaises de l'Amérique*, Paris, 1789, p. 52 (Bibliothèque nationale, L.K. 9/70), cité par Brette, *op. cit.*, p. 324.
3. « Sur l'admission des députés des planteurs de Saint-Domingue », *Œuvres*, IX, p. 481.
4. Lettre manuscrite de Condorcet à Brissot, 27 juin 1789, Bibliothèque historique de la Ville de Paris, *Manuscrits Condorcet*, Ms 813, folio 189.
5. *Cf.* A. Brette, « Les gens de couleur libres et leurs députés en 1789 », *Revue de la Révolution française*, 1895, n° 29, p. 327 et suivantes.
6. Le Comité Massiac trouve un puissant relais à son action dans le Comité des députés extraordinaires des manufactures et du commerce, organisé par les Chambres de commerce des ports, qui défend le système colonial et la traite des Noirs. Le Comité Massiac agit sur tous les fronts : il dépêche aux Iles des caisses de brochures de propagande sur les événements de France ; il obtient des armateurs

moyens financiers. Il anime un puissant *lobby* colonial à Paris[1]. Il mène une virulente campagne contre les Amis des Noirs, qui comprennent qu'il leur faut réagir. Condorcet, qui a présidé les séances de la Société le 24 novembre et le 4 décembre 1789, publie un long article, le 15 décembre, dans le *Journal de Paris*, organe modéré dirigé par son ami Suard. Il s'agit, pour les Amis des Noirs, « calomniés par plusieurs personnes qui nous attribuent les projets les plus insensés », de faire connaître leurs véritables intentions. « Nous espérons, écrit Condorcet, que l'Assemblée nationale, qui a décrété tous les hommes libres et égaux en droits, ne souffrira pas plus longtemps l'achat et la vente d'aucun individu de l'espèce humaine. Nous croyons que l'on pourrait par la suite abolir entièrement l'esclavage et supprimer dès à présent la traite sans ruiner les colonies[2]... »

Le parti des colons s'enflamme. Le 28 décembre, le *Journal de Paris* publie une lettre de M. Mosneron de L'Aunay, député du commerce de Nantes, à Condorcet. Citant son article, Mosneron dénonce « ce projet déjà connu des places maritimes et manufacturières..., qui y excite une vive fermentation ». Il met l'accent sur les intérêts du commerce français[3],

qu'on ne laisse embarquer à destination des Iles aucun Noir ou mulâtre, afin d'éviter la contagion des idées révolutionnaires ; il reçoit les délégués des mulâtres, Raymond et Ogé, leur avocat Joly, et repousse leurs demandes ; à l'Assemblée, il s'efforce par tous les moyens d'interdire leur accès au droit de cité (*Cf.* A. Brette, *op. cit.*, p. 56). Raymond fut le principal représentant des gens de couleur à Paris. Ogé (1750-1791), mulâtre, fut envoyé en France en 1789 pour réclamer les droits politiques des hommes de couleur ; de retour à Saint-Domingue pour faire appliquer les décrets de mars 1790, ne pouvant rien obtenir, il suscita une insurrection et fut exécuté.

1. Sur le Club de l'hôtel de Massiac, *cf.* Challamel, *op. cit.*, p. 69, et Deschamps, *op. cit.*, p. 53 et suivantes.

2. Supplément au n° 362 du *Journal de Paris*, 28 décembre 1789, p. 1701 à 1704.

3. « Elles [les colonies] donnent aujourd'hui 240 millions à la Métropole. Elles consomment 90 millions de nos manufactures. Je ne parle ni de huit grands navires ni de six à sept cents petits qu'elles occupent, ni des marins, ni des ouvriers de toute espèce. » Il évoque les « effets du désespoir des villes maritimes et manufacturières », in *Journal de Paris*, 14 décembre 1789, 4° Lc 280, 1789.

en appelle au patriotisme[1], et conclut par un post-scriptum dramatique faisant état des « nouvelles alarmantes qu'on reçoit de nos îles à sucre et principalement de Saint-Domingue : les habitants de cette île sont peut-être à présent tous sous le poignard des nègres révoltés ». Au même moment, les calomnies des colons pleuvent sur les Amis des Noirs : « Leur rage, dit l'abbé Grégoire, était en raison inverse de leurs raisons. On conçoit qu'une des premières impostures fut que nous ayons reçu de l'argent des nègres... Des sommes considérables auraient été réparties entre Brissot, Condorcet, Pétion et moi pour stimuler notre zèle en faveur des Noirs et des sang-mêlé. J'aurais même, selon quelques planteurs, touché des millions, ce qui, joint à d'autres millions de la part des Juifs, devait me placer au rang des Crésus... Nous étions des hommes vendus à l'Angleterre[2]... » Exaspéré, Condorcet refuse de répondre à Mosneron[3]. C'est Brissot qui s'en charge dans *Le Patriote français*. La passion est devenue si vive, la haine si intense, chez certains planteurs, qu'Arthur Dillon[4] s'écrie lors d'une discussion à propos de l'esclavage : « Il [Condorcet] ne périra que de ma main[5] ! »

Prise entre les principes et les intérêts en jeu, l'Assemblée hésite, tergiverse. Dans les Iles, l'agitation se développe. A la Martinique, les esclaves se révoltent. Le 21 janvier 1790, la Société des amis des Noirs revient à la charge. Elle adresse

1. « Les Amis des Noirs doivent être les amis des Blancs, les amis des Français, et, avant de vous attendrir sur les individus qui ne connaissent pas le bien que vous leur offrez, qui ne l'ont jamais connu, j'ose vous inviter à jeter les yeux sur les millions de citoyens de Français, de vos frères qui ont tant de droits à votre commisération. » *Journal de Paris*, supplément au nº 362, 28 décembre 1789.

2. Grégoire, *op. cit.*, tome I, pp. 392, 393.

3. Lettre de Condorcet : « Non, je ne répondrai point, M. le marquis, à M. de Mosneron... Comment me résoudre à prouver que 2 et 2 ne font pas 5 ? » Bibliothèque de l'Institut, Ms 857, folio 293.

4. 1750-1794. Colonel, il participe à la guerre d'Amérique. Élu aux États généraux par la noblesse de la Martinique, il s'occupe des affaires coloniales. Proche de La Fayette, ami de Camille Desmoulins, il sera arrêté le 13 juillet 1793 et exécuté le 14 avril 1794.

5. Lettre de Mme O'Connor, fille de Condorcet, à Arago, citant le témoignage de M. Villenave (Bibliothèque de l'Institut).

une pétition à l'Assemblée, demandant le vote immédiat du principe de l'abolition de la traite. Barnave est chargé du rapport. Lié à Lameth, membre du Club de l'hôtel Massiac, il s'oppose à Grégoire, Mirabeau, Robespierre. Suivant son rapport, le décret du 8 mars 1790 reconnaît le droit de cité aux hommes de couleur libres. Mais il accorde aux colons les larges pouvoirs qu'ils revendiquent pour les assemblées coloniales. Il met « les colons et leurs propriétés sous la sauvegarde spéciale de la Nation ». Ainsi garantit-il implicitement leurs droits sur leurs esclaves. Quant à la traite, le décret n'en fait pas état. Dans les Iles, c'est une explosion de violence.

## Pour les femmes

Des combats menés par Condorcet, le plus original, au regard de la sensibilité de son temps, est sans doute sa campagne en faveur du vote des femmes. Parmi les philosophes et les hommes politiques, en cette première année de la liberté, il est le seul à s'indigner de voir les femmes traitées en mineures politiques. Il décide de saisir l'opinion publique et publie un article « Sur l'admission des femmes au droit de cité », qui développe plus largement ses arguments de 1788[1]. Il y dénonce le comportement des hommes, même les plus éclairés : « Tous n'ont-ils pas violé le principe de l'égalité des droits en privant tranquillement la moitié du genre humain de celui de concourir à la formation des lois[2] ? » Il réfute successivement tous les arguments invoqués contre l'accession des femmes à la vie publique. Ce ne peut être à cause des grossesses ou des indispositions passagères, puisque « on n'a jamais imaginé d'en priver les gens qui ont la goutte tout l'hiver et s'enrhument aisément[3]. » Ce ne peut être parce

1. *Journal de la Société de 1789*, n° 5, 3 juillet 1790, in *Œuvres*, X, 121 et suivantes.
2. *Ibid.*, p. 121.
3. *Ibid.*, p. 122.

qu'elles ont moins de sens politique : l'exemple d'Elizabeth d'Angleterre, de Marie-Thérèse d'Autriche, de Catherine de Russie prouve le contraire. Et Condorcet lance cette flèche : « En jetant les yeux sur la liste de ceux qui les ont gouvernés, les hommes n'ont pas le droit d'être si fiers[1]... » Les juge-t-on moins éclairées ? C'est leur éducation qu'il convient de réformer. Dans ce cas, il faut aussi priver du droit de cité tous les ignorants, et, « de proche en proche », bientôt ne l'accorder « qu'aux hommes qui ont fait un cours de droit public[2]... » Quant à prétendre que la politique détournera les femmes de leurs devoirs maternels ou familiaux, c'est absurde : « On n'arracherait pas les femmes à leur ménage plus que l'on n'arrache les laboureurs à leur charrue, les artisans à leurs ateliers[3]. » Condorcet rappelle le paradoxe qui veut que les femmes soient jugées dignes de la royauté ou de la régence, et indignes de voter. Il conclut : « Je demande maintenant qu'on daigne réfuter ces raisons autrement que par des plaisanteries et des déclamations ; que, surtout, on me montre entre les hommes et les femmes une différence naturelle qui puisse légitimement fonder l'exclusion du droit[4]. »

Le manifeste de Condorcet a fait grand bruit. Dans les journaux et les clubs, la question sera débattue. Le *Cercle social* adhère à ses vues. Il fait publier un discours de Mme Aelders qui s'emploie à créer en France des sociétés patriotiques de citoyennes[5]. Les dirigeants politiques, pour leur part, préfèrent

1. *Ibid.*, p. 124.
2. *Ibid.*, p. 126. Condorcet ajoute : « On ne peut alléguer la dépendance où les femmes sont de leurs maris, puisqu'il serait possible de détruire en même temps cette tyrannie de la loi civile, et que jamais une injustice ne peut être un motif d'en commettre une autre. »
3. *Ibid.*, p. 128.
4. *Ibid.*, p. 129.
5. Etta Palm d'Aelders, née en Hollande en 1743, veuve d'un soi-disant baron, s'était installée à Paris vers 1770. Sa première apparition en public date du 26 novembre 1790, au Cercle social où elle fit un discours d'un « féminisme raisonnable ». L'année suivante, elle fonda la Société patriotique et de bienfaisance des Amies de la Vérité, où elle fit une intervention remarquée. Ce fut le début d'une campagne de calomnies à son encontre. Elle quitta définitivement la France en janvier 1793.

garder un prudent silence[1]. Les temps ne sont pas mûrs pour soutenir la cause de l'égalité des sexes. Quant à la réputation politique de Condorcet, elle ne se trouve pas grandie par cette éclatante prise de position en faveur du droit de vote des femmes. Mais l'essentiel n'est pas là. Condorcet a dit sa conviction. Sophie a lu ces pages. Et au printemps de 1790 est née leur fille Eliza[2].

## A l'Académie

En ces premiers mois de 1790, l'activité de Condorcet à l'Académie des sciences demeure entière[3]. Elle contribue à maintenir sa renommée dans les milieux éclairés et à accroître sa réputation dans l'opinion publique[4]. Le duc de La Roche-foucauld a proposé, le 18 novembre 1789, d'abolir toute hiérarchie au sein de l'Académie. Le principe en a été accepté. Une commission a été nommée, à laquelle appartient Condorcet, pour préparer le nouveau règlement. Mais il faudra « six mois pour rédiger le texte, et vingt-quatre séances pour en discuter[5]... »

Le 8 mai 1790, l'Assemblée confie à l'Académie des sciences la responsabilité de déterminer un nouveau système de poids et mesures pour la France entière[6]. Le 12 juin, une députation

1. Même le superbe manifeste féministe d'Olympe de Gouges, *Les Droits de la Femme*, en juillet 1791, ne parvint pas à convaincre les contemporains. Lorsqu'elle sera guillotinée en novembre 1793, à 45 ans, *Le Moniteur* fera cet éloquent commentaire : « Elle voulut être homme d'État, et il semble que la loi ait puni cette conspiratrice d'avoir oublié les vertus qui conviennent à son sexe. »
2. Déclarée Alexandrine-Louise-Sophie, elle fut appelée toute sa vie du nom d'Eliza qu'elle n'avait pas reçu.
3. Le 23 février 1790, notamment, le ministre de la Maison du Roi adresse à Condorcet, aux fins d'examen, un mémoire sur les plans d'assurance sur la vie. Copie A.N., 01,501,93.
4. Au printemps 1790, Condorcet participe aussi à l'édition de *La Bibliothèque de l'homme public*, ouvrage qui reproduit les passages essentiels des plus grands auteurs politiques, Bodin, Machiavel, Locke, etc. *Cf. Moniteur*, 5 avril 1790.
5. J. Bertrand, *L'Académie des sciences, op. cit.*, p. 409.
6. *Cf.* Denis Guedj, *La Méridienne* (1792-1799), Paris, Seghers, 1789.

de l'Académie se rend à l'Assemblée pour remercier de la confiance qui lui est témoignée. Condorcet prend la parole[1]. Son discours est fort applaudi. Sieyès, qui préside, profite de l'occasion pour lui rendre hommage : « L'Assemblée nationale, déclare-t-il, voit avec plaisir que l'Académie des sciences a choisi, pour porter la parole en son nom, un homme accoutumé depuis longtemps à la porter avec succès au monde entier, au nom de la Philosophie et des Sciences, et que nous regrettons de ne point voir assis parmi nous, lorsqu'il est si certain que son esprit n'est point étranger à nos délibérations[2]. » Dans la louange appuyée, à la mode du temps, il convient de faire la part de l'amitié. Mais l'accueil chaleureux des députés et les applaudissements qui montent de leurs bancs expriment la considération particulière dont Condorcet est entouré.

## Les choix politiques

Pourtant, il est loin d'être toujours en accord avec la majorité de l'Assemblée nationale. S'il soutient ses réformes, le décret sur le marc d'argent l'a irrité ; la politique coloniale, blessé ; la politique financière, inquiété. Il a critiqué le décret pris le 7 novembre 1789, interdisant aux députés de devenir ministres, à l'évidence pour barrer à Mirabeau l'accès au pouvoir[3]. En revanche, il approuve la suppression de la noblesse héréditaire et des titres de noblesse, décidée par les Constituants le 19 juin 1790. Quant aux armoiries, ce ne sont à ses yeux que « hochets ». Il aurait même souhaité que l'Assemblée allât plus loin dans sa démarche. « Le lendemain, raconte La Fayette, quelques députés causaient avec Condor-

---

1. On trouve une copie de son discours à la Bibliothèque historique de la Ville de Paris, Ms 813.
2. *Le Moniteur*, 14 juin 1790.
3. « Sur le choix des ministres », *Œuvres*, X, p. 47 et suivantes. Condorcet proposait que l'Assemblée dressât une liste de ministrables parmi lesquels le Roi choisirait.

cet sur le décret de la veille. Celui-ci leur observa qu'il eût fallu, pour mieux établir le système d'égalité, dire que, toutes ces distinctions n'étant point une propriété, il était loisible à tout le monde d'utiliser celles qui lui plaisaient sur son cachet ou sur l'habit de ses domestiques[1]. » Il continuera cependant à signer Condorcet — et non Caritat —, parce que tel est le nom du philosophe et du savant qu'il a choisi d'être[2].

La politique suivie par la Constituante à l'égard du clergé catholique nourrit chez lui de vives préoccupations. Il sait que là se joue pour une bonne part le sort de la Révolution. De la destruction des pouvoirs de l'Église, premier ordre de l'Ancien Régime, dépend le progrès des Lumières, c'est-à-dire, pour Condorcet, l'avenir de la Révolution elle-même. Il a approuvé la mise à disposition de la Nation des biens du Clergé. Il refuse cependant toute spoliation, toute injustice. Il propose que soit respecté l'usufruit des prêtres sur les biens affectés à leur entretien[3]. Telle n'est pas la solution choisie par la Constituante. Désireuse de pouvoir procéder plus aisément à la vente immédiate des biens du clergé, elle décide, le 13 avril 1790, de mettre les dépenses du culte à « la première place des dépenses publiques ». L'intérêt politique est évident : dès l'instant où l'État subventionne le culte catholique, il acquiert un droit légitime à déterminer son statut. Or, tel est bien l'ambition des Constituants : réformer l'Église, pour briser sa puissance dans l'État, mais sans toucher

---

1. La Fayette, *Mémoires*, II, pp. 473 et 474.

2. Dans une note manuscrite, Condorcet s'explique : « L'Assemblée nationale, en ordonnant de ne porter que des noms de famille, n'a entendu proscrire que les noms de seigneurs qui tiennent à un ordre des choses aujourd'hui détruit, mais elle n'a pu défendre l'usage des noms distinctifs ajoutés au nom de famille et nécessaires pour ne pas confondre les personnes, ni obliger de changer ceux de ces noms qui ont été ci-devant adoptés, ni enfin contraindre aucun citoyen à quitter le nom sous lequel il est actuellement connu, ces changements ne pouvant que jeter de l'embarras et de la confusion dans la société. » Bibliothèque de l'Institut, Ms 860, folio 274.

3. « Réflexions sur l'usufruit des bénéficiers », 1790, *Œuvres*, X, p. 11 et suivantes.

au dogme. « L'Église est dans l'État, s'écrie Camus[1], l'État n'est pas l'Église ! » Ainsi est votée, après des débats difficiles poursuivis du 29 mai au 12 juillet 1790, la Constitution civile du clergé.

Le décret du 13 avril apparaît à Condorcet comme un mal nécessaire. Profondément laïc, il inscrit la liberté de conscience au rang des Droits de l'homme. Cette liberté exclut qu'il y ait un culte unique, comme l'égalité interdit qu'il y ait un culte national, c'est-à-dire entretenu par la Nation. « De quel droit, écrit-il, assujettissez-vous les citoyens aux dépenses d'un culte qu'ils rejettent[2] ? » Cependant, il se résigne à ce que l'État assure le coût du culte catholique. Car, en suscitant des donations privées, « on aurait plutôt augmenté que diminué le pouvoir fanatique ». Mais Condorcet, au moment de la discussion, demande que soit retranché du projet : « 1) tout ce qui tend à faire du clergé un véritable corps ; 2) tout ce qui tend à lui donner un esprit particulier... » Il ne veut « point de synodes, point de séminaires, point d'invitation à la vie commune, point de condition inutile d'éligibilité[3] ». Il rêve d'une Église ouverte, dont les prêtres ne seraient pas isolés du reste de la Nation. L'essentiel demeure à ses yeux la laïcité de l'état-civil et de l'Instruction publique. A ces exigences-là, la Constituante se dérobe.

---

1. 1740-1804. Avocat du clergé de France, enthousiasmé par la Révolution, il est élu par le Tiers État de Paris aux États généraux. Archiviste de l'Assemblée, il est à l'origine de la création des Archives nationales. Il fait voter la Constitution civile du clergé, pousse à l'annexion du Comtat Venaissin, et se fait haïr de ses anciens clients. Élu à la Convention, il est livré aux Autrichiens, avec trois collègues, par Dumouriez. Nommé au Conseil des Cinq-Cents, il finit sa carrière comme « garde des Archives générales ».

2. « Sur le décret du 13 avril 1790 », Œuvres, X, p. 97.

3. « Sur la Constitution civile du clergé », Œuvres, X, p. 3.

## La fête de la Fédération

Tandis que s'achève le débat sur la Constitution civile du clergé, tous les Parisiens qui ont foi en la Révolution se préparent à célébrer la fête de la Fédération, fixée au 14 juillet 1790. Les travaux menaçant de n'être pas achevés à temps, les Parisiens se rendent en foule au Champ-de-Mars pour terminer l'ouvrage. Un bonheur collectif emporte Paris. C'est la fête avant la fête : « Hommes, femmes, enfants — raconte une actrice de l'Opéra —, tout le monde vint travailler au Champ-de-Mars... Chaque cavalier choisissait une dame à laquelle il offrait une bêche bien légère, ornée de rubans et de bouquets tricolores, et, la musique en tête, on partait joyeusement. Tout devient plaisir et mode à Paris. On inventa même un costume qui pût résister à la poussière. On bêchait, on brouettait, on se mettait dans les brouettes pour se faire ramener à sa place[1]... » Un étudiant bordelais, de passage à Paris, écrit à son père, le 5 juillet : « Les Parisiens ont travaillé la terre pour la première fois de leur vie... Les femmes mêmes roulaient des charretées de terre. M. de La Fayette s'est rendu au Champ-de-Mars et, ayant pris une bêche, travailla pendant deux heures avec ses aides de camp. Tous les citoyens mêlés, confondus, forment un atelier immense[2]. » On imagine aisément la belle Sophie la bêche à la main. Quant à Condorcet...

Enfin le grand jour est arrivé. La municipalité de Paris a réglé l'ordonnancement du cortège. L'assemblée des représentants de la Commune, dont Condorcet est membre, y figure entre une compagnie de volontaires et le Comité militaire, précédés par des cavaliers et des grenadiers de la Garde nationale, musique en tête[3]. A six heures du matin, on se rassemble à la porte Saint-Martin. Le cortège défile sous les

---

1. J. Fusil, *Souvenirs d'une actrice*, tome I, p. 167.
2. E. Géraud, *Journal d'un étudiant pendant la Révolution*, Calmann-Lévy, p. 57.
3. Lacroix, *op. cit.*, tome VI, p. 512.

averses au milieu des vivats, jusqu'au Champ-de-Mars où des places ont été réservées aux représentants de la Municipalité. Là, au milieu d'une foule en liesse de trois cent mille personnes, malgré la pluie qui tombe en rafales, Condorcet voit Talleyrand, entouré de quatre cents enfants en blanc, célébrer la messe sur l'autel dressé au milieu du Champ-de-Mars, La Fayette prêter le serment à la Nation, à la Loi, au Roi. Celui-ci, de sa place, répète le serment. Une clameur immense, « Vive le Roi ! », monte de l'amphithéâtre de gazon. La Reine élève le dauphin vers la foule qui, dans son émotion, les acclame à leur tour. L'après-midi, rencontrant un ami aux Tuileries, Sieyès lui dit : « Si la Cour sait mettre à profit cette journée, c'en est fini de la liberté[1]. » Le politique au cœur froid se trompait. Écoutons plutôt Miss Williams, Anglaise de passage à Paris : « Il faut avoir vu ce tableau, dont la sublimité dépendait moins de sa magnificence extérieure que de l'effet qu'elle produisait dans l'âme des spectateurs. C'étaient eux, c'était la Nation qui formaient le spectacle[2]... » Pour Condorcet, assis au milieu des représentants de Paris, que la Liberté devait être belle, au Champ-de-Mars, sous la pluie, le 14 juillet 1790 !

## UNE ANNÉE D'INCERTITUDE

La fête, l'exaltation populaire ne recouvrirent que l'espace d'un instant de bonheur les difficultés et les inquiétudes. On ne détruit pas un régime aux privilèges enracinés, on ne rase pas des institutions puissantes sans que leurs bénéficiaires réagissent durement. Des menaces accumulées, Condorcet est parfaitement conscient en ce printemps 1790. Dans un projet de lettre à un député, il écrit : « La guerre, dans ce moment-

1. Bastid, *op. cit.*, p. 105.
2. *Lettres écrites de France à une amie en Angleterre pendant l'année 1790 par Miss Williams*, Paris, 1791, p. 10.

ci, serait un malheur impossible à calculer. Comment soutenir une Constitution qui a déjà contre elle la noblesse, les prêtres, les gens de loi, les financiers, et contre qui la nécessité de suspendre les paiements soulèvera les capitalistes ? Vos opérations sur le clergé sont en l'air, votre ordre judiciaire ne peut exister que dans trois mois, votre constitution militaire n'est pas faite. Rien n'est même commencé pour la Marine. Vos impositions sont dans l'incertitude. Le crédit est absolument nul, l'administration intérieure ne fait que commencer à se former[1]... » Ce texte exprime bien la préoccupation première de Condorcet : que la contre-révolution ne l'emporte point à la faveur des troubles, des difficultés économiques, de la paralysie des pouvoirs publics qui ruinent la confiance de l'opinion et font le jeu des multiples ennemis de la Révolution. Dès la fin de l'année 1789, il marquait déjà fortement cette crainte : « C'est au milieu de l'anarchie que l'Assemblée a travaillé jusqu'ici, et il faut, en achevant son ouvrage, tâcher de détruire cette anarchie[2]. » Il en imputait la responsabilité aux adversaires de la Révolution : « Ces éternels regrets de l'ordre ancien ont fait de la précipitation une sorte de devoir : on se hâtait de détruire pour ôter tout espoir de conserver les abus[3]. » Mais il ne se dissimulait pas la réalité : le nombre des adversaires de la Révolution allait croissant, les conflits se durcissaient[4].

Le plus inquiétant lui paraît être celui né de la Constitution civile du clergé. L'Église ne peut l'accepter que dans la mesure où le pape l'approuvera. Or, Pie VI est farouchement hostile aux idées révolutionnaires[5]. Le 27 novembre 1790, l'Assemblée décrète que tous les prêtres devront prêter serment à la Constitution. Les réfractaires seront remplacés et privés de

1. Bibliothèque de l'Institut, Ms 861, folios 363 et 364.
2. « Réflexions sur ce qui a été fait et sur ce qui reste à faire », *Œuvres*, tome IX, 447.
3. « Réponse à l'Adresse aux provinces », *Œuvres*, tome IX, 520.
4. « Réflexions... », *op. cit.*
5. Le pape était aussi inquiet du sort du Comtat Venaissin dont la population d'Avignon demandait le rattachement à la France.

traitement[1]. La majorité des évêques refuse le serment. La moitié des curés suit leur exemple. Le 10 mars et le 13 avril 1791, le pape condamne la Constitution civile, les évêques qui l'ont acceptée, ainsi que les principes de la Déclaration des Droits de l'homme[2]. L'épreuve de force est engagée, qui se poursuivra tout au long de la Révolution.

En avril, à Paris, des couvents sont envahis par des révolutionnaires fanatiques, des violences exercées sur des religieuses. Le directoire de Paris, présidé par le duc de La Rochefoucauld, prend un arrêté donnant aux prêtres insermentés le droit d'officier dans tout édifice, à l'exclusion des églises publiques. C'est permettre l'existence d'une Église séparée de l'État. Va-t-on vers la liberté privée du culte tant prônée par Condorcet ? De leur côté, Sieyès et Talleyrand font voter un décret[3] permettant aux prêtres insermentés d'officier dans des églises appartenant à des sociétés particulières, et même de dire la messe dans une église paroissiale à condition de n'y causer aucun trouble.

Les vues de Condorcet rejoignent celles des auteurs du décret. La liberté de conscience exige la liberté des cultes. Et il voit avec faveur « la liberté d'un autre culte catholique qui détruirait toute idée de domination religieuse[4] ». Mais le clergé réfractaire refuse tout accommodement avec le clergé constitutionnel. Les 19 et 20 juin 1791, l'Assemblée décide que tout prêtre ayant prêté le serment civique et se rétractant sera privé de traitement. Condorcet défend fermement cette mesure. A un destinataire inconnu — peut-être un ecclésiastique — qui lui demande de justifier son approbation de ce décret, il

1. Le Roi, très pieux, donna à contre-cœur sa sanction au décret en s'écriant : « J'aimerais mieux être roi de Metz que de France dans ces conditions. » Lavisse, *op. cit.*, tome I, p. 252.

2. *In* Lavisse, *op. cit.*, tome I, p. 252 : « La liberté de penser, d'écrire et d'imprimer sur la religion tout ce qu'on veut sont des principes insensés. » Et le pape de rappeler : « Le pouvoir ne dérive pas tant d'un contrat social que de Dieu même, garant du Bien et du Juste. »

3. Le 8 mai 1791.

4. « Révision des travaux de la première législature », *Œuvres*, X, 414.

répond : « Voici mes motifs : nous ne sommes pas dans un temps de paix. Une armée de nobles prépare une armée sur les bords du Rhin. Une armée de prêtres s'efforce d'en préparer une dans l'intérieur. On ne veut pas soudoyer celle-ci. On propose donc aux prêtres de prêter le serment de maintenir la Constitution. On gêne si peu leur conscience qu'on permet à ceux qui auront prêté ce serment d'avoir des églises particulières. Comment peut-il leur rester le moindre prétexte[1] ? »

## L'échec aux élections locales

A Paris, la vie quotidienne s'est améliorée, même si la condition du petit peuple demeure difficile[2]. Grâce aux bonnes récoltes de 1789 et 1790, la menace de disette a cessé dans la capitale, le prix du pain a baissé. Dans les premiers mois de 1791, l'assignat conserve sa valeur. La création de papier-monnaie a assuré aux affaires un mouvement de reprise. La suppression des octrois, barrières douanières autour de la capitale, facilite l'approvisionnement et diminue le coût des denrées[3]. Le goût du plaisir est toujours aussi ardent. Le 13 janvier 1791, l'Assemblée décrète que tout citoyen pourra ouvrir un théâtre et y représenter tout spectacle de son choix. On se presse dans les salles. La chronique des spectacles tient

1. *Lettre à X.*, Bibliothèque de l'Institut, Ms 854, folio 436.
2. Au cœur de l'hiver 1790, Bailly écrit au directeur des spectacles : « La misère est affreuse, c'est surtout sur la classe ouvrière réduite à une inaction totale qu'elle pèse plus cruellement. Plusieurs districts, M. le comte, m'ont sollicité de demander pendant la semaine de la Passion une représentation pour les pauvres. » Archives nationales, 7, 3 688.
3. Sur la situation économique en 1791, voir Jaurès, *op. cit.*, tome I bis, p. 285. *Cf.* la lettre d'un Bordelais à son père, décrivant l'allégresse générale lors de la suppression des octrois : « Nous nous sommes levés de très bonne heure et avons couru à la grille Chaillot. Les Champs-Élysées étaient pleins de danseurs... Des tonneaux, inspirant la gaieté, déposés çà et là par ordre de la municipalité, faisaient ruisseler le vin dans les verres et, au besoin, dans les chapeaux d'une foule joyeuse. » E. Géraud, *Journal d'un étudiant pendant la Révolution, op. cit.*, p. 107.

dans les journaux une place aussi importante que les comptes rendus de l'Assemblée[1]. La passion politique n'est pas moins vive. La réforme municipale a divisé la ville en quarante-huit sections en lieu et place des soixante districts. En août 1790 ont eu lieu les élections municipales. Condorcet n'a pas été élu. « J'avais rempli avec exactitude les fonctions de représentant de la Commune et j'y étais regardé comme un des amis de la liberté, écrit-il. Je n'y avais essuyé que deux reproches (je ne parle point ici de ceux des aristocrates) : l'un d'avoir écrit contre le Pacte de famille[2], et d'avoir par là voulu brouiller l'Espagne et la France ; le second reproche était d'avoir combattu la création des assignats. Je ne sais pour quelle raison les hommes qui dominaient alors la portion la plus populaire de l'Assemblée constituante avaient fait d'une affaire de finance une question patriotique[3]... »

Ces considérations ont leur force, mais l'on peut en avancer d'autres. Les assemblées des sections dominaient, avec les clubs, la vie politique de la capitale. Si grand que fût son prestige intellectuel, Condorcet n'était pas devenu populaire et n'avait rien fait pour le devenir. Le Club de 1789 était un cercle fermé, considéré avec soupçon pour son élitisme. Les écrits de Condorcet ne pouvaient toucher un public plus attentif aux affrontements qu'aux débats, aux hommes qu'aux idées. Et ce n'est pas en militant pour la cause de l'abolition de l'esclavage, le vote des femmes ou l'accès des Juifs au droit de cité qu'il pouvait espérer gagner des suffrages ! De surcroît, il n'avait rien d'un tribun et exécrait la démagogie[4]. Bref, il n'avait aucune des qualités souhaitables pour la lutte électorale. En janvier 1791, de nouvelles élections se déroulent pour la nomination des autorités du département de Paris[5]. Condor-

1. Sur la presse de la Révolution, *cf.* Fernand Mitton, *La Presse française sous la Révolution, le Consulat et l'Empire*, Paris, 1945.
2. *Cf. Œuvres*, tome X, p. 35.
3. « Fragment de justification », *Œuvres*, tome I, p. 577.
4. *Cf.* « Le véritable et le faux ami du peuple », *Œuvres*, I, pp. 529 à 534.
5. Lacroix, *op. cit.*, 2ᵉ série, tome II, pp. 620 à 622.

cet est encore battu. Déguisant mal son amertume, il écrit à Mme Suard : « Si, au lieu de la vanité de mettre en place les corps de chaque quartier, Paris avait l'orgueil de composer les corps administratifs d'hommes connus en France et même en Europe, il ferait d'autres choix[1]... » Mme Suard note à ce propos : « Voilà le premier sentiment qui lui soit jamais échappé de sa supériorité... » Condorcet est d'autant plus affecté que Sieyès, Mirabeau, Talleyrand ont été élus au directoire de Paris, et que La Rochefoucauld le préside. Lui seul, à nouveau...

Il n'en demeure pas moins une personnalité de premier plan dans le monde politique. Ses mérites et sa renommée font de lui, dans le cercle des initiés, un « ministrable ». En janvier 1791, La Fayette et Mirabeau décident encore une fois de se rapprocher pour combattre l'influence du « triumvirat ». Sieyès, qui déteste Lameth, se joint à eux. La Fayette raconte qu'au début de 1791, « appelé chez Condorcet où se trouvaient Sieyès et Mirabeau, tous les trois lui représentèrent l'utilité d'obtenir de l'Assemblée le rapport du décret qui interdisait le ministère à ses membres, et d'obtenir ensuite du Roi la nomination de ministres dont cette société ferait le choix. On convint unanimement que Condorcet devait accepter un ministère[2]... »

## Le parti de ses idées

Plus significatif de son évolution politique à cette époque est son retrait de la Société de 1789. Depuis le mois d'août 1790, le journal de la Société a cessé de paraître, faute de souscriptions. Le départ de Mirabeau en octobre, les distances prises par Sieyès ont renforcé la prépondérance de La Fayette et des éléments conservateurs au sein de cette Société. Certains

1. Lettre de janvier 1791, CXCI, *op. cit.*
2. La Fayette, *Mémoires*, tome IV, p. 10.

membres ont même adhéré au Club de la Constitution monarchique, fondé par le comte de Clermont-Tonnerre et par Malouet, qui compte nombre d'aristocrates convaincus[1]. Irrité, Condorcet fait prendre par la Société de 1789, le 2 janvier 1791, un arrêté stipulant que l'adhésion au Club de la Constitution monarchique sera considérée comme une démission de cette Société[2]. L'incident témoigne de la dérive à droite de celle-ci. Condorcet la quitte en même temps que Sieyès[3], Roederer[4] et Talleyrand, et regagne les Jacobins[5].

En même temps qu'il prend ses distances vis-à-vis du Club de 1789, Condorcet participe avec d'anciens représentants de la Commune à la création du Cercle social, qui édite un journal, *La Bouche de fer*[6]. En octobre 1790, celui-ci publie une lettre de Condorcet sur les spectacles, dans laquelle il prend parti pour la liberté du théâtre. En novembre, le Cercle social rejoint la Confédération universelle des Amis de la Vérité[7]. Des réunions se tiennent au Cirque du Palais-Royal, vaste construction de 2 000 mètres carrés située dans les

1. Challamel, *op. cit.*, pp. 148 et suivantes. On l'a aussi surnommé Club monarchique, car son manifeste le posait en défenseur des droits de la monarchie. La section de l'Observatoire obtiendra sa fermeture et des révolutionnaires, craignant qu'il ne reprenne son activité, saccageront l'hôtel de Clermont-Tonnerre.

2. *Ibid.*, p. 438.

3. Sieyès dira ironiquement qu'aux Jacobins, cinq à six personnes lui ont toujours paru insupportables, au lieu qu'à la Société de 1789, tout le monde lui a toujours paru insupportable.

4. 1754-1835. Conseiller au Parlement de Metz en 1780, élu aux États généraux comme député du Tiers État, il paraît souvent à la tribune pour aborder les questions financières, la liberté de la presse et l'égalité des droits. Élu le 10 novembre 1791 procureur général-syndic de Paris, il désapprouve l'occupation des Tuileries le 20 juin 1792. Le 10 août, il incite le Roi à se réfugier à l'Assemblée. Appelé à l'Institut en juin 1796, rallié à Bonaparte, il est l'un des agents du 18 Brumaire. Il sera nommé au Conseil d'État et finira à la Chambre des pairs sous la Monarchie de Juillet.

5. *Cf.* Ruault, 4 octobre 1791 : « Ce club-là [de 1789] s'éteint peu à peu. Tout vient au centre, aux Jacobins. » *Op. cit.*, p. 211.

6. Édité par Nicolas de Bonneville et supervisé par Fauchet. *La Bouche de fer* (octobre 1790-juillet 1791) publie trois fois par semaine, puis quotidiennement à partir du 22 juin 1791, les délibérations du Cercle social.

7. *Cf.* Lacroix, *op. cit.*, tome VII, pp. 584, 585, 593 et suivantes.

jardins, où se donnent concerts et bals[1]. Dans ce lieu très profane, les Amis de la Vérité organisent des conférences. Le journal *Révolutions de Paris* note avec ironie : « Cette galerie a plusieurs usages : les mardis, jeudis et dimanches, on y chante des ariettes. Les mercredis et samedis, les nymphes circonvoisines des entresols y dansent. Les lundis et vendredis, on y dit la vérité[2]... » Le succès est vif, le public nombreux. En novembre 1790, Condorcet est nommé orateur du Cercle social. En avril 1791, il prononce devant les Amis de la Vérité un discours sur les « Conventions nationales », qui est publié dans *La Bouche de fer*. Il y expose la nécessité d'une révision périodique de la Constitution.

Il est difficile de cerner la position exacte de Condorcet sur l'échiquier des forces politiques au cours des premiers mois de 1791. Certes, il se range parmi les « patriotes ». Mais ceux-ci sont partagés en clans conduits par des dirigeants aux opinions changeantes. Condorcet a rompu avec la Société de 1789, trop proche des « Constitutionnels ». Las de sa légèreté et de sa versatilité, il prend ses distances avec La Fayette ; bientôt ils ne se verront plus. Il rejoint les Jacobins dont Mirabeau dispute le contrôle aux Lameth et à Barnave. Aux Amis de la Vérité, au Cirque, Condorcet s'adresse à un public sensible, avide de Lumières et aimant la philosophie[3].

En vérité, le seul parti de Condorcet est celui de ses idées. Il est à cet égard proche de Sieyès, avec lequel il apparaît lié sinon par une chaleureuse amitié, du moins par la qualité de leurs échanges intellectuels. Sans doute souffre-t-il de sentir ses capacités inutilisées. La plupart de ses amis sont à l'Assemblée nationale ou au directoire de Paris. Ils assument des responsabilités, ils agissent. En août 1790, un décret a supprimé sa fonction d'inspecteur des Monnaies. Il a dû

---

1. *Ibid.*, p. 596.
2. *Révolutions de Paris*, 31 octobre 1790.
3. Comme le note avec malice le libraire Nicolas Ruault : « C'est un plaisir d'y entendre ces Messieurs pérorer sur le bonheur public et le bonheur particulier », *op. cit.*, p. 2¹1.

quitter son bel appartement du quai Conti et s'est établi rue de Lille, au coin de la rue de Bellechasse[1]. Il n'est plus membre de la Commune. Seules lui restent ses fonctions académiques. A l'automne 1790, il prononce l'éloge de Franklin, mort le 17 avril. Après tant d'exercices de style, il lui est donné de parler enfin avec cœur d'un homme qu'il a beaucoup admiré et aimé[2]. Il poursuit ses travaux sur le choix d'une unité de mesure avec Laplace, Lagrange, Borda et Monge. Le 21 mars 1791, l'Académie le charge de présenter le rapport correspondant à l'Assemblée nationale[3]. Pareille entreprise de la science au service du progrès lui est chère. Mais elle ne suffit pas à l'absorber. Aussi, à défaut d'agir, pendant tout l'automne 1790 et l'hiver 1791, il écrit et publie.

Son intérêt pour les questions financières devient plus vif à mesure que celles-ci se font plus pressantes. Il apparaît à Condorcet, comme à quelques esprits lucides, que le sort de la Révolution est lié à sa capacité à résoudre les problèmes financiers qui l'ont fait naître. En 1790, la situation est toujours difficile. Necker continue de faire face à l'immédiat à coups d'emprunts. Les impôts rentrent mal[4]. Le crédit de l'État est moribond. Le recours aux assignats demeure l'unique moyen de répondre aux besoins courants du Trésor.

Condorcet est conscient des dangers d'une telle politique. Ses vues en matière financière sont celles d'un économiste libéral attentif aux grands équilibres et adversaire de toute création de liquidités monétaires qui n'auraient pas leur contrepartie dans un accroissement réel des biens disponibles. Il n'a pas été hostile à la création des assignats tels qu'ils ont été conçus en décembre 1789, c'est-à-dire sous la forme de billets de caisse portant intérêt et garantis par la vente des

1. Dans les manuscrits de l'Institut, on trouve une lettre du graveur Hassard à Condorcet, datée du 2 septembre 1791, qui porte comme adresse : Maison de Mme Cochin, au coin de la rue de Bellechasse, rue de Bourbon, n° 199. Ms 870, folio 135.
2. *Œuvres*, III, pp. 372 à 423.
3. Le 26 mars, il adresse une lettre de présentation du rapport au président de l'Assemblée nationale.
4. *Cf.* Aftalion, *op. cit.*, pp. 169 à 171.

biens du clergé. Comme Dupont de Nemours, il a vu là un simple instrument de mobilisation d'un actif considérable. Mais il sait que dans une époque de grande incertitude une telle opération ne peut réussir que si le public garde confiance. Quant à la création de billets de banque, Condorcet n'y est pas opposé par principe. Mais il considère que « de véritables billets de banque doivent laisser une liberté entière de les recevoir ou de les refuser dans le commerce[1] ». Il se prononce donc contre le cours forcé. D'autre part, « il doit exister une caisse où, à leur présentation, ils soient acquittés en argent[2] ». Pour que cette libre convertibilité soit assurée, la banque qui émet les billets et garantit leur paiement en argent doit être totalement indépendante du pouvoir politique : « Moins une nation a de crédit, écrit-il, plus une banque est obligée d'en avoir un qui soit indépendant... Une banque ne doit, ne peut jamais être un établissement national[3]. » Condorcet ne peut donc envisager qu'avec la plus grande méfiance l'émission par l'État d'une masse d'assignats ayant cours forcé et servant à couvrir le déficit courant du Trésor. Une telle création de papier-monnaie lui paraît source d'un déséquilibre qui ne peut, à terme, qu'engendrer un désastre pour la Révolution.

Telle est cependant la solution proposée par Montesquiou, le 27 août 1790, au nom du Comité des Finances[4]. Necker, toujours en place, est résolument hostile à cette émission

1. « Sur les questions nécessaires pour rétablir les finances », 1790, *Œuvres*, tome XI, p. 369.
2. *Ibid.*, p. 360.
3. *Ibid.*, pp. 370-371.
4. La dette exigible se montait à 1 092 millions, le service des intérêts annuels à 89,8 millions. En vendant les biens du clergé et du domaine royal, on pouvait aisément éteindre la dette. Le budget, libéré des intérêts, serait alors en équilibre. Montesquiou proposait donc d'émettre des assignats, ayant cours forcé, ne portant pas intérêt, correspondant à la valeur des biens nationaux. Ils seraient utilisés par les acquéreurs de ces biens pour en acquitter le prix, et détruits au fur et à mesure qu'ils seront reçus en paiement. A la fin de l'opération, les biens nationaux auraient été vendus, les assignats détruits, la dette de l'État remboursée, et le budget équilibré. *Cf.* Aftalion, *op. cit.*, p. 11.

massive de papier-monnaie qu'il considère comme « infiniment dangereuse[1] ». Mais son crédit personnel est ruiné à l'Assemblée. Mirabeau, qui a décidé de le jeter bas du ministère, monte à la tribune le 27 août et exhorte l'Assemblée à adopter le plan de Montesquiou. L'effet produit est d'autant plus fort que Mirabeau a soutenu, en novembre 1789, des vues radicalement différentes[2]. La majorité des patriotes se rallie à ses vues.

Condorcet n'hésite pas à les combattre. Tandis que le débat se poursuit à l'Assemblée, il publie une brochure où il démontre les conséquences désastreuses des propositions de Mirabeau. Il dénonce l'injustice inhérente à la création des assignats[3]. Il critique l'argument selon lequel leur émission massive développerait les échanges[4]. Surtout, il dénonce l'inévitable inflation[5]. En septembre 1791, les assignats créés en novembre 1789 ont déjà perdu 6 % de leur valeur, alors qu'ils ont été émis à concurrence de 400 millions et portent intérêt. Avec la création de 2 milliards d'assignats sans intérêt, leur cours ne peut que s'effondrer, et les prix monter[6]. Lavoisier au Club des Jacobins, Dupont de Nemours et

1. *Cf.* Egret : *Necker, ministre de Louis XVI*, Champion, éditeur, Paris, 1975, p. 434.

2. *Cf.* Aftalion, *op. cit.*, p. 111.

3. « Si la masse des assignats est au-dessous de la valeur des biens, on dépouille la Nation au profit des créanciers. Si, au contraire, on en crée trop, et que par suite de cette abondance excessive, les biens soient payés en assignats au-delà de leur valeur, on dépouille les créanciers », *ibid.*, p. 495.

4. « On dit à l'un : il [l'assignat] va donner une nouvelle vie à l'État, il animera le commerce, les manufactures. A l'autre : hélas, permettez-nous de le créer, il passera de la main des créanciers dans le Trésor national et on se hâtera de le brûler. A peine sa faible existence sera-t-elle remarquée. » *Op. cit.*, XI, p. 503.

5. Pour faciliter les ventes de terres aux petits agriculteurs, l'Assemblée avait décrété que le prix pourrait être acquitté partie comptant, partie sur douze années. Pendant ce long délai, les assignats circuleraient, puisqu'ils ne seraient détruits par le Trésor qu'au moment du paiement. Conséquence : les biens nationaux seraient vendus, mais une masse énorme de papier-monnaie serait en circulation.

6. « A la nouvelle d'un tumulte bientôt exagéré, écrit Condorcet, ce papier... qui inonderait la capitale baisserait en un jour de 20 à 30 %. Cette chute produirait des augmentations subites dans le prix. Et je demande alors comment, le setier de blé montant en un jour peut-être de 24 à 36 livres en papier, vous maintiendrez le pain à 3 sous en argent... »

Talleyrand à l'Assemblée nationale, combattent eux aussi le projet[1]. Mais la facilité l'emporte sur la rigueur. Le 29 septembre 1790, par 508 voix contre 423, l'Assemblée décrète que la dette exigible de l'État et celle du clergé seront remboursées en « assignats-monnaie sans intérêt ». On crée 1 200 millions d'assignats, y compris les 400 millions déjà émis. Ce qui était prévisible et annoncé par Condorcet advient. Le louis et l'assignat sont cotés en Bourse[2]. Chaque jour, on peut apprécier, au cours du change, l'irrésistible érosion du crédit de la Révolution.

Aux problèmes financiers s'ajoute la question de la réforme fiscale. Les Cahiers de doléances avaient été unanimes à la réclamer. L'Assemblée nationale ne pouvait s'y dérober. Condorcet la propose en 1790. Sa réflexion a évolué depuis 1788. Sans doute l'impôt territorial sur le produit net de la terre lui paraît-il toujours le plus sûr, à la condition d'être équitablement réparti. Il faut donc élaborer sans délai un cadastre et apprécier la valeur des biens. Mais, en l'état des renseignements utilisables, de crainte d'injustices, la contribution territoriale doit être fixée avec modération[3]. Il est donc nécessaire de la compléter par d'autres ressources. Condorcet propose de créer un impôt sur la fortune, substitué à l'ancienne capitation : « l'impôt personnel[4] », dont les pauvres seront exonérés[5].

1. Aftalion, *op. cit.*, pp. 112 à 120.
2. Mathiez, *op. cit.*, tome I, p. 170.
3. « Mémoires sur la fixation de l'impôt », *Œuvres*, XI, p. 436 et suivantes.
4. « Sur l'impôt personnel ». L'impôt personnel sera donc fondé pour l'essentiel sur la valeur locative du logement, mais en exonérant les bas loyers et en pondérant selon le nombre de personnes vivant au foyer, par une sorte de quotient familial. *Œuvres*, XI, p. 472 et suivantes.
5. *Ibid.*, p. 474.

## *Sa nomination à la Trésorerie*

La réforme des finances devait s'accompagner d'une réforme de la Trésorerie. Condorcet avait souligné avec force la nécessité que le Trésor ne se trouvât pas entre les mains de l'exécutif. Il voyait dans ce pouvoir ministériel un « moyen de crédit personnel et de corruption[1] ». Il lui paraissait indispensable que la Trésorerie fût confiée à un caissier-payeur général nommé par l'Assemblée[2]. Peut-être aspirait-il à occuper cette haute fonction, si conforme à son intérêt pour les finances ? Mais la Constituante s'était refusée à retirer aux ministres la gestion du Trésor. Dans la mesure où le Roi disposait d'une liste civile de 25 millions de livres par an, le choix des administrateurs de la Trésorerie revêtait, il est vrai, une réelle importance politique.

En mars 1791, lorsque vient l'heure des nominations, Mirabeau propose au Roi de désigner Condorcet. A la considération personnelle et aux relations courtoises se mêle ici un évident calcul politique. La probité de Condorcet est reconnue, il a beaucoup écrit sur les questions financières, il est partisan d'une gestion rigoureuse du Trésor. La désignation d'un adversaire politique des monarchistes donnerait au public le sentiment que le Roi tient à la probité et à la compétence plus qu'à l'habileté et à la complaisance quand il s'agit de la gestion des fonds publics. La nomination de Condorcet serait donc un heureux coup politique. Le Roi accepte. La mort de Mirabeau ne change pas la décision prise[3]. Et c'est ainsi que

1. « Des lois constitutionnelles sur l'administration des finances », *Œuvres*, X, p. 111.
2. « Sur la constitution du pouvoir chargé d'administrer le Trésor national », 1790, *Œuvres*, XI, p. 542. Le payeur général ne pourrait ordonnancer les dépenses pour une longue durée sans l'accord de directeurs élus par chaque législature pour la législature suivante. Ce caissier-payeur général aurait joui de grands pouvoirs, y compris celui de contracter éventuellement des emprunts.
3. *Cf.* La Fayette, *Mémoires*, tome IV, p. 21, évoque cette nomination en termes très hostiles à Condorcet. Mais ces *Mémoires* ont été écrits après la rupture entre les deux hommes.

Condorcet est nommé le 8 avril 1791 parmi les six adminis-trateurs de la Trésorerie[1]. La nouvelle est mal accueillie chez les patriotes comme chez les aristocrates. Brissot se fâche : « Qu'attendre de M. de Condorcet, qui a combattu les assignats dans trois ou quatre brochures que les faits n'ont jamais vérifiées[2] ? » Le lendemain, il adoucit le ton et, répondant à une lettre de Condorcet, écrit : « Votre probité connue, la finesse de vos vues, la bonté de vos observations, et la dialectique dont vous vous servez dans vos écrits sur les finances, ne me rassurent point. Vous n'avez pas la pratique journalière des détails de la finance. Elle ne s'acquiert point dans l'étude purement spéculative[3]... » En vérité, le candidat de Brissot et des patriotes était Clavière[4], banquier genevois et grand ami de Mirabeau dont il avait été l'un des faiseurs de discours.

L'intérêt que présente cette nomination pour Condorcet est difficile à déceler. Sans doute pense-t-il pouvoir contribuer, dans le cadre de ses fonctions, à la réalisation de ses idées. Dès le 14 avril 1791, par une lettre qu'il a rédigée, les administrateurs à la Trésorerie nommés par le Roi invitent l'Assemblée à exercer sur leur gestion un étroit contrôle[5]. Très significative aussi est leur demande que la Trésorerie porte le nom de « Trésorerie nationale » et non point « royale ». Condorcet pourra également se targuer d'avoir fait adopter dans l'organisation de la Trésorerie des mesures assurant un

1. Les autres commissaires furent Lavoisier, Rouillé, Deletang, Devaines, Dutremblay, Cornut, tous techniciens des finances. Cf. Bruguière, *Gestionnaires et profiteurs...*, Orban, 1986, p. 69.
2. *Patriote français*, 9 avril 1791.
3. *Ibid.*, 10 avril 1791.
4. 1735-1793. Installé à Paris en 1789, il devient le collaborateur de Mirabeau pour les questions financières. Il milite à la Société des amis des Noirs et aux Jacobins avant d'être imposé par Brissot comme ministre des Contributions de mars au 20 juin 1792, puis à nouveau après le 10 août. Il est arrêté avec les Girondins le 2 juin 1793, ne figure pas dans le procès des vingt-deux en octobre, mais se poignarde dans sa cellule le 8 décembre 1793.
5. « Lettres des administrateurs de la Trésorerie à l'Assemblée nationale », *Œuvres*, XII, p. 30 : « Nous regarderons comme un encouragement honorable la surveillance habituelle et immédiate qu'elle exercera sur nous. »

contrôle plus strict de la gestion des fonds ministériels[1]. Piètre satisfaction ! En vérité, accepter en mai 1791 une nomination du Roi à un poste de responsabilité — même purement technique — constitue pour lui une faute politique. Les patriotes, et Condorcet lui-même, considéraient comme seules légitimes les fonctions auxquelles on est appelé par l'élection. Pour le Trésor, ne l'avait-il pas lui-même affirmé ? Et voici qu'au lieu d'une investiture par l'Assemblée, il accepte une nomination par le Roi ! Sans doute les appointements sont-ils importants. Et Condorcet, qui a charge de famille, a perdu sa place à la Monnaie et son appartement de fonction. Mais l'argent ne l'intéresse pas, toute sa vie en témoigne. Plus vraisemblablement, en ce printemps 1791, il ne voit aucune perspective susceptible de satisfaire son ambition de contribuer à l'édification de la France nouvelle. Il a été battu aux élections à la Constituante en 1789, écarté en 1790 de la municipalité de la capitale, et en 1791 du directoire du département de Paris. Les travaux académiques ne sauraient lui suffire. Un haut poste dans les Finances doit apparaître au disciple de Turgot comme un lieu de pouvoir et d'action. Mais, quel que soit le comportement ultérieur du titulaire, une telle désignation portera toujours, aux yeux du public, la signature du Roi[2]. Et Louis XVI, en avril 1791, alimente les soupçons de plus en plus vifs des patriotes[3].

1. *Cf.* « Fragment de justification », *Œuvres*, I, p. 579.
2. *Ibid.*
3. Le 18 avril, lorsque le Roi décide de se rendre, comme au printemps précédent, à Saint-Cloud, la foule se masse devant les Tuileries et les gardes nationaux refusent de laisser sa voiture quitter le château. Après deux heures et demie de discussion animée, il faut renoncer. Pour mieux déjouer les soupçons, le Roi se rend alors à l'Assemblée et rappelle qu'il a juré de maintenir la Constitution. Les esprits se calment. Le baron de Frénilly décrit ce moment d'apaisement : « Au printemps de 1791, l'état de Paris et de la France était curieux et instructif à observer. Une espèce de halte ou de trêve semblait s'être faite dans la Révolution... Tout était rentré dans une paix apparente... La prospérité marchande et commerciale était à son comble et la masse disait : "Tout va bien. La Révolution est consommée, tout est fini, jouissons et reposons-nous". » *Souvenirs du baron de Frénilly, op. cit.,* pp. 142-143.

## La profession de foi patriotique

Cependant, dans la classe politique, des divisions nouvelles se font jour parmi les patriotes. D'un côté, les modérés qui contrôlent la majorité parlementaire considèrent, selon la formule d'Adrien Duport, que « la Révolution est finie ». Ils se rapprochent de la Cour et songent à une révision du texte de la Constitution. A leur gauche, les patriotes démocrates ne voient de salut que dans une alliance du peuple et de la bourgeoisie contre les aristocrates et le Roi. Ils contrôlent la plupart des clubs et les sections de Paris. Entre ces deux tendances, les affrontements se multiplient au printemps de 1791. D'abord sur la question coloniale. Les Amis des Noirs que Condorcet, Brissot et Grégoire continuent d'animer, déposent une nouvelle pétition en faveur de l'égalité pour les mulâtres, et demandent des mesures préparant l'abolition de l'esclavage[1]. Les patriotes se divisent. Le 15 mai 1791, l'Assemblée vote un texte de compromis qui n'accorde les droits politiques qu'aux mulâtres nés de père et mère libres[2]. D'autres lois significatives marquent l'évolution conservatrice de la majorité de l'Assemblée. Le 12 mai, en riposte à la campagne contre le marc d'argent, rendue plus vive à l'approche des élections[3], l'Assemblée retire aux clubs le droit de pétition et d'affiche. En juin, elle décrète la fermeture des ateliers de charité, et interdit les coalitions et les grèves à l'initiative de Le Chapelier.

Pour sa part, Condorcet refuse de se rallier à l'une ou

1. *Cf.* Jaurès, *op. cit.*, I, 2, p. 246.
2. Après le supplice du mulâtre Ogé — roué vif en février 1791 pour avoir provoqué une insurrection à Saint-Domingue —, Condorcet reçut des sœurs de celui-ci un pli cacheté à l'adresse du président de l'Assemblée nationale. Il s'acquitta, par l'entremise de Pétion, de cette mission humanitaire. *Cf. Patriote français*, 5 janvier 1791.
3. Robespierre publia en avril 1791 un « Discours à l'Assemblée nationale », jamais prononcé, où il réclamait l'instauration du suffrage universel. Le succès fut grand dans les clubs, notamment aux Cordeliers. *Cf.* Aulard, *op. cit.*, p. 99.

l'autre des factions qui divisent les patriotes. Analysant la situation politique, il écrit à Sieyès : « Je ne crains ni la Cour, ni les aristocrates. Je ne crains que la division du parti populaire[1]. » Il faut prendre une initiative qui rassemblerait à nouveau les patriotes. Ils décident de rédiger ensemble, début juin 1791, « une profession de foi patriotique[2] ». Cette adresse sera signée par des personnalités importantes du parti patriote. Elle fixera la doctrine et interdira aux signataires de se renier, sous peine de se parjurer publiquement. Elle sera ensuite proposée à tous les « Amis de la Patrie ».

La premier version du texte est élaborée par Condorcet[3]. Les principes essentiels y sont énoncés : pas de Constitution sans Déclaration des Droits de l'homme, sans un corps législatif composé d'une seule Chambre, sans possibilité de révision régulière. Pas d'égalité sans renoncement définitif aux distinctions et privilèges, en particulier nobiliaires. Pas de liberté sans reconnaissance du droit de pratiquer tout culte, sans en privilégier aucun. Sieyès modifie le projet en introduisant notamment l'idée d'une division de l'Assemblée unique en sections. Puis il fait porter le texte à La Fayette. Celui-ci et quelques députés réunis chez lui se montrent réservés, sinon sur les principes, du moins sur l'opportunité de l'adresse. Survient alors un incident singulier. On discute encore au domicile de La Fayette lorsqu'un ami lui apporte le texte déjà imprimé de l'adresse, où figurent son nom et celui de ses amis[4]. On court chez Sieyès. Il allègue une erreur matérielle de l'imprimeur... Déjà le texte a commencé à circuler. Dans

1. Archives nationales, fond Sieyès, 284, AP 4, dossier 14. Contrairement à Condorcet qui « regarde l'armée des Jacobins comme la cause première de nos dangers réels », Sieyès voit dans ce club « le foyer du parti populaire... qui n'existe nulle part ailleurs ».

2. *Ibid.*

3. Les manuscrits se trouvent à la Bibliothèque historique de la Ville de Paris, Ms 809, folios 74 et suivants. Ils ont été publiés par Cahen, *op. cit.*, pp. 244 à 246.

4. La Fayette, *Mémoires, op. cit.*, tome IV, pp. 25 à 30.

le climat ainsi créé, l'accueil des patriotes est très défavorable[1]. Aux Jacobins, le dimanche 19 juin, Sieyès est accusé de vouloir frayer la voie à la création d'une seconde Chambre. Il se défend en termes vagues, dans un grand tumulte[2]. Le lendemain 20 juin, les Jacobins reprennent leurs accusations. Danton lui-même l'attaque ; Buzot, Pétion, d'autres encore critiquent l'adresse et évoquent des manœuvres destinées à surprendre leurs signatures[3]. De Condorcet, il est à peine question. Il ne paraît pas aux Jacobins. Cette agitation toute politique, sans débat d'idées, le rebute. Le lendemain, d'ailleurs, personne ne s'intéresse plus à la profession de foi patriotique. Car, ce 21 juin au matin, Paris apprend que le Roi et sa famille se sont enfuis dans la nuit.

## NAISSANCE D'UN RÉPUBLICAIN

### Paris sans Roi

Paris ne s'émut guère en apprenant la fuite du Roi. « Elle ne surprit personne, écrit Ruault. On en avait tant parlé, on avait dit tant de fois qu'il s'en irait au premier jour, que cela a paru tout simple. A onze heures, une foule immense se transporte aux Tuileries et remplit tous les appartements, qui étaient ouverts de toutes parts... jusqu'à deux heures qu'on vint y mettre les scellés. Alors tout le peuple se retira

1. *Cf.* Mme Roland : « Sieyès et Condorcet ont fait imprimer une sorte de profession de foi... Elle est fautive et insignifiante à plusieurs égards, et très dangereuse à plusieurs autres. » Lettre à Bancal, 20 juin 1791, dans *Lettres de Mme Roland*, p. 301.
2. Aulard, *La Société des Jacobins, op. cit.*, tome II, p. 523.
3. *Ibid.*, pp. 525 à 530.

tranquillement pour laisser agir les officiers de justice[1]. » Tout le reste du jour, les effigies du Roi, de la Reine, sont arrachés ou effacés par un mouvement spontané. Sur les enseignes où figure le mot « Roi » ou « royal », on passe du noir de fumée détrempé dans de l'huile. Condorcet, comme tous les Parisiens, voit ce spectacle étonnant d'une capitale qui, pour punir son Roi de l'avoir quittée, marque symboliquement qu'elle le rejette à son tour. Il en tirera à sa façon les conclusions.

L'Assemblée nationale prend immédiatement en main le pouvoir exécutif. Elle convoque les ministres et décrète l'arrestation de toute personne surprise à sortir du Royaume. Elle décide que ses décrets seront exécutoires sans la sanction du Roi. Elle ordonne la mise en activité de 100 000 gardes nationaux. Sa majorité n'est pourtant pas prête à déposer le Roi. Le 22 juin, elle vote une adresse aux Français où elle dénonce « l'enlèvement du Roi » ! Dans l'incertitude où l'on est, la fiction est commode et ménage l'avenir. Le soir même, la nouvelle de l'arrestation de la famille royale à Varennes parvient à l'Assemblée. Il lui faut alors décider du sort du Roi, sinon de la royauté.

L'Assemblée demeure monarchiste. Nulle voix ne va s'élever de ses rangs pour réclamer la République. Certainement pas celle de La Fayette, soupçonné d'avoir permis la fuite de Louis XVI et qui dément à la tribune toute conviction républicaine. Même pas celle de Robespierre, dépeint par Mme Roland ce jour-là chez Brissot : « Ricanant à son ordinaire et se mangeant les ongles, il demandait ce qu'était une République[2]... » Aux Jacobins, mêmes sentiments qu'à l'Assemblée. Dès le 21 juin au soir, alors que tous les chefs

---

1. Ruault, lettre du 22 juin 1791, *op. cit.*, p. 246. Étienne Dumont, revenu de Genève à Paris, donne un témoignage identique : « Pour le peuple de Paris, il semble qu'il fut inspiré par une sagesse supérieure : il fut aussi calme qu'il put l'être... Il n'y a point d'expression avilissante qui ne fût prodiguée au Roi avec le plus grand sang-froid. Au bout de quelques heures, tous les signes de la royauté disparaissaient... Si le Roi nous a quittés, disait-on gaiement, la Nation reste. Il peut y avoir une Nation sans Roi, mais non pas un Roi sans Nation... »
2. Mme Roland, *Mémoires, op. cit.*, p. 134.

patriotes sont présents, Barnave fait voter une adresse habile appelant tous les citoyens à l'union : « Le Roi, égaré par des suggestions criminelles, s'est éloigné de l'Assemblée nationale. Toutes les divisions sont oubliées. Tous les patriotes sont réunis. L'Assemblée nationale, voilà notre guide. La Constitution, voilà notre ralliement[1]. »

Les Cordeliers se montrent plus radicaux dans leur adresse du 22 juin aux Constituants : « Nous vous conjurons, au nom de la Patrie, ou de déclarer sur-le-champ que la France n'est plus une monarchie, qu'elle est une République, ou du moins d'attendre que tous les départements, toutes les assemblées aient émis leur vœu sur cette question[2]... » Telle est la position affirmée par les républicains du club, François Robert[3], Camille Desmoulins, mais non pas celle de Danton qui prône la déposition du Roi et l'instauration d'un Conseil de régence. L'adresse des Cordeliers est rejetée par les Jacobins, et aucune section de Paris ne la reprend. Brissot, le même jour, avance prudemment : « Louis XVI a lui-même brisé sa couronne. Il ne faut pas profiter de la leçon à demi[4]. » Mais le mot République n'est pas prononcé.

Cependant, la famille royale, rejointe par trois commissaires de l'Assemblée — Barnave, Pétion, Latour-Maubourg —, regagnait la capitale, escortée par des forces considérables, sous une chaleur écrasante. Le 25 juin à 7 heures du soir, elle entre dans Paris par l'Étoile et descend les Champs-Élysées. Le peuple silencieux regarde passer le cortège[5] : « Chacun

1. Lavisse, *op. cit.*, I, p. 309.
2. Aulard, *Histoire politique*, p. 128.
3. 1762-1826. Avocat d'origine, marié avec Mlle de Kéralio, tous deux sont parmi les premiers adeptes de la République. Après la fuite du Roi, il fut le rédacteur de l'une des pétitions du Champ-de-Mars et dut se cacher après la fusillade du 17 juillet 1791. Élu à la Convention, il vote la mort du Roi et s'occupe d'un commerce. Dénoncé comme accapareur, il reçoit le surnom de « Robert-rhum ». Sous-préfet aux Cents Jours, il se fixera ensuite en Belgique avec sa femme.
4. Aulard, *op. cit.*, p. 127.
5. « Une multitude immense courait dans la place Louis XV et dans les

avait son chapeau sur la tête, raconte un témoin, et la garde rangée en haie jusqu'aux Tuileries portait l'arme bas, la crosse sur le pavé. Barnave tenait le jeune dauphin sur les genoux ; la Reine avait sur sa tête un chapeau noir d'où pendait un crêpe qui l'empêchait d'être vue. Je les ai vus descendre au pied du péristyle : la Reine se trouva mal, il fallut la monter chez elle. Le Roi sortit de la voiture le dos courbé, la tête enfoncée dans les épaules. Il fuyait tous les regards[1]. »

## L'analyse de Condorcet

Il fallait fixer le sort du Roi. Le 25 juin, l'Assemblée décide qu'il sera placé aux Tuileries sous bonne garde et que les décrets continueront d'être exécutoires sans sa sanction. Le Roi est suspendu, sous haute surveillance. 290 députés de droite protestent violemment, disant que « l'apparence même de la royauté n'existe plus[2] ». Bon nombre d'entre eux quittent l'Assemblée. Jamais la situation de celle-ci n'a été plus difficile. Elle veut conserver la royauté. Mais maintenir Louis XVI après sa fuite revient à le reconnaître indispensable, à le fortifier dans sa situation, en dépit de ses fautes. Déposer le Roi soulève le problème de la régence, puisque le dauphin n'a que cinq ans. Confier la régence à la Reine ou aux frères du Roi, Monsieur et le comte d'Artois, émigrés tous deux, est exclu. Sans doute le parti orléaniste s'agite-t-il et le duc d'Orléans, tout en se défendant de se poser en candidat à la régence, ne pense-t-il qu'à elle. Mais sa popularité est aussi décavée que sa réputation. Reste l'hypothèse d'un Conseil de régence. Comment le composer ? Qui en nommera les membres[3] ?

Champs-Élysées, la terre, les toits, les arbres. Mais cette multitude presque toujours était immobile et silencieuse. » *Journal de Paris*, 26 juin 1791.
  1. Ruault, lettre du 27 juin 1791, *op. cit.*, p. 247.
  2. Buchez et Roux, *op. cit.*, tome X, p. 433.
  3. Comme l'écrit Thomas Lindet, évêque d'Evreux et député patriote, à

Condorcet voit clairement vers quelle solution tend la majorité de l'Assemblée. Les patriotes modérés, les Constitutionnels ne conçoivent pas d'autre régime que la monarchie. Instaurer une régence paraît politiquement impossible, changer de dynastie au profit du duc d'Orléans est irréalisable. Il ne reste donc qu'une solution[1] : réviser la Constitution dans un sens plus conservateur, et rallier ainsi la droite modérée. On présentera ensuite la Constitution révisée à l'acceptation du Roi. Et, serment prêté par lui de la respecter, à la faveur de sa mise en œuvre, toute la désastreuse équipée de Varennes sera effacée. Barnave, rallié au Roi et à la Reine depuis qu'il est rentré avec eux de Varennes à Paris, se montre l'agent le plus actif de ce projet, à l'Assemblée comme aux Jacobins.

Condorcet, au même moment, est parvenu à des conclusions radicalement opposées. Le Roi est parjure et fourbe. Il avait juré fidélité à la Nation et à la Loi devant le peuple réuni le 14 juillet 1790. Puis il s'est enfui pour déclencher la guerre civile. Il avait multiplié ses protestations de confiance à l'Assemblée, et il a voulu la dissoudre et détruire l'œuvre de la Révolution. Comment croire qu'un tel homme puisse demain tenir un serment qu'il a déjà violé ? Le maintenir sur le trône, c'est placer à la tête de l'exécutif, avec des pouvoirs importants et des ressources financières considérables, le représentant des ennemis de la Révolution : les émigrés, les aristocrates, les prêtres réfractaires, sans oublier la Reine et ses liens de famille avec l'empereur d'Autriche. Loin de préserver l'acquis de la Révolution, c'est ouvrir la voie à la contre-révolution. Tout replâtrage de la monarchie par un

son frère : « On veut un Roi : il faut prendre un imbécile, un automate, un fourbe, un parjure que le peuple méprisera... Ou bien il faut subir une minorité de douze ans... Ou bien il faut laisser le Roi en curatelle perpétuelle, lui donner un Conseil électif. Ce mot fait peur. Je ne sais pas comment se tirera l'Assemblée d'un aussi mauvais pas... » In *Correspondance* de Thomas Lindet, p. 298.

1. Le 25 juin, au moment où l'on discutait de la suspension du Roi, Lameth avait fortement rappelé à l'Assemblée qu'elle s'était prononcée, un an plus tôt, pour le gouvernement monarchique : « Si nous avons eu raison il y a un an, nous avons raison en ce moment. Les événements arrivés n'ont rien changé à la nature des choses... » Cité par Aulard, *op. cit.*, p. 120.

changement de dynastie au profit du duc d'Orléans serait, pour le vertueux Condorcet, absurde et immoral. On ne remplace pas la faiblesse par le vice.

Quant à la régence prônée par Danton et Brissot, au cours de laquelle le dauphin serait élevé par un précepteur patriote et où un Conseil électif assurerait le pouvoir, elle lui paraît une solution illusoire qui conserverait aux aristocrates tous leurs espoirs dans un retour par la violence à l'Ancien Régime. En vérité, pour Condorcet, la fuite du Roi a arraché le voile des illusions. La vérité est apparue, éclatante, impitoyable comme le chaud soleil de ces jours de juin : entre la Révolution et la royauté, entre la souveraineté du peuple et la souveraineté du Roi, il n'y a pas de compromis possible. Et puisque le monarque a déserté le trône, l'heure est venue non pas de l'y remettre, mais bien de proclamer la République[1].

## L'idée de République

Depuis longtemps, Condorcet portait en lui l'idée de République, ou, plus précisément, l'idéal républicain. Avant la Révolution, il considérait qu'en raison pure, « une Constitution républicaine est la meilleure de toutes[2]. » En 1789, il écrivait : « Il n'y a qu'un esclave qui puisse dire qu'il préfère la royauté à une République bien constituée, où les hommes seraient vraiment libres et où, jouissant de bonnes lois, de tous les droits qu'ils tiennent de la nature, ils seraient encore à l'abri de toutes oppressions étrangères[3]. » Mais si la République est bien le régime idéal, était-elle en fait possible en France ? Le propos de Turgot résonnait dans son esprit : « Je

1. Selon Arago, « Mirabeau, peu de temps avant sa mort, disait à Cabanis : "J'ai défendu la monarchie jusqu'au bout. Mais si le Roi part, je fais déclarer le trône vacant et proclame la République." Op. cit., p. 120.
2. « Vie de M. Turgot », Œuvres, V, p. 209.
3. « Notes sur Voltaire », Œuvres, IV, p. 293.

n'ai jamais connu de Constitution vraiment républicaine[1]. »
Les républiques de l'Antiquité pratiquaient l'esclavage, et à
Venise ou en Hollande n'avait régné, sous le nom de République, que le despotisme d'aristocraties plus oppressives
encore que le pouvoir royal. Tirant les leçons de l'Histoire, il
concluait : « On ne peut choisir qu'entre la monarchie, l'aristocratie et l'anarchie. Et, dans ce cas, un homme sage peut
très bien donner la préférence à la monarchie[2]. »

Le propos pouvait paraître singulier, venant de l'admirateur
des constitutions républicaines de Pennsylvanie ou de Virginie.
Si l'histoire européenne n'avait jamais connu de République
conforme à son idéal, l'histoire immédiate, celle qui avait pris
corps aux États-Unis, avait apporté la preuve que la République pouvait exister dans les faits en cette fin du XVIIIe
siècle. Mais, pour Condorcet, l'essentiel était moins, en 1789,
dans la forme du gouvernement que dans les garanties qu'il
offrait aux citoyens : « Une Constitution républicaine, c'est
celle où les Droits de l'homme sont conservés[3]. » La liberté,
l'égalité pouvaient être assurées sous une monarchie constitutionnelle respectueuse de la souveraineté du peuple.

Dans une vieille et grande nation qui n'avait jamais connu
que la monarchie[4], sans doute était-ce la sagesse que d'élaborer
une Constitution garantissant les droits des citoyens sans
supprimer la royauté. Telle était la conviction de Condorcet
aux premiers temps de la Révolution. Mais, à mesure que
celle-ci se déroulait, sa pensée se faisait plus exigeante. Aucun
argument d'opportunité ou d'intérêt politique ne lui paraissait
répondre à ces questions : comment concilier la Déclaration
des Droits de l'homme, proclamant l'égalité des citoyens, et
l'existence d'un Roi ? Comment affirmer que toute souveraineté émane du peuple et confier le pouvoir exécutif à un
monarque héréditaire ? La raison, qui a découvert les Droits

1. « Vie de M. Turgot », *op. cit.*, p. 209.
2. « Notes sur Voltaire », *op. cit.*, p. 413.
3. « Vie de M. Turgot », *op. cit.*, p. 209.
4. *Cf.* « Réflexions sur les Pouvoirs », *Œuvres*, IX, p. 272.

de l'homme, ne peut se satisfaire de la royauté. Et seule la République est à même de consacrer les Droits de l'homme.

L'exemple américain conforte cette analyse. Son influence est d'autant plus grande qu'au cours du printemps de 1791, les liens de Condorcet et de Thomas Paine se sont renforcés. Pour répondre au pamphlet hostile de Burke, *Réflexions sur la Révolution de France*, qui a connu en Angleterre un triomphe, Paine a publié à Londres un ouvrage, *Des Droits de l'homme*. Madame de Condorcet en a traduit des passages et son succès est grand chez les partisans de la Révolution[1]. Étienne Dumont, familier du salon des Condorcet, remarque non sans ironie : « Le fameux Paine était alors à Paris, fort lié dans la maison de Condorcet. Il croyait avoir fait la Révolution d'Amérique, et il se crut appelé à en faire une autre en France[2]. » Il ajoute : « J'avais une haute idée de Condorcet. Son opinion entraîna celle de plusieurs personnes. *Sa société a vraiment été le foyer de la République.* On a dit que Mme de Condorcet avait essuyé quelque mépris de la Reine et que son zèle républicain était une vengeance de femme. Je n'en crois rien. Un caractère sérieux, un esprit qui aimait à se nourrir de méditations philosophiques, des lectures républicaines, une passion pour les écrits de Rousseau avaient enflammé sa tête. Son mari avait un enthousiasme de réflexion. Elle en avait un de sentiment ; tous deux étaient fortement persuadés que la liberté en France ne pouvait pas se soutenir à côté du Trône[3]... »

A cet « enthousiasme de réflexion » pour la République s'ajoute la claire conscience que les circonstances créées par

1. Sieyès écrivit : « M. Thomas Paine est un des hommes qui ont le plus contribué à établir la liberté en Amérique... Il est universellement connu, et quel est le patriote français qui n'a pas déjà, du fond de son âme, remercié cet étranger d'avoir fortifié notre cause de toute la puissance de sa raison et de sa réputation ? » *Cf.* Aldrige, « Condorcet et Paine », *Revue de Littérature comparée*, n° 32, 1958, p. 4. Sur le succès considérable des *Droits de l'homme,* aussi bien en Angleterre qu'en France et aux États-Unis, *cf.* Bernard Vincent, *op. cit.*, pp. 202 et 203.
2. Dumont, *op. cit.*, p. 175.
3. *Ibid.*, p. 179. Souligné par nous.

la fuite du Roi sont favorables à un changement de régime. Condorcet explique : « S'il se fait une République par révolution, si le peuple se soulève contre la Cour, les suites en seront terribles. Mais si l'on fait une République à présent, pendant que l'Assemblée jouit de la toute-puissance, le passage ne sera point difficile ; et il vaut mieux qu'elle se fasse en ce moment où le Roi, par sa situation, ne tient plus à rien, que lorsqu'on lui aura rendu assez la puissance pour que sa chute soit un effort[1]. » C'est donc immédiatement qu'il faut agir. Mais comment et avec qui ?

Chez La Rochefoucauld, lors de la disparition du Roi, la République a été un instant évoquée par Dupont de Nemours devant La Fayette. Simple pensée fugitive[2]. Le 29 juin, à la tribune de l'Assemblée, La Fayette a protesté contre l'accusation de républicanisme. Du côté des Jacobins, rien non plus à espérer. Sous l'influence de Lameth et de Barnave, ils se sont déclarés constitutionnels, et la monarchie est inscrite dans la Constitution. Les Cordeliers, après leur premier élan républicain, souhaitent que la Constituante ne se prononce pas sur le sort de Louis XVI sans avoir consulté les départements[3]. Brissot, pour sa part, est favorable à la République, mais, comme Pétion, il considère qu'il faut y préparer les esprits. Il incline plutôt, comme Danton, pour une régence assortie d'un « Conseil électif amovible ».

Dans cette entreprise, l'opinion publique est déterminante. En apprenant, le 21 juin, la fuite du Roi, Paris a gardé son calme. Par leurs propos et leurs actes, les Parisiens ont pris parti non seulement contre le Roi, mais contre la royauté. Comme l'écrivent *Les Révolutions de Paris*, « si le président de l'Assemblée nationale eût mis aux voix sur la place de Grève, dans le jardin des Tuileries ou au palais d'Orléans, le

---

1. *Ibid.*, p. 177. Dumont ajoute : « Condorcet n'était point jacobin. Il voyait ce que les Jacobins projetaient, et il voulait une République faite par l'Assemblée pour n'en avoir pas une faite par la populace » (note, p. 179).

2. Aulard, *op. cit.*, note p. 121. *Mémoires* de La Fayette, III, p. 96, note.

3. Aulard, *op. cit.*, pp. 134, 139.

gouvernement républicain, la France ne serait plus une monarchie ». De ce puissant mouvement populaire, Condorcet a été le témoin. Eh bien, il faut saisir directement l'opinion publique et réclamer hautement la République, puisqu'aucun politique n'ose même prononcer le mot sans s'excuser !

## La proclamation républicaine

Dans les derniers jours de juin, Condorcet fonde la Société républicaine avec Thomas Paine et Achille du Chastellet, jeune officier qui a servi pendant la guerre d'Indépendance. Elle ne comptera jamais plus de cinq membres[1]. Le 1er juillet au matin est collée sur les murs de Paris, et jusque sur ceux de l'Assemblée nationale, une affiche audacieusement républicaine : « L'absence d'un roi vaut mieux que sa présence. Il a abdiqué, il a déserté son poste... La Nation ne peut rendre sa confiance à un homme qui, infidèle à ses fonctions, parjure à ses serments, ourdit une fuite clandestine, cache un roi de France sous le déguisement d'un domestique... Qu'est-ce, dans un gouvernement, qu'un office qui ne demande ni expérience, ni habileté, un office qu'on peut abandonner au hasard de la naissance ; qui peut être rempli par un idiot, un fou, un méchant comme par un sage[2] ? » L'affiche est signée par Du Chastellet, mais le texte est en réalité de Thomas Paine, traduit par Condorcet ou Sophie[3]. Les réactions à l'Assemblée sont vives : « L'idée d'une République ne s'était offerte directement à personne, et ce premier signal jeta l'effroi dans le côté droit et parmi les modérés du côté gauche. Malouet, Cazales et plusieurs autres proposèrent de poursuivre l'auteur. Mais Le Chapelier et un nombreux parti, craignant plutôt

1. *Cf.* Bernard Vincent, *Thomas Paine, op. cit.*, p. 209. Les deux autres membres étaient peut-être Brissot et Nicolas de Bonneville, cofondateur du Cercle social.
2. Cité par Bernard Vincent, *ibid.*, p. 209.
3. *Cf.* Dumont, *op. cit.*, p. 176, qui raconte la visite de Du Chastellet, le 30 juin, venu lui demander de traduire le texte anglais de Paine. Dumont refusa.

d'attiser ce feu que de l'éteindre, firent passer à l'ordre du jour avec un considérant que la proposition était insensée et son auteur fou[1]... »

C'est alors que Condorcet décide d'intervenir personnellement et publiquement. Il sait que l'Assemblée va examiner, vers le 14 juillet, le rapport de ses comités sur la fuite du Roi. Il lui faut donc agir avant cette date. Puisque les Jacobins se sont déclarés monarchistes, Condorcet choisira une autre tribune. Le vendredi 1er juillet, le journal *La Bouche de fer* annonce que « vendredi en huit, à l'Assemblée fédérative des Amis de la Vérité..., Condorcet traitera de la République[2]. » Et le 8 juillet, Condorcet lit au Cercle social, dans le Cirque du Palais-Royal, son discours intitulé *De la République, ou un roi est-il nécessaire à l'établissement de la Liberté ?*[3]

Ce discours n'est pas long : à peine une demi-heure pour un lecteur au débit lent, comme Condorcet. Il n'a pas de force oratoire, aucun mouvement d'éloquence ne s'y trouve qui emporte l'âme, comme chez Vergniaud. Il ne brille pas non plus de l'éclat des formules glacées d'un Saint-Just. Il ne fait appel qu'à la raison. Il réfute les arguments de ceux qui prétendent qu'il ne peut y avoir de liberté sans roi. Il rappelle que la monarchie a joué dans l'histoire un rôle protecteur contre les abus des puissances d'hier. Mais la liberté des hommes, sous l'empire d'une bonne Constitution, ne requiert que des lois et des juges. « Nous ne sommes plus au temps où l'on osait compter, parmi les moyens d'assurer la puissance des lois, cette superstition impie qui faisait d'un homme une espèce de divinité[4]. » Quant à l'exemple des républiques antiques, et à la menace de voir un César se lever sur les ruines de la République, Condorcet les réfute dans le seul passage intense de ce texte calme, parce que la France de la liberté ne saurait pratiquer, comme Athènes ou Rome, une

1. *Ibid.*, p. 176.
2. Hélène Delsaux, *Condorcet journaliste*, Champion, 1951, p. 47.
3. *Œuvres*, XII, p. 227.
4. « De la République... », *op. cit.*, p. 233.

politique de conquête ou d'asservissement. Et il s'écrie superbement : « C'est parce que nous ne pouvons être un peuple-roi que nous resterons un peuple libre. » Jaurès, enthousiaste, écrira cent ans plus tard : « Il nous plaît que dans le premier manifeste grand et noble de l'esprit républicain, dans le premier titre philosophique et politique dont nous puissions nous réclamer, la paix soit liée par une chaîne d'or à la liberté[1]... »

La force d'un propos ne se mesure pas nécessairement à son influence immédiate. Les grands discours résonnent encore dans la mémoire des hommes longtemps après avoir été prononcés. Moins pour leur texte, que chacun a oublié, que pour le message qu'ils portent ou le symbole qu'ils constituent. Ainsi en est-il du discours de Condorcet sur la République. Combien l'ont entendu, le 8 juillet 1791 ? Deux mille personnes au plus, dans la chaleur du Cirque royal. A en croire le compte rendu publié dans *La Bouche de fer*, « le discours de Condorcet sur la République a été écouté avec un grand silence et couvert d'applaudissements... L'assemblée a demandé l'impression du discours et voté des remerciements à l'auteur[2] ». Mais l'essentiel n'est pas là. Condorcet parle devant un public dont il comble l'attente. Ce qui importe, c'est moins le raisonnement développé que le principe affirmé, et moins le texte que son auteur. A ce moment crucial pour la Révolution, alors que ses chefs trahissent ou se dérobent, se lève un homme seul, le dernier des Encyclopédistes, l'ami de Voltaire et de d'Alembert, l'incarnation de l'esprit des Lumières qui ont éclairé ce XVIIIe siècle finissant. Et cet homme proclame haut et fort que la liberté est républicaine[3]. Mirabeau avait du génie, le 23 juin 1789, quand il opposait la volonté

---

1. Jaurès, *op. cit.*, II, p. 419.
2. H. Delsaux, *op. cit.*, pp. 45-46 ; *cf.* Aulard, *op. cit.*, p. 138.
3. *Cf.* Aulard, *op. cit.*, pp. 138-139 : « Ce fut un événement que d'entendre le plus grand penseur de ce temps, le disciple et l'héritier des Encyclopédistes, prêcher cette République que tous les philosophes, ses maîtres, avaient jugée dangereuse à établir en France. »

du peuple à la force des baïonnettes. Mais, ce 8 juillet 1791, c'est sans moyens oratoires et sans puissant talent que Condorcet dresse calmement l'acte de décès de la monarchie française.

Écartons un moment la portée politique de ce discours. Ne considérons que sa signification humaine. Quel profit personnel Condorcet pouvait-il attendre de sa déclaration ? S'agissait-il de sa situation personnelle ? Il avait été nommé, en avril, commissaire de la Trésorerie. Il était révocable par le Roi. En réclamant la République, il savait qu'il s'attirerait à tout jamais l'inimitié de la Cour, et que celle-ci lui coûterait sans doute son poste. S'agissait-il de la fonction de précepteur du dauphin pour laquelle il avait été placé par l'Assemblée, le 2 juillet, sur la liste des candidats possibles[1] ? On n'imagine pas républicain le gouverneur d'un dauphin ! Dans son discours du 8 juillet, Condorcet a d'ailleurs évoqué à dessein l'éducation du prince royal : « Dans ce moment, il s'agit bien moins de former un roi que de lui apprendre à savoir, à vouloir ne plus l'être[2]... » S'agissait-il d'améliorer sa situation politique, de bien se placer pour les élections législatives qui avaient commencé ? Condorcet était trop averti de ce qui se passait à l'Assemblée et aux Jacobins pour ne pas mesurer que le jeu politique était fait, que la coalition des Constitutionnels et des patriotes modérés, l'alliance entre La Fayette et Barnave, ne pouvaient déboucher que sur le maintien de la royauté. Il voyait bien que les députés les plus engagés chez les patriotes, Robespierre ou Pétion, ne se hasardaient pas,

1. Dans sa lettre à Bancal du 1er juillet 1791, Mme Roland, qui a toujours détesté Condorcet, écrit à propos du choix du gouverneur du Dauphin : « On parle beaucoup de Condorcet, qui n'est pas sans mérite, mais c'est un intrigant, et ce caractère n'est point recommandable. » *Lettres autographes adressées à Bancal des Issarts*, Renduel, 1835, p. 316.
2. « De la République », *op. cit.*, p. 236. Si Condorcet avait intrigué le 1er juillet, comme ses ennemis le dirent, pour être nommé gouverneur du Dauphin, il se serait bien gardé d'attaquer la royauté le 8 juillet.

eux, à proposer la République[1]. Sans doute, aux Cordeliers, discutait-on de l'abolition de la royauté[2]. Mais Danton se dérobait. Les temps n'étaient pas mûrs, et l'opinion publique craignait le mot plus encore que la chose, qu'elle ignorait.

Condorcet, lui, n'hésite pas. Sa conviction est faite. Elle ne découle pas seulement de vues théoriques. Elle procède aussi d'une analyse de la situation. De Louis XVI, il n'y a plus rien à attendre que la contre-révolution. Déposer le Roi, établir un Conseil de régence ne peut engendrer qu'impuissance et conflits. Il n'est pas d'issue satisfaisante pour la Nation hors la République. Et cette République, aucun moment ne peut être plus favorable à son instauration que celui où le Roi, par sa fuite, a lui-même déposé la couronne. A cet instant, Condorcet, le philosophe, a une vue plus aiguë des grands enjeux que les politiques avisés qui traitent avec la Cour.

## « Le Républicain »

Il s'agit cependant de rallier l'opinion à l'idée républicaine. Un discours, même imprimé et diffusé, n'y saurait suffire. La création d'un journal est décidée dans la petite société réunie autour de Condorcet. Le projet est né dès la fuite du Roi. Condorcet, Paine et Du Chastellet en sont les maîtres d'œuvre. Brissot et Clavière ont promis leur concours, Dumont sa collaboration[3]. Ainsi paraît aux premiers jours de juillet *Le Républicain*, dont le titre est à lui seul un programme et un défi.

Le premier numéro, dans un *Avis aux Français*, annonce la couleur : « Une Société de républicains a résolu de publier,

1. *Cf.* Mme Roland à Bancal, le 1er juillet 1791 : « Les Jacobins, comme l'Assemblée, entrent en convulsions au nom de la République. » *Lettres de Mme Roland*, édition Perroud, pp. 320 à 321.
2. *Cf.* Albert Mathiez, *Le Club des Cordeliers pendant la crise de Varennes et le massacre du Champ-de-Mars*, Champion, 1910.
3. *Cf.* sur le projet du *Républicain*, Mme Roland, *Mémoires*, Mercure de France, 1966, p. 134, et Dumont, *Souvenirs*, *op. cit.*, pp. 180-181.

par feuilles détachées, un ouvrage sous ce titre : *Le Républicain*. Son objet est d'éclairer les esprits sur ce républicanisme qu'on calomnie parce qu'on ne le connaît pas[1]... » Le même *Avis* fait le procès du Roi en quatre points : 1) « Il a abdiqué. Il a déserté le gouvernement ». 2) « La Nation ne peut jamais rendre sa confiance à un homme qui, infidèle à ses fonctions, parjure à ses serments..., cache un roi de France sous un déguisement de domestique... » 3) « Qu'il soit imbécile ou hypocrite, idiot ou fourbe, il est également indigne des fonctions de la royauté ». 4) « Il est par conséquent libre de nous, comme nous sommes libres de lui... » L'*Avis* ne demande pas la condamnation du Roi : « La France ne se déshonore pas par son ressentiment contre un homme qui s'est déshonoré lui-même. » C'est la royauté qui est condamnée[2].

Condorcet n'a pas signé ce manifeste ni revendiqué sa paternité. Certaines formules sont directement empruntées à l'affiche républicaine du 1er juillet, rédigée par Thomas Paine et signée par Achille du Chastellet... Pour les contemporains, en tout cas, l'identification de Condorcet au *Républicain* est établie avec certitude dès le troisième numéro où paraît la « Lettre d'un jeune mécanicien aux auteurs du *Républicain*[3] ». Dans ce bref écrit satirique, Condorcet imagine, en cette époque férue d'automates où chacun connaît le joueur d'échecs inventé par le baron de Kempel, qu'une collection d'automates remplacerait le Roi, la famille royale et la Cour. Cette lettre, tout à fait dans la manière de Voltaire, où Condorcet décrit les beautés de la mécanique royale, se termine par un trait décoché aux partisans de la monarchie constitutionnelle : « Mon Roi ne serait pas dangereux pour la liberté. Et cependant, en le réparant avec soin, il serait éternel, ce qui

---

1. « Avis aux Français », in *Le Républicain*, 1er numéro non daté. Les trois numéros suivants étant datés des 10, 16 et 23 juillet, ce premier numéro est probablement du 3 juillet.
2. *Le Républicain*, n° 1.
3. « Lettre d'un jeune mécanicien », *Œuvres*, XII, p. 239.

est encore plus beau que d'être héréditaire[1]... » Pour ses amis royalistes, Condorcet est bien devenu « un mouton enragé ». Ils ne lui pardonneront jamais cette dérision du Roi automate.

## La fausse polémique avec Sieyès

Après la satire, le débat. Le 6 juillet, Sieyès publie un article dans le *Moniteur* où il prend l'initiative de répondre à ceux qui l'accusent de « tourner au républicanisme » et de chercher des partisans à ce système. Tout en déclarant qu'il y a plusieurs républicains qu'il « honore et aime de tout son cœur » — l'hommage est évidemment destiné à Condorcet et à Paine —, Sieyès annonce qu'il « entrera en lice avec les républicains de bonne foi[2] ». Et il ajoute : « J'espère prouver, non que la monarchie est préférable dans telle ou telle position, mais que dans toutes ces hypothèses, on y est plus libre que dans la République[3]. » Paine, comme par hasard, relève aussitôt le gant. Dans une lettre datée du 8 juillet, et publiée le 16 à la fois dans *Le Républicain* et *Le Moniteur*, il répond à Sieyès en l'assurant de son estime tout en se déclarant « l'ennemi ouvert et intrépide de ce qu'on appelle monarchie... Je le suis par des principes que rien ne peut altérer et corrompre... et par le dégoût que j'éprouve à voir des hommes dirigés par des enfants, et gouvernés par des brutes[4]. » Réponse extrêmement dogmatique de Sieyès dans le même numéro du *Moniteur*, où il expose qu'à ses yeux, il y a monarchie dès l'instant qu'un « individu supérieur par le rang » choisit ses ministres et les révoque, au nom du peuple, en étant lui-même réputé irresponsable de leurs actes. Ce « monarque », qui n'a pas à être héréditaire, pourrait fort bien être élu. On voit poindre là le projet original de la Constitution de l'an

1. *Ibid.*, p. 241.
2. *Moniteur* du 6 juillet 1791.
3. *Ibid.*
4. *Moniteur* du 16 juillet 1791.

VIII. Le 18 juillet, Condorcet répond à son tour à Sieyès — sans le nommer — dans *Le Républicain*, pour expliquer les avantages d'un exécutif composé de sept membres élus, au lieu de ministres désignés par un Roi.

Dans cette controverse publique entre Condorcet et Paine, partisans de la République, et Sieyès, partisan d'une monarchie dont le souverain, élu, ressemblerait furieusement à un Premier Consul ou à un président de la République, il n'y a que divergence de mots. En vérité, un accord secret a été passé entre les protagonistes. L'affaire sera racontée ultérieurement par Condorcet à Lakanal, à la Convention : « Depuis longtemps, me dit Condorcet, nous nous occupions, Sieyès, Thomas Paine et moi, des moyens de promouvoir la République, que les affiches de la Cour présentaient au peuple comme le plus grand fléau qu'il eût à craindre. Pour attaquer le trône avec succès, il fallait le faire avec mesure. Il fut convenu que Sieyès aborderait le premier la question de la royauté et prendrait sa défense. Nous nous chargeâmes de répondre, Thomas Paine et moi[1]. » Dans un style plus direct, au moment même des faits, Achille du Chastellet écrit à Étienne Dumont, le 11 juillet 1791 : « L'abbé Sieyès a reçu la lettre de Paine et un billet très flatteur de ma part... Je suis d'avis que Paine commence la discussion et se donne tout l'avantage du quiproquo ; car, lorsque l'abbé Sieyès se sera expliqué, il se trouvera à peu près aussi républicain que nous... Le fait est que le pauvre diable est fou de frayeur d'être assassiné, et qu'il a voulu se mettre à l'abri par une équivoque (*sic*)[2]... »

En fait, toute l'entreprise est politiquement maladroite. De cette controverse aride, le public ne retiendra à l'évidence qu'une chose : au moment où Condorcet réclame la République, Sieyès se déclare monarchiste. Peu importe que quelques spécialistes du droit public discernent sous les traits

1. Lettre de Lakanal dans le *Journal des Patriotes*, ventôse An IV (1er mars 1796).
2. Jean Martin, *op. cit.*, pp. 107-108.

du roi électif de Sieyès ceux d'un président de la République. En ce mois de juillet 1791 où Condorcet souhaite gagner l'opinion publique à la cause de la République, il fait proclamer par l'oracle constitutionnel que sous la monarchie, telle que Sieyès la définit, on est plus libre qu'en République ! Les Constitutionnels peuvent jubiler : l'abbé Sieyès ne servira pas de caution au mouvement républicain.

Pendant cette difficile période où Condorcet tente ainsi d'inverser le courant politique qui tend à consolider la royauté plutôt qu'à la supprimer, il éprouve au moins une satisfaction considérable. Le 11 juillet, le corps de Voltaire est transporté au Panthéon en grande pompe, au milieu d'une foule immense. « La fête de Voltaire, ou plutôt son triomphe, a été magnifique... Le cortège était très nombreux et varié de toutes sortes de costumes antiques en hommes et femmes qui marchaient devant, à côté et derrière le char triomphal élevé de 25 pieds, surmonté de la statue de Voltaire et sous laquelle était déposé le corps du grand homme[1]. » Condorcet assiste au passage du cortège à côté de Charles de Villette[2], sur le balcon même de la maison où était mort Voltaire, quai des Théatins[3]. Il avait contribué, en septembre 1790, à la pétition de la Société de 1789 demandant à la municipalité de Paris de faire transférer à Paris le corps de Voltaire, qui reposait à l'abbaye de Sellières[4]. La Constituante avait ensuite décrété que celui-ci reposerait au Panthéon. Le triomphe posthume de Voltaire dans Paris en liesse apparaît ce jour-là comme le signe de la victoire de la raison sur le fanatisme. « Vous eussiez vu, écrit Ruault, le fanatisme écrasé sous les pieds de douze chevaux blancs, attelés de quatre de front, presque nus, qui tiraient lentement ce char magnifique et à la main par des

1. Ruault, lettre du 15 juillet 1791, *op. cit.*, p. 251.
2. Vieil ami de Voltaire qui s'était marié à Ferney, là où il avait rencontré Mlle de Varicourt. Le marquis de Villette avait hébergé Voltaire lors de son dernier séjour à Paris.
3. *Cf. Mémoires* du marquis de Ferrières, tome II, p. 469.
4. *Ibid.*, p. 467.

hommes vêtus à l'antique[1]... » Quelle émotion pour l'ami, quelle joie pour le philosophe, quel signe d'espérance pour le politique !

## La fusillade du Champ-de-Mars

Le moment est venu pour l'Assemblée nationale de se prononcer sur le sort de Louis XVI. Au terme d'un débat qui dure du 13 au 16 juillet, elle reconnaît l'inviolabilité du Roi. C'est couvrir sa fuite, et ne permettre de poursuivre que des subalternes. Pas une voix, au cours du débat, ne s'élève en faveur de la République. Robespierre lui-même se dérobe derrière des propos déclamatoires :« Qu'on m'accuse, si on veut, de républicanisme ; je déclare que j'abhorre toute espèce de gouvernement où les factieux règnent[2]... » Après avoir réclamé la mise en jugement du Roi, le député Vadier s'écrie : « Je déteste le régime républicain, je le crois subversif et inconciliable avec notre situation politique[3]. » L'abbé Grégoire demande « qu'on assemble les collèges électoraux et qu'on nomme une Convention nationale[4] », mais il en reste là. Pétion évoque « l'établissement d'un Conseil d'exécution électif et national » ; mais de la République, nulle mention[5].

C'est à la droite de l'Assemblée que l'on s'empare du terme, qu'on brandit la République comme une arme. Goupil de Prefelne[6] accuse les républicains de vouloir précipiter la

1. Ruault, *op. cit.*, p. 252.
2. Cité par Jaurès, *op. cit.*, II, p. 410. *Cf.* la déclaration de Robespierre aux Jacobins, le 13 juillet : « On m'a accusé, au sein de l'Assemblée nationale, d'être républicain ; on m'a fait trop d'honneur, je ne le suis pas. Si on m'eût accusé d'être monarchiste, on m'eût déshonoré. Je ne le suis pas non plus... » Aulard, *op. cit.*, p. 148.
3. In Jaurès, *op. cit.*, p. 413.
4. *Ibid.*, p. 411.
5. *Ibid.*, p. 414.
6. 1727-1801. Lieutenant général de police à Alençon, il est élu par le Tiers État aux États généraux. Il prend des positions contradictoires en faveur du veto absolu du Roi, de la religion catholique, de la Constitution civile du clergé. Arrêté

Nation française « dans le gouffre des horreurs de l'anarchie et des troubles ». Il dénonce Condorcet, « un homme qui a obtenu une réputation on ne sait comment et qui est cependant assez étendue, et décoré de titres académiques ». Il le range parmi les « Erostrates modernes ». Il flétrit « d'odieux et criminels pamphlets[1] ». Le ton est donné, que d'autres prendront. Barnave, au meilleur de lui-même, répond à Condorcet. Il évoque la dictature succédant à la République : « Vous n'avez pas senti que si, par l'effet d'une passion, la Nation pouvait détruire la royauté, elle pourrait, par une autre passion, détruire la République pour établir la tyrannie... » Et il porte contre Condorcet et Paine l'accusation, toujours fructueuse en politique, de n'être que des idéologues : « On a entraîné quelques hommes de *cabinet*, quelques hommes *savants en géométrie*, et qui ne montrent pas la même science en politique. On les a entraînés, dis-je, par des abstractions. Mais on ne peut entraîner le peuple que par des réalités[2]... » L'Assemblée suit Barnave et rend, le 6 juillet, le décret qui exempte Louis XVI de toutes poursuites. L'entreprise républicaine a échoué. Il reste à l'écraser.

Le 16 juillet, après de multiples péripéties au sein des sociétés populaires, une pétition réclamant le jugement du Roi et l'organisation d'un nouveau pouvoir exécutif est déposée sur l'autel de la Patrie au Champ-de-Mars. Les citoyens sont appelés à la signer le lendemain. C'est méconnaître le décret rendu par l'Assemblée nationale. Celle-ci est résolue à briser l'agitation populaire et à en finir avec le mouvement républicain. Elle convoque la municipalité à sa barre et lui enjoint

comme suspect en mai 1794, il est libéré, élu au Conseil des Anciens, et finit sa carrière au Tribunal de cassation en 1800.

1. *Gazette de Paris*, 17 juillet 1791.
2. Cité par H. Delsaux, *op. cit.*, p. 61 ; souligné par nous. *Cf.* Condorcet : « Ceux qui, dans l'Assemblée constituante, défendirent la cause de l'inviolabilité des rois et la nécessité de conserver en France la royauté, m'insultèrent personnellement dans leurs opinions, et trouvèrent excessivement ridicule qu'un géomètre de quarante-huit ans, qui avait cultivé les sciences politiques depuis vingt ans et y avait appliqué le calcul, eût un avis sur des questions de ce genre... » « Fragment de justification », *Œuvres*, I, p. 607.

d'interdire, par la force si nécessaire, tout mouvement séditieux.

Le dimanche 17 juillet, dans la matinée, un grave incident se produit. Deux voyeurs se sont cachés sous l'autel de la Patrie pour regarder sous les jupes des femmes venues signer la pétition ; découverts, soupçonnés d'avoir voulu poser des mines pour faire sauter les patriotes, ils sont massacrés par la foule. La municipalité décrète la loi martiale. Vers 19 heures, précédée du drapeau rouge, la Garde nationale, sous les ordres de La Fayette, suivi de Bailly et d'officiers municipaux, arrive au Champ-de-Mars. Plusieurs milliers de personnes s'y trouvent. Les pétitionnaires sont peu nombreux, mais les curieux et les promeneurs, par ce bel après-midi de juillet[1], sont venus en foule. Parmi eux, Mme Roland[2] et Sophie de Condorcet, avec sa fille âgée de 14 mois. Des huées accueillent les troupes. Des pierres leur sont jetées. Que s'est-il passé alors exactement ? Les sommations réglementaires ont-elles été faites ? Un coup de feu tiré de la foule a-t-il atteint un dragon à la cuisse, comme l'affirmera Bailly ? Toujours est-il que les gardes nationaux ouvrent le feu. La foule s'enfuit, laissant sur place des dizaines de morts. D'autres manifestants sont poursuivis et abattus[3]. Le sang versé au Champ-de-Mars séparera dorénavant démocrates et Constitutionnels. La rupture est tragiquement consommée entre les patriotes.

Le lendemain, l'Assemblée nationale, présidée par Charles de Lameth, félicite la municipalité et la Garde nationale et approuve leur conduite. Robespierre se tait. Les Jacobins, très éprouvés par la scission intervenue le 16 juillet au sein de la Société[4], assurent n'être pour rien dans la pétition du Champ-de-Mars. Condorcet, pour sa part, ressent profondément la

1. *Journal de Paris* du 19 juillet 1791. Note du 17 juillet : « Beaucoup de nuages dans la matinée ; ciel pur pour le reste de la journée. » Température à 3 heures de l'après-midi : 21°.
2. *Mémoires* de Mme Roland, *op. cit.*, pp. 135-136.
3. Lavisse, *op. cit.*, p. 117. *Cf.* aussi Arago, *Biographie de Bailly, op. cit.*
4. Nombre de ses membres avaient créé un nouveau club, « les Feuillants ».

cruauté de cette fusillade où Sophie et Eliza ont failli périr. En 1793, il écrira à ce sujet : « Je n'ai su la pétition du Champ-de-Mars qu'au moment du rassemblement, et j'en prévis les suites. L'opinion qu'il fallait un exemple de la loi martiale pour ramener l'ordre n'était pas un secret, et tout annonçait qu'on cherchait une occasion. Ma fille unique, âgée d'un an, manqua d'être victime de cette atrocité, et cette circonstance augmentant encore mon indignation, je la montrai assez hautement pour m'attirer la haine de tout ce qui avait alors quelque pouvoir[1]. »

## Haine et ruptures

La haine ne lâchera plus Condorcet. Jusque-là, son prestige intellectuel, sa qualité d'académicien avaient retenu de trop vives attaques de la part de la presse royaliste[2]. Il apparaissait comme un théoricien davantage que comme un homme politique. Il n'était pas membre de l'Assemblée nationale, scène de tous les affrontements, où se jouaient les réputations et les décisions. Il prenait peu la parole dans les clubs, et seulement pour y traiter de questions constitutionnelles. Bref, il pouvait déplaire ou irriter, non pas exaspérer. Mais, en prônant publiquement, solennellement, la déposition du Roi et l'instauration de la République, seul parmi toutes les grandes voix de son temps, Condorcet suscite chez beaucoup la surprise, chez certains l'hostilité, chez quelques-uns la haine.

La presse royaliste se déchaîne contre ce marquis, cet académicien, ce commissaire de la Trésorerie qui ose s'élever contre la monarchie qui l'a fait noble et contre le Roi qui l'a

1. « Fragment de justification », *Œuvres*, I, p. 609.
2. Voir pourtant, dans *Actes des Apôtres*, n° 122, juin 1790, le féroce « portrait d'un des grands hommes de la Révolution » : « Condorcet est triste et laid. Sa laideur embarrassée de toutes les passions, il n'éprouve que celle de la haine. Elle travaille sans relâche... »

nommé. On se garde d'évoquer ses talents, reconnus dans les Académies étrangères et par les meilleurs esprits d'Europe ou d'Amérique. Il n'est plus qu'un intrigant, élevé à ses fonctions par la ruse et la bassesse. Et, selon l'affreuse loi de tant de pamphlétaires ou de politiques médiocres qui veut que, pour atteindre les idées, on déshonore leurs auteurs, c'est un torrent d'invectives et de mensonges qui déferle sur Condorcet en cet été 1791. Dans les *Actes des Apôtres*, on l'attaque en alexandrins :

> *Chéri des gens de biens comme le fut Cartouche,*
> *Mais n'ayant ses vertus car il est lâche et bas,*
> *Rampant avec les grands et haut avec les plats...*
> *Enfin c'est un salmis de vices et de crimes*[1].

Le *Journal de la Cour* écrit le 25 juillet : « Condorcet, géomètre intrigant qui n'a jamais bien mesuré que la fortune, bien calculé que la bassesse[2]... » Pour *L'Ami du Roi*, « Condorcet se déshonore gratuitement par ses extravagances républicaines[3] ». Les journaux proches de La Fayette, *Le Babillard*, *Le Chant du Coq*, l'insultent également[4].

Mais l'infamie va plus loin que ces injures, simple écume de la vie politique. Condorcet, on le sait, adore sa femme. Sophie est jeune, belle et républicaine. Pour mieux l'atteindre, lui, c'est à elle qu'on s'en prend. Les *Actes des Apôtres* dénoncent « cet académicien ignare et présomptueux dont la femme et l'infamie avaient fait la fortune[5] ». Tel jour de juillet, c'est une caricature de La Fayette à genoux devant Mme de Condorcet nue, portant la mention « *Res publica* ». Tel autre, on annonce que Mme de Condorcet s'est enfuie avec Achille du Chastellet. Pis encore, on dépeint Condorcet « qui poussait sa femme dans la galerie de Versailles en lui

1. Cité par Robinet, *op. cit.*, p. 34.
2. Cité par Cahen, *op. cit.*, p. 264.
3. *Ibid.*
4. *Ibid.*, p. 265.
5. *Actes des Apôtres*, version dixième, 1791, épilogue, p. 17.

disant : "Tiens-toi bien, voilà le Roi qui passe"[1]. » La même infamie est répétée en vers :

*De sa femme approuvant les feux illégitimes,*
*Car par or ou par place il se fait bien payer,*
*Lorsque pour parvenir il la vend au Premier*[2]...

Alors que Sophie de Grouchy n'a jamais été présentée à la Cour !...

La *Feuille du jour*, de tendance plus modérée, déclare intolérable « ce langage d'un homme... qui a fait employer, il y a peu de mois, le moyen le plus puissant après l'argent sur Mirabeau pour en être protégé[3]... » Pour le lecteur averti de la sensualité de Mirabeau, le propos entortillé signifie simplement que Condorcet a jeté sa femme dans ses bras pour s'assurer sa protection...

Ces attaques-là, ces infamies-là, quel que soit le masque de mépris qu'on leur oppose, touchent un homme au cœur. Comme elles fleurissent, les feuilles immondes, en ce mois de juillet 1791 ! Là est le génie des salauds : trouver chez l'autre, l'adversaire, le point sensible et s'y acharner à coups de mensonges. Chez Condorcet, c'est l'amour pour sa femme. C'est donc sa femme que l'on déshonore. L'histoire politique est jonchée de telles ignominies.

Douloureux aussi, quoique d'une toute autre manière, est pour Condorcet l'éloignement de ses amis de longue date. Avec La Fayette, la rupture est totale. Déjà leurs liens d'amitié, jadis étroits, s'étaient distendus[4]. Les intrigues où La Fayette se complaît l'irritent : « Je le voyais avec peine, depuis les premiers mois de 1790, se laisser diriger par des intrigants de toute espèce ; vouloir se mettre à la tête d'un parti en

---

1. *Journal de la Cour et de la ville*, 24, 25 juillet 1791.
2. Robinet, *op. cit.*, p. 434.
3. *Feuille du Jour*, 20 août 1791.
4. Dans ses *Mémoires*, tome IV, p. 20, La Fayette écrit : « Il est vrai qu'à l'époque du 21 juin..., La Fayette, *qui avait cessé de voir Condorcet*, n'était plus à portée de rencontrer Sieyès chez celui-ci ». Souligné par nous.

négociant avec tous les autres, mener à la fois vingt projets différents... et, par cette conduite incertaine, perdre sa réputation de probité[1]. » Mais c'est son comportement lors de la fuite du Roi qui exaspère Condorcet : « La Fayette faisait profession de haïr les rois quinze jours avant de voter pour la restauration de Louis XVI[2]. Je l'avais vu rire avec moi, et plus que moi, des plaisanteries de Thomas Paine sur le ridicule de la royauté héréditaire... Pouvait-il devenir tout d'un coup le zélé partisan d'un Roi, précisément parce que ce Roi avait violé ses serments[3] ?... » Au matin du 17 juillet, Condorcet lui écrit à propos de son intervention lors du débat sur l'inviolabilité du roi après la fuite à Varennes : « Depuis douze ans, vous êtes compté parmi les défenseurs de la liberté ; si vous ne changez de conduite, encore quelques jours et vous serez compté parmi ses oppresseurs[4]. » Le soir même, éclate la fusillade du Champ-de-Mars. Sophie et Eliza sont là. Jamais Condorcet ne pardonnera à La Fayette.

Les blessures lui viennent surtout de l'éloignement de ses anciens amis La Rochefoucauld, Liancourt, Montmorency. Ceux-ci avaient, comme lui, souhaité un nouvel ordre des choses, plus juste que l'Ancien Régime qui leur assurait pourtant tous les privilèges. Les droits des Noirs, des protestants, des Juifs, ces hommes de la plus haute noblesse les avaient soutenus comme lui. Mais voici qu'au moment de franchir le dernier pas, ils hésitent, ils s'arrêtent au bord du Rubicon. Ils ne refusent pas l'idée de République, mais ils la repoussent dans un avenir imprécis. Ils rêvent d'une monarchie constitutionnelle où les libertés seraient assurées, les hommes égaux, le peuple souverain, et où un Roi juste, aux pouvoirs limités, régnerait en paix sur un peuple réconcilié. Condorcet ne croit plus qu'en la République. Eux espèrent

1. « Fragment de justification », *Œuvres*, I, p. 583.
2. Référence au vote de La Fayette, en juillet 1791, favorable à la mise hors de cause de Louis XVI.
3. « Fragment... », *op. cit.*, I, p. 583.
4. *Ibid.*, p. 584.

encore en la royauté. La fracture est là, qui s'élargira jusqu'à la rupture. Il est cruel de voir des amis s'éloigner parce qu'ils rejettent vos idées. Mais doit-on sacrifier ses idées pour garder des amis ? En ces mois brûlants de l'été 1791, pour Condorcet, tout est dit. Il ira de l'avant, et si ses amis ne le suivent pas, il poursuivra son chemin, seul ou du moins sans eux.

## Face à la réaction

Au lendemain de la fusillade du Champ-de-Mars, la coalition modérée paraît contrôler tous les pouvoirs. Le Roi est suspendu. A l'Assemblée nationale, la droite dure, les « Noirs », se sont dispersés ou ont perdu tout crédit depuis Varennes. A gauche, les démocrates se taisent, comme Robespierre, ou sont réduits à la défensive. L'accusation de républicanisme devient fatale aux yeux d'un pays qui souhaite en majorité l'ordre et la fin des affrontements. Des poursuites judiciaires ont été ouvertes contre les responsables de la pétition du 16 juillet. Il n'est pas inutile, en effet, d'évoquer un complot factieux des démocrates et de faire retomber sur eux la responsabilité des morts du Champ-de-Mars. Quelques républicains ont été arrêtés, d'autres s'enfuient, comme Danton, ou se cachent, comme Desmoulins. On vote une loi de sûreté, on poursuit des journalistes. Marat se terre.

On entreprend de réviser le projet de Constitution. Le mot même est chargé de magie. La Constitution sera à la fois le symbole et le socle du nouvel ordre des choses. Or, cet avenir, les chefs modérés, et surtout Barnave et Lameth, le veulent conforme à leurs vœux. Contre les démocrates qui peuvent entraîner l'Assemblée, on décide de renforcer l'exécutif. Le droit de vote est réservé aux hommes aisés ou instruits[1]. Dans

---

1. « C'est dans la classe moyenne qu'il faut chercher des électeurs », déclara Barnave le 11 août 1791. Cité par Jaurès, *op. cit.*, tome I bis, p. 433. On supprima la condition du marc d'argent, qui avait beaucoup irrité la bourgeoisie urbaine et qui devenait inutile.

le même temps, l'Assemblée[1] interdit l'accès de la Garde nationale aux citoyens pauvres ou suspects. Elle limite la liberté de la presse. Elle supprime le droit de pétition collective. Par souci d'équilibre politique, la majorité prend aussi de nouvelles mesures contre les émigrés et les prêtres réfractaires, et achève la réforme judiciaire. Enfin, pour verrouiller le système, l'Assemblée interdit toute révision constitutionnelle avant dix ans. Ainsi pense-t-elle avoir assuré le pouvoir de la grande et moyenne bourgeoisie.

Condorcet, dans cette tempête politique, poursuit ses travaux scientifiques. Le 19 juillet, il adresse à Jefferson son rapport sur l'unité des poids et mesures. Jefferson le remercie et lui signale qu'« il existe un mathématicien nègre aux États-Unis[2]... » Cependant, Sophie et lui ressentent durement le climat de réaction. La menace de poursuites, le mouvement de l'opinion publique ont entraîné la disparition du *Républicain* après son quatrième numéro, fin juillet. Le 28, Du Chastellet écrit encore avec gaieté à Dumont : « Soyez satisfait sur le succès du *Républicain*. On en dit pis que pendre, ainsi que de tous ceux que l'on soupçonne d'y avoir pris part... Ne nous abandonnez donc pas[3]. » Mais, le 20 août, Sophie de Condorcet annonce à Dumont : « Brissot a été forcé de suspendre *Le Républicain*, parce que nous ne pouvions supporter de faire coffrer, même passagèrement, ceux qui s'en mêlaient et qu'on trouvait toujours moyen d'arrêter sous des prétextes relatifs à l'affaire du Champ-de-Mars[4]. »

La municipalité ayant interdit la publication de *L'Orateur du Peuple* et de *L'Ami du Peuple* de Marat, Condorcet proteste avec force, dans le *Patriote français*, au nom de la

---

1. En cette fin de législature, l'Assemblée nationale était clairsemée : « Elle ne comptait habituellement, dit Michelet, pas plus de 150 membres présents. Au jour le plus critique, au lendemain du 17 juillet, elle ne vit siéger dans son sein que 253 députés. » In *Histoire de la Révolution française*, La Pléiade, Gallimard, 1952, I, p. 728.
2. *Jefferson papers*, Library of Congress, Washington. Lettre d'août 1791.
3. Cité dans Jean Martin, « Achille du Chastellet... », *op. cit.*, p. 109.
4. *Ibid.*, p. 112.

liberté de la presse : « Je ne lis ni *L'Orateur*, ni *L'Ami du Peuple*. J'ai ouï dire qu'ils m'avaient quelquefois très injustement compris dans la liste des ennemis de la Révolution. Mais qu'importe ? Je réclamerais même si la police avait défendu *L'Ami du Roi* et celui des *Patriotes*... Une injonction comme celle de la police est à la fois une violation des Droits de l'homme et un attentat contre la Liberté[1]. » De défendre Marat — dont Condorcet connaissait parfaitement la haine à son égard[2] — lui sera vivement reproché[3].

Contre les nouvelles limitations apportées par l'Assemblée au droit de vote, Condorcet s'élève dans le *Patriote français*[4]. Aux Jacobins, dont il est demeuré membre après le départ des partisans de La Fayette, de Lameth et de Barnave, il prononce, le 7 août, un discours plus passionné qu'à l'ordinaire, pour combattre les restrictions apportées au droit du peuple de faire modifier la Constitution[5]. A la demande de l'Académie des sciences, il adresse un message de sympathie à l'illustre savant anglais Priestley, tout acquis à la cause de la Révolution, dont la bibliothèque et le laboratoire ont été pillés par la populace de Londres le 14 juillet 1791. Après les compliments et condoléances d'usage, il exprime sa conviction inébranlable que la raison finira par l'emporter : « Il est dans l'ordre nécessaire des choses que l'erreur soit passagère et la vérité éternelle. Sans cela, elle ne serait pas la Vérité[6]. »

Derrière l'optimisme proclamé, que de déceptions et de doutes, en cet été 1791, pour Condorcet et Sophie ! Ils mesurent cruellement l'échec de leur tentative républicaine.

---

1. Lettre de Condorcet, imprimée dans *Le Patriote français*, 31 juillet 1791.
2. *Cf.* les calomnies de Marat accusant Condorcet de toucher de l'argent d'un ancien amant de Sophie, in *Lettres sur le charlatanisme, op. cit.*, lettre X.
3. *Cf. Argus patriote*, 2 août 1791. « On ne se serait pas attendu, il y a deux mois, à voir M. de Condorcet écrire en faveur de *L'Ami* et *L'Orateur du Peuple*. Il est vrai que lorsqu'on s'est déclaré le pupille de M. Brissot, on est exposé à de singulières aventures !... »
4. *Patriote français*, 31 juillet, p. 791.
5. « Sur les Conventions nationales », *Œuvres*, X, p. 211.
6. Bibliothèque de l'Institut, Ms 254, folio 431. Lettre citée par Robinet, *op. cit.*, p. 111.

Loin de progresser vers une égalité plus grande et une liberté mieux assurée, la Révolution hésite. L'inquiétude, le découragement percent dans la lettre du 20 août qu'écrit Sophie à Dumont, à Londres : « Peu de jours après votre départ, nos travaux républicains ont essuyé de si grands échecs... que je n'ai pas eu le courage de vous faire part de ce fâcheux état de choses... Paine aurait été bien malheureux s'il eût vécu ici depuis six semaines. Il eût vu la liberté de la presse anéantie sans une seule loi qui y soit contraire ; il eût vu les chefs de partis armer la vanité des citoyens vêtus d'un uniforme contre ceux qui n'en ont pas, les arrestations aussi fréquentes et aussi cachées qu'au temps de l'ancienne police..., enfin l'obéissance passive criée dans les rues et applaudie de tous côtés... » Puis, évoquant les violences exercées en Angleterre contre Priestley et les amis de la Révolution, Sophie ajoute : « On s'est borné à nous menacer de nous arrêter, et, ayant répondu que ce serait victoire pour nos raisons et gloire pour nos personnes, on n'en a rien fait[1]... »

Ce dernier propos laissa Dumont sceptique ; c'était un politique avisé, comme son maître Mirabeau. Arrêter Condorcet pour républicanisme aurait fait de lui un martyr de la liberté. Détruire Condorcet dans l'esprit du public à coups de calomnies paraissait politiquement plus efficace. Les basses attaques se poursuivent donc. Contre la haine, les Condorcet se défendent comme on le fait toujours, en recherchant la chaleur de l'amitié. Sophie écrit à Roederer pour l'inviter à une partie de campagne à Ermenonville, dernière demeure de Rousseau : « Voulez-vous venir vous délasser de la haine et du mépris avec nous à Ermenonville ? Nous partons dimanche à neuf heures du matin et revenons le lundi soir, savoir M. de Condorcet, ma jeune belle-sœur, mon frère, M. Du Chastellet et moi ; nous recherchons un républicain de plus à

1. Cité par Jean Martin, *op. cit.*, p. 112.

mettre de la partie et serions bien heureux si vous l'acceptiez[1]. »

## Élu à la Législative

La révision achevée, Louis XVI accepte la Constitution le 14 septembre. La joie est générale, Paris illuminé, le Roi acclamé. Thomas Lindet écrit à son frère : « Le cérémonial est rempli, le Roi a juré la Constitution. Il tiendra de son serment tel compte qui lui plaira. Bien des gens n'y font pas grand fonds, tout le monde cependant est content[2]. » Sauf le Roi, semble-t-il, car Lindet précise : « Le Roi avait l'air de mauvaise humeur le jour de son acceptation[3]. »

Les élections à l'Assemblée législative ont commencé. Condorcet a pris sa décision[4]. A Paris, les électeurs qui doivent choisir les députés ont eux-mêmes été élus antérieurement à la fuite du Roi. Mais le climat politique a changé. L'opinion publique s'est en majorité ralliée aux « Constitutionnels », aux modérés dont le foyer politique est devenu le Club des Feuillants. Les démocrates, qui contrôlent les Jacobins, paraissent minoritaires dans la capitale. Le 1er septembre, Du Chastellet écrit à Dumont : « Les dispositions

1. Lettre de Sophie de Condorcet à Roederer, Archives nationales, 29 AP 10, F 239.

2. *Correspondance de Thomas Lindet*, 16 septembre 1791, *op. cit.*, p. 318. Les deux frères firent une carrière politique. *Thomas*, l'aîné (1743-1823), curé à Bernay, est élu par le clergé d'Évreux aux États généraux et figure parmi les prêtres les plus favorables à la Révolution. Évêque constitutionnel en 1791, réélu à la Convention, il se marie et travaille au Comité d'Instruction publique. Réélu au Conseil des Anciens en 1796, il finira avocat à Bernay. Son frère *Robert* (1746-1825), maire de Bernay en 1790, est élu par l'Eure à la Législative puis à la Convention. Montagnard, il entre le 7 avril au Comité de Salut public où il accomplit un travail considérable jusqu'en octobre 1794. Élu aux Cinq-Cents en 1798, appelé au ministère des Finances le 23 juillet 1799, il le quitte après le 18 Brumaire, pour redevenir avocat.

3. *Ibid.*, p. 319.

4. Le brouillon de sa lettre de candidature, datée de septembre 1791, jamais envoyée, se trouve à la Bibliothèque de l'Institut, Ms 863, folio 1.

de l'Assemblée électorale de Paris sont douteuses... Les premiers choix nous en diront des nouvelles. Condorcet se met sur les rangs. Je ne sais si on l'accusera encore d'avarice lorsqu'il propose de sacrifier une place de treize mille livres de rentes[1]. »

Dans cette entreprise, Condorcet peut compter sur le soutien fidèle de Brissot et de ses amis, regroupés autour du *Patriote français* dont l'influence est grande dans les milieux démocrates. Contre lui pèsent la haine des royalistes à l'égard du républicain, et l'hostilité des Constitutionnels modérés. En réalité, sa seule arme demeure sa renommée, et ce prestige qui s'attache dans la bourgeoisie parisienne au dernier des Encyclopédistes[2]. Les premiers scrutins lui sont nettement défavorables. Le 5 septembre, son nom est mis sur quelques bulletins. Le 20 septembre, il obtient 125 suffrages. Aux tours suivants, il est en ballottage et succombe à chaque fois. Successivement lui sont préférés ses anciens collègues de la municipalité de Paris de 1790 : Godard, Quatremère de Quincy, Ramond, l'ami de La Fayette, Robin. Le samedi 24, Debry[3] le devance ! Du coup, le *Patriote français* s'indigne. Brissot dénonce le Club de la Sainte-Chapelle, créé pour peser sur les élections, qui réunit fidèles de la royauté et adeptes des Feuillants pour décider des candidatures à soutenir : « Les intrigants, les hommes corrompus qui dirigent cette maison clandestine prennent si bien leurs mesures qu'il est tel homme inconnu et inepte qui s'est trouvé avoir la majorité à un premier scrutin, tandis qu'un homme célèbre par toute l'Eu-

1. Cité in Jean Martin, *op. cit.*, p. 116. Il s'agit de la place de commissaire à la Trésorerie, incompatible avec un mandat de député.
2. *Feuille du Jour*, donnant son pronostic sur les élections à Paris, écrit le 30 août 1791 : « M. de Condorcet et M. Brissot ont reçu depuis le mois dernier des échecs trop sérieux pour croire qu'ils puissent réunir un grand nombre de suffrages. »
3. 1760-1836. Avocat, élu par l'Aisne à la Législative, il siègera au Comité d'Instruction publique avec Condorcet. Réélu à la Convention, puis au Conseil des Cinq-Cents, il sera comblé par Napoléon. Baron d'Empire, il devra s'exiler en Belgique jusqu'à la chute de Charles X.

rope ne pouvait réunir ce nombre[1]. » Ce même jour, la Société de l'Évêché accuse le Club de la Sainte-Chapelle de fausser les élections. Les sociétés de province soutiennent Condorcet. Le 26 septembre, enfin, il est élu au troisième tour, par 351 voix contre 347 à Treil de Pardailhan, ancien représentant de la Commune de Paris[2]. Pastoret[3], qui préside l'assemblée électorale, déclare qu'on a élu en lui le savant, le philosophe et l'ami de Voltaire, d'Alembert et Turgot.

Le *Patriote français* crie victoire. La presse royaliste se montre moins violente qu'à l'accoutumée. Marat l'insulte[4]. Condorcet écrit à Pastoret pour remercier l'assemblée électorale : « Elle a sans doute voulu honorer en moi la mémoire de ces hommes illustres dont j'ai été le disciple et l'ami... Fidèle à leurs principes, c'est en inscrivant l'indépendance absolue de mes opinions, c'est en mettant tous mes soins à connaître la vérité, toute ma politique à la dire, que je m'efforcerai de répondre à cette marque si honorable de la confiance de mes citoyens[5]... » Aucune promesse, sauf celle de chercher la vérité et de la dire. Condorcet entre à l'Assemblée législative comme à l'Académie des sciences. Mais il est fini, le temps des recherches et des éloges. S'ouvre à présent le temps du pouvoir et des épreuves.

Le 30 septembre, l'Assemblée nationale tient sa dernière

---

1. *Patriote français*, n° 776 du 26 septembre 1791.
2. Sur cette élection, *Cf.* Cahen, *op. cit.*, p. 273 ; Alengry, *op. cit.*, p. 117 ; Robinet, *op. cit.*, p. 123.
3. 1755-1840. Conseiller à la Cour des Aides de Paris, favorable à la Révolution, procureur général syndic du département en 1891, puis député à la Législative, dont il est le premier président. Monarchiste, il se réfugie en Savoie après le 10 août 1792. Élu aux Cinq-Cents par le Var, il s'enfuit, après le 18 fructidor, en Suisse et en Italie. Revenu après le 18 Brumaire, il retrouva sa place à l'Institut, obtint une chaire au Collège de France, fut fait comte par Napoléon, puis marquis par Louis XVIII.
4. « Condorcet, tartufe consommé sous le masque de la franchise, adroit intrigant qui a le talent de prendre des deux mains, et fourbe sans pudeur... » *L'Ami du Peuple*, 15 septembre 1791.
5. Alengry, *op. cit.*, pp. 118-119.

séance[1]. Elle vote encore quelques textes, et notamment une amnistie générale pour tous ceux qui avaient participé à des émeutes ou à des révoltes depuis 1788. Puis, raconte Brissot, « Louis entra dans la salle (*grands applaudissements*) ; il prononça un discours sentimental (*très grands applaudissements*) ; le président fit une réponse phrasée (*nouveaux applaudissements*). Enfin, Louis se retira (*très longs et vifs applaudissements*) ; ensuite, le président annonça que la mission de l'Assemblée constituante était remplie, et ses séances terminées (*applaudissements de toute la France*)[2]... »

---

1. « Cette Assemblée, écrit Michelet, en deux ans et demi avait vécu plusieurs siècles ; elle était, si j'ose dire, rassasiée d'elle-même, elle aspirait passionnément à sa fin. Lorsque d'André lui proposa les nouvelles élections qui allaient la délivrer, elle se leva tout entière, et salua l'espoir de son anéantissement d'applaudissements frénétiques. » *Op. cit.*, tome I, p. 732.

2. *Mémoires* de Brissot, *op. cit.*, p. 201.

# CHAPITRE VIII

# *Un homme de pouvoir*
## *(1791-1792)*

## UNE VIE NOUVELLE

Le 1er octobre 1791, l'Assemblée législative se réunissait dans la salle du Manège des Tuileries. A l'initiative de Robespierre, la Constituante avait interdit à ses membres d'être députés à la nouvelle Assemblée. Tous ceux qui s'étaient illustrés à la Constituante, Barnave ou Lameth, Robespierre ou Grégoire, Sieyès ou Talleyrand, ont quitté la scène. La voie est libre pour de nouveaux talents.

Ils sont 745 nouveaux députés, presque tous inconnus du public. Sans doute certains ont-ils déjà assumé des fonctions électives au sein des départements et des municipalités, et acquis l'expérience des affaires locales, comme Condorcet à la Commune de Paris. Mais leur notoriété ne dépasse pas le cadre de leur ville ou de leur région. Dans la nouvelle Assemblée, beaucoup d'hommes de loi. On y trouve également des officiers, des médecins, des membres du clergé constitutionnel, des négociants, des professeurs, des propriétaires fonciers[1]. Mais aucun membre de la grande noblesse, aucun de ces hauts dignitaires du clergé qui illustraient de l'éclat de leurs noms la Constituante. C'est une assemblée bourgeoise, dont les journaux de la Cour raillent les législateurs venus

1. Lavisse, *op. cit.*, tome I, p. 392.

« en galoches et parapluies ». Une assemblée très jeune : la moitié de ses membres ont moins de trente ans, soixante-cinq d'entre eux moins de vingt-six ans[1]. Leur traitement est convenable, sans plus : 6 750 francs par an[2].

Issus d'un suffrage censitaire à deux degrés, les députés ont été désignés, après la fuite du Roi à Varennes, par des collèges électoraux élus en mai-juin 1791. Ils sont donc en majorité modérés, très attachés à la Constitution, mais nourrissent à l'égard du Roi — et surtout de la Reine — une secrète méfiance. Leur sensibilité politique s'affirme par leur affiliation aux clubs parisiens. A droite, 264 d'entre eux sont inscrits aux Feuillants, les uns proches de Barnave et Lameth, les autres ralliés à La Fayette. A gauche, 136 députés fréquentent les Jacobins. Au centre, une masse flottante : les indépendants[3].

Parmi les nouveaux venus, il n'y a pas de parti organisé, mais une volonté proclamée par chacun de n'écouter que la voix de sa conscience. Bien vite, cependant, des affinités électives, des choix communs — et bientôt des réunions informelles, conférences ou dîners — vont faire naître des groupes. Le plus remarquable par ses talents oratoires et ses capacités manœuvrières est celui qui se rassemble autour de Brissot et des députés de la Gironde Guadet[4], Gensonné[5] et surtout Vergniaud[6]. Dans la diligence qui les menait de

1. Dodu, *Le Parlement sous la Révolution*, Plon Nourrit, 1911, p. 126, note 3.
2. *Cf.* Colfavru, « De l'organisation et du fonctionnement de la souveraineté nationale sous la Constitution de 1791 », in *La Révolution française*, janvier-juin 1883. Condorcet, abandonnant sa rémunération de commissaire de la Trésorerie, (13 000 francs par an), voyait ses ressources sensiblement diminuer.
3. Mathiez, *La Révolution française*, *op. cit.*, tome I, p. 227.
4. 1758-1794. Avocat à Bordeaux, élu par ce département à la Législative puis à la Convention. Avec Gensonné et Vergniaud, il est à l'origine du groupe des Girondins. Remarquable orateur, passionné, il s'en prit avec vigueur à Robespierre. Proscrit le 2 juin 1793, il sera guillotiné le 14 juin 1794.
5. 1758-1793. Avocat à Bordeaux, procureur de la Commune en 1790. Élu par la Gironde à la Législative puis à la Convention, il est un des plus modérés du groupe. Proscrit le 2 juin 1793, il sera guillotiné le 31 octobre 1793.
6. 1753-1793. Avocat à Bordeaux, collaborateur de Dupaty, il est élu par la Gironde à la Législative puis à la Convention. Chef de file du groupe, orateur exceptionnel, il sera arrêté le 2 juin 1793 et guillotiné avec ses amis le 31 octobre 1793.

Bordeaux à Paris, en septembre 1791, un diplomate prussien les avait longuement observés : « C'étaient des hommes jeunes, pleins d'énergie et de grâce, d'une jeunesse admirable, d'une verve extraordinaire, d'un dévouement sans bornes aux idées. Ils étaient fort ignorants, d'une étrange inexpérience, légers parleurs et batailleurs, dominés... par les habitudes du barreau[1]. »

Dans une telle assemblée, Condorcet apparaît comme une personnalité exceptionnelle. Sensiblement plus âgé que la moyenne, il est célèbre et jouit d'un prestige incomparable auprès de ces bourgeois cultivés. En un temps où la Raison et la Philosophie sont sans cesse évoquées, les *nouveaux* députés éprouvent quelque fierté à siéger aux côtés d'un académicien dont la renommée s'étend à toute l'Europe des Lumières.

La situation politique de Condorcet n'est cependant pas aussi forte que son crédit intellectuel. Nul n'a oublié qu'en juillet 1791 il s'est déclaré républicain, comme Brissot, et plus fermement encore. Dans une Assemblée résolument monarchiste, même si elle n'a foi qu'en la monarchie constitutionnelle, Condorcet fait figure de doctrinaire, sinon d'extrémiste. Mais on le sait légaliste, hostile à toute violence révolutionnaire. Au demeurant, en prêtant serment à la Constitution sous les ricanements de la presse monarchiste, Condorcet a juré de maintenir les institutions, donc la monarchie. Son républicanisme apparaît dès lors à la très grande majorité de ses collègues comme une démarche philosophique plutôt que comme une conviction politique. Il n'en est pas moins tenu en soupçon par certains modérés, et détesté par les partisans de la Cour[2].

---

1. Cité par Michelet, *Histoire de la Révolution française*, Bibliothèque de la Pléiade, Gallimard, 1952, tome I, p. 777.
2. *Cf.* , dès le début de la législature, les attaques contre Condorcet dans L'*Ami du Roi* de l'abbé Royou : « M. Condorcet, ce frénétique partisan de la liberté, je dis mal, de la licence la plus atroce... » (22 octobre 1791). « On ne croirait jamais combien ces gens-là [Condorcet] se rapetissent quand on s'en approche... » (25 octobre 1791).

Une assemblée parlementaire, c'est aussi une salle, un décor, avec le climat particulier qu'ils engendrent et qui influence la vie même de cette assemblée, ses débats, son style. Le Manège des Tuileries, où la Législative s'installe après la Constituante, réunit tous les défauts qu'un parlementaire peut redouter. En 1790, lorsqu'il siégeait à l'assemblée des représentants de la Commune de Paris, Condorcet s'était intéressé aux problèmes d'aménagement d'une salle de séances[1]. Il avait participé aux travaux de la commission d'architecture qui avait présenté à la municipalité un projet d'hémicycle aux proportions harmonieuses, où chaque représentant pourrait voir le président et l'orateur, et être aperçu d'eux. Comme spectateur, suivant depuis les galeries les débats de la Constituante, Condorcet avait pu mesurer à quel point le Manège ne répondait pas à ses conceptions architecturales. A présent, assis dans la salle et participant aux travaux de l'Assemblée, il en ressent encore davantage les vices structurels[2]. « Elle [la salle] a la forme d'un carré long (*sic*)[3], écrit un étranger de passage à Paris. Les sièges des députés, recouverts de maroquin vert, sont disposés en gradins, sur six rangs, contre les murs. Ils sont dominés par des galeries courant le long des grands côtés et réservées aux personnes munies de billets délivrés par les députés. Les tribunes publiques se trouvent sur les deux petits côtés : dix à douze bancs sont disposés en amphithéâtre. J'y ai vu autant de femmes que d'hommes, tous gens de la plus basse classe... Au milieu du grand côté faisant face à l'entrée est placé le fauteuil du président, sur une estrade protégée par une balustrade ; à ses côtés se tiennent

1. *Cf.* « Révision des travaux de la première législature ». *Œuvres*, tome XI, pp. 374-375.
2. *Ibid.*
3. La salle du Manège comptait 150 pieds de long sur 30 pieds de large et 27 pieds de haut. Sur cette salle, ses transformations et son aménagement, voir A. Brette, *Histoire des édifices où ont siégé les assemblées parlementaires de la Révolution française et de la I<sup>re</sup> République*, Paris, 1902, tome I, p. 155 et suivantes.

des huissiers criant : "Silence !" après lui[1]. » La décoration est réduite à l'extrême. Des drapeaux tricolores, parmi lesquels l'oriflamme de la Fédération du 14 juillet 1790, jettent une note de couleur. Quelques bustes, dont ceux de Mirabeau et de Rousseau, sont placés derrière le président. Dans la balustrade de la tribune est encastrée une pierre de la Bastille sur laquelle est gravé le profil de Mirabeau. En vérité, le Manège n'avait pas été conçu pour le débat parlementaire ; et les aménagements n'avaient pas remédié à ses défauts d'origine. La disposition rectangulaire empêchait le président de voir tous les députés. L'orateur placé en face de lui donnait le sentiment de ne s'adresser qu'à sa personne. L'acoustique était déplorable, l'aération détestable, en dépit des efforts du docteur Guillotin et du savant Lacroix[2] pour y installer un système de ventilation[3].

Les députés s'installent d'abord au rythme des arrivées. Puis la répartition se fait politique : « Ils arrivaient pêle-mêle sur les bancs, raconte le député Hua. En deux jours, les voilà casés. Voilà un côté droit, un côté gauche et un centre[4]. » Condorcet s'assied à la gauche du président, à l'angle du grand et du petit côté, près de Brissot[5] et non loin du « trio Cordelier » siégeant sur la « Montagne » : Chabot, Basire et Merlin de Thionville[6]. Puis, comme dans toute assemblée, on

1. *Un Prussien en France en 1792. Lettres intimes de J.F. Reichardt*, Paris, 1892, p. 204.

2. Le jeune assistant de Condorcet au *Lycée*.

3. Vergniaud, discours du 13 août 1792, in Brette, *op. cit.*, pp. 251-252. Il dénonce les défauts du Manège : « Vous avez encore remarqué combien notre salle est ingrate et fatigante pour l'orateur... Malgré toutes les précautions qu'on a prises pour établir des courants d'air..., nous vivons continuellement dans le méphitisme... »

4. E.A. Hua, *Mémoires d'un avocat de Paris, député à l'Assemblée législative*, Poitiers, Oudin, 1847, p. 72.

5. *Cf.* J. Peltier, *Dernier Tableau de Paris*, Londres, 1794, p. 18.

6. *Cf.* Mathiez, *op. cit.*, tome I, p. 236. Sur ce trio, qui joua à l'extrême gauche un rôle important pendant la Législative, circulait l'épigramme suivante :
*Connaissez-vous rien de plus sot — que Merlin, Basire et Chabot. — Non, je ne connais rien de pire — que Merlin, Chabot et Basire — et personne n'est plus coquin — que Chabot, Basire et Merlin. (Cité par Hua, op. cit., p. 84, note.)*

procède à l'élection du Bureau, renouvelable tous les quinze jours. Le 30 octobre, Pastoret[1], ancien procureur-syndic du département de Paris, personnalité marquante du centre, est élu président. Condorcet est désigné comme l'un des six secrétaires de l'Assemblée. Cette première distinction le conduira ultérieurement à la vice-présidence, le 25 janvier 1792, puis à la présidence, le 7 février 1792.

Le Bureau installé, la Législative décide, le 4 octobre, avant même l'ouverture officielle de ses travaux par le Roi, de marquer par un cérémonial exceptionnel son attachement à la Constitution. Les députés les plus âgés vont chercher l'exemplaire original. Ils reviennent avec Camus, directeur des Archives, « marchant à pas lents, avec l'air recueilli, les yeux baissés. Il portait de ses deux mains, appuyé sur sa poitrine, le livre de la Constitution qu'il va déposer respectueusement sur le bureau du président. Chaque député, appelé à son tour, va prêter serment sur ce livre sacré. Cérémonie imposante qui remplit cette première journée[2] ». La presse royaliste fait des gorges chaudes de cette religiosité constitutionnelle[3] et du serment prêté par des républicains déclarés comme Condorcet ou Brissot. Condorcet, lui, ne peut en être gêné : il s'est déjà publiquement engagé à respecter la Constitution lorsqu'il s'est rendu auprès de l'assemblée des électeurs parisiens pour les remercier de son élection[4].

1. Kuczinski, *Les Députés à l'Assemblée législative*, pp. 26-27. Pastoret (1755-1840), issu d'une illustre famille de la noblesse de robe provençale, est d'abord favorable à la Révolution, puis l'un des chefs du parti monarchiste. Après le 10 août 1792, il se réfugie en Savoie et ne revient à Paris qu'après l'élimination de Robespierre. Élu au Conseil des Cinq-Cents, il sera fait comte d'Empire par Napoléon.

2. Hua, *op. cit.*, p. 75.

3. Lavisse, *op. cit.*, tome I, p. 333.

4. Charavay, *Assemblée électorale*, p. 281.

## Les débuts parlementaires

L'état d'esprit de Condorcet est sans équivoque : l'échec de l'entreprise républicaine, il l'a constaté dans l'opinion publique après Varennes et la fusillade du Champ-de-Mars. La Constitution est la loi fondamentale des Français. Sa révision est interdite pendant dix ans. Sans assurer aux Français la plénitude des Droits de l'homme, sans fonder le meilleur gouvernement possible, la Constitution de 1791 n'en offre pas moins un régime assez favorable à la liberté pour que les partisans de la contre-révolution veuillent l'abattre. La majorité des Français est pour la paix civile. Ils sont las des troubles et des inquiétudes, et attendent de la Constitution le rétablissement de l'ordre et l'apaisement des passions[1]. Il convient donc de l'observer loyalement pour garantir l'acquis de la Révolution et assurer des progrès nouveaux, notamment par l'établissement d'un système d'Instruction publique. Dix ans à attendre avant toute révision constitutionnelle ne sont rien, pourvu qu'ils soient utilement employés au progrès des Lumières[2] : « Un véritable républicain, écrit-il à l'automne 1791, sait très bien attendre, sous un gouvernement monarchique, les effets lents mais sûrs de la raison[3]. Un véritable républicain sait respecter les serments, parce qu'il n'en prête point sans en connaître toute l'étendue. La force irrésistible des Lumières porte les peuples de l'Europe vers l'accroissement de la liberté[4]. » Le premier acte de Condorcet est d'ailleurs significatif. Le règlement de l'Assemblée ne permet aux députés que l'appartenance à un seul comité ; à tout autre

1. Interrogé en décembre 1791, Condorcet déclare : « Le vœu général des Français est de maintenir la Constitution telle qu'elle est », *in* Aulard, *Histoire politique....*, *op. cit.*, p. 171.
2. « Révision... », *op. cit.*, p. 384.
3. Dans la *Chronique du mois* de janvier 1792, Condorcet demande que l'opinion républicaine soit admise. *Cf.* Aulard, *Histoire politique de la Révolution française*, Paris, Colin, 1901, p. 171.
4. *Chronique de Paris*, 26 novembre 1791.

— législation, finances ou Comité diplomatique —, il préfère, le 3 octobre, le Comité d'Instruction publique.

Reste à ouvrir solennellement la législature. Le Roi ayant fait savoir qu'il viendra à l'Assemblée le 6 octobre, les Jacobins montent aussitôt à l'attaque. Il convient de répudier tout cérémonial qui rappellerait encore l'Ancien Régime, et de marquer jusque dans les détails l'égalité des pouvoirs. Il est donc décidé que le président, s'adressant au Roi, n'usera plus des termes « Sire » ou « Majesté », mais seulement du titre constitutionnel de « Roi des Français ». Le Roi ne sera pas assis sur un fauteuil doré surélevé par rapport à celui du président, mais sur un siège identique[1]. L'émotion est vive. L'Assemblée entend-elle humilier le souverain ? Dans ce climat d'inquiétude, la Bourse baisse. Le lendemain se déclenche une contre-offensive des Constitutionnels, que Barnave et Lameth dirigent à partir de tribunes réservées au sein de l'Assemblée. Après des discussions tumultueuses, le décret est rapporté. Le 7 octobre, le monarque est reçu en triomphe. Emporté par l'émotion, le président Pastoret s'exclame : « Nous avons besoin d'aimer notre Roi[2] ! » Des acclamations « Vive le Roi ! » s'élèvent de toutes parts, étouffant le cri des Jacobins : « Vive la Nation ! »

Cette querelle des fauteuils impatiente Condorcet. Sans doute applaudit-il au geste élégant du Roi qui, pour sa seconde venue à l'Assemblée, fait porter un fauteuil semblable à celui du président[3]. Mais l'incident met en lumière que la majorité de l'Assemblée n'est point encore pénétrée de la conscience de représenter le peuple, c'est-à-dire le véritable souverain. Surtout, il témoigne de l'emprise des anciens Constitutionnels, partisans zélés du Roi, sur l'Assemblée. Or, pour Condorcet, le soupçon persiste à l'égard de Louis XVI. En juillet 1791, il l'a dénoncé comme un adversaire de la Constitution. Il lui

1. *Moniteur*, X, séance du 5 octobre 1791.
2. *Moniteur*, X, séance du 6 octobre 1791.
3. « Révision des travaux », *op. cit.*, p. 402.

est difficile de croire qu'il a changé et sincèrement accepté celle-ci.

Il est donc nécessaire de forcer le Roi et la Cour à dévoiler leurs véritables intentions. A la faveur de la loi d'amnistie de septembre 1791 et de la liberté retrouvée de quitter le royaume, l'émigration a repris, notamment dans l'armée. Des corps d'émigrés se forment aux frontières. Les prêtres réfractaires suscitent des troubles en Vendée et en Normandie. L'exaspération monte chez les patriotes. Les Girondins décident de déclencher contre les émigrés leur premier assaut parlementaire et de contraindre ainsi le Roi et ses partisans à prendre position.

L'Assemblée se saisit de la question dès le 15 octobre. Le 20, Brissot, salué par de vifs applaudissements, demande qu'on frappe à la tête et qu'on s'en prenne d'abord aux princes, frères du Roi. Le 25, Condorcet monte à son tour à la tribune. Les premières paroles qu'il prononce dans une enceinte parlementaire sont pour rappeler le respect des droits de chacun et le refus de toute injustice : « C'est une grande erreur de croire que l'utilité commune ne se trouve pas constamment unie avec le respect pour les droits des individus, et que le salut public puisse commander de véritables injustices[1]. » Il refuse donc toute loi d'exception. Chacun a le droit de fixer où il veut sa résidence, tout Français peut donc émigrer. Mais nul n'a le droit de gagner l'étranger pour y fomenter insurrections et violences contre son pays. Il propose donc que tous les émigrés soient invités à prêter le serment civique. Ceux qui accepteront jouiront de tous leurs droits. A ceux qui refuseront, il sera demandé de signer un engagement écrit de ne servir pendant deux ans aucune puissance ennemie et de ne nuire en rien à la France. Ils perdront alors leur qualité de Français, mais conserveront les récompenses, indemnités et retraites qu'ils auraient gagnées antérieurement. Quant aux émigrés qui refuseront tout serment et engagement,

1. « Opinion sur les émigrants », *Œuvres*, X, p. 223.

ils seront déclarés traîtres à la Nation, et leurs biens placés sous séquestre.

Aborder pour la première fois la tribune d'une assemblée pour y traiter d'une grande question est, pour tout orateur, une dure épreuve. Le discours de Condorcet sur les émigrants ne comporte ni effets oratoires, ni formules passionnées. Il n'est qu'énoncé des principes et appel à la raison. Ce que le timide Condorcet dut alors ressentir transparaît dans cette indication d'un journaliste : « La rapidité avec laquelle il l'a prononcé [son texte] nous a empêchés de le saisir[1]... » Les passions politiques ne s'en déchaînent pas moins. Une partie de la presse applaudit aux propos du philosophe[2]. Mais les journaux royalistes accusent Condorcet d'avoir « cherché à entraver la liberté » des émigrés[3]. Le même jour, Vergniaud intervient à son tour, comme pour rendre plus saisissant le contraste entre la passion de l'orateur et la froideur du philosophe. Il obtient un triomphe. L'Assemblée a reconnu en lui le successeur de Mirabeau à la tribune[4]. Le 28 octobre, cependant, elle accorde la priorité à la discussion du projet de Condorcet. Les Girondins, mécontents de sa modération, repartent à l'assaut. Isnard[5] déclare avec véhémence : « Le projet de décret de M. Condorcet ne satisfait point à ce que réclame la justice, à ce qu'attend de nous la France entière[6]. » Merlin[7] et Girardin demandent l'ajournement de la motion de

1. *Journal des débats et des décrets*, 26 octobre 1791.
2. Le *Journal général de l'Europe* dit qu'il a fait « sensation » (26 octobre 1791). *Cf. Patriote français* et *Chronique de Paris* du 26 octobre 1791.
3. *In* Cahen, *op. cit.*, p. 287.
4. *Cf.* Michelet : « L'Assemblée retrouva dans Vergniaud les moments nobles et solennels de Mirabeau, la majesté de son tonnerre, sinon les éclats de sa foudre. » *Histoire de la Révolution française*, tome I, p. 826.
5. 1755-1825. Négociant à Grasse, il est élu par le Var à la Législative, puis à la Convention. C'est l'un des hommes les plus violents de la Gironde, requérant des mesures répressives contre les émigrés et les prêtres réfractaires. Il échappe à la proscription et se cache jusqu'au 9 Thermidor. Réélu par le Var au Conseil des Cinq-Cents, il sera fait baron d'Empire par Napoléon.
6. *Cf.* Cahen, *op. cit.*, p. 287.
7. 1762-1833. Avocat à Metz, commandant de la Garde nationale à Thionville, avant de devenir député de la Moselle à la Législative. Il siège à l'extrême gauche

Condorcet. Celui-ci réplique faiblement. L'Assemblée vote alors la question préalable, refusant d'examiner plus avant son projet[1]. Elle somme Monsieur, frère du Roi, de rentrer en France dans un délai de deux mois, faute de quoi il sera censé avoir abdiqué son droit à la régence. Et le 9 novembre, elle décrète que tous les émigrés qui ne seront pas rentrés avant le 1er janvier 1792 seront poursuivis comme conjurés et punis de la confiscation des biens et de la mort. Condorcet n'a pas été suivi, même par les siens[2].

Le 12 novembre, le Roi fait savoir à l'Assemblée qu'il donne sa sanction au décret contre Monsieur. En revanche, il oppose son veto au décret sur les émigrés. L'Assemblée ne réagit pas. Pour se rallier l'opinion publique, Louis XVI fait publier, le 16 novembre, une proclamation où il explique les motifs de son veto et appelle les émigrés à rentrer. Condorcet s'emporte contre ce procédé. Contre le veto lui-même il ne formule aucune critique : « Le Roi, en refusant de sanctionner une loi rigoureuse, a pu montrer de l'humanité[3]. » Mais nulle disposition de la Constitution ne l'autorise à s'adresser au peuple pour justifier son veto : « Tout appel au peuple contre ses représentants est une atteinte aux principes de la Constitution. » Il ajoute que les ministres qui l'ont conseillé sont les ennemis de la tranquillité publique. Le ton monte, le conflit s'annonce.

L'Assemblée a également entrepris d'examiner les mesures à prendre contre les prêtres réfractaires. Le débat se poursuit tout au long d'octobre et novembre 1791, non sans passion. Des mesures de rigueur ont été réclamées par les patriotes. Les Feuillants prônent une stricte neutralité. Le 21 novembre, l'Assemblée décide que les prêtres qui refuseront de prêter le

---

avec Basire et Chabot. Réélu à la Convention, il s'enrichit en dépouillant ses victimes en Vendée. Élu au Conseil des Cinq-Cents, il rentre dans la vie privée en 1798.

1. *Patriote français*, 1er novembre 1791.

2. C'est pendant cette période, du 2 au 15 novembre 1791, qu'il est désigné comme président de quinzaine au Club des Jacobins.

3. *Chronique de Paris*.

serment civique dans les huit jours seront privés de leur traitement. Condorcet approuve la mesure, mais critique la brièveté du délai[1]. A ses yeux, l'essentiel est ailleurs : dans le strict respect de la laïcité de l'État. A l'occasion du débat, il propose que l'Assemblée invite le Comité de législation à préparer sans attendre un projet de loi confiant à l'autorité civile la tenue de tous les actes d'état civil[2]. L'Assemblée ne s'en souciera point. Elle est surtout préoccupée par l'attitude du clergé réfractaire, de plus en plus hostile à la Révolution. Le 29 novembre, elle décrète que tous les prêtres non assermentés seront déclarés suspects et placés sous la surveillance des autorités administratives. C'est aggraver le conflit avec l'Église, et non l'apaiser. Pour manifester leur désaccord, les membres les plus en vue du directoire du département de Paris — et notamment son président, le duc de La Rochefoucauld — demandent publiquement au Roi, le 8 décembre, d'opposer son veto à cette loi dont ils dénoncent l'intolérance et les dangers[3]. La passion s'allume dans les clubs et les sections où on dénonce la démarche du directoire de Paris. Le Roi, pour sa part, est irréductiblement hostile à toute mesure contre les prêtres réfractaires. Le 19 décembre, il refuse sa sanction.

Le conflit religieux est l'occasion, pour Condorcet, d'une rupture douloureuse. Depuis ses déclarations républicaines, ses relations avec le duc de La Rochefoucauld et son cercle d'amis se sont altérées. Leurs dissentiments politiques se sont faits plus vifs. Condorcet lui-même a changé. L'âpreté de la lutte politique, les attaques dont il est l'objet, l'anxiété de ne pas voir ses convictions triompher ont rendu son propos plus entier, plus tranchant. A l'automne 1791, le jeune étudiant en

1. *Chronique de Paris*, 18 novembre 1791.
2. « Sur la nécessité d'ôter au clergé l'état civil des citoyens », *Œuvres*, XII, p. 13. Le 23 mars 1792, Condorcet écrira dans une note manuscrite : « Séparer pour jamais la religion de l'ordre civil... Abandonner enfin les religions à sa seule conscience, puisqu'elles n'intéressent que les consciences. » Cité par Alengry, *op. cit.*, p. 126.
3. *Cf.* Jaurès, *op. cit.*, p. 133.

médecine Desgenettes, ami de Condorcet, décèle ce changement : « J'ai eu l'occasion, vers la fin de 1791, de voir M. de
Condorcet dans le salon de la duchesse d'Enville. Ce n'était
plus le même homme. Il soutenait alors ses opinions politiques
avec une obstination qui allait jusqu'à l'emportement et à la
rudesse[1]. » La Rochefoucauld et ses proches sont maintenant
du côté des Feuillants. Condorcet se montre de jour en jour
plus défiant envers les ministres, et plus proche des Girondins.
Pis encore : il a été élu président du Club des Jacobins pour
la quinzaine du 2 au 16 novembre 1791, en pleine discussion
du décret sur les prêtres réfractaires. Le point de rupture est
atteint. Le 3 décembre, la *Gazette universelle*, journal royaliste,
annonce : « Mme d'Enville, mère de Monsieur de La Rochefoucauld, président du département de Paris, amie de M.
Turgot et de l'abbé Mably, avait, pour rendre hommage à ces
illustres ombres, continué à recevoir M. de Condorcet. Elle
vient de lui défendre sa porte[2]. » Le 5 décembre, le *Patriote
français* écrit : « M. La Rochefoucauld a démenti le fait et a
assuré que Mme d'Enville était à la campagne[3]. » On retrouve
là l'exquise courtoisie du duc. Mais la rupture n'en est pas
moins irréversible. Comment le bon Condorcet n'en aurait-il
pas souffert, comme La Rochefoucauld lui-même ? La politique est une maîtresse jalouse.

## Condorcet journaliste

Elle occupe à présent toute la vie de Condorcet. Jusqu'à
l'été 1791, il était demeuré un philosophe qui participait au
débat politique. C'est à présent un homme politique qui a été

---

1. René Desgenettes, *op. cit.*, p. 185.
2. *Gazette universelle* n° 338, 9 décembre 1791.
3. *Patriote français*, 5 décembre 1791.

philosophe. Il est révolu, le temps des douceurs académiques[1] !
Désormais, le centre de sa vie est le Manège. Le zèle des
nouveaux députés est admirable : deux séances par jour ; le
dimanche, ils écoutent les pétitions et reçoivent les délégations.
Même le jour de Noël et le premier janvier, l'Assemblée siège.
Condorcet, par nature, est le plus consciencieux des législateurs. La tentation de l'absentéisme n'existe pas pour lui. Il a
de surcroît une raison particulière et impérative d'assister à
toutes les séances : depuis le mois d'octobre 1791, il assure la
chronique parlementaire d'un journal.

Condorcet a en effet mesuré que si le combat politique a
pour cadre l'Assemblée, il a pour juge l'opinion publique.
C'est donc elle qu'il faut convaincre, comme le fait Brissot
dans le *Patriote français*, véritable source de son influence
politique grandissante. De surcroît, il se sait écrivain plus
qu'orateur ; la plume lui convient mieux que la tribune[2]. S'il
est devenu membre du Club des Jacobins, il a conscience qu'il
n'y brillera jamais. Aussi accepte-t-il, dès octobre 1791, de
tenir dans le *Journal de Paris* la chronique parlementaire
qu'on lui offre en remplacement de Garat[3]. Le choix de
Condorcet est à vrai dire singulier : le *Journal de Paris* est
modéré, monarchiste constitutionnel, et lié aux Feuillants[4] ;
Condorcet est patriote et soupçonné de républicanisme. Sa
première chronique paraît le 23 octobre. Moins de trois
semaines plus tard, ses écrits ont suscité une telle émotion
chez les lecteurs du *Journal de Paris* que ses directeurs le
prient, avec une courtoisie embarrassée, de bien vouloir aller
exercer ses talents ailleurs. Après avoir évoqué « l'estime

1. *Journal de Paris* du 26 août 1791, au lendemain de la grande séance
académique du 25, écrit : « Jamais l'Académie n'a eu autant de couronnes à donner,
et jamais on ne s'est moins présenté pour les recevoir. La politique absorbe tout. »
*Cf.* Dodu, *op. cit.*, p. 179.
2. *Cf.* Vergniaud, 18 janvier 1792 : « Il est dans cette Assemblée un membre
qui peut répandre sur ce sujet les plus grandes lumières. Il est vrai que, plus actif
pour penser que pour s'approcher de la tribune, il n'est pas inscrit sur la liste de
la parole... C'est M. de Condorcet. » *Archives parlementaires*, XXXVII, p. 158.
3. Garat, « Lettre à Condorcet », Desenne, décembre 1791.
4. H. Delsaux, *op. cit.*, p. 63.

profonde que nous partageons tous pour votre personne et vos talents », ils écrivent : « Nous ne pouvons vous dissimuler, Monsieur, que la manière dont vous avez rédigé jusqu'ici l'article de l'Assemblée nationale... ont excité un mécontentement très violent de la part d'un grand nombre des souscripteurs du journal[1]... » Condorcet répond tout aussi courtoisement : « Mes principes vous paraissent contraires à l'intérêt de votre entreprise. Il est juste que nous nous séparions[2]. » Camille Desmoulins commente : « Le *Journal de Paris* avait été tout étonné de se trouver patriote pendant les quinze jours que M. Condorcet y avait travaillé[3]... »

Le 16 novembre, la *Chronique de Paris* annonce que Condorcet assurera dorénavant la chronique parlementaire du journal. Sous couleur d'un compte rendu des débats à l'Assemblée, c'est un véritable éditorial politique qu'il publie quotidiennement. Étienne Dumont, grand connaisseur, grâce à Mirabeau, en matière de journalisme politique, écrit : « Sa *Chronique de Paris* était faite avec beaucoup d'art. La Cour n'avait point de plus grand ennemi ; ses attaques étaient d'autant plus dangereuses qu'elles avaient un ton de finesse, de bienséance, de calme, qui faisait plus d'impression sur la société que les insultes virulentes de Brissot et des Jacobins[4]. » Les royalistes ne s'y trompent pas : leur haine contre Condorcet grandit en proportion de son influence politique. Dans les salons aristocratiques, il est exécré[5] et l'abbé Royou, dans *L'Ami du Roi*, en fait une de ses cibles préférées[6].

1. Lettre publiée dans la *Chronique de Paris*, 15 novembre 1791.
2. *Ibid.*
3. L. Gallois, *Histoire des journaux et des journalistes de la Révolution française*, tome II, p. 452.
4. Étienne Dumont, *op. cit.*, p. 39.
5. *Cf.* le baron de Frénilly, évoquant la rupture entre Mme d'Enville et Condorcet : « Les domestiques de cette dame enlevèrent le buste de Condorcet qu'elle avait dans son salon, lui firent des obsèques solennelles et l'enterrèrent dans un tas de fumier. » *Op. cit.*, p. 38.
6. *Cf. L'Ami du Roi*, 25 octobre 1791 : « En vérité, M. Condorcet dégoûtera de la philosophie » ; ou 2 novembre 1791 : « C'est un philosophe qui a proposé la mesure la plus intolérante. »

## Pour les gens de couleur

C'est dans la *Chronique de Paris*, plus encore qu'au sein de l'Assemblée, que Condorcet poursuit son combat pour les gens de couleur. Les colons blancs de Saint-Domingue n'avaient jamais accepté le décret de la Constituante du 15 mai 1791 reconnaissant aux gens de couleur nés de parents libres des droits égaux à ceux des Blancs. Par tous les moyens, ils entraînent son application aux colonies. La Rochefoucauld, nommé membre du Comité colonial après le vote du décret, écrit : « Nous avions été nommés pour exécuter le décret du 15 mai ; j'ai assisté à trois séances. Il n'a été question que de le révoquer[1]. » Avant de se séparer, alors que la Constitution était déjà promulguée, la Constituante vota, le 24 septembre, un décret donnant tous pouvoirs aux assemblées coloniales pour les questions touchant « l'état des personnes non libres et l'état politique des hommes de couleur et des nègres libres[2] ».

Le Comité Massiac l'a donc emporté. La condition des mulâtres et des Noirs demeure entre les mains des planteurs. Mais, aux Iles, les troubles continuent. Colons blancs, armateurs et négociants métropolitains en rejettent la responsabilité sur les Amis des Noirs[3]. A Saint-Domingue, on pend en effigie et on voue à l'infâmie Condorcet, Brissot, Grégoire, La Fayette

1. Cité par L. Deschamps, *op. cit.*, p. 233. Les hommes de couleur sont les mulâtres.
2. *Moniteur*, tome IX, p. 771.
3. *Cf.* « Dénonciation de la secte des Amis des Noirs, par les habitants des colonies françaises » : « Ce ne sont point les peuples, les esclaves qu'il faut accuser du fléau qui afflige toutes les parties de cet empire ; leurs véritables auteurs sont ces philanthropes hypocrites qui, sous le prétexte de leur passion pour l'humanité, opèrent la subversion de tout ordre social. Ces ennemis, nous oserons les nommer : MM. de La Fayette, de La Rochefoucauld, Grégoire, Condorcet, Brissot... Signé : les colons assemblés en l'hôtel de Massiac. » *Feuille du jour*, 2 novembre 1791.

et Robespierre[1]. A l'Assemblée, les délégations se succèdent pour dénoncer leur action et brosser un tableau idyllique de la condition des esclaves à Saint-Domingue[2].

C'est Brissot qui conduit l'offensive contre le décret du 24 septembre 1791. Les Girondins sont dans une situation difficile, car Bordeaux entretient avec les colonies un commerce maritime intense. Vergniaud et Gensonné demandent cependant que l'Assemblée donne force de loi au concordat conclu à Saint-Domingue le 11 septembre, qui reconnaît le droit de cité aux mulâtres. Condorcet n'intervient pas à la tribune ; mais, jour après jour, à l'occasion du débat qui se poursuit en novembre et décembre, il soutient dans la *Chronique de Paris* l'action de Brissot et le défend contre les accusations et libelles qui pleuvent sur lui[3]. A plusieurs reprises, Condorcet souligne que la Constituante n'a pu, après la promulgation de la Constitution, prendre un décret ayant valeur constitutionnelle, qui réduirait les pouvoirs de la Législative au profit des assemblées coloniales[4]. Mais la majorité parlementaire se montre incertaine, et le *lobby* colonial très actif. La crainte est vive de voir Saint-Domingue rompre avec la métropole et passer sous contrôle de l'Angleterre. La peur de porter la responsabilité de nouveaux troubles, d'une dégradation du commerce extérieur, d'une hausse du sucre et du café, joue contre toute politique en faveur des droits des hommes de couleur — et plus encore des Noirs. La motion de Vergniaud et Gensonné est repoussée. Le 7 décembre, l'Assemblée se contente de décréter que les forces nationales ne pourront

1. Supplément aux *Actes des Apôtres*, n° 2, p. 2.
2. *Cf.* Millet, délégué de l'assemblée de Saint-Domingue : « L'attachement le plus sincère liait le maître et les esclaves. Nous dormions en sûreté au milieu de ces hommes qui étaient devenus nos enfants... » (Déclaration du 30 novembre 1791 à l'Assemblée législative, in Jaurès, *op. cit.*, p. 259.) Et, du même : « Il est aujourd'hui démontré que l'influence des Amis des Noirs est destructrice des colonies » (*Ibid.*, p. 257).
3. *Chronique de Paris*, 7 décembre 1791 : « On a lu une lettre contre M. Brissot. C'est le millième libelle depuis six mois. Après l'argent donné à nos ambassadeurs, on n'en connaît pas de plus mal employé. »
4. *Chronique de Paris*, 4, 9, 11 décembre 1791.

être utilisées que pour réprimer la révolte des Noirs. Les 9 et 10 décembre, des délégations de Saint-Domingue se succèdent à la barre pour dénoncer les Amis des Noirs. Condorcet et Brissot sont attaqués avec une telle violence que le président doit rappeler à l'ordre les délégués[1]. En fait, rien n'est décidé. Et, à Saint-Domingue, désordres et violences se perpétuent.

## Les finances

L'inquiétude de Condorcet est tout aussi vive à propos de la situation financière. Les nouvelles administrations municipales élues ne montrent aucune diligence pour faire rentrer les impôts. Au 1er décembre 1791, le produit de la contribution foncière pour l'année en cours atteint 34 millions sur les 300 millions attendus[2]. Le montant de la dette est ignoré. Le désordre règne dans la dépense publique où l'ordinaire et l'extraordinaire sont confondus. Bref, il faut « porter l'ordre et la lumière dans le chaos ténébreux des Finances[3]. » Dès le 8 octobre 1791, Condorcet demande à l'Assemblée de faire nommer des commissaires vérificateurs à la Trésorerie[4]. Le 13, il intervient à nouveau pour que la Législative substitue sept comités spécialisés au seul comité des Finances existant. Sa proposition est adoptée[5]. Mais sa mise en œuvre se révélant trop complexe, l'Assemblée décidera de rétablir un comité unique des Finances[6].

1. *Ibid.*, 11 décembre 1791. Roustan, délégué de l'assemblée de Saint-Domingue, les avait qualifiés de « bourreaux des colons ».
2. *Cf.* Aftalion, *op. cit.*, p. 146. Le défaut de petits assignats, nécessaires pour les menues dépenses, avait entraîné des émissions de billets de confiance, véritable papier-monnaie privé, émis par des établissements divers et pour un montant incontrôlé, engendrant faillites et scandales.
3. « Révision des travaux... », *op. cit.*, p. 384.
4. *Archives parlementaires*, tome XXXIV, p. 129.
5. *Ibid.*, 13 octobre 1791, pp. 214-215.
6. *Cf.* Camel, *Histoire financière de la Révolution*, pp. 12-13.

Début novembre, le comité des Finances demande que soit pris d'urgence un décret autorisant une nouvelle émission d'assignats pour un montant de 300 millions en petites coupures de 5 livres. Condorcet intervient : l'Assemblée doit arrêter un ensemble de mesures pour faire face à la situation de la Trésorerie, et non s'abandonner à ce recours trop facile. Il propose donc que l'émission soit limitée à 100 millions en petites coupures, afin de couvrir les dépenses vraiment urgentes et de permettre de présenter un plan financier cohérent[1]. Il n'est pas suivi. Le 20 novembre, il dresse dans la *Chronique de Paris* un tableau sans complaisance de la situation : « Un numéraire dont la distribution ne se prête pas aux besoins du commerce, une dette et des ressources sur l'étendue desquelles il règne une incertitude inquiétante pour la généralité des citoyens, la nécessité de suppléer par des assignats à l'insuffisance de l'impôt, les retardements que la perception continue d'éprouver, des dépenses publiques presque abandonnées jusqu'ici au hasard des circonstances et à la volonté des ministres ; tel est le tableau de notre situation actuelle[2]. » Condorcet ne cède pas pour autant au pessimisme. Il croit à la richesse nationale qui doit permettre de remédier à ces difficultés. Mais il faut avoir « la patience et le courage de dissiper tous ces nuages, de faire disparaître tous ces désordres ». Ces appels au rétablissement de l'ordre et de l'équilibre dans la gestion des finances ne seront pas entendus par l'Assemblée. La dépréciation des assignats par rapport au numéraire n'est pas encore assez forte pour alarmer les députés[3]. Comme le note avec ironie Condorcet : « Quelques personnes ont déjà remarqué que l'Assemblée, peu familiarisée encore aux questions de finances, ne donnait pas toujours une attention soutenue aux orateurs qui les traitent[4]. »

1. *Archives parlementaires*, tome XXXIV, p. 566.
2. *Chronique de Paris*, 20 novembre 1791.
3. En novembre 1791, la dépréciation atteint 16,50 %. *Cf.* « Tableau de dépréciation du papier-monnaie », par Caron, Paris, 1905, p. 5.
4. *Chronique de Paris*, 13 décembre 1791.

## VERS LA GUERRE

En vérité, en cet automne 1791, toutes les préoccupations des députés sont dominées par la question essentielle : guerre ou paix ? Comme il arrive souvent, les choix sont dictés par des considérations de politique intérieure plus que par la situation internationale. Après Varennes, le Roi et la Reine n'attendent plus que des puissances étrangères, et d'abord de l'Autriche, l'écrasement de la Révolution et le rétablissement du pouvoir monarchique. Depuis la déclaration de Pillnitz du 27 août 1791[1], ils rêvent d'un congrès des puissances européennes dictant sa loi armée à la France[2]. Les Constitutionnels sont partagés. Barnave et Charles de Lameth, qui conseillent le Roi, sont hostiles à la guerre : le profit de la victoire irait à leurs adversaires politiques, les patriotes, et la défaite ramènerait les aristocrates qui les balaieraient du pouvoir. Mais La Fayette, depuis son échec à la mairie de Paris, a tourné ses ambitions vers l'armée où il assume un commandement important. Que la guerre éclate, et il peut espérer jouer un rôle décisif. Sans doute se déclare-t-il Constitutionnel ; mais de quel poids politique pèserait une monarque falot face à un général vainqueur ?

Du côté des patriotes, Brissot s'est fait le champion de la guerre. Elle seule, pense-t-il, permettra de démasquer le Roi, de montrer au pays sa duplicité et d'en finir ainsi avec la Cour. Dans un mouvement d'éloquence, il s'écrie aux Jaco-

1. Dans cette déclaration commune, l'Empereur d'Autriche et le roi de Prusse avaient considéré « la situation où se trouve actuellement le roi de France comme un objet d'intérêt commun à tous les souverains de l'Europe. Ils en avaient appelé à leur concours » pour « mettre le roi de France en état d'affermir dans la plus parfaite liberté les bases d'un gouvernement monarchique également convenable aux droits des souverains et au bien-être de la Nation française ». Cité par Jaurès, *op. cit.*, tome II, p. 75.
2. « Le langage ferme et uniforme de toutes les puissances de l'Europe, appuyé d'une armée formidable, aurait les conséquences les plus heureuses », écrit Louis XVI le 25 novembre au baron de Breteuil. In *Le Comte de Fersen et la Cour de France*, Paris, Firmin Didot, 1878, tome I, p. 231.

bins : « Je n'ai qu'une crainte, c'est que nous ne soyons pas trahis. Nous avons besoin de grandes trahisons. Notre salut est là[1] ! » Mais le dessein de Brissot n'est pas que politique. Il se fait de la guerre une idée plus haute, proprement révolutionnaire. A ses yeux, elle est nécessaire pour fonder définitivement la Révolution, rendre la liberté irréversible et faire naître cet homme nouveau, ce républicain dont il s'est déjà donné les traits en abandonnant la coiffure poudrée pour les cheveux plats du quaker. Le 16 décembre 1791, il plaide pour la guerre : « ... Un peuple qui a conquis la liberté après dix siècles d'esclavage [a] besoin de la guerre. Il faut la guerre pour la consolider. Il la faut pour la purger des vices du despotisme. Il la faut pour faire disparaître de son sein les hommes qui pourraient la corrompre[2]. » Quant à son issue, la conviction de Brissot est absolue : la Révolution ne peut être que victorieuse. « Sous la liberté, tout est soldat : hommes, femmes, enfants, prêtres, magistrats[3]. » Presque seul à gauche, Robespierre va s'élever avec force, en décembre et janvier, contre la guerre[4]. Car qui la propose ? La Cour. Qui la dirigera ? Le Roi, ses ministres, ses généraux... Au-delà des passions et des calculs, Robespierre voit haut et loin. La victoire, c'est la monarchie raffermie ou le césarisme triomphant. La défaite, c'est l'Ancien Régime restauré et la liberté écrasée. Dans les deux cas, la Révolution est vaincue.

## Le point de vue de Condorcet

Condorcet n'est pas animé d'une telle clairvoyance. Non que Brissot exerce sur lui une influence notable. L'encyclo-

1. « Second discours aux Jacobins sur la nécessité de faire la guerre », 30 décembre 1791, cité par Jaurès, *op. cit.*, tome II, p. 170.
2. Cité par Aulard, *L'éloquence parlementaire, op. cit.*, p. 249.
3. Discours du 10 juillet 1791 aux Jacobins, cité par Aulard, *ibid.*, p. 242.
4. « Monsieur Robespierre a prononcé aux Jacobins un discours de la plus subime éloquence », *Annales patriotiques*, 13 janvier 1792.

pédiste ne peut guère être impressionné par la culture hétéroclite du publiciste. Le disciple de Voltaire et de Turgot ne peut être sensible au tourbillon intellectuel où se complaît Brissot, journaliste plus qu'écrivain, politicien plus qu'homme d'État. Sans doute éprouve-t-il de l'amité pour lui. Il l'a vu, dans leurs combats communs pour les Noirs ou pour la République, en juillet 1791, au premier rang, courageux sous les insultes. Mais, dans leurs rapports, l'autorité intellectuelle appartient à Condorcet, même si le savoir-faire politique est du côté de Brissot.

Toute sa vie, Condorcet a réprouvé la guerre, « droit barbare, auquel les hommes un jour devront renoncer pour s'en remettre au jugement d'arbitres paisibles[1] », écrivait-il en 1786. En 1787, il évoquait encore « l'espèce d'horreur et de répugnance que la plus légitime, la plus juste des guerres devrait inspirer à tous les hommes si les préjugés n'avaient affaibli en eux les sentiments de la nature et de la raison[2] ». Un philosophe détestant la guerre et prônant l'arbitrage international, tel apparaît Condorcet à l'orée de la Révolution. A l'automne 1790, au moment où se profilait la menace d'un engagement militaire de la France aux côtés de l'Espagne au nom du « Pacte de Famille » conclu entre les Bourbons de part et d'autre des Pyrénées, il a combattu tout projet de guerre. A ses yeux, il ne pouvait en résulter qu'« un malheur impossible à calculer[3] ». La Constitution inachevée, les troubles dans le Royaume et les esprits, le désordre dans l'armée et dans les finances : ces raisons condamnaient à ses yeux toute aventure militaire, qui ne pouvait qu'être fatale à la Révolution. Un an plus tard, la situation a-t-elle tellement changé que la guerre soit devenue la seule issue ?

En vérité, Condorcet n'est pas gagné par l'enthousiasme belliqueux des Girondins. Il dira : « C'est en détestant la

1. Cité par Bouissounouse, « Condorcet : un pacifiste se jette dans la guerre », revue *Guerre et Paix*, 1966, n° 2, p. 29.
2. « Lettre d'un bourgeois de New Haven », *op. cit.*, IX, p. 46.
3. Bibliothèque de l'Institut, Ms 861, folio 363. Papiers relatifs à l'année 1791.

guerre que j'ai voté pour la déclarer[1]. » Mais, à l'automne 1791, il la juge inévitable. Temporiser ou pactiser avec l'Autriche, comme le souhaitent les ministres ou certains Feuillants, c'est mettre la France en grand danger. « Je ne désirais pas la guerre, écrira-t-il, que j'aurais voulu pouvoir éviter. Mais il était évident que le roi de Hongrie ne la différait que pour se donner le temps de faire ses préparatifs[2]. » Il est persuadé que seule la guerre pourra faire tomber les masques d'une « Cour conspiratrice[3] ». Sans doute considère-t-il, comme Robespierre, que mieux vaudrait en finir avec les ennemis de la Révolution à l'intérieur avant de les combattre à l'extérieur. Mais il n'y a pas à l'Assemblée de majorité décidée à agir directement contre la Cour. La guerre révélera les trahisons. Et, à l'appel du peuple exaspéré, l'Assemblée se décidera à frapper avec fermeté. En filigrane de l'analyse apparaît l'espérance républicaine de Condorcet, dont la guerre seule peut accélérer la réalisation.

Ainsi, pas plus que les autres patriotes, n'échappe-t-il à cette erreur de perspective qui leur fait chercher dans la guerre une réponse à un problème de politique intérieure. Contrairement à Robespierre, il ne mène pas le raisonnement jusqu'à son terme : si la France l'emporte, de quel poids pèsera sur la Révolution un général victorieux ? Si la France succombe, qu'adviendra-t-il des révolutionnaires ? A ce moment, comme ses amis, Condorcet voit court. En outre, son analyse des rapports internationaux le conduit à des conclusions singulièrement optimistes. Pour lui, l'Angleterre n'est pas l'ennemie de la France révolutionnaire. Tout dispose les deux peuples à s'entendre, et d'abord leur amour commun de la liberté[4]. L'intérêt de la France est d'entretenir avec l'Angle-

---

1. « Fragment de justification », *op. cit.*, p. 591.
2. *Ibid.*, p. 593.
3. *Ibid.*
4. « Les Anglais, les Américains, les Français n'ont-ils pas aujourd'hui les mêmes idées, les mêmes sentiments ? Ne parlent-ils pas en quelque sorte la même langue, celle de la liberté ? » *In* « Discours sur l'office de l'empereur », *Œuvres*, X, p. 294.

terre des relations amicales. Condorcet s'est toujours déclaré partisan du traité de commerce de 1786, si critiqué en France parce qu'il exposait les industries françaises à la dure concurrence anglaise. Libre-échangiste, il croit aux vertus de la concurrence internationale. Surtout, il partage l'admiration des Encyclopédistes pour les libertés d'outre-Manche, même s'il critique la Constitution anglaise et en particulier la Chambre haute. Il entretient des relations étroites avec les libéraux britanniques, regroupés au sein de la Société de la Révolution qui, de Londres, soutiennent la cause de la Révolution française contre Burke. Il correspond avec Price[1], ami de Turgot, et avec Lord Stanhope[2]. Cependant, il n'est jamais allé en Angleterre, et ne mesure pas le ressentiment engendré dans ce pays par la guerre d'Indépendance américaine. Sans doute une fraction de l'opinion a-t-elle salué avec sympathie la Révolution française à ses débuts. Mais le triomphe des *Réflexions sur la Révolution de France* de Burke, véritable brûlot dirigé contre elle et publié en novembre 1790, aurait dû l'alerter[3].

Sa vision des autres puissances européennes est tout aussi optimiste. A ses yeux, la Prusse peut être détachée de l'Autriche. Le souvenir du grand Frédéric, ennemi constant de l'Empereur, ami de Voltaire et d'Alembert, est encore présent dans son esprit. Il éprouve de la considération pour le duc de Brunswick, célèbre pour ses victoires et son goût des Lumières, qui a été le premier lieutenant de Frédéric. Pour lui, les petits États allemands, les Suisses, le roi de Sardaigne ont tout intérêt à voir la puissance de l'Autriche réduite, donc à ne pas la soutenir. La Grande Catherine n'est occupée que de la Pologne. L'Espagne est sans force. En

1. Condorcet prit la plume en 1790 pour défendre chaleureusement le docteur Price, attaqué par le *Mercure*. Bibliothèque de l'Institut, Ms 860, folios 216-217.
2. Bibliothèque de l'Institut, *Papiers de la famille O'Connor*, Ms 2 475, folio 64 (lettre trouvée dans les papiers de Fauriel), et *Papiers de Condorcet*, Ms 867, folio 71. Voir aussi : Stanhope, *Lettres à M. de Condorcet*, Paris, Dupont, 1791. Ces lettres expriment l'inquiétude de Stanhope concernant la fabrication des assignats.
3. Onze éditions furent épuisées dans l'année.

définitive, la France n'a réellement à redouter que son ennemi historique, la Maison d'Autriche. A ces considérations diplomatiques s'ajoute, à l'automne 1791, la nomination de Narbonne[1] au ministère de la Guerre. Condorcet apprécie sa finesse, sa culture, le charme réputé de sa conversation. Il n'a nul besoin, pour le rencontrer, de se rendre chez Mme de Staël[2] dont Narbonne est l'amant. Mme de Staël adore son père, Necker, que Condorcet a toujours détesté et combattu. De surcroît, son salon est très couru par les partisans de La Fayette avec lequel il a rompu toutes relations depuis juillet 1791. Narbonne, fort répandu dans Paris, fréquente le salon de Mme de Condorcet où il est assuré de rencontrer les principaux Girondins. « Je causais avec lui, écrit Condorcet, et il me parut avoir des idées assez justes sur les véritables intérêts du Roi qui devait chercher à regagner la confiance du peuple et à gouverner conformément au vœu de la majorité de l'Assemblée[3]... » Séduit, il salue favorablement sa nomination[4], et plus encore son discours du 14 décembre à l'Assemblée, dans lequel il annonce que les effectifs de l'armée seront portés à cent cinquante mille hommes répartis en trois corps.

Pour Condorcet, cette guerre conduite par un peuple libre pour sauver sa liberté ne doit ressembler à aucune autre. La guerre en Europe a été jusque-là jeu de rois, affaire de professionnels, voire de mercenaires étrangers. Celle qui va éclater doit être, pour la France de la Révolution, la lutte d'une Nation libre contre les rois qui la menacent, et non pas celle d'un peuple contre ses frères. A la déclaration de guerre contre les souverains doit faire écho une déclaration de paix

1. 1755-1813. Commandant de la garde nationale de Besançon en 1790, il est imposé comme ministre de la Guerre du 6 décembre 1791 au 10 mars 1792. Il émigrera en Angleterre après le 10 août avec Mme de Staël. Revenu en France après le 18 Brumaire, il sera ministre plénipotentiaire de Bavière et comte d'Empire en 1810.
2. *Cf.* Lefebvre, *op. cit.*, p. 104 : « Ce fut lui [Condorcet] qui mena Brissot et Clavière chez Mme de Staël ». Nous n'avons rien trouvé qui établisse cette assertion.
3. « Fragment de justification », *op. cit.*, p. 588.
4. *Chronique de Paris*, 8 décembre 1791.

aux peuples. Condorcet la soumet le 29 décembre à l'Assemblée législative. Il suggère d'exposer à l'Europe les principes qui détermineront la conduite de la France. Il rappelle que la Nation française a renoncé à entreprendre aucune guerre de conquête, et « n'emploiera jamais ses forces contre la liberté d'aucun peuple[1]. » Mais, puisque la France doit se défendre, il importe qu'on sache dans quel esprit elle le fera. « La Nation française ne cessera pas de voir un peuple ami dans les habitants des pays occupés... Ses soldats se conduiront sur une terre étrangère comme ils se conduiraient sur celle de leur patrie s'ils étaient forcés d'y combattre. Les maux involontaires que ses troupes auraient fait éprouver aux citoyens seront réparés... Elle présentera au monde le spectacle nouveau d'une Nation vraiment libre..., respectant partout, en tout temps, à l'égard de tous les hommes, les droits qui sont les mêmes pour tous... Voilà quelle est la guerre que les Français déclareront à leurs ennemis[2]. »

Condorcet, véritablement inspiré, connaît ce jour-là le bonheur réservé aux orateurs en leurs moments de grâce. « Chaque phrase de cette déclaration, dit le *Journal des débats et des décrets*, avait été suivie des plus vifs applaudissements. A la fin de la lecture..., l'enthousiasme n'avait plus de mesure, et des exclamations unanimes l'exprimaient à son auteur[3]. » *Le Moniteur* rapporte : « Ce projet d'adresse a été adopté avec des applaudissements et des acclamations unanimes[4]. » Condorcet, pour sa part, se borne à écrire dans la *Chronique de Paris* : « Cette déclaration a été adoptée sur-le-champ[5]. »

1. « Déclaration de l'Assemblée nationale », *Œuvres*, X, p. 255.
2. *Ibid.*, p. 257-259. Cent ans plus tard, ému par ce texte, Jaurès s'écriera : « C'est comme un sublime et douloureux effort pour concilier la philosophie du XVIIIe siècle, la philosophie de la raison, de la paix, de la tolérance, avec la guerre inévitable. » *Op. cit.*, II, 165.
3. Cité par Aulard, *L'Éloquence parlementaire, op. cit.*, p. 276.
4. *Moniteur*, X, p. 755.
5. *Chronique de Paris*, 31 décembre 1791.

En dépit des avertissements renouvelés de Robespierre[1], les patriotes sont dorénavant acquis à la guerre. Le 18 janvier 1792, Vergniaud monte à la tribune. Ce n'est plus Mirabeau qu'il rappelle, c'est Danton qu'il annonce : « ... Aux armes donc, aux armes ! C'est le salut de la Patrie et l'honneur qui le commandent. Aux armes donc, aux armes : ou bien... vous périrez sans gloire, vous ensevelirez, avec votre liberté, l'espoir de la liberté du monde[2]... » L'éloquence de Vergniaud transporte l'Assemblée. Condorcet lui-même, fort réservé d'ordinaire dans sa chronique parlementaire, salue « un discours rempli d'idées justes et grandes, d'expressions heureuses et nobles[3] ». Il relève avec admiration que ce discours est improvisé. Rien de tel quand il intervient à son tour, le 26 janvier. Pas de lyrisme, mais un appel à la raison. Pas d'improvisation, mais un propos soigneusement pesé, destiné à convaincre ceux qui le liront plutôt que ceux qui l'entendront. Condorcet, ce jour-là, veut rassurer l'Assemblée et la France sur la situation diplomatique, comme Narbonne l'a fait, le 11 janvier, sur la situation militaire. Dans ce « Discours sur l'office de l'Empereur[4] », il entend montrer que la France n'est pas seule, et qu'aucune coalition générale ne la menace. A sa vision optimiste des rapports internationaux, il ajoute des considérations plus utopiques encore : « Comment les nations n'écouteraient-elles pas la France, qui dirait à chacune d'elles : j'ai fondé sur la justice et sur la raison seules les lois qui unissent les citoyens français ; cherchons ensemble, d'après la raison et la justice, celles qui doivent nous unir[5]... » Mais, pour désarmer les préventions et les intrigues, la voix de la

1. Aux Jacobins, les 2 et 11 janvier, Robespierre avait encore mis en garde contre la guerre, rappelant : « Personne n'aime les missionnaires armés, et le premier conseil que donnent la nature et la prudence, c'est de les repousser comme des ennemis. » Au projet de guerre extérieure, il opposait la priorité de la lutte intérieure : « Domptons nos ennemis du dedans. Guerre aux conspirateurs et au despotisme... » Cf. Jaurès, *op. cit.*, tome II, p. 173, et Lavisse, *op. cit.*, p. 342.
2. In Aulard, *Les Orateurs de la Législative*, *op. cit.*, p. 323.
3. *Chronique de Paris*, 19 janvier 1792.
4. *Œuvres*, tome X, pp. 282 et suivantes.
5. *Ibid.*, pp. 296-297.

France ne doit plus être celle des ministres ni des ambassadeurs aristocrates. Une offensive diplomatique de paix est nécessaire pour que son unique ennemi, l'Autriche, soit isolé. Cette action doit être conduite par des hommes nouveaux. Condorcet propose de décréter que « le Roi sera prié d'envoyer auprès des puissances étrangères des hommes dignes de la confiance du peuple[1]... » Le jour même, 25 janvier, l'Assemblée invite le Roi à demander à l'Empereur s'il entend vivre en paix et bonne intelligence avec la Nation française. Si, avant le 1er mars, l'Empereur n'a point donné pleine et entière satisfaction à la France, son silence — ou toute réponse évasive — sera considéré comme une déclaration de guerre. C'est l'ultimatum.

## Les difficultés intérieures

La guerre s'impose d'autant plus, aux yeux des Girondins, que la situation intérieure s'altère. Partout la contre-révolution, soutenue par la Cour, relève la tête. Les troubles dans les départements, surtout ceux du Midi, persistent[2]. Les passions religieuses se font plus vives, les prêtres réfractaires plus actifs. Au cours de cet hiver 1791-92, à Paris et dans certaines provinces, la crise des subsistances sévit à nouveau. La récolte de 1791 a été médiocre, particulièrement dans le Centre et le Midi. Les grains circulent mal. Les spéculateurs jouent à la hausse et retiennent le blé dont les prix montent. Les troubles aux Antilles entraînent une hausse considérable

1. *Ibid.*, p. 299. Ce discours suscita également une vive admiration dans l'Assemblée. Dans ses *Souvenirs*, Mathieu Dumas, pourtant adversaire politique de Condorcet, évoque l'impression qu'il lui fit : « Condorcet parut enfin à la tribune... Le style nerveux et pur du philosophe académicien répondit à l'attente que ses amis avaient excitée. Ce discours est resté comme un modèle de l'art oratoire... » Paris, 1839, p. 70.
2. En Avignon, à l'égorgement du maire patriote Lécuyer dans une église a répondu le massacre d'aristocrates jetés dans la tour de la Glacière. La guerre civile menace. Les royalistes ont d'abord repris le contrôle d'Arles et d'Avignon, puis les patriotes marseillais ont rétabli leur pouvoir, non sans recourir à la terreur.

du café et du sucre[1]. Les ménagères parisiennes sont exaspérées. En janvier et février 1792, des voitures de grains, des épiceries sont pillées[2], les foules soulevées réclament la taxation du sucre, du pain et même de la viande[3]. Dans la région parisienne, où l'on a réquisitionné les grains pour la capitale, des émeutes éclatent. A Étampes, le maire Simoneau, qui refuse de taxer le pain, est massacré par les émeutiers[4]. Dans l'Eure, l'agitation est vive ; en Guyenne et en Provence où le pain est plus cher encore qu'à Paris, les désordres sont incessants. Dans les départements du Cantal, de la Corrèze, de l'Aveyron et de la Lozère, on voit renaître la peur et les violences de l'été 1789[5].

Dans les villes, à la crise des subsistances s'ajoutent les conflits politiques. Directoires feuillants et municipalités jacobines s'affrontent, notamment à Paris. Pétion, élu maire contre La Fayette en novembre 1791[6], a partie liée avec les Brissotins. Ceux-ci obtiennent, fin décembre, la fermeture du local dont jouissaient les Feuillants à l'Assemblée. Les Feuillants dénoncent les Jacobins. Brissot exhorte ces derniers et les citoyens pauvres à s'armer de piques, puisque la Garde nationale n'est plus composée que de citoyens actifs, c'est-à-dire de bourgeois relativement aisés. Le bonnet rouge se répand, en dépit de l'opposition de Robespierre[7]. Les sans-culottes gagnent les sociétés patriotiques. Le jeu politique a changé de dimension

---

1. L. Deschamps, *op. cit.*, p. 284. A Paris, en février 1792, il coûte 42 sous la livre, quand le cours usuel était de 26 sous. Une motion patriotique est adoptée aux Jacobins, recommandant de se priver « patriotiquement » de sucre.

2. Rude, *La foule dans la Révolution française*, Paris, Maspero, 1982, pp. 117 à 119.

3. *Cf.* Vovelle, *op. cit.*, pp. 244-245 ; Mathiez, *op. cit.*, tome I, p. 230 ; Furet et Richet, *op. cit.*, p. 151.

4. L'Assemblée législative en fera un martyr de la loi et célébrera pompeusement sa mémoire.

5. *Cf.* Mathiez, *op. cit.*, tome I, p. 231 ; Lavisse, *op. cit.*, tome I, pp. 346-347.

6. Pétion obtint 6 728 voix, La Fayette 3 126. Paris comptait 80 000 électeurs. Le nombre des abstentions fut donc énorme. La Cour et les journaux monarchistes avaient mené campagne contre La Fayette, jouant la politique du pire. *Cf.* Mathiez, *op. cit.*, tome I, p. 228.

7. Gallois, *Histoire des Journaux, op. cit.*, p. 295.

et d'intensité. Au sein même de la Révolution[1] s'opposent à présent des forces sociales. Les Girondins souhaitent sauver et étendre la Révolution grâce à l'alliance de la bourgeoisie et du peuple contre le Roi et les anciens privilégiés. Les Feuillants, modérés et constitutionnels, veulent maintenir le régime établi par l'alliance du Roi et de la bourgeoisie riche, soutenue par les classes moyennes éprises d'ordre. Quant à la Cour, elle espère encore la contre-révolution.

## Rôle politique de Condorcet

Dans cette conjoncture où tout annonce le conflit, Condorcet est sans illusions, mais non sans inquiétudes. Il demeure convaincu que le Roi et la Reine ont partie liée avec la contre-révolution. Il soupçonne tous les ministres, à l'exception de Narbonne. Comment conduire victorieusement la guerre si l'armée est divisée et ses chefs hostiles à la Révolution ? Comment espérer une bonne politique étrangère si la diplomatie du Roi et de son ministre est directement contraire aux intérêts de la Révolution ? Il faut contraindre le Roi à changer de ministres, rassembler le pays derrière l'Assemblée législative, et disposer des ressources nécessaires à la guerre. Pour faire prévaloir ses vues, Condorcet bénéficie d'une autorité politique nouvelle. Au sein même de l'Assemblée, l'éclatant succès remporté le 29 décembre 1791 par son projet de Déclaration sur la guerre a accru sensiblement son influence. Son discours du 25 janvier sur la situation internationale et la politique étrangère de la France a également fait impression. De surcroît, il préside le Comité d'Instruction publique, dont l'Assemblée attend un grand projet qui honorerait la législature. Les patriotes le respectent. Mais la presse de droite l'attaque férocement. Le 17 février, Ruault écrit à son frère :

1. *Cf.* Lettre de Pétion à Buzot, le 6 février 1793, in Furet et Richet, *op. cit.*, p. 152.

« C'est le tour de M. de Condorcet. On le calomnie, on le déchire publiquement... Je le connais depuis plus de douze années, et je n'ai jamais vu en lui qu'un bon philosophe, un homme très doux, très désintéressé[1]... » Les modérés n'en demeurent pas moins sensibles à son autorité. Le 25 janvier, Condorcet est élu à la vice-présidence de l'Assemblée. Le 7 février, il est porté à sa présidence.

La fonction n'est pas de tout repos. Selon un voyageur étranger assistant à une séance de l'Assemblée : « Dans l'espace laissé libre sur le plancher circulent, en habit noir, l'épée dorée au côté, quatre huissiers bien frisés, chapeau bas. Ils crient incessamment : "Silence, en place !" Les députés, en costumes négligés, bon nombre d'entre eux bottés et éperonnés, encombrent ce large couloir ; ils vont, viennent, tapotent leurs bottes avec leurs cannes, toussent, crachent, parlent haut et s'interpellent à distance. Le président a beau agiter son énorme sonnette, s'époumoner à dire : "Silence, en place, Messieurs !", les huissiers frappent en vain des mains et s'épuisent à crier : "Chut !" MM. les députés s'en soucient autant que des écoliers indisciplinés qui savent bien que le magister ne tapera pas. Un orateur peut discourir, un rapporteur peut lire son rapport, plusieurs centaines de députés n'en continuent pas moins à bavarder. Chacun interrompt ou fait ses observations à haute voix. Le tapage devient souvent intolérable... On devine qu'il est difficile d'obtenir la parole dans un pareil milieu. J'ai vu, hier, des députés crier trente ou quarante fois de suite, de façon à s'enrouer : "Monsieur le Président, je demande la parole !", sans réussir à se faire

---

1. Ruault, *op. cit.*, p. 275. *Cf.* Cahen : « A partir de février 1792, ils [les amis de la Cour] ne cessent plus de le railler ou de l'invectiver. *L'Ami du Roi*, *L'Ami des Patriotes* ne sont pas plus violents à son égard que le *Journal de Paris*, la *Gazette de Paris* ou le *Mercure*... Ils accusent Condorcet de cupidité, de bassesse... Ils le rendent responsable des massacres de la Glacière [en Avignon], des malheurs de Saint-Domingue ; ils l'appellent brigand, anarchiste, protecteur de Jourdan Coupe-Têtes [responsable jacobin des massacres d'Avignon], soudoyé de l'Angleterre... » *Op. cit.*, p. 386.

entendre du président assourdi par le bruit[1]... » Vergniaud se plaindra d'être sorti épuisé de ses fonctions ; on imagine aisément l'état de Condorcet, à la santé fragile, à la voix frêle, au bout de deux semaines de présidence. Aucun fait marquant n'intervient pendant cette présidence, tout au plus un incident protocolaire. Une députation de l'Assemblée, conduite par Condorcet, alors vice-président, s'était rendue aux Tuileries pour présenter des décrets à la sanction du Roi. Elle avait attendu assez longtemps dans l'antichambre, et la porte du Cabinet royal, contrairement à l'usage, ne lui avait été ouverte qu'à un seul battant ! Vive émotion à l'Assemblée, qui demande à Condorcet de protester auprès du Roi. Il écrit en termes secs au souverain. Fureur de l'abbé Royou : « Voilà un marquis qui risque de finir comme le marquis de Mascarille quand on sera au dénouement de la mascarade[2] ! » Le 11 février, Condorcet est hué par les royalistes des tribunes, qui le traitent de « factieux républicain[3] ». Seule originalité de cette présidence : Condorcet poursuivit, pendant cette période, son activité de chroniqueur parlementaire. Exemple sans doute unique de président-journaliste[4] !

Des députés girondins, Condorcet a fait sa société politique. Les principaux leaders fréquentent le salon de Sophie. Le député montagnard Choudieu, qui s'y rend aussi, note que « la marquise de Condorcet, beaucoup plus modeste que Mme Roland..., avait le bon esprit de ne pas chercher à amoindrir

1. J. F. Reichardt, *op. cit.*, p. 205. Il s'agit de la séance du 4 mars 1792. *Cf.* sa description de Condorcet : « Il paraît avoir dépassé la quarantaine. Il a bonne façon ; son nez aquilin, sa bouche bien dessinée, son teint assez pâle, tout un ensemble agréable, bien que manquant de distinction, en font un personnage non vulgaire. »
2. L'*Ami du Roi*, 9 février 1792. *Cf.* sur l'incident, le *Moniteur*, 7 février 1792.
3. *Cf. La Feuille du Jour*, 14 février 1792.
4. *Cf.* notamment *Chronique de Paris* du lundi 13 février 1792, dans laquelle Condorcet rend compte de la séance de la veille, consacrée aux pétitions et aux délégations, et de ses réponses, en qualité de président, aux délégués du faubourg Saint-Antoine venue offrir à l'Assemblée « leur vie et leurs piques... » Le président (Condorcet) répond : « Vous nous offrez vos armes, et c'est prendre l'engagement sacré de ne jamais les employer que suivant le vœu de la loi. »

le mérite de son mari. Sans paraître avoir aucune prétention, elle a peut-être eu plus d'influence qu'aucune femme sur tous les Girondins[1] ». Condorcet est aussi un familier des déjeuners de Vergniaud. Plutôt qu'un groupe parlementaire organisé, discipliné et cohérent, c'est une réunion d'amis qui se rassemblent autour de Vergniaud dans l'appartement que Mme Dodun, épouse d'un riche homme d'affaires, fils d'un ministre des Finances de Louis XVI, a mis à sa disposition, 5, place Vendôme, tout près de la salle du Manège et des Jacobins. Le salon, où l'on se réunit, est situé au premier étage. Il est « éclairé sur la place », avec « toutes ses glaces en différentes parties », orné « de quatre tableaux au-dessus des portes représentant différents sujets », et de « quatre girandoles dorées[2] ». Dans ce salon, raconte Gensonné, « quelques patriotes étaient convenus de se réunir trois fois par semaine, d'y attendre l'heure où l'Assemblée ouvrait ses séances. J'ai assisté à ces réunions ; il n'y était question que des objets qui allaient se traiter à l'Assemblée[3] ». On a du mal à croire qu'au-delà de l'ordre du jour, on n'y discutait pas aussi stratégie politique. Étienne Dumont, de retour à Paris en mars 1792, dépeint ironiquement ces réunions : « Ils [Condorcet, Brissot et Clavière] m'introduisirent à des déjeuners chez une dame d'Odun (si je ne me trompe), dans la place Vendôme. Ces déjeuners étaient composés ordinairement de Brissot, Clavière, Roederer, Gensonné, Guadet, Vergniaud, Ducos, Condorcet, etc. Ils y venaient avant de se rendre à l'Assemblée, concertaient leurs mesures, et, comme on peut l'imaginer, il y avait encore plus

---

1. P. R. Choudieu, *Mémoires et notes* (1761-1838), Paris, Plon, 1897, p. 477.
2. Extrait de l'acte de vente de l'hôtel de Mme Dodun, en date du 8 mai 1798, cité par Lintilhac, *Vergniaud*, p. 74. Cet hôtel porte aujourd'hui le n° 12, place Vendôme. Mme Roland décrit les lieux, sans bienveillance excessive, comme « un appartement commode » où Roland lui-même, bien qu'invité, « n'allait presque point à raison de la distance... » (Mme Roland, *Mémoires, op. cit.*). Les Roland habitaient alors sur la rive gauche, rue Guénégaud, n° 12. La distance était-elle si grande... ?
3. Lintilhac, *op. cit.*, p. 69.

de babils et de commérages de parti que de résolutions prises et de démarches arrêtées[1]... »

Les Girondins ont d'autres lieux de convivialité que le salon de Mme Dodun. Pétion, le maire de Paris, donne des dîners publics où se retrouvent les députés patriotes. La compagnie y est plus mélangée et les manières relâchées : « Chabot... mettait quelquefois son bonnet rouge et amusait la compagnie par des basses trivelinades et des pantomimes bouffonnes contre le Roi. Plusieurs de ces personnages, dont j'ai oublié les noms, étaient d'une grossièreté choquante. J'étais étonné de voir Condorcet se plaire au milieu d'une société si peu faite pour lui[2]. » La surprise de Dumont se conçoit : comment goûter les saillies de l'ex-capucin Chabot quand on a vécu dans l'intimité de d'Alembert, le plus brillant causeur de son temps ? Au sein de cette société mêlée, Condorcet rit parfois, mais se tait le plus souvent[3].

Chez Vergniaud comme chez Pétion, ou dans le salon de Sophie, on évoque les troubles et l'agitation qui s'étendent au cours de cet hiver 1792. Condorcet considère que rien ne sera possible contre les manœuvres de la Cour et de ses alliés si le peuple n'adhère pas à la politique de l'Assemblée. Un effort de communication lui paraît indispensable pour rallier la majorité de la Nation. Le meilleur moyen est de s'adresser directement à elle. Le 16 février, il se fait remplacer au fauteuil de la présidence et monte à la tribune. Il soumet à l'Assemblée le texte d'une Adresse aux Français[4]. C'est un programme plus qu'un compte rendu. Quatre grands objets doivent retenir en priorité l'attention : établir dans les finances un ordre rigoureux ; rédiger un Code civil fondé sur les droits naturels de l'homme ; mettre sur pied « une Instruction nationale digne de la France libre et des Lumières du

1. Dumont, *op. cit.*, p. 201.
2. *Ibid.*, p. 207.
3. « Condorcet ne parlait jamais à la tribune, et peu en conversation », Dumont, *ibid.*, p. 208.
4. « L'Assemblée nationale aux Français », *Œuvres*, X, pp. 317 à 345

XVIII<sup>e</sup> siècle » ; enfin, organiser « un système fraternel de secours publics[1] ». Après l'évocation de ces grands sujets, Condorcet en revient à la politique étrangère. Il décrit les menaces des souverains étrangers contre la France. Il en appelle à « ceux qui veulent la liberté » contre ceux qui la craignent[2]. Enfin, il lance ce cri qui doit rallier tous les patriotes : « Il s'agit, entre vous et vos ennemis, de la plus grande cause qui ait jamais été agitée parmi les hommes, de la liberté universelle de l'espèce humaine[3]... » L'Assemblée salue avec enthousiasme ce texte où Condorcet dit fortement ce que chacun souhaite entendre. L'Adresse est adoptée, imprimée et adressée aux départements.

Si Condorcet rallie aisément la Législative à des textes de principe, ses efforts s'avèrent vains quand il s'agit de prendre les mesures nécessaires pour remédier à la crise financière. La situation ne cesse pourtant de se dégrader. 100 livres d'assignats, qui valaient encore 83 livres en numéraire en novembre 1791, n'en représentent plus que 62,15 en février 1792, et 60,15 en mars[4]. Le peuple est exaspéré par l'inflation monétaire et la cherté des vivres. Pour Condorcet, le recours aux assignats n'est pas un remède, mais une facilité qui aggrave la situation. Le 12 mars, il propose donc à l'Assemblée un vaste plan de réforme. Hormis son rapport sur l'Instruction publique dont il rédige au même moment le projet, ce discours, par son analyse des causes du désordre financier et l'énoncé des remèdes proposés, est le plus important de ceux qu'il prononce durant cette période. Tombe d'abord l'avertissement : « La situation de nos finances est le seul danger réel que nous ayons à combattre[5]... » Puis le diagnostic ; la cause du mal est simple : le montant des assignats excède les besoins de la circulation, et la confiance en la valeur du papier-monnaie

1. *Ibid.*, p. 315-316.
2. *Ibid.*, p. 339.
3. *Ibid.*, p. 342.
4. « Tableau de la dépréciation du papier-monnaie », *op. cit.*, p. 5.
5. « Discours sur les finances », *Œuvres*, XII, p. 71.

fait défaut. Il faut donc diminuer la masse des assignats[1]. Aux mesures financières s'ajouteront des mesures sociales : la Nation créera des caisses « de secours et d'accumulation » auxquelles les travailleurs apporteront leur épargne en papier-monnaie. Cette épargne accumulée, porteuse d'intérêts, permettra d'assurer aux travailleurs malades ou âgés les ressources nécessaires pour subsister. Condorcet jette là les bases d'un système de caisses d'épargne et de mutuelle[2]. Le premier, il met la technique financière au service des plus déshérités : « On pourra voir enfin, s'écrie-t-il, sur cette terre livrée si longtemps à l'inégalité et à la misère, une société qui aura pour but et pour effet le bonheur de la pluralité de ses membres[3]. » Il faut aussi faire face aux besoins de la guerre qui menace. Un emprunt sera émis, garanti par des biens nationaux spécifiquement affectés à sa couverture. Parallèlement, l'État doit répondre aux besoins courants de la trésorerie. Il faut assurer la rentrée des impôts. Des commissaires nommés par l'Assemblée iront dans les départements accélérer la confection du cadastre nécessaire à l'impôt foncier. On veillera à l'élaboration des rôles et au paiement des acomptes. Enfin, le Trésor public sera indépendant du gouvernement et contrôlé par des commissaires élus par la Nation, car « le

1. *Ibid.*, p. 80. Condorcet propose diverses mesures : on vendra au public, contre des assignats, les créances de l'État sur les acquéreurs de biens nationaux, à concurrence du prix impayé portant intérêt de 5 %. Ce sont là des créances sûres, garanties par une hypothèque sur le bien vendu. On épargnera ainsi une partie de l'excès des assignats en circulation. A l'exemple des Anglais, on développera les paiements par virement de compte au sein d'un établissement central où les particuliers déposeront leurs assignats comme dans une banque. Pour restaurer la confiance du public dans les gros assignats, à chacun d'eux sera affectée une fraction du prix de vente d'un bien national déterminé. Assuré du paiement des titres, le public n'éprouvera plus la fièvre de s'en dessaisir contre du numéraire. Et l'on créera une monnaie de cuivre pour permettre les petits paiements.

2. « Ces établissements offriraient des secours et des ressources à la partie la plus pauvre de la société. Ils empêcheraient la ruine des familles qui subsistent du revenu attaché à la vie de leur chef ». « Discours sur les finances », *op. cit.*, pp. 80-81.

3. *Id.*

Trésor public sera indépendant ou la confiance fuira loin de nous[1] ».

Condorcet ne revendique pas la paternité de tous ces moyens : « Plusieurs ont déjà été présentés à l'Assemblée. Quelques autres ont été proposés par M. Clavière. Je n'ai cherché qu'à faire valoir le bien qui résulterait de leur ensemble[2]. » Tel quel, à la veille de la guerre, ce texte offre un plan financier complet, et sa présentation est bien accueillie[3]. Même l'*Ami du Roi*, journal ultra-monarchiste, adversaire juré de Condorcet, écrit : « L'Assemblée a fort applaudi à M. de Condorcet et a ordonné l'impression de son travail[4]. » Mais ce succès de tribune demeure sans conséquence. La Législative ne prend aucune des mesures réclamées par Condorcet. Le grand débat sur les finances qu'il a appelé de ses vœux ne s'ouvre même pas. L'intérêt des députés est retenu ailleurs.

## L'offensive des Girondins

Pendant l'hiver, le conflit entre le ministère et les Girondins s'est exacerbé. Duport, le garde des Sceaux, et Bertrand de Molleville[5], le ministre de la Marine, qui a toute la confiance du Roi, ont été dénoncés comme membres du « Comité autrichien » auquel on impute toutes les conspirations contre la Révolution, et toutes les trahisons. De Lessart[6], ministre

---

1. « Discours sur les finances », *Œuvres*, XII, p. 102.
2. *Ibid.*, p. 103.
3. *Journal de Paris*, 13 mars 1792 : « M. Condorcet a terminé la séance par un long et important discours sur les finances. Il a reconnu, avec tout homme qui a des yeux et du jugement, que l'état de nos finances est notre premier danger. »
4. *L'Ami du Roi*, 13 mars 1792.
5. 1744-1818. Intendant de Bretagne en 1784. Hostile aux États généraux, il suggère au Roi de les dissoudre. En octobre 1791, Louis XVI le nomme ministre de la Marine. Il démissionne en mars 1792 et dirige alors la police secrète du Roi. Après le 10 août, il s'enfuit en Angleterre où il rédige une *Histoire de la Révolution de France*. Il ne rentrera qu'à la Restauration.
6. 1742-1792. Administrateur, ami de Necker. Contrôleur des Finances le 4 décembre 1790, il devient de surcroît ministre de l'Intérieur le 25 janvier 1791. Ministre des Affaires étrangères en octobre 1791, il est dénoncé par Brissot, mis

des Affaires étrangères, a partie liée avec les Lameth. On le sait opposé à la guerre. Condorcet mène contre eux une dure campagne dans la *Chronique de Paris*. Le 13 janvier, il écrit au sujet de Bertrand : « Les patriotes ont vu avec douleur l'espèce de crédit dont le ministre le moins digne jouissait encore dans l'Assemblée[1]. » Le 15 janvier, il pose en principe que les ministres doivent avoir la confiance de l'Assemblée nationale et celle de la Nation[2]. C'est affirmer que l'Assemblée peut censurer les ministres, et jeter les bases d'un gouvernement parlementaire. Le 21 février, il réitère : « Le respect pour la loi dépend de la confiance actuelle du peuple dans ses représentants et dans les agents exécutifs[3]. » Le 23 février, il soutient que la responsabilité pénale des ministres peut être engagée aussi bien par leurs crimes que par leur négligence, qui relève de la forfaiture[4]. Le 25, il écrit : « Le peuple veut être libre, et il le sera malgré les ministres[5]... » Ses attaques se font toujours plus vives contre Duport et Bertrand[6].

L'heure est venue pour les Girondins d'en finir avec les ministres, d'autant que leurs adversaires sont divisés. Les Feuillants se partagent entre « Lamethistes » et « Fayettistes ». Au sein du Conseil du Roi, le même conflit oppose Narbonne, proche de La Fayette et partisan de la guerre, à de Lessart, dévoué à Lameth et partisan de la paix[7]. Au contraire, les Girondins, depuis leur victoire aux Jacobins, ont rallié la majorité des patriotes. La Commune de Paris, le maire Pétion,

en accusation par les Girondins, le 10 mars 1792, et massacré à Versailles le 9 septembre 1792.

1. *Chronique de Paris*, 13 janvier 1792.
2. *Ibid.*, 15 janvier 1792.
3. *Ibid.*, 21 février 1792.
4. *Ibid.*, 23 février 1792.
5. *Ibid.*, 15 janvier, 20 janvier, 3 février, 6 février 1792.
6. *Ibid.*, 25 janvier 1792.
7. Début février, la Reine écrit secrètement à Mercy, son confident, ancien ambassadeur de l'Empereur à Paris : « Il y a guerre ouverte, dans ce moment-ci, entre les ministres de Lessart et Narbonne... Ils se font attaquer tous les deux de tous côtés. C'est pitoyable. Le meilleur des deux ne vaut rien du tout. » *Cf.* Jaurès, *op. cit.*, tome II, p. 209.

le procureur Manuel[1] et les nouveaux officiers municipaux sont de leur côté. Ils dominent l'Assemblée par le talent de leurs orateurs et la combativité de Brissot. La passion politique ne fait que monter. En mars 1791, « les haines, les défiances, les exagérations étaient à leur comble, écrit Dumont. On ne peut se faire aucune idée des passions qui dévoraient cette Assemblée législative[2] ».

Le ministère lui-même offrit aux Girondins l'occasion attendue. Le 1er mars, de Lessart donne lecture à l'Assemblée de la note qu'il a adressée à Vienne et de la réponse de l'Empereur. La note était prudente[3], la réponse est insolente. Kaunitz, ministre de l'Empereur, y dénonce « l'anarchie populaire régnant en France » et attaque les Jacobins[4]. Il conclut en disant que l'Autriche défendra les princes d'Empire s'ils viennent à être attaqués. Sur le plan diplomatique, la réponse de Kaunitz laisse encore ouverte la possibilité de sauver la paix. Mais, politiquement, elle constitue une véritable provocation. De Lessart, évoquant la partie « saine » de la Nation, et Kaunitz, dénonçant les « républicains », paraissent conduire une offensive concertée contre les patriotes. Il y a, comme l'écrit Condorcet, « identité parfaite entre l'opinion du cabinet de Vienne et les discours des partisans du ministère[5]. »

1. 1751-1793. Auteur de libelles qui lui valent trois mois de séjour à la Bastille, il se fait élire à la nouvelle municipalité et devient administrateur de police. Le 2 décembre 1791, il devient procureur de la Commune. Suspendu en même temps que Pétion après le 20 juin 1792, il est rétabli, le 23 juillet, et participe activement au 10 août. Élu de Paris à la Convention, il démissionne après le procès du Roi. Il est arrêté et guillotiné le 14 novembre 1793.

2. Dumont, *op. cit.,* p. 200. Il poursuit : « Les modérantins étaient les plus honnêtes. Les girondistes (*sic*) avaient pour eux les talents, les connaissances, l'éloquence. La Montagne avait l'audace, la violence, et la populace des faubourgs. »

3. *Moniteur,* XI, p. 522. De Lessart concluait : « Le vœu du Roi, celui de son Conseil, et... celui de la partie saine de la Nation : c'est la paix que nous voulons. »

4. Il évoque « l'influence et la violence du parti républicain, condamné par les principes de la nouvelle Constitution, proscrit par l'Assemblée constituante, mais dont l'ascendant sur la législature présente est vu avec douleur et effroi par tous ceux qui ont le salut de la France sincèrement à cœur ». *Moniteur,* XI, p. 522.

5. « Fragment de justification », *op. cit.,* p. 590.

Le 9 mars, comme pour provoquer plus sûrement l'explosion, le Roi retire le portefeuille de la Guerre à Narbonne auquel l'Assemblée dans sa majorité était favorable.

Le lendemain, au nom du Comité diplomatique, Brissot lit à la tribune un réquisitoire en dix-huit points contre de Lessart, l'accusant de trahison et demandant qu'il soit décrété d'accusation[1]. Vergniaud intervient ensuite avec éclat : il dénonce la Cour et le « Comité autrichien » et menace la Reine elle-même : « L'épouvante et la terreur sont souvent sorties, dans les temps antiques et au nom du despotisme, de ce palais fameux. Que tous ceux qui l'habitent sachent que notre Constitution n'accorde l'inviolabilité qu'au Roi[2] ! » Des acclamations saluent l'orateur. Condorcet écrit le lendemain : « Des mouvements oratoires dignes de ceux que Mirabeau offrait quelquefois, une éloquence qui rappelle celle de Rome et d'Athènes, ont excité l'enthousiasme de l'Assemblée[3]. » Le décret d'accusation contre de Lessart est prononcé. Hua raconte : « Je me rappelle la joie féroce des tribunes au moment où le décret fut prononcé... Le côté droit frémissait d'indignation, le côté gauche de rage. Les tribunes applaudissaient. Je n'avais pas encore vu de séance aussi affreuse. J'en sortis malade[4]. » De Lessart est arrêté et conduit à Orléans. La Cour prend peur. Bertrand de Molleville démissionne le 11 mars. Les Girondins sont vainqueurs.

Au milieu de telles tempêtes, il est hors de question pour Condorcet de monter à la tribune. Mais il prend part à la bataille, la plume à la main. Il attaque les ministres[5], dénonce même la royauté héréditaire, contraire à la Déclaration des Droits de l'homme qui établit l'admissibilité de tous à toutes les places[6]. Le 9 mars, il formule cette menace voilée : « Il

1. Dumont raconte avoir entendu Brissot lire son discours chez Mme Dodun avant de le prononcer à l'Assemblée. *Op. cit.*, pp. 202-203.
2. *Moniteur*, XI, p. 604.
3. *Chronique de Paris*, 11 mars 1792.
4. Hua, *op. cit.*, p. 101.
5. *Chronique de Paris*, 6 mars 1792.
6. *Ibid.*, 4 mars 1792.

n'y a point en France de représentant héréditaire ni même à vie, mais un représentant, chef suprême du pouvoir exécutif, nommé pour dix ans par le corps constituant[1]... » La référence à une révision de la Constitution, possible après dix ans, est significative. Certes, ce ne sont pas là les formules éclatantes de Vergniaud. Mais la flèche est aussi dirigée contre les Tuileries[2], et Condorcet va jouer avec Brissot un rôle important dans la constitution du nouveau ministère.

## Le ministère girondin

Le 13 mars, Brissot, pose dans le *Patriote français* la candidature de Dumouriez[3] aux Affaires étrangères. Le 16, le Roi annonce à l'Assemblée sa nomination, en même temps que celle de Lacoste à la Marine. Dumouriez, investi de la confiance royale, décide de prendre l'avis des chefs girondins sur le choix des autres ministres. Condorcet est consulté en même temps que Brissot, Roederer et Pétion[4]. Le 23 mars, à onze heures du soir, Dumouriez, accompagné de Brissot, vient annoncer à Roland[5] sa nomination au ministère de l'Intérieur. Le lendemain, le Roi fait connaître à l'Assemblée cette

1. *Ibid.*, 9 mars 1792.
2. Le décret d'accusation contre de Lessart avait fait sur la Cour l'effet d'un coup de tonnerre. Dans le même temps, on y apprenait la nouvelle de la mort de l'empereur d'Autriche. Tout commandait au Roi d'éviter un nouvel affrontement avec l'Assemblée. Il décida donc de choisir des ministres qui auraient la confiance des vainqueurs.
3. 1739-1823. Maréchal de camp en 1788, il se lance dans la Révolution avec passion, mais ne parvient pas à se faire élire aux États généraux. Promu lieutenant-général en février 1792, il devient ministre des Affaires étrangères, le 15 mars suivant, à la place de De Lessart. Pendant la Convention, commandant les armées du Nord, il remporte les victoires de Valmy, de Jemmapes, puis conquiert la Hollande. Défait à Neerwinden, il se livre aux Autrichiens le 5 avril 1793. Il mourra oublié en Angleterre.
4. Dumouriez, *Mémoires*, Paris, 1848, tome I, p. 431 ; Guadet, *Les Girondins*, tome I, p. 183 ; Cahen, *op. cit.*, p. 381.
5. Mme Roland : « Voilà un homme, dis-je à mon mari après leur départ en parlant de Dumouriez, qui a l'esprit délié, le regard faux et dont peut-être il faudra plus se défier que de quiconque au monde... » *Mémoires, op. cit.*, p. 149.

désignation en même temps que celle de Clavière aux Finances. Tous deux sont girondins, jacobins, et très liés à Brissot. Clavière entretient des relations anciennes et amicales avec Condorcet. Celui-ci, en revanche, connaît peu Roland, qui a vécu en province jusqu'en 1792.

Ainsi naquit le ministère girondin. Le Roi, en annonçant les dernières nominations, avait marqué nettement ses distances[1]. « Il l'avait choisi [le ministère], écrira Condorcet, malgré lui et sans lui accorder sa confiance[2]. » Mais la Bourse salue avec satisfaction le cours des événements[3]. La compétence de Clavière, banquier de son état, est connue, et Roland jouit d'une solide réputation d'administrateur. L'assignat de 100 livres, qui ne valait en mars 1792 que 60,15 livres de numéraire, remonte à 70 livres en avril[4]. En réalité, plus que d'un ministère girondin, il s'agit d'un ministère Dumouriez, soutenu par Brissot et les siens. Or, de même que Brissot, Dumouriez souhaite la guerre, pour des raisons toutes personnelles. Comme La Fayette, il y voit une occasion de s'assurer le pouvoir. Il veut une campagne courte, pour restaurer l'autorité du Roi et gouverner en son nom. La marche à la guerre est désormais inéluctable[5]. En même temps, l'emprise de la Gironde s'affirme sur l'Assemblée. Celle-ci décrète une amnistie générale pour les crimes commis dans le Comtat

1. « J'avais choisi, pour mes premiers agents, des hommes que l'opinion publique et l'honnêteté de leurs principes rendaient reccmmandables. Ils ont quitté le ministère. J'ai cru alors devoir les remplacer par d'autres, accrédités par leurs opinions populaires. » *Moniteur*, XI, p. 719.
2. « Fragment de justification », p. 593.
3. *Chronique de Paris*, 14 mars 1792 : « Tous les effets nationaux se sont élevés dans une proportion très forte. Les changes se sont également élevés. »
4. « Tableaux de dépréciation », *op. cit.*, p. 5.
5. Le nouvel empereur d'Autriche, François II, veut la guerre contre la Révolution. Il s'occupe aussitôt de resserrer l'alliance militaire conclue contre la France avec le roi de Prusse le 7 février. Il se déclare prêt à soutenir les princes. Aux Tuileries, où toute influence des Feuillants a disparu, le Roi laisse Dumouriez agir. Celui-ci tente de détacher la Prusse de l'Autriche. En vain. Il adresse à l'Empereur, le 18 mars, une sommation de renoncer à tout congrès contre la France. Il prépare en même temps une offensive dans les Pays-Bas, dont la Reine fait aussitôt secrètement part à Mercy. *Cf.* Lavisse, *op. cit.*, p. 351.

Venaissin, et ordonne la libération des soldats suisses de Châteauvieux condamnés aux galères, que les Jacobins considèrent comme des martyrs. Condorcet approuve ces mesures[1]. Surtout, il applaudit au décret du 24 mars 1792 par lequel l'Assemblée reconnaît aux hommes de couleur la plénitude de leurs droits : « Pour la première fois depuis l'ère de la liberté, écrit-il, les représentants de la Nation française ont rendu sur les colonies un décret digne d'elle et de leur siècle[2]... » Mais, dans le même temps, il rappelle que le combat continue : « Il faut espérer, pour l'honneur de l'humanité, que les intérêts des Noirs ne seront pas entièrement oubliés[3]. »

## Le rapport sur l'Instruction publique

L'essentiel de sa réflexion, en cet hiver de 1791-92, se porte sur un autre domaine : celui de l'Instruction publique. Là se joue pour Condorcet l'avenir de la Révolution. Pour le philosophe des Lumières, pour l'Encyclopédiste, la Révolution n'aura vraiment fondé la liberté que dans la mesure où elle aura libéré les hommes de la pire servitude, celle qui permet toutes les autres : l'ignorance. La foi en la raison, l'amour de la vérité, la passion du savoir ont illuminé toute la vie de Condorcet. S'agissant de l'instruction, le philosophe entraîne le politique. A quoi bon donner la liberté civile ou politique à des hommes et à des femmes qui demeureraient prisonniers de l'ignorance, du fanatisme, de la superstition ? Seule l'instruction est libératrice. Mais quelle instruction dispenser à des hommes libres ?

A cette question essentielle, l'Assemblée constituante n'a répondu que par l'énoncé d'un principe et la publication d'un projet. La Constitution de 1791 a posé le principe : « Il sera créé et organisé une instruction publique commune à tous les

1. « Fragment de justification », *op. cit.*, I, pp. 594-595.
2. « Révision des travaux », *op. cit.*, p. 423.
3. *Chronique de Paris*, 25 mars 1792.

citoyens, gratuite à l'égard des parties d'enseignement indispensables pour tous les hommes[1]... » Le projet était celui que Talleyrand présenta à la Constituante, alors sur le point de se séparer, en septembre 1791[2], comme si, conscients de leur carence, les Constituants avaient au dernier moment souhaité laisser à leurs successeurs sinon un système, du moins un plan d'éducation publique. La Constituante avait applaudi Talleyrand, mais n'avait pas discuté son texte. Elle avait seulement décidé qu'il serait distribué aux membres de la nouvelle Assemblée, comme pour lui indiquer sa priorité législative.

Pour Condorcet, assurément, l'enseignement est cette priorité. Dans un périodique créé avec quelques amis, *La Bibliothèque de l'homme public*[3], il avait publié en 1791 cinq mémoires sur l'Instruction publique. L'ensemble, fort long, constituait un plan complet. Devenu membre du Comité d'Instruction publique[4], élu à sa présidence le 30 octobre, avec pour vice-président Pastoret, Condorcet a présenté à ses collègues, une semaine plus tard, un plan d'organisation et un résumé des principes généraux. Pour accélérer ses travaux, le Comité s'est partagé en trois sections. Condorcet préside celle consacrée à l'organisation générale de l'Instruction publique. En vérité, il veille à tout et l'œuvre du Comité est pour l'essentiel la sienne[5]. Le 5 mars 1792[6], il est nommé rapporteur du projet que le Comité doit présenter à l'Assemblée. Les 9 et 18 avril[7], il donne lecture de son rapport au Comité, qui l'approuve[8]. Il ne fait pas fi du projet des Constituants, rédigé

---

1. « Titre premier de la Constitution de 1791 », dispositions fondamentales garanties par la Constitution.

2. *Archives parlementaires*, XXX, p. 447.

3. *Cf.* l'annonce de cette publication, *Moniteur*, 26 février 1790.

4. Outre Condorcet et Pastoret, le Comité comprenait notamment Carnot, Jean Debry, Arbogast et Romme. *Cf.* Cahen, *op. cit.*, p. 368.

5. « Procès-verbaux du Comité d'Instruction publique de l'Assemblée législative », éd. Guillaume, p. 14.

6. *Ibid.*, p. 139.

7. *Ibid.*, p. 187.

8. « Rapport et projet de décret sur l'organisation générale de l'Instruction publique, *Œuvres*, VII, pp. 449 à 556.

par Talleyrand, mais il le dépasse, le complète et, surtout, inscrit l'Instruction publique dans une vision plus vaste de la société entière, qui donne au rapport un souffle, une portée, une générosité qui ont traversé les siècles et inspiré les républicains.

D'abord les principes : puisque l'instruction est libératrice des hommes, qu'elle soit aussi « universelle », « égale » et « complète » que possible[1]. Qu'elle assure à chacun non pas l'égalité naturelle, qui n'existe pas, mais l'égalité des chances d'accéder à la connaissance[2] : « Nous n'avons pas voulu qu'un seul homme dans l'Empire pût dire désormais : la loi m'assurait une entière égalité de droits, mais on me refuse les moyens de les connaître. » Qu'elle reconnaisse à tous le même droit au savoir[3]. Qu'elle ouvre au citoyen, tout au long de sa vie, la possibilité d'apprendre et d'accroître ses connaissances[4]. Instruction universelle pour les enfants, égale pour les femmes et les hommes, les pauvres[5] et les riches, permanente pour les adultes : telle doit être l'éducation qu'une Nation libre proposera à ses citoyens[6].

Ensuite, la mise en œuvre des principes : école primaire ouverte à tous les enfants de six à dix ans, où l'on apprendra à lire, écrire et compter, ainsi que les premières connaissances morales, naturelles et économiques. École secondaire de dix à treize ans, où seront enseignés histoire, géographie, principes des arts mécaniques, du dessin, éléments de mathématique, de

1. « Nous avons pensé que notre premier soin devait être de rendre d'un côté l'instruction aussi égale, aussi universelle, de l'autre aussi complète que les circonstances pouvaient le permettre. » *Rapport*, p. 451.

2. *Ibid.*, p. 452.

3. Condorcet prône non seulement l'égalité des filles et des garçons devant l'éducation, mais même la mixité des écoles primaires. *Rapport*, p. 515.

4. « Nous avons observé que l'instruction ne devait pas abandonner les individus au sortir de l'école, qu'elle devait embrasser tous les âges, qu'il n'y en avait aucun où il ne fût possible et utile d'apprendre. » *Ibid.*, p. 452.

5. « Nous avons cru que la puissance publique devait dire aux citoyens pauvres... : si la nature vous a donné des talents, vous pouvez les développer, ils ne seront perdus ni pour vous, ni pour la patrie... » *Ibid.*, p. 453.

6. *Cf.* C. Kintzler, *Condorcet, l'instruction publique et la naissance du citoyen*, préface de J.-C. Milner, Le Sycomore, 1984.

physique, d'histoire naturelle, une langue étrangère, et les bases de la vie morale et de la science sociale. Puis, instituts (nos actuels lycées) et lycées (nos universités). Enfin, au sommet, une « Société nationale des Sciences et des Arts » couvrant tout le domaine des anciennes académies, foyer et centre des Lumières, jouant dans l'éducation une double fonction d'inspiration et de régulation.

L'instruction, à tous les niveaux, sera gratuite. La Nation ne doit pas monnayer le savoir. Les enfants pauvres pourront obtenir des bourses qui les mettront à égalité de chances avec les enfants riches. Le dimanche, instituteurs et professeurs assureront au peuple des campagnes et des villes le complément d'éducation qui maintiendra vivante en chacun la flamme des Lumières. Condorcet entrevoit que le travail industriel, par la division et la répétition de ses tâches, risque de faire naître « une classe d'hommes incapables de s'élever au-dessus des plus grossiers intérêts[1]. » Il faut donc, par une instruction continue, offrir à ces travailleurs « une ressource contre l'effet infaillible de leurs occupations journalières[2]. »

Mais le message de Condorcet dépasse la définition du cadre ou des disciplines de l'enseignement. Quand bien même la Nation assurerait à tous l'instruction indispensable, et à chacun, selon ses capacités, l'accès aux connaissances, elle n'aurait pas encore rempli son devoir. L'Instruction publique doit être l'instrument privilégié de la libération de l'esprit humain. Or le risque est toujours grand qu'elle devienne au contraire le moyen privilégié, pour un pouvoir, d'asservir la pensée. Dès lors, il ne saurait y avoir d'éducation publique que libre, protégée contre tout dogmatisme, et ouverte à la raison critique. L'Instruction publique ne sera donc asservie

---

1. *Ibid.*, p. 463.
2. *Ibid.* L'instruction, pour Condorcet, n'a d'autre fin que la liberté. Elle sera d'autant plus efficace qu'elle aura été générale et non assujettie à un but immédiat, étroitement défini et nécessairement temporaire. *Cf. 4ᵉ Mémoire sur l'instruction*, Œuvres, VII, p. 311.

à aucune doctrine politique[1] : c'est le principe de neutralité de l'école. Elle ne sera assujettie à aucune autorité religieuse[2] : c'est le principe de la laïcité de l'école. Elle ne sera soumise à aucun dogme intellectuel[3] ni pédagogique : c'est le principe d'objectivité de l'école. « L'indépendance de l'instruction fait en quelque sorte partie des droits de l'espèce humaine[4] », écrit Condorcet qui ajoute superbement : « Puisque la vérité seule est utile, puisque toute erreur est un mal, de quel droit un pouvoir, quel qu'il fût, oserait-il déterminer où est la vérité, où se trouve l'erreur[5] ? » Seul le mouvement de la raison, seule la difficile recherche de la vérité ouvrent à la pensée la voie d'avancées infinies. Ainsi, dans le rapport sur l'Instruction de 1792, s'inscrit déjà l'inspiration de *l'Esquisse du tableau des progrès de l'Esprit humain* de 1792.

Arrière, toutes les formes du fanatisme, de l'intolérance, du dogmatisme intellectuel ! « Ni la Constitution française, ni même la Déclaration des Droits de l'homme ne seront présentées à aucune classe de citoyens comme des tables descendues du ciel, qu'il faut adorer et croire... Tant qu'il y aura des hommes qui n'obéiront pas à leur raison seule, qui recevront leurs opinions d'une opinion étrangère, en vain toutes les chaînes auraient été brisées, en vain ces opinions de commande seraient d'utiles vérités ; le genre humain n'en resterait pas moins partagé en deux classes : celle des hommes

1. « La première condition de toute instruction étant de n'enseigner que des vérités, les établissements que la puissance publique y consacre doivent être aussi indépendants que possible de cette autorité politique ». *Ibid.*, p. 451. Les maîtres doivent être recrutés sur des critères exclusivement scientifiques, et soustraits à toutes les pressions locales ou politiques.
2. « Il est rigoureusement nécessaire de séparer de la morale les principes de toute religion particulière et de n'admettre dans l'instruction publique l'enseignement d'aucun culte religieux... » *Ibid.*, p. 483.
3. « Il faut oser tout examiner, tout discuter, tout enseigner même. » 5e mémoire, *op. cit.*, p. 415.
4. *Ibid.*, p. 523.
5. *Ibid.*

qui raisonnent et celle des hommes qui croient, celle des maîtres et celle des esclaves[1]... »

Tout le reste du projet — les modalités du choix des maîtres, la volonté qu'ils échappent à l'autorité politique par un système complexe où la Société nationale des Sciences et des Arts, recrutée elle-même par cooptation, joue un rôle essentiel — procède de la même inspiration. Ces dispositions techniques comptent moins que le message passionné de Condorcet, fondant en pensée l'École de la République. Car c'est bien d'elle qu'il s'agit, c'est elle qui transparaît jusque dans le refus de sacraliser la Constitution et la Déclaration des Droits de l'homme. Pour Condorcet, c'est le progrès des Lumières, assuré par l'Instruction publique, qui amènera les citoyens à se libérer de ce reste de superstition : une monarchie où un homme, par droit de naissance, se trouve investi d'un pouvoir qui ne devrait procéder que de la souveraineté du peuple. L'école que Condorcet veut créer conduit inévitablement à la République. Car à quelle fin tend son projet d'instruction, sinon à former des citoyens libres, égaux et fraternels ? Libres, parce que fanatisme et dogmatisme seront bannis de l'école. Égaux, non parce qu'il croit, comme Helvétius, à l'égalité des talents, mais parce que chacun, dans cette école, disposera des mêmes droits d'accéder au savoir. Fraternels, parce que pauvres et riches, garçons et filles, tous seront instruits ensemble par les mêmes maîtres, dans les mêmes écoles, et que cette commune instruction réduira entre eux distances et préjugés. Ainsi l'école que présente Condorcet sous la monarchie est déjà l'école républicaine.

## La déclaration de guerre

De ce *Rapport sur l'Instruction publique*, dans lequel il a tant investi de lui-même, l'histoire va disposer. Alors qu'en

1. *Ibid.*, pp. 455, 456.

mars et avril 1792, il met la dernière main à son texte, la course à la guerre connaît ses ultimes péripéties[1]. Le 18 avril, le Roi, sur proposition de Dumouriez, décide en Conseil des ministres de se rendre à l'Assemblée, le 20, pour y proposer la guerre à l'Autriche. Le même jour, le Comité d'Instruction publique approuve le rapport de Condorcet. Sa lecture à l'Assemblée est inscrite à l'ordre du jour de la séance du 20. Par une coincidence inouïe, l'Assemblée doit entendre, dans la même journée, Condorcet lui présenter son grand projet d'Instruction publique, et le Roi lui proposer de déclarer la guerre.

De cette juxtaposition, la conséquence est inévitable. Le vendredi 20 avril à midi, le président ouvre la séance. « Dès 9 heures, écrit l'abbé Royou, chroniqueur ultraroyaliste, toutes les tribunes étaient pleines. Toutes les avenues de la salle étaient assiégées par un peuple immense. L'enceinte même destinée aux législateurs était occupée par une foule de femmes qui n'avaient pu trouver de places dans les galeries. Les députés, en arrivant, ont trouvé leurs places prises. Plusieurs ont paru scandalisés de cette témérité[2]... » Une motion est aussitôt votée pour interdire la salle de l'Assemblée à toutes personnes autres que les députés. « Cette motion a été accueillie avec de vifs applaudissements par les spectateurs placés dans les tribunes. Ceux de l'intérieur de la salle leur ont répondu par des huées. Insensiblement, il s'est engagé entre les uns et les autres une guerre d'injures qui s'est prolongée avec bruit et indécence[3]... » Dans ce vacarme, Condorcet doit relire son texte, comme tous les orateurs qui vont monter à la tribune et tentent de se concentrer. Enfin le calme revient. A midi, le président déclare la séance ouverte.

1. Le 7 avril, le prince de Kaunitz fait savoir que l'Empereur François II repousse toutes les demandes françaises. Bien mieux, il exige la restitution au pape du Comtat Venaissin et le rétablissement complet des princes allemands dans leurs droits en Alsace.
2. L'*Ami du Roi*, de Royou, 21 avril 1792.
3. L'*Ami du Roi*, de Montjoye, 21 avril 1792.

Il a été décidé la veille que, pour témoigner de son indépendance, l'Assemblée entamera son ordre du jour sans attendre l'arrivée du Roi. C'est donc devant une Assemblée au complet, et des tribunes où s'écrase une foule énervée, que Condorcet commence la lecture de son rapport sur l'Instruction publique. Aucun moment ne pouvait être plus malvenu pour un tel texte, devant un pareil auditoire. Tous les esprits ne sont occupés que de la venue du Roi et de la déclaration de guerre. Ironie du sort : Condorcet parle instruction et philosophie à des hommes qu'enfièvrent la guerre et la politique. « M. Condorcet a lu d'une voix faible, au milieu du bruit et des conversations de tous ceux qui attendaient qu'on levât la toile, quelques morceaux d'un immense rapport[1]... », écrit ironiquement l'abbé Royou. Cependant, si grande est l'autorité intellectuelle de Condorcet sur la majorité de l'Assemblée que Montjoye, lui aussi royaliste, relève : « Chaque phrase du discours de M. Condorcet a été applaudie avec enthousiasme[2]... » Condorcet ne peut cependant s'y tromper : les applaudissements s'adressent aux principes, non à ce rapport auquel nul, en ce moment exceptionnel, ne saurait s'intéresser. A midi et demie, l'arrivée du Roi est annoncée. Condorcet quitte la tribune. A peine a-t-il eu le temps de lire les premières pages d'un texte auquel il a donné tant de lui-même, qui représente le fruit d'un travail poursuivi depuis des années, sur le sujet qui lui paraît pour la Nation le plus important de tous.

Suivi de ses ministres, le Roi, « vêtu de violet, qui est la couleur que nos rois adoptent pour le deuil[3] », gagne l'estrade du président où se trouvent deux fauteuils identiques couverts de fleurs de lys d'or. Il s'assied, imité par le président et tous les députés. « Le plus profond silence a régné dans toute l'Assemblée. » Le Roi, « qui paraissait affecté de la gravité

1. L'*Ami du Roi*, de Royou, *cf. supra*.
2. L'*Ami du Roi*, de Montjoye, 21 avril 1792.
3. *Ibid.*

des circonstances[1]... », invite Dumouriez à lire son rapport sur la situation internationale. Après lui, il reprend très brièvement la parole et conclut : « En conséquence, aux termes de la Constitution, je vous propose formellement la guerre contre le roi de Bohême et de Hongrie. » Puis il quitte la salle pour laisser l'Assemblée délibérer. En fin d'après-midi, après une brève discussion au cours de laquelle un seul député, Becquey, s'élève contre toute initiative belliqueuse, l'Assemblée vote, à l'unanimité moins sept voix, la déclaration de guerre. Selon les journaux, « l'Assemblée entière, les tribunes, la foule immense qui entourait la salle, firent retentir l'air de leurs transports de joie[2] ».

En cet instant où bascule l'Histoire, Condorcet a conscience que l'Assemblée élue d'une nation libre ne peut déclarer la guerre comme le faisaient les rois. Il monte à la tribune et présente à l'Assemblée un projet d'adresse qu'il a rédigé. Il y proclame le bon droit de la France, la justesse de sa cause : « Chaque Nation a seule le pouvoir de se donner des lois et le droit inaliénable de les changer[3]. » Les monarques ne peuvent imposer à la France le régime de leur choix. « Voudraient-ils, parce qu'ils ont des sujets, empêcher qu'il existât ailleurs des hommes libres[4] ? » La seule alternative ouverte aux Français, c'est la guerre, ou le retour à l'Ancien Régime réclamé par l'Empereur : « Telle est la paix qui vous est offerte. Non, vous ne l'accepterez jamais ; les lâches sont à Coblentz, et la France ne renferme plus dans son sein que des hommes dignes de sa liberté[5]... » Le succès de cette adresse est vif, dans le climat d'enthousiasme belliqueux qui règne dans l'Assemblée[6].

1. *Ibid.*
2. Gallois, *op. cit.*, tome I, p. 325.
3. « Projet d'une exposition des motifs qui ont déterminé l'Assemblée nationale sur la proposition formelle du Roi qu'il y a lieu de déclarer la guerre au roi de Bohême et de Hongrie », *Œuvres*, X, pp. 443 et suivantes.
4. *Ibid.*, p. 445.
5. *Ibid.*, p. 454.
6. *Cf.* le *Patriote français*, 21 avril 1792. Et même l'*Ami du Roi* (de Montjoye),

Ainsi, en ce jour exceptionnel, Condorcet, qui fuit généralement la tribune, est intervenu à deux reprises. Le philosophe, parlant de l'Instruction, a été applaudi distraitement. Le politique, justifiant la guerre, a été chaleureusement acclamé. Le contraste est révélateur. L'heure du discours philosophique est passée. C'est de la guerre, à présent, que tout va dépendre. Près de deux ans plus tard, Condorcet proscrit écrira : « C'est en détestant la guerre que j'ai voté pour la déclarer[1]. » Sans doute. Mais qu'éprouvait Condorcet en cette soirée du 20 avril 1792, quand montaient vers lui, lisant son adresse, les applaudissements d'une Assemblée et de spectateurs enfiévrés ? Dumont, qui a vécu cette période et bien connu ses protagonistes, écrit : « Je vis des hommes influents qui tremblaient en pensant à la guerre et, le lendemain, juraient de sa nécessité. Condorcet ne la voulait pas, Condorcet la vota, Clavière ne la voulait pas, et Clavière la vota. Roland de même, de Graves de même, et une infinité d'autres ! L'entraînement des volontés... est inconcevable pour ceux qui n'ont pas vu de près le jeu des passions populaires[2]. » Quand, la séance finie, l'enthousiasme retombé, la fatigue recouvrant tout, Condorcet regagnait cette nuit-là son domicile de la rue de Lille, quelles pensées assaillaient le philosophe qui, le matin même, avait proclamé sa foi en la toute-puissance de la raison ?

Le lendemain 21 avril, Condorcet monte à nouveau à la tribune pour poursuivre la lecture de son rapport sur l'Instruction. Il est las, souffrant. L'Assemblée a épuisé la veille ses facultés d'enthousiasme et même d'intérêt. L'accueil est froid[3]. La Législative décrète l'impression du rapport, mais elle en ajourne la discussion, demandant que le Comité d'Instruction publique présente un aperçu des dépenses qu'en-

21 avril 1792 : « M. Condorcet a fait lecture d'une adresse au peuple français sur la guerre. Il a été éloquent le plus qu'il a pu. Nous avons même été frappés de quelques-unes de ses tournures oratoires... »
1. « Fragment de justification », *op. cit.*, p. 591.
2. E. Dumont, *Souvenirs, op. cit.*, p. 220.
3. *Cf.* Cahen, *op. cit.*, p. 378, note 3.

traînerait l'exécution du projet. Le Comité se met à l'œuvre. Condorcet, avec l'aide de Romme[1], rédige la note demandée. Il la lit le 24 mai à l'Assemblée, en la priant d'inscrire la discussion du rapport à son ordre du jour[2]. Mais la guerre et le conflit avec le Roi absorbent alors la Législative. Vainement, après le 10 août, Condorcet tentera un suprême effort pour que l'Assemblée se saisisse enfin du plan d'Instruction publique. L'heure n'était pas encore venue où la pensée de Condorcet inspirerait les créateurs de l'école républicaine.

## UN PRINTEMPS ORAGEUX (AVRIL-JUIN 1792)

### Le conflit avec Robespierre

La guerre va exaspérer les passions politiques. A peine le ministère girondin est-il nommé que Robespierre réclame la destitution de La Fayette du commandement militaire auquel Narbonne l'avait nommé[3]. C'est jouer à coup sûr : Narbonne avait été soutenu par les Girondins ; Condorcet s'était aussi prononcé en sa faveur[4] ; le maintien de La Fayette prouvera que les Girondins s'étaient entendus avec Narbonne pour mettre l'armée au service de ses ambitions. Ainsi, dans un même filet, Robespierre enserre La Fayette, Narbonne et les Girondins. Ses amis montent en ligne : Collot d'Herbois met en cause Roederer, Tallien dénonce publiquement Brissot et

1. 1750-1795. Précepteur en Russie pendant cinq ans, il se fit élire par le Puy-de-Dôme à la Législative, puis à la Convention. Spécialiste de l'Instruction publique, il présenta un rapport, le 20 décembre 1792. Peu favorable à Robespierre, il s'alarma cependant de la réaction thermidorienne. Décrété d'arrestation après le 1er prairial et condamné à mort, il se poignarda le 16 juin 1795.

2. « Procès-verbaux du Comité d'Instruction publique », op. cit., p. 249.

3. Cf. Aulard, La Société des Jacobins, op. cit., tome III ; séances du 28 mars, des 11-17, 18, 20 avril 1792.

4. « Je le connaissais pour un homme d'esprit, et je ne croyais pas qu'il pût se résoudre à n'être que le complice des Duport, des De Lessart, des Bertrand, et l'instrument de la coalition. » « Fragment de justification », op. cit., p. 588.

Condorcet[1]. Exaspéré par ces attaques, celui-ci écrira le 21 avril : « Il fallait prendre avec douleur mais avec fermeté le parti de la guerre », accusant à mots couverts les Feuillants et les amis de Robespierre de toucher de l'argent de la Cour[2].

Robespierre n'est pas homme à laisser passer de tels propos. Le lendemain soir, aux Jacobins, Collot d'Herbois s'en prend de nouveau à Roederer. Tallien, après avoir rappelé ses accusations antérieures contre Condorcet et Brissot, demande un « scrutin épuratoire[3] ». Merlin dénonce avec force Condorcet : « J'ai lu hier dans la *Chronique* une diatribe infâme contre les Jacobins. M. Condorcet, l'un de vos membres, est l'auteur de cet article où il dit que ceux qui composent cette société sont des gens sans talents et vendus au Roi de Hongrie[4]... » Robespierre, à la tribune, évoque la nécessité d'une épuration, mais n'accuse nommément personne : « Le moment de démasquer les traîtres arrivera... Je remets à quelques jours les développements de cette vérité[5]. » Chabot reprend l'accusation contre Condorcet : « Je demande si ceux qui ont parlé pour M. de Narbonne sont dupes de son prétendu patriotisme. » Suit le coup bas : « Si M. Condorcet y croit, peu importe que sa femme ait été ou n'ait pas été séduite. Car un homme ne doit pas se laisser aveugler par une femelle[6]. » Il ajoute que Narbonne et son apologiste Condorcet

1. *Cf.* Tallien : « J'ai dénoncé Brissot et Condorcet dans un dîner où se trouvaient une foule de membres de cette société [les Jacobins]. » *Journal des débats de la Société des amis de la Constitution*, 25 avril 1792.

2. Condorcet évoque un certain M. T., qui « donne dix mille francs, sur une certaine liste, à ceux qui se chargent de soutenir le parti du roi de Hongrie en jouant le rôle, les uns d'hommes probes et d'amis des lois, les autres d'amis de la liberté ». Les « hommes probes » visaient les Feuillants qui se proclamaient le parti des « honnêtes gens » ; les « Amis de la Liberté » : ainsi se dénommaient Robespierre et ses proches. *Cf. Chronique de Paris*, 22 avril 1792.

3. *Journal des débats de la Société des amis de la Constitution*, 25 avril 1792.

4. *Ibid.*

5. *Ibid.*

6. Après son renvoi par Louis XVI, le 9 mars 1792, Narbonne avait fait l'objet d'une dénonciation à propos de certains marchés conclus sous son ministère. Sur rapport de Fauchet, le 2 avril, l'Assemblée avait écarté l'accusation. Le 21 avril, Narbonne avait été autorisé à rejoindre l'armée sans avoir rendu ses comptes.

sont dignes de la potence, car M. de Narbonne vise au protectorat, à l'instar de Cromwell[1]. Quant à Brissot, Collot d'Herbois et Chabot le dénoncent comme un intrigant qui ambitionne de placer La Fayette au pouvoir.

Brissot, fin politique, sent le péril. Il ne faut pas laisser le champ libre à Robespierre, ni à la calomnie le temps de se répandre. Robespierre a annoncé qu'il reprendra la parole le vendredi. Le mercredi 25 avril, Brissot intervient aux Jacobins. Condorcet, malade, n'assiste pas à la séance. Brissot est habile dans sa défense : il ridiculise La Fayette et dénonce Robespierre, sans le nommer, comme un de ces hommes « qui flattent le peuple pour le subjuguer, qui tyrannisent les opinions sous le nom de liberté..., distillent le poison des défiances, le fiel des soupçons sur la vertu la plus pure... » Il se montre éloquent pour défendre Condorcet. Il l'évoque, luttant contre la maladie, s'épuisant à terminer son rapport sur l'Instruction publique, à rédiger des adresses « dictées par la philosophie la plus sublime », à préparer des plans pour restaurer les finances publiques. « Détracteurs de ce grand citoyen, s'écrie Brissot, où sont donc vos titres pour le déchirer avec tant d'audace ?... Où sont les services rendus à la patrie, à la liberté, à la philosophie ? Pouvez-vous citer, comme lui, tant d'assauts que pendant plus de trente ans il a livrés, avec Voltaire, d'Alembert, Diderot, à la superstition, au fanatisme, au despotisme parlementaire et ministériel... ? Vous déchirez Condorcet lorsque sa vie révolutionnaire n'est qu'une suite de sacrifices pour le peuple. Philosophe, il s'est fait politique ; académicien, il s'est fait journaliste ; noble, il s'est fait Jacobin[2]... » Dans de tels propos, au-delà de l'habileté, se révèle l'amitié chaleureuse et admirative de Brissot pour Condorcet. La politique, chez lui, n'a pas brisé les élans du cœur.

Son discours n'est pas entendu sans tumulte. Les partisans

1. *Journal des débats de la Société...*, *op. cit.*, 25 avril 1792.
2. *Ibid.*, 27 avril 1792.

de Robespierre sont hors d'eux : « Brissot s'était vu souvent interrompu par des cris violents de femmes placées dans les tribunes et très bien formées à l'art d'injurier ceux qui n'idolâtrent point M. Robespierre[1]... » Camille Desmoulins se signale par ses vociférations. Un citoyen chargé de seconder le président s'indigne : « Il est impossible d'assister à cette séance et d'entendre les propos infâmes que tient ici M. Desmoulins... Il est affreux... de l'entendre crier à tue-tête que l'orateur qui est à la tribune est un coquin[2]. »

Le lendemain, Condorcet renouvelle ses accusations pour signifier à Robespierre et à ses amis que leurs attaques ne l'ébranleront pas. Dans la *Chronique de Paris*, il écrit : « Deux classes d'hommes menacent notre liberté. L'une est celle des gens qui ont besoin de gouverner, d'intriguer et de s'enrichir ; l'autre, *celle des gens qui ont besoin de se faire acheter*. Les uns se chargent d'ameuter les riches, *les autres d'agiter le peuple*... Tous s'accordent à calomnier, à dénoncer les mêmes amis de la liberté... Agents des mêmes chefs, *payés du même trésor*, trahissant également[3]... » L'attaque est brutale. Sous la plume de Condorcet, elle surprend par sa violence et ses calomnies. Sans preuve, Condorcet accuse Robespierre et ses amis d'être payés par la Cour pour faire leur besogne. Sans doute l'obsession de la trahison et de la corruption hante-t-elle les esprits. On voit partout l'or du Roi, semé à profusion dans les rangs des révolutionnaires. Tallien et Chabot sont des personnages équivoques qui se déshonoreront dans de louches trafics[4]. Mais que Condorcet s'abandonne à la diffamation montre que la passion politique l'emporte à son tour. Les

1. *Le Patriote français*, 26 avril 1792.

2. *Journal...*, *Ibid.* Camille Desmoulins haïssait Brissot, son journal l'ayant violemment attaqué en janvier 1792 au sujet des jeux de hasard dont Desmoulins refusait l'interdiction. Girey-Dupré, proche ami de Brissot, l'avait interpellé à ce propos : « Vous vous êtes à jamais fermé la carrière des honneurs populaires. » *Cf.* Gallois, *op. cit.*, tome I, p. 377. Desmoulins se vengera en écrivant en mai 1793 son terrible pamphlet, *Brissot dévoilé*.

3. *Chronique de Paris*, 26 avril 1792. Souligné par nous.

4. Sur Chabot en 1793, *Cf.* Aulard, *Nouvelle Revue*, juillet-août 1885, pp. 82-83.

attaques cumulées de la droite royaliste et de la gauche jacobine l'ont atteint. Des blessures subies jaillit une fureur âcre, trop longtemps comprimée sous une feinte indifférence. Condorcet est vraiment devenu ce « mouton enragé » que ses amis évoquaient jadis, au temps paisible des joutes académiques.

De toutes les accusations dirigées contre Robespierre et son entourage, la plus odieuse pour celui-ci est bien celle de corruption. Ne tire-t-il pas gloire de son surnom, « l'Incorruptible » ? Pas plus qu'il n'épargnera Brissot, Robespierre ne pardonnera à Condorcet. Dès le 27 avril, aux Jacobins, il passe à l'attaque. Son discours est d'une habileté consommée : « Je suis calomnié à l'encre par tous les journaux coalisés contre moi[1]. » Pourquoi ? Parce qu'il est le défenseur du peuple, qu'il a compris « cette grande vérité morale et politique annoncée par Jean-Jacques, que les hommes n'aiment jamais sincèrement que ceux qui les aiment, que le peuple seul est bon, juste, magnanime, et que la corruption et la tyrannie sont l'apanage exclusif de tous ceux qui le dédaignent[2]... » S'il est l'ami déclaré du peuple, ses ennemis sont donc les ennemis du peuple. Et Robespierre de poursuivre, méprisant : « Vous demandez ce que j'ai fait ? Oh, une grande chose, sans doute : j'ai donné Brissot et Condorcet à la France[3]. » Il ajoute devant un auditoire ravi : « Qui peut répondre que le choix du peuple de Paris ne m'eût pas moi-même appelé à la place qu'occupent aujourd'hui Brissot et Condorcet[4] ?... » Et, pour détruire la réputation de Condorcet en tant qu'ami de Voltaire et d'Alembert, il lance : « Si les académiciens et les géomètres que M. Brissot nous propose

1. Réponse de M. Robespierre aux discours de MM. Brissot et Guadet du 25 avril 1792, prononcée le 27 du même mois, in *Défenseur de la Constitution*, p. 41.

2. *Ibid.*, p. 43.

3. *Ibid.*, p. 47. C'est à l'instigation de Robespierre que la Constituante avait voté l'interdiction faite à ses membres d'être élus à la Législative, ce qui avait réservé la députation à de nouveaux venus, tels Brissot et Condorcet.

4. *Ibid.*, p. 48.

pour modèles ont combattu et ridiculisé les prêtres, ils n'en ont pas moins courtisé et adoré les rois, dont ils ont tiré un assez bon parti. Qui ne sait avec quel acharnement ils ont persécuté la vertu et le génie de la liberté dans la personne de ce Jean-Jacques dont j'aperçois ici l'image sacrée, de ce vrai philosophe[1]... » Peu importe que Condorcet n'ait jamais exprimé qu'admiration pour celui-ci. Il a été l'ami de Voltaire, qui était l'ennemi de Rousseau. Donc, Condorcet est un faux philosophe qui a persécuté le seul vrai philosophe. Le voici démasqué, aux applaudissements de l'auditoire !

Dans le journal qu'il crée en mai 1792, le *Défenseur de la Constitution*, Robespierre va revenir à la charge[2]. Condorcet et Brissot se sont-ils déclarés républicains dès juillet 1791 ? Pure feinte[3]. Condorcet a-t-il publié un « Traité sur la République » ? Pour Robespierre, « ses principes... étaient moins populaires que ceux de notre Constitution actuelle[4]... » D'ailleurs, « le seul mot de République jeta la division parmi les patriotes... C'est ce mot qui fut le signal du carnage des citoyens paisibles égorgés sur l'autel de la Patrie[5]. » Ainsi rejette-t-il sur Condorcet et Brissot la responsabilité initiale de la fusillade du Champ-de-Mars du 17 juillet. Qu'importe que Condorcet et Brissot aient dénoncé La Fayette. Ils ont prôné la République. Le peuple les a crus. La Fayette a fait tirer sur le peuple. Donc, Condorcet et Brissot, avec leur ami La Fayette, sont responsables du massacre du peuple... L'accusation portée, l'effet produit, Robespierre se donne aussitôt les gants de la magnanimité : « Je ne prétendrai pas, cependant, que les intentions de Brissot et Condorcet fussent

1. *Défenseur de la Constitution, ibid.*, p. 49.
2. Le *Défenseur de la Constitution* parut du 19 mai 1792 jusqu'après le 10 août. Il connut 12 numéros. Son succès fut mince. *Cf.* Gallois, *Histoire des journaux..., op. cit.*, tome II, p. 114 et suivantes.
3. « Connus jusque-là par vos liaisons avec La Fayette et par votre grande modération, longtemps sectateurs assidus d'un club demi-aristocrate [la Société de 1789], vous fîtes tout à coup retentir le mot de République. »
4. *Ibid.*
5. *Défenseur de la Constitution* n° 3. Et Robespierre de conclure : « La République recula peut-être d'un demi-siècle. »

aussi coupables que les événements furent désastreux... Je ne veux voir dans leur conduite passée qu'une souveraine impolitique et une profonde ineptie[1]. » Traîtres ou imbéciles, Condorcet et Brissot sont des ennemis de la Révolution. Il faut les balayer.

Dorénavant, l'affrontement va se poursuivre sans merci. Les Girondins ne sont d'ailleurs pas en reste de calomnies contre Robespierre. Le 1er mai paraît une diatribe anonyme dans la *Chronique de Paris* : « Est-on patriote... pour quitter le poste où nous place la confiance de nos concitoyens[2], pour opposer son opinion à l'opinion de tous, pour être d'une vanité démesurée, d'une jalousie d'enfant, pour tyranniser un club, pour parler sans cesse de soi..., pour être le plus intolérant des hommes en politique comme en religion, pour avoir fait d'assez mauvais drames, d'assez mauvais plaidoyers, de fort vicieux discours ? » Ce portrait cruel, où l'on reconnaît aisément Robespierre, ne peut qu'exaspérer celui-ci. Tout comme sa prétendue lettre publiée dans la *Chronique* du 18 mai, où son imitateur se désigne par dérision à tous les paragraphes comme « l'Incorruptible ». Pour Robespierre, Condorcet est certainement l'auteur ou pour le moins l'inspirateur de ces textes cruels, puisqu'ils paraissaient dans le journal où il s'exprime tous les jours. Son esprit soupçonneux, toujours à l'affût des complots, lui montre en Condorcet un de ses ennemis acharnés. Lui et les siens ne le lâcheront plus[3].

---

1. *Ibid.*, n° 1, pp. 12-13.
2. *Chronique de Paris*, 1er mai 1792. Robespierre avait démissionné du poste d'accusateur public auquel il avait été élu.
3. Lecointre, député, proche de Robespierre, dénonçait en Condorcet « un excès de perversité que tous les honnêtes gens doivent réprimer », in *Le Défenseur de la Constitution*, n° 3.

## Les premières défaites

Les nouvelles de la guerre sont désastreuses. Dumouriez avait tracé un plan d'offensive en Belgique. Le 29 avril 1792, les troupes commandées par Théobald Dillon, qui marchaient vers Tournai, se sont débandées au premier contact avec l'ennemi. Criant à la trahison, des soldats ont tué leur général. Parties vers Mons, les troupes de Biron se sont repliées précipitamment sur Valenciennes. Rochambeau démissionne. La Fayette se retire sans avoir vu l'adversaire. La frontière est ouverte. L'état détestable de l'armée apparaît alors en pleine lumière. Sur 9 000 officiers, près de la moitié ont émigré. Contraints de prêter serment à la Constitution et de porter la cocarde tricolore, la plupart des autres détestent la Révolution qui a supprimé la noblesse. Les nouveaux officiers patriotes les suspectent. Les troupes se défient du commandement. Les désertions se multiplient. Les chefs de l'armée, hantés par la politique, ont les yeux braqués sur Paris. Le 18 mai, ils décident de suspendre en fait les hostilités. La Fayette négocie en secret avec les Autrichiens. Sophie Condorcet écrit à Dumont, le 19 mai : « Nous allons bien mal. Dumouriez, par sa légèreté, a au moins aventuré la campagne. Le voilà brouillé avec ses confrères[1]... »

A Paris, les Girondins se trouvent dans une situation difficile. Ils ont voulu la guerre. Ils l'ont passionnément réclamée pendant des mois. Trois des leurs sont ministres. Et dès les premiers engagements, la défaite menace. Aux Jacobins, Robespierre les attaque sans merci : n'a-t-il pas refusé, lui, cette guerre dont la conduite allait être confiée à la Cour et aux généraux choisis par elle ? Les événements lui donnent rétrospectivement raison. A droite, les Feuillants, ralliés à La Fayette, dénoncent l'état d'impréparation de nos forces. Les

1. *In* Jean Martin, « Achille du Chastellet et le premier mouvement républicain en France d'après des lettres inédites (1791-1792) », *La Révolution Française*, n° 34, 1927, p. 122.

412

Girondins s'inquiètent d'autant plus que Nabonne les avait convaincus de l'état satisfaisant des armées[1]. En avril, l'Assemblée a pris une série de mesures destinées à renforcer les moyens militaires[2]. Et voici que, comme toute la France, les Girondins découvrent leur faiblesse ! De surcroît, ils n'ont sur le gouvernement aucune emprise réelle. Le Roi traite les ministres girondins avec une bonhomie apparente[3] qui dissimule un profond ressentiment d'avoir été contraint de les nommer. La Cour méprise ces ministres bourgeois et se gausse de Roland pour sa tenue de quaker et sa vertu affectée[4]. Dumouriez conserve la maîtrise des affaires essentielles et mène son jeu personnel. Ulcéré de n'avoir pas été consulté sur la nomination de Servant à la Guerre, La Fayette témoigne aux ministres une hostilité méprisante. Ainsi, les Girondins se trouvent porter, aux yeux de l'opinion, la responsabilité d'un pouvoir qu'ils ne contrôlent pas. Ils s'en exaspèrent, et Condorcet partage leur exaspération.

## L'engagement partisan

En mai et juin 1792, Condorcet intervient peu à la tribune[5]. Dans cette période de tension politique, son tempérament et

1. Au retour d'une inspection à la frontière : « La force actuelle de nos trois armées et la certitude de leur approvisionnement », in *Moniteur* du 13 janvier 1792.

2. *Cf.* Guadet, *Histoire des Girondins*, tome I, p. 223.

3. Mme Roland, *Mémoires, op. cit.*, p. 150.

4. Le marquis de Ferrières raconte : « Roland ressemblait à un quaker endimanché : des cheveux plats et blancs, très peu de poudre, un habit noir, des souliers avec des cordons. La première fois que Roland parut au Conseil avec cet accoutrement, le maître des cérémonies, effrayé de ce renversement de l'étiquette, s'approcha de Dumouriez d'un air inquiet, le sourcil froncé, la voix basse, contrainte, et, lui montrant Roland du coin de l'œil : "Eh, Monsieur, point de boucles à ses souliers ! — Oh, Monsieur, répondit Dumouriez avec un grand sang-froid, tout est perdu !" », *Mémoires*, p. 51.

5. *24 mai 1792 :* aperçu des frais que coûtera le nouveau plan d'Instruction publique, *Archives parlementaires*, tome XLIV, p. 93 et suivantes ; *2 juin 1792 :* sur le mode de discussion de l'état des dépenses de 1792, *ibid.*, p. 443 ; *19 juin*

son style toujours réservés le tiennent à l'écart des affrontements. Les grandes questions qui mobilisent son intérêt, instruction publique ou réforme des finances, ne sont pas à l'ordre du jour. Il relève avec mélancolie cette indifférence[1] et se cantonne dans le silence. Par ailleurs, sa santé se ressent de l'excès de travaux menés pendant l'hiver. Mais il contribue régulièrement à la *Chronique du mois* où il publie, d'avril à juin, la « Réponse de Thomas Paine à quatre questions sur les pouvoirs législatif et exécutif », traduite par Sophie. Surtout, il poursuit sa chronique parlementaire dans la *Chronique de Paris*, où il exprime jour après jour sa pensée. Car Condorcet ne rapporte pas seulement les débats ; ses chroniques contiennent aussi des commentaires, des fragments d'éditoriaux. Elles sont relations et réactions, témoignages et partis pris. Condorcet, homme politique, s'y révèle en clair, beaucoup plus que dans ses discours ou ses rapports à l'Assemblée, toujours un peu académiques.

Ce qui frappe à leur lecture pendant ce printemps de 1792, c'est l'intensité de son engagement politique aux côtés des Girondins. La discipline doit être assurée dans l'armée, des mesures rigoureuses sont prises : Condorcet les approuve. L'Assemblée ordonne des poursuites judiciaires contre l'*Ami du Peuple* de Marat et l'*Ami du Roi* de l'abbé Royou : Condorcet acquiesce, sans s'inquiéter outre mesure de la liberté de la presse[2]. Les prêtres réfractaires font l'objet d'un

1792 : sur la destruction des titres de noblesse, *ibid.*, tome XLV, p. 377 et suivantes ; *25 juin 1792* : témoignage en faveur de Chabot injustement accusé, *ibid.*, p. 564 ; *29 juin 1792* : sur l'âge requis pour pouvoir contracter mariage, *ibid.*, p. 670.

1. *Cf. Chronique de Paris*, 16 mai 1792 : « On ne sait par quelle singulière fatalité les questions dont la décision peut ramener l'ordre dans les finances, assurer les moyens de résister à nos ennemis, sont précisément celles qu'il est le plus rare de trouver à l'ordre du jour et le plus difficile à soumettre à la discussion... La même fatalité semble poursuivre d'autres objets non moins importants, l'Instruction publique, le mode de constater l'état civil des citoyens, la liberté des fils de famille, le divorce... »

2. *Chronique de Paris*, 4 mai 1792. Marat avait applaudi au meurtre du général Dillon par ses soldats révoltés ; l'abbé Royou s'était félicité du repli de l'armée.

décret cruel qui permet aux autorités administratives de les déporter hors du territoire métropolitain : Condorcet accepte cette mesure de sûreté dont le caractère de loi d'exception est pourtant évident[1]. Un peu plus tard, trois membres de l'Assemblée[2] font l'objet d'un mandat d'amener lancé par le juge Larivière, qui méconnaît l'inviolabilité parlementaire. Irritée, l'Assemblée décrète que celui-ci sera traduit devant la Haute Cour nationale. Condorcet publie un discours très violent contre Larivière[3]. Même si sa faute était avérée, fallait-il voir en lui l'instrument du « Comité autrichien » et réclamer son arrestation ? Le 29 mai, sous prétexte d'incidents entre promeneurs et Suisses de la garde du Roi, celle-ci est dissoute, et son commandant, le duc de Cossé-Brissac, arrêté. Condorcet approuve également la mesure[4]. Le 4 juin, le ministre de la Guerre, Servan, propose l'implantation d'un camp militaire près de Paris, composé de 20 000 gardes nationaux de province. Le motif allégué est de protéger Paris en cas d'invasion. Mais l'intention politique est évidente : il s'agit, pour les Girondins, de s'assurer la maîtrise de la force armée dans la capitale[5]. Condorcet salue le décret en termes chaleureux : « Une telle proposition ne pouvait manquer de plaire aux amis de l'ordre et de la paix[6]. »

1. *Chronique de Paris*, 26 et 27 mai 1792.
2. Il s'agissait de Chabot, Basire et Merlin. Ceux-ci avaient dénoncé au journaliste Carra l'ancien ministre Bertrand de Molleville comme membre du « Comité autrichien ».
3. *Chronique de Paris*, , 21 mai 1792. *Cf.* la description à l'Assemblée de la séance par Hua : « Le côté gauche proposa le décret d'accusation... Le côté droit fit sa résistance accoutumée ; je montai à la tribune avec l'espoir d'arracher le malheureux juge à ses bourreaux. Le côté gauche ne peut supporter ma harangue jusqu'au bout. Les cris redoublent : à bas l'orateur ! Et pour exécuter ce vœu, les plus forcenés montent à la tribune pour m'en arracher... » Hua, *op. cit.*, p. 121. Le juge Larivière sera égorgé à Versailles au mois de septembre 1792.
4. *Chronique de Paris*, 31 mai 1792 : « Le Roi a le droit d'avoir une garde. Mais ce n'est pas le priver de ce droit que de la dissoudre, s'il conserve celui de la remplacer par une autre. »
5. Les passions se déchaînèrent. Une pétition contre le décret réunit 8 000 signatures. Une pétition en sa faveur fut signée par 20 000 personnes.
6. *Chronique de Paris*, 9 juin 1792. Robespierre combattit vivement le décret. *Cf.* le *Défenseur de la Constitution*, n° 7.

## La chute du ministère girondin

Chacun pressent l'épreuve de force. Sophie Condorcet écrit à Dumont : « Il est impossible de savoir où nous allons[1]. » Le 21 mai 1792, Thomas Lindet, ancien Constituant, manifeste son inquiétude dans une lettre à son frère, député à la Législative : « L'inaction, la défiance, l'opposition entre les généraux et les ministres, le discrédit des Jacobins, les divisions de l'Assemblée, dans laquelle il n'existe pas de parti assez fortement prononcé, tout cela met la chose publique en péril[2]. » Ruault exprime le même sentiment, le 24 mai : « Que voulez-vous que je vous dise du désordre actuel dans les idées et les opinions ? On crie partout que le Roi nous trahit, que les généraux nous trahissent, qu'il ne faut se fier à personne... Adieu, nous sommes sur un volcan prêt à jeter des flammes[3]... » Et Malouet, conseiller secret du Roi, confie le 8 juin à Mallet du Pan, émigré à Genève : « Les Constitutionnels et leur chef La Fayette sont en fureur du licenciement de la garde et des vingt mille fédérés décrétés. Je ne serais point étonné qu'ils tentassent quelque entreprise contre les Jacobins[4]... Les sections sont en effervescence. La participation populaire aux séances se fait plus nombreuse[5]. »

Paris, cependant, est bien loin de ne s'occuper que de guerre et de politique. S'il y a çà et là des incidents, la ville demeure calme. Un étudiant bordelais écrit à son père en mai 1792 : « Où donc Mlle D. a-t-elle vu qu'il y avait du danger à voyager aujourd'hui ? Elle a rêvé cela près de son feu. Je te prie de n'en rien croire. Paris est plus tranquille que jamais[6]... » Les théâtres font recette. La critique dramatique occupe

1. Lettre citée.
2. Thomas Lindet, *Correspondance, op. cit.*, p. 351.
3. Ruault, *op. cit.*, p. 285.
4. Malouet, *Correspondance*, p. 343.
5. Michel Vovelle, *La mentalité révolutionnaire*, Messidor/Éditions sociales, Paris, 1985, p. 235.
6. *Journal d'un étudiant pendant la Révolution, op. cit.*, p. 297.

toujours dans les journaux une place importante[1]. Malouet décèle les frémissements avant-coureurs de la tempête, mais conclut le 8 juin : « Les spectacles, les guinguettes, les promenades ne désemplissent pas. Ce peuple est indéfinissable[2]... »

Dans cette ambiance singulière où se mêlent, aux douceurs du printemps parisien, l'inquiétude de la guerre et l'angoisse des complots, une question, pour les Girondins, domine toutes les autres : le Roi opposera-t-il son veto aux mesures contre les prêtres réfractaires et à la création du camp de 20 000 fédérés ? Il diffère de Conseil en Conseil sa réponse. Mme Roland imagine de lui adresser par Roland, le 10 juin 1792, une lettre éloquente où transparaît la menace : « Les mécontentements peuvent mener à tout[3]... » Le 13 juin parvient à l'Assemblée une lettre du Roi annonçant le renvoi des trois ministres girondins, Roland, Servan, Clavière. Sans doute Condorcet ne l'ignorait-il pas, puisqu'ils en avaient été avisés la veille et que les nouvelles de cet ordre se répandent vite dans les milieux politiques. Dans sa lettre, le Roi dit sèchement : « Je veux la Constitution, mais je veux aussi l'ordre et l'exécution dans toutes les parties de l'administration. » Ce qui revient à accuser les ministres girondins de gabegie et d'incompétence. La réaction est très vive. La lettre de Roland — ou plutôt de Mme Roland — au Roi est lue à l'Assemblée « au bruit d'applaudissements presque unanimes[4] ». Pour Condorcet, c'est là « le plus pur langage de la probité, du

---

1. On se moquait de cette passion :

> *Il ne fallait au fier Romain*
> *Que des spectacles et du pain*
> *Mais au Français, plus que Romain*
> *Le spectacle suffit sans pain...*

*In Almanach de tous les spectacles de Paris et des provinces pour l'année 1792*, cité in *Un Prussien en France, op. cit.*, 1792.
2. Malouet, *Correspondance, op. cit.*, p. 344.
3. Mme Roland, *Mémoires, op. cit.*, pp. 155-156.
4. *Chronique de Paris*, 14 juin 1792.

patriotisme et de la raison[1]... » L'Assemblée décrète ensuite que les trois ministres emportent les regrets de la Nation. Dumouriez, devenu ministre de la Guerre, apparaît sur ces entrefaites. Les huées succèdent à l'ovation. Il lit un mémoire exposant le mauvais état de l'armée. Irritée, l'Assemblée nomme une commission de douze membres pour examiner les comptes du ministère et la situation militaire. Condorcet conclut son compte rendu : « L'Assemblée a témoigné avec une égale dignité son respect pour le patriotisme et pour la vertu, son mépris pour la perfidie et pour la bassesse[2]... » Mais, aux Jacobins, le soir-même, aux motions violentes des Girondins, Robespierre oppose un mépris de fer : « Est-ce que, de tous les événements qui peuvent intéresser l'opinion publique, le renvoi de MM. Clavière, Roland et Servan est le plus digne d'exciter l'intérêt des bons citoyens[3] ? » Il ajoute : « L'Assemblée n'a d'autre mesure à prendre que soutenir la Constitution[4]... » Légalisme d'autant plus avantageux qu'il laisse aux Girondins la responsabilité de tout mouvement insurrectionnel. De son côté, La Fayette exulte. Roederer, en visite à son quartier général à Metz, raconte : « Une bruyante explosion de joie dans le salon m'apprit que le général recevait la nouvelle de la destitution des trois ministres[5]. »

La situation politique des Girondins s'avère très difficile. Ils peuvent encore espérer contrôler l'Assemblée grâce à leur capacité manœuvrière et à l'éloquence de Vergniaud et de ses amis. En ralliant le peuple autour d'elle, en exerçant sur la Cour une forte pression populaire, ils pensent pouvoir contraindre le Roi à céder devant la volonté de l'Assemblée, c'est-à-dire la leur. De cette stratégie, les chroniques de Condorcet témoignent. Le 15 juin, il écrit : « L'Assemblée

1. *Ibid.*
2. *Ibid.*
3. *In* Jaurès, *op. cit.*, p. 512.
4. Aulard, *La Société des Jacobins, op. cit.*, tome III, p. 695.
5. Roederer, *Mémoires sur la Révolution..., op. cit.*, textes choisis par Aubry, p. 5.

nationale, forte de l'opinion publique et des principes de la Constitution, jugera si elle ne doit pas également préserver toutes les autorités constituées de l'asservissement où on voudrait les plonger[1]... » Le 16, l'analyse politique se fait plus fine et plus pressante. D'abord, à destination de la Cour, l'évocation d'un possible soulèvement populaire : « Chaque jour, l'opinion s'éclaire et se prononce d'une manière plus forte... On semble *appeler les événements que l'on avait paru d'abord envisager avec effroi*[2]... » La menace est à peine voilée. Le 18, c'est un rappel de 1789 ; Condorcet évoque les sections parisiennes : « Ce sont les mêmes hommes qui, en 1789, et à peu près à cette époque, délibéraient avec autant de calme que de fermeté sur les moyens de réprimer l'insolence de la tyrannie[3]... »

Le cours des événements se précipite. Dumouriez, suspecté par les Jacobins, adjure le Roi, à présent qu'il est débarrassé des Girondins, de donner sa sanction aux deux décrets sur les prêtres réfractaires et le camp de 20 000 hommes. Le souverain, qui a nommé de nouveaux ministres feuillants[4], refuse. Le 16 juin, Dumouriez démissionne. A Paris, les sections s'animent, même si Danton et Robespierre jugent mal venu un soulèvement. Le 17 juin, à l'Assemblée, les Girondins font nommer une commission de douze membres pour veiller au salut de la Patrie. Condorcet écrit : « Il est vrai que l'État est désorganisé, qu'il n'y a plus d'exécution des lois[5]. » Tout concourt désormais à annoncer une grande journée révolutionnaire. Les faubourgs ont résolu de présenter, le 20 juin, des pétitions à l'Assemblée et au Roi. Ils entendent s'y rendre

---

1. *Chronique de Paris*, 15 juin 1792.
2. *Chronique de Paris*, 16 juin 1792. Souligné par nous. « *Sans cette Constitution* qu'il [le peuple] respecte, et dont les représentants ne cesseront de s'entourer eux-mêmes tant qu'il leur restera quelque espoir de sauver avec elle la liberté publique, *le peuple serait déjà debout pour la seconde fois...* »
3. *Chronique de Paris*, 18 juin 1792.
4. Chambanas aux Affaires étrangères, Lacoste à la Marine, Duranthon à la Justice.
5. *Chronique de Paris*, 18 juin 1792.

armés[1]. La présence d'hommes en armes dans le château des Tuileries apparaît au directoire de Paris, présidé par La Rochefoucauld, comme une violation de la loi et une menace insupportable. Le Conseil général de la Commune et le directoire du département interdisent la manifestation. Pétion, le maire, tout acquis aux Girondins, et ne voyant qu'avantage politique à une démonstration de masse qui pourrait faire plier le Roi comme en 1789, louvoie et gagne du temps.

## La lettre de La Fayette

Le 18 juin arrive à l'Assemblée une lettre de La Fayette, adressée de son quartier général, d'une insolence suprême. Il dénonce en termes violents ses adversaires : « Pouvez-vous dissimuler... que la faction jacobine a causé tous les désordres ?... » Il réclame le respect du pouvoir royal, autrement dit du veto. Il évoque les vertus civiques et guerrières de l'armée : « Ce n'est pas sans doute au milieu de ma brave armée que les sentiments timides sont permis[2]. » La lettre est écoutée avec faveur par une partie de l'Assemblée. Vergniaud combat la proposition de l'envoyer dans les départements, rappelant que, s'agissant d'un général d'armée, sa pétition aurait dû passer par son ministre. Il dépeint la liberté menacée par un coup de force militaire. L'Assemblée se borne à transmettre la lettre à la Commission des Douze.

Condorcet ironise : « Il [La Fayette] se souvient trop du ton que prenait Washington... pour se permettre de prendre avec les représentants de la Nation celui qui règne dans cette lettre... Il n'en aurait pas non plus employé le tiers à faire son propre éloge... Il aime trop la liberté pour donner l'exemple funeste d'un général envoyant ses ordres au pouvoir législatif...

1. Depuis quelque temps, l'Assemblée avait accepté, malgré les protestations de nombreux Feuillants, que défilent dans son enceinte des volontaires partant pour la frontière avec leurs armes, et des représentants des sections avec leurs piques.
2. Cité par Jaurès, *op. cit.*, pp. 521 à 524.

Il aime trop la Constitution pour oublier que la force armée est essentiellement obéissante... Cette lettre n'est donc pas de lui, elle est l'ouvrage de quelque aide de camp bel esprit[1]... » Condorcet refuse de condamner La Fayette. Il sait que sa popularité n'a pas disparu. Mieux vaut éviter avec lui un affrontement brutal. « M. La Fayette est-il l'ennemi de la liberté ? Non. Mais la préférence constante qu'il accorde aux intrigants sur les honnêtes gens..., aux valets complaisants sur des amis même indulgents, mais fermes, lui a fait commettre bien des fautes, et celle-ci est la plus grave de toutes[2]. » Condorcet l'exhorte, en concluant, à rompre avec les « agents imbéciles ou fripons qui l'entourent ».

Dans cette conclusion résonnent les derniers échos de l'amitié passée. Condorcet voit en La Fayette un esprit plus léger que mauvais, un homme plus vaniteux que dangereux. Au même moment, Brissot, lui, s'en prend sans mesure au général : « C'est le coup le plus violent qu'on ait porté à la liberté. C'est une seconde édition de la lettre de Léopold au Roi. L'une et l'autre sortent de la même fabrique[3]. » Contrairement à Condorcet, Brissot mesure le péril dans lequel tout ménagement du général peut placer les Girondins. Robespierre les guette. L'accusation portée deux mois plus tôt contre Brissot et Condorcet, d'être les alliés de La Fayette, prend à présent une force redoutable. Pour échapper, il convient de dénoncer ce dernier aussi fortement que le fait Robespierre.

Il ne reste plus aux Girondins qu'à rallier le peuple, les sections parisiennes. Il est significatif que Condorcet, le 19 juin, demande à l'Assemblée de décréter que tous les titres de noblesse déposés dans les archives publiques soient brûlés sous la surveillance des corps administratifs. Deux ans après que l'Assemblée Constituante ait supprimé tout titre et distinction nobiliaire, c'est marquer l'irréversibilité de la

---

1. *Chronique de Paris*, 19 juin 1792.
2. *Ibid.*
3. *Patriote français*, 18 juin 1792. Brissot fait référence à la lettre de l'empereur Léopold à Louis XVI, de février 1792, dénonçant les Jacobins.

Révolution. « Il s'agit, dit-il dans un bref discours, de combattre la plus ridicule, mais la plus incurable de toutes les passions[1]... » Et il dénonce ces « hochets de la noblesse[2]. » Il est sans doute surprenant de voir Condorcet, l'Encyclopédiste, demander que soient brûlés, comme ils le furent ce jour-là à Paris devant la statue de Louis XIV, « ces immenses volumes qui attestent la vanité de cette caste... D'autres subsistent encore dans les bibliothèques publiques, dans les chambres des comptes..., dans les maisons des généalogistes. Il faut envelopper ces dépôts dans une destruction commune[3] ». Il n'est cependant pas le seul à souhaiter cet autodafé. Le duc de La Rochefoucauld lui-même, au témoignage de Roederer, regrette de ne pas détenir les titres établissant sa généalogie pour les faire brûler avec les autres[4]. Et la *Gazette universelle* relève : « Monsieur Condorcet n'a pas eu besoin d'employer son éloquence pour faire adopter sa proposition, qui a été décrétée par acclamations[5]. »

C'est vers cette époque que, sur ordre de Catherine de Russie et de Frédéric-Guillaume de Prusse, Condorcet est exclu des académies de Pétersbourg et de Berlin[6]. Selon l'expression de Hertzburg, ministre de Prusse, il est rayé de la liste des académiciens « à cause de ses principes outrés[7] ». Ainsi Condorcet n'est-il plus ni marquis, ni académicien. Le « vieil homme » a disparu à la faveur des temps nouveaux.

---

1. *Œuvres*, tome I, p. 534.
2. *Ibid.*, p. 534.
3. *Œuvres*, I, p. 534. Condorcet se rendit le soir même au club des Jacobins pour y répéter son discours. C'est la seule fois qu'il prit la parole aux Jacobins.
4. Roederer, *Œuvres*, III, p. 275.
5. *Gazette universelle*, 21 juin 1792.
6. Arago, *op. cit.*, I, CXV.
7. *Moniteur*, XV, p. 678.

## *La journée du 20 juin*

Pas plus qu'à aucune autre journée révolutionnaire, Condorcet ne prend la moindre part à la préparation de la manifestation du 20 juin. Sans doute témoigne-t-il au peuple des faubourgs une sympathie chaleureuse[1], sans pour autant se « populariser » dans son langage ou ses manières, comme d'autres hommes politiques. Il est convaincu que rien de durable ne peut se faire dans la Révolution qui ne réponde aux vœux du peuple. A l'inverse, ce que le peuple rejette ne peut subsister. Mais Condorcet demeure profondément légaliste. L'Assemblée seule lui paraît investie du droit d'exprimer la volonté générale. Étranger à toute négociation secrète avec les organisateurs de la manifestation ou avec le rusé Pétion, il n'en voit pas moins avec faveur se lever un puissant mouvement populaire qui peut contraindre le Roi à rappeler les ministres girondins.

De la manifestation du 20 juin, Condorcet a vu ce que tous les députés présents au Manège ont connu. Dans sa chronique, il en donne une description singulièrement académique : « Les citoyens ont été admis à défiler dans la salle. L'affluence était immense : des armes de toutes espèces accompagnaient la Déclaration des Droits de l'homme qu'on portait en triomphe[2]. » La réalité s'avère singulièrement plus animée, et chacun la ressent selon sa sensibilité politique. Guadet, député girondin, dépeint le défilé comme une fête populaire : « Alors entrent Santerre et Saint-Huruge, à la tête d'une masse de citoyens et de citoyennes de toutes les sections de Paris, armés les uns de piques, les autres de bisaïques, de tranchets, de couteaux et de bâtons ; quelques femmes portaient des sabres ; plusieurs détachements de gardes nationaux sont confondus

---

1. « Il y a plus d'idées justes dans un atelier du faubourg Saint-Antoine que dans toute la coalition constituante, et même dans les gens d'esprit qu'elle paie pour s'épargner la peine de penser elle-même. » *Chronique de Paris*, 7 juin 1792.
2. *Chronique de Paris*, p. 134.

dans cette foule. Tous traversent la salle, précédés de sept à huit musiciens, dansant à divers intervalles au son du *Ça ira*, et criant : "Vivent les patriotes, vivent les sans-culottes, à bas le veto !" On remarque dans le cortège deux hommes portant, l'un une vieille culotte en guise de bannière, avec cette inscription : "Vivent les sans-culottes !", l'autre un cœur de veau avec ces mots : "Cœur d'aristocrate[1]" ». De son côté, Hua, très monarchiste, raconte : « Il y avait là des figures hideuses. Je vois encore cette forêt ambulante de piques, ces mouchoirs, ces guenilles qui servaient d'étendards. En passant devant de notre côté, on nous faisait avec le poing des démonstrations peu amicales[2]. »

En vérité, le parti de Condorcet est pris : il est pour les manifestants, et contre la Cour. La *Chronique* du 22 juin évoque en termes révélateurs la suite des événements du 20 juin aux Tuileries : « Les citoyens, qui avaient défilé devant l'Assemblée, ont pénétré dans les appartements du Roi en éludant les consignes qui leur en interdisaient l'entrée. Ils ont présenté au Roi le bonnet de la liberté, orné de cocardes nationales, et il l'a placé sur sa tête. Cette couronne en vaut une autre, et Marc Aurèle ne l'eût pas dédaignée... Il ne s'est commis aucun désordre dans le château, car une ou deux portes forcées, quelques vitres cassées ne peuvent être comptées lorsque vingt ou trente mille hommes pénètrent à la fois dans une habitation dont ils ne connaissent pas les issues[3]... » Pas un mot sur l'essentiel : l'irruption à force ouverte, dans le palais national, d'une foule immense traînant des canons, portant des armes, voulant arracher au Roi, par la menace, une décision contraire à celle qu'il a rendue. Le légalisme de Condorcet, son respect de la Constitution cèdent à ce moment devant le parti pris politique. Brissot fait de même dans le

1. In *Histoire des Girondins*, tome I, pp. 229-230.
2. *Op. cit.*, p. 134.
3. *Chronique de Paris*, 21 juin 1792.

*Patriote français*[1]. Condorcet était un philosophe, et Brissot un polémiste. Mais, à cet instant, la différence entre eux s'est effacée ; et ce n'est pas Brissot qui est devenu philosophe...

Contre Condorcet, partisans du Roi et Constitutionnels s'enflamment. Cheron, ennemi déclaré de Condorcet, publie dans le *Journal de Paris* une critique féroce de son article du 22 juin, opposant « l'habitude qu'on avait d'associer son nom à des idées de sagesse et de justice » à « son amertume et méchanceté actuelles ». Il conclut : « M. Condorcet parle en mauvais citoyen et avance une doctrine pernicieuse à l'État, puisqu'elle tend à détruire le respect et l'obéissance que nous devons au chef de la Nation[2]. »

En vérité, cette étonnante journée du 20 juin s'est achevée sans résultat apparent. Les manifestants ont montré leur force, le Roi son calme. Les veto demeurent. Un double mouvement contraire se produit en profondeur. Les royalistes, les Constitutionnels ressentent comme une insulte et une provocation l'outrage fait à la majesté royale. Dans certains départements, les directoires, en majorité convervateurs et attachés à la monarchie constitutionnelle, protestent contre l'attentat du 20 juin. Mais de nombreuses municipalités, surtout dans le Sud et le Sud-Est où la petite bourgeoisie est majoritaire dans les villes et les petits propriétaires dans les campagnes, se déclarent solidaires du peuple de Paris. Surtout, dans la capitale même, les habitants des faubourgs, la masse des sans-culottes se sont libérés du tabou, du respect presque superstitieux qui s'attachaient à la personne du Roi. Ils ont forcé les Tuileries et humilié Louis. Ils savent qu'il est de leur pouvoir de revenir au palais et d'en finir, s'il le faut, avec la monarchie.

1. *Patriote français*, 21 juin 1792 : « En sortant de l'Assemblée nationale, les habitants des faubourgs Saint-Antoine et Saint-Marceau ont été rendre visite au Roi et lui présenter une pétition : il l'a reçue avec beaucoup de calme, et a mis, à leur prière, le bonnet rouge... Le peuple s'est conduit, dans le château, en peuple qui connaît ses devoirs et qui respecte la Loi et le Roi constitutionnels... »

2. *Journal de Paris*, 3 juillet 1792.

## LE TEMPS DES RESPONSABILITÉS

Le courage du Roi[1] face aux manifestants du 20 juin a impressionné la partie flottante de l'opinion qui tout à la fois soupçonne la Cour, s'inquiète de la guerre et redoute le désordre et la violence populaire. Estimant les conditions favorables, La Fayette, résolu à abattre ses adversaires, vient à l'Assemblée dénoncer « une secte qui envahit la souveraineté nationale et tyrannise les citoyens », et demander « de faire respecter toutes les autorités constituées[2] ». Démarche lourde d'imprudence politique. Un général abandonnant en pleine guerre son armée face à l'ennemi pour venir dicter sa conduite à une Assemblée souveraine, quelle audace ! Comme tous les patriotes, Condorcet réagit violemment : « On a été étonné d'apprendre que M. La Fayette laissait son armée en présence de l'ennemi et, abandonnant le poste où la Patrie l'avait placé, s'était rendu à Paris... » Il évoque « la sûreté de l'État... compromise par cette démarche extraordinaire », et conclut : « Tel est le récit d'une séance où la souveraineté de la Nation a reçu un grand outrage[3]. » Le 30 juin, à la lecture d'une nouvelle lettre adressée par La Fayette à l'Assemblée, Condorcet écrit, plus méprisant encore : « Celui qui a voulu imiter Cromwell sera-t-il jugé digne d'en être tout au plus le valet

1. Dès le 21 juin, le Roi adressait une lettre à l'Assemblée, évoquant discrètement les événements de la veille, l'invitant à en rechercher les causes et à prendre les mesures nécessaires au respect de la Constitution. L'Assemblée éclata en applaudissements. Le ministre de la Justice annonça l'ouverture d'une enquête. Les pétitions affluèrent à l'Assemblée pour dénoncer les factieux. Le Roi lança une proclamation largement répandue : « Si ceux qui veulent renverser la monarchie ont besoin d'un crime de plus, ils peuvent le commettre... » (*Archives parlementaires*, XLV, 512). Des rumeurs circulaient dans Paris, faisant état d'une insurrection prochaine des faubourgs et avivant les craintes du vaste parti de l'ordre. Le directoire du département décida de suspendre Pétion, maire de Paris, et Manuel, procureur de la capitale. La Gironde et les Jacobins paraissaient sur la défensive.

2. Lavisse, *op. cit.*, tome I, p. 367. *Cf. Moniteur*, XII, p. 777.

3. *Chronique de Paris*, 29 juin 1792.

de chambre[1] ? » Il signale les murmures — pour ne pas dire les huées — qui ont accueilli cette lettre...

Au même moment parviennent à Paris les nouvelles désastreuses de la frontière[2]. L'armée se replie de Belgique, abandonnant les patriotes belges à leurs ennemis. Condorcet ne voit dans cette décision que « conspiration contre l'État, trahison, infamie, cruauté[3] ». La cause de la liberté des peuples ne peut décidément être celle des ministres du Roi et des généraux. La Fayette déserte son armée pour venir menacer les Jacobins, Luckner abandonne les Belges aux Autrichiens (après que les troupes françaises ont brûlé Courtrai, contrairement aux principes de la guerre libératrice prêchée par Condorcet[4]). Pour lui comme pour tous les révolutionnaires, la preuve est faite : le « Comité autrichien » est à l'œuvre, et les frontières ouvertes à l'ennemi.

A l'Assemblée, même si la conscience du péril national est aiguë, les divisions et les haines politiques demeurent entières. La crainte règne à droite, chez les Constitutionnels, de voir la monarchie renversée et les Jacobins triompher ; à gauche, on redoute que La Fayette et ses partisans s'emparent du pouvoir sous prétexte de sauver la Constitution ; au centre, l'inquiétude est vive chez tous ceux qui aspirent à la paix, à l'ordre. Dans le Finistère et les Cévennes, les troubles renaissent, suscités par les aristocrates. Le cours en argent de l'assignat de 100 livres descend fortement : de 70 livres en avril, il tombe à 59 en mai, puis à 58,15 en juin[5]. Conscient de cette lassitude grandissante, Condorcet écrit en juillet 1792 à Jean-Antoine Gauvin, qui part pour Londres en mission :

1. *Chronique de Paris*, 30 juin 1792.
2. Le 1er juillet, l'Assemblée apprenait que les armées françaises, entrées en Belgique sous les ordres de Luckner, se repliaient sur Lille. On avait espéré un soulèvement des Belges contre les Autrichiens. Rien de tel ne s'était produit.
3. *Chronique de Paris*, 1er juillet 1792. Achille du Chastellet, l'ami fidèle de Condorcet, nommé maréchal de camp, avait été blessé le 24 juin devant Courtrai. *Cf. Chronique de Paris*, 28 juin 1792.
4. Dans son adresse du 14 janvier 1792 à l'Assemblée.
5. « Tableau de dépréciation du papier-monnaie », *op. cit.*, p. 5.

« Nous ne pouvons nous dissimuler que la Nation est fatiguée. Elle voudrait n'avoir plus d'inquiétudes, voir revenir l'argent et une exécution régulière des lois[1]. » Mais des profondeurs du pays monte une puissante lame de fond, née de l'angoisse de l'invasion et de la hantise de la trahison. Début juillet, Ruault décrit l'état d'esprit à Paris : « Une armée formidable de Prussiens, d'Autrichiens, d'Allemands s'avance sur nos frontières du Nord... Quelle perspective ! Elle exalte la colère des patriotes qui feront un coup de leur tête dans Paris. Il n'y a, disent-ils, qu'un excès de force et de fureur populaire qui puisse nous tirer de là[2]. » Des sociétés populaires, des municipalités, des départements parviennent à l'Assemblée des adresses menaçantes contre le Roi. De toute la France, des détachements de gardes nationaux[3] se mettent en marche vers la capitale. Parmi eux, les Brestois et surtout les Marseillais se distinguent par leur résolution[4]. La passion patriotique s'est emparée de Condorcet. Pour lui, une France de vingt-cinq millions d'hommes libres ne peut être vaincue. Les ressources de la Nation lui paraissent immenses, et sa force irrésistible si on mobilise toutes ses énergies au nom de la Liberté. Encore faut-il que cette puissance révolutionnaire soit utilisée et non pas entravée[5].

1. Lettre du 7 juillet 1792, A.N. 138 A., p. 213, Dossier 2.
2. Ruault, *op. cit.*, p. 295.
3. L'Assemblée les avait autorisés à venir à Paris pour la fête du 14 juillet, tournant ainsi le veto royal opposé à la création du camp de 20 000 hommes. Les fédérés, qui traversaient la France, symbolisaient l'armée de la Révolution.
4. Barbaroux, jeune et ardent révolutionnaire de Marseille, avait écrit de Paris, en juin, au maire de Marseille en lui demandant « six cents hommes qui sachent mourir ». Le 22 juin, au cours d'un banquet révolutionnaire, est décidé le départ d'un bataillon de volontaires marseillais vers Paris. Un Jacobin de Montpellier entonne le *Chant de guerre pour l'armée du Rhin*, composé à Strasbourg en avril par Rouget de l'Isle. Et le bataillon de 516 hommes se met en marche vers Paris en chantant les couplets de ce chant qui deviendra *La Marseillaise*.
5. Roederer, ami proche de Condorcet, s'était rendu au camp de La Fayette. Tout en louant le courage des volontaires, il écrit dans la *Chronique de Paris* du 20 juin 1792 : « Je dirai une vérité qu'il est nécessaire de répandre. C'est que l'armée de M. La Fayette... n'est que de 17 000 à 18 000 hommes effectifs, et que celle de M. Luckner n'est que de 22 à 23 000. Si les Prussiens et les Autrichiens avancent, sera-ce assez de 40 000 hommes pour nous défendre ? » Or, Narbonne

## La Patrie en danger

Le salut de la Nation et de la Révolution commande donc de briser le pouvoir du Roi, d'abattre le ministère et d'amener l'Assemblée à prendre des mesures énergiques. Garat rapporte : « Au mois de juillet 1792, je fis avec Brissot, Gensonné, Guadet, Ducos, Condorcet, Kersaint, plusieurs de ces dîners où les patriotes se concertent... » Il convient d'abord de mettre un terme aux agissements des directoires des départements qui soutiennent le Roi. Le 1er juillet, sur observations de Vergniaud, l'Assemblée décrète la publicité des séances des corps administratifs[1]. C'est les placer sous la haute surveillance des sociétés populaires, qui occupent les tribunes. Condorcet approuve cette décision[2]. Le 3 juillet, Vergniaud montre à l'Assemblée le Roi trahissant ses devoirs, utilisant ses pouvoirs pour paralyser nos armées. Au milieu des acclamations des patriotes, il demande que la Patrie soit déclarée en danger. Dans sa chronique du lendemain, Condorcet reprend le même thème : « Si le Roi n'avait fait qu'entraver sa marche [de la Constitution] et paralyser les mesures du corps législatif de manière que les flots de sang qui viendraient à couler ne puissent être imputés qu'à lui, ne serait-il pas vrai qu'il serait censé, aux termes de la Constitution, avoir abdiqué la couronne[3] ? » Ébranlée par Vergniaud, l'Assemblée ne se résout cependant pas à proclamer la Patrie en danger. Elle hésite encore, alors que tout vacille autour d'elle. Mais les accusations de Vergniaud ont retenti jusqu'aux Tuileries. L'étau se

avait annoncé en janvier 1792 la constitution de trois armées de 50 000 hommes chacune. Où donc étaient les 100 000 hommes des armées de La Fayette et Luckner ? Comment expliquer cette situation, sinon par la trahison de la Cour et des ministres ?

1. *Cf. Moniteur*, XIII, p. 19.
2. « Rien n'est plus propre, en effet, à éloigner non seulement les erreurs, mais la corruption de toutes les espèces d'assemblées dont la période de fonction a une certaine durée, que la présence du peuple. » *Chronique de Paris*, 2 juillet 1792.
3. *Chronique de Paris*, 4 juillet 1792.

resserre autour du Roi. Il lui faut à tout prix gagner du temps, jusqu'à l'arrivée de Brunswick[1]. Le 5 juillet, Louis XVI écrit à l'Assemblée pour lui exprimer son désir de venir au milieu des représentants du peuple recevoir, le 14 juillet, le serment des Gardes nationaux. L'Assemblée ne répond pas.

Le 7 juillet, l'Assemblée apprend par une nouvelle lettre du Roi qu'une armée de 50 000 Prussiens marche vers la frontière. Protestations et murmures accueillent cette lecture. Dans une atmosphère tendue, Condorcet monte à la tribune. C'est son premier discours depuis la déclaration de guerre[2]. Pendant une heure et demie, il accuse le Roi et la Cour. Il propose à l'Assemblée les moyens constitutionnels de réduire les pouvoirs du Roi en obligeant les ministres à se soumettre à l'Assemblée. Qu'elle vote à nouveau les décrets auxquels Louis XVI a opposé son veto, en modifiant simplement leur forme. Si le Roi persiste, les ministres seront responsables de tous les troubles résultant de son attitude[3]. Condorcet substitue ainsi la responsabilité des ministres à celle du Roi. Allant plus loin, il demande que soient aussitôt décrétés d'accusation le ministre de l'Intérieur[4] et celui de la Guerre[5]. Il réclame également que soit contrôlé l'emploi de la liste civile, qui finance la corruption et la propagande contre-révolutionnaire. Enfin il propose à l'Assemblée d'adresser au Roi un véritable ultimatum : « Choisissez, Sire, entre la Nation qui vous a fait Roi et des factieux qui se disputent le partage de votre

1. Le 3 juillet, jour même du discours de Vergniaud, la Reine écrit à Fersen : « Notre position est affreuse, mais ne vous inquiétez pas trop. Je me sens du courage et j'ai en moi quelque chose qui me dit que nous serons bientôt heureux et sauvés. » *Le comte de Fersen et la Cour de France, op. cit.,* tome II, p. 317.
2. « Opinion sur les mesures générales propres à sauver la Patrie des dangers dont elle est menacée », *Œuvres*, XII, pp. 477 à 519.
3. « Si le refus de la sanction est un acte libre de la volonté du Roi, le ministre aussi est libre de quitter sa place », *Ibid.*, p. 488.
4. *Ibid.*, p. 487 : Pour avoir « cherché à égarer le peuple et l'armée, à leur inspirer des terreurs par la proclamation du 21 juin. »
5. *Ibid.*, p. 487 : Pour avoir « refusé d'envoyer au maréchal Luckner les troupes dont il pouvait disposer. »

pouvoir[1]. » Après la passion de Vergniaud, la raison de Condorcet : l'Assemblée, partagée entre les applaudissements à gauche et les protestations à droite, se borne à décider l'impression du discours[2]. Les ministres savent désormais que les Girondins demanderont leur mise en accusation à la première défaite, dès le premier trouble intérieur. Comment gouverner sous une telle menace ?

Le lendemain, l'Assemblée va vivre un de ces moments surprenants que la sensibilité du XVIII<sup>e</sup> siècle finissant réserve encore. En cette heure de péril national, Mgr Lamourette, député-évêque du Rhône-et-Loire, prêche la réconciliation à tous les partis qui s'entredéchirent. L'émotion gagne tous les députés, qui se lèvent ; « les ennemis d'hier, se donnant des baisers de paix, changèrent de place, le parti droit mêlé au parti gauche[3]. » Depuis quelques jours, Condorcet poursuivait une polémique avec le Constitutionnel Pastoret[4] ; dès que Condorcet fait son entrée dans la salle, Pastoret, qui siège de l'autre côté, va au devant de lui et l'embrasse. On applaudit[5]. Le Roi, prévenu, accourt aussitôt à l'Assemblée pour sanctionner le décret et témoigner sa joie d'une réconciliation qui sert si bien ses desseins. Mais, l'émotion à peine dissipée, les députés retrouvent leurs divisions. Dès le lendemain, Condorcet écrit : « Cette réunion ne signifie pas que les amis de la Liberté cesseront de poursuivre les intrigants qui ont conspiré contre elle[6]. » Le 9 juillet, quelques heures après le baiser de Pastoret et le décret de Lamourette, Brissot, dans la foulée

---

1. *Ibid.*, p. 518.
2. *Cf. Patriote français*, 6 juillet 1792. « M. Condorcet a été interrompu par de fréquents applaudissements et quelquefois par les murmures honteux de ces hommes qui, sans talent comme sans vertu, n'ont d'esprit que pour les injurier. »
3. *Cf. Moniteur*, 8 juillet 1792.
4. *Cf.* Lettre de Pastoret à Condorcet insérée dans le *Journal de Paris* du mercredi 4 juillet : « On vient de me montrer, Monsieur, les injures dont vous m'avez honoré dans le plat libelle où, pour 15 livres par jour, vous outragez tous les matins la raison, la justice et la vérité. Je m'empresse de vous en témoigner ma reconnaissance. Signé : Emmanuel Pastoret. »
5. *Moniteur*, 8 juillet 1792.
6. *Chronique de Paris*, 8 juillet 1792.

de Condorcet et de Vergniaud, reprend l'offensive. Il accuse le Roi d'avoir secrètement favorisé les ennemis de la France, émigrés, prêtres réfractaires et même souverains étrangers. Comme Condorcet, il demande que soient décrétés d'accusation les ministres de la Guerre et de l'Intérieur. C'est l'hallali. Ceux-ci viennent le 10 juillet déclarer à l'Assemblée qu'ils ne peuvent continuer à gouverner dans ces conditions, et démissionnent. La France a encore un roi, mais plus de gouvernement. Et l'ennemi approche des frontières.

Le 11 juillet, en fin de séance, Condorcet, debout comme presque tous les députés, vote la proclamation de la Patrie en danger[1]. Par cet acte révolutionnaire, la Législative confie aux citoyens eux-mêmes le sort de la Patrie et de la Liberté. Elle rend la guerre nationale. Condorcet, saluant cette décision qu'il appelait de ses vœux, marque clairement sa portée : « Le signal du danger de la Patrie n'est pas celui de la terreur ; c'est celui d'une courageuse résistance aux armées ennemies ; c'est celui d'une incorruptible vigilance contre les trahisons et l'intrigue[2]... » Pour lui et ses amis, la seule issue politique se trouve dans la nomination d'un nouveau ministère girondin et dans la soumission du Roi à l'Assemblée. Mais cette stratégie légaliste et parlementaire ne tient pas compte de la puissance du mouvement révolutionnaire qui anime les sections de Paris, et les fédérés arrivés dans la capitale pour célébrer la Fête du 14 juillet.

1. *Archives parlementaires*, XLVI, p. 335 : « Que ceux qui vont obtenir l'honneur de marcher les premiers pour défendre ce qu'ils ont de plus cher se souviennent toujours de ce qu'ils sont français et libres. »
2. *Chronique de Paris*, 12 juillet 1792. Le jour même où Condorcet écrit ces lignes, Marie-Antoinette fait savoir par un message chiffré au comte de Fersen : « Les Constitutionnels, réunis à La Fayette et à Luckner, veulent emmener le Roi à Compiègne le lendemain de la Fédération ; à cet effet, les deux généraux vont arriver ici. Le Roi est disposé à se prêter à ce projet ; le Reine le combat. On ignore encore quelle sera l'issue de cette grande entreprise que je suis loin d'approuver. » *Le comte de Fersen et la Cour de France, op. cit.*, tome II, p. 326.

## Le 14 juillet

Étrange spectacle que celui qui s'offre ce jour-là aux yeux de Condorcet, assis sous la grande tente qui abrite le Roi, sa famille, les députés et les membres du Tribunal de cassation. En face d'eux se dresse l'autel de la Nation, « formé par une colonne tronquée, garnie de guirlandes de chêne[1] ». La statue de la Liberté est placée au bas de l'autel, face à l'Assemblée. On a planté un grand arbre aux branches duquel sont accrochés des écussons et des cordons d'ordres supprimés. Au pied de l'arbre est dressé un bûcher couvert « de couronnes de toutes espèces, de chaperons, d'hermines, de bonnets doctoraux, de lettres de noblesse et de sacs de procédure[2] ». C'est tout l'Ancien Régime symboliquement représenté. Le cortège des gardes nationaux et des fédérés défile pendant trois heures. Une foule immense est présente, étrangement paisible en ces jours de tension. Pas un cri de « Vive le Roi » ne s'élève lorsque Louis XVI s'avance vers l'autel de la Nation pour y prêter serment. Les députés sont applaudis. Mais le véritable triomphateur de la journée est Pétion[3]. Par le silence qui entoure le Roi et les vivats qui accueillent Pétion, le peuple de Paris proclame publiquement le véritable vainqueur du 20 juin. Après les prestations de serment, le feu est mis au bûcher de l'aristocratie. La *Chronique de Paris* conclut : « La cérémonie a été terminée par des danses dans le Champ-de-Mars, qui ont duré toute la journée[4]. » A quoi songe Condorcet en cet instant ? Revoit-il l'éclatante Fête de la

1. *Chronique de Paris*, 15 juillet 1792.
2. *Ibid.*
3. La veille, l'Assemblée nationale, par un décret provocant envers le Roi, avait cassé l'arrêté du directoire de Paris suspendant Pétion de ses fonctions de maire. En ce 14 juillet, il savourait sa victoire, qui était aussi celle de la Gironde : « Presque tous les citoyens avaient écrit sur leur chapeau avec de la craie : "Vive Pétion !"... Il n'est pas un endroit, sur son passage, qui n'ait retenti des cris de : "Vive Pétion !" », écrit la *Chronique de Paris* du 15 juillet.
4. *Ibid.*

Fédération de 1790, en ce même lieu, quand tous les cœurs étaient en liesse, La Fayette et le Roi acclamés, et que la Révolution paraissait terminée ? Ou bien pense-t-il aux périls qui assiègent aujourd'hui la Nation, aux intrigues et aux pièges tendus de toutes parts ?

Tandis que Pétion gagne ainsi en popularité, Robespierre et ses amis s'appliquent à conquérir les fédérés de province venus à Paris, « composés presque uniquement des amis les plus ardents de la Liberté, des hommes les plus disposés aux mouvements populaires[1] », écrit Condorcet. Des tribunes spéciales leur sont réservées aux Jacobins. Le 11 juillet, Robespierre les a accueillis avec lyrisme : « Salut aux défenseurs de la Liberté ! Salut aux généreux Marseillais[2] ! » L'armée de l'insurrection se prépare[3]. Le sage Ruault ne partage pas cet enthousiasme : « On prend des résolutions effrayantes pour les âmes vulgaires ou amies de la paix. Il ne s'agit de rien moins que d'emporter les Tuileries d'assaut comme on a fait de la Bastille. Le projet en est fait. Je le sais. C'est un secret que je vous confie. Ne le dites à aucun patriote. On le doit exécuter à la fin de ce mois... »

## La Commission des Vingt-et-un

A l'Assemblée, cependant, les Girondins poussent leur offensive. La « Commission extraordinaire des Douze[4] », réorganisée le 18 juin, demeurait passive. En ce moment de crise où les ministres démissionnaires n'ont pas été remplacés, elle pourrait jouer le rôle d'un organe de gouvernement préparant les décisions de l'Assemblée, veillant à leur exécution et contrôlant les actes de l'administration. Le 18 juillet, l'Assemblée décrète que le nombre des membres de la Commission

1. « Fragment de justification », *Œuvres*, I, p. 596.
2. Aulard, *op. cit.*, p. 201.
3. *Cf.* Lettre de Ruault à son frère, le 17 juillet 1792, *op. cit.*, p. 296.
4. Dont les membres vont être complétés par adjonction de neuf suppléants.

extraordinaire sera porté à vingt-et-un par adjonction de suppléants. Les patriotes y deviennent majoritaires. Le 21 juillet, Condorcet est porté à la présidence de la Commission. Par un partage équitable des responsabilités, un Constitutionnel, Lacuée, est nommé vice-président, un monarchiste, Navier, et un Jacobin, Debry, secrétaires[1]. La Commission compte en son sein des esprits éclairés comme Bigot, Lacépède, Pastoret, Vaublanc chez les modérés, ou Delmas, Rhül, Thuriot chez les Girondins. Les meilleurs orateurs, Vergniaud, Guadet, peuvent porter la parole en son nom à l'Assemblée. En prenant sa présidence, Condorcet assume, en ces heures d'extrême tension, une responsabilité considérable. Il est homme de comité plus que d'assemblée, de discussion plus que de discours, d'écriture plus que d'éloquence. Dans un tel centre de pouvoir, essentiel mais en retrait, il se trouve au lieu même où il peut donner sa mesure.

Qu'il se soit épuisé au travail jusqu'au 10 août, l'agenda de la Commission en témoigne[2]. Elle siège tous les jours de neuf heures du matin à quatre heures de l'après-midi, et très souvent de six heures à dix ou onze heures du soir. C'est Condorcet qui rédige les projets importants, adresses ou décrets de la Commission. En outre, il se doit d'assister à quelques séances de l'Assemblée, et continue d'assurer sa chronique parlementaire à l'aide des notes prises par un collaborateur. Pendant ces quelques semaines brûlantes de l'été 1792, la vie de Condorcet n'est que labeur, tension, angoisse face à la crise violente qui monte irrésistiblement et qu'il voudrait éviter ou maîtriser[3]. Cette anxiété, ce surmenage

1. Sur la Commission, *cf.* Aulard, « La Commission extraordinaire de l'Assemblée législative », in *La Révolution Française*, janvier-juin 1887, pp. 579-590. La Commission était notamment composée de Tardiveau, Bigot, Pastoret, Vaublanc, Lemontey, Lacuée et Lacépède, modérés ; Lamarque, Thuriot, Delmas, Charlier et Condorcet représentaient la gauche ; Navier et Sedillez, le côté droit.

2. Cahen, *op. cit.*, p. 407, note 1.

3. *Cf.* « Fragment de justification », *op. cit.*, p. 597 : « Tout annonçait une crise violente : le mot de déchéance du Roi commençait à se montrer dans deux des adresses à l'Assemblée, et il était temps qu'elle prît des mesures efficaces, ou pour prévenir la Révolution, ou pour la diriger si elle devenait inévitable. »

marquent ses traits, sa démarche. Mme Suard, qui ne l'avait pas vu depuis des mois, le rencontra par hasard devant l'Assemblée, dans la cour des Feuillants. « Il vint à moi les bras ouverts, m'appella sa "bonne amie"... Je lui fis quelques reproches, d'un ton doux, sur sa conduite politique. Il en parut embarrassé et me quitta. Sa figure était aussi changée que ses principes. Ce n'était plus le caractère de douceur qui attirait la confiance et l'affection. C'était une figure désordonnée, hâve et presque hagarde[1]... » Nul n'exerce le pouvoir impunément. Et certainement pas un intellectuel, devenu tardivement un homme politique, que le destin confronte brutalement à l'exigence d'être un homme d'État.

Le fut-il ? Si l'on considère que la marque de l'homme d'État est d'infléchir la cours de l'Histoire dans la direction qu'il a choisie, Condorcet, à la tête de la Commission des Vingt-et-un, n'y parvint pas. En ces derniers jours de juillet 1792 où « tout montrait, à tout homme dont le royalisme ne fermait pas les yeux, que l'explosion serait terrible[2] », Condorcet, avec les Girondins, demeure légaliste. Ils s'enferment dans leur stratégie. L'invasion est imminente, la Patrie est en danger, et ils rêvent encore, fin juillet, d'un changement ministériel, alors que monte le grondement d'une nouvelle Révolution.

Pour prévenir l'insurrection, le plan de Condorcet est simple : rappeler solennellement au Roi que toute connivence avec les émigrés et les souverains ennemis de la France, ou toute défaillance de sa part, constituera un cas d'abdication. En même temps, faire voter par l'Assemblée des décrets qui lui retirent tous ses pouvoirs, notamment sur la liste civile. Si le Roi refuse sa sanction à ces décrets, sa déchéance s'impose[3]. Cette stratégie n'est guère différente de celle qui a inspiré le discours de Condorcet du 6 juillet. Mais, en deux semaines,

---

1. Mme Suard était royaliste, et son mari Feuillant. *Correspondance inédite de Condorcet*, *op. cit.*, janvier 1791, CXCI.
2. « Fragment de justification », *op. cit.*, p. 598.
3. « Fragment de justification », *op. cit.*, p. 597.

la situation s'est radicalisée : la Patrie a été déclarée en danger, l'anxiété a remplacé l'inquiétude, et les fédérés arrivent chaque jour plus nombreux dans la capitale. La scène politique sur laquelle se meut Condorcet devient de jour en jour plus illusoire.

Le 21 juillet, la Commission propose que sommation soit faite au Roi de nommer sans tarder des ministres. Vergniaud fait approuver par l'Assemblée cette adresse comminatoire[1]. Mais, dans le même temps, et sur un autre ton, Vergniaud, Guadet et Gensonné font parvenir à la Cour un avis écrit, sorte de consultation politique que le peintre Bozé, ami de la Cour, leur a demandé pour le Roi. Leur propos a le mérite de la clarté : « Un ministère bien patriote serait un des grands moyens que le Roi peut employer pour rappeler la confiance[2]. » Trahison ? Non, car ils expriment là leur conviction plus encore qu'ils ne font une offre de service pour leurs amis. Mais cette intrigue les affaiblit. Condorcet a-t-il participé à cette concertation secrète ? Nul ne l'a dit, même ses pires ennemis, et ces comportements ambigus n'étaient pas dans son caractère. Les a-t-il ignorés ? Probablement, car de telles démarches exigent le secret, et Condorcet n'avait pas à en connaître. Mais il demeure que Vergniaud et Guadet siègent avec lui au Comité des Vingt-et-un. Et que la stratégie visant à faire nommer par le Roi des ministres « bien patriotes » leur est commune.

Le dimanche 22 juillet et le lendemain, la municipalité fait procéder à Paris à l'enrôlement des volontaires[3]. La ville est baignée de passion patriotique. Le 23 juillet, le Roi choisit un

---

1. « L'Assemblée déclare au Roi que le salut de la Patrie commande impérieusement de recomposer le ministère ». *Cf.* Jaurès, *op. cit.*, tome II, p. 576.

2. *Ibid.*

3. Sur huit places de la ville, on aménagea des amphithéâtres sur lesquels furent dressées « des tentes ornées de banderoles tricolores et couronnes de chêne. Sur le devant de l'amphithéâtre, une table posée sur deux caisses de tambours. La musique jouait des airs guerriers. » Quinze mille volontaires s'enrôlèrent en quelques jours. Jaurès, *op. cit.*, tome II, p. 581 ; *cf.* Soboul, *Les Soldats de l'an II*, Paris, 1959, p. 82.

ministre de la Guerre, d'Abancourt, qui n'est pas Girondin, ni de leurs amis. Ceux-ci renforcent leur pression. La Commission des Vingt-et-un décide de tenir tous les deux jours des conférences avec les ministres. Elle se constitue ainsi en organe de contrôle permanent du gouvernement. C'est à elle, aussi bien qu'au Roi, que les ministres devront rendre compte. Elle entend également être informée de la marche des armées. Elle convoque les généraux Luckner et Montesquiou[1]. Elle se fait lire les dépêches des ambassadeurs et exposer l'état des affaires diplomatiques. L'influence de la Commission extraordinaire que préside Condorcet s'étend d'autant plus que ses pouvoirs sont indéterminés, que l'autorité du Roi se délite, et qu'elle jouit de la confiance de l'Assemblée.

Au même moment, des adresses demandant la déchéance du Roi parviennent à l'Assemblée[2]. La Commission n'ignore rien de la fièvre qui monte[3]. Elle sait que la majorité de l'Assemblée est hostile à la déchéance. Le 25 juillet, sur une motion de Duhem pressant de dénoncer la trahison royale, elle est passée à l'ordre du jour. La Commission extraordinaire charge donc Condorcet de rédiger une nouvelle et solennelle sommation au Roi. Il reprend, en la durcissant, son adresse du 6 juillet. Il se montre éloquent : « Par quelle fatalité, Sire, n'avons-nous pour ennemis que des hommes qui prétendent vous servir ? » Prophétique : « Jamais les peuples, qui pardonnent tout, n'ont pardonné le crime de les avoir avilis devant un joug étranger. » Pressant : « Vous pouvez encore sauver la Patrie, et la couronne avec elle. » Menaçant : « La Nation

1. Aulard, *La Commission des Douze, op. cit.,* p. 586.
2. Le 17 juillet, une délégation des fédérés des départements a demandé à la barre de l'Assemblée la suspension du pouvoir exécutif et la convocation des assemblées primaires pour décider d'une convention nationale qui réviserait la Constitution. Telle est la stratégie de Robespierre, dont les fédérés se font les porte-parole.
3. 47 sections parisiennes sur 48 adhèrent à la proposition de déchéance. La municipalité les a convoquées pour rédiger une pétition commune, l'Assemblée leur a accordé la permanence qu'elles réclamaient. Dans le même temps, les sections se donnent un centre commun, un bureau de correspondance placé sous la direction de Manuel, le procureur de la Commission, très lié à Danton.

vous demande une dernière fois de vous unir à elle pour défendre la Constitution et le trône[1]. »

Le 26 juillet, Guadet, de sa voix puissante, lit l'adresse rédigée par Condorcet. Elle ne se prononce pas sur la déchéance : des murmures s'élèvent à gauche. Elle en agite la menace : la droite proteste. Brissot monte à la tribune et paraît s'opposer au projet de déchéance. Il le trouve « prématuré, en ce que le peuple n'y était point encore préparé et que l'Assemblée elle-même, avant de s'y livrer, devait y apporter la plus grande solennité ». A l'évidence, il souhaite gagner du temps, tout en maintenant la pression sur le Roi. Les Constitutionnels, satisfaits, l'applaudissent. Les tribunes populaires le huent. Les Brissotins perdent, du coup, la confiance des sections. Leurs atermoiements font le jeu de Robespierre aux Jacobins et de Danton aux Cordeliers. Ils se coupent des forces les plus populaires à un moment décisif. Pour autant, l'Assemblée n'adopte point l'adresse de Condorcet. La stratégie girondine piétine tandis que gagne le mouvement insurrectionnel[2].

La Commission des Vingt-et-un, impavide, poursuit l'élaboration de son projet de solution légale à la crise. Dans la soirée du 26 juillet, Condorcet présente un « projet de décret sur les mesures à prendre pour sauver la Patrie ». C'est le deuxième volet de son plan. Il demande que les décrets d'urgence ne soient plus soumis à la sanction royale, que les dépenses de la liste civile soient contrôlées étroitement, et que de nouvelles mesures de rigueur soient prises contre les émigrés et les prêtres réfractaires. Mais ce projet ne tranche pas la question de la déchéance. Il ne la pose que par de subtils détours. La Commission extraordinaire paraît ainsi en

---

1. *Moniteur*, XIII, p. 252.
2. Les sections avaient décidé d'admettre à égalité citoyens actifs et citoyens passifs lors des votes. C'était assurer la majorité aux éléments populaires. Le 26 juillet au soir, un banquet patriotique donné en l'honneur des fédérés brestois parut propice aux fédérés pour déclencher l'insurrection. Pétion se rendit lui-même au banquet pour prévenir le mouvement. Ce n'était que partie remise.

proie à l'incertitude. Les journaux contre-révolutionnaires y voient la peur des armées étrangères, et annoncent que Condorcet est sur le point de s'enfuir à Londres. La vérité est plus simple : l'Assemblée demeure constitutionnelle ; Condorcet et les chefs girondins manquent à ce moment du souffle et de l'audace révolutionnaires qui soulèvent déjà Danton, ou de la froide résolution de Robespierre qui, le 29 juillet au soir, déclare aux Jacobins : « La principale source de nos maux est à la fois... dans le pouvoir exécutif qui veut perdre l'État et dans la législature qui ne peut ou ne veut le sauver[1]. »

Tandis que la Commission des Vingt-et-Un tergiverse et que l'Assemblée hésite, les événements se précipitent. Le 30 juillet au matin, la Commission reçoit une députation du district d'Avesnes, venue faire part de ses inquiétudes sur la situation de la ville menacée par l'ennemi[2]. Cependant que la Commission s'informe, les fédérés marseillais entrent dans Paris par le faubourg Saint-Antoine, chantant leur hymne encore inconnu. « Les larmes, écrit *Le Père Duchesne*, coulaient de tous les yeux. L'air retentissait des cris de "Vive la Nation, vive la Liberté"[3]. » Le soir même, à l'occasion d'un banquet aux Champs-Élysées, une rixe éclate entre Marseillais et gardes nationaux fayettistes. Il y a un mort. Le 31 juillet, la section de Mauconseil déclare qu'elle ne reconnaît plus Louis XVI comme roi des Français. Et le lendemain 1er août, Paris prend connaissance du manifeste du duc de Brunswick.

## Le manifeste de Brunswick

La publication du manifeste exaspère les patriotes[4]. Ils mesurent qu'en cas de victoire de l'étranger et de la Cour,

---

1. *Le Défenseur de la Constitution*, n° 11, éd. G. Laurent, p. 317.
2. Aulard, *op. cit.*, p. 537.
3. Cité par Lavisse, *op. cit.*, tome I, p. 375.
4. Le duc de Brunswick rendait « personnellement responsables de tous les événements, sur leurs têtes, pour être jugés militairement, sans espoir de pardon,

une répression sans merci s'abattra sur eux. « Vivre libre ou mourir » : l'intervention du duc de Brunswick fait de la devise une réalité. Cet appel, non au sang-froid ou à l'humanité, mais à la peur et à la lâcheté, ne peut que faire basculer contre le Roi ceux qui pourraient encore hésiter. Mesurant l'effet désastreux produit par le manifeste, le Roi essaie de s'en désolidariser par une lettre lue à l'Assemblée le 3 août : « Des murmures de mépris, d'étonnement et d'indignation ont tour à tour interrompu cette lecture », écrit la *Chronique de Paris*[1]. Condorcet ne se trompe pas sur les conséquences de cette déclaration : « Elle nous fait grand bien, dit-il. Encore une déclaration pareille et nous sommes sauvés[2]. » Le manifeste excite encore l'ardeur des fédérés, partisans de l'insurrection. Le changement ministériel auquel tendent tous les efforts des Girondins n'a plus de sens. Car comment des ministres patriotes pourraient-ils conduire au nom du Roi, chef des armées, une guerre contre des ennemis qui se réclament eux-mêmes de Louis XVI ? Toute solution à la crise passe nécessairement par sa déposition. Sera-t-elle le fait de l'Assemblée ou de l'insurrection ? Telle est désormais l'alternative.

Pour Condorcet, il appartient à l'Assemblée d'agir, et à la Commission extraordinaire de la guider. Mais sans tarder, car tout est devenu une question de jours. Que l'Assemblée hésite ou temporise, et l'épreuve de force tranchera à sa place. A

tous les membres de l'Assemblée nationale, du département, du district, de la municipalité de Paris et de la Garde nationale de Paris, les juges de paix et tous ceux qu'il appartiendra. » Suivait l'annonce paroxystique que « s'il est fait la moindre violence, le moindre outrage au Roi, à la Reine et à la famille royale », il en sera tiré « une vengeance exemplaire et à jamais mémorable en livrant la ville de Paris à une exécution militaire et à une subversion totale ». Le Roi avait lui-même arrêté les grandes lignes du manifeste. Les émigrés en avaient rédigé les phrases les plus violentes. *Cf.* Lavisse, *op. cit.*, tome I, p. 376. Le Roi avait donné des instructions écrites secrètes à Mallet du Pan, qu'il avait envoyé en mission auprès de l'Empereur et du roi de Prusse. *Cf.* Buchez et Roux, *op. cit.*, tome XIV, p. 422, et Jaurès, *op. cit.*, tome II, pp. 607-608.

1. *Chronique de Paris*, 4 août 1792.
2. Rapporté par Pellenc, ancien secrétaire de Mirabeau. *Cf.* Cahen, *op. cit.*, p. 412.

cette confrontation, on se prépare avec ardeur dans les deux camps. Du Comité central des fédérés, qui siège tous les jours aux Jacobins, est issu un directoire secret de cinq membres qui fomente l'insurrection. Les aristocrates, de leur côté, ne restent pas inactifs. Le baron de Frénilly témoigne de leur résolution : « Tout ce qu'il y avait de jeunes gens de famille à Paris s'était spontanément enrôlé dans trois ou quatre bataillons de la Garde nationale, les seuls sur lesquels le Roi pût compter... Le sentiment qui nous remplissait tous, c'était une pleine confiance, une impatience extrême d'en finir avec la canaille par un coup décisif, un vif désir qu'elle le provoquât et une entière certitude de la victoire[1]. » Condorcet, le 2 août, apprécie avec lucidité, mais sans optimisme, cette situation extrême. Faisant l'inventaire des périls qui menacent la Nation, il conclut : « Quand..., au milieu de tant de dangers, une Assemblée législative, seule ressource du peuple, est divisée au-dedans, restreinte dans ses moyens d'action et comprimée dans ses efforts par la Constitution même qu'elle est destinée à défendre..., alors, certes, il est difficile de calculer quelle sera la marche des événements et la catastrophe qui doit les suivre[2]... »

## Vers l'insurrection

Le même jour, à l'Assemblée, les fédérés marseillais viennent réclamer la déchéance du Roi et la mise en accusation de La Fayette. Le lendemain 3 août, Pétion présente au nom de la Commune le vœu quasi-unanime des sections en faveur

1. *Souvenirs du baron de Frénilly, op. cit.,* p. 164. Frénilly donne des précisions sur les forces des royalistes : « Le Roi avait d'ailleurs ce qu'il fallait pour triompher sans peine de ce second 20 juin. Six mille Suisses autour de Paris, sa garde soidisant licenciée, mais présente à l'École militaire, et cinq à six mille hommes de la Garde nationale. Un coup de tambour, et en une heure il avait autour de lui douze mille hommes dévoués, contre un millier de brigands envoyés des provinces et suivis par la lâche et stupide canaille de Paris. » (*Ibid.,* p. 164.)
2. *Chronique de Paris,* 2 août 1792.

de la déchéance. Paris se range dans le camp des adversaires du Roi. Sans doute peut-on s'interroger sur les conditions dans lesquelles les sections se sont prononcées devant un public composé essentiellement de révolutionnaires[1]. Mais la question de la déchéance ne peut plus être éludée par l'Assemblée. Elle fixe donc la discussion au jeudi 9 août et, entre-temps, renvoie la pétition à l'examen de la Commission extraordinaire. Celle-ci se réunit l'après-midi même, à 15 h 30. Vergniaud lit un premier rapport sur la déchéance. Condorcet et lui sont désignés pour « présenter séparément à la Commission un travail relatif aux mesures à prendre avant et après la déchéance du Roi, dans le cas où l'Assemblée nationale serait obligée de prononcer cette déchéance[2] ». Le choix des rapporteurs ne paraît laisser planer aucun doute sur l'issue. Déjà, Condorcet a préparé avec Lacépède et Pastoret trois projets de décrets sur une question essentielle : l'éducation du prince royal mineur.

Pour Condorcet, la déchéance est la seule voie qui puisse encore prévenir l'insurrection. Le 5 août, il rend public son sentiment dans la *Chronique de Paris* : « La mesure proposée [la déchéance] ne sort point de la Constitution... Elle ne peut donc point heurter d'autres opinions que celle des ennemis mêmes de la Constitution[3]... » Il ajoute : « L'impulsion donnée à présent par la capitale peut-elle être arrêtée ?... L'Assemblée nationale peut-elle vouloir résister à cette impulsion sans avoir l'air de ne tenir aucun compte du vœu du peuple et sans *devenir responsable des désastres que sa résistance à un tel vœu pourrait occasionner*[4] ? » Le propos est clair, et la pression sur l'Assemblée, insistante[5]. Mais la Commission demeure

1. Quelques jours plus tard, vingt-huit sections devaient d'ailleurs émettre des protestations contre cette pétition.
2. Aulard, *La Commission extraordinaire, op. cit.*, p. 538.
3. *Chronique de Paris*, 5 août 1792.
4. *Ibid.* Souligné par nous.
5. Le climat qui règne à l'Assemblée est décrit par deux officiers, fédérés brestois, qui assistent aux séances début août : « Il règne dans l'Assemblée une confusion dont on se fait peu d'idée. Lorsqu'on fait quelque rapport intéressant,

partagée. Les modérés hésitent encore. Même parmi les Girondins, Condorcet n'est pas suivi par tous. Vergniaud, en particulier, qui a encore écrit au Roi le 28 juillet, se cramponne au schéma illusoire qui a inspiré jusqu'alors sa conduite. Il souhaite que l'Assemblée ne prononce la déchéance que lorsque les ennemis auront pénétré profondément en territoire français. « En attendant, il faut voir si l'on ne pourra pas obtenir du Roi, par terreur, les avantages que produirait la déchéance[1] », c'est-à-dire qu'il se soumette à la volonté de l'Assemblée. Stratégie absurde dans la mesure où tout atermoiement joue contre ceux qui, comme Vergniaud, espèrent encore prévenir l'insurrection.

Le 4 août, l'Assemblée casse l'arrêté de la section de Mauconseil du 31 juillet déclarant qu'elle ne reconnaissait plus Louis XVI comme roi. La Commission des Vingt-et-un conclut dans le même sens. Condorcet rappelle à l'Assemblée qu'elle seule peut décider de la déchéance. Il ajoute : « L'insurrection est la dernière ressource des peuples opprimés. Elle est un devoir sacré quand il n'y a pas pour eux d'autres moyens de se sauver. Mais un peuple qui a des représentants fidèles... courrait à sa ruine s'il préférait, à ces moyens d'action tempérés par la loi, des moyens dont l'illégalité serait capable de faire avorter tout le fruit[2]... » Ainsi Condorcet adjure à la fois le peuple de ne point céder à la tentation de l'insurrection, et l'Assemblée de prendre enfin des mesures radicales. Le faubourg Saint-Antoine use d'un style plus direct. Le 4 août, il fait savoir que « si justice et droit n'est pas (sic) fait au peuple par le corps législatif jeudi [9 août] à onze heures du soir, le même jour à minuit, le tocsin sonnera et la générale

ou que l'on discute quelque objet important, nos législateurs s'occupent à causer ou à lire, et, par ce moyen, la majeure partie ne prend aucune part aux délibérations. Quelquefois, pour ne pas dire souvent, ils se permettent des personnalités (sic) et des injures qui ne devraient jamais sortir de la bouche des législateurs. » *In* A. Corré, « Documents inédits autour du 10 août et des journées de septembre 1792 », *La Révolution française*, juillet-décembre 1897, p. 458.
1. Cité par Pellenc, *in* Cahen, *op. cit.*, p. 416.
2. *Chronique de Paris*, 5 août 1792.

battra et tout se lèvera à la fois... » L'ultimatum est posé, le compte à rebours a commencé. A Paris, cependant, tandis que se prépare l'insurrection, spectacles et fêtes se poursuivent. Chez les aristocrates, la gaieté est un principe et l'insouciance une tradition : « Nous dansions, écrit Frénilly, comme on fait au camp la veille d'une bataille, et Paris n'était que jeux et plaisirs[1]. » Les fédérés ne sont pas moins joyeux dans les guinguettes.

En ces jours brûlants, les Condorcet se sont installés à Auteuil. L'air pur est nécessaire à Eliza, qui a maintenant deux ans. Ils habitent le second étage d'une maison bourgeoise donnant sur la Grand-Rue et ouvrant sur un jardin. Condorcet est voisin de sa vieille amie, Mme Helvétius, et de Cabanis, qui demeure chez elle. Le 5 août est un dimanche. Ce jour-là, le maire d'Auteuil, M. Laroche, « vrai philosophe et vrai patriote[2] », a décidé d'inaugurer la nouvelle maison commune, « bâtie dans la forme élégante et pure des premiers temples grecs[3] ». Ce fut une belle fête patriotique : « La municipalité de Passy, invitée à partager cette fête, s'était réunie, avec sa garde nationale, aux magistrats et citoyens soldats d'Auteuil[4]. » On marche en cortège vers la maison commune en portant « le drapeau de la garde nationale, la pierre, vraiment précieuse, tirée des ruines de la Bastille, les bustes des grands hommes, le tableau de la Déclaration des Droits, et celui de la Constitution française ». Suit « un grand nombre de citoyennes, revêtues d'habits blancs, qu'embellissait le mélange de rubans aux riches couleurs nationales... ; des patriotes nombreux portaient des branches d'arbre ornées de leurs feuilles verdoyantes ». Parmi eux, rapporte le journaliste, « on distinguait d'illustres défenseurs des droits du peuple, Sieyès, Condorcet et Morveau ». Discours du maire, dépôt des bustes de Rousseau, Voltaire, Franklin, Helvétius, Mirabeau, chants

---

1. Frénilly, *op. cit.*, p. 164.
2. *La Famille villageoise*, mars-octobre 1792, p. 461.
3. *Ibid.*.
4. *Ibid.*, p. 462.

patriotiques, émotion générale : « Tous les yeux étaient attendris. Les amis se serraient les mains. Quelques aristocrates dédaigneux, témoins de ces mouvements de bonheur, le partageaient malgré eux[1]... » Que la vie était douce, à Auteuil, le 5 août 1792 !

Le lundi 6 août, la Commission présidée par Condorcet entend Gensonné. Celui-ci est à l'Assemblée, parmi les Girondins, le principal intervenant en faveur de la suspension du Roi, et non de sa déchéance. Déchoir le Roi reviendrait en effet à ouvrir l'insoluble question de la régence. Car à qui la confier ? aux frères émigrés du Roi ? au duc d'Orléans ? Impossible. En revanche, la suspension dessaisirait le Roi de ses pouvoirs et réserverait l'avenir. Elle rallierait donc plus facilement une majorité à l'Assemblée. Déjà, des rumeurs se font jour, annonçant la fuite du Roi, avec la complicité de La Fayette ou le concours de Liancourt qui s'est offert à l'accueillir et à le protéger à Rouen[2]. Condorcet étudie toutes les conséquences d'un tel départ. Il propose de confier, le cas échéant, le pouvoir exécutif à un Conseil des ministres élu[3]. La Commission des Vingt-et-un évoque toutes les hypothèses, mais ne décide rien.

Le temps presse. La Commission se doit de prendre parti. Déjà, à l'initiative de Condorcet qui s'épuise au travail, ont été arrêtés les principaux projets sur la gestion de la Trésorerie, les pétitions des corps administratifs, l'envoi de députés aux armées et dans les départements. Le plan de Gensonné — suspension du Roi et invitation faite au peuple de former une Convention nationale — « paraissait réunir la pluralité des suffrages dans le Comité chargé de discuter ces objets[4] », écrit Condorcet. Mais quelle sera la position de l'Assemblée ?

1. *Ibid.*, p. 468.
2. *Cf.* F. Dreyfus, *La Rochefoucauld-Liancourt, op. cit.*, p. 120 et suivantes.
3. Cahen, *op. cit.*, appendice IV, pp. 565 à 568.
4. « Fragment de justification », *op. cit.*, p. 537. *Cf.* Guadet : « Dans la Commission, ce furent Brissot, Vergniaud, Condorcet, quelques autres patriotes et moi qui appuyèrent le plan de Gensonné. » *Thermomètre du jour*, 4 janvier 1793, p. 38.

## L'absolution de La Fayette

Le sort de La Fayette doit d'abord être réglé. Diverses pétitions ont demandé à l'Assemblée de le décréter d'accusation pour son comportement après le 20 juin. La rumeur d'un complot de La Fayette visant à enlever le Roi, à dissoudre les sociétés populaires et à exercer le pouvoir s'est répandue dans les clubs et les sections. La Fayette apparaît à présent comme le plus redoutable ennemi des révolutionnaires et le meilleur défenseur du Roi. Les Jacobins le détestent d'autant plus qu'on le juge encore populaire et que la majorité de l'Assemblée ne lui est pas hostile. Forcer les députés à se prononcer à son sujet constitue donc le meilleur moyen politique, pensent les Jacobins, soit d'en terminer avec lui si l'Assemblée vient à céder, soit de ruiner le crédit de l'Assemblée dans les sections, si elle refuse le décret d'accusation.

La question est évoquée dans l'après-midi du 7 août devant la Commission des Vingt-et-un. Après discussion, celle-ci décide à une courte majorité de demander à l'Assemblée de décréter d'accusation La Fayette. Elle confie également à Condorcet le soin de rédiger pour le lendemain un rapport général sur les mesures à prendre concernant la déchéance. Et elle approuve l'adresse qu'il a préparée sur les principes de souveraineté. Le lendemain 8 août, au Manège, après une discussion tumultueuse, on procède à l'appel nominal sur la demande de mise en accusation de La Fayette. Par 406 voix contre 224, l'Assemblée rejette la demande. Condorcet s'abstient pour des motifs personnels : « Ce général, qui s'est dit son ami pendant quelques années, s'étant déclaré son ennemi personnel, il ne pouvait se permettre d'être son juge[1]. » Geste bien peu politique en ces heures où les patriotes dénoncent La Fayette comme leur pire ennemi ! Mais Condorcet se souvient du jeune homme qui avait bien servi la cause de la

1. *Chronique de Paris*, 9 août 1792.

447

liberté, en Amérique et en France au début de la Révolution, des combats communs contre les injustices, de la fraternité de la Société des amis des Noirs. Voter pour l'absolution de La Fayette lui est interdit : il le croit coupable. Mais décréter d'accusation un ami qui lui a été cher lui est moralement impossible. En politique, l'abstention peut être parfois l'expression du courage.

La portée du vote dépasse le sort de La Fayette. Il prouve que la majorité de l'Assemblée est demeurée constitutionnelle, qu'elle refusera de prononcer la déchéance ou la suspension du Roi. Non que ses membres soient lâches. Voter contre le décret d'accusation de La Fayette, face aux tribunes populaires déchaînées, requiert du caractère. A la sortie, des députés Feuillants sont molestés. Mais la majorité ne sent pas que, déjà, la terre tremble sous ses pieds. Incertaine, divisée sur les mesures à prendre, elle est incapable de maîtriser un destin qui va se jouer ailleurs.

## Le discours du 9 août

Le lendemain, 9 août, est le jour fixé pour examiner la question de la déchéance. Condorcet n'est pas monté à la tribune depuis des semaines. Les adresses et rapports qu'il a rédigés à la tête de la Commission des Vingt-et-un, il a confié à d'autres le soin de les lire. Mais, ce jour-là, il décide de présenter lui-même à l'Assemblée ses deux projets que la Commission extraordinaire a approuvés la veille. A cinq heures, il prend la parole. Rarement texte plus décevant fut prononcé d'une voix plus froide sur une question plus brûlante, en un moment aussi dramatique. L'intitulé du discours donne la mesure de l'enjeu : « Rapport sur une pétition de la Commune de Paris tendant à la déchéance du Roi[1]. » Après avoir indiqué que « la solution [de la question]

1. *Œuvres*, X, pp. 523 à 530.

peut influer sur le sort de la génération présente et sur celui de la postérité, et que de grands malheurs peuvent résulter de votre résolution, quelle qu'elle puisse être », Condorcet examine toutes les hypothèses : déchéance, suspension, consultation de la Nation. Mais il ne propose aucune solution, n'avance aucune mesure[1], sauf une seule, toute temporisatrice : « publier une adresse au peuple sur l'exercice de son droit de souveraineté, adresse où vous le mettriez en garde contre les erreurs dans lesquelles on peut vouloir entraîner quelques-unes de ses sections[2]. » Les tribunes attendaient un appel, un plan, des décisions. Elles entendent une dissertation présentée par un académicien. « Les tribunes si violentes — raconte la *Chronique de Paris* sous la signature de Condorcet —, à qui il fallait, disait-on, une décision dans le jour, ont paisiblement entendu cette discussion au moins sérieuse, dont l'objet était de prouver la nécessité d'un examen long et réfléchi[3]. » Après lecture de son rapport, Condorcet, fatigué, cède la place à Isnard qui lit le projet d'adresse dans l'indifférence générale. L'Assemblée décrète l'impression du rapport et de l'adresse et ajourne la discussion de vingt-quatre heures[4].

Qu'est-il donc advenu, au sein de la Commission des Vingt-et-un, pour que l'on soit passé du plan de suspension de Gensonné, entendu avec faveur le 6 août, à cette confuse dérobade du 9 août ? La chronologie, telle qu'elle ressort des procès-verbaux de la Commission[5], permet de suivre le cours

1. *Cf. Moniteur*, XIII, 375. Condorcet « a exposé le danger d'adopter avec précipitation une résolution quelconque dans la question de la déchéance, avant d'avoir pris toutes les mesures préparatoires propres à éclairer l'opinion et à prévenir tout mouvement irrégulier du peuple ». En somme, il était urgent d'attendre...
2. « Instruction sur l'exercice du droit de souveraineté », *Œuvres*, X, pp. 533 à 540.
3. *Chronique de Paris*, août 1792.
4. *Archives parlementaires*, 9 août 1792, p. 613.
5. Le texte du registre des procès-verbaux de la Commission s'arrête le 6 août au matin. Mais des feuilles volantes, dont certaines de la main de Condorcet (Archives nationales, A.F., tome I, p. 86), sont collées au registre jusqu'au 8 août, séance du matin.

des événements et l'évolution des esprits. Le 7 août au soir, la Commission décide de proposer à la Législative un décret d'accusation contre La Fayette. Le 8 août au matin, elle arrête que « M. Condorcet fera demain matin un rapport général préparatoire sur les mesures à prendre concernant la déchéance[1]. » Si Condorcet doit préparer un tel rapport, c'est donc que la Commission envisage de proposer la déchéance. Mais, le 8 dans l'après-midi, l'Assemblée se prononce à une large majorité contre le décret d'accusation de La Fayette, et désavoue les Vingt-et-un. Il est dès lors évident que la même majorité refusera toute proposition de déchéance ou de suspension. « Un tel décret ne pouvait obtenir le suffrage de l'Assemblée », écrira Condorcet[2]. Brissot lui-même souhaite que la question ne soit pas encore décidée[3]. Sans doute les Girondins espèrent-ils encore soumettre le Roi sans avoir à prononcer sa déchéance. Ce vain calcul rallie la Commission et Condorcet lui-même, puisque celui-ci présente à l'Assemblée un texte lénifiant qui ne tend qu'à gagner un temps dont les Girondins ne disposent plus.

La séance est levée, ce 9 août, à sept heures du soir. Condorcet regagne Auteuil. Il a raté son rendez-vous avec l'Histoire. Dans la nuit, la générale bat dans les faubourgs, le tocsin sonne à Paris. L'insurrection commence.

---

1. *Ibid.*
2. « Fragment de justification », p. 599.
3. *Patriote français*, 7 août 1792 : « Des esprits ardents voudraient qu'elle [la question de la déchéance] fût agitée ce jour-là. Mais cette précipitation serait absurde et funeste. Une question aussi imposante ne peut être discutée trop mûrement. » *Cf.* Brissot, *Mémoires*, p. 318 : « Combien devaient être circonspects les vrais républicains... Ils devaient préparer les esprits, amener l'opinion publique à se déclarer... »

## LE TEMPS DE L'ÉPREUVE

### A l'Assemblée, le 10 août

« Je n'étais point dans la confidence[1] », écrira Condorcet. Mais, à l'aube du 10 août, il ne fut sans doute pas surpris. Chacun s'attendait à un coup de force des fédérés et des sections sur les Tuileries[2]. « On sonna le tocsin, j'étais à Auteuil, je me rendis à Paris[3]. » Dans la voiture qui le mène précipitamment vers l'Assemblée, quelles pensées traversent l'esprit de Concordet tandis que se lève le jour ? Revoit-il en pensée la séance de la veille, lorsqu'il lisait son discours devant les tribunes populaires soudain calmes et indifférentes, comme si elles savaient que le destin se jouerait ailleurs que dans l'enceinte de l'Assemblée ? S'efforce-t-il de prévoir les mesures qui pourront barrer la voie à la contre-révolution, si les aristocrates l'emportent, ou de contrôler le cours de la Révolution, si l'insurrection triomphe ? Peut-être tout simplement ressent-il, dans la voiture cahotante, la fatigue des jours et des nuits écoulés, et, les yeux clos, rassemble-t-il ses forces en songeant à Sophie et Eliza ?

« J'arrivai à l'Assemblée quelques moments avant le Roi. Elle était plus inquiète qu'effrayée, courageuse mais sans dignité. » Les députés ne sont pas nombreux : à peine une centaine dans la salle. Vergniaud, qu'on est allé chercher à son domicile, place Vendôme, préside. De cette matinée d'insurrection, Condorcet, dans une Assemblée clairsemée, va

---

1. « Fragment de justification », *op. cit.*, p. 601.
2. « Le jour [du 10 août] commençait à luire. Mme Elisabeth alla à la croisée. Elle regarda le ciel qui était fort rouge, et elle dit à la Reine qui était restée au fond du cabinet : "Ma sœur, venez donc voir le lever de l'aurore." La Reine y alla. » Roederer, *op. cit.*, p. 35.
3. *Ibid.*

vivre toutes les péripéties. Il voit arriver le Roi, vêtu de violet, suivi de Roederer et de la famille royale. Un grenadier, qui a pris le dauphin dans ses bras, le pose sur le bureau des secrétaires, aux applaudissements de la salle[1]. Il entend le Roi dire à l'Assemblée : « Je suis venu ici pour éviter un grand crime... », et Vergniaud lui répondre : « Vous pouvez compter sur la fermeté de l'Assemblée. Ses membres ont juré de mourir en soutenant les droits du peuple et les autorités constituées[2]. » Formule significative : à ce moment, la royauté est encore debout et le Roi exerce un pouvoir constitutionnel. Après un bref débat, le Roi se place avec la famille royale dans la petite loge grillée du « logographe[3] », derrière le président. C'est leur première prison.

Des gardes nationaux viennent annoncer à l'Assemblée que « les canons dont la place du Carrousel est couverte sont braqués contre le château des Tuileries que le peuple veut abattre comme la Bastille[4] ». Une députation de dix membres sort de l'Assemblée pour apaiser le peuple. Vergniaud quitte le fauteuil de la présidence, remplacé par Guadet. Il est environ neuf heures et demie. A ce moment, « on entend un grand bruit dans le jardin des Tuileries et dans les tribunes. Au premier coup de canon, les citoyens des tribunes se lèvent et, tendant leur bras vers l'Assemblée, ils crient : "Vive l'Assemblée nationale, vive la Nation, vive la liberté et l'égalité !" Un officier de la Garde nationale entre précipitamment dans la salle en criant : "En place, législateurs, nous sommes forcés !" L'Assemblée est très agitée. Le canon continue de tirer, les intervalles très courts des décharges

1. Roederer, *Mémoires, op. cit.*, pp. 48-49. Les témoignages sur le comportement de l'Assemblée, le 10 août, varient selon la date à laquelle ils ont été écrits et l'appartenance politique de leurs auteurs. *Cf.* par exemple Choudieu, montagnard, *Mémoires, op. cit.*, pp. 153 à 155, ou Crestin, royaliste, *La Vérité rétablie*, Besançon, 1814, pp. 13 et suivantes.
2. *Ibid.*
3. Il s'agissait de l'étroit réduit où se tenait les sténographes de l'Assemblée.
4. Lettre d'Azéma, député de l'Aude, en date du 10 août 1792, à minuit, in *La Revue française*, juillet-décembre 1894, p. 179.

redoublées laissent entendre un feu soutenu de mousqueterie[1]. » Un collègue de Condorcet, Azéma, raconte les impressions ressenties par les députés : « Le tonnerre a grondé sur l'Assemblée. Dans ce moment critique, quoi qu'on en dise, nous nous sommes tous levés d'un seul élan, nous avons levé nos bras et notre chapeau en l'air. Nous avons fait retentir notre voûte du cri de "Vive la Nation !" Et nous avons resté *(sic)* immobiles de tout le corps, non pas du cœur, car à en juger par le mien, il palpitait bien à tous les membres présents... ; nous tendions surtout nos oreilles dans l'attente de la réalité du bruit tonnant et de la grêle de la plus belle *(sic)*[2]. »

Les députés envoyés aux Tuileries rentrent dans la salle. L'agitation redouble. Le président finit par obtenir le silence. Ils racontent qu'ils ont été dans l'impossibilité de gagner le château. L'assemblée décrète que tous les députés resteront dans son sein. « On entend le toscin de plusieurs côtés, le bruit du canon augmente à chaque instant. Des coups de fusil sont tirés jusque dans la croisée de la salle de l'Assemblée nationale. Quelques membres se lèvent pour sortir. Toute l'Assemblée les rappelle et leur crie : "C'est ici que nous devons mourir". Les tribunes crient : "Voilà les Suisses, nous ne vous quittons pas, nous périssons avec vous." L'Assemblée tout entière se lève et répond par le cri : "Vive la Liberté, vive la Nation !" Le plus grand trouble règne dans l'Assemblée. Le président se couvre, rappelle les députés au calme. L'ordre se rétablit[3]. »

L'Assemblée vote alors un décret plaçant la sûreté des personnes et des propriétés sous la sauvegarde du peuple de Paris. Puis tous les députés jurent, aux acclamations des tribunes, de périr s'il le faut pour la défense de la liberté et de l'égalité. La canonnade a cessé. Il est onze heures. Le château forcé, la victoire des insurgés acquise, une délégation

1. *Archives parlementaires*, tome XXXVII, p. 639, 10 août 1792.
2. Azéma, *op. cit.*, p. 180.
3. *Archives parlementaires, ibid.*

de la Commune se présente à la barre de l'Assemblée. Elle se sent investie de la légitimité révolutionnaire que donnent le combat et la victoire. C'est en vainqueur qu'elle déclare à l'Assemblée : « Nous venons ici, en son nom [du peuple], concerter avec vous des mesures pour le salut public[1]. »

## A la Commission des Vingt-et-un

La Commission extraordinaire des Vingt-et-un se réunit aussitôt. Combien de ses membres sont-ils présents ? Condorcet assume-t-il encore la présidence ? Assurément, Vergniaud et Debry sont là avec lui, et, parmi les modérés, Tardiveau et Vaublanc. Pour les autres, les précisions font défaut[2]. Jusqu'à la fin de cette journée du 10 août, la Commission va jouer un rôle essentiel. Dans la salle des séances, l'agitation est à son comble. Depuis la prise du château, pétitionnaires et combattants se succèdent à la barre, déposant bijoux, or et papiers trouvés aux Tuileries. La plus vive émotion règne dans les tribunes, dans la salle même. Impossible de délibérer ou même de réfléchir posément dans un tel tumulte. Le temps est compté. A la Commission extraordinaire de proposer les mesures nécessaires.

La victoire des insurgés fait naître une situation entièrement nouvelle. Le Comité révolutionnaire et les sections sont vainqueurs. Le sang a coulé. On parle de milliers de morts et de blessés[3]. Dans la passion et la colère qui grondent, l'Assemblée demeure la seule autorité légitime en place. Il lui

1. La Commune ajoutait : « Le peuple qui nous envoie vers vous nous a chargés de vous déclarer qu'il vous investissait à nouveau de sa confiance, mais il nous a chargés en même temps de vous déclarer qu'il ne pouvait reconnaître, pour juger des mesures extraordinaires auxquelles la nécessité et la résistance à l'oppression l'ont porté, que le peuple français, votre souverain et le nôtre, réuni dans ses assemblées primaires. » *Moniteur*, XIII, p. 379.
2. Les procès-verbaux de la Commission des Vingt-et-un pour la période postérieure au 9 août ont disparu.
3. *Cf.* Azéma : « Il est impossible de calculer le nombre de morts et de blessés. Les uns le font monter à 2 000, les autres à 1 500 ». *Op. cit.*, p. 180.

faut à présent contenir l'insurrection, prévenir tout nouvel affrontement, faire en sorte que la Révolution qui s'accomplit n'emporte pas tout avec elle. Mais l'Assemblée se trouve elle-même dans la situation la plus difficile. Deux jours plus tôt, elle a protégé La Fayette. La veille, elle s'est dérobée quand il s'agissait de proclamer la déchéance du Roi. Il lui faut maintenant le suspendre et prendre les décisions indispensables. Heureusement, la Commission extraordinaire est prête. Condorcet avait déjà rédigé et soumis à ses collègues, avant le 10 août, un premier rapport. La plume à la main, il avait — ses notes personnelles en font foi — analysé les dispositions à prendre au cas où la fuite du Roi laisserait l'Assemblée seule au pouvoir en présence du peuple[1]. Cette heure est arrivée du fait de l'insurrection qui a chassé Louis XVI des Tuileries. En outre, la suspension du Roi a déjà été prévue par la Commission dans ses séances du 6 au 8 août. « Elle rédigea très promptement, écrit Condorcet, le décret portant la suspension du Roi, la création d'un ministère provisoire élu par l'Assemblée, et la convocation d'une Convention nationale. Ses discussions précédentes l'y avaient préparée, et ce fut *l'ouvrage d'une demi-heure*[2]. »

Le projet rédigé, Vergniaud regagne la salle des séances où des insurgés racontent à la barre le combat. Au nom de la Commission des Vingt-et-un, il prononce un bref et intense discours. Il propose un décret suspendant provisoirement le Roi et invitant le peuple français à élire une Convention nationale[3]. Un autre décret fixe le sort du Roi et de la famille royale[4]. Enfin, la Commission extraordinaire présentera « un

---

1. *Cf.* Cahen, *op. cit.*, appendice IV, « Sur la fuite du Roi », 1re journée, pp. 565-566. Condorcet avait même précisé que « l'Assemblée se déclarerait toujours en séance... On pourrait établir des lits pour un nombre considérable de députés... »

2. « Fragment de justification », *op. cit.*, p. 601. Souligné par nous.

3. Ce projet maintenait les ministres en fonction jusqu'à ce que la Commission des Vingt-et-un eût proposé dans la journée un projet d'organisation du ministère.

4. Ils devaient être logés au Luxembourg, la Garde nationale assurant leur protection. La liste civile était suspendue, le Corps législatif devant arrêter une somme pour l'entretien du Roi.

projet de décret pour la nomination du gouverneur du prince royal[1] ». Condorcet songe-t-il en cet instant à assumer ce poste ? Souvent, l'intention lui en a été prêtée[2]. Il l'a toujours démentie. Mais, au moment où tout vacillait, peut-être la Commission extraordinaire lui ouvrait-elle cette voie ?

Dans les tribunes, le projet est accueilli par des protestations. C'est la déchéance immédiate du Roi que l'on veut, non une suspension provisoire qui ménage l'avenir. Vergniaud fait face et démontre avec force que seule une Convention élue par le peuple peut décider du sort du Roi et d'une nouvelle Constitution. Pendant ce temps, Condorcet rédige le texte d'une proclamation destinée aux Parisiens. Il faut en effet, sans perdre un moment, calmer les passions, apaiser les esprits, rassembler les autorités et les citoyens autour de l'Assemblée nationale. Ce projet d'adresse prend acte que « les citoyens de Paris ont déclaré au corps législatif qu'il était la seule autorité qui eût conservé leur confiance ; les membres de l'Assemblée nationale ont juré individuellement, au nom de la Nation, de maintenir la liberté et l'égalité, ou de mourir à leur poste. Elle [l'Assemblée nationale] invite les citoyens, au nom de la Patrie, à veiller à ce que les Droits de l'homme soient respectés et les propriétés assurées[3]. » Le projet de Condorcet est aussitôt adopté par l'Assemblée qui décrète son impression et sa diffusion immédiate dans les départements.

Tout au long de cette journée torride[4], la Commission extraordinaire va continuer à siéger et Condorcet à travailler. Les projets de décrets se succèdent. Il faut régler la question

---

1. *Moniteur*, XIII, p. 380 et suivantes. *Chronique de Paris*, 11 août 1792.

2. *Cf.* Théodore de Lameth, député à la Législative, chef de file des Constitutionnels, raconte avoir dit à Vergniaud : « "Ayez un plus noble but que celui d'obéir à l'ambition de M. de Condorcet et de le faire gouverneur de M. le Dauphin". Vergniaud convint du désir de notre collègue ! » *Notes et Souvenirs, op. cit.*, p. 237. Eliza Condorcet O'Connor a toujours démenti que son père ait caressé ce projet.

3. « Adresse aux citoyens de Paris et aux Français », *Œuvres*, I, pp. 543-544.

4. *Cf.* Gouverneur Morris, *Journal*, 10 août 1792 : « Il continue à faire très chaud ou, pour mieux dire, brûlant », p. 323. 12 août : « Le temps est encore très chaud et lourd », *ibid*.

de l'exécutif : un décret stipule que de nouveaux ministres seront nommés par l'Assemblée nationale hors de son sein. Il faut régler l'exercice du pouvoir législatif : conformément à la recommandation de la Commission, l'Assemblée décide que les décrets votés auront force de loi sans la sanction royale. Enfin, la Commission propose que tous les Français âgés de vingt-cinq ans soient désormais électeurs. L'Assemblée vote sans débat ce texte qui instaure le suffrage universel en France[1] et assurera aux républicains le succès aux élections à la Convention.

Restait un acte politique essentiel à accomplir : le choix des ministres. A ce moment, l'Assemblée est sous le contrôle des Girondins. Fabre d'Églantine propose Danton à Brissot. Celui-ci donne son accord, ajoutant : « Ce doit être le sceau de notre réconciliation[2]. » Danton est donc élu le premier, comme ministre de la Justice, par 222 voix sur 284 votants seulement. C'était légitimer la victoire des insurgés. L'Assemblée élit ensuite Lebrun aux Affaires étrangères. Puis, sans scrutin, elle appelle au Conseil les trois ministres « patriotes » renvoyés par Louis XVI : Roland, Clavière, Servan. Enfin, sur la recommandation de Condorcet[3], Monge, académicien comme lui, est choisi pour la Marine. Les Girondins sont majoritaires au Conseil, mais, au sein de ce Conseil exécutif provisoire, nouveau gouvernement de la Révolution, c'est bien Danton qui représente le camp des vainqueurs. Par sa personnalité, il domine le ministère. Condorcet s'expliquera sur ce choix auquel il n'a pas été étranger : « Il fallait dans le ministère un homme qui eût la confiance de ce même peuple dont les agitations venaient de renverser le trône ; il fallait dans le ministère un homme qui pût, par son ascendant, contenir les instruments très méprisables d'une révolution utile, glorieuse et nécessaire ; et il fallait que cet homme, par son talent pour

1. Les domestiques restaient toutefois exclus du vote.
2. Aulard, *Histoire politique de la Révolution, op. cit.,* p. 219.
3. Mme Roland, *Mémoires, op. cit.,* p. 165.

la parole, par son esprit, par son caractère, n'avilît pas le ministère, ni les membres de l'Assemblée nationale qui auraient à traiter avec lui. Danton seul avait ces qualités. Je le choisis et je ne m'en repens point[1]. » A ces raisons s'ajoutait sans doute, plus confusément, la fascination que pouvait exercer sur cet intellectuel le puissant instinct révolutionnaire de Danton ; sur un homme au faible tempérament, cette sensualité éclatante ; sur un timide, ce génie oratoire fait d'improvisation et de passion.

La nuit est venue. Condorcet a siégé sans désemparer à la Commission pendant ces heures terribles. A son tour, il monte au fauteuil présidentiel et mène jusqu'à trois heures et demie du matin les débats de cette Assemblée clairsemée. Dans la loge du logographe, le Roi observe avec une lunette de théâtre ce spectacle inédit pour lui. Parmi les gardes nationaux qui défendent l'accès au couloir de la loge s'est glissé le jeune Charles de Chabot, qui veille ainsi sur la personne du Roi. Il a connu Condorcet chez sa parente la duchesse d'Enville, et se déclarait alors son admirateur et son disciple. Son cousin François de La Rochefoucauld est entré à l'Assemblée pour tenter de secourir la famille royale : « Avant de quitter l'Assemblée, dit-il, je voulus chercher mon cousin Charles de Chabot. Je connaissais la pétulance de ce brave jeune homme et craignais qu'il n'eût l'imprudence de faire quelque coup de tête... Je le trouvai montant la garde à la place d'un soldat qui était allé dîner... Il me parut tout en colère et me dit qu'il cracherait à la figure de M. de Condorcet quand il passerait[2]... » C'était bien le temps des fureurs.

---

1. « Fragment.. », *op. cit.*, p. 602.
2. François de La Rochefoucauld, *Souvenirs du 10 août 1792 et de l'armée de Bourbon*, Paris, 1829, p. 40. Charles de Chabot fut trouvé endormi sur la banquette devant la loge du Roi. Arrêté et conduit à la prison de l'Abbaye, il y sera égorgé le 2 septembre.

## L'angoisse de l'invasion

L'Assemblée détient encore le pouvoir légal. Mais la Révolution s'est faite sans elle, hors d'elle, et presque contre elle. La Législative n'a plus qu'à céder la place à la Convention. Amputée d'un grand nombre de ses membres, elle siège en permanence, mais sans foi ni ressort. Le côté droit a disparu ou est réduit au silence[1]. La Commune victorieuse exerce à Paris la réalité du pouvoir[2]. Elle assume seule la responsabilité de la sûreté et de la police générale[3]. La répression s'abat sur la ville[4] : massacre des Suisses, arrestation des ministres, des aristocrates, des journalistes royalistes, suspension des passeports, scellés apposés chez les suspects, fermeture des couvents. Les journaux royalistes sont interdits, leurs presses distribuées aux journaux patriotes. Le 13 août, la Commune se fait remettre Louis XVI et la famille royale et les enferme au Temple. Le 15, Robespierre vient exiger de l'Assemblée l'établissement de juridictions d'exception, composées de commissaires choisis par les sections, statuant

1. Hua, *op. cit.*, p. 164 : « Nous n'allions plus aux séances que pour faire constater que nous ne les avions pas abandonnées, nous ne prenions plus part aux délibérations. Et quand on votait par assis ou levé, nous restions immobiles sur nos bancs. C'était la seule protestation que nous puissions faire. C'était la force de la faiblesse. Nous n'en avions pas d'autre. »

2. Les 11, 12 et 13, des élections dans les sections complétèrent la Commune, portant à 288 le nombre de ses membres. Robespierre prit part dès le 11 août aux séances du Conseil général de la Commune. Il allait dorénavant inspirer sa politique et dominer ses débats.

3. Le 12 août, l'Assemblée décida de faire élire un nouveau directoire du département de Paris pour remplacer celui présidé par La Rochefoucauld. La Commune refusa ces élections. Robespierre vint rappeler à l'Assemblée : « Quand le peuple a sauvé la Patrie..., qu'avez-vous d'autre à faire qu'à satisfaire son vœu ? » (*Moniteur*, XIII, p. 399). L'Assemblée s'inclina.

4. *Frénilly, op. cit.*, p. 127. « En vingt-quatre heures, écrit le baron de Frénilly qui figurait au 10 août parmi les gardes nationaux fidèles au Roi, Paris avait changé de face. On n'y rencontrait plus une voiture ; si un bruit de roues se faisait entendre, c'était un fiacre... Les portes de la ville étaient fermées. Les sections, le bonnet rouge en tête, faisaient la nuit des visites domiicilaires, non pas là ou là, mais partout pour découvrir un émigré, un défenseur du Roi, un des Suisses échappés. Car leur massacre continuait partout où ils étaient reconnus. »

souverainement et en dernier ressort. L'Assemblée fait mine de résister. Le 17, elle cède, malgré les interventions de deux Montagnards, Choudieu et Thuriot, lequel s'écrie : « La Révolution n'est pas seulement pour la France, nous en sommes comptables à l'humanité[1]. » Pis encore, sous la pression de la Commune, l'Assemblée décrète que les parents, femmes et enfants des émigrés seront consignés dans leur maison, c'est-à-dire pris en otages. Le 27 août, la Commune prend un arrêté décidant l'arrestation de toutes les personnes suspectes. Le 28, l'Assemblée autorise des visites domicilaires chez tous les habitants de Paris. Les prisons regorgent de suspects.

Comment Condorcet vit-il ces journées terribles ? Pour lui comme pour les chefs de la Gironde, au-delà de Paris, il y a la France et la Révolution, menacées à la fois par la guerre civile et par la guerre étrangère[2]. L'angoisse du destin national l'obsède. La défaite signifierait l'écrasement de la Révolution. Il est sans illusions sur le sort réservé aux révolutionnaires par les aristocrates et les émigrés en cas de victoire des Prussiens[3]. Or, depuis le 19 août, la guerre, jusque-là réduite à des escarmouches aux frontières, a changé de nature. Les armées austro-prussiennes, sous le commandement du duc de Brunswick, sont entrées en France. C'est l'invasion tant redoutée. Les Prussiens investissent Longwy, qui capitule le 23 août. Le 2 septembre, Verdun se rend. La route de Paris est ouverte.

L'état d'esprit de Condorcet s'exprime au jour le jour dans la *Chronique de Paris*. Le 27 août, quand la nouvelle de la

1. *Moniteur*, XIII, p. 443.
2. Guadet écrit à un ami : « La liberté était perdue sans la journée du 10 août ; après cette journée, elle est encore en question. La sauverons-nous mieux aujourd'hui ? Les départements se rallieront-ils à nous ? Nos armées tiendront-elles ? La désertion inévitable des officiers supérieurs n'y jettera-t-elle point le désordre ? Voilà des questions que je me fais bien souvent, et qui pèsent bien sur mon cœur ».
3. La correspondance de Fersen avec le baron de Breteuil est à cet égard explicite. *Cf. Le comte de Fersen et la Cour de France, op. cit.,* pp. 365, 367.

prise de Longwy est annoncée à Paris, il refuse d'abord de l'accepter, puisque le maréchal Luckner n'a pas prévenu officiellement l'Assemblée. Le 29, quand le doute n'est plus possible, il flétrit « l'exemple de lâcheté que viennent de donner les habitants et la garnison de Longwy... Quels sont les Français qui voudraient devoir leur salut à une semblable trahison[1] ? » Le 31, à la nouvelle du siège mis devant Verdun, il écrit : « Verdun et Montmédy n'imiteront pas les lâches habitants de Longwy... Trois mille volontaires du département de la Moselle se sont jetés dans Verdun pour s'y ensevelir sous les ruines de la liberté[2]. » Le 3 septembre, il lance un appel à la guerre totale contre les Prussiens : « S'ils comptent être nourris par le pays, nous n'avons qu'à brûler tout avant leur arrivée et dévaster nous-mêmes la Champagne... Quand il [l'ennemi] aura mangé vingt lieues de pays, on pourra l'empêcher de trouver plus de subsistances et l'affamer lui-même dans son camp... Si l'on tue soigneusement les soldats qui s'écartent, la peste et la mortalité s'y mettront[3]... » En ces journées d'anxiété, Condorcet ne cesse d'exalter l'énergie révolutionnaire, la volonté de défendre à tout prix la nation envahie.

Sophie partage sa résolution. Elle l'exprime dans une lettre du 3 septembre à Étienne Dumont : « La guerre a mal commencé pour nous... La France est ouverte : cependant..., le mouvement pour la défense commune est aussi vif et complet qu'il est possible de le désirer, et Paris ne sera au pouvoir de l'ennemi que réduit en cendres par nous[4]. » Et c'est parce que Danton trouve des accents incomparables pour exalter le courage, l'audace révolutionnaires face à l'ennemi, que Condorcet le soutient et l'approuve : « M. Danton, écrit-il le 28 août, a paru dans l'Assemblée pour y porter ces émotions fortes qu'on sera toujours sûr de lui communiquer

1. *Chronique de Paris*, 29 août 1792.
2. *Ibid.*, 31 août 1792.
3. *Ibid.*, 3 septembre 1792.
4. Cité par Jean Martin, *op. cit.*, p. 127.

quand on parlera pour les intérêts de la Patrie avec ce courage qu'elle est faite pour inspirer à des hommes doués d'ailleurs d'un véritable talent[1]. »

Rien de plus significatif que cette transformation radicale de Condorcet au cours de l'été 1792. Philosophe, il détestait la guerre des rois, ce jeu suprême et sanglant de souverains dont les mercenaires dévastaient l'Europe au gré de leurs alliances, de leurs ambitions ou de leur soif de gloire. Révolutionnaire, Condorcet a considéré la guerre comme nécessaire pour le salut de la liberté. Il a imaginé une guerre vertueuse, conduite par des soldats-citoyens pour libérer les peuples. Mais la France est envahie, ses villes brûlées, ses villages pillés, ses habitants violentés. L'amour de la patrie menacée, ce sentiment inconnu jusqu'à la Révolution, se conjuguant avec la passion de la liberté en péril, possède à présent Condorcet. Dans la guerre où se joue le sort de la nation et de la liberté, le philosophe cède le pas au patriote républicain. Mais il ne peut les servir qu'à sa place, au sein de l'Assemblée. Sans expérience militaire, il est trop âgé pour s'engager, courir aux frontières comme ces volontaires qu'il voit s'enrôler dans les tribunes tricolores dressées sur les places, ou défiler au sein même de l'Assemblée. Pour lui, le service de la Nation passe par sa fonction de législateur et son rôle politique. Or, il est évident que la guerre sera perdue si la France sombre, au lendemain du 10 août, dans l'anarchie ou la guerre civile. La première exigence de salut public est donc de rallier les Français aux mesures décidées le 10 août, de faire accepter à ce vieux pays monarchiste la suspension du Roi et la réunion d'une Convention qui proclamera la République.

1. *Chronique de Paris*, 28 août 1792.

## Faire face

Dès le lendemain du 10 août, Condorcet se met à l'œuvre. Il ne quitte plus l'Assemblée. « Je me souviens, raconte le député Mathieu Dumas, qu'étant arrivé de grand matin dans le lieu où les comités de législation et militaire réunis tenaient leur séance, je fus bien étonné de trouver Condorcet couché sous le bureau. C'était, je crois, le 13 août[1]... » Ce jour-là, Condorcet présente à la Commission extraordinaire, puis à l'Assemblée, le texte d'une « Exposition des motifs[2] » destinée à expliquer aux Français le déroulement des événements et les décisions de l'Assemblée. Il évoque les fautes du Roi, ses vetos successifs paralysant l'action de la Législative, son évidente collusion avec les cours étrangères. Il souligne l'impréparation de nos armées, due aux ministres choisis par la Cour, la longue patience de l'Assemblée. Il raconte l'explosion du 10 août : « Au milieu de ces désastres, l'Assemblée nationale fit le serment de sauver la France et en chercha les moyens. Elle n'en a vu qu'un seul : c'était de recourir à la volonté suprême du peuple[3]. » Il justifie ainsi l'élection d'une Convention nationale par tous les citoyens, dans un délai de quarante jours, et la suspension des pouvoirs du Roi, « seul moyen de sauver la France et la liberté[4] ». Il lance enfin un appel à l'union des Français devant le péril : « Français, réunissons toutes nos forces contre la tyrannie étrangère... Nous n'avons plus pour ennemis que les conspirateurs de Pilnitz et leurs complices[5]. » Et il achève par cette affirmation, peut-être révélatrice d'un doute secret : « Quelque jugement

1. *Souvenirs du Lieutenant général comte Mathieu Dumas, publiés par son fils,* Paris, 1839, pp. 466-467.
2. « Exposition des motifs d'après lesquels l'Assemblée nationale a proclamé la convocation d'une Commission extraordinaire et prononce la suspension du pouvoir exécutif entre les mains du Roi », *Œuvres*, X, pp. 550 à 564.
3. *Ibid.*, p. 560.
4. *Ibid.*, p. 561.
5. *Ibid.*, p. 563.

que nos contemporains ou la postérité puissent porter sur nous, nous n'aurons pas à craindre celui de notre conscience[1]... »

L'Assemblée accueille ce discours avec enthousiasme[2]. Elle en voit les mérites politiques : il donne des faits et du comportement de l'Assemblée une présentation qui, sans être inexacte, n'en est pas moins très flatteuse. Il justifie aux yeux des Français, attachés en majorité à la monarchie constitutionnelle, la suspension du Roi. Il incite les électeurs à envoyer à la Convention ceux des députés de la Législative qui se sont comportés avec courage et lucidité. L'« Exposition des motifs » conjugue ainsi les mérites d'une brillante plaidoirie et d'un habile manifeste électoral. Après avoir salué Condorcet d'une double salve d'applaudissements, l'Assemblée ordonne que son adresse soit « envoyée, par courrier extraordinaire, dans tous les départements, publiée et affichée dans toutes les municipalités[3] ».

Si l'on mesure que la poste ne circule pas — ou très mal — entre Paris et les départements, que les journaux royalistes n'existent plus, que la presse de Paris est très peu diffusée hors la capitale, le texte de Condorcet, répandu immédiatement à travers la France anxieuse, constituera la meilleure source d'information sur les événements du 10 août et sur leurs conséquences politiques. Dans toutes les Assemblées primaires qui se réuniront fin août pour élire les députés à la Convention, ce texte sera lu et exercera une influence certaine sur les électeurs. Par son « Exposition des motifs », Condorcet donnera aux Girondins un avantage politique précieux.

Plus importante est la révélation faite aux Français de l'attitude du Roi. Les documents trouvés aux Tuileries établissent que le Roi n'avait cessé d'entretenir des intelli-

1. *Ibid.*, p. 564.
2. *Moniteur*, 15 août 1792 : « Cette exposition est souvent interrompue par des applaudissements unanimes. »
3. *Œuvres*, X, p. 546. L'Assemblée ajouta que l'adresse serait « lue à l'ouverture des assemblées primaires et électorales, et affichée dans le lieu de leurs séances ; envoyée aux armées pour être lue à la tête de chaque bataillon et adressée aux différentes Cours de l'Europe par les ambassadeurs ».

gences secrètes avec les émigrés, de payer des journalistes et des hommes politiques, d'entretenir ses anciens gardes du corps passés à Coblenz. Le Roi avait donc partie liée avec la contre-révolution, et la subventionnait avec l'argent de la liste civile, c'est-à-dire celui des impôts. L'impression de ces documents est ordonnée par l'Assemblée. Le 19 août, Condorcet propose une nouvelle « Adresse aux Français », brève et passionnée, dénonçant le Roi et appelant de nouveau les citoyens à se réunir autour de l'Assemblée nationale, « point de ralliement nécessaire au salut public[1] » en attendant la réunion de la Convention.

La Législative doit en effet tenir bon, pendant un mois encore. Or les périls s'accumulent. A l'invasion étrangère s'ajoutent la défection de certains généraux et surtout la désertion de La Fayette. Après avoir tenté de soulever contre l'Assemblée son armée et le département des Ardennes, celui-ci s'est enfui au Luxembourg, le 19 août, avec son état-major, et est tombé entre les mains des Autrichiens. Il est aussitôt décrété d'accusation. Chez Condorcet, qui se souvient de s'être abstenu de voter ce même décret le 8 août, l'amertume l'emporte sur l'indignation : « Parmi les partis qui lui restaient à prendre, il [La Fayette] a préféré celui qui était le plus propre à justifier le mépris qu'on avait conçu pour son caractère[2]. » Et d'évoquer « cet homme timide et lâche jusque dans le crime, et toujours soigneux de se cacher derrière la toile[3]... ». Quelques mois plus tard, en décembre 1792, Condorcet écrira à Thomas Jefferson, aux États-Unis, une longue lettre évoquant le comportement de La Fayette, leur ami commun. Après y avoir retracé son itinéraire politique sous la Révolu-

1. « Adresse de l'Assemblée nationale aux Français », *Œuvres*, X, pp. 567 à 572.
2. *Chronique de Paris*, 22 août 1792.
3. *Ibid.*, 23 août 1792.

tion[1], il ajoute : « Au 10 août, seul des généraux employés, il a fait arrêter les commissaires de l'Assemblée nationale, et a essayé d'engager son armée à lever l'étendard de la guerre civile... C'est cette incertitude de caractère que vous lui connaissez, ce goût pour une fausse presse, le penchant à s'entourer d'intrigants dont il était l'instrument quand il croyait en faire les siens, qui l'ont entraîné plus loin qu'il n'aurait voulu, et, une fois lancé, son orgueil l'a empêché de reculer[2]. »

Au cours de ces terribles journées d'août où la trahison et l'insurrection menacent de toutes parts, quel a été le rôle de Condorcet ? S'il préside l'Assemblée les 12 et 15 août, il n'intervient pas dans les débats, sauf le 13, lorsqu'il présente son « Explication des motifs ». Mais il siège à la Commission extraordinaire[3], et c'est là que s'élaborent les mesures révolutionnaires que l'Assemblée va voter tout au long du mois. Le 14 août, comme lui-même l'a déjà prôné en juillet, l'Assemblée décrète que les biens des émigrés seront vendus par petits lots

1. « Vous avez connu comme moi La Fayette, vous l'avez vu tenir, peut-être avec bonne intention, au projet d'arrêter le cours de notre Révolution et de remettre le reste à l'action lente et douce des Lumières, mais vous l'avez vu aussi s'entourer d'intrigants.

« Réconcilié avec les Lameth que vous avez vus ses ennemis au moment de la fuite du Roi, il a suivi avec eux l'idée absurde, impolitique, immorale, de récompenser cette fuite par de nouvelles concessions. Entraîné par eux, il a employé la violence, la corruption, les calomnies pour étouffer la voix d'une nombreuse portion des citoyens qui voulaient, au contraire, profiter de cette fuite pour détruire la royauté. Il a réussi, et la Nation fatiguée a paru accepter sincèrement la Constitution nouvelle.

« C'est alors que je me suis séparé résolument de La Fayette qui ne pouvait plus être, pour un homme un peu clairvoyant, que l'ennemi de la liberté et le chef des royalistes. Il s'est bientôt déclaré hautement l'adversaire de tous ceux qui, dans le corps législatif, soutenaient les droits des peuples ; il a fait tous ses efforts pour avilir les représentants de la Nation en élevant la Cour. Il a déterminé le renvoi des ministres patriotes, et leur remplacement par des hommes incapables et méprisés. » Lettre de Condorcet à Jefferson, 21 décembre 1792, in *Jefferson papers*, manuscrit original n° 13778, 13779, Library of Congress, Washington, D.C.

2. *Ibid.*

3. Pendant cette période, Brissot aurait assuré la présidence de la Commission extraordinaire. *Cf.* Vatel, *Vergniaud, op. cit.*, tome II, p. 128.

de 2, 3 ou 4 arpents, payables en quinze annuités[1]. Le 26, elle libère les paysans du paiement de toute indemnité au titre de la suppression des droits féodaux. Elle supprime les ordres religieux de femmes, abolit les congrégations séculières et entreprend la discussion sur la laïcisation de l'état civil. Le 26, pour marquer l'universalité de la Révolution, elle confère le titre de citoyens français à des étrangers qui se sont distingués au service de la liberté[2]. Enfin, le 30, elle vote le principe du divorce[3]. Condorcet exulte : « Le mariage ne sera plus accompagné de ces regrets amers, de ces larmes solitaires des êtres malheureux qu'on appelait du nom d'époux... Après de longs siècles de servitude..., les saintes lois de la liberté, de l'égalité, si longtemps méconnues par rapport aux femmes, vont fleurir pour elles comme pour l'autre moitié de l'espèce humaine[4]... » Le philosophe, le féministe, le mari de Sophie peut triompher : ce n'est là qu'un instant de grâce. Les orages accumulés vont s'abattre, et c'est à la violence et à la mort que le philosophe va maintenant être confronté.

Tandis que les Prussiens investissent Verdun, le conflit politique entre la Commune de Paris et l'Assemblée, entre Robespierre et les Girondins, se durcit encore. Le 27 août, sur proposition de Robespierre, la Commune prend un arrêté astreignant les électeurs de Paris à voter à haute voix en présence du public lors des élections à la Convention. Le choix des députés sera ensuite soumis à la révision éventuelle des assemblées primaires des sections. Cet arrêté, parfaitement illégal, place les élections sous la haute surveillance de la Commune. Il assure sa victoire à Paris, dont Brissot et

1. Des possibilités nouvelles s'ouvraient aux petits bourgeois et aux paysans de devenir propriétaires à très bon compte, du fait de l'échelonnement des paiements et de la dépréciation des assignats. Cet immense transfert de propriété au profit des petites gens du Tiers État contribua à enraciner la Révolution dans les profondeurs du pays.
2. Notamment Washington, Paine, Anarcharsis Cloots, Kosciuszko, Schiller, Joseph Priestley et Bentham.
3. Procès-verbaux de l'Assemblée législative, LXIII, pp. 284, 357.
4. *Chronique de Paris*, 31 août 1791. La loi laïcisant l'état civil et autorisant le divorce fut votée le 20 septembre, dernier jour de la Législative.

Condorcet sont députés. Que l'exemple soit suivi dans les principales villes où les Jacobins se sont implantés, et la Convention risque d'être contrôlée par Robespierre et ses amis. Le péril politique est grand. Les Girondins décident de réagir. Le 29 août, Brissot dénonce la menace « d'un despotisme plus dur et plus haineux » que celui du Roi. Le 30, Roland se plaint que la Commune désorganise tous les pouvoirs. Le même jour, l'Assemblée dissout le Conseil général de la Commune et ordonne qu'il soit procédé sous vingt-quatre heures à des élections municipales à Paris. Condorcet attaque à son tour la Commune : « Se livrant à de fausses impulsions, elle a commis des fautes qui ont alarmé les citoyens, elle s'est portée à des actes d'autorité qui ont blessé la souveraineté nationale[1]. » Le Conseil de la Commune refuse de céder. Le 1er septembre, l'Assemblée recule. Ces affrontements politiques peuvent paraître dérisoires en pleine invasion ; mais ils disent bien qui détient réellement le pouvoir à Paris au moment où Verdun, dernière place forte sur la route de la capitale, est investi par les Prussiens.

## Les massacres de Septembre

Le 2 septembre au matin, la nouvelle du siège parvient à Paris. La Commune adresse aux Parisiens une proclamation qui est affichée à deux heures dans toute la ville : « Aux armes, citoyens, aux armes, l'ennemi est à nos portes[2]... » A l'Assemblée, Vergniaud demande que chacun se porte aux fortifications. « Il faut piocher la fosse de nos ennemis, ou chaque pas qu'ils font en avant pioche la nôtre[3]. » Danton monte à la tribune. Il parle « d'une voix formidable ». Il transcende en quelques phrases passionnées l'énergie nationale, la volonté de vaincre. Il en appelle au patriotisme et à

1. Braesch, *La Commune du 10 août, op. cit.*, p. 58.
2. *Le Moniteur*, XIII, p. 590.
3. *Ibid.*

l'audace révolutionnaire. L'Assemblée l'acclame. A trois heures, le canon d'alarme gronde, le tocsin sonne, les Parisiens en armes se rendent en foule au Champ-de-Mars où la Commune les a appelés. L'exaltation patriotique est à son comble.

En ce début d'après-midi du dimanche 2 septembre, trois voitures remplies de prêtres réfractaires en instance de déportation arrivent à la prison de l'Abbaye. Des hommes armés envahissent les lieux. Les massacres commencent[1]. Ils se poursuivront jusqu'au 7, dans un Paris lumineux. « Le mois de septembre, écrit Malouet, était superbe ; jamais un plus beau soleil n'éclaira tant d'horreurs[2]. » Sur 2 800 détenus, plus d'un millier sont massacrés. Un quart seulement des victimes sont des prêtres, des nobles ou des politiques, le reste se composant essentiellement de détenus de droit commun, voleurs, prostituées ou vagabonds[3]. La plupart des massacreurs sont des petits artisans, des boutiquiers, d'anciens soldats[4]. La Révolution restera à tout jamais souillée par ces crimes[5].

Il est vrai que Paris est en proie à toutes les angoisses. La chute de Verdun imminente, la route de la capitale ouverte, on redoute le siège, voire la prise de la ville. Les journaux ont décrit le sort épouvantable que les coalisés réservaient

---

1. Pierre Caron, *Les massacres de Septembre*, 1935 ; Frédéric Bluche, *Septembre 1792. Logiques d'un massacre*, Laffont, Paris, 1986. En même temps qu'à l'Abbaye, on égorge au couvent des Carmes, rue de Vaugirard, les prêtres qui s'y sont réfugiés. On tue aussi au séminaire Saint-Firmin. Dans la soirée du 2 et la nuit du 3 septembre, les massacres s'étendent à d'autres prisons : la Conciergerie, le Châtelet, la Force. Dans la matinée du 3, les massacres se poursuivent à Saint-Firmin et au dépôt des condamnés aux galères du couvent des Bernardins. Dans l'après-midi du 3, on massacre à Bicêtre, hôpital pour indigents, vagabonds, aliénés. On y tue jusqu'à des enfants. Le 4, les massacreurs se transportent à la Salpêtrière. On viole et on égorge des filles publiques. La tuerie, accomplie pour l'essentiel le 4 au matin, se poursuivra encore à la Force jusqu'au 6 septembre.

2. Malouet, *op. cit.*, p. 173.

3. *Cf.* Caron, *op. cit.*, pp. 3, 7, 76, 102.

4. *Cf.* Rude, *La foule dans la Révolution française, op. cit.*, p. 133.

5. Le libraire Ruault, qui a réussi à arracher à l'Abbaye un de ses amis aux égorgeurs, écrit le 8 septembre à son frère : « Ô crime, ô honte, ô comble des horreurs et des forfaits politiques ! Tous les prisonniers ont été massacrés ces jours-ci, sans pitié, sans remords, avec un sang-froid infernal. Personne ne s'est opposé à cette exécution qui a duré cinq jours... » *Op. cit.*, p. 306.

aux Parisiens. La *Chronique de Paris* affirme : « Les révolutionnaires seront suppliciés[1] ». Condorcet, craignant pour Sophie et Eliza, les a envoyés dans la famille de Guadet[2]. En ville circulent les sinistres rumeurs d'un complot au sein des prisons surpeuplées[3] : leurs portes vont s'ouvrir, les aristocrates et les assassins à leur solde massacrer tous les patriotes et s'emparer de la ville. Propos insensés dans une capitale qui abrite des dizaines de milliers de gardes nationaux en armes ! Mais l'angoisse ne raisonne pas, elle ouvre la voie à la haine, à la fureur meurtrière.

Quelle fut l'attitude de l'Assemblée et de la Commission face aux massacres qui se perpétraient dans les prisons ? Le 2 septembre, vers six heures et demie, des membres du Conseil général de la Commune, venant de l'Abbaye, ont paru à la barre de l'Assemblée : « Il se fait des rassemblements autour des prisons et le peuple veut en forcer les portes. Déjà, plusieurs prisonniers sont immolés, les moments sont pressants[4]... » Basire propose l'envoi d'une délégation pour parler au peuple. Fauchet annonce que deux cents prêtres viennent d'être massacrés aux Carmes. Douze députés sont envoyés à l'Abbaye. La foule ne veut pas les écouter[5]. A onze heures et demie, l'Assemblée se sépare, laissant à quelques députés le

1. *Chronique de Paris*, 2 septembre 1792.
2. La fille de Condorcet raconte à ce sujet que « Condorcet, ne craignant rien pour lui-même, mais trouvant absurde et barbare d'exposer les femmes et les enfants aux armes prussiennes, envoya sa femme et sa fille à Bordeaux avec ordre de s'embarquer pour l'Amérique. Mme de Condorcet fut très bien accueillie à Bordeaux par la famille de Guadet. Répugnant à quitter la France, elle différa son embarquement. En apprenant les victoires de Dumouriez, elle revint de suite à Paris... » Bibliothèque de l'Institut, Ms 848, folios 24 à 27 *bis*. C'est après le 3 septembre que Sophie partit avec Eliza pour Bordeaux, puisqu'elle date une lettre à Dumont d'Auteuil, le 3 septembre 1792.
3. Dès le 19 août, dans l'*Ami du Peuple*, Marat avait appelé au massacre des prisonniers : « Quel est le devoir du peuple ? Il n'a que deux partis à prendre... Le plus sûr et le plus sage est de se porter en armes à l'Abbaye, d'en arracher les traîtres, de les passer au fil de l'épée... »
4. *Moniteur*, XII, 602, *Archives parlementaires*, XLIX, 216.
5. *Moniteur :* « Nous nous sommes retirés, dit Dussaulx, l'un des députés, et les ténèbres ne nous ont pas permis de voir ce qui se passait... »

soin d'assurer la permanence[1]. Le 3 septembre au matin, quand reprend la séance, la tuerie se poursuit. Que décide l'Assemblée ? Rien. Des paroles d'indignation, de douleur, de pitié ont-elles été prononcées par les orateurs girondins à l'éloquence si généreuse ? Aucune ne figure au compte rendu. Roland, ministre de l'Intérieur, adresse à l'Assemblée une lettre révélatrice : « *Hier fut un jour sur les événements duquel il faut peut-être laisser un voile.* Je sais qu'il est facile à des scélérats, des traîtres d'abuser de cette effervescence, et qu'il faut l'arrêter[2]... »

Toute l'attitude politique de la Gironde est inscrite dans cette lettre. Roland n'accuse pas le « peuple », cet être mythique, bon par essence, juste jusque dans ses fureurs. S'il a commis des excès, la faute en est aux scélérats qui l'ont égaré, c'est-à-dire à Marat et à ses amis[3]. Ainsi le peuple est innocenté, et le coupable désigné, qui se trouve être l'adversaire politique. Mais l'essentiel n'est pas dans cette habileté. Il est dans l'insupportable silence sur le massacre lui-même, les souffrances des victimes, l'horreur de ces actes sur lesquels Roland invite à jeter le voile. Où voit-on, dans ce texte creux, le « long frisson de dégoût de l'humanité[4] » qu'évoque Jaurès à propos des massacres de Septembre ? Mme Roland l'éprouve sans doute, qui écrit le 9 à Bancal : « ... Vous connaissez mon enthousiasme pour la Révolution, eh bien, j'en ai honte ! Elle est ternie par des scélérats ! Elle est devenue hideuse[5]. »

1. Toute la nuit, les massacres continuèrent à l'Abbaye. A deux heures et demie du matin, Tallien et deux autres commissaires de la Commune vinrent rendre compte aux députés de permanence : « La plupart des prisons sont maintenant vides ; environ 400 prisonniers ont péri. » Cette communication fut accueillie « par le silence de l'horreur... ». *Cf.* Caron, *op. cit.*, p. 222.
2. Jaurès, *op. cit.*, tome III, p. 110. Souligné par nous.
3. *Cf.* M. Dorigny, « Violence et Révolution, les Girondins et les massacres de Septembre », dans *Girondins et Montagnards*, Société des Études robespierristes, 1980, p. 104.
4. Jaurès, *op. cit.*, tome III, p. 79.
5. Lettres autographes de Mme Roland, *op. cit.*, p. 348. Selon Madame Roland, l'émotion ressentie par Roland fut si vive qu'il en eut la jaunisse. *Mémoires*, éd. Perroud, tome I, p. 110.

Dans ces journées de sang, que fait la Commission extraordinaire où siège Condorcet ? Elle prend, le 3 septembre au
matin, l'initiative d'une proclamation appelant les citoyens à
l'union et mettant en garde contre les fauteurs de désordres.
Le soir, elle propose que toutes les autorités constituées
prêtent serment de « maintenir la liberté, l'égalité, la sûreté
des personnes et des propriétés et de mourir s'il le faut pour
l'exécution de la loi[1] ». L'Assemblée vote le décret, nomme
des commissaires pour le porter dans les sections dès le
lendemain. Puis la séance est levée. Cambon, parlant de ce
3 septembre, écrira : « Le corps législatif, je suis honteux de
le dire, était accablé[2]. »

## Le silence de Condorcet

Et Condorcet ? A l'Assemblée, en séance publique, il
n'intervient pas. En ces jours sanglants, le philosophe, l'Encyclopédiste ne monte pas à la tribune pour y faire entendre
la voix de l'humanité. Au sein de la Commission extraordinaire, nous ne savons rien de ses votes. D'après Brissot, la
Commission aurait proposé des « mesures vigoureuses » qui
auraient été écartées. Lesquelles ? Nous l'ignorons. Brissot et
Gensonné imputent cette inaction à l'attitude de Danton,
ministre de la Justice, de Santerre, commandant de la Garde
nationale, restés sourds et indifférents à ses démarches[3]. Peut-
être. Mais en quoi cette inertie des autorités responsables
interdisait-elle à la Commission de proposer à l'Assemblée le
texte d'une résolution ou d'une adresse solennelle dénonçant
les crimes, rappelant fermement les citoyens aux devoirs de
l'humanité et au respect de la personne des prisonniers ?
Surtout, l'équivoque et la mollesse de l'attitude de la Commis-

1. *Moniteur*, XIII, 610. *Archives parlementaires*, XXIX, 275.
2. Caron, *op. cit.*, p. 230.
3. *Ibid.*

sion n'étaient pas, pour Condorcet, une raison de se taire face au massacre.

Depuis le 10 août, à plusieurs reprises, Condorcet s'est fermement opposé à toute répression qui ne respecterait pas les principes de la justice. Le 12 août, à propos des Suisses qui s'étaient réfugiés dans l'enceinte de l'Assemblée après les combats des Tuileries, il écrit : « L'Assemblée, après leur avoir donné un asile, devait à elle-même et au peuple de les mettre à l'abri d'une vengeance illégale et de les faire juger au nom des lois pour l'agression dont ils se seraient rendus coupables[1]. » Il félicite l'Assemblée d'avoir décidé de les faire conduire, en attendant qu'ils fussent jugés, à l'Abbaye (où ils seront massacrés les 2 et 3 septembre...). Il refuse que des commissaires nommés par les sections jugent les prisonniers politiques : « Le peuple de Paris doit sentir que les prisonniers qui lui ont été remis doivent être jugés d'après les formes que la Constitution a établies[2]... » Sans doute Condorcet est-il hanté, comme tous les autres Girondins, par l'obsession du complot : les pièces découvertes aux Tuileries, la trahison de La Fayette, l'attitude hostile des directoires de départements ou de certains officiers supérieurs lui font craindre une vaste conjuration, prête à ouvrir la voie aux armées ennemies. « L'intérêt de la chose publique exige qu'on s'assure de tous les conspirateurs, et tout doit céder devant ce grand intérêt[3]. » Il y revient le 23 août, en évoquant l'immensité des périls[4]. Mais si l'État de droit n'est pas pour Condorcet l'état de faiblesse, il ne doit souffrir ni exception, ni exaction. Le 25 août, il soutient les protestations de Vergniaud contre les

1. *Chronique de Paris*, 12 août 1792.
2. *Ibid.*, 14 août. « Nous avons pensé, écrit-il, qu'elle [cette demande] était contraire aux principes qui mettent tous les prisonniers d'État sous la dépendance de la Nation entière, et non d'une ville en particulier... »
3. *Ibid.*, 20 août 1792.
4. *Ibid.*, 23 août 1792.

mesures de déportation à la Guyane des prêtres réfractaires[1]. Il s'oppose à la demande, émise par la Commune de Paris, de transférer à Paris les prisonniers politiques en instance de jugement à Orléans par la Haute Cour nationale, et trace à l'Assemblée les règles de la morale politique telle qu'il la conçoit en ces heures d'épreuves : « Dépositaires des principes de la morale universelle, chargés de stipuler pour la liberté et le bonheur des hommes, ce ne sera pas en prenant pour règles de conduite des raisons de circonstance, mais ces mêmes principes de morale, que les représentants du peuple français pourront espérer faire triompher les grands intérêts qu'ils ont à défendre[2]. » Quelques jours plus tard commenceront les massacres de prisonniers.

Sophie Condorcet, qui est à Auteuil, écrit à Dumont, le 3 septembre : « Les vengeances populaires, que vous ne pouvez encore savoir dans toute leur étendue, ont été prolongées ces derniers temps de manière à profondément affliger les vrais patriotes[3]. » Ce n'est point là le style passionné de Mme Roland, mais le mouvement de honte et d'affliction est le même. Condorcet a appris la veille les massacres. Il en a parlé à Sophie, à Auteuil où il rentre le soir. Les sentiments d'horreur de Sophie sont certainement les siens. Que va-t-il faire ?

Le 4 septembre, alors que les massacres se poursuivent depuis vingt-quatre heures, il écrit : « Le procès-verbal de la séance de la nuit du 2 septembre a fait connaître à l'Assemblée le détail des scènes sanglantes qui venaient de se passer dans les prisons... *Nous tirons le rideau sur les événements dont il serait trop difficile en ce moment d'apprécier le nombre et de calculer les suites.* Malheureuse et terrible situation que celle

---

1. *Ibid.*, 25 août 1792 : « Lorsqu'on a en même temps à combattre des ennemis cachés et des armées étrangères, formidables par leur nombre et leur discipline..., c'est alors qu'il faut rallier toutes ses forces..., tandis qu'on doit être prêt à frapper dans l'intérieur tous les points de conspiration qui se formeraient contre la sûreté de l'État. »

2. *Chronique de Paris*, 28 août 1792.

3. *In* Jean Martin, *op. cit.*, p. 126.

où le caractère d'un peuple naturellement bon et généreux est contraint de se livrer à de pareilles vengeances[1]. » Pas une parole pour les femmes et les hommes assommés, égorgés, étripés. Pas un mot pour flétrir les criminels qui déshonorent l'humanité et la Révolution. Pas une phrase pour rappeler au respect de la justice, du droit, de la loi. C'est le « peuple » qu'on plaint d'être contraint par les circonstances, lui, si bon et généreux par nature, à se livrer à de tels crimes. On prend en pitié les assassins, non les victimes. C'est du Roland tout pur. Et, comme lui, Condorcet tire le rideau sur les événements tragiques, comme s'il avait honte de les regarder en face. Qu'est-il advenu du philosophe, de l'héritier de Voltaire, du combattant de toutes les grandes causes, de celui qui refusait toutes les injustices ? Certes, le 3 septembre, Condorcet vient d'apprendre la chute de Verdun. La route de Paris est ouverte à Brunswick, et il croit au vaste complot qui se prépare à dévaster Paris. Mais précisément, en cette heure d'angoisse où l'homme d'État rassemble ses forces, où la « vertu » antique doit s'exprimer, cette démission morale de Condorcet saisit le cœur. Il faudra attendre le 9 septembre, alors que les massacres sont consommés et qu'une réaction générale de rejet et de dégoût s'est produite à Paris, pour qu'il dénonce enfin « ces crimes obscurs et sans objet[2] ». Mais alors pourquoi s'être tu, avoir « tiré le rideau » tandis qu'ils se commettaient[3] ?

1. *Chronique de Paris*, 4 septembre 1792. Souligné par nous.
2. *Chronique de Paris*, 9 septembre 1792.
3. Pas plus que Condorcet ou Roland, Brissot, rendant compte des événements dans le *Patriote français* du 4 septembre, n'a de mots de pitié ou d'indignation. Il se borne à ce simple commentaire : « Voici les principaux détails, sans réflexions ; quelles réflexions pourraient en dire plus que les faits ! » Dans une lettre adressée à son mari, futur Conventionnel, Mme Jullien, bourgeoise très rousseauiste, écrit : « Mon ami, *je jette ici*, d'une main tremblante, *un voile sur les crimes qu'on force le peuple à commettre* pour tous ceux dont il est depuis trois ans la victime... Atroce nécessité, ouvrage funeste de nos ennemis ! Des têtes coupées, des prêtres massacrés... oh, malheureux peuple, qu'on se garde de te calomnier ! » (*Journal d'une bourgeoise pendant la Révolution* (1791-1793), Paris, 1884, pp. 288-289). Souligné par nous.

La réponse est politique. Le 1er septembre, Robespierre a dénoncé au Conseil général de Paris le complot prétendument ourdi par les Brissotins pour porter le duc de Brunswick au trône de France ! Le lendemain soir, alors que les massacres sont en cours, Robespierre et Billaud-Varenne renouvellent l'accusation. « Ils dénoncent au Conseil général un complot en faveur du duc de Brunswick qu'un parti puissant veut porter au trône des Français[1]. » Le 3 septembre à sept heures du matin, trois commissaires de la Commune se présentent chez Brissot pour perquisitionner. La veille, Mme Roland a vu arriver à l'hôtel du Ministère une troupe d'hommes armés qui recherchaient Roland. Dans la nuit du 2 septembre, le Comité de surveillance de la Commune, animé par Marat, a lancé un mandat d'arrêt contre Roland, ministre de l'Intérieur. Danton s'est aussitôt rendu à l'Hôtel de Ville et s'est emporté contre ces actes « d'arbitraire et de démence ». Le mandat a été révoqué. Mais le dessein politique est clair : les élections à la Convention ont commencé à Paris. Robespierre, Marat et les Montagnards de la Commune entendent à tout prix abattre leurs rivaux girondins.

Condorcet, tout comme Brissot, est député de Paris. L'accusation de comploter en faveur de Brunswick est d'autant plus dangereuse pour lui que la *Chronique de Paris* avait publié un article assez flatteur pour le duc qui, à l'instar de son maître Frédéric le Grand, se piquait de philosophie. Sans doute l'article n'était-il pas signé. Mais Condorcet, comme Brissot, est visé par les accusations de Robespierre et de ses amis. Il faut réagir. Le 4 septembre, la Gironde contre-attaque. A l'Assemblée, au nom de la Commission extraordinaire, Vergniaud offre la démission de tous ses membres en évoquant les calomnies déversées sur eux. Roland a déjà fait la veille la même offre. Bien entendu, l'Assemblée refuse. Les Girondins se trouvent ainsi réinvestis de sa confiance. Mais les chefs girondins entendent détruire jusqu'au dernier soup-

1. *Procès-verbaux de la Commune de Paris, op. cit.*, p. 81.

çon et montrer leur opposition à la monarchie, quel que soit le Roi. Tous les députés prêtent donc le serment solennel, comme individus et comme citoyens, de combattre de toutes leurs forces les rois et la royauté[1]. Condorcet considère qu'il ne peut s'en tenir à ces seules manifestations collectives. Le 5 septembre, il prend soin, lui qui pourtant méprise toujours les calomnies, de répondre dans la *Chronique de Paris*. Il rappelle qu'en juillet 1791, il avait déjà condamné la royauté. Et il ajoute : « Jamais un républicain, surtout aujourd'hui, ne voudra d'une nouvelle dynastie[2]. » Rappel et proclamation qui ne sont pas inutiles en période d'élections.

C'est au regard des massacres de Septembre qu'il convient de prendre la mesure du piège politique tendu aux Girondins. En dénonçant les massacres, les 2 et 3 septembre, ils auraient prêté le flanc à une nouvelle et plus dangereuse accusation : si Brissot, Condorcet, Roland et les autres veulent sauver les prisonniers, c'est parce qu'ils sont leurs complices, qu'ils font partie du complot visant à livrer Paris et le trône à Brunswick. Dans les esprits enfiévrés, cette accusation de trahison pouvait ainsi prendre corps. Il ne restait qu'une voie politique ouverte aux Girondins : blâmer non le « peuple », mais la Commune et les « scélérats » qui l'égaraient. Condorcet adopta la même ligne de conduite. Pouvait-il en suivre une autre en ces moments de fureur et d'angoisse collectives où les attaques de Robespierre conduisaient ses adversaires à se taire ou à se perdre ? En vérité, le philosophe a cédé la place au politique. Des « principes de la morale universelle[3] », Condorcet, en ces jours de septembre, a cessé d'être le dépositaire[4]. Plus tard,

1. Dans les œuvres de Condorcet figure « l'Adresse de l'Assemblée nationale aux Français sur la guerre », adoptée le 4 septembre, où est proposé le serment de « combattre les rois et la royauté ». Mais Guadet a présenté ce texte à l'Assemblée au nom de la Commission extraordinaire. Les procès-verbaux de la Commission faisant défaut, l'attribution de paternité de l'Adresse à Condorcet demeure incertaine.
2. *Chronique de Paris*, 5 septembre 1791.
3. *Chronique de Paris*, 28 août 1792.
4. *Cf.* M. Dorigny, « Les Girondins et les massacres de Septembre », in *Girondins et Montagnards, op. cit.*, p. 108.

proscrit, traqué, se retournant vers son passé, il écrira : « Les massacres du 2 septembre, cet ouvrage de la férocité comme de la folie de quelques hommes, ont souillé la Révolution[1]. » Mais, à l'heure où ils se commettaient, il est demeuré silencieux. En condamnant tardivement les massacres, c'est son silence aussi qu'il condamnait.

Le 4 septembre au matin, le duc de La Rochefoucauld, ancien président du directoire de Paris, ami de Condorcet pendant les années heureuses, est arrêté à Forges. Conduit à Gisors, il est contraint de descendre de voiture et massacré par une troupe d'hommes armés de sabres et de bâtons, volontaires bretons en route pour l'armée. Par un raffinement sadique, les assassins portent le corps martyrisé de La Rochefoucauld jusqu'à la portière de la voiture suivante où se trouvent sa femme et sa mère, la duchesse d'Enville, âgée de soixante-seize ans[2]. Le duc de La Rochefoucauld était aimé et respecté de tous pour la droiture de son caractère et la fermeté de ses convictions. Il avait été l'ami et le disciple de Condorcet jusqu'en 1791. Les royalistes les plus fanatiques, qui poursuivaient Condorcet de leur haine, répandirent alors la rumeur qu'il avait lui-même fait arrêter La Rochefoucauld et qu'il était ainsi directement responsable de son assassinat. Condorcet apparaissait ainsi comme une sorte de monstre qui, par fanatisme républicain, avait fait égorger son ancien ami[3]. En

---

1. « Fragment de justification », *op. cit.*, p. 603.
2. *Cf.* Émile Rousse, *La Roche-Guyon*, Paris, 1892, p. 371.
3. *Cf.* Maton de la Varenne. « Santerre, sollicité, dit-on par Condorcet, profite des fureurs populaires pour signer un ordre d'arrêter le duc. » *Histoire particulière des événements qui ont eu lieu à Paris pendant les mois de mai-juin, juillet-août-septembre 1792*, Paris, 1805, p. 523. *Cf.* également *Lettre publique à Condorcet d'Alexandre de Tilly*, émigré à Londres, le 12 novembre 1792 : « C'est vous que je cite à ce tribunal secret qui fait pâlir les plus grands coupables, à cette conscience qui crie dans l'épaisseur des nuits... L'ombre du duc de La Rochefoucauld, d'un bienfaiteur déchiré, baigné dans son sang sous les yeux d'une épouse et d'une mère, ne se présente-t-elle jamais à votre imagination effrayée ? » In J. Peltier, *Dernier tableau de Paris*, 1794. Théodore de Lameth, adversaire politique de Condorcet à la Législative, reconnaîtra la calomnie dans ses *Notes et souvenirs*, écrits après la Révolution : « Après le 10 août 1792, Condorcet fut accusé (mais sans doute très injustement) du massacre du duc de La Rochefoucauld... L'énormité

vérité, le 16 août, un mandat d'arrêt avait été lancé contre La Rochefoucauld par le Comité de surveillance de la Commune de Paris, qui ne lui pardonnait pas d'avoir signé, après le 20 juin, la suspension de Pétion et de Manuel.

De même, on imputa à Condorcet la responsabilité de la mort du comte de Chabot, neveu de La Rochefoucauld, égorgé à l'Abbaye le 2 septembre. Condorcet serait resté indifférent aux démarches faites auprès de lui pour obtenir la libération de Chabot après son arrestation. La vérité est toute autre. « J'ai su, écrira Mme Suard, qu'il avait déploré amèrement le meurtre de M. de La Rochefoucauld et qu'il avait fait tout ce qui était en lui pour sauver M. de Chabot, son neveu, massacré à l'Abbaye[1]. » Pour Condorcet, La Rochefoucauld était la victime de Marat, « l'infâme et l'insensé Marat[2] ». Mais, en lui, quelle plaie secrète devait ouvrir la mort de cet ami loyal, assassiné devant sa mère et sa femme[3] !

Les massacres se poursuivent à Paris alors qu'on apprend les premiers résultats des élections à la Convention. Robespierre est élu le premier, le 5 septembre. Danton suit aussitôt. Le 9 septembre, c'est le tour de Marat[4]. Condorcet et Brissot sont écartés par les électeurs parisiens. Condorcet en conçoit de l'amertume. Il n'en connaît pas moins un grand succès électoral, puisque cinq départements — l'Eure, la Gironde, le

de l'accusation dont Condorcet fut l'objet rend impossible de s'arrêter même au soupçon... » (p. 235).
1. Note de Mme Suard au bas d'une lettre de Condorcet de 1791, CXCI *op. cit.*
2. « Fragment de justification », *op. cit.*, p. 604.
3. L'émotion fut vive à l'Assemblée à l'annonce de l'assassinat de La Rochefoucauld, le 10 septembre. Le Comité de surveillance de l'Assemblée prit un arrêté plaçant Mme d'Enville et Mme de La Rochefoucauld sous la sauvegarde de l'Assemblée. Rousse, *op. cit.*, p. 378.
4. Furent également élus dans la capitale Collot d'Herbois, Billaud-Varenne, Camille Desmoulins, Fabre d'Églantine.

Loiret, la Sarthe et l'Aisne — le choisissent comme représentant. Il opte pour l'Aisne, son pays natal. Son succès personnel s'inscrit dans le mouvement plus vaste qui, dès le 10 septembre, permet à Brissot de chanter victoire[1].

Aux derniers jours de cette législature agonisante, alors que Paris est dans l'attente d'une grande bataille contre les Prussiens, se répandent des rumeurs de complot et de projet d'assassinat des députés lors de la réunion imminente de la nouvelle Convention. Le *Patriote français* dénonce « la faction farouche qui manie le poignard de la vengeance aussi bien que le stylet de la calomnie[2] ». Vergniaud s'élève contre l'autorité arbitraire de la Commune. A propos des prisonniers de Sainte-Pélagie, qui redoutent d'être massacrés à leur tour, il rappelle tardivement l'Assemblée à ses devoirs[3]. Condorcet dénonce « les attentats qui se renouvellent chaque jour dans Paris contre la sûreté des personnes et des propriétés..., les emprisonnements de citoyens qui se multiplient d'une manière effrayante et font justement redouter le retour de scènes sanglantes..., les listes de proscription qui circulent et qui menacent les jours mêmes des représentants du peuple[4] ». Tout annonce que de nouveaux crimes se préparent à l'approche de Brunswick dont les troupes ravagent la Champagne. La conclusion qu'il en tire est toute politique : « L'ennemi qui est aux portes est instruit de l'état de la capitale... Il

1. *Patriote français*, 10 septembre 1792 : « On commence à concevoir les plus hautes espérances de la prochaine Assemblée d'après les bons choix faits dans les départements. »

2. *Patriote français*, 15 septembre 1792 : « Pétion, qui a retrouvé son influence à la mairie de Paris, fait afficher le 16 septembre sur les murs une proclamation appelant au calme, mais qui vise les amis de Robespierre et Marat : "On annonce à l'avance des événements affreux afin d'en faire susciter l'idée et de provoquer un crime." Dans la nuit du 17 septembre, les diamants de la Couronne sont volés au garde-meuble royal. Roland accourt à l'Assemblée, il expose avec force les malheurs qui menacent la capitale et qui seraient la suite infaillible de l'anarchie où les factieux l'ont plongée. » *Cf.* Jaurès, *op. cit.*, tome III, p. 173.

3. *Chronique de Paris*, 19 septembre 1792. « Périssent l'Assemblée nationale et le nom de tous ses membres, pourvu que le peuple français soit libre et que nous empêchions les crimes par lesquels on veut le déshonorer ! »

4. *Chronique de Paris*, 18 septembre 1792.

attend plus des agents qui travaillent pour lui dans l'intérieur que de la force de ses armes[1]... »

Que Condorcet soit convaincu de la menace qui pèse sur les députés et sur Paris, un acte le prouve : le 19 septembre, veille du jour où la Législative va se séparer, il fait voter par l'Assemblée une ultime « Adresse aux Français[2] ». C'est, en réalité, un appel aux Parisiens pour qu'ils assurent la protection des députés[3]. L'adresse est adoptée à l'unanimité par l'Assemblée. Elle est révélatrice du climat dans lequel s'achève la Législative. Les Prussiens s'approchent de Paris, la Patrie est en danger, et le philosophe Condorcet n'est plus qu'un homme politique angoissé par la violence et la guerre.

---

1. *Ibid.*
2. « Adresse de l'Assemblée nationale aux Français », *Œuvres*, X, p. 581.
3. *Ibid.*, p. 583. Condorcet rappelle que « les représentants de la Nation appartiennent au peuple entier... La liberté entière et absolue des opinions, une inviolabilité s'étendant à tous les temps et tous les lieux, telle est la condition essentielle de toute Constitution représentative... Toute nation où le caractère de représentant n'est pas sacré est nécessairement une nation sans gouvernement et sans loi... ».

# CHAPITRE IX

# Un homme seul
## (1792-1793)

A L'ÉCART DES FACTIONS

## La proclamation de la République

Les 20 et 21 septembre 1792 furent pour Condorcet deux beaux jours.

A 5 heures du soir, le 20 septembre, au moment même où, à Valmy, la canonnade se tait et les Prussiens font retraite, les élus à la Convention présents à Paris sont réunis pour la première fois aux Tuileries, à huis clos. Ils sont 371 sur les 749 membres que compte la nouvelle Assemblée. Ils procèdent à la vérification des pouvoirs et à l'élection du Bureau par appel nominal et à haute voix. Pétion est élu président ; six secrétaires sont désignés, Condorcet en premier. Tous sont girondins[1].

---

1. Marat dénonce aussitôt ces choix : « Les penseurs qui sont au fait des intrigues de la faction Guadet-Brissot ne seront pas surpris de la voir porter d'emblée au Bureau... » Et, après avoir cité « Condorcet et Sieyès, qui ne pouvaient espérer d'être nommés par ceux [les électeurs] de Paris, dont ils sont trop bien connus », Marat ajoute : « On n'a pas oublié que c'est à cette faction si longtemps

Le lendemain, on procède avec quelque solennité à la transmission des pouvoirs. Vers midi, douze députés viennent faire connaître à la Législative que la Convention est constituée. Aussitôt, l'Assemblée lève la séance et se rend en corps aux Tuileries. Au nom de la Législative expirante, François de Neufchâteau rappelle à la Convention naissante qu'elle dispose de pouvoirs illimités pour instaurer un « gouvernement populaire et libre[1] ». Pétion, dans un mouvement d'éloquence, déclare que la Convention tient dans ses mains « les destinées d'un grand peuple, du monde entier et des races futures[2]... » Puis les Conventionnels, escortés des Législateurs, se rendent en cortège à la salle du Manège. Et, sans désemparer, la Convention siège. Au-delà du symbole, cette continuité exprime la volonté des députés d'interdire toute vacance du pouvoir en un moment aussi grave pour la Nation, alors que Paris n'a pas encore appris la victoire de Valmy et que les rumeurs de complot circulent[3].

Les Girondins occupent le côté droit de la longue salle. Au début de la Législative, ils se trouvaient du côté gauche. Transfert significatif. Sur les gradins les plus élevés, au centre et sur le côté gauche, siègent les Montagnards[4]. Occupant les gradins du centre, en contrebas de la Montagne, sont installés les députés modérés, ceux qui constituent « la Plaine » et dont les voix feront les décisions. Les députés n'ont pas de place fixe, et les témoignages font défaut : on ignore ainsi où siégeait exactement Condorcet sous la Convention.

prostituée à Motier [La Fayette] que nous devons la guerre avec les puissances liguées... » *Journal de la République française*, n° 1, septembre 1792, pp. 2-3.

1. Aulard, *op. cit.*, p. 269.

2. *Ibid.*

3. Condorcet écrit : « Les terreurs individuelles qu'avaient fait naître des bruits, peut-être exagérés, de crimes dans les ténèbres vont faire place à des sentiments plus dignes d'occuper des hommes libres. » *Chronique de Paris*, 21 septembre 1792.

4. « Là, écrit Garat, allaient se nourrir de leurs soupçons les caractères graves et mélancoliques qui ne croient à la vertu que lorsqu'elle est sombre, et à la liberté que lorsqu'elle est farouche... » Cité par Buchez et Roux, *op. cit.*, tome XVIII, p. 348.

Parmi les présents, beaucoup succèdent à eux-mêmes : 189 députés à la Législative ont été élus à la Convention. La plupart sont demeurés en poste à l'Assemblée après le 10 août. Dans leur majorité, ils sont d'obédience girondine. Parmi les anciens membres de l'Assemblée constituante, 97 ont été réélus. Parmi eux, on remarque des hommes de premier plan, notamment Robespierre, Sieyès, Pétion, Barère, l'abbé Grégoire. La composition politique de l'Assemblée traduit le climat des élections. La participation électorale a été très faible[1]. La crainte, dans les villes, les travaux agricoles, dans les campagnes, ont retenu bien des électeurs. Au surplus, voter n'est pas encore entré dans les mœurs. L'incertitude et l'anxiété règnent dans les esprits et les cœurs. Les royalistes se terrent. La presse royaliste n'existe plus. Les électeurs les plus modérés votent pour les représentants les moins engagés du camp vainqueur. La Convention ne compte donc aucun partisan avoué de la royauté. Aussi, dès sa première séance, le 21 septembre, sur proposition de Collot d'Herbois, décrète-t-elle « à l'unanimité que la royauté est abolie en France[2] ». Les députés et le public se lèvent dans l'enthousiasme : « Applaudissements, bravos, chapeaux en l'air, serments... cris de "Vive la liberté et l'égalité[3] !" »

Le lendemain 22 septembre, la Convention décide que « tous les actes publics porteront dorénavant la date de l'an premier de la République ». Pour Condorcet, c'est l'aboutissement d'une longue marche : « Enfin la royauté a été abolie..., s'écrie-t-il. La Convention n'a point craint d'être démentie par lui [le peuple] en prononçant ce que tous les Français ont depuis longtemps dans le cœur[4]. » L'enthousiasme de Condor-

---

1. Sept cent mille électeurs seulement sur sept millions et demi ont voté. *Cf.* Tulard, Fayard, Fierro, *Histoire et Dictionnaire de la Révolution*, R. Laffont, Paris, 1987, p. 797.
2. *Moniteur*, XIV, p. 8.
3. Journal de Perlet, cité dans Aulard, *op. cit.*, p. 271.
4. *Chronique de Paris*, 22 septembre 1792. Parmi les députés à la Convention, les républicains de la première heure étaient bien rares : Camille Desmoulins, François Robert, Thomas Paine pouvaient être considérés comme tels.

cet lui fait réécrire l'Histoire : trois mois plus tôt, au 20 juin, la France n'était-elle pas encore en majorité royaliste ?

Au soir du 21 septembre, alors que le peuple crie déjà « Vive la République ! » dans les rues, la Convention complète son bureau par l'élection d'un vice-président : Condorcet est élu par 194 voix sur 349 votants. Tout laisse penser qu'il va jouer un rôle important dans la nouvelle Assemblée. Il apparaît comme l'un des grands vainqueurs des élections puisqu'il a été élu dans cinq départements, le plus brillant résultat après celui de Carra[1]. Il est considéré comme l'un des chefs de file des Girondins dont l'influence politique semble renforcée à l'issue du scrutin. En outre, il s'est proclamé républicain dès juillet 1791, ce qui lui confère une sorte de légitimité particulière parmi les députés. Il s'empresse d'ailleurs de faire publier à nouveau, en septembre 1792, les articles qu'il avait écrits en juillet 1791 dans *Le Républicain*[2]. Sa désignation comme vice-président dès l'ouverture des travaux de la Convention témoigne ainsi de son crédit politique et de son autorité morale.

## Condorcet en retrait

Or, loin d'assumer, comme à la Législative, des responsabilités étendues et d'exercer une autorité croissante, Condorcet va connaître à la Convention une érosion de son rôle et de son influence. En moins d'un an, la Législative avait vu un intellectuel se transformer en *leader* politique ; en neuf mois, la Convention verra le politique s'effacer derrière l'intellectuel.

Cette retraite, cette distance prise vis-à-vis du combat politique, il serait aisé de l'imputer à la lassitude ressentie en

1. *Cf.* Alison Patrick, *The men of the first French Republic*, The John Hopkins University Press, London, 1986, p. 178. Cependant, Condorcet n'est jamais élu avant le 7ᵉ tour (p. 186) ; dans les assemblées électorales, il est toujours cité comme philosophe, ami de Voltaire, et non comme homme politique (p. 179).
2. *Œuvres*, II, pp. 225 à 266.

ce début d'automne 1792. Elle est commune aux Girondins. Vergniaud, homme jeune et vigoureux, l'exprime à sa famille au moment où se réunit la Convention : « Quant à ma nomination, je vous avoue que l'épuisement de mes forces morales me la rend aussi flatteuse que pénible[1]. » Cette fatigue ne peut être que plus grande encore chez Condorcet, de santé fragile[2] et déjà âgé, selon les critères de l'époque. En avril et mai 1792, il a dû ralentir ses activités[3]. Les mois terribles de l'été 1792, la hantise de l'invasion, la révolution du 10 août, le conflit avec la Commune, l'angoisse des massacres de Septembre, tant de chocs et d'épreuves, tant de jours et de nuits consumés à l'Assemblée et à la Commission extraordinaire dans une tension extrême, avaient sans doute épuisé cet intellectuel de cinquante ans.

Cette lassitude explique sans doute, pour une part, son éloignement presque complet de la tribune de la Convention[4]. Il sait que dans la salle du Manège, face à une Assemblée tumultueuse, il peut difficilement se faire entendre. Il n'a pas la « voix de stentor » ni les « formes athlétiques et la physionomie âpre[5] » de Danton. Mais s'imposer à la tribune ne requiert pas nécessairement des moyens physiques exceptionnels. Vergniaud domine l'Assemblée par l'éclat de ses formules et cette inspiration issue des profondeurs de l'âme qui emporte l'orateur. Robespierre est apparemment dépourvu des moyens du tribun, mais il est possédé par la passion de

1. Lettre du 10 septembre 1792 à son beau-frère.
2. Condorcet aurait été victime d'une attaque à la fin de 1790.
3. *Cf.* Brissot, le 25 avril 1792, aux Jacobins : « C'est au moment même où, luttant contre une maladie cruelle, Condorcet... » *In* Aulard, *op. cit.*, tome III, p. 529 et Cahen, *op. cit.*, p. 39.
4. La rédaction de sa chronique parlementaire devait cependant retenir Condorcet aux séances de la Convention. « Cette Assemblée laborieuse siégeait deux fois par jour. La petite séance commençait vers dix heures du matin, et la grande vers trois heures. » (*La Révolution française*, janvier-juin 1882, p. 933.)
5. « La nature m'a donné en partage les formes athlétiques et la physionomie âpre de la liberté. » Danton, 10 janvier 1792, *in* Aulard, *Les grands orateurs de la Révolution*, p. 205. *Cf.* Garat disant de Danton : « C'était un grand seigneur de la sans-culotterie », *Mémoires, op. cit.*, p. 188.

convaincre : « Toute l'âme de cet homme, écrit Nodier, est intéressée dans le sentiment qu'il veut communiquer, et à force de s'identifier avec la passion qui le domine, il peut de temps en temps être grand et imposant comme elle[1]. » Rien de tel chez Condorcet : « A la Convention, écrit le Montagnard Baudot, il ne savait ni se montrer ni se défendre. Il était à la tribune un orateur détestable[2]. »

Surtout, le climat de tension et parfois de fureur partisane qui règne à la Convention ne peut que l'inciter à se tenir à l'écart. Les mots « arène de gladiateurs », « champ de bataille » reviennent sous la plume des témoins[3]. Barras évoque des « combats à mort[4] ». La violence n'est pas que dans les mots. Le 26 décembre 1792, une centaine de députés Girondins, conduits par Barbaroux, se portent en troupe compacte vers l'autre côté de la salle, où siège la Montagne[5]. Tel autre jour, le même mouvement se produit, mais en sens inverse[6]. Les propos échangés sont d'une telle violence — et les injures si grossières — que les journaux se refusent à les reproduire. L'affrontement physique n'est pas exclu. Danton rugit à La Révellière-Lépeaux, qui le poursuit à la tribune : « Comment, tu te crois capable de lutter avec moi ! Je te ferai tourner sur le pouce ; et si tu persistes, je te jetterai en bas de la tribune[7]... » Le 11 avril 1793, le Girondin Deperret se précipite vers les Montagnards avec une fureur telle que l'un

1. Nodier, *Souvenirs*, tome I, p. 286 ; *cf.* Baudot, *op. cit.*, p. 170 : « Qu'on s'imagine un homme assez petit, aux formes grêles, à la physionomie animée, un front comprimé sur les côtés comme une bête de proie à la bouche longue, pâle et serrée, à la voix rauque dans le bas, fausse dans les tons élevés et qui se convertissait, dans l'exaltation et la colère, en une sorte de glapissement assez semblable à celui des hyènes : voilà Robespierre. »
2. Baudot, *Notes historiques*, *op. cit.*, p. 224.
3. Panagel, *Essai sur la Révolution*, tome II, p. 11 ; Garat, *op. cit.*, p. 388.
4. Barras, *Mémoires*, Paris, 1895, tome I, chap. XIX, p. 191.
5. *Moniteur*, XIV, p. 154.
6. Dodu, *op. cit.*, p. 229.
7. *Ibid.*

d'eux brandit un pistolet pour le contraindre à battre en retraite[1].

Dans les tribunes populaires, on voit des hommes armés, « des femmes dont la mine éhontée, écrit Buzot, respirait la plus sale débauche ». Et il ajoute : « Quand tout cela, avec les mains, les pieds, la voix, faisait un horrible tintamarre, on se serait cru dans une assemblée de diables[2]. » Il est vrai que Buzot est Girondin et que les tribunes sont peuplées de partisans acharnés de la Montagne. Mais l'abbé Morellet, plus artiste que politique, y voit des figures « dignes du pinceau d'Hogarth[3] ». A l'occasion, si la séance du soir s'achève trop tard, les spectateurs passent la nuit dans les tribunes[4]. Les députés « se jetaient sur des matelas étalés par terre dans le lieu de leurs séances quand ils succombaient à l'excès des fatigues et des veilles[5] ». Sans doute s'agit-il là de moments exceptionnels. Mais la civilité qui avait marqué la Constituante et s'était déjà altérée sous la Législative a disparu du champ de bataille politique qu'est devenue la Convention[6].

Que peut faire Condorcet, parmi ces rhéteurs trop souvent mués en gladiateurs, sinon observer et se taire ? Brissot écrira en mai 1793 : « Je ne sais quel corps administratif a, dans une adresse, reproché à Condorcet de garder le silence depuis huit mois. Que ce corps députe quelqu'un qui ait le courage d'assister à nos séances, et il concevra ce silence. Non, Condorcet ne sait point la langue qu'on y parle[7]... »

---

1. *Moniteur*, XVI, p. 122.
2. Buzot, *Mémoires, op. cit.*, p. 57, note 1. *Cf. Chronique de Paris*, 20 décembre 1792 : « Les tribunes se sont permis quelques huées contre les déclamations de Larivière... »
3. Abbé Morellet, *Mémoires, op. cit.*, tome I, p. 436.
4. Procès-verbal du comité des inspecteurs de la salle de la Convention nationale, 25 décembre, 1792, cité par Dodu, *op. cit.*, p. 247.
5. Selon Jeanbon Saint-André, cité par Dodu, *op. cit.*, p. 257.
6. Le premier député à quitter — ou à fuir — la Convention fut Polycarpe Potofeux, au nom prédestiné, le 8 novembre 1792.
7. Cité par Aulard, *L'éloquence parlementaire, op. cit.*, p. 277.

## Le chantre de l'union

Les causes déterminantes de la réserve, voire de la quasi retraite de Condorcet, ne paraissent cependant pas d'ordre physique. S'il se tait au sein de la Convention, ce silence exprime un choix politique, un désaveu des passions et des fureurs qui déchirent dès les premières semaines la nouvelle assemblée.

Lorsqu'elle se réunit, Condorcet marque fermement ses liens d'amitié avec les Girondins : « Cette députation, écrit-il dans sa lettre de remerciements aux électeurs de l'Aisne, renfermait une collection rare d'hommes purs, d'un mérite distingué. Brissot et moi avons été admis dans leur société presque dès les premiers jours de l'Assemblée législative[1]. » Mais il annonce aussi ce que sera, au sein de la Convention, sa « société politique[2] » : « Je m'étais lié dans l'Assemblée nationale avec un petit nombre d'hommes justes, éclairés, incorruptibles, zélés défenseurs des droits du peuple ; presque tous sont de la Convention et je resterai leur ami. J'y joindrai quelques membres de l'Assemblée constituante, quelques hommes nouvellement appelés à représenter la Nation. Mais nous ne serons d'aucun parti, car aucun de nous ne voudrait ni souffrir des chefs ni en jouer le rôle[3]. » Condorcet évoque ainsi le rassemblement d'une élite d'hommes éclairés allant de Brissot à Sieyès, de Vergniaud à Lakanal, mais n'excluant aucun Montagnard modéré, comme Cambon ou Carnot, Arbogast et Debry avec lesquels il avait travaillé au Comité d'Instruction publique.

S'il affirme en septembre 1792 son amitié pour les chefs girondins, ce qui domine sa vision politique, c'est l'impérieuse nécessité de l'union entre tous les républicains. La situation

1. Bibliothèque de l'Institut, Ms 864, folios 308 et 309 (Papiers politiques, Convention).
2. La notion moderne de parti est inapplicable aux réalités de l'époque.
3. Bibliothèque de l'Institut, *loc. cit..*

lui paraît en effet radicalement différente de celle qui prévalait à la Législative avant le 10 août. Les royalistes ont disparu de la scène, la Convention ne compte plus que des républicains. L'ennemi menace de tous côtés la République naissante. Même si, depuis Valmy, la guerre a changé de cours, même si la victoire et la conquête succèdent à la retraite et à l'invasion, en cet automne glorieux de 1792, la République n'en demeure pas moins en guerre avec l'Autriche et la Prusse, la Sardaigne et les princes allemands, et le conflit menace d'éclater avec l'Espagne et surtout la puissante Angleterre. De même, l'ennemi de l'intérieur n'a pas désarmé. Les aristocrates se terrent ; la presse royaliste a été anéantie par la Commune de Paris ; des lois terribles ont été prises à l'encontre des émigrés et des prêtres réfractaires. Mais la propagande contre-révolutionnaire demeure vivace et les foyers d'insurrection, nombreux.

La situation économique n'est pas moins difficile : si la récolte de 1792 est satisfaisante, elle se révèle très inégale selon les régions. Les achats massifs et les réquisitions pour l'armée, l'incertitude générale paralysent la circulation des grains et entraînent un renchérissement du blé, avec des écarts considérables selon les départements[1]. Même si, à la suite des élections et surtout des victoires militaires, le cours de l'assignat remonte[2], l'activité économique s'altère. Les grandes villes — Paris surtout — se vident. Les étrangers sont partis et beaucoup de gens riches, quand ils n'ont pas émigré, ont gagné leurs résidences à la campagne, fuyant la ville, ses passions et ses angoisses. Les industries de luxe, le commerce, les services en pâtissent cruellement. Le chômage s'accroît.

1. Le setier de froment (environ 120 kilos) valait 30 livres en 1790. Il coûte 37 livres en moyenne en octobre 1792. Dans les départements du Midi, il atteint 60 livres, voire plus. Cf. Labrousse, *op. cit.*, tome I, pp. 106 et suivantes ; Jaurès, *op. cit.*, tome III, pp. 360 à 369.
2. L'assignat de cent livres, qui s'échangeait en août contre 62,5 livres en numéraire, atteint environ 73 livres de septembre à décembre 1792. Cf. *Tableaux de dépréciation, op. cit.*, p. 5.

On compte 30 000 canuts sans travail à Lyon[1]. L'économie de guerre, qui requerra une force de travail considérable, n'est pas encore en place.

La République naissante doit ainsi combattre sur tous les fronts : la guerre, la contre-révolution, la crise économique.

La Convention, face à une telle situation, doit, aux yeux de Condorcet, se rassembler dans l'épreuve. Cette union de tous les Républicains, il la réclame impérieusement dans une brochure publiée en septembre, juste avant les débuts de la nouvelle assemblée. Le ton est plus passionné qu'à l'ordinaire : « Si nous demeurons unis, nous sommes sûrs de triompher de nos ennemis... Nous n'avons à craindre que nos divisions[2]... » Il ajoute à l'intention des députés provinciaux : « Toute division entre Paris et les départements serait funeste, en ce moment, à la sûreté de l'empire[3]. » Il met en garde contre toute incitation à la division et appelle à maintenir l'ordre public : « Les citoyens doivent soigneusement se défendre contre ceux qui cherchent à semer entre eux la défiance, à les porter à des violences contraires à la loi... Rien ne peut être plus dangereux pour le salut public[4]... » Il ne s'agit point là de propos de campagne électorale. Dès le début de septembre, Condorcet sait qu'il sera élu à la Convention[5]. Il exprime sa conviction profonde : en se déchirant dans des luttes fratricides, la Convention s'affaiblira. C'est dans le désordre et la violence intérieurs que résident à ses yeux les meilleures chances de la contre-révolution.

---

1. *Cf.* Jaurès, *op. cit.*, tome III, p. 344 ; Mathiez, *op. cit.*, tome I, p. 339.
2. « Sur la nécessité de l'union entre tous les citoyens », *Œuvres*, XII, p. 217.
3. *Ibid.*, p. 220.
4. *Ibid.*, p. 219.
5. *Cf.* Lettre de Sophie de Condorcet à Dumont, 3 septembre 1792 : « M. Condorcet est nommé dans cinq départements à la Convention... », *op. cit.*, p. 127.

## Loin des Girondins

Tout autre est au même moment l'état d'esprit des chefs de la Gironde. Brissot n'a pas oublié que Robespierre l'a dénoncé au Conseil général de la Commune de Paris dans la nuit du 1er au 2 septembre, à la veille des massacres. Il sait la haine que lui portent Marat et certains Montagnards, notamment Camille Desmoulins. Roland et sa femme se souviennent du mandat d'arrêt signé par le Comité de surveillance de la Commune dans la nuit du 4 septembre, que seule l'intervention de Danton a fait annuler. Mais Mme Roland déteste celui-ci, tout comme son compère Fabre d'Églantine. Elle les juge corrompus, les accuse même d'être impliqués dans le vol des diamants de la Couronne[1]. Et elle enrage de voir Danton dominer de sa puissante stature le ministère que le « vertueux » Roland aurait dû diriger. Elle attise de sa passion les ambitions des Girondins qui fréquentent assidûment son salon : Buzot, Guadet, Louvet, Barbaroux.

A l'orée de la Convention, les Girondins s'estiment en position de force. Ils ont l'avantage du nombre sur leurs adversaires Montagnards et espèrent rallier le centre, la « Plaine », en se posant en champions de l'ordre et de la propriété, menacés par les « anarchistes ». Ils sont convaincus de leur supériorité oratoire dans une enceinte où l'éloquence joue un rôle considérable : Vergniaud n'est-il pas le plus éclatant talent de l'Assemblée ? Guadet, Gensonné, Isnard, Buzot, d'autres encore forment une constellation d'orateurs ardents, rompus à toutes les astuces de la vie parlementaire. En matière de presse, leur prépondérance est certaine. Surtout, ils se sentent portés par une conjoncture politique favorable. Ils sont sortis renforcés des élections. Le cours heureux de la guerre, dont ils apparaissent comme les initiateurs, affermit leur popularité. Ils font peser sur le nouveau « triumvirat »

1. Cf. Mémoires de Mme Roland, op. cit., pp. 88-89.

— Marat, Robespierre, Danton — la responsabilité d'avoir décidé ou laissé se perpétrer les massacres de Septembre, et en exploitent l'horreur contre leurs adversaires. Enfin l'activisme de certains commissaires de la Commune ou d'agents de Danton dépêchés dans les départements après le 10 août, leurs déclarations menaçantes contre les riches permettent aux Girondins d'agiter en direction des députés modérés le spectre de la loi agraire. Tout concourt ainsi à leur donner le sentiment que le moment est opportun pour écraser le camp adverse.

Condorcet ne partage ni leurs passions ni leur analyse. A la Législative, il s'agissait à ses yeux de vaincre les partisans du Roi, qu'il soupçonnait d'avoir partie liée avec la contre-révolution. A présent, les querelles d'hommes et de factions, même si elles ne s'avouent pas telles, lui paraissent mesquines et dangereuses. Et comme ce sont les Girondins qui vont lancer l'assaut, loin de s'associer à leur entreprise, il va se détacher d'eux.

Sans doute approuve-t-il d'abord le projet des Girondins de doter la Convention d'une garde composée de volontaires désignés dans tous les départements. Il lui paraît légitime que la Convention soit protégée par une force nationale. Lorsque, le 24 septembre, la Convention décrète qu'une commission de six membres sera chargée de proposer les mesures nécessaires à la garde départementale, Marat est évidemment visé. Dans sa *Chronique*, Condorcet relève que ces mesures « ont été décrétées unanimement par l'Assemblée et que tous les citoyens présents dans les tribunes ont applaudi cette loi[1]. » De même le lendemain, lorsque les premiers affrontements éclatent entre les Girondins et Robespierre[2], et que Marat monte à son tour à la tribune au milieu des clameurs, Condorcet écrit : « Ce n'a pas été sans indignation comme

1. *Cf. Chronique de Paris*, 26 septembre 1792. Il ajoute : « Politique autant que juste sous tous les rapports, le décret assure à la fois l'unité de l'empire, la défense de Paris contre les armées ennemies, et la liberté de la Convention au milieu des orages... » *Cf. Chronique de Paris*, 7 octobre.
2. *Moniteur*, XIV, 40 à 48.

sans scandale... d'entendre à la tribune un orateur provoquant l'anarchie et l'assassinat[1]. » Et quand Marat exhibe un pistolet, disant qu'il se serait brûlé la cervelle en séance si un décret d'accusation avait été rendu contre lui, Condorcet, excédé par ce cabotinage, s'exclame : « Il est des actes de courage qui excitent l'admiration et font même quelquefois oublier les crimes. Il en est d'autres du même genre qui ne paraissent que ridicules. Pourquoi cela ? Quand on aura vu M. Marat, il sera aisé de l'expliquer[2]... »

Mais, dans ce tumulte forcené, qu'est devenue l'union face au péril prônée par Condorcet ? Désormais, les passions et les haines se donnent libre cours. Et si Danton essaie d'en éviter l'excès[3], Condorcet constate que l'initiative des incidents et la recherche de l'épreuve de force sont essentiellement le fait des Girondins. Leurs attaques lui paraissent à la fois injustes et dangereuses. Injustes, parce que si la responsabilité des massacres de Septembre incombe pour une part à Marat et au Comité de surveillance de la Commune de Paris, on ne peut l'étendre à tous les membres de celle-ci, et moins encore à toutes les sections de la capitale. Dangereuses, parce qu'en attaquant constamment les sections parisiennes et leurs élus, les Girondins semblent remettre en question la Révolution du 10 août, d'où sont issues et la Convention, et la République. Aussi, début octobre, à propos de l'arrestation de deux commissaires de la Commune de Paris, Condorcet s'inquiète-t-il de la propension « à se servir continuellement de ces faits ou autres semblables pour calomnier ou dépopulariser des hommes à qui l'on doit après tout le salut de la France[4]. » Le 10 octobre, concernant les objets précieux déposés à la Commune après le 10 août, il prend vigoureusement à partie

1. *Chronique de Paris*, 27 septembre 1792.
2. *Chronique de Paris*, 27 septembre 1792.
3. Lors de la séance du 25 septembre, Danton, pour rallier la Convention, se démarque de Marat et propose qu'on décrète la peine de mort contre quiconque réclamera la dictature et contre ceux qui voudraient morceler la France. Il est applaudi de tous côtés. *Moniteur*, XIV, 41.
4. *Chronique de Paris*, 5 octobre 1792.

« ceux qui ont conçu contre la Commune de Paris des préventions bien ou mal fondées, mais qu'ils ne veulent pas sacrifier pour le bien public. Ceux qui voient dans les fautes qu'elle a pu commettre un prétexte de faire le procès à la Révolution du 10 août et d'attaquer indirectement la République[1] ». Et puis, Condorcet est parisien. Il aime la ville, ses habitants, leur esprit de liberté. Ces attaques constantes, où transparaît l'hostilité de certains députés provinciaux envers la capitale, ne peuvent que l'irriter.

A partir d'octobre 1792, Condorcet se démarque constamment de la ligne girondine d'opposition à la Commune et aux sections de Paris. A propos de la force armée départementale, il a changé d'opinion : à la réflexion, il voit à sa création plus de dangers que d'avantages. Elle lui paraît comporter un risque de conflit entre la capitale et les départements. Il craint de voir cette garde prétorienne prendre part aux conflits qui déchirent la Convention et régler par la force ses dissensions politiques. Aussi, le 20 octobre, se réjouit-il que la Convention en ajourne la création[2]. Le 26, il soutient le droit des sections de Paris à adresser en province des pétitions contre l'institution de cette force armée[3]. Le 18 novembre, il raille ses défenseurs, qui ont « compté peut-être combien il en résulterait de places à donner[4] ». En revanche, le 19 décembre, il fait l'éloge des habitants du Faubourg Saint-Antoine, « dont l'éloquence toujours naturelle, souvent brillante, faisait frémir les partisans de la royauté et consolait les amis de la Liberté[5] ». Condorcet vantant l'éloquence des sans-culottes...

En fait, dès le mois d'octobre 1792, Condorcet a choisi son

1. *Chronique de Paris*, 12 octobre 1792. Il critique ceux qui, au cours du débat, « ont mis... plus d'humeur que de raison, et plus de cet esprit de modérantisme qui naquit en 1789 pour aller former ensuite le club des Feuillants, que de véritable patriotisme ». *Cf.* Jaurès, *op. cit.*, tome III, p. 526 :« Condorcet s'afflige et s'épouvante de l'esprit d'égoïsme et de vertige de la Gironde. Ô grand homme ! Vous paierez de votre vie les fautes commises par d'autres... »
2. *Chronique de Paris*, 20 octobre 1792.
3. *Ibid.*, 26 octobre 1792.
4. *Ibid.*, 18 novembre 1792.
5. *Ibid.*, 19 décembre 1792.

parti, celui de l'union entre tous les républicains : « La Convention n'offrira pas aux peuples le spectacle affligeant de ses divisions intestines[1]. » Aussi désapprouve-t-il, le 29 octobre, le réquisitoire de Louvet contre Robespierre : « Il [ce discours] a paru préparé de manière à laisser des impressions malheureusement trop durables dans l'esprit d'un grand nombre d'auditeurs et à faire déplorer aux autres les funestes effets des passions particulières[2]. » Il conclut sèchement : « Ce n'est pas du tout de cela dont la chose publique a besoin. » Le lendemain, il revient sur la question : « La Convention nationale a paru mettre trop d'importance, et s'occuper avec trop de passion de discussions particulières ou même personnelles. » Il ajoute : « Ces reproches [contre Robespierre], d'ailleurs très mérités, exagérés avec emportement, toutes ces passions des individus se transmettent nécessairement au peuple[3]... »Dans le même article, il appelle de nouveau à l'union : « Paris sait qu'il ne peut subsister que par les départements, et les départements savent que, sans un premier foyer de liberté, une nation dispersée serait nécessairement esclave[4]. » Et le 6 novembre, après la réplique victorieuse de Robespierre à Louvet — beau morceau d'éloquence à froid, dont chaque terme a été pesé la plume à la main —, Condorcet déclare : « Il est temps de mettre un terme à des querelles qui nuisent en France, et même en Europe, à l'autorité dont la Convention a besoin pour s'affermir, pour sauver la République[5]. » Le lendemain, il revient encore sur ce thème et demande à nouveau l'apaisement des conflits[6].

La même conviction l'anime face aux attaques suscitées par

1. *Ibid.*, 16 octobre 1792.
2. *Chronique de Paris*, 31 octobre 1792.
3. *Ibid.*, 1ᵉʳ novembre 1792.
4. *Ibid.*
5. *Ibid.*, 6 novembre 1792.
6. *Ibid.*, 7 novembre 1792 : « C'est par la modération de ses représentants, par la sagesse de leurs délibérations, par l'image de la paix et de l'union régnant au milieu d'eux, que la France convaincra les peuples de la bonté des principes qui la dirigent. »

Roland et ses amis contre Danton. Il approuve Danton d'avoir abandonné son portefeuille ministériel pour demeurer simplement député[1]. Il critique Roland qui joue les coquettes, déclarant préférer son mandat de député et faisant savoir sous cape qu'il acceptera de demeurer ministre si la Convention l'y invite expressément. Condorcet se récrie : « Une invitation solennelle à conserver ou même à accepter un emploi ne serait excusable que dans [des] circonstances extraordinaires... ». Il ajoute ironiquement : « La modestie qui refuse une place se trompe rarement[2]. » En revanche, Condorcet admire Danton au-delà de ses faiblesses, et salue en lui un des rares hommes capables, en des moments de crise, d'entraîner et de maîtriser l'élan populaire[3]. Dès la première séance de la Convention, le 21 septembre, il l'a applaudi : « M. Danton a paru à la tribune ; son talent, sa réputation de popularité, et, s'il faut le dire, les soupçons mêmes répandus contre lui..., tout devait exciter l'intérêt et la curiosité... » Après avoir rapporté son discours, il conclut : « Les bons citoyens ont reconnu alors qu'ils avaient été trompés, et les ennemis de la Patrie ont vu leurs espérances diminuer[4]... » Au contraire, il trouve ridicule Roland, cette « vieille corneille lugubre et bavarde perchée sur l'arbre de la Liberté », comme l'écrira Jaurès[5]. Aussi, le 29 octobre, lorsque Roland dépose à la Convention un long

1. *Ibid.*, 25 septembre 1792 : « M. Danton, qui connaît les maximes des Républiques..., sait que dans ces sortes de gouvernement, l'estime du peuple se donne moins aux dignités qu'on peut accumuler sur sa tête, qu'aux talents dont on fait preuve. »

2. *Ibid.*, 30 septembre 1792.

3. *Cf.* Garat, racontant plus tard sa nomination au ministère de la Justice : « Condorcet me conseilla de le voir [Danton] comme un homme facile à attacher aux bons principes et qui pouvait les servir ou leur nuire beaucoup. » *Mémoires*, pp. 187-188.

4. *Chronique de Paris*, 22 septembre 1792. Danton avait proposé à la Convention de décréter sur-le-champ que les personnes et les propriétés seraient placées sous la sauvegarde du peuple français, et la Constitution soumise à l'approbation des citoyens. Condorcet approuva encore Danton quand, au cours de la grande séance du 25 septembre, il tenta d'apaiser les passions adverses par un décret commun. *Cf. Chronique de Paris*, 27 septembre 1792.

5. Jaurès, *op. cit.*, tome III, p. 512.

rapport reprenant encore toutes les accusations dirigées contre la Commune de Paris, Marat et Robespierre, Condorcet approuve Danton qui s'écrie : « Ces malheurs étaient inséparables de la Révolution... Réunissons nos efforts pour faire cesser l'agitation de quelques ressentiments et de quelques préventions personnelles[1] ! » Il se montre au contraire très sévère pour Roland : « Vouloir sans cesse occuper le public de soi, n'est-ce pas vouloir se rendre à tout prix un personnage important ? Et cette prétention n'a-t-elle pas aussi son danger dans une République ? » Sa conclusion est tout aussi sévère : « Le rapport de M. Roland semblait avoir pris assez de temps à l'Assemblée et peut-être à la chose publique. On aurait pu s'apercevoir qu'il avait assez envenimé des plaies que les préventions, les haines, les craintes ont laissées après la journée du 10 août[2]. »

## Solitude de Condorcet

En réalité, depuis les premiers jours d'octobre, Condorcet a cessé d'être le compagnon de route des Girondins. Les témoignages et déclarations de l'époque établissent cette rupture[3]. Les chefs Girondins se retrouvaient chez Mme

---

1. *In* Kuscinski, *op. cit.*, p. 171.

2. *Chronique de Paris*, 31 octobre 1792. Le 21 novembre, Condorcet fera encore reproche à Roland d'avoir procédé seul à l'ouverture de l'« armoire de fer » aux Tuileries. Mme Roland ne pardonnera jamais à Condorcet sa rupture avec les Girondins, ni surtout ses attaques contre Roland. Dans ses *Mémoires*, rédigés en prison pendant l'été 1793 après l'arrestation des Girondins, elle écrira à son sujet : « Son esprit sera toujours au niveau des plus grandes vérités, mais le caractère ne sera jamais qu'à celui de la peur. On peut dire de son intelligence, en rapport avec sa personne, que c'est une liqueur fine imbibée dans du coton. Je n'ai jamais rien connu de si lâche... » *Op. cit.*, p. 170.

3. Ainsi, le Montagnard Choudieu, faisant dans ses *Mémoires* le portrait des principaux chefs de la Gironde sous la Convention, ne parle pas de Condorcet (*op. cit.*, pp. 222 à 223). Dans ses *Notes historiques*, Baudot, Montagnard lui aussi, range Condorcet parmi « les hommes célèbres de la Convention qui ont été *seuls* dans cette Assemblée » (souligné par nous), et conclut : « Il était philosophe sans intrigue, et il a péri malheureusement sans intriguer. » Le 18 avril 1793, lorsque

Roland : aucun mémorialiste, aucun témoin ne déclare y avoir aperçu Condorcet sous la Convention. A mesurer son inimitié croissante avec les époux Roland[1], sa présence aurait d'ailleurs été bien singulière. Les principaux Girondins se rencontraient également chez Valazé : nulle mention de Condorcet à ces réunions pendant l'automne ou l'hiver 1792-93[2], pas plus qu'aux déjeuners chez Mme Dodun, place Vendôme, où loge Vergniaud. Et les chroniques de Condorcet témoignent alors d'une distance toujours plus grande vis-à-vis des Girondins.

Les acteurs politiques ne s'y trompent pas. Le 12 octobre, aux Jacobins, Thuriot accuse Condorcet d'avoir écrit qu'il aurait proposé une amnistie pour les crimes du 10 août. Selon lui, Condorcet s'est ligué avec Brissot, il est de la « faction[3] ». Anthoine, autre Montagnard, dénonce de même la mainmise girondine sur le Comité de Constitution : « Nous y voyons, dit-il, Condorcet surmonté par Brissot, porter Guadet, etc.[4] » Mais Chabot, qui a dénoncé Condorcet aux Jacobins en avril 1792, intervient : « Je dois relever, dit-il, une erreur d'Anthoine ; il a cru Condorcet du parti de Brissot ; Condorcet n'en est plus : il paraît avoir connu les intrigants de la petite faction, il a vu qu'il ne pourrait pas jouer un rôle parmi ces intrigaillons[5]. » Et Chabot de citer, à l'appui de ses dires, des extraits de la *Chronique de Paris* signés Condorcet. De même, dans la circulaire du 15 octobre 1792 envoyée en province

la députation de la section Bon-Conseil dénoncera à la Convention les traîtres girondins, Condorcet ne figurera pas sur la liste (*cf.* Guadet, *Mémoires, op. cit.,* p. 175). De même, lorsque les sections de Paris, le 15 avril, demanderont à la Convention que les vingt-deux principaux députés girondins soient destitués, Condorcet ne se trouvera pas parmi eux.

1. Cependant, évoquant la comparution de Mme Roland, le 7 décembre, à la barre de la Convention, Condorcet écrit avec galanterie : « Cette petite intrigue contre Roland a procuré à la Convention l'agrément d'entendre Mme Roland à la barre, et on s'est fortifié par là davantage de la bonne opinion qu'on avait de ses talents et de ses grâces... » *Chronique de Paris,* 8 décembre 1792.

2. *Cf.* notamment, sur le « comité Valazé », Dodu, *op. cit.,* p. 210, note 2. On ne relève pas le nom de Condorcet dans la liste des Girondins fréquentant Valazé.

3. Aulard, *op. cit.,* tome II, p. 373.

4. *Ibid.,* p. 382.

5. *Ibid.,* p. 386.

par les Jacobins à toutes les sociétés fraternelles, il est fait état des prises de position de Condorcet hostiles à la campagne des Girondins dirigée contre la Commune de Paris[1]. Enfin, le 14 octobre, lors de la grande séance des Jacobins présidée par Danton, où l'on se presse pour acclamer Dumouriez, vainqueur des Prussiens, coiffé du bonnet rouge et embrassant Robespierre, Chabot déclare à nouveau : « Je sais que dans le Comité de Constitution se trouvent Danton, Barère et Condorcet ; mais l'adresse dont il s'agit sera aussi bien dans les mains de *nos trois amis* que si on la mettait à la disposition du Comité tout entier. Car enfin, les *nôtres* ne sont encore que trois contre six[2]. » Lorsque les Jacobins chassent Brissot de la Société le 10 octobre, avant d'en exclure les principaux Girondins le 26 novembre, aucune mesure n'est demandée contre Condorcet. Et, au début de novembre, Camille Desmoulins, familier de Danton et ami de Robespierre, relève : « Depuis quelque temps, il s'est formé un troisième parti qui vaut la peine qu'on le définisse... On pourrait l'appeler le parti des flegmatiques. Pétion, Barère, Rabaud, Condorcet et, je crois même, Lacroix et Vergniaud, sont ceux qui m'ont paru faire le noyau de ce parti[3]... » Plutôt que de parti, mieux vaut évoquer des affinités. En vérité, Condorcet, comme nombre de députés à la Convention, est désormais un solitaire en politique.

## Sympathies et antipathies

Seul, mais riche d'amitiés et d'inimitiés. S'il s'est séparé de la Gironde, il n'en garde pas moins de l'estime pour certains Girondins. Il parle avec considération de Buzot[4], de Guadet

1. « Déjà la *Chronique de Paris* ne peut s'empêcher de leur reprocher leurs calomnies contre la Commune de Paris », *Ibid.*, p. 388.
2. In Aulard, *La Société des Jacobins, op. cit.*, p. 386. Souligné par nous.
3. In Mathiez, *op. cit.*, tome II, p. 45.
4. *Chronique de Paris*, 26 septembre et 24 octobre 1792.

501

dont il loue la « vertu et le vrai talent[1] ». Il est sensible à l'éloquence et à la générosité de Vergniaud. Du côté des Montagnards, s'il admire Danton, il exècre Marat, « s'arrogeant à lui seul le droit de gouverner par des maximes abominables une révolution commencée par la Raison publique[2] » ; il évoque « le dégoût de l'entendre[3] »... « C'est un homme dont le nom seul est une tache à la Révolution[4]. » Et il n'éprouve qu'antipathie envers Robespierre. Le 5 novembre, lorsque ce dernier, attaqué par Roland et Louvet, répond avec fermeté et ironie, Condorcet reconnaît que « quelques morceaux de son discours ont été applaudis avec justice », et qu'il « a très bien prouvé qu'il n'avait jamais pu prétendre usurper le pouvoir suprême », mais il remarque que Robespierre s'est bien gardé de préciser son emploi du temps du 10 août, aux heures de l'insurrection, comme de dire s'il était présent au Conseil général de la Commune dans la nuit du 2 au 3 septembre. C'est accréditer le propos selon lequel Robespierre se serait caché pendant les combats du 10 août, et rappeler que « l'Incorruptible » a dénoncé Brissot et les Girondins dans la première nuit des massacres de Septembre.

Robespierre n'est pas homme à oublier ces remarques cruelles. Mais ce qui va sans doute transformer en haine son hostilité à Condorcet, c'est le « très petit fragment pour l'Histoire » publié le 8 novembre dans la *Chronique de Paris*. L'auteur y relève que, lorsque Robespierre a répondu à ses accusateurs, les tribunes du public contenaient sept à huit cents femmes, et que « les passages étaient obstrués de femmes ». Suivent ces lignes terribles : « On se demande quelquefois pourquoi tant de femmes à la suite de Robespierre, chez lui, à la tribune des Jacobins, aux Cordeliers, à la Convention ? C'est que la Révolution française est une religion, et que Robespierre y fait une secte : c'est un prêtre

1. *Ibid.*, 5 octobre 1792.
2. *Ibid.*, 26 septembre 1792.
3. *Ibid.*, 5 octobre 1792.
4. *Ibid.*, 22 octobre 1792, *cf.* également *ibid.*, 14 et 26 décembre 1792.

qui a des dévotes ; mais il est évident que toute sa puissance est en quenouille... Il a tous les caractères, non pas d'un chef de religion, mais d'un chef de secte ; il s'est fait une réputation d'austérité qui vise à la sainteté, il monte sur des bancs, il parle de Dieu et de la Providence, il se dit l'ami des pauvres et des faibles, il se fait suivre par les femmes et les faibles d'esprit, il reçoit gravement leurs adorations et leurs hommages, il disparaît avant le danger, et l'on ne voit que lui quand le danger est passé : Robespierre est un prêtre, et ne sera jamais que cela[1]. »

Condorcet est-il l'auteur de ce portrait cruel ? Lui-même ne l'a jamais dit ni démenti. Le ton rappelle celui du polémiste d'avant la Révolution, du « mouton enragé ». Robespierre, toujours soupçonneux, peut aisément le croire.

Au-delà des considérations de personnes, ce qui importe aux yeux de Condorcet, c'est l'apaisement des querelles, la fin des affrontements haineux entre Girondins et Montagnards. De novembre à janvier, il multiplie les mises en garde contre ces conflits qui épuisent et abaissent la Convention, alors que tant d'ennemis menacent la République. Le 9 décembre, il écrit : « On ne sait pas assez que les dénonciations ridicules, les déclamations insensées, les éternelles annonces de conspirations prêtes à éclater et de troubles qui menacent la République, sont une des causes principales de la disette dont la partie pauvre du peuple se trouve menacée[2]. » L'avertissement vaut pour Roland et les Girondins aussi bien que pour Marat et certains députés de la Montagne. Le 6 janvier 1793, Condorcet s'en prend encore au « spectacle affligeant de cette lutte sans cesse renaissante de passions et de haines qui engloutit presque tous les moments de l'Assemblée[3] ». Ces critiques des ferments de division, ces appels à l'unité de la

---

1. *Ibid.*, 8 novembre 1792.
2. *Ibid.*, 9 décembre 1792. *Cf.* aussi 18 décembre 1792 : « Il est nécessaire que par un règlement respecté de tous les vrais amis de la liberté..., l'Assemblée se mette à l'abri de ces résolutions précipitées qu'on lui arrache... »
3. *Ibid.*, 6 janvier 1793.

Convention, sans cesse renouvelés, demeurent sans écho. Ils témoignent seulement de son isolement et de son impuissance au milieu des factions déchaînées.

## Sur la politique étrangère

A l'écart de ces affrontements stériles, il veut œuvrer à l'essentiel. La guerre, depuis Valmy, a changé de visage : dès sa proclamation, la République a pris les traits de la victoire. La chute du Roi a coïncidé avec le succès militaire, la retraite des Prussiens et la libération du territoire. Le 5 octobre 1792, le siège de Lille est levé, le 8, Verdun repris. Partout les armées de la République progressent. Dès la fin de septembre, Chambéry est occupé, Nice conquise. En Allemagne, les Français entrent dans Worms, et Mayence capitule le 19 octobre. En Belgique, Dumouriez entre à Mons le 27 octobre. Le 6 novembre, il triomphe des Autrichiens à Jemmapes. A la fin de novembre, les Français occupent toute la Belgique. L'exaltation patriotique est à son comble.

Condorcet applaudit aux succès des armées françaises et s'abandonne même parfois à des propos cocardiers[1]. Mais il demeure lucide : les victoires de la République ne conduisent pas nécessairement à la paix, et le risque demeure, par-delà les succès militaires, de voir tous les souverains européens se liguer pour écraser la France républicaine. Il faut donc éviter tout ce qui peut contribuer à renforcer la coalition. Condorcet approuve Danton lorsqu'il s'oppose à ce que la Convention s'engage à soutenir tous les peuples qui se révolteraient contre leurs souverains[2]. Mais, plus qu'aux négociations secrètes, Condorcet croit à la force des principes, pourvu qu'ils soient

---

1. *Cf. Ibid.*, 3 décembre 1792 : « Ces traits d'héroïsme me semblent être pour ainsi dire naturels aux Français. » Et, le 23 décembre 1792 : « On a remarqué l'avantage... que les Français ont sur tous les autres peuples de l'Europe lorsqu'ils ont à charger avec la baïonnette. »
2. *Ibid.*, 30 septembre 1792.

clairement exprimés. La République doit s'adresser directement aux peuples pour les convaincre de la justesse de sa
cause.

En septembre 1792, il publie *La République Française aux
hommes libres*[1]. Il y rappelle que le peuple français, comme
tout peuple, a seul le droit de fixer sa propre Constitution.
La guerre faite par les rois à la France est donc injuste,
puisqu'elle a pour but de contraindre les Français à conserver
un régime dont ils ne veulent plus. Nation souveraine, la
France entend respecter la souveraineté des autres nations.
Elle ne fera jamais de conquêtes. Tout au plus acceptera-t-
elle la réunion à son territoire de populations qui la demanderaient en toute liberté. C'est proclamer le droit des peuples
à disposer d'eux-mêmes, principe incompatible avec les règles
de la politique internationale telle qu'elle est alors pratiquée
par les Cours en Europe, fondée sur des pactes entre
souverains. Aussi conclut-il : « La cause de la France est à la
fois celle de la liberté des hommes contre les rois, et de
l'indépendance des peuples contre les conquérants usurpateurs
ou co-partageurs des nations ; et cette cause doit triompher[2]. »

Après une telle proclamation révolutionnaire, les adresses
rédigées par Condorcet à l'intention des Suisses, des Allemands, des Espagnols, des Hollandais ou des Anglais ne
pouvaient convaincre les gouvernements de ces pays de la
volonté de paix de la France républicaine. Le premier de ces
textes, daté du 27 septembre 1792[3], est destiné à apaiser les
Suisses, indignés par les massacres des gardes suisses après le
10 août. Condorcet y expose que seuls le Roi et la Cour en
portent la responsabilité, par l'ordre donné aux Suisses de
faire feu sur le peuple. Il rappelle au gouvernement suisse
qu'il est de son intérêt de rester ami de la France, pour ne
pas tomber sous la domination de l'Autriche. Il évoque l'amour

1. *Œuvres*, XI, p. 107.
2. *Ibid.*, p. 117.
3. « Lettre à M., magistrat de la ville de…, en Suisse », *Œuvres*, XII, pp. 167 à
173. *Cf. Moniteur* du 12 octobre 1792.

de la paix et la solidarité nécessaire entre peuples libres. Lebrun, ministre des Affaires étrangères, fait parvenir à Barthélemy, ambassadeur de France en Suisse, des exemplaires de la lettre de Condorcet, l'invitant à en assurer la diffusion[1]. L'accueil est glacial. Barthélemy écrit à Lebrun : « Si j'en étais cru, Monsieur, on ne parlerait plus aux Suisses de cette triste journée. Je sais qu'ils reprochent à la lettre de M. Condorcet de la leur trop rappeler[2]. »

Les autres adresses — aux Espagnols, aux Bataves, aux Germains — rédigées par Condorcet et votées par la Convention, ne connaissent pas meilleure fortune. Proclamer que « ce qui importe à l'Espagne comme à nous, à la liberté générale comme à la nôtre, c'est que le peuple s'affranchisse de la tyrannie étrangère des Bourbons[3] », ne peut apparaître au gouvernement espagnol que comme un appel à la Révolution, et précipiter la guerre qui s'annonce. Évoquer à l'intention des Allemands « un peuple serf, des bourgeois avilis, des nobles esclaves et tyrans » et affirmer que « tel est le spectacle qu'offrent l'Allemagne, la Hongrie, la Russie et la Pologne[4] », n'est guère de nature à susciter leur adhésion. Quant à l'adresse aux Hollandais, rédigée fin novembre, alors que Dumouriez vient de conquérir la Belgique, c'est un véritable appel à la révolte : « Bataves, voulez-vous être libres ?... Bataves, voulez-vous demeurer riches ? Alors osez être libres[5] ! » Elle se conclut par cette exhortation : « Craindriez-vous les despotes de Vienne et de Berlin, ou le demi-despote de Londres ? Non, la France est là ; et parce qu'elle veut être libre, elle ne souffrira pas qu'un peuple qui a brisé ses fers puisse être encore asservi[6]. » Les Hollandais ne se montrent

1. Cahen, *op. cit.*, p. 442.
2. Cité par Cahen, *ibid.*, p. 443.
3. « Avis aux Espagnols », *Œuvres*, XII, p. 123.
4. « Aux Germains », *ibid.*, p. 151.
5. « Adresse aux Bataves », *ibid.*, pp. 140 et 146.
6. *Ibid.*, p. 148.

guère sensibles à ces appels ; la correspondance de Lebrun révèle que l'adresse de Condorcet n'a fait que les indisposer[1].

Le succès de ces adresses dans l'enceinte de la Convention les condamne en effet à l'échec à l'étranger. Condorcet y exprime avec force les sentiments qui animent en cet automne 1792 l'Assemblée tout entière. Les peuples de l'Europe, éclairés par l'exemple de la France, vont se soulever pour gagner à leur tour leur liberté : « La France a proclamé la liberté du genre humain. Un écho sourd, mais terrible, lui a répondu des bords du Mancaneres aux rives de la Néva, et les palais des tyrans en ont tremblé. » Formule éclatante, mais lourde de conséquences. Car la France, devenue soldat de la Liberté, se doit de soutenir partout la cause des peuples contre les Rois. Le 19 novembre, alors que les armées de la République triomphent, la Convention proclame qu'elle « accordera fraternité et secours à tous les peuples qui voudraient recouvrer leur liberté[2] ». Le 26, Brissot écrit à Servan : « Nous ne pourrons être tranquilles que lorsque l'Europe, toute l'Europe sera en feu[3]... » Condorcet ne pense pas autrement : « La paix ne se rétablira solidement nulle part que lorsque les principes révolutionnaires auront généralement triomphé dans cette partie du globe[4]. » C'est la proclamation renouvelée de la guerre révolutionnaire. Emportés par l'amour de la liberté, convaincus de son irrésistible force d'attrait, les Républicains provoquent la guerre des souverains contre la France en croyant que les peuples vont répondre à leur appel. Mais si la guerre est présente au rendez-vous de la Liberté, les peuples, eux, n'y viennent pas.

Rien ne révèle mieux les illusions de Condorcet que son comportement à l'égard de l'Angleterre. Il est conscient que la neutralité anglaise est une exigence essentielle pour la France en guerre avec l'Autriche et la Prusse. Il est informé

1. *Cf.* Cahen, *op. cit.*, p. 445.
2. Lavisse, *op. cit.*, p. 34.
3. *Ibid.*, p. 33.
4. *Chronique de Paris*, 1er décembre 1792.

par ses amis anglais, notamment Lord Stanhope, très favorable à la Révolution, de l'état d'esprit du peuple britannique. Celui-ci, dans sa majorité, ne désire point la guerre, et Pitt ne voit qu'avantages à l'affaiblissement économique et colonial de la France. Le 28 août 1792, le jeune M. A. Jullien, fils d'un Conventionnel, que Condorcet a recommandé à Londres, lui écrit : « George brûle de déclarer la guerre aux Français... Le peuple anglais pense bien autrement, il trouve fort inutile de se mêler d'affaires qui ne le regardent en rien... » Et Jullien ajoute : « Si le Roi osait, malgré le vœu public, déclarer la guerre à la Nation française, je crois la Nation britannique assez mûre pour saisir cette occasion de recouvrer sa liberté[1]. » Condorcet tient compte de ces observations qui recoupent les adresses et pétitions que les sociétés anglaises amies des Républicains envoient à Paris. Il s'agit de convaincre le peuple britannique du bien-fondé de la Révolution du 10 août, pour interdire au roi George de déclencher les hostilités contre la France. Début octobre, il publie donc ses *Réflexions sur la Révolution du 10 août* comparée à la Révolution anglaise de 1688[2].

Condorcet rappelle que la Constitution dont les Anglais tirent un si juste orgueil est née d'une révolution. Comme l'Angleterre, la France avait donc le droit, après la Révolution du 10 août, de se donner la Constitution de son choix. Allant plus loin, il déclare : « Elle [la Révolution] doit l'être [approuvée], ainsi que la Révolution d'Angleterre, par tous ceux qui ne reconnaissent pas, dans les rois, dans les princes, un pouvoir indépendant du peuple[3]. » Une telle affirmation ne

1. *Cf.* Archives du ministère des Affaires étrangères, reproduites par Robinet, *op. cit.*, pp. 349-350.
2. « Réflexions sur la Révolution de 1688 et sur celle du 10 août 1792 », *Œuvres*, XII, p. 206. « Cette brochure de vingt pages est de M. Condorcet. C'est dire qu'elle est aussi bien écrite que profondément pensée », annonce le *Moniteur* à ses lecteurs, le 3 octobre 1792.
3. « Réflexions sur la Révolution de 1688... », *op. cit.*, p. 207. « Le ministère anglais, écrit-il, ne peut ni regarder cette Convention comme illégitime, ni lui contester le pouvoir de réformer ce qui, dans l'acte constitutionnel, lui paraîtra

peut qu'exaspérer les Anglais qui n'entendent pas que les Français se mêlent d'aucune manière de leurs affaires intérieures. Lord Stanhope a d'ailleurs écrit à ce sujet à Condorcet le 29 mai 1792 : « Vous devriez décourager de toutes les manières possibles, même par un décret de votre Assemblée nationale, et défendre à tout Français de se mêler des affaires de l'Angleterre[1]. » Tout au long de novembre arrivent à la Convention des adresses chaleureuses émanant de sociétés anglaises qui réclament en Angleterre une réforme parlementaire brisant le pouvoir de l'aristocratie[2]. Au lendemain du décret du 19 novembre promettant secours à tous les peuples en lutte pour leur liberté, le président en exercice de la Convention, l'abbé Grégoire, tient les propos les plus provocants à l'égard du Parlement britannique : « Il approche, le moment où des Français iront féliciter la Convention nationale de la Grande-Bretagne[3]. » Pis encore, Grégoire ajoute deux jours plus tard : « Ah, si jamais on attente à votre liberté, parlez ! Et nos phalanges, victorieuses sur les rives de l'Escaut, du Rhin, du Var et de l'Isère, franchiront le Pas-de-Calais pour voler à votre secours[4]... » Les victoires militaires ont grisé le bon abbé. Condorcet n'échappe pas à cette ivresse générale ; il écrit le 23 novembre : « Depuis l'explosion de la liberté en France, une fermentation sourde s'est manifestée en Angleterre... L'ouverture prochaine de la session parlementaire va devenir immanquablement l'occasion des réformes les plus intéressantes, telles que celles à opérer dans la représentation nationale. De là à *l'établissement parfait de la République*, le trajet sera d'autant moins long que les bases de la liberté

nuisible à la liberté, sans attaquer en même temps et la légitimité de la Convention de 1689 et celle des résolutions émanées de cette Convention. »

1. Bibliothèque de l'Institut, *Papiers de la famille O'Connor*, Ms 2 475, folio 64.

2. *Cf.* Séances de la Convention du 7 novembre 1792 (*Moniteur*, XIV, 411), 10 novembre (*Moniteur*, XIV, 446), 22 novembre (*Archives parlementaires*, LIII, 541), 28 novembre (*Moniteur*, XIV, 592), 29 novembre (*Moniteur*, XIV, 594).

3. 28 novembre, *Moniteur*, XIV, 594.

4. 30 novembre 1792, *Archives parlementaires*, LIII, 1794.

existent depuis longtemps en Angleterre[1]. » Et de prédire à Pitt le sort de Necker...

Au même moment se pose à la Convention la question du sort des pays occupés par les armées françaises. Brissot est favorable à une ceinture de républiques-sœurs protégeant la France. La Savoie demande sa réunion à la France. Que décider ? Le 27 novembre, l'abbé Grégoire énonce les principes : « Si des peuples occupant un territoire enclavé dans le nôtre ou renfermé dans les bornes posées à la République par la main de la nature désirent l'affiliation, devons-nous les recevoir ? Oui, sans doute. A la condition que le vœu soit libre et conforme à l'intérêt de la France[2]. » C'est la théorie des frontières naturelles autorisant, sur plébiscite des populations, l'annexion de territoires étrangers. La réunion de la Savoie est aussitôt votée à l'unanimité moins une voix. Condorcet approuve cette politique internationale qui s'appuie sur la volonté des peuples : « Les principes de la diplomatie française, écrit-il, sont un peu plus philosophiques que ceux du Cabinet Saint James[3]. »

Le 15 décembre, Cambon présente un rapport sur l'attitude de la République française à l'égard des pays occupés par ses armées : la noblesse, les distinctions contraires à l'égalité seront supprimées ; les impôts seront consentis par le peuple ; celui-ci, réuni en assemblées primaires, élira ses magistrats et se donnera une Constitution. Ainsi, partout où entreront les armées françaises, s'affirmeront les principes de la Liberté et de l'Égalité. L'enthousiasme s'empare de la Convention : « Le discours de Cambon, étincelant de grandes vérités..., a obtenu des applaudissements universels, écrit Condorcet. On croyait entendre le génie de la Liberté et de l'Égalité menaçant de la destruction prochaine toutes les branches, tous les degrés de la tyrannie[4]. »

1. *Chronique de Paris*, 23 novembre 1792. Souligné par nous.
2. *Cf.* Lavisse, *op. cit.*, tome II, p. 34.
3. *Chronique de Paris*, 28 novembre 1792.
4. *Ibid.*, 16 décembre 1792.

## Sur la situation économique

Mais la guerre, même révolutionnaire, coûte cher. Cambon, grand argentier de la Convention, en a conscience[1]. Au lendemain du décret du 19 novembre, Condorcet a affirmé le droit de la République à faire supporter aux peuples le coût de la guerre entreprise pour leur libération[2]. Le décret du 15 décembre 1792 décide que, dans tout pays occupé, les biens des princes, des communautés, du fisc, seront mis sous séquestre et garantiront le paiement des coûts de la guerre. Condorcet applaudit à ces mesures. Le 1er février 1793, Cambon peut annoncer à la Convention qu'on a déjà tiré pour 64 millions de livres de contribution de la Belgique. Cependant, la guerre pèse sur la France où la situation économique se dégrade au cours de l'automne 1792. Jusqu'à l'été, ni la production ni les échanges commerciaux n'ont fléchi. Le 6 janvier 1793, Roland fournit même à la Convention des informations favorables sur la balance commerciale[3] : le commerce maritime est prospère ; la baisse des assignats, véritable dévaluation, facilite les exportations. Mais le commerce extérieur ne suffit pas à maintenir l'activité économique. L'émigration, le départ des étrangers depuis le 10 août, la guerre, l'inquiétude générale ont porté de rudes coups au commerce, et la crise économique s'aggrave d'une crise des subsistances. Face à cette situation, Condorcet demeure résolument attaché aux principes de Turgot : hors la liberté du commerce, la libre circulation des grains, le refus de toute

1. « On nous dit que nous portons la liberté chez nos voisins. Nous y portons aussi notre numéraire, nos vivres et l'on n'y veut pas de nos assignats. » Cité par Lavisse, *op. cit.*, tome II, p. 36.
2. *Chronique de Paris*, 16 décembre 1792. « Il sera juste de s'indemniser sur les biens des agresseurs, c'est-à-dire d'affecter aux frais de la guerre des biens dont les peuples auraient eux-mêmes disposé s'ils avaient entrepris leur révolution à leurs propres périls et risques. »
3. *Moniteur*, XV, p. 90. *Cf.* Jaurès, *op. cit.*, pp. 340 à 342 : pour le premier semestre 1792, la France a livré à l'étranger pour 382 millions de marchandises, et importé pour 227 millions. Le solde créditeur est donc de 155 millions.

taxation, point de salut[1]. A propos des troubles liés à l'insuffisance des approvisionnements, il prend parti pour toutes les mesures tendant à assurer le libre commerce des grains[2].

La cherté du blé résulte aussi de la baisse des assignats. Selon Condorcet, celle-ci est exagérée, parce que leur valeur est exclusivement fixée sur l'or et sur l'argent, plus faciles à accaparer et plus recherchés que tout autre bien. Il propose donc de supprimer le numéraire dans les échanges intérieurs, afin que le rapport marchandise-assignat s'établisse directement[3]. Proposition hardie que la Convention ne retiendra pas, pas plus que l'analyse selon laquelle, pour équilibrer prix du blé et salaires, il conviendrait non pas de décréter la baisse du prix du blé pour tous, mais d'augmenter les salaires les plus bas en fonction de la hausse du blé sur le marché[4]. Cette première esquisse d'un salaire minimum, garantissant le pouvoir d'achat des travailleurs les plus défavorisés, était trop audacieuse pour l'époque. En matière économique et financière, les vues de Condorcet ne rencontrent guère plus de succès à la Convention qu'auprès de la Législative ou de la Constituante.

## Au Comité de Constitution

Cependant, l'essentiel de ses préoccupations est ailleurs. Comme son nom même l'indique, la Convention est d'abord une assemblée élue par le peuple pour élaborer la Constitution,

1. *Chronique de Paris*, 5 novembre 1792 : « On ne parviendra jamais à faire garnir les marchés par des moyens actifs. Et ces moyens auront toujours l'inconvénient de renforcer l'inquiétude du peuple. »
2. « La Convention nationale sait trop bien que le blé appartient à celui qui l'a semé et que dans une République unique, le libre transport des subsistances d'un lieu de son territoire à l'autre est une condition nécessaire du pacte social. » *Ibid.*, 28 novembre 1792. *Cf.* Lettre au citoyen Gonchon « sur les troubles relatifs aux subsistances », 27 décembre 1792.
3. *Ibid.*, 18 novembre 1792.
4. *Ibid.*, 28 septembre 1792, et Jaurès, *op. cit.*, tome III, p. 402.

c'est-à-dire fonder la République. Aux yeux de Condorcet, il s'agit là de quelque chose de plus qu'une entreprise politique ou un exercice intellectuel : une véritable mission. Comme beaucoup de révolutionnaires, il a la religion de la Loi. Pour lui, le bonheur d'une nation dépend de la qualité de ses lois. Il s'était résigné, plus que rallié, à la Constitution de 1791. Il avait critiqué la Déclaration des Droits de l'homme de 1789, qui ne lui paraissait « pas tout à fait au niveau du xviiie siècle[1] ». La Révolution du 10 août a fait table rase, la Législative a instauré le suffrage universel, la Convention a proclamé la République. Reste à élaborer la Constitution et à définir dans leur plénitude les Droits de l'homme. En cet automne exalté de 1792 où la République française se veut la championne des républiques à naître, sa Constitution, pour Condorcet, se doit d'être le modèle des constitutions républicaines.

Le 29 septembre 1792, la Convention décide la création d'un Comité de neuf membres. Le 11 octobre y sont nommés Sieyès, Brissot, Pétion, Vergniaud, Gensonné, Thomas Paine, Barère, Danton et Condorcet[2]. La composition du comité déclenche la colère des Montagnards. La mainmise qu'exercent sur lui les Girondins leur paraît évidente. Ils voient déjà la Constitution à naître inspirée par l'esprit de fédéralisme. Le 12 octobre, Couthon dénonce aux Jacobins ce parti « de gens fins, subtils, intrigants et surtout extrêmement ambitieux... Ils veulent avoir à leur disposition les places, les emplois, surtout les trésors de la République... Voyez les places, elles coulent

1. *Chronique de Paris*, 3 juillet 1792 : « M. La Fayette sait bien qu'on avait imprimé à Paris des choses un peu plus fortes de raison que la *petite* Déclaration des Droits, qui peut être admirée de son état-major, mais qui n'est pas tout à fait au niveau du xviiie siècle » (souligné par nous). *Cf.* Danton à la Convention, le 21 septembre 1792 : « La Déclaration des Droits elle-même n'est pas sans tache, et elle doit passer à la révision d'un peuple vraiment libre (double salve d'applaudissements). » *Moniteur*, XIV, p. 7.
2. Il y eut en outre six suppléants : Barbaroux, Hérault de Séchelles, Jean Debry, Lanthenas, Fauchet, Lavicomterie. Brissot fut très vite remplacé par Barbaroux. Condorcet fut élu en dernier.

toutes de cette faction. Voyez la composition du Comité de Constitution, c'est là surtout ce qui m'a dessillé les yeux[1]... ». Et Chabot, le 14 octobre, ne dénombre comme « amis » des Jacobins au sein du Comité que Danton, Barère et Condorcet[2]. Celui-ci se trouve donc en situation exceptionnelle : les Girondins l'ont élu ; les Montagnards, les Jacobins voient en lui un allié. Au sein du Comité, nul ennemi, et un seul rival : Sieyès, dont le crédit politique a souffert de son éloignement des affaires. Condorcet va se trouver ainsi désigné comme rapporteur et dominer les travaux du Comité.

Sa première démarche est révélatrice : « Le Comité de Constitution, écrit Condorcet le 21 octobre, avant de s'engager dans un plan de travail, a senti qu'il n'était pas appelé à préparer un code de lois seulement pour la France, mais pour tout le genre humain. Il a voulu s'entourer des Lumières de tous les pays et de tous les temps... Il a pensé que tout citoyen qui aurait conçu des plans et acquis des idées neuves sur l'organisation sociale, devenait par là même un de ses membres[3]. » En conséquence, sur proposition du Comité, la Convention invite « tous les amis de la Liberté à communiquer en toutes les langues, au Comité de Constitution, les idées propres à servir de matériaux pour la Constitution française[4] ». Pour Condorcet, la raison et la liberté sont universelles. Tous les bons esprits peuvent apporter leur contribution au projet. Lui-même se met à l'œuvre avec passion. Mais, en cet automne 1792, la Convention a d'autres préoccupations, d'une tout autre intensité politique. Il lui faut décider du sort du Roi.

1. Aulard, *op. cit.*, tome IV, p. 380.
2. *Ibid.*, p. 386.
3. *Chronique de Paris*, 21 octobre 1792.
4. *Ibid.*

## LE PROCÈS DE LOUIS XVI

Le 7 novembre 1792, Condorcet note : « Un grand procès commence, qui semble devoir être le dernier acte de notre révolution : c'est le jugement de Louis XVI[1]. » Dans les débats qui vont s'ouvrir, il ne jouera pas un rôle important, comparable à celui de Robespierre ou Barère, Vergniaud ou Saint-Just. Certes, il interviendra à la tribune au moment des votes principaux : sur l'appel au peuple, la peine ou le sursis à l'exécution. Mais ses interventions n'exerceront aucune influence particulière sur le cours des choses. Et son vote ne sera qu'une voix parmi plus de sept cents. Dans le parcours de Condorcet, comme dans le cours de la Révolution, le procès du Roi demeure cependant un moment crucial. Tout procès est piège pour le juge, et en rendant sa décision, il engage parfois son âme. Dans le procès de Louis XVI, à la question de la culpabilité, au problème de la peine s'ajoutent pour les Conventionnels des considérations d'une autre nature, mais tout aussi pressantes : quelle est, pour la France en guerre, la décision la plus opportune ? et pour l'avenir de la République ? Des intérêts moins élevés sont également en cause : dans la féroce bataille que se livrent pour le pouvoir Montagnards et Girondins, le sort de Louis XVI constitue un enjeu politique.

Pour Condorcet, le piège est plus cruel encore. Dans l'enceinte de la Convention, il n'est pas un politique comme tant d'autres. Sur lui pèse la longue suite de ses écrits et de ses combats pour la justice et contre la peine de mort[2]. Bien avant les accents éloquents de Robespierre demandant l'abolition à l'Assemblée constituante[3], Condorcet en avait soutenu

1. *Ibid.*, 7 novembre 1792.
2. Condorcet formule ce vœu révélateur : « Peut-être serait-il digne de la France victorieuse à la fin du XVIIIe siècle de donner au monde un autre spectacle que celui d'un roi condamné à périr sur l'échafaud pour des crimes dont les rois sont plus ou moins coupables. » *Cf. Chronique de Paris*, 7 novembre 1792.
3. Le 10 octobre 1789, *Le Moniteur*, tome II, p. 32 et surtout, le 30 mai 1791, tome VIII, pp. 546, 547.

le principe. A présent, l'Histoire le place en situation d'avoir à décider de la vie ou de la mort de Louis XVI. Dans ce procès, le philosophe Condorcet engage plus que sa responsabilité politique.

Il ne joue aucun rôle dans l'instruction, entreprise le 1er octobre par une commission de 24 membres chargée de dépouiller les pièces saisies aux Tuileries après le 10 août. Lorsque, le 7 novembre, Mailhe[1] présente au Comité de législation le rapport concluant au jugement de Louis XVI par la Convention et fixant la procédure, Condorcet se borne à souligner que la Nation française, en jugeant le Roi déchu, « peut donner au monde l'exemple de la justice d'un grand peuple exempté du mélange impur des passions humaines[2] ».

Le 13 novembre s'ouvre la discussion. Saint-Just, vingt-six ans, paraît pour la première fois à la tribune. Les formules impitoyables s'enchaînent : « Juger, c'est appliquer la loi. Une loi est un rapport de justice. Quel rapport de justice y a-t-il donc entre l'humanité et les rois ?... On ne peut point régner innocemment[3]... » Brissot, étonné, salue « un talent qui peut honorer la France[4] ». Condorcet écoute cet homme si jeune, perçoit cette force glacée. Il voit dans le discours de Saint-Just « des rapports à la fois ingénieux et philosophiques[5]... », mais il n'en refuse pas moins sa conclusion.

Le 20 novembre 1792, rebondissement spectaculaire de l'instruction. Roland vient à la Convention : le serrurier qui, à la demande de Louis XVI, avait aménagé aux Tuileries une cache fermée par une porte de fer, lui en a révélé le secret. Roland a fait ouvrir cette armoire. Les papiers qui s'y trouvent

---

1. 1750-1834. Avocat à Toulouse, puis député de la Législative et de la Convention. Appelé par le tirage au sort à voter le premier, il demande la mort avec sursis. Après la proscription des Girondins, il devient invisible et ne reparaîtra qu'après le 9 Thermidor. Proscrit après le coup d'État du 18 Fructidor, il s'exilera en Belgique.
2. *Chronique de Paris*, 8 novembre 1792.
3. Albert Soboul, *Le procès de Louis XVI*, « Archives », Julliard, 1960, pp. 71, 73.
4. *Ibid.*
5. *Chronique de Paris*, 14 novembre 1792.

établissent la trahison du Roi, la corruption de certains députés, en particulier de Mirabeau, les relations de la Cour avec l'étranger, les correspondances avec La Fayette, Dumouriez, d'autres encore. Une commission de douze députés est nommée pour inventorier les pièces. Mais le soupçon prend corps contre Roland : pourquoi donc a-t-il voulu ouvrir seul l'armoire de fer, qui voulait-il protéger ? N'a-t-il point détruit des documents compromettants pour les Girondins ? Certes, écrit Condorcet, « la probité de Roland est au-dessus de tout soupçon » ; mais il relève : « Peut-être le ministre aurait-il dû commencer par instruire la Convention de l'existence de cette cache[1]. » De la commission dont les membres ont été désignés au sort, Condorcet ne fait pas partie. L'instruction s'achève précipitamment sous un flot de pétitions, de motions des sections et des sociétés populaires. Le moment est venu pour la Convention de décider : faut-il juger le Roi ? la Convention elle-même peut-elle le faire, et selon quelle procédure ?

Condorcet est résolu à intervenir. Sa conviction est faite[2]. Il l'exprime par écrit[3]. L'inviolabilité que la Constitution de 1791 a reconnue au Roi ne s'étend point aux crimes étrangers

---

1. *Chronique de Paris*, 21 novembre 1792. *Cf.* Mme Roland : « Roland se conduisit en homme probe et sans défiance. Il n'a point de tort réel dans cette affaire. Mais il y a eu faute de conduite et de précautions. » *Mémoires, op. cit.*, p. 357.

2. Selon Soboul, « Danton aurait eu, vers le 30 novembre, ou bien peu après, une ultime entrevue avec les chefs de la Gironde, Vergniaud sans doute, et Pétion, Condorcet, Gensonné, Clavière, peut-être Brissot. Ce qui se dit au juste dans cette entrevue, nul ne l'a su » (*op. cit.*, p. 25). Il se réfère à un passage de Michelet qui écrit : « *Nous ne savons même point lesquels des Girondins furent appelés au mystérieux rendez-vous.* Il paraît que plusieurs (Vergniaud, sans doute, et Pétion, Condorcet, Gensonné, Clavière, peut-être Brissot) encore amnistiaient Danton ; les autres ne voulurent point de traité. » (*Histoire de la Révolution française*, édition de La Pléiade, tome I, p. 1290.) Ce propos de Michelet se fonde sur les dires de Bertrand de Molleville, ancien ministre de Louis XVI, dont la sincérité est sujette à caution. Rappelons qu'en novembre 1792, Condorcet ne pouvait plus être considéré comme un des chefs girondins : il critiquait leur offensive constante contre la Montagne. En revanche, il soutenait Danton. Quant à sa présence à cet hypothétique rendez-vous, rien ne l'établit.

3. « Opinion sur le jugement de Louis XVI », *Œuvres*, XII, p. 268.

à sa fonction[1]. Le Roi peut être jugé. Mais, dans ce procès extraordinaire que l'Europe entière regarde, tous les principes du droit doivent être respectés[2]. Il faut « que les rois eux-mêmes, dans le secret de leur conscience, soient forcés d'approuver sa justice[3] ». La Convention nationale doit donc refuser de juger elle-même Louis XVI. Décidant des règles du procès, dressant l'acte d'accusation, « elle ne peut être à la fois législatrice, accusatrice et juge[4] ». De surcroît, la Convention a déjà dénoncé publiquement les crimes du Roi. Et les Conventionnels, dont certains ont été promis à la mort par les partisans du Roi, ne sauraient apparaître aux yeux de l'Europe attentive comme des juges impartiaux. Il faut donc nommer des magistrats pour juger Louis XVI. Seule la Nation a qualité pour le faire. « Je proposerai que Louis XVI soit jugé par un tribunal dont les jurés et les juges soient nommés par les corps électoraux des départements[5] », dit Condorcet. Devant ce tribunal, émanation de la Nation, les droits de la défense devront être scrupuleusement respectés[6]. Car la justice rendue par la Nation dans cette cause extraordinaire doit être exemplaire : « Vous devez au genre humain le premier exemple du jugement impartial d'un roi[7]. »

Le 3 décembre, la discussion est rouverte. Robespierre, au meilleur de sa forme[8], reprend la thèse de Saint-Just et combat

1. « Jamais cette lâche maxime qu'un Roi incendiaire, assassin parricide, serait impuni, n'a souillé les lois de France, déjà plus qu'à moitié libre. » *Ibid.*, p. 274.
2. « Dans une cause où une nation entière est à la fois accusatrice et juge, elle doit pouvoir dire : tous les principes généraux de jurisprudence reconnus par les hommes éclairés de tous les pays ont été respectés. » *Ibid.*, p. 269.
3. *Ibid.*, p. 269.
4. *Ibid.*, p. 288.
5. *Ibid.*, p. 293.
6. « Ce qu'exige véritablement la justice, c'est qu'alors... les principes généraux de jurisprudence, favorables aux accusés, soient conservés, soient même étendus. » *Ibid.*, p. 289.
7. *Ibid.*, p. 300.
8. Condorcet : « Robespierre, dans un discours plein de traits éloquents... », in *Chronique de Paris*, 4 décembre 1792. Mais, le lendemain, sur le fond du propos, Condorcet écrit : « Il a développé de nouveau sa théorie sur le droit d'assassiner sans instruction préalable ceux que la clameur publique avait jugés. » Et il dénonce « ces maximes stupides et féroces », in *Chronique de Paris*, 5 décembre 1792.

le principe même d'un procès : « Le Roi n'est point un accusé, vous n'êtes point des juges, vous n'êtes, vous ne pouvez être que des hommes d'État et des représentants de la Nation... Vous n'avez point une sentence à rendre pour ou contre cet homme, mais une mesure de salut public à prendre, un acte de providence nationale à exercer[1]... » Paroles terribles ! Curieusement, Robespierre rejoint Condorcet tout en différant radicalement de lui. Pour l'un comme pour l'autre, la Convention ne peut juger le Roi, parce qu'elle est une assemblée politique. Mais alors que Condorcet souhaite un procès conduit devant des juges impartiaux désignés par la Nation et respectant tous les principes du Droit, Robespierre demande à la Convention de décider souverainement du sort du Roi, sans aucun procès. Deux logiques s'opposent, l'une reposant sur l'exigence du salut public et la seule appréciation politique, l'autre sur la nécessité de respecter le Droit, même dans cette circonstance exceptionnelle.

La Convention n'entend point l'opinion de Condorcet. Après la réplique de Pétion à Robespierre, elle décrète que Louis Capet sera jugé par la Convention nationale, et clôt la discussion. Il ne reste plus à Condorcet qu'à déposer son opinion, qui est imprimée parmi d'autres. Rabaut Saint-Étienne, député girondin, regrettera quelques semaines plus tard le silence forcé de Condorcet en cette heure décisive où la Convention s'interrogeait sur son droit à juger Louis XVI : « Il sera malheureusement digne de remarquer qu'un des hommes les plus éclairés d'Europe, que Condorcet ne put être entendu... Il [Condorcet] vous eût dit... qu'une Assemblée qui a manifesté d'avance son opinion... ne pouvait pas se porter juge de l'accusé qu'elle a condamné d'avance... Si les juges sont en même temps législateurs, s'ils accusent et s'ils condamnent, s'ils ont la toute-puissance législative, exécutive

---

1. Mathiez, *op. cit.*, tome II, p. 5.

et judiciaire, ce n'est pas en France, c'est à Constantinople... qu'il faut chercher la liberté[1]. »

Le 6 décembre, la Convention décide d'entamer le procès sans poursuivre plus avant l'instruction. Elle porte à 21 le nombre des membres de la Commission des Douze, et lui accorde trois jours pour présenter « l'acte énonciatif des crimes de Capet[2] ». Elle fixe le déroulement du procès. « Des juges, écrit Condorcet, qui eux-mêmes ont déclaré qu'ils voulaient l'être, des juges qui ne sont assujettis qu'aux règles qu'ils ont voulu se donner..., présentent un de ces pouvoirs dont une société qui veut rester libre doit se prémunir[3]. »

Mais l'heure n'est plus au rappel des principes. La bataille politique fait rage à la Convention. La Gironde accuse les Montagnards de ne vouloir la mort de Louis XVI que pour porter au trône le duc d'Orléans, devenu Philippe-Égalité, député montagnard de Paris. Le 4 décembre, le Girondin Buzot fait décréter la peine de mort contre quiconque proposera de rétablir la royauté, sous quelque forme que ce soit. C'est viser Robespierre, qu'on accuse d'aspirer à la dictature. Le 9 décembre, à la veille de l'ouverture des débats, le Girondin Guadet fait adopter un décret autorisant les assemblées primaires à révoquer leurs députés, ce qui revient à placer les députés de province non plus sous la surveillance des tribunes de la Convention et des sections de Paris, mais

---

1. *Le Moniteur*, 30 décembre 1792, p. 873. *Cf.* pour la réponse à Condorcet, Petit, député Montagnard : « Condorcet ne veut pas que nous jugions Louis, parce qu'il prétend que nous sommes ses accusateurs ; mais si le Roi récusait toutes les personnes qui sont ses accusateurs, il serait forcé de récuser non seulement tous les hommes et jusqu'à Dieu même, qui est intéressé à le punir... » (Séance du 31 décembre 1792, in *Le Républicain*, 2 janvier 1793, p. 254.) Dans une lettre qu'il envoie le 11 décembre 1792 aux administrateurs du département de la Sarthe auxquels il avait adressé son opinion écrite, Condorcet lui-même reconnaît que « jusqu'ici, dans les pièces qui existent, rien n'annonce des projets contre tels ou tels de ses membres [de la Convention] en particulier ». Et il appelle le peuple à se rassembler derrière la Convention nationale, seul centre d'union et de force. *Cf.* « Une lettre de Condorcet sur le procès de Louis XVI », *La Révolution française*, n° 64, janvier-juin 1912, p. 221.

2. In Soboul, *op. cit.*, p. 95.

3. « Opinion... », *op. cit.*, p. 288.

sous le contrôle permanent de leurs électeurs. En invoquant la souveraineté du peuple, les Girondins marquent là un point décisif sur leurs adversaires. Mesurant le péril, les Montagnards, après un débat houleux, obtiennent le report du décret. La « Plaine » est incertaine, la majorité flottante. Pour l'impressionner, les partisans de la mort durcissent leur pression. Le 2 décembre, les sections parisiennes, qui ont sommé la Convention de juger Louis XVI sans attendre, rappellent aux députés : « L'œil du maître est sur toutes vos actions, et il les pèse au poids de leur utilité[1]. » Le 9, à la veille de l'ouverture des débats, les veuves et les orphelins du 10 août viennent à la barre de la Convention réclamer justice[2]. Le libraire Ruault, républicain modéré, écrit à son frère : « Le procès du Roi occupe ici tous les esprits. Les visages s'attristent, les cœurs s'affligent, car on prévoit que le dénouement sera fatal au malheureux prisonnier. Il y a dans la Convention une faction très prononcée contre lui, et cette faction a de nombreux partisans dans le monde[3]... »

## En présence du Roi

Le 11 décembre, Louis XVI paraît à la barre de la Convention, escorté par le maire Chambon et par Santerre, qui commande la Garde nationale. Moment unique par sa force symbolique. Barère, qui préside, a rappelé la Convention à ses devoirs. Le silence le plus profond règne. Plus de la moitié des députés voient Louis XVI pour la première fois. Ils découvrent « un homme comme tant d'autres, qui semblait un bourgeois, un rentier, un père de famille, l'air simple, un peu myope, d'un teint pâli par la prison et qui sentait la

1. *Le Moniteur*, XIV, pp. 701, 702.
2. *Ibid.*
3. Ruault, *op. cit.*, p. 318.

mort[1] ». Robespierre lui-même avouera quelques jours plus tard : « J'ai senti chanceler dans mon cœur la vertu républicaine en présence du coupable humilié devant la puissance souveraine[2]. » Condorcet, lui, n'a rien livré de ses sentiments. Dans sa *Chronique de Paris*, il écrit seulement : « Le président lui a dit qu'il pouvait s'asseoir. Ceux qui se sont alors rappelé et le trône du haut duquel Louis avait ouvert les États généraux et le fauteuil de plus en plus modeste sur lequel il s'était assis aux côtés du président, et ces temps encore si voisins où l'honneur de s'asseoir devant lui était l'objet de la plus noble ambition, n'ont pu se défendre de quelque étonnement en voyant quels progrès un peuple préparé par la philosophie et mûri par les événements peut faire en moins de quatre années[3]. » Propos significatif : c'est moins l'abaissement du Roi qui saisit Condorcet que l'élévation du peuple. C'est moins le monarque humilié qu'il regarde, que la Nation devenue souveraine. D'un destin, il tire une analyse politique ; la réflexion l'emporte sur la description. Condorcet n'a décidément pas le regard du journaliste.

Louis XVI fut digne, son propos médiocre. Il pouvait refuser cette parodie de procès, dénier à ses accusateurs tout droit d'être ses juges, invoquer sa légitimité constitutionnelle, dénoncer le 10 août et ses suites, jusqu'à la Convention elle-même, comme le triomphe de la force sur le droit, de l'insurrection sur la loi. Au contraire, il commet la faute politique majeure : il choisit de se comporter non en roi, mais en accusé ; il entre dans le jeu de ses pires adversaires : il accepte le procès. Marat ne s'y trompe pas : « On doit à la vérité de dire qu'il s'est présenté et comporté à la barre avec décence, quelque humiliante que fût sa position[4]... » Le compliment révèle le soulagement. En acceptant de se plier à

1. Michelet, *Histoire de la Révolution française*, Livre VIII, chapitre VII. Walter, *op. cit.*, tome II, p. 152.
2. Séance du 28 décembre 1792, *Le Moniteur*, tome XVI, p. 875.
3. *Chronique de Paris*, 12 décembre 1792.
4. *Journal de la République française*, n° 73, 14 décembre 1792.

la loi des vainqueurs, Louis XVI est doublement vaincu. Et sa cause, celle de la royauté qu'il incarne encore, quel que soit le verdict, est déjà perdue.

Contre le vœu de Marat qui ne veut point « de chicanes de Palais », la Convention a autorisé le Roi à choisir un ou plusieurs conseils. Du fond de sa retraite, Malesherbes, alors âgé de soixante-douze années, a fait savoir, le 11 décembre, que si Louis XVI le choisit pour sa défense, il est prêt à s'y dévouer. Singulièrement, Condorcet, qui connaît Malesherbes de longue date, paraît agacé du ton de la lettre, pourtant admirable[1], du vieil homme qui s'offre spontanément à tous les périls d'une telle cause. Dans la *Chronique de Paris*, il écrit : « Lamoignon-Malesherbes, se souvenant encore de la tendresse de son ancien *maître*, se croit obligé, par reconnaissance, de lui offrir ses services dans cette pénible occasion[2]. » Peut-être cette expression d'une conscience généreuse gêne-t-elle Condorcet en lui rappelant que les liens entre les hommes ont plus de prix que les impératifs politiques. Peut-être sait-il que Malesherbes tient à son encontre les propos les plus hostiles[3]. En revanche, il applaudit Tronchet qui a accepté la défense de Louis XVI au nom d'un principe général : « Tout homme doit défendre son semblable lorsque le glaive de la loi est suspendu sur sa tête[4]. »

La Convention a renvoyé les débats au 26 décembre. Les affrontements politiques reprennent aussitôt. Le dimanche 16, le Montagnard Thuriot demande à l'Assemblée de décréter la peine de mort contre quiconque proposerait de rompre l'unité de la République. La proposition est votée. C'est une marque

---

1. « J'ai été appelé deux fois au Conseil de celui qui fut mon maître dans le temps que cette fonction que bien des gens trouvent dangereuse... » In Soboul, *op. cit.*, p. 122.

2. *Chronique de Paris*, 14 décembre 1792 ; le mot « maître » est souligné dans ce texte. Malesherbes l'a utilisé dans sa lettre à la Convention.

3. *Cf.* Chateaubriand : « Il [Malesherbes] me disait un jour en parlant de Condorcet : cet homme a été mon ami. Aujourd'hui, je ne me ferais aucun scrupule de le tuer comme un chien. » *Mémoires d'Outre-Tombe*, éd. La Pléiade, tome I, p. 144.

4. *Chronique de Paris*, 15 décembre 1792.

de défiance envers la Gironde, toujours suspecte de fédéralisme. Buzot demande l'adoption d'un décret bannissant tous les Bourbons, visant donc Philippe-Égalité et ses deux fils, qui servent dans les armées de la République. La manœuvre est habile : refuser, c'est protéger Philippe-Égalité et donner corps aux accusations des Girondins. Le décret est voté dans le tumulte. Condorcet dénonce cette mesure « injuste, faible et impolitique[1] ». Il prend parti contre Roland et sa femme dont chacun sait qu'elle est l'égérie de Buzot. Deux jours plus tard, la Convention rapporte son décret et renvoie au lendemain du jugement de Louis XVI la question du bannissement des Bourbons.

A ces affrontements s'usent les hommes et le crédit de la Convention. Condorcet, toujours silencieux, le déplore et demande que, par un meilleur règlement, « l'Assemblée se mette à l'abri de ces résolutions précipitées qu'on lui arrache, tantôt au nom de la liberté, tantôt au nom de l'histoire romaine[2]... ».

Le 26 décembre, à neuf heures du matin, Louis XVI revient à la barre de la Convention avec ses avocats. De Sèze s'est joint à Malesherbes et à Tronchet. Il s'est illustré dans des causes criminelles récentes ; de surcroît, avocat à Bordeaux, il est lié avec les plus illustres Girondins, Vergniaud, Guadet et Gensonné. Les avocats n'ont disposé que de quelques jours pour préparer la défense de Louis XVI. De Sèze a achevé la rédaction de son texte la nuit même, sous les yeux du Roi. Pendant plus de trois heures, debout à la barre, il donne lecture de son plaidoyer à la Convention « dans un silence presque absolu ». « Plaidoirie élégante mais froide, consciencieuse, mais peu convaincante », a-t-on écrit[3]. Peut-être. Et il est vrai que la tentation est grande de refaire la plaidoirie qui

---

1. *Ibid.*, 18 décembre 1792.
2. *Ibid.*
3. Soboul, *op. cit.*, p. 140.

aurait peut-être sauvé Louis XVI[1]. Mais rendons hommage à de Sèze, Tronchet et Malesherbes pour avoir défendu en de telles circonstances un tel accusé devant de tels juges !

Après de Sèze, Louis XVI prend brièvement la parole pour protester contre l'accusation d'avoir, le 10 août, voulu répandre le sang du peuple. Il a raison : de toutes les charges, c'est, aux yeux du peuple de Paris, la plus lourde.

## Contre la peine de mort

L'heure de vérité est arrivée, celle des choix politiques plus que des consciences. En acculant les Girondins à accepter un scrutin public à la tribune, accompagné éventuellement d'explications de vote, les Montagnards ont marqué un point crucial en transformant une décision morale en prise de position politique.

Le 15 janvier à midi commence le premier appel nominal, sur la culpabilité. Sur 718 députés présents, 691 votent oui, 27 déclarent ne pouvoir se prononcer. Pas une voix ne s'élève pour soutenir l'innocence du Roi. Le résultat du vote est sans surprise : si Louis XVI n'est pas coupable, l'insurrection du 10 août est un crime et la Convention illégitime. Condorcet vote pour la culpabilité de Louis XVI ; il était convaincu de sa trahison bien avant le 10 août.

Sans désemparer, la Convention passe au vote nominal sur la deuxième question. L'appel au peuple est repoussé à une forte majorité : 424 voix contre 287. Sur 170 députés girondins, une quarantaine votent contre l'appel. Condorcet fait de même. Plus que son vote, son explication est significative : « Quand l'Assemblée aura prononcé la peine de mort, déclare-t-il, je voudrais que l'exécution fût suspendue jusqu'à ce que

1. Jaurès n'y a pas résisté en rédigeant « Ce qu'aurait pu être le plaidoyer du Roi », *op. cit.*, tome V, pp. 44 à 50. Et Georges Lefebvre a évoqué une ligne de défense toute différente, le Roi plaidant coupable et invoquant les circonstances atténuantes. *Cf.* Soboul, *op. cit.*, p. 149.

la Constitution fût finie et publiée et que le peuple eût alors prononcé dans ses assemblées primaires, suivant les formes que la Constitution aura réglées ; mais, étant consulté aujourd'hui, en vertu d'un décret, s'il doit y avoir appel au peuple ou non, je dis non[1]. »

Jaurès écrit à ce sujet : « Condorcet... révélait parfois, par la complication de sa noble pensée, les incertitudes de sa volonté[2]... » Mais la complexité du propos ne signifie pas ici l'incertitude du choix. Car sur la peine de mort que tout laisse présager, Condorcet a déjà pris nettement et fermement position : « Je crois la peine de mort injuste toutes les fois qu'elle est appliquée à un coupable qui peut être gardé sans danger pour la société ; et cette vérité est susceptible d'une démonstration rigoureuse. Je crois qu'à l'exception de ce cas unique qui ne doit point se présenter dans une Constitution vraiment libre, une fois bien établie, la suppression absolue de la peine de mort est un des moyens les plus efficaces de perfectionner l'espèce humaine, en détruisant ce penchant à la férocité qui l'a trop longtemps déshonorée. Je crois que l'exemple de meurtres ordonnés au nom de la loi est d'autant plus dangereux pour les mœurs publiques que la Constitution d'un pays laisse aux hommes une plus grande portion de leur indépendance naturelle. Des peines qui permettent la correction et le repentir sont les seules qui puissent convenir à l'espèce humaine régénérée[3]. » Il a déposé cette opinion sur le bureau de la Convention le 3 décembre 1792. Elle a été imprimée et diffusée. Sauf à se renier, elle l'engage tout entier.

Le 16 janvier à six heures et demie du soir commence l'appel nominal sur la peine à infliger à Louis XVI. Le vote se poursuit sans discontinuer jusqu'au lendemain soir à sept heures. Dans la salle mal éclairée, chaque député monte à son tour à la tribune. Le public guette son vote. « L'appel nominal se continua durant toute la nuit. Les ténèbres ajoutaient

1. *Archives parlementaires*, LVII, p. 90.
2. Jaurès, *op. cit.*, tome V, p. 103.
3. « Opinion sur le jugement de Louis XVI », *op. cit.*, XII, p. 300.

encore au sinistre appareil de cette délibération ; les députés entraient et sortaient tumultueusement, poursuivis par mille cris, et plus encore par le trouble de leurs pensées. Ils attendaient, avec un mortel saisissement, l'instant où leurs noms seraient appelés[1]. » La nuit s'écoule ainsi. La matinée d'une « pâle journée d'hiver » est déjà avancée quand Condorcet est appelé à voter. Il parle : « Toute différence de peine pour les mêmes crimes est un attentat contre l'égalité. La peine contre les conspirateurs est la mort. Mais *cette peine est contre mes principes. Je ne la voterai jamais.* Je ne puis voter la réclusion, car nulle loi ne m'autorise à la porter. Je vote pour la peine la plus grave dans le Code pénal, et qui ne soit pas la mort[2]. » Cette peine est celle des fers, c'est-à-dire des travaux forcés à perpétuité, exécutés par le condamné portant des chaînes. Un autre député seulement, Dupin jeune, de l'Aisne, suit l'exemple de Condorcet et vote pour les fers. A huit heures du soir, Vergniaud, qui préside, proclame le résultat du scrutin. Sur 721 votants, 366 ont voté la mort. La majorité absolue est de 361. Vergniaud déclare : « Au nom de la Convention nationale, la peine qu'elle prononce contre Louis Capet est celle de mort[3]. »

1. Charles Lacretelle, *Précis historique de la Révolution française, Convention nationale,* 2ᵉ édition, Paris, 1806, p. 159. Lacretelle poursuit : « Le besoin de prendre quelques aliments en amenait plusieurs dans le lieu voisin de la salle, qu'on appelait *la buvette.* Ce poste, dans les grandes crises, était occupé de bonne heure par les Jacobins. Ils apostrophaient ceux des députés qui semblaient encore indécis. Quelques-uns de ceux-ci, par la convulsion de leurs traits, le désordre de leur discours, trahissaient leur agitation : on les voyait méditer, écrire leur note, changer, effacer, et peut-être laisser tomber le mot fatal qui était auparavant loin de leur pensée... »

2. Condorcet ajoute : « Je demande que la motion de Mailhe soit discutée, car elle le mérite. » (*Archives parlementaires*, L. VII, p. 384. Souligné par nous.) Mailhe, député de Haute-Garonne, rapporteur du Comité de Législation, avait opiné en premier. Il avait voté pour la mort, ajoutant une suggestion : « Si la mort a la majorité, je crois qu'il serait digne de la Convention d'examiner s'il ne serait pas utile de retarder le moment de l'exécution. » *Cf. Moniteur,* XV, p. 184.

3. *Moniteur,* 18 janvier 1793, p. 164. Le lendemain, des critiques s'étant élevées sur le décompte, on procéda à un appel nominal de contrôle ; 387 voix se déclarèrent pour la mort. Mais 26 représentants s'étant prononcés pour l'« amendement Mailhe », leur position demeurait ambiguë. En définitive, sur 721 votants, 361

Parmi les Girondins, certains se sont prononcés pour la mort pure et simple, d'autres ont voté la mort mais en se prononçant aussi pour l'amendement Mailhe, c'est-à-dire pour une délibération sur le sursis à exécution. Parmi eux se trouvent des chefs de la Gironde : Buzot, Guadet, Pétion, Vergniaud aussi.

Celui-ci, selon certains[1], aurait promis à des amis avec lesquels il déjeunait qu'il voterait contre la mort. Revenu à la Convention, dans l'ambiance terrible qui pesait alors sur la salle, il aurait décidé au dernier moment d'opiner pour la mort, avec la réserve de l'amendement Mailhe. Vergniaud était un homme courageux, toute sa vie politique le montre, et il devait donner, au cours du procès des Girondins, puis lors de leur exécution, la preuve de sa fermeté d'âme. Il demeure qu'il a voté la mort, ce 17 janvier, alors que le 31 décembre, il avait superbement plaidé pour la clémence. Condorcet, lui, considérait Louis XVI comme traître à la Nation. Sa culpabilité était à ses yeux certaine, et sa responsabilité considérable dans les épreuves de la Révolution. Mais Condorcet était partisan de l'abolition de la peine de mort, et les considérations politiques s'arrêtaient devant sa conviction. Son vote contre la mort ne fut pas celui d'un Girondin — il avait d'ailleurs rompu avec la Gironde — mais d'un abolitionniste : c'était un choix purement moral qu'il exprimait.

Le 19 janvier intervient l'ultime appel nominal sur le sursis à l'exécution, dernière chance pour Louis XVI. Barère préside, remplaçant Vergniaud épuisé. La discussion s'ouvre. En toute logique, après ses déclarations à propos de l'appel au peuple, Condorcet devrait voter pour le sursis, jusqu'à l'acceptation de la Constitution. Tel est d'ailleurs le parti que soutient Brissot[2]. Condorcet choisit une autre voie : sans se prononcer

députés seulement votèrent la mort de Louis XVI sans conditions, c'est-à-dire exactement la majorité plus une voix.

1. *Cf.* Lentilhac, *Vergniaud*, pp. 150-152, et Aulard, *Les Orateurs de la Législative*, tome I, p. 343, note 1.

2. *Cf. Le Patriote français*, 20 janvier 1793, p. 82.

directement sur la question du sursis, il évoque l'argument que les Cours étrangères tireront contre la France de l'exécution du Roi : « Aujourd'hui, déclare-t-il, les rois s'efforcent d'inspirer aux peuples qu'ils gouvernent leur haine pour la France... Ils nous peindraient comme des hommes avides de sang... » Pour échapper à cette accusation et rendre à la République son vrai visage, il demande aux Conventionnels — au-delà de la décision qu'ils prendront sur l'exécution de Louis XVI — d'administrer à l'Europe la preuve de leur humanité. Et il s'écrie : « Abolissez la peine de mort pour tous les délits privés, et réservez-vous d'examiner s'il faut la conserver pour les délits contre l'État[1]. » Proposition inouïe, presque aberrante en cet instant où la Convention vient de voter la mort de Louis XVI. Mais Condorcet a perçu l'angoisse de certains députés. Il sait la Convention capable d'enthousiasme immédiat, de décisions radicales, subitement votées. Il souhaite lui offrir un dégagement, une échappée vers l'horizon de lumières et d'humanité dont il rêve pour la République naissante. Il y a dans ce propos de Condorcet, si contraire à l'habileté parlementaire, si peu en rapport avec le climat de mort qui règne au sein de la Convention, un cri d'appel et d'espérance d'autant plus fort qu'il est moins attendu. Et comme si cette proposition ne suffisait pas, il va plus loin encore, et réclame que la Convention vote sans délai des lois pour créer l'Instruction publique, humaniser la justice, faciliter l'adoption, améliorer le sort des bâtards, assurer aux invalides de guerre les moyens de subsister. Alors, conclut Condorcet, « si les despotes osent encore vous reprocher le jugement de Louis, vous leur direz : nous avons puni un roi, mais nous avons sauvé cent mille hommes[2] ».

Rarement le cœur, la générosité, la foi en la justice et en une société meilleure se sont exprimés avec plus de conviction et moins d'opportunité. Jamais Condorcet n'est apparu aussi

1. « Opinion prononcée le 19 janvier 1793 », *Œuvres*, XII, p. 308.
2. *Idem*, p. 310.

éloigné de la terrible réalité politique de la Convention qui, étonnée, applaudit le philosophe. Elle décrète que son texte sera imprimé et envoyé aux départements. Puis Barère intervient avec son habileté coutumière. Il a fait repousser l'appel au peuple le 4 janvier ; il est bien décidé à faire rejeter le sursis à exécution. Mais, pour donner aux députés de la « Plaine » le sentiment qu'ils savent allier la fermeté à l'humanité, il récupère d'abord la proposition de Condorcet. Il invite la Convention à « détruire la peine de mort, excepté pour les rois », et à jeter le plus tôt possible les bases de la Constitution et de l'Instruction publique. Puis il démolit impitoyablement l'argumentation des partisans du sursis. Après son discours, on passe au vote nominal. A deux heures du matin, la décision est acquise. Par 380 voix contre 310, la Convention rejette le sursis. Le parti de la mort réunit une majorité indiscutable de soixante-dix voix. Vergniaud lui-même s'est prononcé contre le sursis. Condorcet, au moment de voter, s'est borné à déclarer : « Je n'ai pas de voix. » Il n'avait plus rien à dire, en effet. Ce débat, cette bataille, ce jugement lui étaient devenus étrangers[1].

## Sans honte ni regret

Le 21 janvier, à dix heures vingt minutes, Louis XVI monte sur l'échafaud. Paris n'est que soldats et silence[2]. La veille au

1. Selon Mathiez, « Buzot, Condorcet, Brissot proposèrent de surseoir à l'exécution du jugement en raison de la situation extérieure. Barère leur répondit... » (*La Révolution française*, op. cit., tome II, p. 60.) De même, Soboul écrit : « Une fois encore, les Girondins se divisèrent. Buzot, Condorcet, Brissot se prononcèrent pour le sursis. » (*Op. cit.*, p. 221.) Il s'agit là d'une confusion regrettable : Condorcet s'est abstenu sur la question du sursis. *Cf. Archives parlementaires*, 19 janvier 1793, tome LVII, p. 457 : « Aisne, 12 députés... Condorcet : s'abstient » ; *cf. Moniteur*, XV, 253, au mot « Aisne ».
2. Lettre de Fougeret, ancien receveur général, à son homme d'affaires Lecoy, le 22 janvier : « Paris était dans un état de frayeur et de morne effrayant. Le plus grand nombre des boutiques était fermé. Il n'y avait que de la troupe... » *In* Seligman, *op. cit.*, p. 484.

soir, le député montagnard Le Pelletier Saint-Fargeau, qui a voté la mort du Roi, a été assassiné au Palais-Royal par un ancien garde du corps. La condamnation à mort a marqué la défaite politique de la Gironde. L'assassinat de Le Pelletier transforme cette défaite en désastre. Pendant tout le procès, les Girondins n'ont cessé de proclamer qu'ils parlaient « sous les poignards[1] ». Or, c'est un Montagnard qui a été poignardé pour avoir voté la mort du Roi. Le courage, vertu si chère aux Conventionnels, paraît à présent du côté des Montagnards. Le crime fait aussitôt l'objet d'une exploitation politique. L'assassin était connu des services de police. La Montagne peut clamer que la mort de Le Pelletier est due à la carence, sinon à la complaisance du ministre de l'Intérieur, Roland, et du Comité de surveillance contrôlé par les Girondins.

Le 21 janvier à midi, après l'exécution de Louis XVI, la Convention reprend séance. Les Montagnards se déchaînent. Robespierre dénonce Roland. Danton, qui a été presque constamment absent de l'Assemblée pendant le procès du Roi, porte l'estocade : il faut remplacer Roland, parce que « le caractère atrabilaire qui le domine a souvent nui à la chose publique[2] ». Condorcet applaudit : « Ce discours [de Danton], qui a été souvent entremêlé des traits d'éloquence les plus hardis, ne peut que faire présager à la Convention d'heureux résultats dans ses travaux... » Et il ajoute cette phrase significative : « Que lui manque-t-il en effet pour faire le bonheur du peuple ? Que de se rallier autour des hommes qui paraissent joindre aux talents et aux connaissances le caractère le plus républicain[3]. » Le 24 janvier, Roland démissionne. Condorcet salue le départ « d'un homme dont les intentions étaient pures, dont la conduite a été calomniée et auquel on ne peut reprocher que des erreurs ». Le Comité de Sûreté générale est renouvelé. Les Montagnards en prennent le contrôle.

---

1. Marat se moquait d'eux : « Ils vous disent qu'ils votent sous les poignards, et il n'y en a pas un seul qui soit égratigné », *Moniteur*, XV, p. 81.
2. *Chronique de Paris*, 23 janvier 1793.
3. *Ibid.*

Le procès du Roi marque la rupture qu'espérait Robespierre : « Les chemins sont rompus derrière nous, écrit Lebas, député montagnard du Nord, le 20 janvier 1793 ; il faut aller de l'avant, bon gré, mal gré, et c'est à présent surtout qu'on peut dire : Vivre libre ou mourir[1]. » Rupture de la France avec les souverains étrangers : le 24 janvier, Chauvelin, ministre de France à Londres, est rappelé et, le 1er février, la Convention déclare la guerre à l'Angleterre. Rupture aggravée entre Girondins et Montagnards, déjà en conflit avant le procès, mais que séparera dorénavant, aux yeux de tous les révolutionnaires, la force symbolique des choix : d'un côté, ceux qui ont voulu sauver Louis XVI, de l'autre, ceux qui ont décidé la mort du Roi. C'est contre les « appelants » que les Montagnards mobiliseront désormais les sections populaires de Paris. En vain Barère, le 23 janvier, fait-il adopter par l'Assemblée une adresse au peuple français exhortant à l'union face au péril étranger. Ce n'est qu'illusion. Au sein de la Convention, le conflit ne peut que se durcir encore et aboutir à l'élimination d'une des factions rivales. Mais les Montagnards ont à présent l'avantage, tandis que règnent chez les Girondins le doute et la division.

Au soir du 21 janvier, Condorcet, pour sa part, demeure à l'écart. Peu importe son vote sur la culpabilité du Roi : la Convention a été unanime, ou presque, sur ce point. Dans le scrutin essentiel concernant l'appel au peuple, il a voté avec les Montagnards contre la majorité des Girondins. En revanche, contrairement aux Montagnards, il a refusé de voter la mort. Enfin, sur le sursis à exécution, il s'est abstenu, se distinguant des Montagnards comme des Girondins. Ainsi, à l'heure des choix décisifs, Condorcet n'est plus aux côtés des Girondins[2],

---

1. Soboul, *op. cit.*, p. 250.
2. Selon l'étude faite par Alison Patrick (*The men of the first French Republic, op. cit.*, p. 332), il apparaît que dans les trois votes nominaux qui marquent l'appartenance à la Gironde : l'appel au peuple lors du procès du Roi, le décret d'accusation contre Marat, et le maintien de la Commission des Douze, Condorcet n'a jamais voté avec les Girondins. S'il a voté contre la mort du Roi, ce n'est que l'expression de ses convictions abolitionnistes. Alison Patrick range cependant

mais il n'a pas pour autant rallié la Montagne. Politiquement, cette indépendance lui interdit le pouvoir et limite son influence. Moralement, en revanche, il sort intact de la grande tourmente du procès de Louis XVI. Il n'a pas manœuvré, comme Brissot. Il ne s'est pas démenti, comme Vergniaud. Abolitionniste, il a refusé la peine de mort ; mieux même, il a voulu faire servir la condamnation du Roi à la cause de l'abolition. On ne l'a pas suivi, mais il n'a pas manqué à ses convictions. Au lendemain du procès, il peut répéter sans honte ce qu'il avait écrit à ceux qui l'avaient élu : le peuple « m'a envoyé non pour soutenir ses opinions, mais pour exposer les miennes[1] ».

## LE PROJET DE CONSTITUTION

Après l'exécution de Louis XVI, la guerre retient à nouveau les esprits. Le 28 janvier, à Londres, le roi George demande au Parlement des crédits extraordinaires pour des armements. Le 1er février, la Convention déclare la guerre au souverain d'Angleterre et au stathouder de Hollande. Dumouriez reçoit l'ordre d'envahir aussitôt les Pays-Bas. Le 7 mars, la Convention déclenche les hostilités contre l'Espagne. Brissot s'adresse aux députés : « Ce sont tous les tyrans d'Europe que vous avez maintenant à combattre et sur terre et sur mer[2]. » La Convention met en œuvre les principes qu'elle a arrêtés en novembre et décembre 1792. Le 31 janvier, elle proclame la réunion du comté de Nice à la France. Et Danton réclame l'annexion de la Belgique en invoquant la théorie des frontières

Condorcet parmi les Girondins pendant la Convention, parce qu'il l'a été sous la Législative... C'est là maintenir une appartenance qui n'était plus la sienne.

1. Bibliothèque de l'Institut, *Papiers politiques, Convention*, « Remerciements aux électeurs de l'Aisne », 1792, Ms 864, folio 308. Condorcet ajoutait : « Ce n'était point à mon zèle seul, mais à mes lumières qu'il [le peuple] s'est confié, et l'indépendance absolue de mes opinions est un de mes devoirs envers lui. »

2. Lavisse, *op. cit.*, p. 49.

naturelles de la France : « Ses limites sont fixées par la nature... du côté du Rhin, du côté de l'Océan, du côté des Alpes[1]. » La guerre révolutionnaire se transforme en guerre impérialiste. En mars, toute la Belgique est annexée.

Le conflit, toujours plus étendu, devrait rassembler tous les patriotes, tous les républicains[2]. Mais, entre Girondins et Montagnards, la passion politique ne désarme pas. Depuis le procès du Roi et la chute de Roland, ceux-ci ont l'avantage. La crise des subsistances, qui s'aggrave avec l'hiver, la hausse rapide du prix des denrées, surtout à Paris[3], engendrent dans le peuple un mécontentement grandissant qui favorise politiquement les Montagnards. Pache[4], rallié à la Montagne, est élu maire de Paris à la place du Girondin Chambon. Un parti nouveau se forme, les « Enragés » ou anarchistes, aux motions radicales qui réclament des impôts sur les riches, la fixation d'un maximum pour les prix, le relèvement des salaires. En février éclatent de violentes émeutes provoquées par le renchérissement du sucre, du café, du savon.

C'est dans ce climat d'angoisse et de tension, alors que la Convention débat de la loi sur l'organisation militaire, que Condorcet achève sa grande œuvre : le projet de Constitution. Sans doute, au sein du Comité, Thomas Paine y contribue-t-il[5], avec David Williams, un des chefs[6] du mouvement

1. *Ibid.*, p. 39.
2. *Ibid.*, p. 49. Brissot déclare le 31 janvier : « Il faut que la grande famille des Français ne soit plus qu'une armée, que la France ne soit plus qu'un camp où l'on ne parle que de guerre, où tout tend à la guerre. »
3. Rude, *La foule dans la Révolution française, op. cit.*, pp. 136-137.
4. Pache, Jean-Nicolas (1746-1823). D'origine suisse, il fut nommé par Necker secrétaire de la Maison du Roi. Pendant la Révolution, il fut le collaborateur de Roland au ministère de l'Intérieur, puis de Servan au ministère de la Guerre, où il le remplaça le 18 octobre 1792. Élu maire de Paris le 2 février 1793, lié aux Montagnards, il joue, avec Chaumette et Hébert, un rôle important du 31 mai au 2 juin 1793. Robespierre lui épargne la guillotine lors de la liquidation des Hébertistes.
5. Paine a écrit en anglais des observations sous forme d'un rapport sur les problèmes de la Constitution, qu'il a communiqué au Comité. Cf. Cahen, *op. cit.*, p. 469.
6. Sur la participation de David Williams, *cf.* Mme Roland, *Mémoires, op. cit.*, p. 169.

unitarien en Grande-Bretagne. Sieyès n'y est pas non plus étranger, et l'apport de Barère est important[1]. Mais le rôle et l'influence de Condorcet, nommé rapporteur, s'avèrent essentiels[2]. La majorité des membres du Comité sont absorbés par la bataille politique ou, comme Danton, par des missions hors de la Convention. Tous s'en remettent à Condorcet dont chacun connaît la compétence. Les Girondins le considèrent toujours avec amitié, et Danton et Barère le savent politiquement proche d'eux.

Condorcet s'est donné tout entier à sa tâche et a élaboré, en octobre 1792, un premier mémoire sur la marche à suivre par le Comité. En novembre, dans un article publié dans la *Chronique du mois*, il a développé sa pensée sur la nature des pouvoirs politiques. En décembre, il a rédigé un avant-projet et appellé la Convention à se consacrer enfin à l'objet pour lequel elle a été élue : « Donner à un territoire de vingt-sept mille lieues carrées, habité par vingt-cinq millions d'individus, une Constitution qui, fondée uniquement sur les principes de la raison et de la justice, assure aux citoyens la jouissance la plus entière de leurs droits[3]. »

Si le vote d'une Constitution est toujours un acte politique, tout projet de Constitution exprime une pensée politique, une certaine conception de l'organisation de la société et du gouvernement des hommes. Le projet de Condorcet est ainsi révélateur de sa vision de la République : « J'ai toujours pensé, écrit-il, qu'une Constitution républicaine ayant l'égalité pour

1. *Cf.* Bastid, *op. cit.*, pp. 139-140. Barère rédigea la partie relative au pouvoir judiciaire, et probablement la Déclaration des droits. *Cf.* Barère, *Mémoires, op. cit.*, tome II, p. 286.

2. *Cf.* Bastid : « La Constitution girondine était surtout l'œuvre personnelle de Condorcet, aidé dans une certaine mesure par Paine », *op. cit.*, p. 169. Barère le répète à trois reprises (*Mémoires*, tome II, pp. 110 et 285 ; tome IV, p. 165) et les témoignages concordants de contemporains ne permettent aucun doute : *cf.* Cahen, *op. cit.*, p. 471 ; Alengry, *op. cit.*, p. 227 (notes 1 et 2) ; Aulard : « Il est visible, non seulement au style, mais aux idées, que Condorcet fut le principal auteur du premier projet de Constitution » (*Histoire politique, op. cit.*, p. 282).

3. « Exposition des principes et des motifs du plan de Constitution », *Œuvres*, XII, p. 335.

base était la seule qui fût conforme à la nature, à la raison et à la justice, la seule qui peut conserver la liberté des citoyens et la dignité de l'espèce humaine[1]. » Aux droits énumérés par la Déclaration de 1789 — liberté, propriété, sûreté, résistance à l'oppression — le projet ajoute donc explicitement l'égalité. Et comme celle-ci demeurera formelle aussi longtemps que subsistera entre les hommes une insupportable inégalité du savoir, le projet proclame le droit de chacun à l'instruction[2], fondement de la République. De même, il refuse l'inégalité cruelle des conditions lorsque la maladie, l'âge ou le malheur accablent les plus défavorisés. Le droit aux secours, première expression de la solidarité, est ainsi élevé au rang des Droits de l'homme[3], protégé par la « garantie sociale[4] ».

Si Condorcet pose ainsi les fondements d'une démocratie sociale, son projet n'est cependant pas socialiste. Sa conception de la société demeure fondamentalement individualiste et libérale. Le droit de propriété est défini dans les mêmes termes que dans la Déclaration de 1789. Il n'est pas exigé que l'impôt soit progressif[5]. La liberté du commerce et de l'industrie est déclarée principe constitutionnel. Le projet demeure aussi légaliste, car s'il reconnaît aux citoyens le droit de résister à l'oppression[6], c'est par les moyens légaux offerts par la Constitution[7].

1. Projet de Déclaration des droits naturels, civils et politiques des hommes, article 1, *Ibid.*, p. 417.
2. Article 23 : « L'instruction élémentaire est le besoin de tous, et la société la doit également à tous ses membres. » *Ibid.*, p. 421.
3. Article 24 : « Les secours publics sont une dette sacrée de la société. Et c'est à la loi d'en déterminer l'étendue et l'application. » *Ibid.*, p. 421. *Cf.* « Sur les troubles relatifs aux subsistances », *Ibid.*, p. 316.
4. Article 25 : « La garantie sociale des droits de l'homme repose sur la souveraineté nationale. » *Ibid.*, p. 421.
5. Condorcet écrit cependant, le 27 décembre 1792 : « Il serait très possible de délivrer les citoyens pauvres de tout impôt direct. La proposition sera faite à la Convention, soit par moi, soit par d'autres... » *Cf.* « Sur les troubles relatifs aux subsistances », *Œuvres*, XII, p. 317.
6. Article 31 : « Les hommes réunis en société doivent avoir un moyen légal de résister à l'oppression. »
7. Article 53 : « Dans tout gouvernement libre, le mode de résistance à ces différents actes d'oppression doit être réglé par la Constitution. »

Ces principes étant proclamés par la Déclaration des Droits, se pose la question essentielle dans une République : comment éviter que la souveraineté du peuple soit confisquée ou altérée par ses représentants ? Cette exigence, qui hante l'esprit des révolutionnaires, conduit Condorcet à des solutions à la fois radicales et complexes. Il n'a jamais été un disciple de Montesquieu[1], même s'il l'admirait au point de veiller à protéger son œuvre contre les sarcasmes excessifs de Voltaire. Plus qu'à la séparation des pouvoirs[2], il croit à la limitation des pouvoirs. La délégation consentie par le peuple à ses représentants doit donc être aussi limitée, précaire et contrôlée que possible. Pour assurer à la souveraineté du peuple l'expression la plus directe et la plus large, le projet met ainsi constamment en œuvre la volonté des citoyens telle qu'elle s'exprime dans les assemblées primaires. Celles-ci réunissent tous les Français âgés de vingt et un ans et même les étrangers ayant résidé en France depuis un an. C'est le triomphe du suffrage universel[3]. Tout les pouvoirs procèdent de l'élection : autorités municipales et départementales, juges, députés[4] et même ministres[5] sont élus. Une place considérable est faite à

---

1. « Observations sur le vingt-neuvième livre de *L'Esprit des Lois* », *Œuvres*, I, pp. 362 à 388.

2. *Cf.* « Exposition des principes et des motifs », p. 355.

3. Le projet de Condorcet, pourtant si féministe, ne prévoit pas le vote des femmes. Au cours des débats sur le projet, Languinais, au nom du Comité de Constitution, devait s'en excuser : « Les vices de notre éducation rendent cet éloignement encore nécessaire, au moins pour quelques années. » Cité par Alengry, *op. cit.*, p. 291.

4. Le projet prévoyait un double scrutin : l'un, public, pour dresser une liste de candidats, l'autre, secret, pour l'élection. Saint-Just y voyait la menace d'un « patriciat de renommée ». On retrouve dans ces modalités complexes l'inspiration de Sieyès. *Cf.* Bastid, *op. cit.*, p. 140.

5. Le mécanisme de la désignation des ministres était très complexe. Dans chaque département, les assemblées primaires formaient une liste de présentation de treize noms. Ces listes étaient centralisées par le Corps législatif qui adressait, d'après le relevé des suffrages, une liste unique de présentation sur laquelle les assemblées primaires effectuaient un choix définitif. La désignation partait ainsi du peuple et revenait au peuple. *Cf. Projet*, titre V, section II, art. 1 à 22.

la démocratie directe, au référendum et à l'initiative populaire. Tout citoyen qui n'est pas satisfait d'une loi peut demander qu'elle soit soumise à un nouvel examen ou proposer une loi nouvelle. Un mécanisme complexe permet à ce vœu, s'il est accepté, de remonter jusqu'au Corps législatif[1]. Pour qu'aucune génération ne soit assujettie par la précédente, la Constitution peut toujours être révisée à l'initiative du peuple[2], et la révision sera de droit au bout de vingt ans.

La même volonté d'assurer le contrôle du peuple sur ses représentants inspire le régime des pouvoirs. Une Chambre élue pour un an exerce le pouvoir législatif. Le gouvernement est confié à sept ministres élus, composant le Conseil exécutif. La présidence de ce Conseil est tournante et change tous les quinze jours, pour éviter un « monarque républicain ». Les ministres peuvent être mis en accusation par le Corps législatif devant un jury national élu par les citoyens, qui prononcera leur destitution ou les condamnera pour forfaiture. La Trésorerie nationale et le Bureau de comptabilité sont indépendants du Conseil exécutif, et leurs membres sont élus.

Sur le plan local, Condorcet conserve le découpage par départements, gérés par un directoire élu. Il reprend son projet de « grandes communes » associant dans un espace de dix kilomètres de rayon des populations rurales et évitant ainsi la prépondérance des grandes villes sur les petites communes. Ce rééquilibrage politique en faveur des campagnes ne pouvait évidemment qu'exaspérer les Jacobins et les sociétés populaires, essentiellement urbaines. Les Jacobins

---

1. Toutes les décisions du Corps législatif sont soumises au contrôle direct de la Nation. Il suffit de la décision de deux départements pour obliger le Corps législatif à soumettre à référendum une loi ou un décret. Ce Corps législatif est dissous d'office si les assemblées primaires se déclarent en majorité favorables à un projet de loi d'initiative populaire qu'il aurait rejeté.

2. *Déclaration*, article 23 : « Un peuple a toujours le droit de réformer et de changer sa Constitution. Une génération n'a pas le droit d'assujettir à ses lois les générations futures. »

ne pouvaient que se méfier aussi de ce renforcement des pouvoirs locaux, indice d'un fédéralisme détesté.

Enfin, en matière de justice, « la peine de mort est abolie pour tous les délits privés[1] », mais subsiste pour les crimes majeurs contre l'État. Le projet reprend donc le vœu formulé par Condorcet lors du procès du Roi. Après l'exécution de Louis XVI, dans la conjoncture politique ainsi créée, il était difficile d'aller plus loin dans la voie de l'abolition. Mais, dans son rapport sur le projet de Constitution, Condorcet dénonce à nouveau la peine de mort, « cette peine irréparable que ne peut prononcer sans frémir tout homme qui a réfléchi sur l'incertitude des jugements humains, ou qui a examiné les limites du droit des sociétés sur les individus[2] ». En revanche, le droit de grâce, hier encore apanage du Roi et expression de sa souveraineté, doit disparaître[3].

Les défauts du projet sont évidents : les dispositions sont excessivement détaillées, leur exposé trop minutieux. On y retrouve l'exigence de précision, propre à l'esprit scientifique de Condorcet, poussée jusqu'aux plus infimes détails : la forme des bulletins de vote, l'heure d'ouverture et de fermeture des bureaux de vote sont inscrites dans la Constitution[4]. L'ensemble du projet forme le texte le plus long de l'histoire constitutionnelle française et souffre de sa complexité même. Les pouvoirs qu'il institue sont fragiles et précaires, le recours constant aux assemblées primaires transformait la vie publique en délibération permanente et la vie politique en élection continue. Mais, au-delà de ses imperfections, le projet rayonne de toute la confiance de Condorcet dans la démocratie directe,

---

1. « Projet de Constitution française », titre X, section III, article 1, *Œuvres*, XII, p. 484. Condorcet ajoute : « Cet acte de respect pour la vie des hommes, cet hommage aux sentiments d'humanité qu'il est si important de consacrer chez une nation libre, a paru devoir jouir de l'espèce d'irrévocabilité attachée aux lois constitutionnelles. » « Exposition des motifs... », *Œuvres*, XII, p. 383.

2. « Exposition des principes », *Œuvres*, XII, p. 383.

3. « Le droit de grâce ne serait que le droit de violer la loi ; il ne peut exister dans un gouvernement libre, où la loi doit être égale pour tous. » « Projet de Constitution française », titre X, section III, article 2, *Œuvres*, XII, p. 484.

4. *Cf.* Titre Iᵉʳ, section III, articles 2 et 3. *Cf.* également article 13.

dans le peuple éclairé par l'Instruction publique, auquel il rend la pleine maîtrise de ses destinées. Par ce lien indissoluble entre instruction et démocratie, entre raison et République, le projet de Condorcet est plus qu'un instrument juridique : un acte de foi dans l'avenir et les progrès indéfinis de l'esprit humain. Ce message-là ne sera pas perdu.

## L'accueil fait au projet

Condorcet a achevé son avant-projet à la fin décembre 1792. Le Comité de Constitution l'a adopté en n'y apportant que très peu de modifications[1]. Le vendredi 15 février 1793, Condorcet monte à la tribune pour présenter à la Convention « le rapport et le plan du Comité sur le nouveau pacte social, si universellement désiré et si impatiemment attendu[2] ». La faiblesse de sa voix, la fatigue lui interdisent de parvenir au terme de son rapport. Barère doit le remplacer. Le lendemain, Gensonné achève la lecture du projet[3]. Il est froidement accueilli. Il est vrai que la conjoncture politique est détestable. La question des subsistances, la cherté des denrées exaspèrent Paris. Trois jours plus tôt, une délégation des sections s'est présentée à la barre de la Convention pour exiger la fixation d'un prix maximum pour les produits de première nécessité, et les peines les plus sévères contre quiconque violerait la loi. Tumulte et incidents se sont succédés. L'affaire a montré l'irritation croissante des milieux populaires. L'atmosphère politique, déjà tendue, s'en ressent encore[4].

Les commentaires immédiats témoignent du peu de succès

1. Le nombre des ministres, membres du Conseil exécutif, fut porté de 6 à 7 ; le mandat du Corps législatif, ramené de 2 à 1 an. *Cf.* Cahen, *op. cit.*, p. 493.

2. Procès-verbal de la Convention, tome VI, p. 246.

3. *Cf. Le Républicain*, 16 février 1793.

4. Quelques jours plus tard, les 25 et 26 février 1793, éclateront des émeutes au cours desquelles seront pillées des boutiques d'épiciers et de boulangers. *Cf.* Rudé, *La foule dans la Révolution française, op. cit.*, pp. 136-137.

rencontré par le plan de Constitution. *Le Patriote français* du 17 février rend simplement compte de l'événement. Si le *Thermomètre de Paris*, girondin, fait l'éloge de l'œuvre, il reconnaît que plusieurs parties semblent compliquées[1]. Marat se déchaîne contre le complexité du référendum populaire : « C'est un trait de folie qui mérite aux législateurs constitutifs une place aux petites-maisons[2]. » L'abbé Coupé, député de l'Oise, écrit à ses électeurs que le projet « a été entendu avec un silence morne et qu'il a fallu du courage pour le lire jusqu'au bout[3] ». Le 16 février, Jeanbon Saint-André, montagnard ardent, écrit à ses collègues en mission en Savoie : « Condorcet, Barère et Gensonné nous ont lu à trois une Constitution qui a été loin de plaire à tout le monde[4]... » Et Condorcet, mélancolique, constate dans la *Chronique de Paris* : « Gensonné achève la lecture du plan de Constitution. Il est écouté sans enthousiasme[5]. » En vérité, l'échec est patent.

Après la lecture, la Convention ordonne l'impression du plan de Constitution et son envoi dans toute la France, et décrète la dissolution du Comité de Constitution qui a rempli son office. Elle ajourne la discussion à deux mois pour permettre à chacun de formuler ses propositions, et autorise les députés à faire imprimer aux frais de l'État les contre-projets qu'ils voudront présenter. Mesurant la froideur des réactions de la Convention à la lecture de son texte, Condorcet écrit : « C'est une raison de plus pour penser qu'il sera discuté avec le calme de la raison qui convient à une matière d'une aussi haute importance[6]... » Les chagrins, même intellectuels, doivent demeurer silencieux. Il a beaucoup investi de lui-même dans ce projet ; après quatre mois d'efforts intenses, la Convention renvoie à plus tard sa discussion et suscite d'autres

---

1. *Thermomètre de Paris*, 16 février 1793, tome I, p. 334.
2. *Journal de la République*, n° 126. L'expression désignait les asiles d'aliénés.
3. *Cf.* Alengry, *op. cit.*, p. 247, note 1.
4. Cité par L. Lévy, *Le Conventionnel Jeanbon Saint-André*, Paris, Alcan, 1908, p. 233, note 4.
5. *Chronique de Paris*, 17 février 1793.
6. *Ibid.*

projets. L'amertume secrète du philosophe est sans doute à la mesure de l'effort fourni sans relâche depuis l'automne. Épuisé et déçu, il demeure seul avec sa grande œuvre.

En fait, la bataille politique entre Montagnards et Girondins s'est déjà transportée sur le terrain constitutionnel. Après leur victoire dans le procès du Roi, les Montagnards se sentent le vent en poupe. Ils s'estiment à présent en mesure de contrôler la Convention. Or le vote d'une Constitution signifierait la dissolution de celle-ci et de nouvelles élections qu'ils sont loin d'être assurés de remporter. Pour des raisons exactement inverses, les Girondins ont un intérêt majeur à ce qu'une Constitution soit votée dans les meilleurs délais, afin que disparaisse la Convention au profit d'une nouvelle assemblée. Dès lors, le problème politique n'est plus d'apprécier les mérites intrinsèques du projet de Condorcet, mais, pour les Montagnards d'interdire qu'il soit voté, et pour les Girondins de le soutenir afin d'en finir avec cette assemblée que dominent leurs adversaires.

En outre, pour les Montagnards, tout projet émanant d'un Comité de Constitution estampillé dès l'origine comme girondin doit être repoussé. Comme l'écrit Jeanbon Saint-André : « Ce malheureux enfant de huit ou neuf pères brissotins a contre lui, aux yeux de bien des gens, un vice très essentiel, celui de sa naissance[1]. » A l'inverse, les Girondins se doivent de soutenir le projet, même s'ils ne sont pas d'accord avec toutes ses dispositions. Ainsi joue à plein, en cette période d'affrontement féroce, le réflexe politique absurde qui veut qu'on se détermine par rapport à un projet non pas en fonction de ses mérites propres, mais bien selon l'affiliation politique de ses auteurs.

Significatifs, à cet égard, sont les propos tenus aux Jacobins le soir même de la présentation du projet de Condorcet. Couthon s'écrie : « Citoyens, je ne juge pas encore les projets

---

1. Cité par L. Lévy, *Le Conventionnel Jeanbon Saint-André*, Paris, 1901, p. 233, note 4.

de Constitution et de Déclaration des Droits de l'homme dans tous leurs détails et même dans leur ensemble Mais voici ce que j'ai pensé irrévocablement[1]... » Suit une critique sans merci du texte : la Déclaration des Droits est « d'une abstraction affectée », le principe de la résistance à l'oppression y est posé « d'une manière inintelligible et absurde », la forme du Conseil exécutif est « vicieuse », etc. Bref, le projet est à jeter. Il faut donc que les Jacobins élaborent eux-mêmes un texte et que la Montagne le fasse adopter par la Convention. Durant la même séance, Thuriot s'étonne « qu'un philosophe tel que Condorcet n'ait pas rougi d'agiter la question s'il ne serait pas utile pour la République d'adopter le système des deux Chambres[2] ». Il dénonce aussi le système de République fédérative que préparerait le projet, bien qu'il proclame l'unité et l'indivisibilité de la République. Le lendemain 18 février, sur proposition d'Anthoine, les Jacobins décident de compléter leur propre Comité de Constitution[3]. Le 22, ils envoient aux sociétés affiliées une adresse dénonçant le projet de Condorcet. Les fédérés des départements, qui ont formé, fin décembre 1792, un groupement politique des « défenseurs de la République une et indivisible », très proche des Enragés, le combattent avec violence : « La Constitution que l'on veut nous donner est un enfant qu'il faut étouffer dans le berceau. Elle est tout entière en faveur du riche contre le pauvre[4]. »

La stratégie des Montagnards est désormais fixée : détruire le projet girondin et lui substituer un plan de Constitution élaboré par eux et soutenu par les Jacobins. Dès le 20 février, ils donnent la mesure de leur détermination. L'un d'eux, Amar, dénonce « un délit » à la Convention : au texte dont l'impression a été ordonnée par celle-ci a été ajoutée une

1. Aulard, *Actes de la Société des Jacobins, op. cit.,* tome V, p. 29.
2. *Ibid.,* p. 30.
3. Il sera composé notamment de Robespierre, Saint-Just, Billaud-Varenne, Couthon, Collot d'Herbois, Anacharsis Cloots, Jeanbon Saint-André. *Cf.* Aulard, *op. cit.,* p. 32.
4. Aulard, *Actes des Jacobins,* tome V, p. 65.

annexe exposant comment le Corps législatif pourrait être divisé en deux sections pour discuter des projets de décrets. Et Amar d'évoquer la menace de l'établissement de deux Chambres[1]. Certes, le Comité de Constitution a écarté cette proposition ; mais les Montagnards veulent faire accroire que les Girondins rêvent d'une « Chambre haute », par nature aristocratique. En l'absence de Condorcet, Barère rétablit la vérité. La Convention se borne à décider que seul le texte lu à la Convention sera adressé aux départements. Incident mineur et mesquin, comme il s'en produit parfois dans les assemblées, mais révélateur de la volonté des Montagnards de ne laisser passer aucune occasion de ruiner le projet de Condorcet. De leur côté, les Brissotins, après un moment de flottement lors de la lecture du projet, mènent une active campagne en faveur de son adoption immédiate par la Convention. En mars 1793, *Le Patriote français* publie une série d'articles en faveur du plan de Constitution[2]. Il s'inquiète du silence qui l'entoure, notamment chez « les amis de l'ordre et des lois ». Sans doute « ils voient des défauts, des inconvénients dans le plan qui leur est présenté » ; mais ils éprouvent d'abord « la nécessité d'avoir une Constitution, de l'avoir promptement, sous peine de perdre leur liberté et de livrer la France à l'anarchie[3] ». Et le journal rappelle le propos de Condorcet « dans son excellent discours préliminaire » : « L'on doit s'attendre que tous ceux dont la vanité, l'ambition ou l'avidité ont besoin de troubles..., tous ceux qui peuvent être quelque chose dans un parti et ne peuvent rien être dans une nation..., s'uniront pour retarder, pour troubler, pour empêcher peut-être l'établissement d'une Constitution nouvelle. » La bataille politique autour du projet est engagée. Elle sera conduite sans merci jusqu'à son terme.

---

1. En vérité, il s'agissait d'une proposition de division de l'Assemblée législative en deux sections, chère à Sieyès.
2. *Le Patriote français*, 8, 10, 30 mars 1793.
3. *Ibid.*, 8 mars 1793, p. 277.

## Au Comité d'Instruction

Condorcet est redevenu disponible au sein de la Convention. En octobre 1792, il avait été élu membre du Comité d'Instruction, mais, le règlement de la Convention n'autorisant que l'appartenance à un seul comité, il avait opté pour celui de Constitution. Le Comité d'Instruction était présidé par Arbogast, son ami, et animé par Romme qui avait œuvré à ses côtés au temps de la Législative. Il avait naturellement pris pour base de ses travaux le rapport de Condorcet sur l'Instruction publique, en n'y apportant que fort peu de changements. A la mi-décembre 1792, la discussion s'était ouverte sur l'organisation des écoles primaires. Condorcet n'avait pas eu à intervenir, car, comme l'écrit Roederer, rendant compte des débats parlementaires dans le *Journal de Paris*, « c'est dans le rapport fait par Condorcet à l'Assemblée législative, les 20 et 21 avril 1792, que le Comité de la Convention a puisé ses vues relatives aux écoles primaires[1] ». Ce rapport avait été critiqué par Durand de Maillane, qui lui reprochait d'introduire un « système d'éducation trop scientifique[2] » et de créer une oligarchie de savants. La Convention ne l'avait pas suivi. Elle avait fait au contraire un accueil enthousiaste au discours de Jacob Dupont proclamant sa foi dans les Lumières, source de toute liberté[3], et évoquant Condorcet fermant les yeux de d'Alembert...

Après la dissolution du Comité de Constitution, le 17 février, Condorcet, comme Barère et Sieyès, rejoint donc le Comité d'Instruction. Auteur du projet fondamental, il devrait y assumer le rôle déterminant qui a été le sien sous la Législative. Or c'est Sieyès, et non lui, qui tiendra le premier

1. *Journal de Paris*, 19 décembre 1792.
2. *Le Moniteur*, XIV, p. 735.
3. *Ibid.*, p. 743, 14 décembre 1792 : « Tout peuple plongé dans l'ignorance, où les sciences, les lettres et les arts ne sont pas cultivés, est condamné à être esclave. »

rôle au sein de ce Comité d'Instruction. Non par défaut d'intérêt de Condorcet, mais parce que d'autres fonctions et la bataille autour du projet de Constitution vont encore retenir toute son attention[1].

## L'aggravation de la situation

Depuis la déclaration de guerre au roi d'Angleterre, au stathouder de Hollande, au roi d'Espagne, la France révolutionnaire affronte une formidable coalition de souverains. « Guerre aux rois, paix aux peuples ! », proclament les républicains. Combattant les rois, la République française doit convaincre les peuples de la justesse de sa cause. La Convention en mesure d'autant plus la nécessité que les émigrés et les gouvernements étrangers dénoncent partout les républicains comme des forcenés et des égorgeurs, en évoquant les massacres de Septembre et l'exécution de Louis XVI. Aussi, en déclarant le 1er février la guerre à l'Angleterre où la presse est libre et où existe une opposition parlementaire, la Convention décide-t-elle la rédaction d'une « Adresse au peuple anglais ». Condorcet, Barère, Paine et Fabre d'Églantine sont désignés pour l'élaborer. « On pense bien, écrit Barère, que ce fut à Condorcet que nous remîmes le soin de cette rédaction. Peu de jours après, Condorcet m'apporte son travail... Le discours me parut le chef-d'œuvre de cette raison, de ce talent sage et philosophique qui caractérisent les œuvres de Condorcet[2]. » Mais, à peine l'adresse achevée, l'écho des premières défaites en Belgique parvient à la Convention. Dumouriez doit abandonner en hâte la conquête de la Hollande. L'heure

1. Condorcet fit imprimer à nouveau son *Rapport sur l'Instruction publique* en y ajoutant des notes étendues. En outre, au sein du Comité d'Instruction, il se fit inscrire avec Romme pour la préparation d'un plan sur l'éducation physique et morale. Et il fut chargé, le 6 juin, de rédiger avec Jean-Marie Chénier le projet de fête commémorative du 10 août 1792.

2. Barère, *Mémoires*, tome II, p. 297. *Cf.* Cahen, *op. cit.*, p. 497, note 1 ; Alengry, *op. cit.*, p. 185, note 1.

est aux mesures militaires. La belle adresse de Condorcet — « La Nation française à tous les peuples » — ne sera jamais présentée à la Convention[1].

La situation intérieure est également préoccupante. A Lyon, Jacobins et contre-révolutionnaires s'affrontent durement. A Paris, en ces derniers jours de février 1793, l'Assemblée subit l'assaut verbal de deux députations de blanchisseuses en colère qui dénoncent le prix du savon, passé de 14 sous la livre à 22 sous, et réclament la peine de mort contre les agioteurs et les accapareurs[2]. Le 25 au matin, des boutiques d'épiciers sont forcées et pillées. Le jour même, Marat publie un article qui constitue une véritable incitation à l'émeute et au lynchage[3]. Prémonition ou provocation ? L'émotion est considérable, et l'exploitation politique immédiate. Pour les Girondins, l'occasion est propice de dénoncer les excès que prônent les « anarchistes ». Pour Hébert et les Enragés, les pillages sont dus à des provocateurs aristocrates déguisés en sans-culottes et protégés par les Brissotins[4]. A la Convention, la majorité s'inquiète des conséquences de telles exactions. Le 21 février, Cambon recueille les plus vifs applaudissements en demandant « une loi de rigueur contre tous ceux qui veulent porter atteinte aux propriétés[5] ».

Condorcet approuve Cambon. Il évoque les risques que

1. *Œuvres*, XII, pp. 525 à 527.
2. *Moniteur*, XV, p. 544.
3. « Dans tout pays où les droits du peuple ne sont pas de vains titres consignés fastueusement dans une simple déclaration, le pillage de quelques magasins, à la porte desquels on pendrait les accapareurs, mettrait bientôt fin à ces malversations qui réduisent vingt-cinq millions d'hommes au désespoir. » *Journal de la République française*, n° 133, 25 février 1793.
4. Cf. *La Grande Colère du Père Duchesne*, n° 219 : « Des ci-devant marquis habillés en charbonniers et perruquiers, des comtesses travesties en poissardes... se sont dispersés dans les halles et les marchés pour exciter le peuple à la révolte et au brigandage. Parisiens, connaissez vos véritables ennemis ! Ceux qui vous font plus de mal que les accapareurs, ce sont les Brissotins et les Rolandins. Foutez-leur la danse et je vous réponds que ça ira, foutre. »
5. *Chronique de Paris*, 2 mars 1793 : « Confiance, dit Cambon, voilà la base des finances, car sans elle un système de finances établi d'après les assignats ne peut pas résister. Sûreté pour les personnes, sûreté pour les propriétés, et je réponds du salut de la République ! »

font courir à la Révolution le désordre et la violence : « Rien n'est plus propre à détruire l'espoir de notre Révolution que l'incertitude et les craintes sur la stabilité des propriétés », écrit-il le 2 mars. Mais, en même temps qu'il dénonce Marat, « cet être atrabilaire pour qui le spectacle de la tranquillité sociale semble être un supplice[1] », il critique l'exploitation des troubles faite par les Girondins, qui veulent accréditer l'idée que tous les Montagnards constitueraient un parti d'hommes dévoués à l'anarchie : « Ceux qui cherchent à persuader que la Convention renferme dans son sein un parti redoutable et nombreux qui favorise ce système de désorganisation et d'anarchie, ne sont pas moins dangereux que les anarchistes et les brigands eux-mêmes[2]. »

Cette prise de position de Condorcet est significative. Au moment où la tension entre Girondins et Montagnards ne fait que croître[3], il s'oppose à Marat et Robespierre. Il voit en eux des hommes dangereux pour la cause de la Révolution dont ils donnent à l'Europe une image odieuse : « Le parti antifrançais, écrit-il dans des notes personnelles à la fin de mars 1793, a répandu et propagé l'opinion que Marat et Robespierre sont les maîtres de la Convention et de la France. L'importance que nous attachons à ces hommes très connus et très méprisés nous avilit[4]... » Mais il se refuse à confondre la Montagne et ces deux hommes. Bien mieux, il dénonce cet amalgame, constamment repris par Brissot et ses amis. Dans la crise qui va naître des défaites et de la trahison de Dumouriez, cette attitude politique de Condorcet, prêchant l'apaisement au milieu d'une lutte à mort, le voue au sein de la Convention à la neutralité et à l'impuissance.

1. *Ibid.*
2. *Ibid.*
3. Fin février 1793, le député montagnard Choudieu, insulté à sa descente de la tribune par le Girondin Le Hardy qui le traite de monstre et de scélérat, exaspéré, lui crache à la figure. *Mémoires* de Choudieu, *op. cit.*, p. 281.
4. *Cf.* Cahen, *op. cit.*, p. 502.

## Au comité de Défense générale

Le 5 mars parvient à la Convention la nouvelle de l'offensive des Prussiens en Belgique. Entré victorieusement en Hollande, Dumouriez doit se replier précipitamment. Le 8, de retour de sa mission en Belgique, Danton dénonce la gravité de la situation et demande que l'on réveille le zèle révolutionnaire des Parisiens. Le soir même, dans toutes les sections, des députés montagnards tiennent des réunions ; des complots sont évoqués, la création d'un Tribunal révolutionnaire réclamée. Le 9 mars, la Convention décide d'envoyer des commissaires dans toutes les sections. L'après-midi, des délégations défilent à l'Assemblée. Le soir, des agitateurs parcourent Paris et envahissent les sièges des journaux girondins ou modérés ; les presses sont brisées au *Courrier des départements* de Gorsas et à la *Chronique de Paris* dont Condorcet est rédacteur[1]. Le lendemain 10 mars, devant des tribunes envahies par des hommes armés[2], Robespierre, Danton et Cambacérès demandent l'instauration d'un gouvernement et d'un tribunal révolutionnaires. Vergniaud tente de s'opposer à « l'établissement d'une inquisition mille fois plus

1. Déjà, fin janvier, l'imprimeur de la *Chronique de Paris* avait fait l'objet d'un mandat d'amener lancé par le Comité des Douze nommé par la Convention. L'affaire avait tourné court après la mort du Roi et la démission de Roland. L'imprimeur, Fiévée, raconte avec humour l'agression dont il avait été victime : « Sept minutes au plus ont suffi à un très grand nombre d'hommes armés, la plupart en uniforme et tous bien vêtus, pour détruire le fruit de deux ans de travaux assidus, de veilles et de privations... A moi personnellement, on ne voulait aucun mal, du moins c'est ce qu'on m'assurait, le pistolet sur la poitrine... » *Chronique de Paris*, 14 mars 1793.
2. *Cf.* La Revellière-Lépeaux, député girondin, évoquant la foule autour de la Convention, le 10 mars : « Toutes les avenues de la salle du Manège, tant intérieures qu'extérieures, étaient encombrées d'une foule immense, et les députés ne purent prendre leur place qu'en traversant une horde épaisse de la plus vile populace, armée de lames et de sabres, d'épées rouillées, de broches, etc. Au lieu d'armes, un très grand nombre d'entre eux avaient à la main des tronçons de câbles effilés et trempés, assuraient-ils, dans l'eau forte, pour rincer la bouche des députés perfides qui parleraient contre le peuple... » *Mémoires*, tome I, p. 132.

redoutable que celle de Venise[1] ». Danton balaie toute opposition. La nuit même, tandis que la Convention délibère sur
l'organisation du Tribunal révolutionnaire, des groupes armés
et menaçants entourent le Manège. A l'intérieur, raconte le
député girondin Meillan, « il fut résolu par la plupart d'entre
nous de s'élancer au premier mouvement contre la Montagne
et d'en égorger, en périssant, le plus grand nombre possible.
Depuis quelque temps, nous étions presque tous armés de
sabres, de pistolets et d'espingoles[2] ». Des Enragés notoires,
Parlet, Lazavski, Fournier l'Américain, vont des Jacobins aux
Cordeliers, prêchant l'insurrection. Mais une froide pluie
d'hiver se met à tomber et, dans la nuit, la foule massée
devant l'Assemblée se disperse avant l'arrivée des fédérés
brestois requis par des députés girondins. Le coup de force
est manqué. A quatre heures du matin, la Convention se
sépare. Le lendemain, elle décide la création du Tribunal
révolutionnaire.

L'émeute du 10 mars a une conséquence importante sur la
carrière de Condorcet : elle met un terme à son activité de
journaliste. Depuis le 1er janvier 1793, sa fatigue croissante l'a
amené à partager avec Joseph Delaunay[3], député d'Angers, la
rédaction de la rubrique parlementaire de la *Chronique de
Paris*. Dans ses derniers articles, en février et mars, Condorcet
a multiplié les appels à l'union de tous les républicains. Le
1er février, il s'est encore opposé à la création, pour garder la
Convention, d'une force armée départementale, toujours réclamée par les Girondins[4]. Le 1er mars, il évoque la situation
difficile des armées, « tandis que de misérables divisions

1. Lavisse, *op. cit.*, tome II, p. 60.
2. *Mémoires* de Meillan, *op. cit.*, p. 24.
3. Joseph Delaunay, avocat à Angers, député du Maine-et-Loire à la Législative,
siégea à gauche de cette assemblée. Élu à la Convention, il siégea à la Montagne
et vota la mort du Roi. Il fut guillotiné le 5 avril 1794.
4. A l'heure du péril national, « ce n'est point à Paris que doivent se porter les
forces de la République, c'est aux frontières. Il faut que, puisqu'un danger commun
nous presse, nous n'ayons qu'un seul sentiment et qu'un même but, celui de faire
triompher la liberté de toutes les résistances ». *Chronique de Paris*, 1er février
1793

déchirent l'intérieur et qu'oubliant les choses, on se passionne pour des individus qui n'ont d'importance et de célébrité que parce que l'on s'en occupe[1] ». Le 6 mars, il lance un ultime appel : « Les vrais républicains ont vu avec douleur se manifester... des haines personnelles, des luttes de partis, des combats d'amour-propre qui devraient enfin disparaître[2]... »

Le 9 mars au soir, par un décret visant particulièrement Brissot[3], la Convention décide qu'aucun député ne pourra plus être journaliste. Condorcet, qui ne paraît pas à la tribune et ne fréquente pas les clubs, perd ainsi son principal moyen d'expression. Déjà limitée par son refus de participer à l'affrontement entre Girondins et Montagnards, déjà entamée par l'échec du projet de Constitution, son influence va se réduire encore. Car de quel poids peut peser dans la tourmente politique un philosophe sans éloquence, sans journal et sans parti ?

Le 18 mars, Dumouriez est vaincu par les Autrichiens à Neerwinden. Il doit évacuer la Belgique. L'invasion étrangère menace. En même temps, dans l'Ouest, la loi sur le recrutement militaire fait exploser l'insurrection qui couvait en Vendée. Des soulèvements se produisent dans le Bas-Rhin. La Nation et la République sont à nouveau dans le plus grand danger. Des mesures de salut public s'imposent. Le Comité de Défense générale, créé en janvier 1793, composé de 24 membres en majorité girondins, délibérant en public, parfois devant deux cents députés, a révélé son incapacité. Le 25 mars, la Convention le remplace par un nouveau Comité de vingt-cinq membres, aux pouvoirs étendus et composé, selon l'expression du Girondin Isnard, « des membres les plus

1. *Chronique de Paris*, 1ᵉʳ mars 1793.
2. *Ibid.*, 6 mars 1793.
3. *Patriote français* du 12 mars 1793 : « Ni Gorsas, ni la *Chronique de Paris* n'ont pu encore paraître. Tous les députés journalistes se sont soumis à la loi qui leur ordonne d'opter entre leur mandat et leur activité de journaliste. Marat seul, Marat placé au-dessus de toutes lois, a fait paraître un numéro sous son nom. Et personne n'ose accuser Marat... »

accrédités dans les deux côtés de la salle[1] ». Condorcet, partisan de l'union, ami des Girondins sans être leur allié, favorable à Danton sans être de ses amis, est élu membre de ce nouveau Comité où figurent aussi bien des Girondins comme Vergniaud, Pétion, Gensonné, Guadet, Buzot, Isnard, que des Montagnards comme Robespierre, Danton, Camille Desmoulins, Fabre d'Églantine.

Le Comité se met aussitôt au travail. Pour présenter à la Convention l'état exact des forces militaires, il décide d'interroger les ministres compétents. Condorcet est chargé de rédiger le questionnaire concernant la Marine. Chaque membre est également invité à formuler ses propositions sur les mesures à prendre. Condorcet entreprend aussitôt de rédiger un long mémoire. Il souligne les faiblesses de la situation internationale de la France. Il y voit deux causes premières : le défaut d'une Constitution approuvée par les Français, qui laisse ouverte l'espérance d'un rétablissement de la royauté, entretenue par les émigrés ; et le désolant spectacle qu'offre la Convention : « son tumulte, ses résolutions précipitées, la lenteur avec laquelle elle suit les travaux les plus importants... » Pourtant, soupire Condorcet, « il y a autant de lumières au moins dans la Convention, autant de vrais talents que dans le Parlement d'Angleterre[2] ». Quant à la politique étrangère de la France, elle doit tendre à détruire la coalition des rois. A elle donc de multiplier les offres de paix, notamment à l'égard de la Prusse et de l'Angleterre, en proclamant que la France ne poursuit aucune ambition de conquête, qu'elle exige seulement le respect de sa souveraineté politique et de son intégrité territoriale. Ces notes sont révélatrices de l'état d'esprit de Condorcet en cette fin mars 1793 : le péril extérieur né de la coalition n'appelle pas que des mesures militaires ou diplomatiques ; le salut public

---

1. Aulard, « Le Comité de Salut public », in *La Révolution française*, janvier-juin 1890, p. 4.
2. *Cf.* Cahen, *op. cit.*, p. 503.

requiert aussi une prise de conscience politique et l'union des républicains.

Ce rapport de Condorcet ne sera pas déposé au Comité. En effet, la situation militaire se dégrade encore dans les derniers jours de mars. Les soupçons de trahison prennent corps à l'encontre de Dumouriez que les Girondins s'obstinent à soutenir et avec lequel Danton conserve d'étroites relations. Le 26 mars, lors de la première séance du nouveau Comité de Défense générale, Robespierre réclame la démission du général. Danton louvoie. Dans la nuit du 29 au 30, le Comité décide que le ministre de la Guerre, Beurnonville[1], et quatre députés de la Convention se rendront auprès de Dumouriez et lui porteront l'ordre de venir comparaître à la barre de la Convention. Dumouriez les fait arrêter, les livre aux Autrichiens[2], puis tente d'entraîner son armée dans la révolte. Constatant son échec, le 5 avril, il se rend aux Autrichiens avec quelques généraux dont le fils d'Égalité, le futur Louis-Philippe.

Le 3 avril, à la Convention, Robespierre a donné sa démission du Comité : « Je ne veux pas être membre d'un Comité qui ressemble plus à un Conseil de Dumouriez qu'à un Comité de la Convention nationale », s'est-il écrié[3]. Il a demandé qu'on décrète d'accusation Brissot et ses complices. La Convention est passée à l'ordre du jour. Mais le Comité est bel et bien condamné. Le 5 avril, Barère propose la

1. Le comte de Beurnonville (1752-1821) était colonel de la compagnie des Suisses du comte d'Artois avant la Révolution, et servit sous Luckner et Dumouriez. Nommé le 4 février 1793 ministre de la Guerre, livré par Dumouriez aux Autrichiens, échangé contre la fille de Louis XVI le 3 novembre 1795, il commandera l'armée du Nord, puis celle de Sambre-et-Meuse. Sénateur et comte d'Empire, il se ralliera à Louis XVIII et deviendra, après les Cent Jours, pair, marquis et maréchal de France.
2. Sur cet incident, *cf.* lettre de Condorcet, Bibliothèque de l'Institut, Ms 864, folios 510, 512 : « Un général parjure abusant, contre la Convention nationale, d'une autorité qu'il n'avait à recevoir que d'elle, a fait arrêter quatre de ses membres... Dans un pays libre, tout citoyen qui attenterait à la liberté, à la sûreté d'un représentant du peuple commettrait un crime contre la Patrie, mais ce crime serait une nouvelle atrocité lorsqu'il est commis par un fonctionnaire public... »
3. Aulard, « Le Comité de Salut public », *op. cit.*, p. 16.

constitution d'un Comité d'exécution réduit à neuf membres, et demande que « Isnard, Cambacérès, Condorcet et Thuriot se réunissent pour présenter un projet de décret[1] ». La proposition de Barère est suivie, mais la Convention écarte Condorcet et Cambacérès au profit de Danton et Barère. La Montagne l'emporte, les politiques sont préférés au philosophe et au légiste. Le lendemain 6 avril naît le Comité de Salut public. Parmi les neuf membres élus, en majorité montagnards, tous, sauf deux, ont fait partie du Comité de Défense générale. Pas une voix ne s'est portée sur Condorcet. L'heure est à l'action plus qu'à la réflexion. Que ferait d'ailleurs au Comité de Salut public ce philosophe fatigué qui voit la Révolution dériver de plus en plus loin des objectifs qu'il lui avait assignés ?

## A l'écart du conflit

A la fin mars, Condorcet publie dans la *Chronique du mois* un long article « Sur la nécessité d'établir en France une Constitution nouvelle[2] ». Sans Constitution, écrit-il, « un peuple flotte nécessairement entre la tyrannie et l'anarchie... » Il dénonce tous ceux qui ont intérêt à en retarder le vote : royalistes, aristocrates, démagogues, et « cette lie des nations qui ne se montre que dans les grandes agitations[3] ». Mais « la grande majorité des citoyens français... veut une Constitution ; elle veut que cette Constitution soit républicaine, fondée sur le principe de l'égalité naturelle, d'une entière unité, et de la souveraineté toujours subsistante du peuple... ». C'est rappeler son projet à une Convention emportée par l'orage[4]. En même

1. *Moniteur*, XVI, p. 72.
2. *Œuvres*, XII, pp. 531 à 542.
3. *Ibid.*, p. 536.
4. La trahison de Dumouriez avait déstabilisé les Girondins. Marat et Robespierre sentirent l'occasion propice pour écraser leurs adversaires. Robespierre demanda que fussent traduits devant le Tribunal révolutionnaire, en même temps que Philippe-Égalité et ses proches, les autres « complices » de Dumouriez : Buzot,

temps, pour tenter d'apaiser la fureur politique qui jette les républicains les uns contre les autres, il publie une brochure, *Ce que les citoyens sont en droit d'attendre de leurs représentants*[1]. Avec des accents plus passionnés qu'à l'ordinaire, Condorcet exhorte une fois encore les députés à l'union : « Tous ceux qui aiment leur patrie doivent agir de concert, puisqu'ils tendent au même but : l'établissement d'une République fondée sur les Droits de l'homme[2]... » Il redit que le premier moyen pour y atteindre est de présenter à la Nation une Constitution républicaine. Il évoque les moyens de défense nationale que doit susciter la Convention. Il souligne la nécessité de ne pas différer la création des systèmes d'instruction et de secours nécessaires à la République. Il appelle les Conventionnels à la tolérance : « On peut, avec un amour égal pour la liberté, différer d'avis sur la légitimité des moyens de

Brissot, Vergniaud, Gensonné, Guadet (*cf.* Gallois, *op. cit.*, tome II, p. 143). Mesurant le péril, les Girondins décidèrent de prendre l'offensive. Après les journées du 10 mars, ils opposèrent un refus aux offres de réconciliation de Danton, qui avait entretenu avec Dumouriez des relations soutenues et équivoques. C'est contre lui que, le 1er avril, le Girondin Lasource lance l'attaque. Danton réplique, écrase Lasource par un discours terrible, « une déclaration de guerre plus encore qu'un plaidoyer ». Le Montagnard Levasseur écrit . « Danton, immobilisé sur son banc, relevait sa lèvre avec une expression de mépris qui lui était propre et qui inspirait une sorte d'effroi... En passant devant nos bancs pour s'élancer à la tribune, Danton dit à voix basse en montrant le côté droit: "Les scélérats, ils voudraient rejeter leurs crimes sur moi !" » (*Mémoires* de Levasseur, tome I, p. 138, cité par Jaurès, *op. cit.*, tome V, p. 394 ; *cf.* Aulard, *La Société des Jacobins*, *op. cit.*, tome V, p. 126). Le 5 avril, les Jacobins adressent à toutes les sociétés affiliées une adresse réclamant l'épuration de la Convention de tous ses membres infidèles ou qui ont trahi leurs devoirs. Marat, qui préside la séance, signe en premier. Le 8 avril, des pétitionnaires de la section de Bon-Conseil viennent à la barre dénoncer comme complices du traître Dumouriez « les Brissot, les Gensonné, les Vergniaud, les Barbaroux, les Buzot, les Louvet, les Guadet, etc. ». La Convention passe à l'ordre du jour. Mais, le 10 avril, au cours d'une séance furieuse qui dure de dix heures du matin à huit heures du soir, Robespierre lit un long réquisitoire savamment préparé contre les Girondins : « La liberté triomphera quand tous les vils scélérats que je dénonce seront dans la tombe ! » Vergniaud improvise une réplique foudroyante : « Nous, modérés ! Je ne l'étais pas, le 10 août, Robespierre, quand tu te cachais dans la cave ! »

1. *Œuvres*, 10 avril 1793, tome XII, pp. 543 à 568.
2. *Ibid.*, p. 547.

l'assurer et de la conquérir[1]. » Soudain, le ton change, devient singulièrement personnel. Un instant, Condorcet se laisse aller à parler de lui, et confesse son impuissance oratoire : il est « écarté de la tribune par l'impossibilité de parler, sinon dans une discussion tranquille[2]... ». Il dit sa certitude : « Je servirai la liberté comme un homme fortement convaincu que le sort du genre humain, pendant plusieurs générations, dépend du succès de la Révolution actuelle. » Il se dépeint : « Étranger à tout parti, m'occupant à juger les choses et les hommes avec ma raison et non avec mes passions, je continuerai de chercher la vérité et de la dire[3]. »

Ces appels à la raison, autant en emporte l'ouragan qui souffle sur la Convention. Les députés se rendent armés aux séances. Le Girondin Lauze Deperret se précipite l'épée à la main sur les bancs de la Montagne[4]. Sentant l'étau se resserrer autour d'eux, les Girondins veulent porter un coup décisif : la majorité des députés de la « Plaine » détestant Marat, ils décident de demander sa mise en accusation. Après une bataille parlementaire de deux jours, on procède, le 13 avril, à un vote nominal qui dure neuf heures. Marat est décrété d'accusation à une majorité de 222 voix contre 99 et 41 abstentions. Plus de la moitié des Conventionnels n'ont pas pris part au vote. Condorcet a été volontairement de ceux-là. Il méprise Marat, qui le poursuit de sa haine, mais, comme Danton[5], il estime que traduire Marat devant le Tribunal révolutionnaire pour ses écrits, c'est ouvrir une brèche par où les Conventionnels se perdront. Mais ce refus de voter la mise en accusation de Marat l'éloigne encore plus des Girondins en un moment crucial.

1. *Ibid.*, p. 565.
2. *Ibid.*, p. 566.
3. *Ibid.*, p. 567.
4. *Cf.* Lintilhac, *Vergniaud, op. cit.*, pp. 185-186.
5. « N'entamez pas la Convention ! » avait jeté Danton aux Girondins qui, pour atteindre Marat, avaient fait décréter que, désormais, les députés ne seraient plus protégés par leur immunité. *Moniteur*, tome XVI, pp. 138, 141 et 150-151.

## Ultime intervention de Condorcet

Dans ce climat de passion, le moment était arrivé de passer à l'examen du projet de Constitution. Le 4 avril, la Convention a pris la décision de nommer un comité de six membres chargé d'étudier les divers projets reçus[1]. A ce « Comité de l'analyse » ou « Commission des Six », Condorcet n'a point été appelé. La raison n'en est pas sa lassitude ou son état de santé : s'il fuit la tribune, il recherche plutôt le travail en comité. En vérité, son omission revêt une signification politique : écarter du nouveau Comité l'auteur principal et le rapporteur du projet de Constitution revient tacitement à le désavouer. Condorcet va donc assister en spectateur silencieux à la discussion de son grand projet.

La 15 avril, la Convention décide qu'elle consacrera tous les lundis, mercredis et samedis à cette tâche. Le 17, au nom de la Commission des Six, Romme présente une analyse des différents projets de Déclaration des Droits de l'homme[2]. Barère demande que priorité soit donnée au projet de Condorcet. Après débat, l'article 1er de la Déclaration — avec une légère modification de forme suggérée par Vergniaud — est voté à l'unanimité[3]. Le 19, les articles 11 à 19 de la Déclaration, le 22 avril, les articles 21 à 23 sont à leur tour adoptés. A propos de la liberté des cultes proclamée par la Déclaration (Art. 9), Danton soutient Vergniaud : « Aussitôt que nous nous occupons du bonheur des hommes, dit-il, nous sommes tous d'accord. Vergniaud vient de vous dire de bien grandes et éternelles vérités[4]. » Condorcet peut se réjouir.

Mais, le 24 avril, Robespierre intervient longuement. Il

1. Parmi les six membres, seuls Barère et Jean Debry ont fait partie de l'ancien comité. Les quatre autres sont Mercier, Valazé, Lanjuinais et Romme.
2. Lanjuinais déclare que « plus de 300 mémoires ou projets ont été adressés à la Convention à propos de la Constitution ». Aulard, *op. cit.*, p. 297.
3. *Patriote français*, 18 avril 1793 : « On a beaucoup applaudi quand cet article a été décrété. On voyait avec joie la Constitution en France. »
4. *Moniteur*, XVI, p. 183.

refuse au droit de propriété son caractère absolu. Il réclame la progressivité de l'impôt. Il revendique, par-delà le droit aux secours, le droit au travail[1]. En dépassant ainsi sur sa gauche le projet de Condorcet, Robespierre s'assure le soutien des sans-culottes et même des Enragés, il « dépopularise » les Girondins. Symboliquement, sa prise de parole coïncide avec l'acquittement de Marat qui revient ce jour-là, porté en triomphe, à la Convention. Le 26 avril, l'ensemble de la Déclaration est néanmoins voté, à l'exception de l'article 6 sur la liberté des cultes, qui est réservé.

Du 26 avril au 8 mai, la discussion sur la Constitution s'arrête. La question des subsistances retient alors toute l'attention de la Convention. Le 18 avril, une assemblée générale des maires et officiers municipaux de Paris et de la banlieue a demandé des mesures radicales pour faire face à la crise[2]. La loi édictant un maximum pour le prix du blé et réglementant étroitement le commerce des grains est votée le 4 mai. La tension politique ne cesse de monter. Tout annonce un affrontement décisif entre les deux partis. A côté de la Commune s'est constituée une assemblée révolutionnaire des commissaires des 48 sections de Paris, qui siège à l'Évêché. La Gironde, de son côté, en appelle à tous les « honnêtes gens », aux partisans de l'ordre, pour qu'ils s'organisent à leur tour dans les sections. Hébert écrit : « Brissotins, Rolandins, le tocsin de la liberté va bientôt se faire entendre, l'heure de votre mort va sonner[3] ! » Le 5 mai, Brissot relève le défi : « Depuis trop longtemps, le républicanisme et l'anarchie sont en présence... On nous présente un combat à mort, eh bien,

1. « La Société est obligée de pourvoir à la subsistance de tous ses membres, soit en leur procurant du travail, soit en assurant les moyens d'exister à ceux qui sont hors d'état de travailler. » Cité par Aulard, *op. cit.*, p. 290. La Déclaration des Droits de la Constitution montagnarde de juin 1793 ne reprendra cependant aucune des propositions de Robespierre.
2. Dans l'adresse portée à la Convention, l'Assemblée des maires déclarait : « Le droit de propriété ne peut être le droit d'affamer ses concitoyens. Les fruits de la terre, comme l'air, appartiennent à tout le monde. » In Lavisse, *op. cit.*, tome II, p. 91.
3. *In* Jaurès, *op. cit.*, tome V, p. 547.

acceptons-le[1]. » Le 8, aux Jacobins, Robespierre s'écrie : « Celui qui n'est pas pour le peuple, celui qui a des culottes dorées est l'ennemi-né de tous les sans-culottes[2]... » Dalard, indicateur de police, assidu des réunions politiques, écrit au ministre de l'Intérieur : « Ce moment est terrible et ressemble beaucoup à ceux qui ont précédé le 2 septembre[3]. »

Le 8 mai reprend le débat sur la Constitution. Vergniaud adjure la Convention d'achever son œuvre : « La Nation veut une Constitution. Sa malédiction attend celui d'entre nous qui chercherait à retarder l'exécution de sa volonté suprême[4]. » Il propose un plan de discussion. Peine perdue. Le 10 mai, Robespierre dénonce toute tentative visant à précipiter l'examen de la question constitutionnelle[5]. Après avoir encore voté l'article 1er du projet, la Convention décrète que la Commission des Six lui présentera une « série de questions ». Cette décision implique l'abandon du projet de Condorcet comme base de la discussion, et revient en fait à l'enterrer.

Il ne peut se résigner en silence à la ruine de son entreprise. Le 13 mai, il monte à la tribune[6]. C'est la première fois qu'il intervient dans la nouvelle salle où siège désormais la Convention. Celle-ci, le 10 mai, a quitté le Manège pour s'établir au palais des Tuileries, dans l'ancienne salle des Machines située entre le pavillon de l'Horloge et le pavillon de Marsan. Les Conventionnels n'ont rien gagné au changement : la salle apparaît comme un vaste rectangle de 42 mètres de long sur 15 mètres de large. Sa hauteur est de 18 mètres. Les tribunes, immenses, peuvent contenir plus de quinze cents personnes. Les députés, au contraire, sont serrés sur des gradins étroits.

1. *Patriote français*, 5 mai 1793, p. 500.
2. *In* Lavisse, *op. cit.*, tome II, p. 93.
3. *In* Jaurès, *op. cit.*, tome II, p. 93.
4. Lintilhac, *op. cit.*, p. 192.
5. *Moniteur*, XVI, p. 359 et suivantes.
6. « Discours sur la convocation d'une nouvelle Convention nationale », *Œuvres*, I, 583-597.

L'aération est mauvaise, l'acoustique détestable[1]. Par une attention particulière, on a transféré sur la place de la Révolution la guillotine jusqu'alors installée dans la cour des Tuileries.

Dans cette enceinte si peu faite pour le servir, le discours de Condorcet est bref. Il évoque à nouveau « les dangers où nos troubles intérieurs et nos divisions intestines exposent la République[2] ». Il indique le seul remède : « L'établissement d'une Constitution républicaine[3] ». Et, pour y parvenir, il propose à la Convention de fixer au 1er novembre la date d'achèvement de la Constitution. A défaut, l'Assemblée, ayant prouvé son impuissance, sera dissoute, et une nouvelle Convention aussitôt élue[4]. Condorcet conclut : « Je ne puis regarder comme légitime l'usage indéfiniment prolongé d'un pouvoir s'il n'est justifié que par le silence de ceux qui l'ont conféré. C'est l'excuse banale des rois, elle ne suffit pas à des hommes libres[5]. »

Ce furent ses derniers mots à la tribune de la Convention. Ce jour-là, son message était d'avance perdu. Ceux qui l'écoutaient, prisonniers de leurs passions, n'étaient plus des « hommes libres ». Politiquement, la proposition de Condorcet pouvait paraître aberrante : demander à la majorité d'une Assemblée de constater elle-même solennellement sa carence et de se condamner à disparaître faute d'avoir respecté ses propres échéances, c'était lui demander de se suicider.

Un grand tumulte accueille ses propos. Le Montagnard Thuriot s'élance à la tribune, dénonce le projet de Constitution de Condorcet, qui « n'a pas eu l'approbation de tous les patriotes[6] ». Il demande que « par appel nominal, chaque

---

1. « J'atteste, s'écrie le député Châles, le 15 mai 1793, que cette salle tuera la Montagne, tuera la République, tuera la Convention ! » *In* Dodu, *op. cit.*, p. 187.
2. « Discours sur la convocation... », *op. cit.*, p. 583.
3. *Ibid.*, p. 584.
4. « Notre mission est de donner au peuple une Constitution, et non de la lui faire attendre jusqu'à ce qu'il nous convienne de la lui donner. »
5. *Ibid.*, p. 597.
6. *Moniteur*, XVI, p. 382.

membre soit tenu de venir déclarer à la tribune s'il se sent le courage de faire une Constitution, de demeurer à son poste et de sauver la République[1]... ». La Montagne applaudit à ce propos démagogique. Le Girondin Lasource fait voter l'ajournement de la motion de Condorcet. Par une sorte d'hommage ultime à l'auteur dont elle rejette la proposition, la Convention décrète cependant l'impression de son discours. Six cents volontaires partant aux armées sont alors admis à défiler dans la salle des séances. Puis, cet intermède militaire terminé, le débat constitutionnel reprend. Lanjuinais, au nom de la Commission des Six, présente les questions essentielles sur lesquelles la Convention aura à se prononcer. Un nouveau plan est substitué à celui de Condorcet. Son échec est consommé[2].

## L'ÉLIMINATION

### L'écrasement des Girondins

Dans l'ultime affrontement entre Girondins et Montagnards qui suit la désignation de la Commission des Douze[3], du 21

1. *Ibid.*
2. Quatre articles sur la division du territoire furent votés, mais la division en grandes communes, voulue par Condorcet, fut abandonnée. Le 21 mai, un autre article fut encore adopté. Mais le projet de Condorcet était en fait abandonné.
3. Le 15 mai, Guadet dénonce un complot fomenté contre la Convention et demande la cassation de la municipalité de Paris et la réunion des suppléants des députés à Bourges. Pour éviter que la Convention ne se prononce, Barère, au nom du Comité du Salut public, propose habilement la création d'une Commission de douze membres où l'on prendrait « les mesures nécessaires pour la tranquillité publique ». La Convention suit Barère. Le 20 mai, les membres de cette Commission sont élus. Tous appartiennent à la droite de l'Assemblée. La Commission extraordinaire se met aussitôt à l'œuvre. (*Cf.* Jacques Balossier, *La Commission extraordinaire des Douze*, Paris, Presses universitaires de France, 1986.) Le 24 mai, elle ordonne une demi-douzaine d'arrestations, dont celle de

mai au 2 juin 1793, Condorcet ne joue aucun rôle. Ses sentiments et ses pensées demeurent ignorés, puisqu'il ne tient plus sa chronique quotidienne. Mais, au plus fort de la crise, il prend part au vote nominal du 28 mai à la Convention. Et son choix est chargé de signification politique. La veille au soir, vers 22 heures, après que toute la journée a été marquée par des débats d'une violence inouïe[1], de nombreux députés ont déjà quitté la salle lorsque les délégués des 28 sections de Paris sont venus réclamer l'élargissement de Hébert et de ses compagnons, arrêtés sur décision de la Commission extraordinaire, et la cassation de celle-ci. Hérault de Séchelles, qui présidait, a mis aux voix une motion montagnarde reprenant la pétition. Dans le tumulte, des délégués des sections, assis parmi les députés, ont pris part au vote. La motion a été adoptée[2].

Le lendemain, les Girondins dénoncent l'illégalité du décret de la veille. Il est décidé à la quasi-unanimité de se prononcer par vote nominal sur la question essentielle : le décret cassant

Hébert, substitut du procureur de la Commune et rédacteur du *Père Duchesne*. Le 25 mai, une députation du Conseil général vient réclamer en termes violents sa libération. Le fougueux Isnard, qui préside la Convention, profère de violentes menaces contre la capitale : « Si jamais la Convention était avilie..., bientôt on chercherait sur les rives de la Seine si Paris a existé... » (*Moniteur*, XVI, p. 479.) Danton proteste contre cette imprécation qui rappelle le manifeste de Brunswick. Le Comité de Salut public, « qui s'honore de n'être d'aucun parti, affirme Barère, et n'estime pas plus l'influence de Marat que celle de Brissot », se déclare neutre. (Aulard, *Histoire politique...*, *op. cit.*, p. 435.) Le lendemain 26 mai, aux Jacobins, Robespierre appelle le peuple à l'insurrection contre les députés girondins (« J'invite le peuple à se mettre dans la Convention nationale en insurrection contre tous les députés corrompus » ; cité par Jaurès, *op. cit.*, tome V, p. 574). Le 27, l'offensive montagnarde se déclenche à la Convention.

1. « Jamais le trouble n'a été si loin, raconte Blad, député du Finistère. Vociférations, provocations d'une partie de l'Assemblée, huées, applaudissements, hurlements des tribunes, menaces, insultes de la part du peuple, tout a offert le spectacle le plus révoltant. Vingt députés se sont colletés au milieu de la salle, menacés de la canne. Une armée de femmes a tenu pendant quatre heures la salle bloquée. Quiconque ne siégeait pas d'un certain côté de l'Assemblée ne pouvait sortir, même pour satisfaire aux besoins de la nature... » (Lettre en date du 29 mai 1973 à la municipalité de Brest, « Correspondance de Blad, député à la Convention nationale », in *La Révolution française*, juillet-décembre 1895, p. 554.)

2. *Cf.* Jacques Balossier, *op. cit.*, pp. 70-71.

la Commission des Douze sera-t-il rapporté ? A ce moment, chacun doit publiquement choisir son camp. Voter oui, c'est rétablir la Commission et se prononcer pour les Girondins ; voter non, c'est se déclarer du côté de la Montagne. Dans le procès du Roi, les choix pouvaient être dictés par des principes moraux ou des considérations internationales ; le vote sur la Commission des Douze, lui, est entièrement politique. Sur 517 votants, 279 votent oui, 238 non : la majorité parlementaire demeure du côté de la Gironde. Condorcet vote non, comme les Montagnards. Il sait que si l'action de la Commission des Douze satisfait les passions de la Gironde, elle exaspère la fureur des sections parisiennes et précipite l'affrontement redouté. Loin d'être un facteur d'apaisement, elle fournit le prétexte ou l'occasion d'un mouvement insurrectionnel contre la Convention pour liquider les Girondins. Danton lui-même leur a lancé un ultime avertissement avant le vote : « Si la Commission conserve le pouvoir tyrannique qu'elle exerce..., alors nous surpasserons nos ennemis en audace et en vigueur révolutionnaire[1]. » En rétablissant la Commission, les Girondins provoquent l'épreuve de force. Ils rendent impossible cet apaisement que Condorcet appelle de ses vœux. Leur démarche est absurde, et, en l'état du rapport des forces à Paris, presque suicidaire. Il ne peut les suivre.

Le lendemain 29 mai, dans le rapport présenté par Barère au nom du Comité de Salut public, l'appel à la conciliation et à l'apaisement dû à Danton rejoint les propos mêmes de Condorcet. Danton rappelle « la nécessité d'une Constitution républicaine, de l'établissement des écoles primaires, du raffermissement de la propriété, du retour de l'ordre..., et surtout de l'étouffement de ces passions qui divisent les représentants d'un même peuple[2] ». Condorcet n'a rien dit d'autre depuis des mois. Et son vœu est sans doute largement partagé au sein de la Convention. Mais il est trop tard.

1. *Moniteur*, XVI, p. 509.
2. Compte rendu de séance du 29 mai, dans *Le Républicain* du 30 mai 1793.

Dans la nuit du 28 mai, un Comité insurrectionnel secret de neuf membres s'est constitué à l'Évêché. A l'aube du 31, le tocsin retentit, le canon d'alarme est tiré[1]. Réunie dès six heures du matin, la Convention siège toute la journée dans la fièvre. Les sections de Paris viennent réclamer non seulement la cassation de la Commission des Douze, mais l'arrestation des vingt-deux principaux députés girondins, des autres membres de la Commission et des deux ministres Clavière et Lebrun. Robespierre intervient longuement et, sommé de conclure par Vergniaud, demande un décret d'accusation contre tous ceux qui ont été dénoncés par les pétitionnaires. La Convention se rallie aux vues de Barère et décide — trop tard — la suppression de la Commission des Douze. Condorcet avait vu juste.

Le soir même, à l'initiative des Enragés, le tocsin sonne à nouveau. Malgré la pression de la Commune et du Comité insurrectionnel, la Convention lève la séance sans avoir pris de décision. Les Montagnards veulent en finir. Dans la nuit du 1er au 2 juin, Hanriot, sur ordre de la Commune et du Comité insurrectionnel, fait entourer la Convention d'une force armée imposante. En ce dimanche 2 juin, les élus qui prennent séance dans la Convention cernée sont peu nombreux. Les principaux Girondins sont absents. Vers deux heures, lorsque des députés souhaitent quitter la salle, les gardes nationaux leur barrent la voie. L'émotion est générale. Regroupés derrière Hérault de Séchelles qui préside, les Conventionnels sortent en procession vers les troupes rangées aux Tuileries. Hanriot leur refuse le passage. Les canons sont braqués, toutes les issues fermées. C'est le coup de force contre la représentation nationale. Les députés rentrent dans

1. Selon les méthodes éprouvées le 10 août, la Commune, investie par les délégués de l'Évêché, a été cassée, puis réintégrée dans ses fonctions, sous l'autorité du Comité insurrectionnel. Pour contrôler la Garde nationale, Hanriot a été nommé commandant de l'armée parisienne, et une indemnité de quarante sous par jour a été décrétée au profit des gardes nationaux pauvres.

la salle des séances[1]. La Convention — ou plutôt la majorité des députés présents, moins de cent cinquante, auxquels se sont à nouveau mêlés sur les bancs des délégués des sections — vote dans le plus grand désordre l'arrestation à leurs domiciles de vingt-neuf députés girondins et des ministres Clavière et Lebrun. De nombreux élus se précipitent au bureau du président pour dénoncer les conditions scandaleuses du scrutin[2]. Hérault de Séchelles lève la séance. Les Girondins sont vaincus.

Condorcet a-t-il assisté à ces ultimes affrontements et à l'écrasement de la Gironde ? A-t-il quitté la Convention après son vote du 27 mai, excédé par tant de passions et de violences ? Le sentiment de son impuissance à se faire entendre en de tels moments l'a-t-il retenu loin de la salle des séances où se jouait le sort des Girondins ? A-t-il néanmoins assisté à certains épisodes de la lutte[3] ? On l'imagine mal se rendant à l'Assemblée le 2 juin, lors du dénouement. Aucun ordre du jour ne l'appelait ce dimanche-là à l'Assemblée[4]. Aucun témoin ne fait mention de sa présence à la Convention en ces heures dramatiques. Et pourquoi

1. « La Convention, après avoir parcouru tous les rangs des troupes qui étaient placées autour du Palais national, sur la place du Carrousel, dans le jardin des Tuileries, revient dans le lieu de ses séances. Les plus vifs applaudissements accueillent son entrée dans la salle. » *Archives parlementaires*, p. 707.

2. La protestation dite des 75 députés, signée le 6 juin, déclare : « On est parvenu à arracher le décret à la Convention ou plutôt à la sixième partie des membres qui la composent » (soit 120 députés environ) *cf. A. N.* F7, C 256, plaquette 495, n° 23. « Le décret a été à peine prononcé qu'un grand nombre de députés sont venus au bureau réclamer contre et ont signé diverses déclarations pour qu'il... *(sic)*, qu'ils n'approuvent point ce décret, et qu'ils n'ont pris point de part à la délibération. » Procès-verbal de la Convention nationale du dimanche 2 juin 1793, tome III, p. 30.

3. A cet égard, il faut relever que Condorcet n'a pas signé l'adresse des 75 députés dénonçant les scènes « dont ils avaient été tous les témoins ou les victimes », alors qu'il a signé une protestation des députés de l'Aisne contre le coup de force. C'est donc qu'il n'avait été ni « témoin ni victime » des événements du 2 juin.

4. Lors de la séance du samedi soir 1er juin, la pétition de la Commune et du Comité révolutionnaire demandant l'arrestation des Girondins avait été renvoyée au Comité de Salut public pour qu'il en fît rapport dans les trois jours. Rien, en principe, ne devait donc se passer le dimanche.

aurait-il quitté Sophie, Eliza et ses amis d'Auteuil pour se précipiter à nouveau dans ces embrasements et ces fureurs qui lui faisaient horreur et où il se sentait inutile ?

## La protestation des députés de l'Aisne

L'écrasement des Girondins ne menace pas directement Condorcet. Depuis octobre 1792, il n'est plus des leurs. Au fil des mois, leurs divergences politiques se sont accentuées. Et sur deux questions essentielles, la force armée départementale[1] et la Commission des Douze, il s'est prononcé contre eux. Dans la crise du printemps 1793, jamais le nom de Condorcet n'a été mentionné par les Montagnards qui, à la Commune, dans les sections, dans les clubs, réclamaient un « scrutin épuratoire » et l'arrestation des principaux députés girondins. Sans doute son projet de Constitution a-t-il été dénoncé aux Jacobins parce qu'il émanait d'un Comité dont les membres étaient en majorité girondins. Mais, pour autant, Condorcet, pas plus que Sieyès, n'apparaissait comme girondin au printemps de 1793. A aucun moment il n'est intervenu dans le conflit en faveur de l'un ou l'autre camp. Il a toujours prêché l'union des républicains. Et s'il a défendu les Girondins contre l'accusation de fédéralisme[2], il a soutenu les Montagnards contre l'accusation d'anarchisme[3]. Enfin, depuis le début avril, Condorcet appartenait au Comité d'Instruction, le plus éloigné des passions politiques. Hors de ce Comité, sa participation à l'activité de la Convention s'est résumée à la rédaction de proclamations que lui a demandées le Comité de Salut public, l'une « Aux citoyens corses[4] », l'autre « Aux

1. *Cf.* notamment *Chronique de Paris*, 1ᵉʳ février et 6 mars 1793.
2. « L'accusation de fédéralisme est devenue une des injures à la mode : c'est une des... avec lesquelles les fripons conduisent les sots. C'est un de ces poignards que l'on affûte dans l'antre de la calomnie. » *Chronique de Paris*, 9 février 1793.
3. *Chronique de Paris*, 2 mars 1793.
4. « La Convention nationale aux citoyens corses », 23 mai 1793, *Œuvres*, XII, pp. 599-601.

armées de la République[1] », textes patriotiques, mais sans portée politique.

C'est donc un Condorcet à l'écart des factions qui a assisté, sans y prendre part, à l'ultime affrontement. A ce moment, il a entrepris avec Sieyès et Duhamel la création d'une nouvelle publication : *Le Journal d'instruction sociale*. Il ne s'agit pas là d'un organe militant, ni d'une feuille politique. « Condorcet et Sieyès — énonce le prospectus — développeront les principes du droit naturel et politique, de l'économie publique, de l'art social[2]... » Les articles qu'il publie expriment ce que sont à ce moment ses préoccupations. Dans le numéro du 1er juin, il expose la nécessité de lois révolutionnaires face à la contre-révolution. Mais il souligne qu'elles ne peuvent être que provisoires, et surtout qu'elles doivent être « asservies aux règles sévères de la justice. Elle sont des lois de sûreté, et non de violence[3] ». Dans un article du même jour, il se rallie au principe de l'impôt progressif, tout en demandant que soit exemptée d'impôt « la partie du revenu nécessaire à la subsistance de la famille[4] ». Il combat les excès révolutionnaires. Il rappelle que « toutes les classes de la nation n'ont qu'un même intérêt[5] » et que la ruine des riches ne peut que desservir l'intérêt général. Rien dans ces articles ne peut le compromettre aux yeux des Montagnards.

Il pourrait donc, comme Lakanal, se replier au sein du Comité d'Instruction publique et, évitant les séances frénétiques de la Convention, ne plus y paraître que pour les questions à ses yeux essentielles : l'instruction, la diplomatie, les lois civiles[6]. Il pourrait, comme Sieyès, se contenter

1. « La Convention nationale aux armées de la République », 23 mai 1793, *Œuvres*, XII, pp. 603-604.
2. « Prospectus du Journal d'instruction sociale », *Œuvres*, XII, p. 608. Republié par EDHIS, Paris, 1981.
3. « Sur le sens du mot révolutionnaire », *Œuvres*, XII, pp. 615-624.
4. « Sur l'impôt progressif, 1er juin 1793 », *Œuvres*, XII, pp. 625-636.
5. « Que toutes les classes... », *Œuvres*, XII, pp. 644 à 650.
6. En fait, Condorcet, qui, en mai, paraît avoir peu fréquenté la Convention, semble s'être abstenu, après le 2 juin, de paraître aux séances du Comité

d'attendre, en travaillant en silence, des jours meilleurs. Il pourrait aussi se consacrer entièrement à Sophie et à Eliza, et se convaincre qu'à leur conserver un mari et un père, par un effacement absolu de la scène politique, il satisferait à ses premiers devoirs sans trahir la Nation ni la République. En bref, Condorcet, en ce lendemain du 2 juin, pourrait veiller sans honte à ne compromettre ni sa sûreté ni le bonheur des siens. Il lui suffirait de se taire sans même avoir à se renier.

Condorcet refuse cependant cette voie tranquille, aux côtés de Sophie et Eliza, qui s'offre encore à lui en ce mois de juin 1793. Il ressent comme insupportable la violence faite à la loi et à la souveraineté nationale le 2 juin. Une force armée entourant la Convention, contraignant les députés à décréter d'arrestation vingt-neuf des leurs, c'est là un attentat qu'il ne saurait accepter en silence. S'y ajoutent sans doute le regret et le remords de n'être point intervenu dans la bataille pour tenter de sauver ces Girondins qui avaient été ses amis et ses compagnons de combat tout au long de la Législative. Brissot l'avait fermement défendu aux Jacobins, en avril 1792, contre Robespierre et Chabot, et l'avait toujours soutenu dans *Le Patriote français*. Guadet avait accueilli chez lui, à Bordeaux, Sophie et Eliza, à la fin août 1792. A ses yeux, ils avaient politiquement tort. Mais était-ce une raison suffisante pour se taire devant la violence et accepter l'injustice qui les accablent ?

Du 6 au 19 juin, soixante-quinze députés girondins signent une adresse à la Nation « dénonçant à la République entière les scènes odieuses dont ils ont tous été les témoins et les victimes[1] ». Condorcet n'a été ni l'un ni l'autre. De surcroît, il n'est pas girondin. Il ne signe donc pas l'adresse. Mais il est député de l'Aisne, et un outrage inouï a été fait à la Convention nationale. Représentant du peuple, il doit, comme

d'Instruction publique comme à celles de la Convention. *Cf.* « P. V. du Comité d'Instruction », *op. cit.*, tome II, Introduction, p. IV.

1. A. N. F7 4443. Tous les signataires de la pétition furent décrétés d'arrestation par la Convention le 3 octobre 1793.

tous les députés, rendre compte à ses commettants. Il signe donc, avec sept autres députés de l'Aisne, une protestation solennelle condamnant les événements des 31 mai et 2 juin[1]. Ils dénoncent la suppression arbitraire des journaux, la saisie et la violation des correspondances qui ont suivi le coup de force. Bien entendu, le Comité de Sûreté générale est informé de cette protestation. Le 30 juin, Dumont, en son nom, en donne connaissance à la Convention et demande un décret d'arrestation contre ses signataires. Mais la protestation n'appelle pas à l'insurrection. Jean Debry, l'un des signataires, est bien connu pour sa fermeté républicaine, d'autres ont voté la mort du Roi. La Convention hésite. Legendre, député montagnard, dénonce Condorcet : « La Convention ne peut voir avec indifférence qu'un Condorcet emploie ses talents à corrompre, à tromper les citoyens ; et puisque ces représentants qui, paraissant des géants parce qu'ils se lèvent sur la pointe des pieds, au lieu de discours philosophiques, répandent les semences de la discorde et les poisons de la calomnie, il faut que la Convention prouve qu'elle est plus forte qu'une poignée de factieux[2]. » L'Assemblée hésitante se borne à renvoyer l'affaire au Comité de Salut public.

Pour Condorcet, cette demande du Comité de Sûreté générale, la dénonciation de Legendre, la décision même de la

1. Sur les douze députés de l'Aisne, un était prisonnier des Autrichiens, un autre se trouvait en mission aux armées, et Saint-Just siégeait au Comité de Salut public ; neuf autres, dont Condorcet, signèrent la protestation (Dupin le jeune devait se rétracter). Dans ce texte, les signataires rappelaient en particulier : « La Convention se présente au commandant de la troupe placée devant les cours du Palais national et en reçoit pour réponse qu'elle ne sortira pas avant que le décret exigé d'elle n'ait été prononcé. » Ils concluaient : « Tel est, citoyens, le tableau fidèle de ces événements... Vos lumières et votre patriotisme vous suggéreront les mesures sages, mais fermes, mais efficaces, que vous devez prendre pour assurer l'entière liberté de la représentation nationale, réparer l'outrage fait à la majesté du peuple français, rétablir la liberté de la presse et l'inviolabilité de la loi publique... » *In* Mortiner Ternaux, *Histoire de la Terreur*, tome VII, Paris, 1869, pp. 549-552.

2. *Archives parlementaires*, p. 681 ; *Moniteur*, XVIII, p. 8. Le rapport de Saint-Just du 9 juillet sur le complot girondin ne fait pas mention de la protestation des députés de l'Aisne, dont aucun ne fut d'ailleurs inquiété par la suite, sauf Condorcet.

Convention signifient plus qu'un avertissement : une menace. En ces jours où l'insurrection se lève dans certains départements à l'appel des Girondins, où la Convention, réduite le plus souvent à moins de deux cents membres, est entre les mains des Montagnards les plus durs, la moindre action, la moindre démarche nouvelle de sa part contre les maîtres du moment implique son arrestation. Il ne lui reste à présent qu'à se taire ou à se perdre. Condorcet est trop au fait de la réalité politique pour ne pas mesurer le péril. Mais ce qu'il advient, au cours du mois de juin, du projet de Constitution, lui est insupportable.

## La révolte de Condorcet

Le 29 mai, à la veille du coup de force, la Convention, sur proposition de Barère, a adjoint au Comité de Salut public un Comité spécial de cinq membres, chargé de lui présenter une Constitution dans les huit jours ! Hérault de Séchelles, Saint-Just, Romme, Mathieu et Couthon ont été désignés. Un projet de Constitution en une semaine : quelle dérision pour Condorcet ! Mais la Montagne qui, après le 2 juin, a le champ libre, mesure combien il est politiquement urgent, face aux troubles qui éclatent dans les départements, de provoquer sans délai, dans toute la France, un vote favorable à une nouvelle Constitution préparée par elle. Ainsi serait légitimé, par ce plébiscite constitutionnel, son coup de force contre la Gironde. L'essentiel, dès lors, n'est pas d'élaborer une Constitution exemplaire, mais de présenter d'urgence un texte aux suffrages des citoyens. Le nouveau Comité de cinq membres se met aussitôt à l'ouvrage. L'élégant Hérault de Séchelles — celui-là même qui, en avril 1789, avait tenté avec Condorcet, à Mantes, la fortune électorale — tient la plume. Saint-Just écrira : « Hérault fut avec dégoût le témoin muet des travaux de ceux qui tracèrent le plan de Constitution, dont il se fit adroitement le rapporteur déhonté *(sic)*[1]. » Rien ne décrit mieux le climat dans lequel ce projet est rédigé que le billet adressé le vendredi 7 juin par Hérault de Séchelles au « garde des imprimés », Desaunays : « Chargé, avec quatre de mes collègues, de préparer pour lundi un plan de Constitution, je vous prie de vous procurer sur-le-champ les lois de Minos, qui doivent se trouver dans un recueil de lois grecques. Nous en avons un besoin urgent[2]... »

Le lundi 10 juin au matin, le projet est achevé et adopté par le Comité de Salut public. L'après-midi même, Hérault le lit à la Convention. La discussion est menée au pas de charge. Commencée le 11 juin, elle se terminera le 24 du même mois. Le député des Ardennes Baudin raconte à propos de la Déclaration des Droits : « On la discute pour la forme, on la met aux voix ; une portion de l'Assemblée reste immobile. De violents murmures se font entendre. Billaud-Varenne demande avec furie l'appel nominal, pour apprendre enfin au peuple quels étaient ses ennemis. Robespierre... calcule très bien que si l'on adopte ce moyen, on va déceler à quoi se réduit le nombre des votants... D'atroce qu'il était, il essaya de devenir plaisant : "Il faut croire que ces messieurs sont paralytiques", dit-il, et il fit passer à l'ordre du jour[3]. »

La Constitution du 24 juin 1793 est beaucoup plus courte[4] (cent vingt-quatre articles) que le projet de Condorcet (trois cent soixante-dix articles). Elle s'en inspire pour une bonne part. Comme lui, elle donne à la démocratie directe, à l'exercice immédiat de la souveraineté par le peuple une place essentielle. Mais elle se révèle moins démocratique. Elle réduit les possibilités de référendum populaire et fait désigner le

1. *In* Aulard, *op. cit.*, p. 297.
2. *Ibid.*, p. 287, note 1. S'agissait-il, comme le précise Aulard, d'une mystification de Hérault dirigée contre Saint-Just, lequel avait cité Minos, le 24 avril, dans la discussion à la Convention ? *Cf. Moniteur*, XVI, p. 215.
3. Baudin, « Anecdotes et réflexions générales sur la Constitution », *La Révolution française*, juillet-décembre 1888, p. 365.
4. Sieyès l'appelait avec dédain « une table des matières ». *Cf.* Alengry, *op. cit.*, p. 311, note 2.

Conseil exécutif de vingt-quatre membres par l'Assemblée, alors que Condorcet faisait élire directement les sept ministres par le peuple. Surtout, elle abandonne le principe, essentiel à ses yeux, des révisions périodiques de la Constitution, soumises à l'approbation populaire.

Mais, dans leur Déclaration des Droits, les Montagnards ont eu la volonté politique d'aller plus loin que le projet antérieur. En des formules éclatantes, ils proclament que « le but de la société est le bonheur commun » (article 1er), que « la société doit favoriser de tout son pouvoir les progrès de la raison publique » (article 22). Si, comme Condorcet, ils déclarent que les « secours publics sont une dette sacrée de la société », ils ajoutent : « La société doit la subsistance aux citoyens malheureux, soit en leur procurant du travail, soit en assurant les moyens d'exister à ceux qui sont hors d'état de travailler » (article 21). Pour repousser le soupçon de vouloir instaurer un triumvirat ou une dictature, la Déclaration montagnarde invite au meurtre du tyran[1]. Allant au-delà du droit de résistance à l'oppression dans les limites des moyens légaux, déjà admis par Condorcet, elle consacre le droit et même le devoir d'insurrection du peuple[2]. Elle s'avère ainsi plus chaleureuse, plus généreuse, plus chargée de souffle révolutionnaire que le projet girondin. Elle convient mieux aux cœurs et aux âmes passionnés des républicains de l'an II. Techniquement médiocre, en fait presque impossible à mettre en œuvre, la Constitution bâclée des Montagnards revêt, grâce à cette Déclaration des Droits, une sorte de grandeur farouche. « Une pancarte[3] », dit avec mépris Mme Roland. Plutôt une proclamation qui, par l'éclat de ses formules et le moment

1. « Que tout individu qui usurperait la souveraineté soit à l'instant mis à mort par les hommes libres » (article 27).
2. « Quand le Gouvernement viole les droits du peuple, l'insurrection est, pour le peuple et pour chaque portion du peuple, le plus sacré des droits et le plus indispensable des devoirs » (article 35).
3. *Mémoires*, *op. cit.*, tome II, p. 303.

dramatique de sa promulgation[1], sera appelée à revêtir, dans l'histoire républicaine, une dimension mythique.

A ce caractère épique, Condorcet est insensible. Par contre, il ressent comme un outrage cette parodie de débat constitutionnel, ce projet expédié en quelques jours. Comme Sieyès, il a médité pendant des années sur les problèmes constitutionnels, à la recherche du savant équilibre qui assurerait aux citoyens la liberté et l'égalité et fonderait la République sur la raison. Pendant des mois, il a donné le meilleur de lui-même à son projet de Constitution. Il a vu avec peine l'accueil plein de froideur qui lui a été réservé ; il a vu avec douleur un nouveau comité préparer un autre plan. Du moins a-t-il espéré que les dispositions essentielles de son œuvre seraient conservées lors de la discussion. Et voici qu'à la faveur d'un coup de force, un nouveau comité, composé d'hommes auxquels il ne reconnaît qu'une compétence limitée, prétend rédiger en quelques jours ce qu'ils osent appeler un projet de Constitution et qui n'est à ses yeux qu'un brouillon. Et la Convention a voté ce texte indigne, en quelques séances de quelques heures, sans véritable débat, sans discussion sérieuse ! Une centaine de députés ont dévoyé, pour des intérêts politiques immédiats, la mission presque sacrée de doter la France d'une Constitution républicaine exemplaire[2]. A la tribune de la Convention, lors de la présentation de son projet de Constitution, en février 1793, Condorcet avait proclamé « que la gloire de la Convention, que le sort du reste de la vie des hommes qui la composent, est attaché au succès de ce grand acte de la volonté nationale. C'est par là que la Nation,

1. *Cf.* Barère, le 3 juillet 1793 : « Cette Constitution tant désirée et qui, comme les tables de Moïse, n'a pu sortir de la Montagne sainte qu'au milieu de la foudre et des éclairs... » Alengry, *op. cit.*, p. 31.

2. La Constitution montagnarde sera soumise aux assemblées primaires entre le 2 et le 24 juillet, et est approuvée par 1 801 918 voix contre 11 610. Le nombre des abstentions est donc considérable. Elle est proclamée le 10 août 1793. Le 10 octobre 1793, la Convention décrète que le « Gouvernement provisoire de la France est révolutionnaire jusqu'à la paix ». Ainsi se trouvera ajournée, *sine die*, l'application de la Constitution montagnarde.

que l'Europe, que la postérité jugera nos intentions et notre conduite[1] ». A présent, l'œuvre magnifique rêvée, le monument institutionnel projeté, tant de travaux, d'efforts et de conviction sont anéantis. Et une poignée de politiciens osent présenter aux citoyens cet avorton constitutionnel, vivante dérision de toutes ses espérances et de tous ses efforts ! Peu lui importe l'éloquence de la Déclaration, il est insensible au « petit talent d'assembler les mots[2] ». Seul compte l'ouvrage inconsistant que Hérault de Séchelles a dessiné de sa plume élégante et vaine, et qu'une Convention épurée et prostrée a voté sans discussion.

Sans doute la fureur qui emporte Condorcet a-t-elle d'autres sources que cette frustration. La Révolution tout entière vacille : parmi les Girondins décrétés d'accusation, certains se sont soumis à l'ordre d'arrestation, d'autres ont gagné les départements où les foyers d'insurrection se multiplient en ces jours de juin. Les nouvelles de la guerre sont détestables. Le cours de l'assignat s'effondre[3]. L'angoisse des républicains et des patriotes est profonde. S'y ajoute la douleur de savoir des amis arrêtés ou proscrits. Et le désespoir de Sophie qui a perdu sa mère, la marquise de Grouchy, morte le 10 juin dans ses bras au terme d'une très brève maladie[4]. L'inquiétude, le chagrin, la lassitude extrême augmentent l'amertume et la colère qui tenaillent Condorcet face à la ruine de sa grande entreprise. Alors le « mouton enragé » se révolte.

Il est député à la Convention ; il lui est donc possible de monter à la tribune et de stigmatiser ce projet de Constitution qu'il juge indigne et dangereux pour la République. Mais

1. « Exposition des motifs », *Œuvres*, XII, p. 413.
2. *Chronique de Paris*, 5 mars 1793.
3. Échangé en mai contre 53,10 livres en numéraire, l'assignat de 100 livres n'en vaut plus que 37,10 en juin, 24 en juillet. « Tableaux de dépréciation », *op. cit.*, p. 5.
4. Lettre de sa cousine Fréteau à son frère, le 12 juin 1793 : « Ma tante n'est plus. Papa nous mandé que sa fille [Mme de Condorcet] est tombée dans des convulsions telles qu'il n'en a jamais vu de semblables. Si on ne l'eût jetée à l'instant dans le bain, elle serait expirée. Jugez de sa douleur... » Cité par Antoine Guillois, *La Marquise de Condorcet*, Paris, 1897, p. 129.

Condorcet connaît ses limites. Dans cette enceinte à présent dominée par Robespierre et ses amis, face aux tribunes peuplées de spectateurs acquis à Marat, il ne pourra, avec sa faible voix, son faible sens de la repartie, clouer les insulteurs, dominer le tumulte et les imprécations. Toute intervention de sa part est vouée au désastre. Il recourt donc à son arme familière : la plume. Il décide de dénoncer aux citoyens l'œuvre monstrueuse qu'ils vont être appelés à approuver.

S'il se contentait d'un commentaire juridique de la Constitution montagnarde, il pourrait invoquer la liberté des opinions et échapper peut-être ainsi à la vindicte de ses ennemis du Comité de Sûreté générale. Mais il va plus loin qu'une critique des incohérences, des insuffisances et des dangers de la Constitution montagnarde. Il lui oppose le « projet rédigé par des hommes connus, en Europe, par leurs talents ou leurs ouvrages, chers à la France par des services rendus à la liberté[1] ». C'est faire, en même temps que le sien, l'éloge de Vergniaud, de Gensonné, de Pétion, de Barbaroux, tous Girondins, membres du Comité de Constitution, à présent arrêtés ou proscrits. A l'inverse, il attaque « ces hommes qui sans cesse flattent le peuple, qui répètent qu'il est grand et presque infaillible lorsqu'ils espèrent l'entraîner à des violences[2] ». Robespierre et Marat ne peuvent que se reconnaître dans ces lignes, surtout lorsque Condorcet ajoute : « Ils appellent le peuple les hommes corrompus ou égarés qu'ils rassemblent en groupes, qu'ils entassent dans les tribunes ; mais le peuple souverain, dans ses assemblées primaires, est pour eux un juge terrible qu'ils haïssent parce qu'ils le craignent[3]. » Allant plus loin encore, il dénonce le coup de force des 31 mai-2 juin : « Dans quel moment ce travail a-t-il été rédigé et accepté ? Dans un moment où la liberté des représentants du peuple avait été ouvertement outragée ; dans un moment où la liberté de la presse était anéantie..., où le

1. « Aux citoyens français sur la nouvelle Constitution », *Œuvres*, XII, p. 652.
2. *Ibid.*
3. *Ibid.*, p. 654.

secret des lettres était violé avec une audace que le despotisme n'avait jamais connue, où, par conséquent, il n'existait de liberté ni au-dedans ni au-dehors de l'Assemblée[1]. » Et, comme si ce réquisitoire contre les vainqueurs du 2 juin ne lui suffisait pas, Condorcet lance l'accusation la plus terrible : celle de préparer, par cette Constitution, le retour de la monarchie, et de favoriser la division de la France en États confédérés[2]. Ces imputations, au regard du texte et des intentions des Montagnards, sont absurdes. Elles ne peuvent qu'être fatales à leur auteur.

Condorcet, en publiant ce réquisitoire en juin 1793, se perd irrémédiablement. Il se place délibérément aux côtés des Girondins écrasés en dénonçant leurs vainqueurs comme monarchistes et fédéralistes. Il rejoint le camp des vaincus après la défaite. Il sait qu'il se précipite ainsi dans l'abîme. Mais il ne peut supporter de demeurer silencieux devant tant d'outrages faits à la liberté, à la République et à la raison constitutionnelle. Simplement, par une ultime et dérisoire précaution, Condorcet, comme aux temps anciens où il ne s'agissait que d'éviter un séjour à la Bastille, publie anonymement cette Adresse aux Français[3].

1. « Voyez ce conseil des vingt-quatre ; et jugez ensuite si des hommes qui auraient cherché à préparer le piédestal d'un nouveau Roi n'auraient pas voulu aussi un Conseil exécutif dont le gouvernement dégoûtât bientôt la Nation de l'autorité de plusieurs, et qu'il fût plus facile de remplacer par un monarque... » *Ibid.*, p. 674.

2. « Voyez avec quelle facilité ces élus de chaque département, destinés à être les éléments du Conseil exécutif, peuvent former en un instant le premier congrès d'une république confédérée. » *Ibid.*, p. 675.

3. « Français — conclut Condorcet —, celui qui vous adresse ces réflexions vous devait la vérité et vous l'a dite. Il ne s'est point nommé, parce que la presse comme la parole a cessé d'être libre et que votre intérêt exige de cacher à vos ennemis le nom de vos défenseurs. » *Ibid.*, p. 673.

## Le décret d'arrestation

Quelques jours s'écoulèrent. Le 8 juillet 1793, à la Convention, Chabot demande la parole au nom du Comité de Sûreté générale. « Je tiens en main, dit-il, un écrit d'un de vos membres qui avait cherché à soulever le département de l'Aisne, de cet homme qui, parce qu'il a siégé à côté de quelques savants à l'Académie, s'imagine devoir donner des lois à la République française, de Condorcet[1]. » Chabot précise qu'il tient cet écrit des administrateurs d'Abbeville. Ceux-ci l'ont saisi dans un courrier adressé par le député Devérité au maire de cette ville. Le maître de poste, soupçonneux, l'a remis aux administrateurs. Chabot ajoute : « Nous n'avons pas la preuve juridique que cet écrit soit de la main de Condorcet. Mais on y trouve absolument les mêmes phrases que dans une lettre originale de Condorcet que je tiens à la main, qui est écrite et signée de Condorcet, et qu'il envoyait aux administrateurs du département de l'Aisne pour mettre le feu dans ce département et l'engager à faire marcher une force armée sur Paris. » Ne s'agit-il pas de la protestation des représentants de l'Aisne, signée effectivement par Condorcet en même temps que par sept autres députés ? On peut le penser[2], car on imagine mal le légaliste Condorcet écrivant une lettre aux administrateurs de l'Aisne pour en appeler à l'insurrection armée. Cette missive qu'il brandit à la tribune, Chabot se garde d'en donner lecture. Il est vrai que nul député ne lui demande de la lire. Il ne donne pas non plus connaissance de la brochure de Condorcet. Il ne fait qu'en révéler la teneur, à sa manière : « Il vous représente comme ayant dilapidé les finances..., comme ayant établi la Constitution seulement pour les riches et non pour les sans-culottes... » Et, surtout, s'écrie Chabot, « la grande atrocité se

1. *Moniteur* du 10 juillet 1793. Chabot, qui parlait avec un fort accent méridional, prononçait « Coundourcet ».
2. On n'a trouvé aucune trace de la lettre brandie par Chabot.

577

trouve dans la dernière page de cet écrit infâme. On vous présente comme ayant réservé, par votre projet de Constitution, un piédestal à un nouveau Roi, vous qui avez exposé vos têtes pour faire tomber celle du tyran[1] ! ». Reste, pour Chabot, après cette charge, à trouver un fondement légal aux poursuites : « Vous avez décrété la peine de mort contre celui qui ferait circuler une fausse Constitution. Eh bien, Condorcet fait circuler celle de l'ancien Comité des Neuf. Il prétend qu'elle est meilleure que la vôtre et que les assemblées doivent l'accepter[2]. » Il réclame contre Condorcet un décret d'arrestation, et la mise sous scellés de ses papiers : « On y trouvera les traces de la conspiration. »

La Convention — ou plutôt les Montagnards présents — applaudit et demande à aller aux voix. Un député, Guyomard, intervient alors : « Je demande si l'écrit qui vous est dénoncé est intitulé "Projet de Constitution" ou si c'est simplement un écrit sur la Constitution... Car si ce ne sont que des réflexions sur la Constitution, c'est bien différent d'une falsification du projet de Constitution. On a le droit de publier son opinion sur un acte qui n'est pas encore une loi et que vous avez vous-mêmes soumis à la discussion et à l'acceptation libre de tous les citoyens. » L'argument est irréfutable. Chabot le balaie. Certes, reconnaît-il, l'écrit n'est pas un plan de Constitution, « mais Condorcet offre aux assemblées primaires le projet du Comité des Neuf comme préférable au vôtre... Dans cet écrit, il déchire à pleines mains et votre Comité et la Convention elle-même[3] ». Rien, dans ce fatras, qui évoque

1. Extrait du *Moniteur* du 10 juillet 1793, *Œuvres*, XII, p. 680.
2. *Ibid.*, Condorcet avait en effet écrit : « Prononcez entre l'ouvrage d'un comité choisi par la Convention libre et celui qu'on a fait adopter à la Convention tyrannisée. » (« Aux citoyens français », *op. cit.*, p. 674.)
3. Devérité, député de la Somme, qui n'avait pas voté la mort de Louis XVI, échappa à l'arrestation. A la Convention, après le 9 Thermidor, André Dumont, ex-membre du Comité de Sûreté générale avec Chabot, précisa : « Je crois devoir dire la vérité à cet égard. Il avait envoyé dans son département un exemplaire de notre Constitution et un autre de celle présentée alors par Condorcet, avec ce mot en tête : "Choisissez". Je crus voir dans cette expression une intention perfide, et je provoquai un décret d'arrestation. » (*Moniteur*, 9 décembre 1794). Devérité fut

une falsification de Constitution, rien qui fonde l'accusation contre Condorcet ; mais la discussion est close sur cette réplique de Chabot et le décret d'arrestation contre Condorcet aussitôt rendu. On décide de lui adjoindre Devérité, sans doute pour accréditer la thèse du complot[1].

Combien de députés étaient-ils présents à la Convention en ce mardi 8 juillet 1793 ? Et combien se levèrent pour approuver le décret d'arrestation ? Peu nombreux à siéger, ils étaient moins encore à voter. Une poignée d'hommes décida ainsi en quelques minutes, sans débat, du sort de Condorcet. Quel regret d'ignorer pour toujours leurs noms ! Seul nous est parvenu celui de Chabot, l'ex-capucin, l'activiste au bonnet rouge, le bouffon des dîners républicains, l'escroc qui sombrera dans l'affaire de la Compagnie des Indes, le lâche qui, de sa prison, suppliera Robespierre et n'en sera pas moins guillotiné avec Danton[2]. Chabot seul demeure en lumière. Mais cet inquisiteur minable, de quelle volonté mortelle, de quelle haine froide était-il l'instrument ?

rappelé dans le sein de la Convention par décret du 18 frimaire An IV, en même temps que Thomas Paine (*Moniteur*, 10 décembre 1794).

1. Extrait du *Moniteur, op. cit.*, p. 681.

2. Sur François Chabot, voir Bonald, *François Chabot*, Paris, 1908. *Cf.* aussi « François Chabot à ses concitoyens », *Annales révolutionnaires*, 1913, pp. 533 à 550 ; Aulard, « Figures oubliées de la Révolution », *La Nouvelle Revue*, juillet-août 1885, pp. 83 à 86.

# CHAPITRE X

## *Un homme traqué*
### *(1793-1794)*

### *La fuite*

Chabot ne perdit pas de temps. Sitôt le décret rendu, il rédige de sa main l'ordre donné par le Comité de Sûreté générale à son commis Soulet, « de se transporter chez le citoyen Condorcet pour le mettre en état d'arrestation et mettre les scellés sur ses papiers[1] ». Le mandat signé[2], Soulet part requérir Curt, commissaire du comité de surveillance de la section Fontaine de Grenelle, dont dépend le domicile parisien de Condorcet, au 505 rue de Lille. Le concierge Martinet, interpellé, répond que « le citoyen Condorcet est dans sa maison de campagne à Auteuil, près de Paris[3] ». Curt se borne à apposer les scellés sur l'appartement et sur celui de son secrétaire, Cardot, où « il pourrait y avoir des papiers intéressants[4] ». Aussitôt, le Comité de Sûreté générale dépêche à Auteuil deux autres commissaires, Blanchard et Mercier. Le compte rendu de leurs recherches est savoureux :

« D'abord, écrit Mercier, nous arrivons chez le maire... Son insouciance au moins apparente, après la lecture du décret, nous décèle plus qu'un modéré, un ami de Condorcet. Au lieu de répondre à l'injonction du souverain, de s'orner de l'écharpe

1. Archives nationales, F7/4652. *Cf.* Cahen, *op. cit.*, p. 524.
2. Le mandat est signé par Chabot, Drouet, Ingnaud, Pinet aîné.
3. Archives nationales, *ibid*.
4. *Ibid.*

581

qu'il me semble indiqué de porter, il nous a envoyés à son voisin, homme bénévole qui se laisse doucement entraîner à l'exercice de ses fonctions. Le peu de temps qu'il fallut à ce magistrat pour se culotter nous fit perdre ce qu'aurait gagné un sans-culotte ; pendant ce temps, je crois que l'officieux ami de Condorcet, La Roche, a agi ou fait agir à contresens ; car, arrivé chez Mme Condorcet à 8 heures, l'alarme était au camp. Cabanis, intrigant si connu, médecin de son métier et pourtant officier municipal d'Auteuil, était avec Mme Condorcet, et la quitta d'un air empressé pour aller, dit-il, chez Mme Helvétius. Je sortis aussi, moi, avec le procureur de la commune, seul magistrat que j'aie vu là digne du peuple. Chemin faisant, nous apprenons ce qui se passe, nous savons que Condorcet était à l'instant chez Jean Debry, qui loge chez la citoyenne Pignon, femme à caractère représentatif *(sic)* et, partant, insignifiant ; nous y allons aussitôt avec le procureur-syndic. Mme Pignon paraît, et le citoyen Cabanis est encore là qui répond pour sa dame et dit qu'en effet, Jean Debry logeait ici, mais qu'il était malade, même au lit. Le procureur-syndic y monta et trouva le lit bien fait, et Jean Debry absent. De retour chez Condorcet, le jardinier m'a dit qu'il était là tout à l'heure ; je me tins dans la cour avec les sans-culottes armés. Condorcet ne reparut évidemment pas[1]... »

Si l'on ajoute que Mme de Condorcet a répondu aux deux commissaires parisiens, lorsqu'ils ont fait irruption, « qu'elle croyait que son mari était à Paris, qu'elle ignorait s'il reviendrait ou non aujourd'hui[2] », on comprend la fureur de Mercier : « Je dis à Cabanis qu'en sa qualité de membre de la commune d'Auteuil, il serait plus dans l'ordre, étant revêtu de son écharpe, qu'il nous aidât à retrouver les coupables que de s'évertuer à les soustraire à la loi[3]. »

Les agents du Comité ont été joués. Prévenu du décret d'arrestation par l'un de ses amis à la Convention, Cabanis

1. Archives nationales, F7/4443, dossier 29, n° 3. *Cf.* Cahen, *op. cit.*, p. 526.
2. *Ibid.*
3. *Ibid.*

s'est précipité à Auteuil pour avertir Condorcet. La visite infructueuse rue de Lille lui a donné le temps d'arriver, et à Condorcet celui de fuir de justesse. Encore faut-il lui trouver un asile sûr. Depuis quelque temps déjà, ses proches s'en sont préoccupés. Après la séance du 30 juin à la Convention où Dumont a réclamé un décret d'arrestation contre les députés de l'Aisne, il est évident que Condorcet est particulièrement menacé. Deux médecins amis de Cabanis, Pinel et Boyer, ont logé pendant leurs études 21 rue des Fossoyeurs, chez une veuve, Mme Vernet. La maison est discrète, tranquille, entre le couvent de Saint-Sulpice et le jardin du Luxembourg. Ils lui demandent si elle accepterait de cacher chez elle un proscrit, et Mme Vernet ne pose qu'une question : « Est-il vertueux ? » Sur leur réponse affirmative, elle dit simplement : « Qu'il vienne[1]. » Quand Condorcet arriva chez elle, « elle le reçut sans savoir ni demander son nom. Ce ne fut qu'en reconduisant Pinel et Boyer qu'ils lui dirent le nom de Condorcet[2] ».

## Une femme admirable

De ce soir de juillet 1793 jusqu'au matin de la fin mars 1794 où il s'en ira vers son destin, Condorcet ne quittera plus la maison du 21 rue des Fossoyeurs. Tout proscrit est un homme à la merci des autres. Pour celui qui se terre dans cet espace clos, à la fois asile et prison, tout, jusqu'aux moindres détails de la vie quotidienne, relève de ceux qui le cachent. De leur sang-froid dépend son salut ; de leurs qualités humaines, son existence. Dans sa fuite, Condorcet a cette chance insigne : il rencontre Mme Vernet. Elle l'abrite, elle le

1. Note sur Mme Vernet par Eliza, Bibliothèque de l'Institut, Ms 848, folios 54 à 55.
2. *Ibid.*, selon Guillois, *op. cit.*, p. 134, Condorcet aurait passé la première nuit de sa proscription chez Mme Helvétius, à Auteuil. Cahen pense au contraire qu'il serait allé directement chez Mme Vernet ; *op. cit.*, p. 526.

protège. En ces moments où il voit la violence et l'arbitraire triompher au nom de la République et de la Liberté, Mme Vernet, telle qu'elle est, justifie sa foi en l'homme, en sa bonté et sa perfectibilité.

« Elle était d'une taille moyenne, ses traits étaient fins et réguliers, sa physionomie animée et très mobile. Elle avait dû être jolie. » Pour Eliza, la fille de Condorcet, qui trace ce portrait, Mme Vernet était comme une grand-mère[1]. Mais, en 1794, elle avait à peine dépassé la quarantaine. Et de sa joliesse, même fanée à cette époque, son visage devait avoir conservé la grâce. Elle était née à Châteauneuf-du-Pape, près d'Avignon ; sa voix résonnait de la chaleur et de la gaieté de Provence. Elle avait été mariée à Louis-François Vernet, sculpteur de son état, cousin du peintre Horace Vernet. L'art avait baigné sa jeunesse et formé sa sensibilité[2]. Demeurée veuve, sans enfants, elle vivait de revenus modestes[3] qu'elle tirait de la location de petites chambres à des étudiants ou à des célibataires dans sa maison de la rue des Fossoyeurs. Sensible et tolérante, elle n'avait pas l'esprit religieux et ne voulut jamais voir de prêtre[4]. Elle était totalement désintéressée : « Jamais, écrit Eliza, elle ne voulut à cette époque, ni à aucune autre, rien accepter de Condorcet, de sa veuve, de sa fille, sous quelque forme ou pour quelque prétexte que ce fût[5]. » Elle incarnait toutes les vertus et la sensibilité de la bourgeoisie parisienne en cette fin du XVIIIe siècle encore rayonnante de l'esprit des Lumières. Et, pour le proscrit Condorcet, ce fut un bonheur dans son malheur que de se réfugier chez elle. Auprès de Mme Vernet vit son cousin, le

1. « Je n'ai jamais su son âge juste. Mais à son décès [mars 1832], elle avait plus de 80 ans. » Eliza O'Connor, Bibliothèque de l'Institut, Ms 848, folio 55.
2. « Elle a un goût né pour la poésie, et fait parfois de très jolis vers. » *Cf.* notice de Sarret sur le séjour de Condorcet chez Mme Vernet ; et V.E. Antoine, « Les derniers jours de Condorcet », *Revue occidentale*, 1889, p. 131.
3. « Cette maison, quand tout était loué, pouvait rapporter 2 500 francs par an. » Note d'Eliza sur Mme Vernet, *op. cit.*
4. *Ibid.*
5. *Ibid.*

géomètre Sarret[1], et un député suppléant à la Convention, Marcoz, ancien professeur de mathématiques, Montagnard de conviction, qui connaît évidemment Condorcet. Après s'en être entretenu avec celui-ci, Mme Vernet décide de tout révéler à Marcoz. Il ne trahira point sa confiance : non seulement il gardera le secret, mais il apportera à Condorcet des journaux et des livres. Grâce à lui, Condorcet pourra suivre l'évolution de la situation politique jusqu'au sein de la Convention. La fidèle servante, Manon, dévouée à sa maîtresse et à ses hôtes, veille aussi sur lui. Mme Vernet a recueilli un autre proscrit, hostile, celui-ci, à la Révolution. Après le 9 Thermidor, il ne reviendra jamais saluer sa bienfaitrice. Par un trait de délicatesse qui la dépeint toute entière, Mme Vernet taira toujours son nom à Eliza. « J'ai oublié son nom[2] », dira-t-elle simplement en souriant.

La rue des Fossoyeurs, étroite, était très calme[3], comme le quartier Saint-Sulpice où se mêlaient couvents, demeures et jardins. La maison de Mme Vernet, simple de façade, modeste de proportions, comportait deux corps de logis : l'un bordait la rue, les pensionnaires y logeaient ; l'autre prenait jour sur une cour intérieure, plantée de quelques arbres. Au rez-de-chaussée s'ouvraient sur elle un salon et une salle à manger ; au premier étage, trois chambres. Mme Vernet et Sarret en occupaient deux. La troisième fut le gîte de Condorcet[4]. Elle comportait une cheminée. Frileux, il se tenait souvent près d'elle, assis dans une grande bergère. Aucun luxe, évidemment.

La vie d'un homme qui se cache n'est que répétition. Un même rythme scande les jours qui s'écoulent, uniformes en apparence dans leur déroulement. « Il travaillait assez régulièrement toute la matinée, c'est-à-dire jusqu'à l'heure du dîner,

1. Selon certains, Mme Vernet avait secrètement épousé Sarret. *Cf.* Antoine, « Les derniers jours de Condorcet », *op. cit.*, p. 130.
2. Guillois, *op. cit.*, p. 134, note 1.
3. La rue, aujourd'hui dénommée Servandoni, existe toujours. La maison où se cacha Condorcet porte le n° 15. Une petite plaque rappelle le séjour du philosophe.
4. Cahen, *op. cit.*, p. 527.

et dans son lit jusqu'à midi, pour se garantir du froid des jambes auquel il était sujet et sensible, raconte Sarret. L'après-dîner, jusqu'à sept ou huit heures, était employé à la lecture des journaux et à des conversations dont on se doute bien qu'il faisait le principal agrément, soit par son esprit, par l'étendue des ses lumières, soit par une foule d'anecdotes piquantes dont sa mémoire était meublée. A huit heures, il se remettait au travail, jusqu'à dix. L'intervalle entre dix heures et celle du coucher se passait entre lui, sa seconde mère [Mme Vernet] et moi[1]. »

## Le décret d'accusation

Contre Condorcet, Chabot avait arraché à une Assemblée réduite et apeurée un décret d'arrestation. Mais les motifs qu'il avait avancés étaient des prétextes plutôt que des griefs. Condorcet avait critiqué la Constitution montagnarde alors qu'elle n'était pas encore votée. Difficile, même pour le Comité de Sûreté générale, de trouver là le fondement d'une accusation sérieuse, moins encore d'une condamnation. Pour perdre Condorcet, le plus simple était évidemment de l'associer aux Girondins dans le procès qui se préparait. La plupart des chefs de la Gironde avaient été arrêtés ; d'autres se cachaient ou tentaient de soulever les départements contre la Convention. L'accusation de complot contre la sûreté de l'État, assortie de multiples circonstances aggravantes, était aisée à formuler à leur encontre. Mais, pour Condorcet, il en allait différemment. Il n'avait plus partie liée avec les Girondins depuis octobre 1792. Il n'avait pas voté avec eux pour l'appel au peuple, ni contre Marat. Bien mieux, le 28 mai, il avait voté avec les Montagnards contre la proposition giron-

---

1. J. B. Sarret, « Notice sur la vie de Condorcet pendant sa proscription », servant de préambule aux *Observations pour les instituteurs sur les éléments d'arithmétique à l'usage des écoles primaires*, Paris, 1799.

dine de rétablir la Commission des Douze. Il avait toujours dénoncé toute tentative fédéraliste, et défendu Paris. Politiquement, il était plus proche de Barère, au printemps 1793, que de Brissot ou de Vergniaud. Comment l'associer aux Girondins alors qu'il avait en fait politiquement rompu avec eux depuis longtemps ?

Rien de plus significatif à cet égard que le rapport présenté à la Convention le 9 juillet par Saint-Just, au nom du Comité de Salut public, sur le « complot » girondin. A aucun moment il ne fait mention de Condorcet. L'habileté, voire la plus élémentaire prudence commandait donc à celui-ci de se taire et de se faire oublier dans sa retraite.

Il choisit la voie contraire. Pour justifier son refus de se soumettre au décret d'arrestation, il publie une *Lettre à la Convention nationale*[1]. Il dénonce la tyrannie qui pèse sur celle-ci[2], la violation par ses adversaires du secret de la correspondance et de la liberté de la presse ; il refuse orgueilleusement de se justifier[3]. Il accuse même ses dénonciateurs de vouloir préparer le rétablissement de la royauté en persécutant les vrais républicains, « ceux qui, en 1791, ont voulu l'abolition de la royauté, et qui n'ont pas souillé par de honteuses rétractations l'honneur d'avoir combattu pour une si belle cause ». Et, pour qu'aucune équivoque ne subsiste, Condorcet précise : « comme Robespierre et Vadier[4] ». Enfin, comme pour être assuré de se perdre, de ne plus pouvoir compter dorénavant sur aucun concours secret au sein de la Convention, il conclut avec mépris : « Vous n'avez même pas la liberté d'entendre cette lettre ; on vous a ordonné de renvoyer celles de vos collègues opprimés à votre Comité de Salut public, c'est-à-dire à ce que les triumvirs ont pu trouver

1. *Cf.* Aulard, *Histoire politique de la Révolution, op. cit.*, p. 441.
2. « J'ai fui la tyrannie sous laquelle vous gémissez encore... Quand la Convention nationale n'est pas libre, ses lois n'obligent plus les citoyens ». « Lettre de Condorcet à la Convention nationale », *Œuvres*, XII, p. 682.
3. *Ibid.* « Je ne m'abaisserai point à faire l'apologie ni de mes principes ni de ma conduite ; je n'en ai besoin ni pour la France ni pour l'Europe. »
4. *Ibid.*, p. 683.

parmi vous d'*esclaves plus dociles*[1]. » Ces propos chargés de violence sont les derniers que publiera Condorcet. Politiquement, ils sont suicidaires, parce qu'ils rendent inexpiables la haine de Robespierre et la fureur du Comité de Salut public à son encontre. Moralement, ils révèlent la passion désespérée qui l'emporte.

## « *Fragment de justification* »

Il sait que ses ennemis, à présent, n'auront de cesse de le déshonorer, faute de pouvoir le faire guillotiner. Sans doute Marat est-il mort, assassiné le 13 juillet par Charlotte Corday. Mais Hébert, Chabot, Basire sont là, aussi prompts à mentir qu'à dénoncer. Il lui faut, pense-t-il, préparer sa défense, s'expliquer devant le seul juge qu'il reconnaisse, non le Tribunal révolutionnaire aux ordres du Comité du Salut public, mais la Nation tout entière. En ces jours brûlants de juillet 1793, alors que l'invasion étrangère menace à nouveau, que l'insurrection gronde dans les départements, Condorcet, reclus dans sa chambre de la rue des Fossoyeurs, entreprend d'écrire son plaidoyer[2]. Il rappelle ses actions et ses choix depuis le début de la Révolution jusqu'à son élection à la Convention. Il veut se justifier, s'expliquer, pensant que, s'il vient à être arrêté, on ne lui en laissera pas le temps. L'inquiétude lancinante, le doute qui étreint le politique quand la fortune lui est contraire, il souhaite les exorciser. Intellectuel, il lui faut se convaincre, autant que convaincre les autres, de l'exactitude de ses vues et de la rectitude de ses actes. La République vacillante, la France envahie, les libertés bafouées, une Constitution détestable, est-ce pour en arriver là qu'il a tant lutté ? La guerre qu'il a soutenue menace

1. *Ibid.* Souligné par nous.
2. « Fragment de justification », *Œuvres*, I, pp. 574 à 604.

d'emporter la Nation ; la Révolution qu'il a souhaitée se montre telle que Vergniaud l'a décrite : « Saturne dévorant ses enfants » ; les Droits de l'homme, à peine proclamés, sont foulés aux pieds avec plus de violence qu'au temps où l'arbitraire régnait sur la France ; la guillotine, dressée sur la place de la Révolution, est en passe d'en devenir le symbole sanglant. L'intense soif de justification qui l'habite est à la mesure de son angoisse.

Sophie vient le visiter aussi souvent qu'elle le peut. A le voir ainsi se retourner sans trêve sur le passé immédiat comme sur une claie, elle comprend qu'il se déchire et se détruit. Parce qu'elle l'aime, elle sent qu'il faut à tout prix l'arracher aux obsessions qui l'assaillent d'autant plus qu'il ne peut que se terrer et attendre. Sophie le rappelle à lui-même. Elle sait quelles perspectives grandioses sa réflexion lui a ouvertes sur le destin de l'humanité. Elle le convainc de se consacrer sans tarder à cet immense ouvrage, puisqu'est venu le temps de la solitude et du silence. Par amour pour elle, Condorcet abandonne sa justification inachevée[1], détourne son regard de ce passé obsédant et de ce présent angoissant. Prisonnier de la rue des Fossoyeurs, il choisit la seule voie qui lui reste ouverte vers la liberté. Il lève les yeux vers les sommets, l'avenir, les promesses d'une aurore à peine entrevue, et entreprend de rédiger son *Esquisse d'un tableau historique des progrès de l'esprit humain*[2].

## En écrivant l'Esquisse

Jusqu'au terme de l'été, Condorcet écrit. Depuis longtemps, il médite cette œuvre immense. Il en a rassemblé en esprit les matériaux, il en a construit le plan et l'a exposé de vive voix

1. Sur le manuscrit du « Fragment de justification » figure, de la main de Sophie, la mention : « Quitté, à ma prière, pour écrire l'*Esquisse des progrès de l'esprit humain*. » *Œuvres*, I, p. 605.
2. *Œuvres*, VI, pp. 289 à 597.

à Sophie[1]. Il est prêt. Sans doute n'a-t-il pas de bibliothèque à sa disposition. Mais Mme Vernet, Sarret et Sophie lui apportent les quelques ouvrages indispensables. Surtout, il porte en lui le trésor d'une mémoire sans faille, celle d'un homme qui a immensément lu et beaucoup retenu.

A regarder le manuscrit de ces centaines de pages, le sentiment naît que sa plume a couru sur le papier. On y décèle un bonheur d'écrire, d'exprimer l'essentiel, comme si une source trop longtemps contenue jaillissait enfin. Sophie savait mieux que lui où résidaient sa force et sa paix intérieure. Maintenant, Condorcet est redevenu lui-même. Il a laissé loin derrière lui les angoisses et les cruautés du débat politique. Sa pensée, à grands coups d'aile, s'élève au-dessus du contingent, de l'immédiat, du dérisoire. A nouveau, l'univers est son domaine, et l'aventure humaine son champ d'investigation. A jeter les fondements de cette œuvre immense, il retrouve l'inspiration de ses maîtres chéris : d'Alembert et Turgot. Tous deux croyaient au progrès indéfini des Lumières. A présent, le fils s'inscrit dans la lignée des pères, et se porte hardiment plus loin qu'eux-mêmes. Par cet ouvrage, il donne toute sa force à l'idée maîtresse de la philosophie de l'*Encyclopédie* : les progrès de l'esprit humain ouvrent la voie à ceux de la condition humaine. Et comme les premiers sont indéfinis, l'humanité voit s'ouvrir devant elle les perspectives illimitées d'un bonheur toujours nouveau.

Confronté à ces perspectives grandioses, son destin personnel est ramené à sa minuscule dimension. Le philosophe retrace la marche de l'humanité entière. Il s'éprouve grain de sable, poussière. Réfugié dans sa chambre, au cœur de cette ville dont le frémissement s'arrête aux portes de la calme maison de Mme Vernet, Condorcet est à nouveau libre, mieux encore : délivré de toutes les obligations médiocres qui enserrent trop souvent les géants de la pensée. Maintenant enfin,

1. Bibliothèque de l'Institut, Ms 848, folio 28, « Note d'Eliza sur son père » : « J'ai toujours entendu dire à ma mère qu'il y avait longtemps que, causant avec elle, il lui en avait confié le plan de vive voix. »

il ne va plus qu'à l'essentiel. Lui, le proscrit, le traqué, annonce la venue inévitable du jour où la dignité de l'homme sera partout reconnue, où la Raison répandue par l'instruction mettra fin sur tous les continents à l'insupportable servitude de l'homme. « Il arrivera, proclame le proscrit, ce moment où le soleil n'éclairera plus que des hommes libres[1]. »

A gagner ainsi les hauteurs, il se libère aussi des rancunes et des petitesses. L'homme politique s'efface ; seul le philosophe demeure. A la vindicte passionnée de la *Lettre à la Convention nationale* a succédé l'apaisement des grands horizons et des vastes pensées. Le « mouton enragé » a disparu. Et dans la maison de la rue des Fossoyeurs, près de l'exquise Mme Vernet et du doux M. Sarret, il est naturellement redevenu le « bon Condorcet », celui qu'aimaient les amis si chers d'autrefois, Mlle de l'Espinasse et d'Alembert. Ces mêmes Conventionnels qu'il a traités d'« esclaves », il les voit

---

1. « Esquisse... », 10e époque, *Œuvres*, VI, p. 244. Dans cette œuvre, Condorcet partage l'évolution de l'esprit humain en neuf grandes étapes. La dixième est tout à la fois son testament politique et celui du siècle des Lumières : « Nos espérances sur l'état à venir de l'espèce humaine sont au nombre de trois : la destruction de l'inégalité entre les nations ; les progrès de l'égalité dans un même peuple ; enfin, le perfectionnement réel de l'homme. » L'égalité est, pour le Républicain, une exigence première. Il sait bien que la nécessaire égalité devant la loi restera formelle tant qu'elle ne sera pas complétée par une réelle jouissance des droits. A ses yeux, l'inégalité entre les hommes doit inévitablement diminuer dans les temps futurs — sans pourtant disparaître — grâce à la dissolution des grandes fortunes ; par l'égalité des enfants devant l'héritage et des lois fiscales plus justes s'atténuera l'inégalité des richesses ; l'instruction universelle — qu'il a maintes fois décrite — mettra fin à la servitude ; enfin, un système d'assurance mutuelle pour tous ceux qui ne vivent que de leur travail garantira à chacun, et d'abord aux malades et aux vieillards, les ressources nécessaires.
Les progrès de l'égalité devront s'accompagner de ceux du bien-être. Condorcet prévoit clairement que les progrès de la médecine, de l'hygiène, et le recul de la misère allongeront l'espérance de vie. Comme Descartes un siècle plus tôt, il annonce, telle une évidence, le recul indéfini de la mort. Optimiste et rationaliste comme le philosophe du *Discours de la méthode*, Condorcet n'assigne pas de limite à la maîtrise, par la science, de la nature de l'homme et de son perfectionnement tant physique que moral. Il va de soi, pour lui, que les progrès des Lumières apprendront aux peuples que la guerre est le plus grand des fléaux et des crimes. Que la justice et le bonheur du couple commandent l'entière égalité des sexes. Enfin, que les parents ont pour obligation de donner non pas seulement l'existence, mais le bonheur à leurs enfants.

à présent, par-delà leur fanatisme ou leurs faiblesses, tels qu'ils sont : faisant l'Histoire, celle des hommes de l'an II. A l'ami Diannyère qui vient en secret lui rendre visite, il dit : « Assez d'autres sont occupés de peindre ces temps malheureux... Ils ont fait entendre leurs soupçons et leurs plaintes : je ne mêlerai pas ma voix à la leur ; je verrai dans la majorité de la Convention nationale des hommes nouveaux qui, sans trésor, sans crédit, sans généraux, sans armées, sans fusils, sans canons, sans poudre, ont eu le courage d'abattre la royauté sous les yeux d'une armée triomphante[1]. » Il se libère de tout esprit de vengeance. A Mme Vernet qui évoque « le jour de la justice, lorsque ses ennemis, ceux qui l'avaient proscrit, n'auront plus aucun crédit et qu'il sera au pouvoir », et qui l'interroge : « Que ferez-vous alors ? », il répond simplement : « Tout le bien que je pourrai[2]. »

Pendant qu'il peint ainsi la grande fresque de l'histoire de l'esprit humain et dessine des perspectives rayonnantes, ses ennemis, eux, ne l'oublient pas. Le procès des Girondins approche. Au Comité de Sûreté générale, on a décidé d'y précipiter Condorcet. Le 30 octobre 1793, au nom du Comité, Amar présente à la Convention l'acte d'accusation contre les Girondins[3]. Il y refait à sa façon l'histoire politique de la Révolution, plus particulièrement depuis 1791. Mais comment mêler Condorcet, que Saint-Just n'a pas mentionné, le 8 juillet, parmi les conjurés girondins, à un complot sur lequel aucune instruction n'a été conduite ? Rien de plus révélateur de la volonté de liquider Condorcet que l'analyse précise du réquisitoire d'Amar. Il s'ouvre par une proclamation solennelle : « Il a existé une conspiration contre l'unité et l'indivisibilité de la République, contre la liberté et la sûreté du peuple

---

1. A. Diannyère, *Notice sur la vie et les ouvrages de Condorcet*, Paris, Duplan, An IV, pp. 61 et 62.
2. Note d'Eliza qui termine cette anecdote par ces mots : « Et Mme Vernet m'ajoutait : "Souviens-toi toujours, ma fille, qu'il l'eût fait". » Bibliothèque de l'Institut, Ms 848, folio 105.
3. *Moniteur*, 25 octobre 1793, pp. 200 à 205 ; 26 octobre 1793, pp. 212 et 213 ; 27 octobre 1793, pp. 220 à 222.

français. Au nombre des auteurs et complices de cette conspiration sont[1]... » Suit la liste des Girondins dont l'arrestation a été décrétée le 2 juin. Condorcet n'est pas du nombre. Après cette énumération, Amar ajoute simplement : « et autres ». Ainsi élargit-il l'accusation à des complices encore mystérieux au soir du 2 juin. C'est parmi ces complices que le Comité de Sûreté générale va inscrire Condorcet. Pour quels actes criminels contre « la liberté et la sûreté du peuple français » ? Dans le rapport d'Amar, qui couvre douze pages serrées du *Moniteur*, le nom de Caritat est mentionné sept fois, et les brefs passages où il est évoqué occupent une vingtaine de lignes. Quant aux « charges » elles-mêmes, les voici : d'abord, ses liens avec Brissot, principal accusé du procès[2]. Puis son amitié avec La Fayette. Plus singulièrement, après Varennes, ses écrits en faveur de la République : « Condorcet publiait un livre sur la République qui n'avait rien de républicain que le nom[3]... » Son attitude en juillet et août 1792, alors que « Brissot, Caritat, Guadet, Vergniaud et Gensonné conspiraient pour conserver la royauté[4] ». Sous la Convention, « Brissot, Gorsas, Louvet, Rabaud Saint-Étienne, Vergniaud, Guadet, Carra, Caritat unirent leurs plumes à celles de cent journalistes mercenaires pour tromper la nation entière sur le caractère de ses mandataires et sur les opérations de la Convention nationale. Les sommes immenses que la faction avait fait remettre entre les mains de Roland alimentaient cette horde de libellistes contre-révolutionnaires[5] ». Enfin, « parmi mille adresses séditieuses, mille libelles[6]... », figure « l'écrit adressé par Condorcet au département de

---

1. *Ibid.*, 27 octobre 1793, p. 220.
2. *Moniteur*, 25 octobre 1793, p. 200. Parmi les griefs formulés contre Brissot, Amar relève « l'exécution d'un plan d'intrigue, déguisé sous une apparence de philanthropie et dont le résultat fut la ruine de nos colonies... ». Pauvres Amis des Noirs qui voyaient les Montagnards rallier l'hôtel de Massiac !
3. *Ibid.*, p. 20.
4. *Ibid.*
5. *Ibid.*, p. 204.
6. *Ibid.*, p. 220.

l'Aisne » pour inciter les assemblées primaires à rejeter le projet de Constitution. Tels sont les crimes imputés à Condorcet par Amar. En d'autres temps, il se serait trouvé des députés pour rappeler à la Convention que ces « crimes », à les supposer commis, n'étaient que des opinions protégées par la liberté d'expression, proclamée par la Déclaration des Droits de 1789 et à nouveau consacrée par la Constitution montagnarde du 24 juin 1793[1]. En juillet, lorsque Chabot avait réclamé contre Condorcet un décret d'arrestation, un député au moins s'en était inquiété. En octobre 1793, nul ne se lève au sein de la Convention nationale pour protester. Après avoir entendu Amar, l'Assemblée décrète d'accusation quarante-sept députés, dont « Caritat, ci-devant marquis de Condorcet ». Les Montagnards lui rendaient sa noblesse...

Par Marcoz, il est tenu au courant de ce qui se passe à la Convention. Le décret d'accusation est voté le 3 octobre. Le lendemain, Condorcet achève la première version du *Tableau des progrès de l'esprit humain*. En cet instant où l'injustice et la bassesse le frappent de plein fouet, il rédige sa réponse, la seule qu'il fera à ses accusateurs : « Combien ce tableau de l'espèce humaine... marchant d'un pas ferme et sûr dans la route de la vérité, de la vertu et du bonheur, présente *au philosophe un spectacle qui le console des erreurs, des crimes, des injustices dont la terre est encore souillée et dont il est souvent la victime.* C'est dans la contemplation de ce tableau qu'il reçoit le prix de ses efforts pour les progrès de la raison, pour la défense de la liberté... Cette contemplation est pour lui un asile où le souvenir de ses persécuteurs ne peut le poursuivre ; c'est là qu'il existe véritablement avec ses semblables, dans un élysée que sa raison a su se créer et que son amour pour l'humanité embellit des plus pures jouissances[2]. »

1. *Cf.* Article 7 de la Déclaration des Droits de l'homme et du citoyen, Constitution du 24 juin 1793.
2. *Esquisse d'un tableau..., op. cit.*, p. 276. Souligné par nous.

Condorcet n'ajoutera rien à ces « rayonnantes paroles[1] ». Protester, riposter, accuser lui paraît également vain. Là où son esprit dorénavant se situe, le mensonge et l'ignominie n'ont plus leur place, même pour les dénoncer. Seules peuvent encore l'atteindre la souffrance et la mort de ses amis. Elles ne lui seront pas épargnées. La Terreur est à l'ordre du jour[2].

## La fin des Girondins

Les Girondins ont du talent, l'habitude des débats et, pour certains, une véritable éloquence. Traduits le 24 octobre devant le Tribunal révolutionnaire, ils font front contre les témoins de l'accusation. Robespierre propose alors à la Convention de décréter qu'après trois jours d'audience, si les jurés s'estiment suffisamment éclairés, les débats seront clos. Voté par la Convention le 30 octobre, ce décret est aussitôt porté au Tribunal révolutionnaire. Le soir même, les jurés déclarent leur conviction faite et condamnent à mort les accusés. Le 31 octobre à 13 heures, les Girondins sont guillotinés sur la place de la Révolution. Ils sont au nombre de trente-deux. L'exécution dure trente-huit minutes. Brissot monte l'avant-dernier sur l'échafaud.

L'après-midi même, Mme Vernet, accompagnée de Sarret et de Marcoz, entre dans la chambre de Condorcet : « Il tenait un papier où il écrivait à demi-marge *Les Progrès de l'esprit humain*. Il était sur une grande bergère, ses jambes allongées devant le feu, car il était frileux. » Il comprend aussitôt et demande à rester seul avec Mme Vernet. Alors, raconte-t-elle, « il appuya sa tête sur ma poitrine en pleurant la perte

1. *Cf.* Jaurès. « Rayonnantes paroles qui dissipent jusqu'à l'infini les ténèbres de la mort et qui répandent sur toute la Révolution, sur ses égarements mêmes et sur ses crimes, une sérénité plus haute que le pardon. » *Op. cit.*, tome VI, p. 419.
2. Du 6 août au 10 octobre 1793, le Tribunal révolutionnaire prononça 29 condamnations à mort, et d'octobre 1793 jusqu'au 1er janvier 1794, 172. *Cf.* Mathiez, *op. cit.*, tome II, pp. 235-236.

de ses amis[1] ». Avec Brissot, Vergniaud, Guadet, il avait soutenu bien des causes. Ensemble ils avaient lutté pour les droits des hommes de couleur et l'abolition de la traite, ils avaient combattu les partisans du Roi et les alliés de Robespierre. Ils avaient partagé les mêmes convictions, les mêmes adversaires, connu le même destin pendant la Législative. Le combat politique n'engendre pas que des haines ou des inimitiés, il suscite aussi des solidarités et des rapports fraternels. Et c'était le propre des Girondins que de se définir autant par les sentiments que par les vues politiques. Leur amitié, si chaleureuse chez ces hommes du Midi ou du Sud-Ouest, Condorcet avait été convié à la partager. Il en avait connu la force dans les moments d'épreuve, au printemps et à l'été 1792. Puis était venu le temps de la Convention, et leurs voies avaient divergé. A présent qu'ils sont morts, comment, au-delà du chagrin, l'angoisse et le doute ne rongeraient-ils pas Condorcet ? Comment ne ressentirait-il pas, à la lumière déclinante de cette sanglante journée d'octobre, qu'à l'heure de l'affrontement décisif, il a voté avec leurs ennemis ? Les 31 mai et 2 juin, quand le coup de force s'est abattu sur eux, il n'était pas à la Convention pour les défendre contre leurs accusateurs, sous les traits desquels un politique plus avisé que lui aurait déjà discerné le visage du bourreau. Bien sûr, il a protesté haut et fort contre le coup de force, mais après, mais trop tard. Ce jour-là, les sanglots qui déchirent cet homme de cinquante ans, réfugié dans les bras de Mme Vernet, ne sont pas que des larmes de chagrin. Il est d'autres douleurs qui se mêlent à la perte d'amis chers, et que l'on n'avoue jamais.

1. Bibliothèque de l'Institut, Ms 848, folio 69, copie d'une lettre (sans date) de Mme Vernet à Eliza O'Connor. *Cf.* Sarret, qui précise : « Je n'ai pas été témoin de ses larmes, car, disait-il, les hommes ne pleurent pas devant les hommes. »

## Du côté de Sophie

La mort des Girondins, la Terreur grandissante rendent plus obsédante encore la menace qui pèse sur ceux qu'il chérit. Il mesure le risque que sa présence fait courir à Mme Vernet : « Je serai hors la loi, et vous aussi, il faut que je sorte. » Elle lui répond : « Non, vous resterez ; le Comité de Salut public met hors la loi, mais il ne met pas hors de l'humanité[1]. » Condamné à mort par le Tribunal révolutionnaire, Condorcet n'a pas été mis hors la loi par la Convention, comme elle l'a fait pour les Girondins en fuite qui ont tenté de soulever les départements[2]. Mais il n'en est pas moins un proscrit, décrété d'accusation. Qu'on le découvre chez Mme Vernet et c'est pour elle l'arrestation, sans doute la mort. Il se ronge en pensant à sa bienfaitrice qu'il appelle à présent sa seconde mère. Et il est vrai qu'il lui doit d'avoir survécu. Mais plus cruelle encore est l'inquiétude qui l'étreint en songeant à Sophie et à Eliza.

Tous les biens de Condorcet ont été saisis. Sophie ne possède aucune fortune personnelle. Son père Grouchy a été arrêté comme aristocrate. Il lui faut pourvoir à son entretien et à celui de sa fille. Elle a aussi à sa charge sa sœur, en mauvaise santé, et sa vieille gouvernante. Comment gagner sa vie lorsqu'on est une aristocrate et la femme du proscrit Condorcet ? Sophie a cultivé, comme il est de règle dans son milieu, le dessin et la peinture, non sans succès. En ces temps d'épreuve où les jeunes gens partent à la guerre, où beaucoup craignent pour leur vie ou celle d'un être cher, l'art du portrait, de la miniature en particulier, est florissant. On souhaite laisser à l'être aimé une image de soi, ou emporter la sienne. Sophie gagne ainsi sa vie en peignant de fiers militaires, des nobles ou des suspects menacés d'arrestation. Comme elle

1. Lettre de Mme Vernet à Eliza, *op. cit.*
2. Ce fut le cas, le 30 octobre, pour Cussy et Meillan. La mise hors la loi permettait l'exécution immédiate, sans un jugement.

habite Auteuil et que ses clients demeurent à Paris, elle loue, avec ses premiers gains, une boutique de lingerie, 352 rue Saint-Honoré, où elle établit le frère du fidèle Cardot. Là, raconte sa fille, « dans la petite pièce entresol au-dessus de la porte cochère, elle donnait ses séances pour portraits[1] ». Pour ne point se faire remarquer, tremblant à la pensée que sa venue à Paris pourrait faire suspecter que Condorcet s'y trouve, Sophie s'habille en paysanne, gagne les Champs-Elysées et, « pour ne pas être suivie ou reconnue, elle se mêlait dans la foule qui venait voir la guillotine, passant ainsi la barrière[2] ». De la rue Saint-Honoré, la distance est longue jusqu'au 21 de la rue des Fossoyeurs ; les comités de surveillance sont vigilants et leurs indicateurs nombreux. Sophie change souvent de chemin, fait « de grands et nombreux détours ». Elle porte à Condorcet du linge, et aussi des douceurs[3] dans le Paris affamé et glacé de l'an II.

Comme chez tous ceux qui se cachent, l'inquiétude de Condorcet tourne à l'obsession. La menace de l'arrestation lui paraît à tout moment suspendue au-dessus de Sophie. Un sentiment de culpabilité l'étreint de plus en plus à mesure que passent les semaines et les mois. Ce sont ses convictions et son ambition qui l'ont précipité dans cette cache, et qui ont réduit Sophie et Eliza à leur condition misérable et menacée. Que deviendra sa petite fille si sa mère est arrêtée, guillotinée ? Cette idée le torture. Sa carrière, ses activités politiques lui paraissent autant de duperies, d'illusions. « Je ne tiens plus à la vie, écrit-il, que par l'amour et l'amitié. J'ai donné congé à la gloire... Quelle folie d'aspirer aux siècles et de ne vivre rien de la vie présente et qui coule[4] ! » Mesurant son désespoir, Sophie lui écrit avec force, avec flamme, pour l'arracher à ses obsessions : « Cesse donc, je t'en conjure, de te considérer comme ne pouvant que nuire à [ceux] que tu

1. Note sur Sophie et sa fille, *op. cit.*, Ms 848, folio 14.
2. *Ibid.* Il s'agit de la barrière qui marquait l'entrée de Paris.
3. *Ibid.* « Tâchant de lui envoyer ce qu'elle croyait lui être agréable. »
4. Bibliothèque de l'Institut, Ms 23, dossier 2.

aimes. Jouis du bonheur que j'ai de pouvoir te rendre un peu de ce que tu m'as donné et t'être utile jusqu'à la paix. » Elle martèle des paroles d'espérance auxquelles elle ne croit peut-être pas elle-même : « Tu n'es pas, du moins ici, sur la liste des émigrés, ce qui prouve que c'est ton absence et non ta vie qu'on veut. Reviens donc à l'espérance qui soutient mon cœur... » Et puis viennent les mots les plus tendres, parce qu'ils s'inscrivent dans la vie quotidienne, qu'ils disent simplement l'essentiel au proscrit : que sa femme veille sur lui, que sa fille pense à lui. « Je t'envoie bas, souliers, pantalon et voudrais pouvoir t'envoyer tout ce que la petite dit de tendre sur ton absence, comme de prier les gens qui s'en vont de te prier de venir dîner avec elle. » Quelles images se lèvent à ces mots dans le cœur du père, quelle douceur et quelle souffrance aussi ! Eliza, Eliza... Et Sophie lui jette ces mots merveilleux, parce qu'ils portent en eux toutes les promesses du monde · « Adieu, vis pour le bonheur[1]. »

## Les travaux de l'esprit

En ce début de l'hiver de l'an II, Condorcet désespère. Il laisse même passer une plainte brève, déchirante : « Ce n'est pas là de la vie. Il n'y a que la superficie qui vit en moi, le fond est mort[2]. » Intellectuellement, rien de moins vrai. Le travail, pour Condorcet, est refuge ou évasion. Il reprend, développe, annote le manuscrit de l'*Esquisse*. Sans cesse il apporte à son œuvre des adjonctions, des précisions[3]. En même temps, il revient aux mathématiques. Il s'applique à résoudre des problèmes de géométrie et à perfectionner une fois encore les méthodes du calcul intégral qui ont fait sa

---

1. Lettre de Sophie, Bibliothèque de l'Institut, Ms 852, folio 91.
2. Bibliothèque de l'Institut, Ms 23, dossier C.
3. Le manuscrit de l'*Esquisse* est à la Bibliothèque de l'Institut (Ms 885). Mais il y a à la Bibliothèque nationale de multiples notes et ébauches dont le volume est supérieur à celui du manuscrit proprement dit (N.A.F. 4586).

gloire à la fleur de l'âge. Il lui arrive même de les communiquer anonymement, par Marcoz, à son collègue du Comité d'Instruction publique, Arbogast, pour avoir son avis, sans que jamais celui-ci perce l'identité de leur auteur[1]. Simultanément, son esprit part à l'assaut d'autres cimes encore inexplorées, et il tente de poser les fondements d'une langue philosophique universelle[2]. Par les journaux, par Marcoz, il sait ce qui se passe à la Convention. Il ne s'irrite ni ne s'emporte plus. « "Ce sont des animaux..., ils ne savent pas ce qu'ils font..." Voilà, écrit Sarret, ce que j'ai entendu de plus fort, en fait d'injures, dans sa bouche, lorsqu'il y avait quelque nouvelle loi, quelques nouvelles mesures qui lui paraissaient mauvaises et qui l'affligeaient vivement[3]. » Mais le sort de la Nation et de la République, lié à la guerre qui se poursuit, ne cesse de l'inquiéter. Il rédige des mémoires sur les mesures utiles à prendre pour assurer la victoire des armées de la République. Par Marcoz, il les fait tenir anonymement au Comité de Salut public.

Cependant, la haine de Robespierre à son encontre ne faiblit pas. A la fin de 1793, dans un projet de discours contre les agioteurs et les affairistes, celui-ci écrit à propos de Delaunay, député du Maine-et-Loir et collaborateur de Condorcet à la *Chronique de Paris* : « Delaunay était... le confident et le valet de ce lâche Caritat qui, à l'exemple de son ami Brissot, a fui la justice nationale et qui ne l'a pas moins méritée... Lorsqu'à l'approche de la lumière, le lâche Condorcet commença à redouter la responsabilité de ses impostures liberticides, Delaunay les signa conjointement avec lui, et ces deux hommes donnèrent alors la mesure de leur courage et de leur bonne foi[4]. » Et le 17 mai 1794, lors de la grande fête de Floréal an

1. Sarret, *op. cit.*, p. 3.
2. Sarret précise : « Il avait imaginé et préparait l'établissement de cette langue, il en avait même tracé quelques signes. » *Op. cit.*, p. 3.
3. *Ibid.*, p. 4.
4. « Projet de rapport autographe », extrait des pièces trouvées dans les papiers de Robespierre, fin ventôse An II. *Œuvres* de Robespierre, tome X, *Discours*, 5ᵉ partie, pp. 401 et 402.

II en l'honneur de l'Etre Suprême, Robespierre dénoncera encore « l'académicien Condorcet, jadis grand géomètre, dit-on, au jugement des littérateurs, et grand littérateur au dire des géomètres, depuis conspirateur timide, méprisé de tous les partis[1] ». Robespierre ignorait la mort de Condorcet lorsqu'il prononça ces paroles. L'eût-il sue que ses sentiments n'auraient pas changé. Ses propos, après la mort des Girondins, témoignent de la constance de ses haines.

## Le divorce

Au moment où Robespierre, en ce début d'hiver 1793-94, rédige ces lignes qui scellent le sort de Condorcet s'il vient à être découvert, Sophie mesure avec angoisse que l'étau se resserre sur elle et Eliza. Après six mois d'absence constatée, Condorcet va nécessairement être considéré comme ayant émigré. Ses ennemis répandent d'ailleurs la rumeur qu'il se cache en Suisse. Sophie se résout alors à une mesure radicale, la seule qui puisse les protéger encore, elle et Eliza : divorcer de Condorcet. Au moins pourra-t-elle disposer de l'héritage de sa mère et faire face à ses charges plus sûrement qu'en peignant des portraits. Cette femme si courageuse n'ose affronter le visage de Condorcet au moment où elle lui annoncera sa décision. Elle prend le parti de lui écrire. Mais, dans cette lettre où le chagrin et l'amour se confondent, Sophie ne peut se décider à employer le mot terrible de *divorce* : « Puissé-je être assez heureuse pour ne pas t'affliger en te parlant du nouveau malheur où les intérêts de notre enfant me condamnent, démarche dont ma main n'écrira pas le nom, mon cœur n'en partagera point le sens... » Après avoir rappelé les dispositions de la loi contre les parents des émigrés et la nécessité d'y échapper dans l'intérêt d'Eliza, elle lui dit sa douleur et son amour : « Cette séparation apparente, tandis

1. *Ibid.*, p. 456.

que mon attachement pour toi, les liens qui nous unissent sont indissolubles, est pour moi le comble du malheur... J'ose croire que tu n'as pas besoin de ma parole pour être certain que le reste de ma vie en expliquera les motifs, que, rapprochés, rien ne changera dans notre existence réciproque, et que je porterai encore un nom toujours plus cher et plus honorable à mes yeux que jamais. J'ose croire que tu connais assez mon cœur pour sentir que les liens qui unissent ta vie à la mienne sont notre mutuel attachement. Il m'est impossible de t'exprimer ce que me coûtera ce sacrifice... Il va laisser dans mon cœur une amertume qui ne pourra être adoucie que par la justice que le tien lui rendra[1]. »

Condorcet aime passionnément Sophie. Pour le septième anniversaire de leur mariage, le 28 décembre, il lui a écrit, lui, le mathématicien, le philosophe, le doctrinaire qui n'est à l'aise que dans l'abstraction, une épître en vers !... Certes, Condorcet poète n'est pas Racine. Mais, au-delà des formules convenues, perce une secrète émotion quand il parle d'Eliza :

*Crois-tu que notre enfant puisse encore retenir*
*De son père proscrit un faible souvenir ?*
*Que son cœur de mes traits ait gardé quelque image...*

Et le poème s'achève par un propos d'amour dans lequel Condorcet réunit la Patrie et Sophie :

*J'ai servi mon pays, j'ai possédé ton cœur ;*
*Je n'aurai point vécu sans goûter le bonheur[2].*

Le bonheur... Il lui faut à présent s'arracher à Sophie, au moins aux yeux du monde. Qu'il soit désespéré du divorce, les lettres de Sophie en témoignent. Mais il ne balance pas à approuver le projet. Pour apaiser toutes les inquiétudes et justifier un jour Sophie s'il vient à être arrêté, Condorcet propose de lui remettre son consentement écrit. Sophie refuse

1. Lettre citée par L. Cahen, *op. cit.*, p. 571.
2. « Épître d'un Polonais exilé en Sibérie à sa femme », *Œuvres*, I, p. 607.

avec indignation : « Cette seule prévoyance de ta part serait le blâme de toute ma conduite, et je te conjure de le détruire. Il humilie mon cœur autant qu'il le déchire... J'ai dans l'âme le déchirement que tu y as et la même horreur pour la plus apparente rupture[1]. »

La demande en divorce est présentée le 25 nivôse An II (14 janvier 1794) à la municipalité d'Auteuil. Sophie y fait connaître son intention de demeurer dans la commune « comme une artiste qui cherche à subsister paisiblement par ses travaux[2] ». Par-delà le symbole déchirant, le divorce a aussi des conséquences cruelles : plus que jamais, Sophie doit éviter tout soupçon d'entretenir encore des relations avec le proscrit. Les visites, déjà si difficiles, ne peuvent que s'espacer encore. La correspondance va requérir les plus grandes précautions. De cet amour qui lui est indispensable pour tenir bon, les preuves vont aller en se raréfiant. La misère morale de Condorcet, son angoisse affective s'aggravent en ces mois glacés de l'hiver 1794.

## L'angoisse

Sans doute s'accroche-t-il à ses travaux, à la grande œuvre dont il perfectionne sans cesse le plan. Mais sa solitude ne fait que croître à mesure que les lois durcissent encore la Terreur. Les amis qui le visitaient, Boyer, Pinel, Cabanis, n'osent plus s'aventurer rue des Fossoyeurs. L'hiver 1794 est rigoureux. La guerre dévore tout ; denrées et bois de chauffage sont rares et chers. Il se sent devenir une charge insupportable pour sa seconde mère. Il s'estime indigne de rester plus

1. Lettre citée par L. Cahen, *op. cit.*, p. 571.
2. La demande est datée du 18 nivôse An II (7 janvier 1794). Le divorce sera prononcé après la mort de Condorcet, le 29 floréal (18 mai 1794) « pour cause de séparation de fait depuis plus de six mois ». Cabanis est porté comme témoin. *Cf.* Guillois, *op. cit.*, p. 148, et Cahen, *op. cit.*, p. 535, note 2.

longtemps près d'elle, au risque de la perdre. Il voit la République menacée, la France réduite par la famine. Les lettres de Sophie témoignent de l'anxiété qui s'est irrésistiblement emparée de lui : « Je te conjure, lui écrit-elle, au nom de ce que je sens pour toi, de calmer ta tête. » Elle tente de l'apaiser sur la situation : « Je ne crois pas l'orage prêt à éclater, mais les sanglantes convulsions dans lesquelles nous vivons se prolongent... Quant au danger que court la République, il ne me paraît pas si éminent que tu le crois... » Elle le rassure sur son sort matériel : « Je crois à la disette, non à la famine. Arriverait-elle, on n'en périrait pas au milieu de jardiniers. J'achète des lentilles, des fèves pour toi, pour tes amis, pour vivre un mois[1]. » Et, surtout, Sophie l'adjure de demeurer rue des Fossoyeurs : « Tu es à l'abri, je me jette à tes pieds pour que tu y restes ; il y a impossibilité absolue à ce que tu tombes entre les mains de tes ennemis... Rends-moi le peu de vie et de paix qui me reste en me jurant de rester où tu es... Ne veux-tu donc plus avoir soin de ta vie ? Aie du moins pitié de la mienne. Je te serre en t'en conjurant contre mon cœur. » Sans doute a-t-il communiqué ses obsessions à Mme Vernet, car Sophie ajoute : « Tâche de calmer la tête de ta mère. » Il doute de revoir jamais Eliza. Il rédige à son intention un bref guide de morale[2], afin qu'elle puisse au moins entendre, dans ces lignes qu'il trace pour elle, la voix de son père qui l'aime.

Il a terminé son *Esquisse* par un ultime « Fragment sur l'Atlantide », méditation sur la Cité des sciences. Il reprend là, comme un ultime message, les thèmes qui lui tiennent à cœur : la République des sciences, un langage universel, l'instruction de tous, la nécessaire libération des femmes, et sa foi absolue dans le progrès indéfini de l'espèce humaine[3]. En même temps, il compose à l'intention des enfants des écoles primaires un petit manuel : *Moyens d'apprendre à*

1. Cahen, *op. cit.*, p. 537.
2. Conseils à sa fille, *Œuvres*, I, pp. 610 à 623.
3. *Esquisse, op. cit.*, VI, p. 597 et suivantes.

*compter sûrement et avec facilité.* Sans doute pense-t-il à Eliza en le rédigeant. C'est aussi une contribution ultime à cette instruction primaire qui demeure pour lui l'instrument de la libération des hommes. Ce sera sa dernière œuvre. Il n'en peut plus. Il ne songe qu'à fuir cette maison, cet asile, cette prison où il compromet la vie de ceux qui protègent la sienne[1].

Obsédé par la mort, convaincu qu'il ne survivra pas à l'épreuve, il écrit, début mars 1794, quelques pages qui sont comme le début d'une nouvelle justification de son action passée. Les premières lignes trahissent qu'il se tient pour perdu : « Je ne puis regretter la vie que pour ma femme et mon Eliza, elles en auraient embelli les derniers instants. Ma vie pouvait leur être utile. Elle était chère à Sophie... » Et il ajoute : « Je n'ai eu depuis quatre ans ni une idée ni un sentiment qui n'ont eu pour objet la liberté de mon pays. Je périrai comme Socrate et Sidney pour l'avoir servi, sans jamais avoir été ni l'instrument ni la dupe, sans avoir jamais voulu partager les intrigues ou les fureurs des partis qui l'ont déchiré[2]. » Derrière la proclamation politique perce l'abandon à la mort prochaine.

## Hors-la-loi

Le 23 ventôse an II (13 mars 1794), Saint-Just lit à la Convention son rapport « sur les factions de l'étranger ». Pour permettre la liquidation imminente des Hébertistes et des Dantonistes, il fait voter un nouveau décret renforçant la Terreur. Selon l'article VIII, « les prévenus de conspiration contre la République qui se seront soustraits à l'examen de la justice sont mis hors la loi ». S'il est pris, Condorcet sera

---

1. Note d'Eliza, Ms 848, folio 18 : « Ma mère et Mme Vernet m'ont souvent dit qu'à partir de ce moment, elles avaient trouvé plus difficile que jamais de le faire rester dans sa retraite. »
2. « Fragment », *Œuvres*, I, p. 609.

exécuté sans jugement, sur simple constat de son identité. Pis encore, l'article XI du décret du 13 mars édicte : « Quiconque les recèlera [les hors-la-loi] chez lui ou ailleurs sera regardé et puni comme leur complice[1]. » Pour Mme Vernet, c'est la guillotine assurée. Et Sophie elle-même, si on trouve ses lettres ou des preuves de leurs relations, tombe sous le coup de la loi. Il ne peut demeurer plus longtemps rue des Fossoyeurs, il lui faut partir au plus tôt. Mais Mme Vernet, inébranlable, s'oppose à son départ, d'autant qu'il est sans papiers, sans passeport.

Six jours plus tard, le 19 mars, Masuyer, député de Saône-et-Loire, décrété d'accusation le 30 octobre 1793 et en fuite comme Condorcet, est arrêté sur le pont de Neuilly, reconnu, conduit au Tribunal révolutionnaire et envoyé immédiatement à l'échafaud[2]. Condorcet ne peut l'ignorer[3]. Le 24 mars, un visiteur singulier se présente chez Mme Vernet « sous prétexte, raconte Sarret, de voir un appartement qui était à louer... Il parla de visites pour le salpêtre, et donna à entendre que, vraisemblablement, on viendrait en faire ; ajoutant, et il le répéta plusieurs fois avec une sorte d'affectation, que si l'on avait quelque chose de précieux, il fallait bien y prendre garde, vu que ceux qui étaient chargés de ces visites n'étaient pas toujours des gens sur qui l'on peut compter ».

Condorcet, de sa chambre, entend la conversation. L'avertissement est clair. « Le lendemain matin, ajoute Sarret, Condorcet reçut une visite qui lui annonçait qu'on devait, peut-être le même jour, faire une visite dans la maison qu'on soupçonnait de receler des fugitifs du Midi[4]. »

1. *Cf.* Claude Perroud, « A propos de la mort de Condorcet », *La Révolution française*, n° 69, janvier-décembre 1916, p. 514.
2. Sarret, *op. cit.*, p. 5.
3. Il peut suivre par les journaux l'accélération de la Terreur. Le nombre des condamnations à mort ne fait qu'augmenter : 71 en janvier 1794, 73 en février, 127 en mars. Le 14 mars, Hébert et les ultra-révolutionnaires sont arrêtés et seront guillotinés le 24. Le 19, c'est le tour de Chabot et de Basire d'être arrêtés ; ils seront guillotinés le 5 avril, en même temps que Danton et Camille Desmoulins.
4. Sarret, *op. cit.*, p. 6.

Il faut fuir sans perdre un instant, quitte à revenir trois ou quatre jours plus tard[1] pour prendre des dispositions définitives. Condorcet convient avec Sarret d'un stratagème pour déjouer la vigilance de Mme Vernet. Son testament est déjà entre les mains de celle-ci. Deux mois plus tôt, appréhendant de voir Sophie arrêtée, il lui a remis une lettre exprimant ses dernières volontés touchant l'éducation d'Eliza. Il y mentionne la nécessité qu'elle acquière une éducation permettant de gagner sa vie ; il souhaite qu'elle apprenne l'anglais ; il la recommande en Angleterre à Lord Stanhope et à Lord Dear ; en Amérique, au petit-fils de Franklin, Bache, et à son ami Jefferson. Dans ce bref écrit, Condorcet demande comme un ultime acte de foi « qu'elle soit élevée dans l'amour et la Liberté, de l'Égalité, dans les mœurs et vertus républicaines ». Pardonnant à tous ses ennemis, il ajoute à l'intention d'Eliza : « Qu'on éloigne d'elle tout sentiment de vengeance personnelle... qu'on lui dise que je n'en ai jamais connu aucun[2]. »

Il range ses papiers, son manuscrit de l'*Esquisse*, ses notes sur divers autres sujets, des calculs algébriques, des essais de signes pour la langue philosophique universelle à laquelle il travaille. Il les met dans un sac de toile et les confie à Sarret en lui disant : « Tenez, voilà quelques papiers ; vous en ferez ce que vous voudrez[3]. » Il ne prend aucun bagage. Il fourre dans ses poches son rasoir, un couteau, une petite paire de ciseaux, un porte-crayon en argent, un petit livre d'Horace, cadeau de M. Suard. Il descend retrouver Sarret au rez-de-chaussée. Ils parlent latin devant Mme Vernet, comme par jeu. Soudain, Condorcet la prie de bien vouloir lui apporter sa tabatière, restée dans sa chambre. Mme Vernet, toujours vive, monte la chercher : « Les cris d'épouvante de Manon

---

1. Sarret écrit : « Nous ne prévoyions pas qu'une absence, qui ne devait durer que trois ou quatre jours, était une séparation éternelle. »
2. Testament, *Œuvres*, I, p. 625.
3. *Cf.* Sarret : « La plus grande partie de ces papiers contenait des notes relatives au grand ouvrage qu'il s'était proposé sur le *Tableau des progrès de l'esprit humain*. Ceux-ci furent les seuls que je conservai. Tout le reste fut brûlé... » *Op. cit.*, p. 7.

me firent presque sauter de l'escalier en bas avec une grande tabatière à la main que mon vertueux, mon vénéré ami m'avait demandée[1]. » Condorcet s'est déjà précipité au-dehors, suivi de Sarret.

## L'errance

En cette belle matinée de début de printemps, le soleil brille[2]. Par la rue de Vaugirard, Condorcet et Sarret gagnent la barrière du Maine. Au-delà commence la campagne. Le projet de Condorcet est de se rendre chez les Suard. Dans l'extrême détresse où il se trouve, ne pouvant se réfugier à Auteuil chez Mme Helvétius ou chez Cabanis, ni demeurer à Paris, l'idée lui est venue de demander assistance et peut-être asile à ses plus anciens amis. Il avisera ensuite sur ce qu'il pourra faire, et quel nouveau refuge gagner.

Les Suard habitent une grande demeure à Fontenay-aux-Roses[3], bien connue de Condorcet. La distance n'est pas grande depuis la barrière du Maine : une dizaine de kilomètres. Mais il est exclu de prendre une voiture. Il n'a ni certificat de civisme ni passeport. Avec ses pauvres jambes où le sang circule mal, affaibli par ses mois de retraite forcée, il marche péniblement aux côtés du bon Sarret, sous ce soleil déjà chaud pour lui qui en a perdu l'habitude. « Ils mirent quatre heures, raconta Mme Vernet à Éliza, pour arriver jusqu'à l'entrée de Fontenay-aux-Roses... Ils se reposèrent souvent en route ; ton pauvre père avait de la peine à marcher. » Arrivés dans la

1. Lettre de Mme Vernet à Mme O'Connor, citée par Robinet, *op. cit.*, p. 373.

2. 6 germinal An II (25 mars 1794) : « Midi : temps superbe. 2 h : idem. » Bibliothèque de l'Observatoire, *Journal des observations météorologiques et magnétiques faites à l'Observatoire de Paris*, A. F., I, 14. La température à midi est de 18° centigrade.

3. *Cf.* Mme Suard : « Nous avions deux maisons sous la même clef, séparées seulement par un jardin ; nous occupions seuls la principale... De mon salon, de ma chambre, je découvrais un amphithéâtre de bois superbe et très étendu. » Cité par Antoine, « Les derniers jours de Condorcet », *Revue occidentale*, mars 1890, p. 136.

plaine de Montrouge, ils se séparent en s'embrassant comme deux amis fraternels. « Je n'imaginais pas, écrit Sarret, que ces embrassements, dans la plaine de Montrouge où je l'avais accompagné seul et en plein midi, étaient un dernier adieu[1]. » Sarret rentre alors rue des Fossoyeurs et raconte tout à Mme Vernet. Celle-ci, craignant pour Condorcet et espérant son retour, prend les précautions nécessaires : « Le secret de la rentrée de notre ami devait être ignoré de tous les initiés. Les trois portes de face, la cochère, celle de la boutique, celle du couloir restèrent ouvertes huit nuits[2]... »

L'après-midi est déjà avancé lorsque Condorcet arrive chez les Suard. Ils étaient partis pour Paris le matin même. Condorcet ne trouve là qu'une servante. Il ne peut lui dire son nom. Il lui faut repartir. Alors commence une longue errance, le calvaire de Condorcet. La sagesse serait de regagner son seul foyer, s'en retourner chez Mme Vernet. Mais il est las, épuisé même. La force lui manque pour refaire seul ce long chemin. Et puis il y a le risque d'être arrêté à l'entrée de Paris. Il a pu franchir la barrière avec le concours de Sarret. Mais, harassé, sans papiers, elle lui paraît à présent infranchissable. Il passe la nuit à la belle étoile, quelque part dans la plaine de Montrouge. En mars, les nuits sont encore froides et les aubes glaciales. Condorcet est vêtu assez légèrement pour la saison, « d'un habit dit carmagnole et pantalon de peluche grise, d'un gilet de soie rayé, vert fond gris mêlé, d'une chemise assez fine et non marquée, d'un gilet de flanelle[3] sous sa chemise, bas gris de coton, chapeau rond à haute forme, bonnet de coton, cravate de soie noire, souliers à cordon et à double couture[4] ». Le lendemain dimanche 26 mars, il revient frapper à la porte des Suard. Ceux-ci ne sont

---

1. Sarret, *op. cit.*, p. 6.
2. Lettre de Mme Vernet, *ibid.*
3. C'était sans doute le gilet que lui avait annoncé Sophie : « Je te fais faire un bon gilet : évite l'humidité et conserve-toi pour cet enfant qui t'écrit tous les jours. » Cahen, *op. cit.*, p. 72.
4. Procès-verbal de la levée du corps. Robinet, *op. cit.*, p. 360.

toujours pas rentrés. Il lui faut repartir, errer. Des comités de surveillance existent dans toutes les communes. Dans ces villages autour de Paris, Condorcet est un étranger, un suspect potentiel. Où va-t-il ? Que mange-t-il ? Dans quelle cachette passe-t-il cette seconde nuit après son départ[1] ?

Le lendemain, lundi 27 mars, raconte Mme Suard, « à neuf heures du matin, notre servante entra dans mon appartement avec un air d'effroi. Ah, Madame, s'écria-t-elle, il vient de se présenter ici un homme affreux qui a la barbe effroyable. Je viens de le conduire à M. Suard... Bientôt M. Suard rentra en me disant avec précaution : "Donnez-moi vos clefs, ma bonne amie ; donnez-moi celles du buffet, celles du vin... Je vous dirai tout, mais restez ici, je vous défends de monter..." M. Suard fut plus de deux heures à reparaître dans mon appartement[2]... » La servante est peu sûre, le village, jacobin. Condorcet se restaure, se repose un peu. Il remet à M. Suard un petit portefeuille qu'il porte sur lui. Il écrit au crayon un dernier message : « Je demande que ce portefeuille soit remis à ma femme, parce que les deux dessins sont d'elle et de ses premiers essais. Je demande qu'on lui remette aussi mes boutons de manches où il y a des cheveux de ma fille et des siens. Je voudrais que le citoyen Arbogast fût chargé de mon manuscrit sur le calcul intégral. Je voudrais qu'on le chargeât aussi d'un manuscrit mathématique de d'Alembert qui est dans mes papiers[3]. » Ainsi mêle-t-il dans une ultime recommandation Sophie et Eliza, d'Alembert et le calcul intégral. Puis, oubliant son cornet de tabac sur la table, il s'en va vers la campagne, vers son destin : « Je vis sortir cet homme, mais je ne vis que son dos, et son attitude seule m'inspira la pitié la plus profonde. Il cherchait, sans se retourner, dans l'une et

1. Condorcet aurait passé la première nuit dans la plaine de Montrouge, la seconde dans une carrière. Mme Suard précise : « des carrières de pierre qui sont sur la route de Fontenay-aux-Roses ». Là, il se serait blessé à la jambe. *Cf.* Antoine, *op. cit.*, p. 137.

2. *Dernier écrit de Condorcet*, précédé d'une notice sur ses derniers moments, par Mme Suard, Paris, 1825, p. 8.

3. Cahen, *op. cit.*, p. 536.

l'autre de ses poches, quelque chose qu'il ne trouvait point. Il partit, et M. Suard vint me dire que c'était M. de Condorcet qui nous avait été si cher[1]... »

Pourquoi les Suard, ses amis de vingt-quatre ans, ne gardent-ils pas Condorcet épuisé, blessé, chez eux, dans leur belle demeure ? La raison en est simple : Condorcet est hors la loi et Suard connaît le décret du 13 mars 1794. Que se sont-ils dit, ce matin-là ? Selon Mme Suard, son mari aurait proposé à Condorcet de revenir à huit heures, le soir même, en l'absence de la servante, et de passer la nuit chez eux avant de gagner un asile plus sûr. Lui-même, pendant la journée, se serait rendu à Paris et y aurait vu Garat, encore ministre de l'Intérieur, et Cabanis. Il aurait obtenu de celui-ci un passeport usagé au nom d'un vieil invalide, et serait revenu à Fontenay-aux-Roses pour y attendre Condorcet. La porte du jardin aurait été laissée entrouverte pour permettre son entrée discrète. Mais il ne serait pas revenu, et les Suard auraient appris sa mort le surlendemain.

A lire ce récit des Suard, publié en 1826, Mme Vernet s'étouffait d'indignation : « L'impudique notice de Mme Suard, écrit-elle à Eliza, me déchire l'âme et le cœur... Elle a mal calculé, il fallait laisser mourir cette pauvre Vernet avant ce tissu d'horreurs mensongères... Suard était là lorsque ton vertueux père entra. Tu sais comme il fut reçu, et le monstre Suard partit sur-le-champ pour Paris : il alla trouver Garat, rue du Luxembourg ; tu sais qu'il était trop tard, d'après le calcul du temps que l'on mit en route... C'est de Garat lui-même que je tiens cette anecdote. » Et la bonne Mme Vernet, qui aimait à versifier, invoque les mânes de Condorcet :

*Toi qui vivais pour Sophie,*
*Pour ton enfant, pour son bonheur ;*
*Viens m'inspirer, ombre chérie,*
*Porte tes accents dans mon cœur.*

1. *Dernier écrit de Condorcet, op. cit.*, pp. 11 et 12.

*Viens effacer de ma pensée*
*l'affreux souvenir d'un Suard*
*Qui mit ta belle destinée*
*Entre les mains du hasard*[1].

Or Garat, selon ses propres dires, aurait envisagé d'abriter Condorcet dans une maison qu'il possédait à dix lieues de Paris. A la réflexion, le voyage lui paraissant trop périlleux, il se serait aussitôt « occupé à lui procurer une autre asile plus près de celui qu'il avait été forcé d'abandonner ». Et c'est au moment où il préparait ces mesures que Condorcet aurait été arrêté[2].

Sur ce qu'il advint ce jour-là chez les Suard entre ces amis jadis si unis, puis brouillés par la politique, nul ne peut se prononcer avec certitude. Mme Vernet cite cependant un détail très précis : Mme Suard, selon ses propres dires, aurait laissé ouverte la porte du jardin pour permettre à Condorcet de se glisser secrètement dans la maison. Or, raconte Eliza, « Mme Vernet m'a bien des fois répété que peu de jours après la sortie de mon père chez elle, elle avait été visiter cette porte, qui s'ouvrait en dehors ; qu'elle avait trouvé contre une botte de gazon de plus d'un pied de haut, et que l'état de ce gazon mettait hors de doute que la porte n'avait pas été ouverte depuis longtemps[3] ». La précision est troublante. Mais, même à la retenir, elle ne change rien au déroulement tragique des événements. Car Condorcet, à l'heure où il aurait dû, selon les Suard, rentrer chez eux par le jardin, était déjà emprisonné. Tout au plus peut-on retenir que Mme Suard, trente ans plus tard, a présenté la version la plus flatteuse

1. Lettre de Mme Vernet à Eliza. *Cf.* Cahen, *loc. cit.*
2. Garat, *Mémoires sur la Révolution,* Paris, An III, pp. 202 et 203. Déjà, selon Garat, « à l'instant où Condorcet avait été obligé de chercher un asile, je lui en avais fait offrir un à côté de moi, à l'hôtel même de l'Intérieur ». La chose n'est pas impossible, mais nul témoignage ne vient confirmer cette déclaration de Garat.
3. Note d'Eliza sur Condorcet, Ms. 848, folios 28 et 29.

possible de ce qui s'était passé, ce 27 mars 1794, chez elle, à Fontenay-aux-Roses.

Un seul fait est acquis : lorsque Condorcet, épuisé, blessé à la jambe, sans papiers, réussit enfin, après deux jours et deux nuits d'errance, à accéder au domicile des Suard, ceux-ci ne le gardent pas chez eux. Donner refuge à un hors-la-loi est un risque mortel, et Suard, ce jour-là, n'entend pas le courir au profit d'un homme avec lequel il a rompu et qui a tant lutté pour cette République que lui-même exècre. Sa servante a vu Condorcet. Son aspect même est suspect. Le cacher chez lui, sous la menace d'une dénonciation et d'une visite domiciliaire, paraît à Suard un risque impossible à prendre pour sa femme et lui-même... Qui pourrait le lui reprocher, hormis Mme Vernet, pour laquelle un homme mis hors la loi n'est pas pour autant mis hors de l'humanité[1] ? Il demeure au crédit moral de Suard que, ce jour-là, il se précipita à Paris afin de trouver un passeport et préparer un asile pour Condorcet. Mais, en ces jours de terreur, il n'a simplement pas l'âme d'un héros.

Condorcet a quitté Suard vers les onze heures. A deux heures de l'après-midi, il entre dans une auberge, à Clamart. Là, il aurait demandé qu'on lui serve une omelette. A la question : « De combien d'œufs ? », Condorcet aurait répondu, après une temps d'hésitation : « Une douzaine[2]. » Ce propos aurait suscité la méfiance de l'aubergiste. A dire vrai, son visage défait, son accoutrement singulier, sa barbe de plusieurs jours auraient suffi à signaler Condorcet à l'attention soupçonneuse des Jacobins locaux. Or Louis Crépine, le cabaretier, n'est autre que le commandant de la force armée de Clamart[3]. Pour comble de malchance, deux hommes se trouvent là,

1. *Cf.* Ms. 848, folio 8, *op. cit.*
2. *Cf.* note d'Eliza, *op. cit.*, Ms. 848, folio 29.
3. P.V. d'arrestation du 7 germinal an II : « Il est venu à Clamart-le-Vignoble, où estant arrivé, il a été boire chez le citoyen Louis Crépine. » In Robinet, *op. cit.*, p. 359.

dont l'un, Claude Champy, est le président de la société populaire locale[1]. L'aspect de Condorcet, son épuisement visible, ses propos éveillent les soupçons des deux consommateurs. Aux questions posées, il répond de façon évasive. Il ne porte pas la cocarde tricolore, il est dépourvu de certificat de civisme. Champy et son compagnon Breau s'en vont aussitôt dénoncer ce personnage suspect au comité de surveillance. Condorcet, interpellé, est conduit devant ses huit membres réunis dans l'église, lieu ordinaire des séances. On l'interroge : « ...Nous déclare s'appeler Pierre Simon, natif de Ribemont, district de Saint-Quentin, département de l'Aisne, âgé de cinquante ans, à ce qu'il nous dit ; déclarant avoir quitté son pays depuis vingt ans, et depuis lequel temps il dit avoir servi différentes personnes, comme le nommé Trudaine, intendant des Finances, et Dionis du Séjour, conseiller au ci-devant Parlement, en qualité de valet de chambre, qu'il a quitté depuis vingt mois à Paris ; lui demande où il a resté depuis les vingt mois qu'il a quitté Dionis du Séjour, nous déclare qu'il a vécu sur ses épargnes à Paris, rue de Lille, section de la Fontaine de Grenelle, n° 505, où est sa demeure actuelle depuis vingt mois ; lui demande s'il connaissait quelqu'un dans ladite maison, il nous a dit connaître le citoyen Cardot, copiste et receveur des rentes à la Ville de Paris, demeurant dans la même maison[2]. » A l'affabulation se mêlent des éléments de vérité. Le nom de Pierre Simon est celui du mari de la nourrice d'Eliza. Trudaine et Dionis du Séjour sont des personnalités qu'il connaît. L'adresse de la rue de Lille est exacte, et Cardot, son fidèle secrétaire, y est domicilié. Condorcet a prévenu Sophie[3] de cette identité fictive qu'il

---

1. Champy était un « homme exagéré, turbulent et hautain, complotant dans les cabarets avec ses affidés pour fabriquer des chefs d'accusation contre des citoyens paisibles ». Antoine, *op. cit.*, p. 140 ; voir aussi note 1.

2. P.V. d'arrestation du 7 germinal An II, *op. cit.*

3. Dans le jugement rectificatif de l'acte de décès du 12 ventôse An III, il est mentionné que « Caritat Condorcet, s'évadant pour échapper au décret d'arrestation lancé contre lui, a déclaré qu'il prendrait les noms de Pierre Simon qui sont ceux

comptait utiliser s'il venait à être arrêté. C'est sa dernière carte. Il peut espérer que l'on ira d'abord au 505 rue de Lille interroger Cardot, et que celui-ci confirmera ses dires, lui permettant peut-être d'être remis en liberté[1].

Le flou de ses déclarations sur son emploi du temps ne fait qu'ajouter aux soupçons du comité. Procès-verbal est dressé. Condorcet le signe « Pierre Simon », sans travestir son écriture. On le fouille : il est trouvé porteur d'« une montre d'argent, esquille d'or marquant heure et minute, seconde, quantième *(sic)* et semaine, la boîte étant marquée d'un G[2], garnie d'une chaîne d'acier, garnie de sa clé de cuivre et un petit cachet d'acier, horloger Mayer, à Paris, 1789 ; un porte-crayon en argent, un rasoir à manche d'ivoire, un couteau à manche de corne et son tire-bouchon, une petite paire de ciseaux..., un livre dorace *(sic)* en latin... » Il est en outre « muni d'une canne de bois d'épine, dans laquelle il y a un dart *(sic)* et pomme d'acier ». Les formalités achevées, le comité de surveillance prend sa décision : « Comme ledit Pierre Simon n'ayant pu nous donner aucun certificat quelconque qui constate son civisme, au contraire, lui a paru très suspect, nous avons arrêté qu'il serait conduit ce aujourd'huy par la Gendarmerie nationale au district du directoire de l'Égalité[3]. »

Condorcet, blessé à la jambe, ne peut guère marcher. Le brigadier de gendarmerie Maille réquisitionne une charrette.

---

du père nourricier de sa fille, et dirait avoir été au service des citoyens Trudaine et Dionis du Séjour ». Robinet, *op. cit.*, p. 368.

1. « A déclaré être sorti hier sur les sept heures du matin de Paris, où il dit avoir parcouru plusieurs villages, comme Bagneux, Châtillon, où il a déclaré avoir couché cette nuit dernière, mais nous déclarant ne connaître l'aubergiste, et ce matin, il est allé à Fontenay pour voir Denouville qu'il dit connaître, et ne l'ayant pas trouvé, il est venu à Clamart-le-Vignoble où estant arrivé, il a été boire chopine chez le citoyen Louis Crépine... Nous dit qu'il parcourait la campagne pour trouver de l'ouvrage au travail de salpêtre ou à faire autre chose, nous déclarant n'être pas marié... » P.V. d'arrestation de Pierre Simon, Robinet, *op. cit.*, p. 359.

2. *Ibid.* La montre trouvée sur Condorcet était celle de son beau-frère, Emmanuel Grouchy, qui la lui avait remise en août 1792.

3. En fait, Bourg-Égalité, anciennement Bourg-la-Reine. *Ibid.*

On l'y fait monter. De Clamart à Bourg-Égalité, la distance n'est pas grande : quelques kilomètres. Les paysans, le long de la route pierreuse, voient passer la charrette escortée de deux gendarmes, où gît cet homme si curieusement accoutré avec son chapeau haut de forme cabossé, sa carmagnole fripée et sa barbe de quatre jours — quelque suspect ou vagabond qu'on mène en prison. En mars, la nuit tombe vite. Les premières chandelles clignotent quand ils arrivent à Bourg. On doit aider Condorcet à descendre de la charrette devant la petite prison municipale pour larrons et mendiants. Le concierge procède avec les gendarmes à la mise sous écrou. Il faut à nouveau décliner son identité : il est bien Pierre Simon, valet de chambre de son état, demeurant à Paris, 505 rue de Lille. Il doit derechef vider ses poches ; on lui laisse seulement les assignats pour acquitter son écot, selon l'usage. Il suit le concierge jusqu'à la cellule. La nuit de la prison le recouvre. Il n'a aucune chance d'échapper à ses ennemis ; son déguisement, sa pitoyable dissimulation ne résisteront pas aux premières investigations. Bientôt, les gendarmes vont revenir, l'appeler de son nom, et ce sera Condorcet et non plus Pierre Simon qui montera cette fois dans la charrette, en route pour la barrière de Paris, le Tribunal révolutionnaire, enfin la guillotine dressée sur la place de la Révolution... La trappe s'est refermée sur lui. Dans sa cellule, il ne peut même pas écrire une dernière fois à Sophie, lui dire qu'il l'aime, qu'il mourra en pensant à elle et à Eliza, car tracer son nom, c'est la perdre. Il lui faut se taire, la quitter sans qu'elle sache même ce qu'il est advenu de lui. Il ne croit pas en Dieu, sa mort est là, toute proche. Sa solitude est totale.

Le surlendemain de son incarcération, le 29 mars 1794 à quatre heures de l'après-midi, le concierge de la prison, Antoine Chevenu, entrant dans la cellule, le trouve allongé sur le sol, « la face tournée vers terre, les bras allongés le long du corps[1] », mort. Le concierge court prévenir l'agent national du district, qui avise aussitôt le juge de paix du canton. Celui-ci, accompagné de deux assesseurs, de son greffier, d'un officier de santé, d'un lieutenant de gendarmerie et de l'agent du district, se rend à la maison d'arrêt. A dix heures du soir, le magistrat procède aux constatations d'usage : « Ledit cadavre nous parut âgé d'environ cinquante ans, cheveux et sourcils châtain-brun, yeux gris, barbe brune et bien fournie, le nez gros et épaté, front découvert, marqué de beaucoup de petite vérole, taille d'environ cinq pieds cinq pouces[2]. » L'officier de santé Labrousse examine le corps : « Nous a déclaré qu'il était constant qu'il était mort par l'effet d'une apoplexie sanguine, ainsi qu'il nous l'a fait observer par le sang qui lui sortait des narines. » Les mains, selon le procès-verbal, ne sont « garnies d'armes ni d'instruments qui puissent faire présumer le suicide[3] ». On fouille les poches des vêtements : « Il y a été trouvé une somme de 23 livres, composée d'un assignat de dix livres, d'un assignat de cinq livres, de six de 25 sols et d'un de dix sols[4]. » Une dernière formalité : « Nous avons terminé notre opération par l'apposition de notre cachet sur le front dudit cadavre[5]. » Le juge de paix fait ensuite remise du corps à l'agent de la commune pour qu'il soit procédé à l'inhumation, conformément à la loi.

Le lendemain 30 mars au matin, le corbillard des pauvres emporta le corps de Condorcet au cimetière de Bourg-Égalité. Le ciel, pur et calme au lever du jour, se chargea rapidement de nuages[6]. On mit le cadavre dans la fosse commune ; le jardinier Jean Crette, le menuisier Laurent Cholot assistèrent

1. P.V. de la levée du corps, dressé par le juge de paix Antoine Morelle, le 9 germinal, in Robinet, *op. cit.*, p. 360.
2. *Ibid.*
3. *Ibid.*
4. *Ibid.*
5. *Ibid.*
6. Bibliothèque de l'Observatoire : *Journal des observations météorologiques faites à l'Observatoire de Paris en 1794*, A.F. I. 14, 10 germinal An II (30 mars 1794). Il faisait ce matin-là 9° centigrades.

à l'enterrement. Ils se rendirent ensuite à la maison commune pour y signer, comme témoins, l'acte de décès et d'inhumation[1].

Le cimetière a disparu depuis longtemps[2]. Nul ne sait plus où Condorcet repose.

1. Acte de décès : « Il appert qu'un individu... écroué sous le nom de Pierre Simon du 10 germinal An II a été trouvé dans sa chambre mort par l'effet d'une apoplexie sanguinaire, ainsi qu'il résulte du rapport du citoyen Labrousse, officier de santé, expert du district ; appert en outre que la délivrance dudit cadavre masculin a été faite par le juge de paix à l'agent national près la commune de l'Égalité, pour procéder à son enlèvement et à son inhumation au champ de repos de ladite commune de l'Égalité, en présence desdits citoyens qui sont... Laurent Cholot et Jean Crette... » in Robinet, *op. cit.*, p. 362.

2. *Cf.* E. Antoine, *op. cit.*, p. 100 et suivantes.

# ÉPILOGUE

Condorcet s'est-il suicidé pour échapper au bourreau ? La tradition[1] veut que Cabanis lui ait remis un poison foudroyant, mélange de stramonium et d'opium, qu'il aurait porté sur lui, peut-être dans le chaton d'une bague. Ce poison, dont il ne se serait jamais séparé, il l'aurait absorbé dans sa cellule, le 29 mars 1794.

Certains indices confortent cette version. Cabanis était l'ami intime et dévoué de Condorcet. Selon Garat, « Cabanis avait remis à plusieurs personnes de ses amis, en 1793, ce poison qu'il appelait le pain des frères[2] ». Il faut rapprocher de ce témoignage le billet rédigé le 30 juin 1793 par Jean Debry, ami de Cabanis et de Condorcet, qui, comme eux, habitait Auteuil : « Ce jourd'huy, 30 juin 1793, à minuit, Condorcet, proscrit par l'exécrable faction du 31 mai dernier, avant de se dérober au poignard des assassins, a partagé avec moi, comme don de l'amitié qui nous unit, le poison qu'il conserve pour demeurer en tout événement seul maître de sa personne ; signé Jean Debry[3]. » La date du billet est significative : c'est le 30 juin, en effet, que Dumont, au nom du Comité de Sûreté générale, a dénoncé à la Convention les députés de l'Aisne signataires d'une lettre de protestation contre les événements

1. *Cf.* Arago, *Œuvres*, I, p. CLVI ; Morellet, *Mémoires, Inédits...*, *op. cit.*, tome II, p. 7.
2. Lettre de Fayolle à Arago du 28 février 1842, citant Garat. Selon Fayolle, Cabanis aurait remis à Bonaparte, alors qu'il fréquentait le salon de Mme Helvétius, de ce poison sous la forme de bâton de sucre d'orge. Bibliothèque de l'Institut, Correspondance de la famille O'Connor, Ms 2 475, folio 37.
3. *In* Alengry, *op. cit.*, p. 326.

des 31 mai et 2 juin 1793. Parmi eux figurent Jean Debry et Condorcet. La Convention a renvoyé l'affaire au Comité de Salut public[1]. En apprenant la nouvelle, ce soir-là, tous deux sont fondés à penser qu'ils seront décrétés d'accusation dans les prochains jours. Le billet de Jean Debry établit que Condorcet a décidé, en cas d'arrestation, de mettre fin à ses jours, et que Cabanis lui en a fourni le moyen. Un autre témoignage confirme cette volonté suicidaire : lors de son entretien avec Suard, le lundi 28 mars 1794, selon Mme Suard, « il avait dit qu'il ne craignait d'être arrêté que dans la matinée, et que s'il avait une nuit devant lui, il était sûr d'échapper à ses bourreaux[2] ».

Condorcet sait en effet qu'en cas d'arrestation, une fois identifié, son exécution est certaine. Pourquoi attendre la guillotine ? Condorcet n'est pas Danton. Il n'est pas l'homme d'une ultime bravade sur l'échafaud. Timide, pudique et silencieux, il a toutes les raisons de refuser de prendre part à ce spectacle ignoble et d'affirmer au contraire, par son dernier geste, son ultime liberté : le choix de sa mort. D'autres avant lui ont préféré le suicide à la guillotine. Son jeune ami Du Chastellet, qui a lui aussi reçu du poison de Cabanis, l'a utilisé dans sa cellule. Se donner la mort comme un Romain, c'est, pour Condorcet, dérober à ses ennemis la satisfaction de son supplice, et mourir comme il a toujours voulu vivre, en homme maître de son destin.

Cependant, contre la thèse du suicide, des arguments existent. Condorcet a été fouillé, comme en fait foi le procès-verbal de son arrestation. L'on aurait donc dû trouver sur lui le poison s'il était contenu dans une fiole ou quelque boîte à pastille. S'il était placé dans le chaton d'une bague, celle-ci aurait été saisie, comme la montre de Grouchy, par les agents du comité de surveillance à Clamart. Il est vrai que ceux-ci n'étaient pas des argousins professionnels, comme à Paris, et

---

1. *Archives parlementaires*, p. 680.
2. *Notice sur les derniers moments de Condorcet, op. cit.*, p. 10

que Condorcet a pu aisément dissimuler du poison dans la doublure ou les plis de multiples vêtements. Mais pourquoi attendre deux nuits en prison avant de l'absorber ? Peut-être a-t-il eu, jusqu'au matin du 29 mars, un ou plusieurs compagnons de détention ?

Plus significatives sont les constatations faites par l'officier de santé Labrousse : « Le sang lui sortait des narines », dit le procès-verbal. Aucune autre indication clinique. Or, l'absorption de stramonium engendre vomissements et convulsions. L'opium peut empêcher les convulsions, non les vomissements. Il n'en est fait nulle part mention. En outre, le cadavre est décrit « face contre terre, les bras allongés contre le corps ». Au moment d'absorber du poison, il aurait été naturel que Condorcet s'étendît sur le lit. La description évoque plutôt un homme foudroyé par une brutale perte de connaissance. Condorcet était à bout de souffle. Après neuf mois de claustration forcée, il a erré trois jours et grelotté deux nuits en rase campagne, se nourrissant à peine, dormant moins encore. Il a subi les chocs successifs de l'interpellation, de l'interrogatoire, de l'emprisonnement. Au fond de lui-même a grandi une angoisse mortelle. Chez un homme déjà âgé, de constitution fragile, totalement épuisé, elle a pu susciter l'infarctus, l'étouffement brutal, la perte de connaissance, la chute sur le plancher de la cellule, la mort quasi immédiate. Après Thermidor, un an plus tard, lorsque Sophie demandera au Tribunal d'ordonner la rectification de l'acte de décès du pseudo-Pierre Simon, ni elle ni Cabanis, entendu comme témoin, ne feront allusion à un suicide éventuel de Condorcet[1].

En définitive, peu importe. Le poison ou l'apoplexie, Cabanis ou la nature ont épargné à Condorcet la souffrance des dernières heures et l'ignominie du supplice ; et « à la République la honte du parricide, le crime de frapper le dernier des philosophes sans qui elle n'eût point existé[2]. »

1. *Cf. P. V. des déclarations reçues pour la rectification de l'acte de décès, 21 pluviôse An III,* in Robinet, *op. cit.,* pp. 362 à 365.
2. Michelet, *Les femmes de la Révolution, op. cit.,* p. 85.

# REMERCIEMENTS

Nous remercions tout particulièrement Madame Françoise DUMAS, conservateur en chef de la Bibliothèque de l'Institut de France, Monsieur Jean BECARUD, conservateur en chef de la Bibliothèque du Sénat, Madame Françoise MONET, conservateur en chef de la Bibliothèque de l'Assemblée nationale, Monsieur Jean DÉRENS, conservateur en chef de la Bibliothèque historique de la Ville de Paris, ainsi que leurs collaborateurs.

Nous disons notre gratitude à Monsieur Jean FAVIER, directeur général des Archives nationales, à Madame Catherine KINTZLER, au docteur ROUMAJON et au professeur Michèle RUDLER, pour leurs avis éclairés.

A François FURET et à Jean-Denis BREDIN pour leur amicale vigilance, à Dominique RAOUL-DUVAL et Micheline AMAR pour leur concours, et à Michèle RÉSERVAT, sans le dévouement de laquelle ce livre n'aurait pas pris corps, nous exprimons notre reconnaissance.

E. B. et R. B.

# BIBLIOGRAPHIE

## ŒUVRES DE CONDORCET

### I. MANUSCRITS

Bibliothèque de l'Institut, Archives nationales, Bibliothèque nationale, Bibliothèque historique de la Ville de Paris, Library of Congress (Washington).

### II. PUBLICATIONS

*Œuvres*, éd. de F. Arago et Mme O'Connor, Paris, F. Didot, 1847-1849, 12 volumes. Réédité en 1968 par F. Frommann Verlag, Stuttgart-Bad Cannstatt.

*Correspondance inédite de Condorcet et de Turgot (1770-1779)*, éd. Ch. Henry, Paris, 1883 ; Slatkine Reprints, Genève, 1970.

*Journal d'Instruction sociale*, par les citoyens Condorcet, Sieyès et Duhamel, 1793. Réédité par Edhis, Paris, 1981.

*Sur les Élections*, Corpus des œuvres de philosophie en langue française, Paris, Fayard, 1985.

*Correspondance inédite de Condorcet avec Mme Suard, M. Suard et Garat (1771-1791)*, édition présentée et annotée par E. Badinter, Paris, Fayard, 1988.

*Esquisse d'un tableau historique des progrès de l'esprit humain. Fragment sur l'Atlantide.* G.F. Flammarion, 1988.

625

D'Abrantès (duchesse), *Histoire des salons de Paris*, Paris, Ladvocat, 1837-1838, 6 volumes.

D'Abrantès (duchesse), *Mémoires*. Paris, Garnier, 1905-1911, 11 volumes.

*Adams-Jefferson letters*, edited by Lester J. Cappon, The University of North Carolina Press, 1959, 2 volumes.

P. Albert, *La Littérature au XVIII<sup>e</sup> siècle*, Paris, Hachette, 1834.

A. O. Aldrige, *La Voix de la liberté : Vie de Thomas Paine*, Paris, Éd. internationales, 1964.

A. O. Aldrige, « Condorcet et Paine », in *Revue de littérature comparée*, n° 32, 1958.

D'Alembert, *Correspondance inédite avec Cramer, Le Sage, Clairault, Turgot, etc.*, publiée avec une notice de Ch. Henry, Rome, 1887.

D'Alembert, *Discours préliminaire de l'Encyclopédie*, Bibliothèque Médiations, éd. Gonthier, 1966.

D'Alembert, *Œuvres complètes*, Slatkine Reprints, Genève, 1967.

D'Alembert, *Œuvres et correspondances inédites*, éd. Ch. Henry, Slatkine Reprints, Genève, 1967.

L. Amiable, *Les Neuf Sœurs. Une loge maçonnique d'avant 1789*, Paris, Alcan, 1897.

*Les amitiés américaines de Mme d'Houdetot d'après sa correspondance inédite avec Franklin et Jefferson*, Paris, Champion, 1924.

D'Angivillier (comte), *Mémoires*. Copenhague/Paris, éd. L. Bobé, 1933.

F. Arago, « Biographie de Condorcet », 1<sup>er</sup> volume des *Œuvres* de Condorcet, 1847.

F. Arago, *Biographie de Bailly*, Paris, F. Didot, 1852.

Argenson (marquis d'), *Journal et Mémoires*, Paris, Vve Renouard, 1859-1867, 9 volumes.

A. V. Arnault, *Souvenirs d'un sexagénaire*, Paris, Librairie Dufey, 1833, 2 volumes.

D'Arvor (Mmes), *Les femmes illustres de la France ; Mme de Condorcet*, Paris, Librairie Moderne, 1897.

J. Attali, *Les modèles politiques*, Paris, P.U.F., 1972.


E. Badinter, *Les Remontrances de Malesherbes (1771-1775)*, Flammarion, coll. Champs, 1985.

E. Badinter, *Émilie, Émilie. L'ambition féminine au XVIII<sup>e</sup> siècle*, Paris, Flammarion, 1983.

K. M. Baker, *Condorcet. From natural philosophy to social mathematics*, Chicago and London, the University of Chicago Press, 1975.

K. M. Baker, « Les débuts de Condorcet au secrétariat de l'Académie royale des sciences (1773-1776) », in *Revue d'histoire des sciences*, 1967, tome XX, pp. 229-280.

Baguenault de Puchesse (comte), *Condillac*, Paris, Plon, 1910.

J. Barry, *Versailles, passions et politique*, Paris, Le Seuil, 1987.

Baston (abbé), *Mémoires*, Paris, Picard et fils, 1897, 2 volumes.

M. H. Baudrillart, *Études de philosophie morale et politique*, Paris, Guillaumin, 1852, 2 volumes.

C. Beccaria, *Scritti e lettere inediti*, Milan, 1910.

Y. Belaval, Préface à l'*Esquisse d'un tableau historique...*, Paris, Vrin, 1970.

J. Bertaut, *Égéries du XVIII* siècle*, Paris, Plon, 1928.

J. Bertrand, *L'Académie des sciences et les académiciens de 1666 à 1793*, Paris, J. Hetzel, 1869.

J. Bertrand, *D'Alembert*, Paris, Hachette, 1889.

A. Birembaut, « L'Académie royale des sciences en 1780 vue par l'astronome suédois Lexell (1740-1784) », in *Revue d'histoire des sciences*, X, 1957, pp. 148 à 166.

L. A. Boiteux, *Au temps des cœurs sensibles*, Paris, Plon, 1948.

L. A. Boiteux, « Voltaire et le ménage Suard », in *Travaux sur Voltaire et sur le XVIII* siècle*, sous la direction de Th. Besterman, tome I, Genève, 1955.

E. Bonnardet, « La mort et les funérailles de M. d'Alembert », in *L'Oratoire de France*, n° 26, avril 1937.

L. Brunel, *Les philosophes et l'Académie française au XVIII* siècle*, 1884, Slatkine Reprints, Genève, 1967.

H. Buffenoir, *De Marc Aurèle à Napoléon*, Paris, l'Édition moderne, s.d.


P. Cabanis, « Notice sur sa vie », in *Œuvres complètes*, Paris, Bossange Frères, 1823-1825, 5 volumes.

E. Caillaud, *Les Idées économiques de Condorcet*, Poitiers, Bousrez, 1908.

H. Carré, « Dupaty et la correspondance de Vergniaud », in *Revue universitaire*, 15 mars 1893.

H. Carré, « Les magnétiseurs d'il y a cent ans ; Mesmer et ses disciples », in *Le Monde moderne*, octobre 1896.

H. Carré, « Un précurseur inconscient de la Révolution, le conseiller Duval d'Eprémesnil (1787-1788) », in *La Révolution française*, juil.-déc. 1897, pp. 349 à 373 et pp. 405 à 437.

H. Carré, « Le premier ministère Necker (1776-1781) », in *La Révolution française*, février 1903.

H. Carré, « La révision du procès Lally (1778-1781) », in *Revue historique*, tome 83, sept./déc. 1903.

A. Charma, *Condorcet, sa vie, ses œuvres*, Caen, A. Hardel, 1863.

*Condorcet Studies*, 1, edited by Leonora Cohen Rosenfield, Atlantic Highlands (N.J.), Humanities Press, 1984.

D. Conway, *Thomas Paine (1737-1809) et la Révolution dans les deux mondes*, traduit par F. Rabbe, Paris, Plon, 1900.

*Correspondance inédite de Buffon*, éd. H. Nadault, Paris, Hachette, 1830, 2 volumes.

*Correspondance littéraire, philosophique et critique*, par Grimm, Diderot, Raynal, Meister, etc. Éd. Maurice Tourneux, Paris, Garnier frères, 1877-1882, 16 volumes.

M. Crampe-Casbanet, *Condorcet lecteur des Lumières*, Paris, P.U.F., 1985.

M. Daumas, *Lavoisier*, Paris, Gallimard, 1962.

M. Daumas, *Histoire de la science*, Encyclopédie de la Pléiade, Gallimard, 1962.

R. Darnton, *L'aventure de l'Encyclopédie ; un best-seller au siècle des Lumières*, Paris, Perrin, 1982.

R. Darnton, *Bohème littéraire et Révolution ; le monde des livres au XVIIIe siècle*, Hautes Études, Gallimard-Le Seuil, 1983.

R. Darnton, *La fin des Lumières ; le mesmérisme et la Révolution*, Paris, Perrin, 1984.

Du Deffand (marquise), *Correspondance*, éd. Lescure, Paris, 1865, 2 volumes.

R. Desgenettes, *Souvenirs de la fin du XVIIIe siècle et du commencement du XIXe siècle*. Paris, 1835, Firmin Didot frères, 2 volumes.

J.-P. Desaive, *Médecins, climat et épidémies à la fin du XVIIIe siècle*, Mouton, Paris, La Haye, 1962.

G. Desnoiresterres, *Voltaire et la société du XVIIIe siècle*. *Cf.* le 8e volume intitulé : *Retour et mort de Voltaire*, Paris, Didier, 1876.

A. Diannyère, *Notice sur la vie et les ouvrages de Condorcet*, Paris, Duplain, an IV.

D. Diderot, *Correspondance*, éd. de G. Roth et J. Varloot, Éditions de Minuit, 1970, 16 volumes.

R. Doumic, « Lettres d'un philosophe et d'une femme sensible. Condorcet et Mme Suard d'après une correspondance inédite », in *Revue des Deux Mondes*, 1911(5) et 1912(1).

M. Dumolin, « L'hôtel d'York, rue Jacob », in *Bulletin de la Société historique du VIe arrondissement de Paris*, tome XXXIV, 1934.

M. J. Durry, *Autographes de Mariemont avant 1800*, tome II, Paris, 1955.

J. Égret, « La Fayette dans la première Assemblée des Notables », in *Annales historiques de la Révolution française*, janv./mars 1952.

J. Égret, *Louis XV et l'opposition parlementaire*, Paris, A. Colin, 1970.

J. Égret, *Necker, ministre de Louis XVI*, Paris, Champion, 1975.

J. Égret, *La pré-Révolution française (1787-1788)*, 1962, Slatkine Reprints, Genève, 1978.

J. Fabre, *Les pères de la Révolution. De Bayle à Condorcet*, Paris, Alcan, 1910.

J. A. Faucher, *Les francs-maçons et le pouvoir de la Révolution à nos jours*, Paris, Perrin, 1986.

E. Faure, *La disgrâce de Turgot*, Paris, Gallimard, 1961.

# BIBLIOGRAPHIE

B. Fay, *L'esprit révolutionnaire en France et aux États-Unis à la fin du XVIII<sup>e</sup> siècle*, Paris, Champion, 1925.

S. Formey, *Souvenirs d'un citoyen*, Berlin, F. de La Garde, 1789, 2 volumes.

Galiani (abbé), *Correspondance*, éd. Perey et Maugras. Paris, Calmann-Lévy, 1885, 2 volumes.

J. D. Garat, *Mémoires historiques sur la vie de M. Suard, sur ses écrits et sur le XVIII<sup>e</sup> siècle*, Paris, A. Belin, 1820, 2 volumes.

V. Giraud, « Pascal, Condorcet et l'*Encyclopédie* », in *Revue d'Histoire littéraire de la France*, 1906, tome XIII.

M. Glotz, M. Maire, *Les salons du XVIII<sup>e</sup> siècle*, Paris, Hachette, 1945.

Ch. Gomart, *Essai historique sur la ville de Ribemont et sur son canton Saint-Quentin*, Paris, Aubry, 1869.

G. G. Granger, *La Mathématique sociale du marquis de Condorcet*, Paris, P.U.F., 1956.

E. Grimaux, *Lavoisier*, Paris, F. Alcan, 1888.

P. Grosclaude, *Malesherbes témoin et interprète de son temps*, Paris, Librairie Fischbacher, 1961.

A. Guillois, *Le salon de Mme Helvétius*, Paris, Calmann-Lévy, 1894.

A. Guillois, *La Marquise de Condorcet, sa famille, son salon, ses amis. 1764-1822*, Paris, P. Ollendorff, 1897.

E. Haag, *La France protestante*, Paris, 1846-1859, Slatkine Reprints, 1966.

R. Hahn, « Quelques nouveaux documents sur Jean Sylvain Bailly », in *Revue d'histoire des sciences*, tome VIII, 1955.

D'Haussonville (comte), *Le salon de Mme Necker, d'après les documents tirés des archives de Coppet*, Paris, Calmann-Lévy, 1882, 2 volumes.

Ch. Henry, « Sur la vie et les écrits mathématiques de Condorcet », in *Bulletino de bibliografia e di storia delle scienze mathematiche*, éd. Boncompagni, tome XVI, 1883.

F. et M. Hincker, « Introduction à l'*Esquisse d'un tableau historique...* », Paris, Éditions sociales, 1965.

*Histoire générale des sciences*, publiée sous la direction de R. Taton, Paris, P.U.F., 1958, 2<sup>e</sup> volume.

F.A. Isambert, « Notice sur Condorcet », lue à la séance de l'Académie des sciences du 28 décembre 1841 et publiée dans la *Nouvelle Biographie générale*. Rééditée par Rosenkilde et Bagger, Copenhague, 1965.

A. Jal, *Dictionnaire critique de biographie et d'histoire*, 2<sup>e</sup> édition, Paris, Plon, 1872.

S. L. Kaplan, *Le pain, le peuple et le Roi ; la bataille du libéralisme sous Louis XV*, Paris, Perrin, 1986.

C. Kintzler, « De Rameau à Condorcet, le cartésianisme refoulé », in *Cahiers philosophiques*, n° 20, septembre 1984.

A. Koyré, « Condorcet », in *Revue de métaphysique et de morale*, avril 1948, pp. 95 à 115. Réédité in *Études d'histoire de la pensée philosophique*, Paris, Gallimard, 1971.

M. J. Laboule, « La mathématique sociale : Condorcet et ses prédécesseurs », in *Revue d'histoire littéraire de la France*, 46ᵉ année, 1939, pp. 33 à 55.

R. Lacour-Gayet, *Calonne, financier, réformateur, contre-révolutionnaire, 1734-1802*, Paris, Hachette, 1963.

J. Lacouture et M.C. d'Aragon, *Julie de Lespinasse. Mourir d'amour*, Paris, Ramsay, 1980.

Ch. Lacretelle, *Histoire de France pendant le XVIIIᵉ siècle*, Paris, Marescy, 1844, livres XVII et XVIII.

S. F. Lacroix, « Notice historique sur la vie et les ouvrages de Condorcet », in *Magasin encyclopédique*, tome VI, Paris, 1813.

S. F. Lacroix, *Éloge historique de J. Ch. Borda (1733-1799)*, Paris, Impr. de R. Jacquin, s.d.

La Fayette (marquis de), *Mémoires, Correspondance* publiés par sa famille, Paris, Fournier, 1837-1838, 6 volumes.

J. F. La Harpe (de), *Correspondance littéraire adressée au grand-duc de Russie et au comte de Schowalow depuis 1774 jusqu'en 1789*, Paris, Migneret, 1801-1807, 6 tomes en 5 volumes.

J. F. La Harpe, *Lycée, ou cours de littérature ancienne et moderne*, Paris, Agasse, 1813, 8 volumes.

J. F. La Harpe, *Philosophie du XVIIIᵉ siècle*, Paris, Déterville, 1818, 2 volumes.

J. Lalande, « Notice sur la vie et les ouvrages de Condorcet », in *Le Mercure français*, n° 21, 20 janvier 1796.

La Pérouse (comte de), *Voyage autour du monde*, Paris, J. de Bonnot, 1981, 2 volumes.

F. G. de La Rochefoucauld-Liancourt, *Mémoires de Condorcet sur le règne de Louis XVI et la Révolution, extraits de sa correspondance et de celle de ses amis*, Paris, de Morris, 1862, volumes 7 et 8. Apocryphe.

E. Lavisse, *Histoire de la France depuis les origines jusqu'à la Révolution française*, tome IX, Paris, Hachette, 1903-1911.

W. F. et E. Leemans, *La noblesse de la principauté d'Orange sous le règne des Nassau et ses descendants aux Pays-Bas*, La Haye, 1974.

J. de Lespinasse, *Lettre inédites à Condorcet, à d'Alembert, à Guibert, au comte de Crillon*, publiées par Ch. Henry, 1887 ; Slatkine Reprints, Genève, 1971.

J. de Lespinasse, *Lettres*, préface de J. N. Pascal, Paris, collection des Introuvables, éd. d'Aujourd'hui, 1978.

*Lettre de Caraccioli à d'Alembert*, 1ᵉʳ mai 1781, Paris (s.l.n.d.).

D. Ligou, *Dictionnaire de la franc-maçonnerie*, Paris, P.U.F., 1987.

Loménie de Brienne et le comte de Brienne, *Journal de l'Assemblée des Notables de 1787*, éd. de P. Chevallier, Paris, Librairie C. Klincksieck, 1960.

E. Maindron, *L'Académie des sciences*, Paris, Alcan, 1888.

M. Marion, *Le Garde des Sceaux Lamoignon et la réforme judiciaire de 1788*, Paris, Hachette, 1919.

M. Marion, *Dictionnaire des institutions aux XVIIᵉ et XVIIIᵉ siècles*, 1923 ; réédition de Picard, 1976.

J. F. Marmontel, *Mémoires*, éd. J. Renwick, collection Écrivains d'Auvergne, G. de Bussac, Clermont-Ferrand, 1972, 2 volumes.

J. F. Marmontel, *Correspondance*, éd. J. Renwick, Université de Clermont-Ferrand, Publications de l'Institut d'études du Massif Central, 1974.

J. F. Marmontel, *De l'Encyclopédie à la contre-révolution*, études réunies par J. Ehrard, collection Écrivains d'Auvergne, G. de Bussac, Clermont-Ferrand, 1970.

*Mémoires secrets pour servir à l'histoire de la République des lettres en France depuis 1762 jusqu'à nos jours*, 36 tomes en 31 volumes, Londres, J. Adenson, 1777-1789.

F. Métra, *Correspondance secrète politique et littéraire, ou Mémoires pour servir à l'histoire des cours, des sociétés et de la littérature en France depuis la mort de Louis XV*, Londres, J. Adenson, 1787-1790, 18 volumes.

J. Michel, *Du Paris de Louis XV à la marine de Louis XVI. L'œuvre de M. de Sartine*, Paris, Les Éditions de l'Érudit, 1983-1984, 2 volumes.

H. Monin, *L'état de Paris en 1789*, Paris, Jouaust, 1889.

Morellet (abbé), *Mémoires inédits sur le XVIIIᵉ siècle et sur la Révolution*, Slatkine Reprints, Genève, 1967, 2 volumes.

A. Neymarck, *Turgot et ses doctrines*, 1885, Slatkine Reprints, Genève, 1967, 2 volumes.

Ch. Nisard, *Mémoires et correspondances historiques et littéraires inédites (1726-1816)*, Paris, Michel Lévy frères, 1858.

*Nouvelle bibliographie générale* de Firmin Didot frères, 1857-1866 ; rééditée par Rosenkilde et Bagger, Copenhague, 1963-1969.

D'Oberkirch (baronne), *Mémoires sur la cour de Louis XVI et la société française avant 1789*, Le Mercure de France, collection Le Temps retrouvé, 1979.

Ch. Palissot, *Mémoires pour servir à l'histoire de notre littérature depuis François Iᵉʳ jusqu'à nos jours*, 2ᵉ éd., Paris, Gérard, 1803, 2 volumes.

J. Pelseneer, « Lettres inédites de Condorcet », in *Osiris*, X, 1952.

J. A. Pithon-Curt (abbé), *Histoire de la noblesse du Comté-Venaissin d'Avignon et de la principauté d'Orange*, Slatkine Reprints, Genève, 1970.

S. Pol, « Trois hommes condamnés à la roue », *Grande Revue*, octobre 1905.

R. Pomeau, *La religion de Voltaire*, Paris, Nizet, 1969.

A. Pons, Introduction à *l'Esquisse d'un tableau historique....*, Paris, G.F. Flammarion, 1988.


R. Rasched, *Condorcet, mathématique et société*, Paris, Hermann, 1974.

Ch. Renouvier, « Condorcet », in *Philosophie analytique de l'histoire*, III, Paris, Leroux, 1896-1897.

J. Reynaud, « Condorcet », in *Études encyclopédiques*, II, Paris, 1866.

Dr Robinet, *Condorcet, sa vie, son œuvre*, 1893, Slatkine Reprints, Genève, 1968.

P. Roche (maire de Ribemont), *Ma petite ville au grand renom*, Guise, Aisne, Imprim. L'Espoir, 1965.

E. Rousse, *La Roche-Guyon, châtelains, château et bourg*, Paris, Hachette, 1892.

G. Rudler, *La jeunesse de Benjamin Constant (1767-1794)*, Paris, A. Colin, 1909.


C. A. Sainte-Beuve, *Les Causeries du Lundi*, 3ᵉ édition, Paris, Garnier, 1852, volume 3.

M. de Sars (comte), *Lenoir, lieutenant de police (1732-1807)*, Paris, Hachette, 1948.

J. Schapiro, *Condorcet and the rise of liberalism*, New York, Harcourt Brace and Co, 1934.

H. Sée, « Condorcet, ses idées et son rôle politique », in *Revue de synthèse historique*, février 1905, tome X, 1, pp. 22 à 33.

Ségur (marquis de), *Julie de Lespinasse*, Paris, Calmann-Lévy, 1931.

P. Sergescu, « La contribution de Condorcet à l'Encyclopédie », in *Revue d'Histoire des sciences*, 1951, vol. IV, nº 3, pp.233 à 257.

J. L. Soulavie, *Mémoires historiques et politiques du règne de Louis XVI depuis son mariage jusqu'à sa mort*, Paris, Treuttel et Würtz, 1801, 2 volumes.

Mme Suard, « Lettre écrite de la campagne », in *Journal de Paris*, 17 novembre 1786.

Mme Suard, *Essais de mémoires sur M. Suard*, Paris, Didot, 1820.


R. Taton, « Condorcet et Sylvestre-François Lacroix », in *Revue d'histoire des sciences*, tome XII, nº 2, 1959, pp. 127 à 158 et pp. 243 à 262.

Torau-Bayle, *Condorcet, marquis et philosophe, organisateur du monde*, Paris, Dauer, s.d.

# BIBLIOGRAPHIE

S. Tucoo-Chala, *Charles-Joseph Panckouke et la librairie française, 1736-1798*, Paris, Marrimpouey jeune et J. Touzot, 1977.

Turgot, *Œuvres*, éd. G. Schelle, Paris, Alcan, 1913-1923, 5 volumes.

Turgot, *Lettres à la duchesse d'Enville (1764-1774 et 1777-1780)*, éd. critique sous la direction de J. Ruwet, Bibliothèque de l'Université de Louvain, E. J. Brill, Leiden, 1976.

*Un mot à l'oreille des académiciens de Paris*, Anonyme attribué à J.-P. Brissot, s.d.

H. Valentino, *Mme de Condorcet, ses amis, ses amours*, Paris, Perrin, 1950.

Véri (abbé de), *Journal*, préface et notes par Jehan de Witte, Paris, Tallandier, 1928-1930, 2 volumes.

B. Vincent, *Thomas Paine ou la religion de la liberté*, Paris, Aubier, 1987.

Voltaire, *Œuvres Complètes*, Paris, Esneaux éditeur. *Cf.* le tome 49 : *La Correspondance avec d'Alembert*, 1882.

Voltaire, *Correspondance*, éd. Besterman, La Pléiade, Gallimard, tomes X et XI, 1986 et 1987.

A. Wattine, *L'affaire des trois roués. Étude sur la justice criminelle à la fin de l'Ancien Régime (1783-1789)*, Paris, 1921.

# LE POLITIQUE

**Principaux journaux consultés :**

*Les Actes des Apôtres*
*L'Ami du Peuple*
*L'Ami du Roi* (de Montjoye)
*L'Ami du Roi* (de l'abbé Royou)
*L'Argus patriote*
*La Bouche de Fer*
*Le Cercle social*
*La Chronique de Paris*
*La Chronique du Mois*
*Le Défenseur de la Constitution*
*Le Dernier Tableau de Paris*
*La Feuille du Jour*
*La Gazette de Paris*
*Le Journal de la Cour et de la Ville*
*Le Journal de Paris*
*Le Journal des Débats de la Société des Amis de la Constitution*

*Le Moniteur universel* et réimpression de l'*Ancien Moniteur*
*Le Patriote français*
*Le Point du Jour*
*Le Républicain*
*Les Révolutions de Paris*


*Actes du colloque Girondins et Montagnards* (Sorbonne, 14 décembre 1975), sous la direction d'A. Soboul, Paris, Société des études robespierristes, 1980.

F. Aftalion, *L'économie de la Révolution française*, Collection Pluriel, Hachette, 1987.

F. Alengry, *Condorcet, guide de la Révolution française, théoricien du droit constitutionnel et précurseur de la science sociale*, 1904; Slatkine Reprints, Genève, 1971.

E. Antoine, *Fête de Condorcet*, Chalons-sur-Saône, 1890 (extrait de *La Revue occidentale*, n° 2, 1er mars 1890).

*Les Archives parlementaires.*

A. d'Arneth, *Marie-Antoinette, Joseph II et Léopold II. Leur correspondance*, Leipzig, 1866.

F. A. Aulard, *L'éloquence parlementaire pendant la Révolution française. Les orateurs de la Constituante*, Paris, Hachette, 1882.

F. A. Aulard, *Notes sur l'éloquence de Danton*, Paris, Charavay frères, 1882.

F. A. Aulard, *Les orateurs de la Législative et de la Convention*, Paris, Hachette, 1885-1886, 2 volumes.

F. A. Aulard, « Figures oubliées de la Révolution », in *La Nouvelle Revue*, juillet-août 1885.

F. A. Aulard, « Pétition pour l'érection d'une statue à Condorcet », in *La Révolution française*, janvier-juin 1888.

F. A. Aulard, « Le Comité de Salut public », in *La Révolution française*, janvier-juin 1890.

F. A. Aulard, *La Société des Jacobins*, Paris, Jouaust, Noblet, Quantin, 1889-1895. Les 5 premiers volumes.

F. A. Aulard, « La Constitution girondine. Texte du projet et des articles votés », in *La Révolution française*, janvier-juin 1898.

F. A. Aulard, *Histoire politique de la Révolution française*, Paris, A. Colin, 1901.

F. A. Aulard, « Condorcet et la Société des Nations », in *La Révolution française*, juillet-décembre 1918.

F. A. Aulard, « Optimisme de Condorcet en septembre 1792 », in *La Révolution française*, juillet-décembre 1919.

H. Avenel, *Histoire de la presse française depuis 1789 jusqu'à nos jours*, Paris, Flammarion, 1900


J. Balossier, La *Commission extraordinaire des Douze*, Paris, P.U.F., 1986.

# BIBLIOGRAPHIE

Ch. Barbaroux, *Mémoires*. Introduction, biographie et notes d'Alfred Chabaud, Paris, A. Colin, 1936.

B. Barère (de Vieuzac), *Mémoires*, Paris, Labitte, 1842, 4 volumes.

M. Barroux, « Jugement rectificatif de l'acte de décès de Condorcet. 12 ventôse An III », in *La Révolution française*, juil.-déc. 1889.

P. Bastid, *Sieyès et sa pensée*, 1939 ; Slatkine Reprints, Genève, 1978.

P. Ch. Baudin, « Anecdotes et réflexions générales sur la Constitution », in *La Révolution française*, juil.-déc. 1888.

M. A. Baudot, *Notes historiques sur la Convention nationale, le Directoire, l'Empire et l'exil des votants*, Paris, Cerf, 1893, 1er volume.

O. de Bernon, « Condorcet : vers le prononcé méthodique d'un jugement "vrai" », in *Corpus*, n° 2, janv. 1986.

H. Bigot, *Les idées de Condorcet sur l'Instruction publique*. Thèse, Poitiers, Lévrier, 1912.

C. Bloch, « Documents inédits. Les journées du 20 juin et du 10 août 1792 racontées par Azéma, député de l'Aude à la Législative », in *La Révolution française*, juil.-déc. 1894.

F. Bluche, *Septembre 1792. Logique d'un massacre*, Paris, R. Laffont, 1986.

L. G. Bonald (vicomte), *François Chabot, membre de la Convention (1756-1794)*, Paris, Émile-Paul, 1908.

J. Bouissounouse, *Condorcet, le philosophe dans la Révolution*, Paris, Hachette, 1962.

J. Bouissounouse, « Condorcet, un pacifiste se jette dans la guerre », in revue *Guerre et Paix*, 1966, n° 2.

F. Braesh, *La Commune du 10 août 1792. Etude sur l'histoire de Paris, du 20 juin au 2 décembre 1792*, Paris, Hachette, 1911.

A. Brette, *Recueil de documents relatifs à la convocation des États généraux de 1789*, Paris, 1894, 4 volumes.

A. Brette, « Les gens de couleur et leurs députés », in *La Révolution française*, juil.-déc. 1895, pp. 334 à 345 et pp. 385 à 407.

A. Brette, *Histoire des édifices où ont siégé les Assemblées parlementaires de la Révolution française et de la Première République*, Paris, Imprimerie nationale, 1902.

J. P. Brissot, *Mémoires (1754-1793)*, étude critique et notes de Cl. Perroud, A. Picard, 1911, 2 volumes.

J.P. Brissot, *Correspondance et Papiers*, éd. de Cl. Perroud, Paris, Picard et fils, s.d.

M. Bruguière, *Gestionnaires et profiteurs de la Révolution*, Paris, O. Orban, 1986.

Buchez et Roux, *Histoire parlementaire de la Révolution française*, Paris, Paulin, 1834-1838 (les 28 premiers volumes).

F. Buisson, *Condorcet*, Paris, Alcan, 1929.

F. Buisson, *Dictionnaire de pédagogie et d'instruction primaire*, Paris, Hachette, 1882.

J. Cadart, *Le régime électoral des États généraux de 1789 et ses origines*, Paris, Librairie du Recueil Sirey, 1952.

L. Cahen, *Condorcet et la Révolution française*, 1904 ; Slatkine Reprints, Genève, 1970.

L. Cahen, « La Société des amis des Noirs et Condorcet », in *La Révolution française*, janv.-juin 1906.

L. Cahen, « Condorcet inédit. Notes pour le "Tableau des progrès de l'esprit humain" », in *La Révolution française*, juil.-déc. 1922.

P. Caron, *Les massacres de Septembre*, Paris, Maison du Livre français, 1935.

A. Challamel, *Les Clubs contre-révolutionnaires*, Paris, Cerf, Noblet, Maison Quantin, 1895.

E. Charavay, « Autographes et documents révolutionnaires. Condorcet : lettre à J.-C. de la Métherie », in *La Révolution française*, janv.-juin 1884.

L. Chassin, *Les Élections et les Cahiers de Paris en 1789*, Paris, Jouanst et Sigaux, Noblet, Maison Quantin, 1889, 4 volumes.

G. Chaussinand-Nogaret, « La Marquise de Condorcet, La Révolution et la République », in *L'Histoire*, n° 71, oct. 1984.

G. Chaussinand-Nogaret, *Madame Roland, une femme en Révolution*, Paris, Le Seuil, 1985.

A. Chérest, *La chute de l'Ancien Régime*, Paris, Hachette, 1884, 3 volumes.

P. Chevallier, B. Grosperrin, J. Maillet, *L'Enseignement français de la Révolution à nos jours*, Paris-La Haye, Mouton, 1971.

P. R. Choudieu, *Mémoires et notes (1761-1838)*, Paris, Plon-Nourrit, 1897.

J.-C. Colfavru, « De l'organisation et du fonctionnement de la souveraineté nationale sous la Constitution de 1791 », in *La Révolution française*, fév.-juin 1883.

M. G. Collombel, « Études sur Condorcet », in *Annales de la Société académique de Nantes*, 1876, 5e série, tome VI.

A. Comte, *Cours de philosophie positive*, 47e leçon, Paris, Anthropos, 1968.

H. Delsaux, *Condorcet journaliste (1790-1794)*, Paris, Champion, 1931.

J. Delvaille, *Essai sur l'histoire de l'idée de progrès jusqu'à la fin du XVIIIe siècle*, Paris, Alcan, 1910.

L. Deschamps, *Les colonies pendant la Révolution*, Paris, Librairie Académique Perrin, 1898.

P. Desjardins, « Thomas Paine républicain », In *Revue bleue*, mai, juin juillet, août 1901.

C. Desmoulins, *Histoire des Brissotins, ou fragment de l'histoire secrète de la Révolution et des six premiers mois de la République*, Paris, Imprimerie patriotique et républicaine, 1793.

S. d'Huart, *Brissot, la Gironde au pouvoir*, Paris, R. Laffont, 1986

A. Dide, « Condorcet », in *La Révolution française*, janv.-juin 1882, pp. 695 à 709, 745 à 754 et 947 à 958.

G. Dodu, *Le Parlement sous la Révolution*, Paris, Plon-Nourrit, 1911.

G. Dodu, *Trois mois à Paris sous la Terreur*, Paris, Hachette, 1921.

R. Doumic, *Études sur la littérature française*, Paris, Perrin, 1896-1909. *Cf.* le 5e volume.

M. Dreyfous, *Les grandes femmes de la Révolution française* (1789-1795), Paris, 1903.

F. Dreyfus, *Un philanthrope d'autrefois, La Rochefoucauld-Liancourt (1747-1827)*, Paris, Plon-Nourrit, 1903.

P. M. Duhet, *Les femmes et la Révolution (1789-1794)*, Paris, collection Archives, Gallimard-Julliard, 1977.

G. Dumesnil, « Condorcet et l'éducation des femmes », in *La Pédagogie révolutionnaire*, Paris, Delagrave, 1883.

E. Dumont, *Souvenirs sur Mirabeau et sur les deux premières législatives*, Paris, 1832. Réédité par les P.U.F. en 1951.

Ch. F. Dumouriez, *Mémoires*, Paris, Firmin Didot frères, 1848, 2 volumes.

A. Duquesnoy, *Journal (3 mai 1789-avril 1790)*, Paris, Picard et fils, 1894, 2 volumes.

A. Duruy, *L'Instruction publique et la Révolution*, Paris, Hachette, 1882.

Ch. Fauré, « Condorcet et la citoyenne », in *Corpus* n° 2, janv. 1986.

M. Frayssinet, *Les idées politiques des Girondins*, thèse, Toulouse, 1903.

Ch. E. Ferrières (marquis de), *Mémoires pour servir à l'histoire de l'Assemblée constituante et de la Révolution de 1789*, Paris, Les Marchands de Nouveautés, An VII, 3 volumes.

Frénilly (baron de), *Mémoires (1768-1848). Souvenirs d'un royaliste*, Paris, Perrin, 1987.

D. Feuerwerker, *L'émancipation des Juifs en France de l'Ancien Régime à la fin du Second Empire*, Paris, Albin Michel, 1976.

F. Furet et D. Richet, *La Révolution française*, Paris, Fayard, 1973.

F. Furet, *Penser la Révolution française*, Paris, Gallimard, 1978.

J. Fusil, *Souvenirs d'une actrice*, Paris, Dumont, 1841, 2 volumes.

L. Gallois, *Histoire des journaux et des journalistes de la Révolution française (1786-1796)*, Paris, Société de l'Industrie fraternelle, 1845-1846, 2 volumes.

J. D. Garat, *Lettres à Condorcet*, Paris, Desenne, 1791.

J. D. Garat, *Mémoires sur la Révolution, ou exposé de ma conduite dans les affaires et la fonction publique*, Paris, Imprimerie de J.-J. Smits.

A. Gasnier-Duparc, *La Constitution girondine de 1793*, thèse, Rennes, Imprimerie des Arts et Manufactures, 1903.

E. Geoffroy Saint-Hilaire, *Lakanal, sa vie, ses travaux à la Convention*, Paris, extrait de *La Liberté de pensée*, nos 17-18, avril-mai 1849.

J.-F. Georgel, *Mémoires pour servir à l'histoire des événements de la fin du XVIIIe siècle (1760-1806), par un comtemporain impartial*, Paris, Eymory, 1817-1818, 6 volumes.

E. Géraud, *Journal d'un étudiant pendant la Révolution (1789-1793)*, Paris, Calmann-Lévy, 1890.

L. M. Gidney, *L'influence des États-Unis d'Amérique sur Brissot, Condorcet et Mme Roland*, Paris, Rieder, 1930.

M. Gillet, *L'utopie de Condorcet*, thèse, Paris, Guillaumin, 1883.

J. Godechot, *La prise de la Bastille*, Paris, Gallimard, 1965.

H. A. Goetz-Bernstein, *La politique extérieure de Brissot et des Girondins*, Paris, Hachette, 1912.

M. Got, « Les possibilités de l'homme et les limites du progrès humain selon Condorcet », in *Revue de Synthèse 85*, janv.-juil. 1964.

A. Granier de Cassagnac, *Histoire des Girondins et des massacres de Septembre*, Paris, Dentu, 1860, 2 volumes.

H. B. Grégoire (abbé), *Mémoires*, Paris, A. Dupont, 1837, 2 volumes.

J. Guadet, *Les Girondins, leur vie privée, leur vie publique, leur proscription et leur mort*, Paris, Didier, 1861, 2 volumes.

D. Guedj, *La Méridienne (1792-1799)*, Paris, Seghers, 1987.

G. Th. Guilbaud, « Le paradoxe de Condorcet », in *Éléments de la théorie mathématique des jeux*, Paris, Dunod, 1968.

G. Gusdorf, *La Conscience révolutionnaire, les Idéologues*, Paris, Payot, 1978.

C. Hippeau, *L'Instruction publique en France pendant la Révolution*, Paris, Librairie académique, 1881.

E. A. Hua, *Mémoires d'un avocat de Paris, député de l'Assemblée législative*, publiés par son petit-fils, Poitiers, Oudin, 1847.

J. Jaurès, *Histoire socialiste de la Révolution française*, éd. revue et annotée par A. Soboul, Paris, Messidor/Éditions sociales, 1983-1986, 6 volumes.

Th. Jouffroy, *Éloges historiques*, Paris, Didier, 1864.

E. Jouy, « Souvenirs inédits de Cl. Dorizy, député de Vitry-le-François à la Législative », in *La Révolution française*, juil.-déc. 1904.

Mme Jullien, *Journal d'une bourgeoise pendant la Révolution (1791-1793)*, Paris, Calmann-Lévy, 1881.

C. Kintzler, *Condorcet, l'Instruction publique et la naissance du citoyen*, Paris, Le Sycomore, 1984.

A. Kuscinski, *Les députés de l'Assemblée législative de 1791*, Paris, Société de l'Histoire de la Révolution française, 1900.

A. Kuscinski, *Dictionnaire des Conventionnels*, Paris, Société de l'Histoire de la Révolution française, 1916.

Ch. Lacretelle (dit le jeune), *Précis historique de la Révolution française. Assemblée législative*, 2ᵉ édition, Paris, Treuttel et Würtz, 1804.

Ch. Lacretelle, *Testament politique et littéraire*, Paris, Dufart, 1840, tome I.

Ch. Lacretelle, *Histoire de France pendant le XVIIIe siècle*, Paris, Marescy, 1844, 6 volumes.

P. L. Lacretelle (dit l'aîné), *Œuvres*, Paris, Bossange frères, 1823-1824, 6 volumes.

S. Lacroix, « Ce qu'on pensait des Juifs à Paris », in La *Révolution française*, juil.-déc. 1898.

S. Lacroix, *Actes de la Commune de Paris pendant la Révolution*, Paris, Cerf, Noblet, Maison Quentin, 1894-1914, 13 volumes.

J. Lakanal, « Sur la polémique Sieyès, Paine et Condorcet », in *Journal des Patriotes de 1789*, 1er mars 1796.

A. de Lamartine, *Histoires des Girondins*, Paris, Société des Publications illustrées, 1848, 4e édition, 4 volumes.

A. de Lameth, *Histoire de l'Assemblée constituante*, Paris, Moutardier, 1828-1829, 2 volumes.

Th. de Lameth, *Notes et Souvenirs faisant suite à ses Mémoires*, Paris, Fontemoing, 1914.

F. de La Rochefoucauld, *Souvenirs du 10 Août 1792 et de l'armée de Bourbon*, Paris, Calmann-Lévy, 1929.

L. M. La Revellière-Lépeaux, *Mémoires, publiés par son fils*, Plon-Nourrit, 1829, 3 volumes.

E. Lavisse, *Histoire de France contemporaine ; la Révolution*, Paris, Hachette, 1920, tomes I et II.

A. Lebeau, *De la Condition des gens de couleur libres sous l'Ancien Régime*, Poitiers, Imprimerie de A. Masson, 1903.

*Le Comte de Fersen et la Cour de France, extraits des papiers du grand maréchal de Suède, comte Jean Axel de Fersen, publiés par le baron de Kinckowström*, Paris, Firmin Didot, 1878, 2 volumes.

G. Lefebvre, R. Guyot, Ph. Sagnac, *La Révolution française*, Paris, Alcan, 1930.

Th. Lindet, *Correspondance pendant la Constituante et la Législative (1789-1792)*, Paris, A. Montier, 1899.

E. Linthilac, *Vergniaud. Le drame des Girondins*, Paris, Hachette, 1920.

J. B. Louvet de Courvay, *Mémoires sur la Révolution française*, 1re édition complète avec notes, préface et tables par F. A. Aulard, Paris, Librairie des Bibliophiles, 1889, 2 volumes.

L. Madelin, *La colline de Chaillot*, Paris, Hachette, 1926.

L. Madelin, *Fouché (1759-1820)*, Paris, Plon, 1901 ; le 1er volume.

J. Mallet du Pan, *Mémoires et correspondance pour servir à l'histoire de la Révolution française*, Paris, Amyot, 1851, 2 volumes.

J. Mallet du Pan, *Lettre sur le 10 Août* (s.l.n.d.).

J. Mallet du Pan, *Lettre inédites à Étienne Dumont (1787-1789)*, 2e édition, Paris, Plon, 1874, 2 volumes.

P. V. Malouet, *Mémoires, publiés par son petit-fils, le baron Malouet*, 2e édition, Paris, Plon, 1874, 2 volumes.

J. Martin, « 14 billets inédits de Mirabeau à Étienne Dumont », in *La Révolution française*, nouvelle série, n° 28, oct.-déc. 1925 et n° 34, 1927.

J. Martin, « Achille du Chastellet et le premier mouvement républicain en France d'après les lettres inédites (1791-1792) », comprenant notamment des lettres de Sophie de Condorcet à E. Dumont. In *La Révolution française*, n° 34, 1927.

H. Maspero-Clerc, *Un journaliste contre-révolutionnaire, J. G. Peltier (1760-1825)*, Paris, Société des études robespierristes, 1978.

A. Mathiez, *Le Club des Cordeliers pendant la crise de Varennes et les massacres du Champ-de-Mars*, Paris, Champion, 1910.

A. Mathiez, « Les variations politiques de Condorcet », in les *Annales révolutionnaires*, 1913, tome VI, pp. 710-711.

A. Mathiez, *La Révolution française*, Paris, Colin, 1922-1927 ; réédition collection 10/18, 1972, 2 volumes.

A. Mathiez, « Les illusions de Condorcet sur le duc de Brunswick », in les *Annales révolutionnaires*, 1923, tome XV, p. 236.

A. Mathiez, « La Constitution de 1793 », in les *Annales historiques de la Révolution française*, nouvelle série, 1928, tome V, pp. 497-521.

A. Mathiez, *Girondins et Montagnards*, Paris, Firmin-Didot, 1930.

P. Mantouchet, « Une lettre de Condorcet sur le procès de Louis XVI », in *La Révolution française*, janv.-juin 1913.

J. Michelet, *Les femmes de la Révolution*, Paris, A. Delahays, 1854.

J. Michelet, *Histoire de la Révolution française*, éd. G. Walter, col. La Pléiade, Gallimard, 1976. Cf. aussi l'édition Flammarion, 1897-1898, tomes III et VII.

F. Mitton, *La Presse française sous la Révolution, le Consulat et l'Empire*, Paris, Guy Le Prat, 1945.

J. Moore, *Journal durant un séjour en France (début août 1792 jusqu'à la mort du Roi)*, Philadelphie, Carey, 1793.

Morris (Gouverneur), *Journal pendant les années 1789, 1790, 1791, 1792*, Paris, Plon, 1901.

M. A. Moulard, « Réponse au discours de réception de M.A. Delpech.

« J. A. N. Caritat, marquis de Condorcet (1743-1794) », in *Les mémoires de l'Académie des sciences, des lettres et des arts d'Amiens*, 1883, tome X.


Cl. Nicolet, *L'Idée républicaine en France*, Paris, Gallimard, 1982.

Ch. Nodier, *Souvenirs de la Révolution et de l'Empire*, Paris, Charpentier, 1857, 2 volumes.

J. de Norvins, *Essai sur la Révolution française depuis 1789 jusqu'à l'avènement au trône de Louis-Philippe d'Orléans, le 7 août 1830*, Paris, Mme Ch. Béchet, 1832, 2 volumes.

J. de Norvins, *Mémorial. Souvenirs d'un historien de Napoléon*, Paris, Plon-Nourrit, 1896 ; le 1er volume.

M. Ozouf, *L'École, l'Église, la République (1871-1914)*, Paris, collection Kiosque, A. Colin, 1963.

M. Ozouf, *La Fête révolutionnaire (1789-1799)*, Paris, Gallimard, 1976.

P. Paganel, *Essai historique et critique sur la Révolution française*, Paris, Panckouke, 1815, 3 volumes.

Th. Paine, *Les Droits de l'homme*, traduit par Soulès, Paris, Buisson, 1891, 2 volumes.

*Paris pendant la Terreur. Rapport des agents secrets du ministère de l'Intérieur*, Paris, Picard, 1910-1918. Cf. volumes 1 et 2.

E. D. Pasquier, *Mémoires*, 1830 ; Paris, Plon-Nourrit, 1934.

Cl. Perroud, « A propos de la mort de Condorcet », in *La Révolution française*, juil.-déc. 1916, pp. 506-516.

*Recueil d'anecdotes biographiques, historiques et politiques sur les personnages les plus remarquables et les événements les plus frappants de la Révolution française*, Paris, Imprimerie de J. B. du Sault, 1798.

J. F. Reichardt, *Un Prussien en France en 1792, Strasbourg, Lyon, Paris*, Paris, Perrin, 1892.

Rivarol (comte de), *Mémoires*, Paris, Baudoin, 1884.

P. L. Roederer, *L'esprit de la Révolution de 1789*, Paris, les Principaux Libraires, 1831.

P. L. Roederer, *Mémoires sur la Révolution, le Consulat et l'Empire*, textes choisis par O. Aubry, Paris, Plon, 1942.

P. L. Roederer, *Œuvres*, Paris, Imprimerie Firmin Didot-Frères, 1853-1859. Cf. le 3ᵉ volume.

Mme Roland, *Lettres autographes adressées à Bancal des Issarts*, Paris, E. Ronduel, 1835.

Mme Roland, *Lettres*, publiées par Cl. Perroud, Paris, Imprimerie Nationale, 1900-1902, 2 volumes.

Mme Roland, *Mémoires*, Paris, collection Le Temps Retrouvé, Mercure de France, 1966.

N. Ruault, *Gazette d'un Parisien sous la Révolution ; lettres à son frère (1783-1796)*, Paris, Librairie académique Perrin, 1976.

G. Rudé, *La foule dans la Révolution*, Paris, F. Maspero, coll. Textes à l'appui, 1982.

J. B. Sarret, « Notice sur la vie de Condorcet pendant sa proscription », in *Observations pour les instituteurs sur les éléments d'arithmétique à l'usage des écoles primaires*, Paris, Firmin Didot, an VII (1799).

E. Seligman, *La justice en France pendant la Révolution*, Paris, Plon-Nourrit : 1ᵉʳ volume (1789-1792) publié en 1901 ; 2ᵉ volume (1791-1793) publié en 1913.

A. Soboul, *Le procès de Louis XVI*, collection Archives, Julliard, 1960.

A. Soboul, *Histoire de la Révolution française*, Paris, collection Idées, Gallimard, 1967. 1ᵉʳ volume.

A. Sorel, *L'Europe et la Révolution française*, Paris, Plon-Nourrit, 1903-1904, 8 volumes.

Mme Suard, *Dernier écrit de Condorcet*, précédé d'une notice sur ses derniers moments, Paris, Brière, 1825.

H. Taine, *Les Origines de la France contemporaine*, réédition dans la collection Bouquins, R. Laffont, 1986, 2 volumes.

G. Target, *Un avocat au XVIIIᵉ siècle*, Paris, 1787 ; réédition Alcan-Lévy, 1893.

M. Ternaux, *Histoire de la Terreur*, Paris, Lévy, 1862-1869, 7 volumes.

A. de Tocqueville, *L'Ancien Régime et la Révolution*, in *Œuvres complètes*, éd. J. P. Mayer, Gallimard, 1971, 2 volumes.

A. Tuetey, *Répertoire de l'histoire de Paris pendant la Révolution française*, Paris, Imprimerie nouvelle, 1890-1912, 10 volumes.

J. Tulard, J. P. Fayard, A. Fierro, *Histoire et Dictionnaire de la Révolution française (1789-1799)*, collection Bouquins, R. Laffont, 1987.

C. Vatel, *Vergniaud, Manuscrits, lettres et papiers*, Paris, Dumoulin éditeur, 1873, 2 volumes.

F. Vial, *Condorcet et l'éducation démocratique*, Paris, Delaplane, 1902 ; Slatkine Reprints, Genève, 1978.

M. Vovelle, *La Chute de la Monarchie, 1787-1792*, Paris, Le Seuil, 1978.

M. Vovelle, *La mentalité révolutionnaire ; société et mentalités sous la Révolution française*, Paris, Messidor/Éditions Sociales, 1985.

G. Walter, *Événements de la Révolution française*, Paris, Albin Michel, 1967.

G. Walter, *Actes du Tribunal révolutionnaire*, Paris, collection Le Temps retrouvé, Mercure de France, 1968.

Miss H. M. Williams, *Lettres écrites de France à une amie en Angleterre pendant l'année 1790*, traduit par le baron de La Montagne, Paris, Imprimerie de Garnéry, 1791.

A. Young, *Voyages en France dans les années 1787, 1788 et 1789*, traduit par A. Lesage, Paris, Guillaumin, 1860, 2 volumes ; réédité dans la collection 10/18, 1970.

# INDEX
## DES PERSONNAGES

# INDEX

# TABLE DES MATIÈRES

Composition réalisée par C.M.L., Montrouge
Achevé d'imprimer en avril 1988
sur presse CAMERON
dans les ateliers de la S.E.P.C.
à Saint-Amand-Montrond (Cher)
pour le compte de la librairie Arthème Fayard
75, rue des Saints-Pères - 75006 Paris

Dépôt légal : avril 1988.
Nº d'Édition : 8747. Nº d'Impression : 765.

35-61-7645-03

ISBN 2.213.01873.1

Imprimé en France

35-7645-1